2020

PM-PR
POLÍCIA MILITAR DO PARANÁ
SOLDADO

CB123468

EDITORA
AlfaCon
Concursos Públicos

Diretor Presidente
Evandro Guedes

Diretor da Editora/Operações e Gestão
Javert Falco

Diretor de Marketing/TI
Jadson Siqueira

Coordenador Editorial
Wilza Castro

Supervisora de Editoração
Mariana Castro

Analista de Conteúdo
Mateus Ruhmke Vazzoller

Assistente Editorial
Tatiane Zmorzenski

Supervisor de Editoração
Alexandre Rossa

Capa
Alexandre Rossa

Projeto Gráfico e Diagramação
Alexandre Rossa
Nara Azevedo

Língua Portuguesa
Adriano Paciello

Giancarla Bombonato

Glaucia Cansian

Redação
Giancarla Bombonato

Raciocínio Matemático
Daniel Lustosa

Geografia
Claudinei de Oliveira

Gilberto Gueretz

História
Júlio Raizer

Oliveira Soares

Informática
João Paulo Colet Orso

Estatuto da Criança e do Adolescente
Lilian Novakoski (Atualizada por José Mauricio Cazarotto)

C35pmpr

CASTRO, Wilza (Org.) - **PMRP - Polícia Militar do Paraná - Soldado.** Cascavel: Editora AlfaCon, 2020.

400 p 20,5 x 27,5

ISBN: 978-85-8339-517-1

Soldado. Militar. Polícia. PM-PR. Língua Portuguesa. Redação. Raciocínio Matemático. Geografia. História. Informática. Legislação. Estatuto da Criança e do Adolescente - ECA. AlfaCon.

CDU: 91.94

Dúvidas?
Acesse: www.alfaconcursos.com.br/atendimento
Núcleo Editorial:
Rua: Paraná, nº 3193, Centro - Cascavel/PR
CEP: 85.810-010
Núcleo Comercial/Centro de Distribuição:
Rua: Dias Leme, nº 489, Mooca - São Paulo/SP
CEP: 03118-040
SAC: (45) 3037-8888

Data de fechamento 1ª impressão: 25/03/2020

EDITORA AlfaCon Concursos Públicos

www.alfaconcursos.com.br/apostilas

APRESENTAÇÃO

Fazer parte do serviço público é o objetivo de muitas pessoas. Por esse motivo, os processos seletivos relacionados a essa área de atuação costumam ser muito concorridos.

Nesse sentido, a obra **PM-PR - Polícia Militar do Paraná - Soldado**, reúne todos os conteúdos cobrados no edital publicado em 2020. Na elaboração deste material, a Editora AlfaCon teve o cuidado de trazer as indicações mais importantes dos tópicos que fazem parte do conteúdo programático das disciplinas abordadas. Além disso, durante a explanação dos conteúdos, o estudante encontrará dicas essenciais à sua compreensão (no box "Fique Ligado"), e a cada capítulo constam exercícios gabaritados. Toda essa disposição de assuntos foi pensada para auxiliar o concurseiro na melhor compreensão e fixação do conteúdo.

O material também se destaca por agregar ao seu estudo a tecnologia educacional **AlfaCon Notes**, ferramenta cuja funcionalidade consiste em registrar suas anotações por meio do **QR Code**. O objetivo é justamente o de deixar tudo organizado e acessível na área do aluno AlfaCon e em seu smartphone. Por isso, você tem em mãos um material que é um grande facilitador para seus estudos, pois a finalidade maior é auxiliar você a compreender os conteúdos de forma didática e eficaz.

Trata-se, então, de uma obra de excelência, resultado da experiência e da competência da Editora e dos Autores, que são especializados em suas respectivas disciplinas. Ressaltamos a importância e a necessidade de haver uma preparação direcionada e organizada, pois somente assim o candidato pode ter o desempenho que almeja nas provas. Tenha a certeza de que esta obra será o diferencial para a conquista de sua aprovação.

Bons estudos e rumo à sua aprovação!

EDITORA
AlfaCon
Concursos Públicos

App Alfacon Notes

Neste livro você encontra o **AlfaCon Notes** que é um App perfeito para registrar suas **anotações de leitura**, mantendo tudo **organizado e acessível** em seu smartphone. Deixe **sua leitura mais prática** e armazene tudo que puder! Viva a experiência Alfacon Notes. É só seguir o passo a passo para instalação do App.

Se liga no **vídeo!**

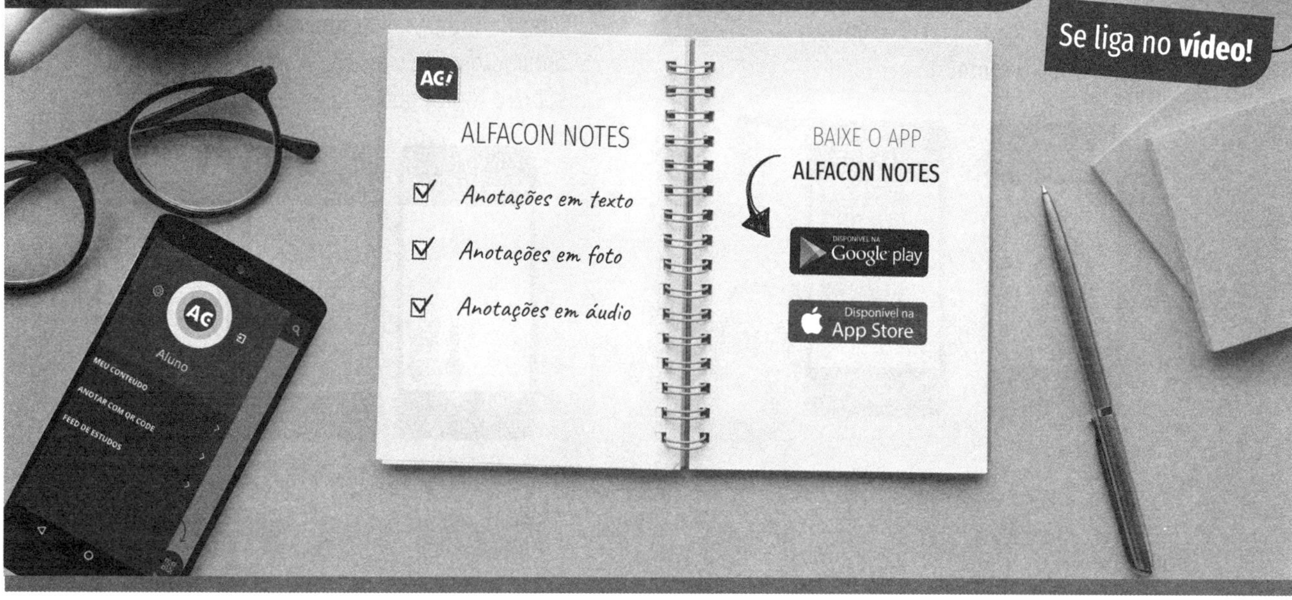

Passo 01:

Instale o **Aplicativo AlfaCon Notes** em seu smartphone.

DISPONÍVEL NA Google play

Disponível na App Store

Passo 02:

Faça o cadastro na plataforma **AlfaCon** ou entre com seu Facebook.

Passo 03:

Você terá acesso ao seu Feed de estudos, no qual poderá encontrar todas as suas anotações.

App AlfaCon Notes

Para criar uma nova anotação, clique no ícone localizado no canto inferior direito da tela.

Passo 04:

Cada tópico de seu livro contém **um Código QR** ao lado.

App AlfaCon Notes

Escolha o tópico e faça a leitura do Código QR utilizando o aplicativo AlfaCon Notes para registrar sua anotação.

AlfaCon

Passo 05:

Pronto! Agora você poderá escolher o formato de suas anotações:

Texto:
Basta clicar no campo ***"Escreva sua anotação"*** e digitar seu comentário, **relacionado ao conteúdo** escolhido.

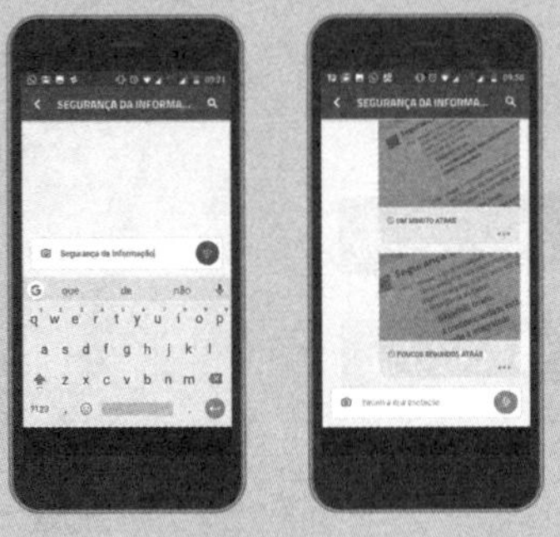

Áudio:
Clique no ícone ***"microfone"***, na lateral inferior direita, mantenha o ícone pressionado enquanto grava suas considerações de voz sobre o tópico que está lendo.

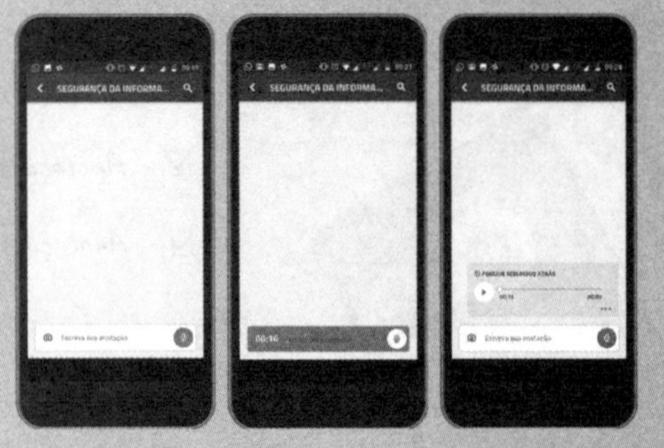

Foto:

1) Clique no ícone, na lateral **inferior esquerda**.

2) **Fotografe** as anotações realizadas durante sua leitura.

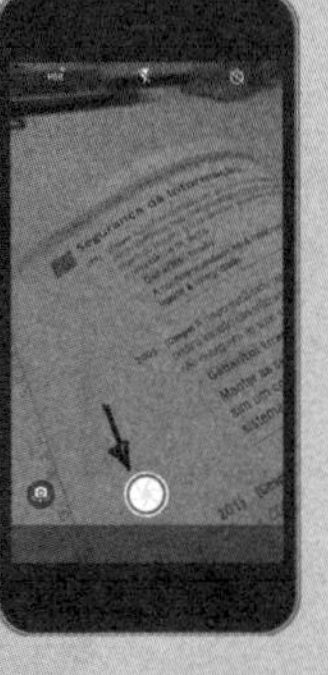

3) Envie no ícone na lateral **inferior direita**.

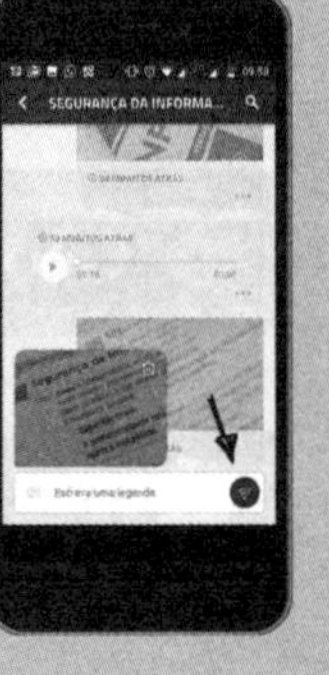

» Agora você tem suas **anotações organizadas** e sempre à mão. Elas ficarão **disponíveis** em seu smartphone.

» Pronto para essa **nova experiência?** Então, baixe o app **AlfaCon Notes** e crie suas anotações.

Disponível na App Store

DISPONÍVEL NA Google play

Mais que um livro. É uma experiência!

Utilize seu código de acesso e descubra mais sobre o seu material didático!

CÓDIGO DE ACESSO

PMPR SOLPARAN **RESGATAR**

1

ACESSE O SITE:

www.alfaconcursos.com.br

CLIQUE **ENTRAR** PARA EFETUAR SEU **LOGIN**

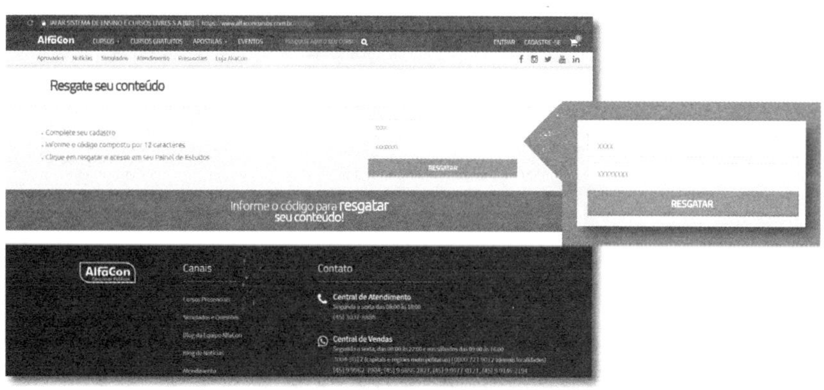

2

DIGITE O CÓDIGO:

Insira o **código** que se encontra

Na **última página** do material.

3

VISUALIZE SEUS MATERIAIS:

Você será redirecionado

para a página onde constam

os seus **materiais**

4

CLIQUE:

Nessa tela você terá acesso as erratas, atualizações, material complementar e o leia digital.

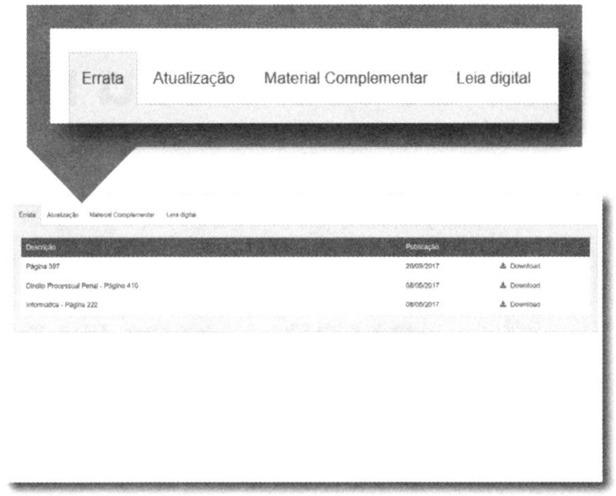

5

Navegue:

Nessa tela você também terá aesso ao conteúdo gratuito disponibilizado no material.

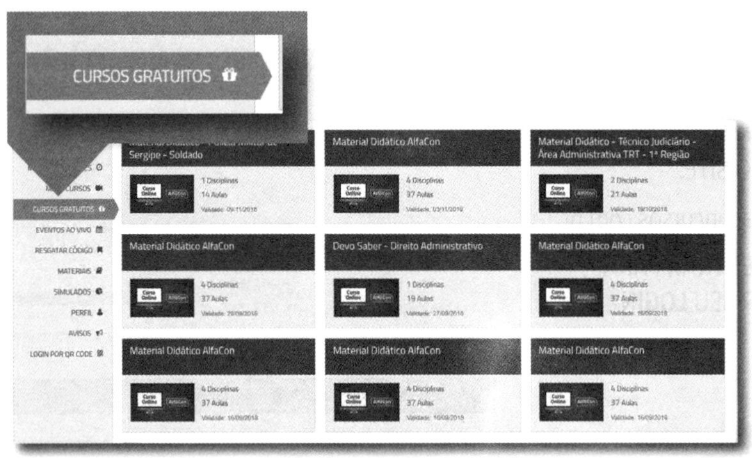

CÓDIGO DE ACESSO

PMPR | SOLPARAN | RESGATAR

Pronto!

Agora é só aproveitar todo o conteúdo impresso e digital que SÓ o AlfaCon proporciona para você!

COMO ESTUDAR COM SEU MATERIAL DIDÁTICO!

AlfaCon
Concursos Públicos

Com a profissionalização das formas de preparar-se para um concurso público, não basta simplesmente estudar o conteúdo. É preciso que sejam usadas ferramentas, como o plano de estudo, que ajudem o concurseiro na organização e manutenção do que foi visto. Por isso, organizamos esta seção, que traz indicações de como estudar para concursos. Vale destacar que as informações aqui disponibilizadas são o produto de muitos anos de experiência nessa area. Além disso, estudar de forma direcionada traz ótimos resultados para o aluno.

CURSO ON-LINE

Como montar caderno
Como estudar
Como e quando fazer simulados
O que fazer antes, durante e depois de uma prova!

Ou pelo link

alfaconcursos.com.br/cursos/material-didatico-como-estudar

ORGANIZAÇÃO

A organização é fundamental e começa pelo conhecimento do edital que regrará o concurso público. Geralmente, os concursos seguem uma tendência e as matérias são previsíveis. Por isso, conhecer o conteúdo programático é essencial para um estudo eficiente. Usar o edital anterior como base é uma boa maneira de nortear os estudos; afinal, há um núcleo de matérias comuns que englobam 85% dos editais. Dessa maneira, quem estuda com base em um núcleo comum precisa somente ajustar os estudos quando os editais são publicados. Eis o segredo de uma preparação eficiente e, sobretudo, eficaz.

O PLANO DE ESTUDO

Organizar um plano de estudo é fundamental para que se estude corretamente e se tenha um aprendizado uniforme, seguindo o conteúdo programático do edital.

Depois de conhecer as disciplinas, as regras determinadas para seu concurso e as características das bancas examinadoras, é preciso construir uma tabela de horários, em que todas as matérias e atividades desenvolvidas na fase preparatória estejam dispostas.

PASSO A PASSO
ABAIXO, VOCÊ CONFERE OS PASSOS FUNDAMENTAIS PARA SUA ORGANIZAÇÃO

PASSO 1	PASSO 2	PASSO 3	PASSO 4	PASSO 5
Selecionar as disciplinas que serão estudadas.	Organizar sua rotina diária: marcar pontualmente tudo o que é feito durante 24 horas, inclusive o tempo que é destinado para dormir, por exemplo.	Organizar a tabela semanal: dividir o horário para que você estude duas matérias por dia e também destine um tempo para a resolução de exercícios e/ou revisão de conteúdos.	Seguir rigorosamente o que está na tabela. Ou seja, destinar o mesmo tempo de estudo para cada matéria. Por exemplo: 2 horas diárias para cada disciplina.	Reservar um dia por semana para fazer exercícios, redação e também simulados.

Esta tabela é uma sugestão de como você pode organizar seu plano de estudo. Para cada dia, você deve reservar um tempo para duas disciplinas e também para a resolução de exercícios e/ou revisão de conteúdos. Fique atento ao fato de que o horário precisa ser determinado por você. Ou seja, a duração e o momento do dia em que será feito o estudo é você quem escolhe.

AlfaCon Concursos Públicos

TABELA SEMANAL

SEMANA	SEGUNDA	TERÇA	QUARTA	QUINTA	SEXTA	SÁBADO	DOMINGO
1							
2							
3							
4							

SUMÁRIO

LÍNGUA PORTUGUESA

SUMÁRIO

SUMÁRIO

1. MORFOLOGIA - SUBSTANTIVO E ADJETIVO

1.1 Substantivo

Todos os seres recebem nomes, e este nome é a classe gramatical chamada substantivo. Os substantivos nomeiam os seres: pessoas, objetos, fenômenos, sentimentos, qualidades, lugares ou ações. Observe os exemplos:

Exs.:

O **carro** está estacionado na **rua**.
objeto lugar

Estava cansada da **corrida**.
ação

A **sinceridade** é uma virtude desejável nos amigos.
qualidade

A **chuva** nos obrigou a cancelar, com **tristeza**, a festa na piscina.
fenômeno estado

Os substantivos são classificados em:

Comum

São os substantivos que indicam nomes comuns, como os que aparecem no início deste capítulo: carro, rua, chuva. Não indicam nada específico.

Próprio

São os substantivos que individualizam os seres. Nesta classe estão os nomes próprios:

Maria Clara
Porto Alegre
Pernambuco
Japão

Classificam-se, aqui, os nomes próprios de:

Pessoas
Cidades
Estados
Países
Rios
Ruas

> Os substantivos próprios se diferem dos comuns porque devem ser escritos com a inicial maiúscula.

Concreto

São os substantivos que indicam seres (reais ou imaginários) cuja existência é independente de outros seres.

Ex.: *Casa, Brasil, cama, fada.*

Abstrato

São os substantivos que indicam seres (reais ou imaginários) cuja existência depende de outros seres.

Exs.: Banho: **Alguém** toma banho.

Cansaço: **Alguém** fica cansado.

Felicidade: **Alguém** fica feliz.

Portanto, são abstratos os substantivos que indicam sentimentos, ações, estados e qualidades.

> Tradicionalmente, estuda-se a noção de substantivo concreto ou abstrato considerando abstratos os substantivos que indicassem seres invisíveis, como os sentimentos. Porém, é preciso atentar-se ao fato de que os fenômenos da natureza, como vento e calor, embora não sejam palpáveis, tem existência independente e, por isso, são substantivos concretos.

Coletivo

São substantivos comuns que, apesar de estarem no singular, indicam mais de um ser da mesma espécie.

Exs.: Enxame: grupo de insetos.

Manada: grupo de búfalos, elefantes ou cavalos.

Século: período de cem anos.

Relação de alguns substantivos coletivos

Acervo: bens patrimoniais, obras de arte;
Alavão: ovelhas leiteiras;
Álbum: fotografias, selos;
Alcateia: lobos, feras;
Antologia: reunião de textos literários;
Armada: navios de guerra;
Arquipélago: ilhas;
Arsenal: armas;
Assembleia: parlamentares, membros de associações;
Atilho: espigas;
Atlas: mapas reunidos em livros;
Bagagem: objetos de viagem;
Baixela: utensílios de mesa;
Bandeira: garimpeiros, exploradores de minérios;
Banca: examinadores, advogados;
Banda: músicos;
Bandeira: exploradores;
Bando: aves, ciganos, crianças, salteadores;
Batalhão: soldados;
Bateria: peças de guerra ou de cozinha; instrumentos de percussão;
Biblioteca: livros;
Boiada: bois;
Boana: peixes miúdos;
Cabido: cônegos (conselheiros de bispo);
Cacho: bananas, uvas, cabelos;
Cáfila: camelos;
Cainçalha: cães;
Cambada: caranguejos, malandros, chaves;
Cancioneiro: canções, de poesias líricas;

Canzoada: cães;
Caravana: viajantes, peregrinos, estudantes;
Cardume: peixes;
Casario: casas;
Caterva: desordeiros, vadios;
Choldra: assassinos, malfeitores, canalhas;
Chusma: populares, marinheiros, criados;
Cinemateca: filmes;
Claque: pessoas pagas para aplaudir;
Clero: a classe dos clérigos (padres, bispos, cardeais...);
Clientela: clientes de médicos, de advogados;
Código: leis;
Conciliábulo: feiticeiros, conspiradores;
Concílio: bispos em assembleia;
Conclave: cardeais para a eleição do Papa;
Colmeia: cortiço de abelhas;
Confraria: pessoas religiosas;
Congregação: professores, religiosos;
Conselho: vereadores, diretores, juízes, militares;
Consistório: cardeais, sob a presidência do Papa;
Constelação: estrelas;
Corja: vadios, tratantes, velhacos, ladrões;
Coro: anjos, cantores;
Corpo: jurados, eleitores, alunos;
Correição: formigas;
Cortiço: abelhas, casas velhas;
Elenco: atores, artistas;
Enxame: abelhas, insetos;
Enxoval: roupas e adornos;
Esquadra: navios de guerra;
Esquadrilha: aviões;
Falange: soldados, anjos;
Fato: cabras;
Fauna: animais de uma região;
Feixe: lenha, capim, varas;
Filmoteca: filmes;
Fornada: pães, tijolos;
Frota: navios mercantes, ônibus;
Galeria: quadros, estátuas;
Girândola: foguetes, fogos de artifício;
Grei: gado miúdo, paroquianos, políticos;
Hemeroteca: jornais, revistas;
Hostes: inimigos, soldados;
Irmandade: membros de associações religiosas ou beneficentes;
Junta: médicos, credores, examinadores;
Júri: jurados;
Legião: anjos, soldados, demônios;
Magote: pessoas, coisas;
Malta: desordeiros, ladrões, bandidos, capoeiras;
Mapoteca: mapas;
Matilha: cães de caça;
Matula: desordeiros, vagabundos, vadios;
Magote: pessoas, coisas;
Manada: bois, búfalos, elefantes, porcos;
Maquinaria: máquinas;
Miríade: astros, insetos, anjos;
Molho: chaves, verdura, capim;
Multidão: pessoas;
Ninhada: pintos;
Nuvem: gafanhotos, mosquitos, poeira;
Panapaná: borboletas em bando migratório;
Pelotão: soldados;
Penca: bananas, chaves, frutos;
Pente: balas de arma automática;
Pinacoteca: quadros, telas;
Piquete: soldados montados, grevistas;
Plantel: atletas, animais de raça;
Plateia: espectadores;
Plêiade: poetas, artistas;
Pomar: árvores frutíferas;
Prole: filhos de um casal;
Quadrilha: ladrões, bandidos, assaltantes;
Ramalhete: flores;
Rancho: pessoas em passeio ou jornada, romeiros;
Récua: cavalgaduras (bestas de carga);
Rebanho: ovelhas, carneiros, cabras, reses;
Renque: árvores, pessoas ou coisas enfileiradas;
Repertório: peças teatrais ou musicais interpretadas por artistas;
Resma: quinhentas folhas de papel;
Réstia: cebolas, alhos;
Revoada: aves voando;
Ronda: grupo de soldados que percorre as ruas garantindo a ordem;
Rol: lista, relação (de pessoas ou coisas);
Ror: grande quantidade de coisas;
Roda: pessoas, amigos;
Romanceiro: conjunto de poesias narrativas;
Súcia: pessoas desonestas, velhacos, patifes;
Sínodo: párocos (sacerdotes, vigários);
Tertúlia: amigos, intelectuais em reunião;
Talha: lenha;
Tríade: conjunto de três pessoas ou três coisas;
Tríduo: período de três dias;
Tripulação: aeroviários, marinheiros;
Tropilha: cavalos;
Tropa: muares;
Trouxa: roupas;
Turma: estudantes, trabalhadores;
Vara: porcos;
Vocabulário: palavras.

1.2 Flexão do Substantivo

O substantivo é uma classe variável. Ou seja: os nomes sofrem alterações (variações) para indicar gênero, número e grau.

gato (**substantivo masculino**)

gata (**mudança de gênero: feminino**)

gatinha (**mudança de grau: diminutivo**)

gatão (**mudança de grau: aumentativo**)

A alteração do substantivo para formar o feminino não ocorre em todos os casos e nem sempre da mesma maneira. Acontecerá nos substantivos biformes, que são os que apresentam uma forma para o masculino e outra para o feminino.

Formação do Feminino

Nos substantivos biformes, alguns casos, por indicarem nomes de seres vivos, geralmente indicam o sexo ao qual pertence o ser, apresentando uma forma para o masculino e outra para o feminino.

Exs.: menino - menina
leão - leoa

O feminino pode ser formado de diferentes formas:

> Alterando a terminação o por a:

aluno - aluna.

> Alterando a terminação e por a:

mestre - mestra.

> Acrescentando a no final da palavra:

português - portuguesa.

> Alterando a terminação ão por ã, oa ou ona:

Exs.: aldeão - aldeã;
varão - varoa;
comilão - comilona.

> Acrescentando esa, essa, isa, ina ou triz:

Exs.: barão - baronesa;
ator - atriz.

Em alguns casos, o feminino é indicado com uma palavra diferente:

Exs.: homem - mulher;
carneiro - ovelha.

Substantivos Uniformes

Em alguns casos, há apenas um substantivo para indicar tanto o sexo feminino quanto o masculino. Esses substantivos classificam-se em:

Epicenos

São os substantivos uniformes que indicam nomes de animais e para especificar o sexo, utiliza-se macho ou fêmea.

Exs.: a girafa fêmea;
a girafa macho.

Sobrecomuns

São substantivos uniformes que indicam tanto masculino quanto feminino. A identificação do sexo correspondente se dará através do contexto.

O indivíduo (**homem ou mulher).**

Criança de oito anos comove público ao competir em triatlo carregando irmão deficiente.

Comovente a atitude de Noah Aldrich, de 8 anos, que não queria participar sozinho de uma competição de triatlo infantil nos Estados Unidos e resolveu levar o irmão caçula, Lucas, de 6 anos, com ele. Porém, Lucas sofre de deficiência cerebral, que o impede de andar ou falar. Noah se preparou durante três meses para as provas de natação, corrida e ciclismo e usou um carrinho, uma bicicleta e um pequeno bote adaptado para que Lucas pudesse acompanhá-lo.

Fonte: http://amazonrunners1.blogspot.com.br/2014/07/menino-de-oito-anos-comove-publico-ao.html (adaptado)

Comuns de dois gêneros

São substantivos que utilizam a mesma forma para indicar tanto o masculino quanto o feminino. A diferença, nesse caso, é o artigo, que será variável para indicar o sexo:

Exs.:

O colega;

A colega;

O chefe;

A chefe.

Mudança de gênero com mudança de sentido

Em alguns casos, a mudança de gênero implicará na mudança de sentido do substantivo.

Exs.:

O moral: ânimo;

A moral: caráter;

O capital: valores (bens ou dinheiro);

A capital: cidade;

O cabeça: líder;

A cabeça: parte do corpo;

O grama: unidade de medida de peso;

A grama: planta rasteira;

O rádio: aparelho sonoro;

A rádio: estação;

1.3 Adjetivo

A palavra que caracteriza o substantivo é chamada adjetivo. Estas características, denominadas qualidades, podem ser positivas ou negativas.

Formação do Adjetivo

O adjetivo, assim como o substantivo, pode ser formado de diversas maneiras. Ele pode ser:

Primitivo

Quando não é derivado de nenhuma outra palavra:

Ex.: A menina era tão **bonita**!

Derivado

Quando deriva de outras palavras, como verbos ou substantivos:

Ex.: Rancorosa, a avó não quis atender o neto.

(derivado do substantivo rancor)

Simples

Assim como ocorre no substantivo, o adjetivo simples é aquele formado por apenas um radical:

Ex.: As ruas da cidade estão **agitadas**.

Composto

Assim como ocorre no substantivo, o adjetivo composto é aquele formado por mais de um radical:

Ex.: A Literatura **afro-brasileira** vem ganhando destaque.

O adjetivo não aparece sozinho na oração, sem um substantivo que o complemente. Quando isso acontecer, ele assumirá a função de substantivo. Observe:

Exs.: O professor carioca se adaptou bem ao Norte.

O carioca se adaptou bem ao Norte.

No primeiro enunciado, o termo carioca expressa uma característica ao substantivo professor. No segundo caso, não há substantivo, e o termo carioca assume a função de substantivo, sendo precedido por um artigo.

Questões

01. Quanto à classificação gramatical das palavras, assinale a alternativa correta.

a) "Maior que a **tristeza** de não haver vencido é a vergonha de **não** ter lutado!" Rui Barbosa. As palavras em destaque são substantivo concreto e advérbio de negação, respectivamente.

b) "Difícil é ganhar **um** amigo em uma hora; **fácil** é ofendê-lo em um minuto." Provérbio Chinês. As palavras em destaque são artigo definido e adjetivo, respectivamente.

c) "O medo **de** perder **tira** a vontade de ganhar." Wanderley Luxemburgo. As palavras em destaque são preposição e substantivo comum, respectivamente.

d) "Arriscamo-**nos** a perder quando **queremos** ganhar demais." Jean de La Fontaine. As palavras em destaque são pronome oblíquo e conjunção, respectivamente.

02. INSTRUÇÃO: Leia o texto IV a seguir para responder à questão .

TEXTO IV

"Causou-me certa irritação ler um folheto, no consultório do meu médico, alertando sobre o perigo de parar de tomar comprimidos de antibiótico antes do tempo prescrito. Não há nada de errado no aviso em si, mas a justificativa apresentada preocupou-me. O folheto explica que as bactérias são 'espertas' e 'aprendem' a lidar com antibióticos. Presumivelmente os autores acharam que o fenômeno da resistência aos antibióticos seria mais fácil de entender se eles o chamassem de aprendizado em vez de seleção natural. Mas falar em esperteza e aprendizado para bactérias é confundir o público, e sobretudo não ajuda o paciente a compreender por que ele deve seguir a instrução de continuar tomando comprimidos até o fim. [...] Se entre as bactérias houver variação genética que as torne mais suscetíveis ao antibiótico do que outras, uma dose intermediária será sob medida para uma seleção benéfica aos genes que favorecem a resistência."

Disponível em: <encurtador.com.br/dCKMP >. Acesso em: 16 nov. 2019 [Fragmento adaptado].

Releia este trecho. "Mas falar em esperteza e aprendizado para bactérias é confundir o público, e sobretudo não ajuda o paciente a compreender por que ele deve seguir a instrução de continuar tomando comprimidos até o fim."

Considere as afirmativas a seguir a respeito do termo destacado.

I. Trata-se, nesse contexto, de um advérbio, que por definição gramatical é invariável.

II. Pode ser, em alguns contextos, um substantivo, ou grafado separadamente (sobre tudo), em outros.

III. Pode ser substituído pela palavra "mormente", sem alteração do sentido da frase.

Estão corretas as afirmativas

a) I e II, apenas.

b) I e III, apenas.

c) II e III, apenas.

d) I, II e III.

Gabaritos

01	D
02	D

2. MORFOLOGIA - ARTIGO, INTERJEIÇÃO E NUMERAL

2.1 Artigo

Observe a oração a seguir:

Uma ligação mudou meu dia: era o médico de minha mãe, dizendo que eu podia buscá-la.

O artigo é um nome que acompanha o substantivo, definindo-o. Observe que no primeiro caso destacado, o artigo indefine o substantivo, mostrando que é uma ligação como qualquer outra, nada específico. Já no segundo caso temos um artigo definido, especificando a pessoa: não era um médico indeterminado, mas o médico específico.

Observa-se, portanto, que o artigo classifica-se em definido ou indefinido.

Artigo definido: utilizado para especificar o substantivo - *o, a, os, as.*

Ex.: A encomenda chegou.

Artigo indefinido: utilizado para apresentar o substantivo como algo não específico, como parte de um grupo, e não um ser determinado.

Encontrei **uma** vizinha na festa.

Combinações e Contrações dos Artigos				
Preposições	Artigos			
	o, os	a, as	um, uns	uma, umas
a	ao, aos	à, às	-	-
de	do, dos	da, das	dum, duns	duma, dumas
em	no, nos	na, nas	num, nuns	numa, numas
por (per)	pelo, pelos	pela, pelas	-	-

2.2 Interjeição

Observe o exemplo a seguir:

Ex.: Cuidado! O piso está molhado.

Algumas palavras são utilizadas para expressar advertência, surpresa, alegria etc. Essas palavras são classificadas como interjeições. Geralmente, aparecem sozinhas na frase, podendo ser seguidas ou não por ponto de exclamação:

Exs.: Parabéns! O trabalho ficou lindo!

Adeus, meninas, foi um prazer conhecê-las.

Aleluia! Meu projeto ficou pronto!

Puxa! A festa foi maravilhosa!

Locução Interjetiva

Em alguns casos, a interjeição poderá ser formada por mais de uma palavra:

Exs.: Meu Deus! Você viu essa notícia?

Que pena, não conseguirei chegar a tempo.

Advertência	Calma! Olha! Cuidado! Atenção!
Agradecimento	Obrigado!
Alegria	Oh! Oba! Viva!
Alívio	Ufa!
Animação	Força! Coragem! Firme!
Apelo	Psiu! Hei! Socorro!
Aplauso	Parabéns! Ótimo! Viva! Bis!
Concordância	Pois não! Claro! tá!
Desejo	Tomara! Oxalá!
Dor	Ai! Ui! Que pena!
Admiração	Opa! Puxa!
Pena	Coitado!
Satisfação	Boa! Oba! Opa! Upa!
Saudação	Olá! Salve! Adeus! Viva! Alô!
Silêncio	Calada! Silêncio! Psiu!
Susto	Valha-me, Deus! Nossa!
Medo	Credo! Cruzes! Ui!

2.3 Numeral

Outra classe de palavras que se relaciona com o substantivo é o numeral. Observe as orações a seguir:

Exs.: Comprei maçãs hoje cedo.

Comprei **quatro** maçãs hoje cedo.

O numeral especifica o substantivo dando a ideia de quantidade, ordem, multiplicação ou fração. Observe os exemplos:

Exs.: Encontrei **dois** amigos do tempo da faculdade.
(quantidade)

Ele foi classificado em **segundo** lugar na prova.
(ordem)

O preço daqui é quase o **dobro** do que era no ano passado.
(multiplicação)

Metade das contas foi paga com atraso.
(fração)

De acordo com a ideia expressa pelo numeral é que se fará sua classificação. O numeral pode ser:

Cardinal

Quando expressa a ideia de quantidade: um, oito, trinta.

Ordinal

Quando expressa a ideia de ordem: primeiro, décimo, milésimo

Multiplicativo

Quando expressa a ideia de multiplicação: dobro, triplo, quádruplo.

Fracionário

Quando expressa a ideia de fração: terço, sexto, oitavo.

Questões

01. Analise as proposições abaixo:

I. Interjeição é palavra invariável ou sintagma que forma, por si só, frases que exprimem uma emoção, uma sensação, uma ordem, um apelo ou descrevem um ruído;

II. Conjunções são palavras invariáveis que possuem uma função estritamente fonética, e não estabelece uma relação entre orações ou termos que se assemelham;

III. Pronome é palavra invariável em gênero, número e pessoa, indica a pessoa do discurso.

Dos itens acima:

a) Apenas o item I está correto.
b) Apenas os itens I e II estão corretos.
c) Apenas os itens I e III estão corretos.
d) Todos os itens estão corretos.

02. Analise a frase a seguir:

"Faz cinco dias que comecei a ler aquele livro e já estou no capítulo XIX."

Assinale a alternativa correta quanto à significação numeral do termo destacado:

a) Dezenove.
b) Dezoito.
c) Onze.
d) Vinte e um.

03. É um exemplo de Interjeição:

a) Estou tão cansada.
b) Dirija com cuidado!
c) marido dela faleceu ontem.
d) Psiu!

Gabaritos

01	C
02	A
03	D

3. MORFOLOGIA - ADVÉRBIO, CONJUNÇÃO E PREPOSIÇÃO

3.1 Advérbio

Observe os exemplos a seguir:

Pegamos nossas coisas **rapidamente**.
Modo

Corremos muito **naquele dia**.
Tempo

A menina caiu **na escada**.
Lugar

O advérbio indica ou modifica a ação expressa pelo verbo. Pode indicar:

Tempo	Ontem, hoje, agora, já, sempre etc.
Lugar	Aqui, lá, perto, longe etc.
Modo	Rapidamente, tranquilamente (a maioria dos advérbios de modo terminará em -mente).
Intensidade	Muito, pouco, tão, tanto etc.
Afirmação	Sim, certamente etc.
Negação	Não, tampouco etc.
Dúvida	Talvez, porventura, possivelmente etc.

Locução Adverbial

Os netos foram almoçar **apressadamente**.
Advérbio de modo

Os netos foram almoçar **com pressa**.
Locução adverbial

Considera-se locução adverbial o conjunto de duas ou mais palavras que formam o advérbio, como no caso acima, em que "com pressa" é o advérbio de modo.

Exs.: O casal se animou com o passeio **a cavalo**.

A entrevista foi feita **ao vivo**.

Os filhos almoçam com ele **de vez em quando**.

Adjetivos Adverbializados

Observe a afirmação a seguir, que faz parte de uma crônica de Luis Fernando Veríssimo:

"A sintaxe é uma questão de uso, não de princípios. Escrever bem é escrever claro, não necessariamente certo. Por exemplo: dizer "escrever claro" não é certo mas é claro, certo?"

Escrever **claro** = escrever **claramente**.

Escrever **certo** = escrever **corretamente**.

Os adjetivos adverbializados são adjetivos empregados no lugar do advérbio. Normalmente isso ocorre na linguagem coloquial.

3.2 Conjunção

Conjunção é o elemento que liga duas orações ou dois termos em uma mesma oração.

Ela é uma menina doce, **mas** quando precisa, vira uma fera.

As aulas vão começar **logo que** o professor chegar.

Ela pode ser:

Coordenativa: Quando liga duas orações independentes:

Ex.: Vendeu tudo **e** mudou de cidade.

Subordinativa: Quando liga duas orações dependentes:

Ex.: Soube **que** a empresa vai fechar.

Classificação das Conjunções

Coordenativas

Aditivas: E, nem, mas também, como também, bem como, mas ainda.

Adversativas: Mas, porém, todavia, contudo, pelo contrário, não obstante, apesar de.

Alternativas: Ou...ou, ora.... ora, quer.... quer.

Explicativas: Pois (antes do verbo), porque, que, porquanto.

Conclusivas: Pois (depois do verbo), logo, portanto, por conseguinte, por isso.

Subordinativas

Temporais

Quando, enquanto, logo que, desde que, assim que, até que.

Mal será conjunção subordinativa temporal quando equivaler a logo que:

Mal cheguei e já me cobraram o projeto.

Causais: Porque, visto que, já que, uma vez que, como, desde que.

Condicionais: Se, caso, contanto que, desde que, salvo se.

Proporcionais: À medida que, à proporção que, ao passo que.

Finais: fim de que, para que.

Consecutivas: De modo que, de maneira que, de sorte que, que, para que.

Concessivas: Embora, conquanto, se bem que, ainda que, mesmo que.

Comparativas: Como, tal qual, assim como, tanto quanto.

Conformativas: Conforme, segundo, como.

Integrantes:

Que, se.

As conjunções integrantes introduzem orações substantivas (que equivalem a substantivos):

Ex.: Não sei se ele virá (não sei da sua **vinda**).

3.3 Preposição

Observe o exemplo a seguir:

Exs.: Gosto muito das músicas **de** Chico Buarque;

Chegou da viagem **com** febre.

As palavras em destaque estabelecem uma relação entre outros termos. Elas são chamadas de preposição. São elas:

A, ante, após, até, com, contra, de, desde, em, entre, para, pelo, perante, por, sem, sobre, sob, trás.

Algumas palavras pertencentes a outras classes gramaticais podem, eventualmente, aparecer como preposição em alguns casos. Por exemplo: salvo, fora, durante, segundo etc.

As preposições podem ser:

> Essenciais: quando são sempre preposição. São as palavras listadas acima;
> Acidentais: quando não são preposições essenciais mas em alguns casos exercem a função de preposição;
> Puras: quando não há junção com artigo;
> Contrações: quando aparecem junto com o artigo. Por exemplo: de+a, per+o etc.

Relação estabelecida pela preposição	
Assunto	Conversamos **sobre** a viagem.
Autoria	Apaixonei-me por um quadro **de** Picasso.
Causa	Foi preso **por** roubar dinheiro público.
Companhia	Fui jantar com meu marido.
Conteúdo	Traga, por favor, um copo **de** (com) água.
Destino	Vou **para** casa mais cedo.
Distância	A casa fica **a** duas quadras da praça.
Finalidade	Eles vieram **para** a palestra.
Instrumento	Ele abriu a embalagem **com** uma faca.
Limite	As meninas correram **até** a casa da tia.
Lugar	Gostava de ficar **em** casa. As coisas estão **sobre** a mesa.
Matéria	Comprei um brinco **de** ouro.
Meio	Tivemos que fazer a viagem **de** ônibus.
Modo	As coisas foram resolvidas **com** tranquilidade.
Oposição	O movimento do bar aumenta nos dias de jogos do Brasil **contra** a Argentina.
Origem	Eles vieram **do** interior.
Posse	Gostei da camiseta **de** Raul.
Preço	Estava feliz com meu livro **de** dez reais. Vendia as tortas **por** vinte reais.
Tempo	Tivemos que sair **após** a discussão. Chegaremos **em** uma hora.

Questões

01. Assinale a opção em que a palavra destacada se classifica como preposição, assim como em: "os alunos começaram A contratar outras pessoas".

a) Todos A receberam com entusiasmo.
b) Eles assistiram A uma ótima apresentação.
c) As pesquisas realmente A representavam.
d) Ele recusou A pesquisa feita anteriormente.
e) Esta é A que eu havia compartilhado.

02. Ah! quem poderá viver bastante para te ver saneada, ó cidade do Rio de Janeiro?". Em todas as opções há pelo menos uma palavra com a mesma classe gramatical da palavra destacada, EXCETO:

a) "Já alguém notou que o carioca anda sempre olhando para o chão..."
b) "Conhecem os senhores cousa mais triste do que um palácio desabitado?"
c) "Não! há quem diga que a nossa tristeza depende exclusivamente da nossa imundície."
d) "...de repente, porém, um alarido cresce nos ares, e, pelas colunas pagas..."
e) "Há casas vastas e belas que ficam longo tempo fechadas."

03. TEXTO

A Coreia é parecida com a Itália, comprida e estreita, cercada pelo mar em três de seus quatro lados. Ao norte estão as montanhas, cobertas de neve no inverno, enquanto a leste se estende uma cordilheira escarpada, de onde brotam rios curtos e caudalosos. No oeste, de frente para o Mar Amarelo e a costa da China, existem enseadas frequentemente envoltas em neblina, cuja variação no nível das águas faz os barcos amarrados nos ancoradouros encalharem na lama durante a maré baixa. Os coreanos haviam recebido dos vitoriosos aliados a promessa de independência durante a Segunda Guerra Mundial. Não foi fácil cumprir o prometido. Forças russas invadiram a Coreia do Norte nos últimos dias da guerra e a mantiveram sob seu domínio após a rendição japonesa. A assembleia das Nações Unidas determinou a realização de eleições livres em todo o território coreano, a fim de escolher um governo único, mas os norte-coreanos – com a benção soviética – se recusaram a obedecer. Assim, outra cortina de ferro surgiu: uma democracia ao sul e um estado comunista fortemente armado ao norte. A Coreia do Norte planejava aproveitar-se de uma grande fatia das ricas terras do sul. Ao amanhecer do dia 25 de junho de 1950, seus soldados e um grande contingente de tanques soviéticos invadiram a Coreia do Sul, tomando rapidamente a capital Seul, perto da cortina de ferro. Os invasores ocuparam uma grande parte do país antes que o exército norte-americano, então no Japão, pudesse levar socorro. Seria aquele o prelúdio de outras invasões comunistas em territórios vulneráveis que se estendiam da Grécia até Hong Kong? A invasão da Coreia provocou uma intensa angústia nas nações ocidentais. Após três anos, um armistício foi assinado. Coube uma região aos coreanos do norte e outra aos coreanos do sul. Uma nova cortina de ferro separou a península e, até o fim do século, essa cortina continuava em seu lugar.

(BLAINEY Geoffrey. Uma Breve História do Século XX. 2 ed. São Paulo: Fundamento, 2011, p. 178).

A palavra "enquanto", utilizada pelo autor na linha 4 do texto, possui a seguinte classificação gramatical:

a) advérbio.
b) pronome.
c) adjetivo.
d) conjunção.
e) preposição.

Gabaritos

01	B
02	E
03	D

4. MORFOLOGIA - PRONOME, PALAVRAS "QUE" E "SE"

4.1 Pronome

Observe o trecho a seguir:

O bebê de Daniela nasceu perfeito. O bebê de Daniela tem olhos azuis. As mãos do bebê de Daniela são fortes, e os cabelos do bebê de Daniela são claros.

Para que não haja esta repetição desagradável durante a comunicação, utilizamos os pronomes:

O bebê de Daniela nasceu perfeito. Ele tem olhos azuis, suas mãos são fortes e seus cabelos são claros.

Os pronomes são palavras que substituem ou acompanham os substantivos. Eles podem indicar qualquer uma das três pessoas do discurso:

1ª pessoa: quem fala;

2ª pessoa: com quem se fala;

3ª pessoa: de quem se fala.

Classificação dos Pronomes

Pronomes Pessoais

Pessoa do discurso	Retos	Oblíquos
1ª pessoa do singular 2ª pessoa do singular 3ª pessoa do singular	Eu Tu Ele/Ela	Me, mim, comigo Te, ti, contigo O, a, lhe, se, si, consigo
1ª pessoa do plural 2ª pessoa do plural 3ª pessoa do plural	Nós Vós Eles/Elas	Nos, conosco Vos, convosco Os, as, lhes, se, si, consigo

Os pronomes pessoais funcionam como **sujeito** da oração.

Ex.: Eu estava cansada ontem.

Os pronomes oblíquos funcionam como **complementos**.

Ex.: Eu **lhe** escrevi uma carta.

Observe que o verbo escrever é transitivo direto e indireto: quem escreve, escreve algo a alguém. O objeto direto, o que se escreveu, é "uma carta", e o objeto indireto, a quem se escreveu, é o pronome oblíquo lhe, que tem valor de objeto indireto porque possui a preposição a subentendida. Ou seja: lhe equivale a a ele/a ela.

As formas o, a, os, as sofrem modificações dependendo da terminação do verbo que acompanham. Observe:

> Quando o verbo terminar em **r**, **s** ou **z**, ficarão **lo, la, los, las**:

Exs.: Começa**r**: começá-**los**;

Celebramo**s**: celebramo-**lo**.

Fi**z**: fi-**lo**.

> Quando o verbo terminar em som nasal, ficarão **no**, **na**, **nos**, **nas**:

Exs.: Comemora**m**: comemora**m-no**;

Vira**m**: vira**m-no**.

O pronome oblíquo jamais inicia frase. Por isso, ele aparecerá, em início de frase, depois do verbo, ou utiliza-se algum termo para que ele possa aparecer antes do verbo:

Ex.: Eu te liguei.

Liguei-te.

Pronomes de Tratamento

São pronomes utilizados para dirigir-se ou referir-se a autoridades ou pessoas com quem se tem menos contato. Os mais utilizados são:

PRONOMES DE TRATAMENTO		USADOS PARA
Você		Usado para um tratamento íntimo, familiar.
Senhor, Senhora	Sr., Sr.ª	Pessoas com as quais mantemos um certo distanciamento mais respeitoso.
Vossa Senhoria	V. S.ª	Pessoas com um grau de prestígio maior. Usualmente, os empregamos em textos escritos, como: correspondências, ofícios, requerimentos etc.
Vossa Excelência	V. Ex.ª	Usados para pessoas com alta autoridade, como: Presidente da República, Senadores, Deputados, Embaixadores etc.
Vossa Alteza	V. A.	Príncipes e duques.
Vossa Santidade	V.S.	Para o Papa.
Vossa Magnificência	V. Mag.ª	Reitores de Universidades.
Vossa Majestade	V. M.	Reis e Rainhas.

> O pronome de tratamento concorda com o verbo na 3ª pessoa:

Vossa Excelência me **permite** fazer uma observação?

> Quando o pronome for utilizado para referir-se à 3ª pessoa, o pronome **Vossa** será substituído por **Sua**:

Sua Alteza, o Príncipe William, casou-se com uma plebeia.

Pronomes Possessivos

São pronomes que indicam posse. Observe os exemplos:

Exs.:

Andei tanto que **meus** pés estão doendo.

Pegue **tuas** coisas e vamos embora.

Marina ficou feliz ao ver que **sua** mala não estava perdida.

Os pronomes destacados indicam quem é o possuidor dos itens das orações: pés, coisas e malas. Observe que pelo pronome é possível identificar a pessoa. Isso acontece porque há um pronome possessivo específico para cada pessoa:

Pessoa do discurso	Pronomes possessivos
1ª pessoa do singular 2ª pessoa do singular 3ª pessoa do singular	Meu, minha, meus, minhas Teu, tua, teus, tuas Seu, sua, seus, suas
1ª pessoa do plural 2ª pessoa do plural 3ª pessoa do plural	Nosso, nossa, nossos, nossas Vosso, vossa, vossos, vossas Seu, sua, seus, suas

O pronome possessivo concorda:

> Em pessoa, com o possuidor:

Ex.: Meu irmão chegou de viagem.

1ª pessoa do singular

> Em número, com o que se possui:

Ex.: Teus filhos são lindos!

Masculino plural

Pronomes Demonstrativos

São os pronomes que indicam a posição de algo em relação à pessoa do discurso. Observe os exemplos:

Exs.:

Este mês está sendo ótimo para o comércio graças a Dia das Mães. (mês atual);

Na última semana tivemos quatro provas. **Essa** semana foi uma correria! (passado próximo);

Quando meus filhos eram pequenos, viajamos para a Europa. **Aquela** foi uma viagem inesquecível. (passado distante)

O mesmo ocorre com os mesmos pronomes em relação à localização no espaço. Observe:

Exs.:

Acho que **esta** camiseta ficou bem em mim. (próximo à pessoa que fala);

Esse chapéu ficou ótimo em você! (próximo à pessoa com que se fala);

Você sabe de quem é **aquela** pasta? (distante de quem fala e da pessoa com que se fala).

Pronomes Demonstrativos	
Variáveis	Invariáveis
Este, estas, estes, estas Esse, essa, esses, essas Aquele, aquela, aqueles, aquelas	Isto Isso aquilo

Pronomes Indefinidos

São pronomes que se referem à 3ª pessoas mas sem a função de determinar ou definir. Pelo contrário: são pronomes que dão um sentido vago, impreciso sobre quem ou o que se fala.

Exs.:

Muitos querem sucesso, mas **poucos** estão dispostos a pagar pelo seu preço.

Não se sabe sobre quem ou quantas pessoas se fala, por isso são utilizados pronomes que dão a ideia de quantidade indefinida.

Pronomes indefinidos	
Variáveis	Invariáveis
algum, alguns, alguma, algumas; certo, certos, certa, certas; nenhum, nenhuns, nenhuma, nenhumas; todo, todos, toda, todas; outro, outros, outra, outras; muito, muitos, muita, muitas; pouco, poucos, pouca, poucas; vário, vários, vária, várias; tanto, tantos, tanta, tantas; quanto, quantos, quanta, quantas.	Alguém Ninguém Outrem Tudo Nada Cada Algo Mais Menos

Pronomes Interrogativos

São os pronomes utilizados nas perguntas diretas e indiretas. Observe o exemplo:

Exs.:

Quantas pessoas se matricularam no curso?

Quem estava aqui ontem?

Gostaria de saber **que** dia você viajará.

Pronomes interrogativos
Quem, quanto, quantos, quanta, quantas, qual, quais, que

Pronomes Relativos

São pronomes que se relacionam com termos já citados na oração, evitando a repetição.

Exs.:

Trouxe um livro.

O livro que eu trouxe é o livro que você me pediu.

O pronome relativo que indica e especifica o livro ao qual o interlocutor se refere:

Trouxe o livro **que** você pediu.

O pronome relativo concordará:

> Com o seu antecedente:

As **ruas** pelas quais passou traziam lembranças.

Exceção: pronome cujo (e variações), que concorda com o consequente:

Estou lendo um livro cuja **capa** foi feita pelo meu irmão.

> A regência do pronome relativo seguirá a regra da regência pedida pelo verbo:

Exs.:

É uma menina **de** quem todos **gostam**.

Era uma pessoa **a** quem todos **admiravam**.

Pronomes Substantivos

Em alguns casos, o pronome atuará como substantivo, substituindo-o. Observe:

Poucos conhecem o segredo de viver em paz.

Pronome indefinido – substitui o substantivo

Pronomes Adjetivos

Em alguns casos, o pronome atuará como adjetivo, atribuindo uma característica ao substantivo. Observe:

Este quadro é **meu**.

Pronome possessivo adjetivo

4.2 Palavra Que

A palavra "que" possui diversas funções e costuma gerar muitas dúvidas. Por isso, para entender cada função e identificá-las, observe os exemplos a seguir:

Substantivo

Senti um **quê** de falsidade naquela fala.

Neste caso, o "que" está precedido por um determinante – um artigo, e é acentuado, pois assume o papel de um substantivo. Poderia ser substituído por outro substantivo:

Senti um **ar** de falsidade naquela fala.

Quanto atua como substantivo, o quê será sempre acentuado e precedido por um artigo, pronome ou numeral.

Pronome

Exs.:

Que beleza de festa!

pronome exclamativo

O livro **que** comprei estava em promoção.

pronome relativo

Que dia é a prova?

pronome interrogativo

Interjeição

Exs.: Quê? Não entendi.

Quê! Ela sabe sim!

Preposição

Temos **que** chegar cedo.

Observe que a regência do verbo ter exige a preposição "de": *Temos de chegar cedo.* No entanto, na fala coloquial, já é aceito o uso do "que" como preposição.

Advérbio

Que bela está a casa!

Neste caso, antecede um adjetivo, modificando-o: **como** a casa está bela!

Que longe estava da cidade!

Neste caso, antecede um advérbio, intensificando-o: Estava **muito longe** da cidade.

Conjunção

Exs.:

Que gostem ou **que** não gostem, tomei minha decisão.

conjunção alternativa

Pode entrar na fila **que** não será atendida.

conjunção adversativa

Não falte à aula **que** o conteúdo é importante.

conjunção explicativa

Conjunção Subordinativa

Exs.:

Estava tão cansada **que** não quis recebê-lo.

conjunção subordinativa consecutiva

Gostei da viagem, cara **que** tenha sido.

conjunção subordinativa concessiva

Não corra **que** o chão está molhado!

conjunção subordinativa causal

Partícula Expletiva (de realce)

Que bonito **que** está o seu cabelo!

(não tem função na oração, apenas realça o que está sendo falado)

4.3 Palavra Se

A palavra "se", assim como o "que", possui diversas funções e costuma gerar muitas dúvidas. Por isso, para entender cada função e identificá-las, observe os exemplos a seguir:

Partícula Apassivadora

Vendem-**se** plantas.

(É possível passar a oração para a voz passiva analítica: Plantas são vendidas)

Neste caso, o "se" nunca será seguido por preposição.

Pronome Reflexivo

Ex.: Penteou-**se** com capricho.

Pronome Recíproco

Ex.: Amaram-**se** durante anos.

Partícula Expletiva (de realce)

Ex.: Foi-**se** o tempo em que confiávamos nos políticos.

(não possui função na oração, apenas realça o que foi dito)

Pronome indeterminador do sujeito

Transforma o sujeito em indeterminado.

Exs.:

Precisa-**se** de secretária.

(não se pode passar a oração para a voz passiva analítica)

Nessa casa, come-**se** muito.

Parte do verbo pronominal

Alguns verbos exigem a presença da partícula "se" para indicar que a ação é referente ao sujeito que a pratica:

Ex.: Arrependeu-**se** de ter ligado.

Outros exemplos de verbos pronominais: Lembrar-**se**, queixar-**se**, enganar-**se**, suicidar-**se**.

Conjunção

Exs.:

Vou chegar no horário **se** não chover.

conjunção condicional

Não sei **se** dormirei em casa hoje.

conjunção integrante

Se vai ficar aqui, então fale comigo.

conjunção adverbial causal

Se queria ser mãe, nunca demonstrou amor pelas crianças.

conjunção concessiva

Questões

01. Programa detecta 90% de precisão se a autoria de um texto é falsa

Pense bem antes de considerar colar no seu próximo trabalho escrito. Pesquisadores da Universidade de Copenhague, na Dinamarca, combinaram uma grande base de dados com inteligência artificial para criar um sistema que determina se um texto é original ou foi copiado da internet.

A pesquisa coletou 130 mil redações de estudantes de 10 mil escolas dinamarquesas, e o sistema adivinhou, com 90% de acerto, quais eram falsos. Já existem programas capazes de identificar se um texto foi plagiado de um artigo previamente publicado. Um exemplo é o Lectio, usado nas escolas da Dinamarca. As coisas complicaram quando os alunos começaram a contratar outras pessoas para fazer seus textos, os ghostwriters. A situação é muito expressiva principalmente no último ano do colegial, quando os alunos precisam entregar um trabalho final - como se fosse um TCC do Ensino Médio.

No caso de a redação ter sido escrita por um ghostwriter, os programas utilizados atualmente não são tão eficientes. A técnica criada pelos cientistas identifica diferenças no estilo de escrita do aluno comparando seus textos anteriores. Alguns aspectos que o programa procura são tamanho das palavras, estrutura das frases e como as palavras são usadas. Um exemplo é a própria palavra "exemplo" — ela pode ser escrita inteira ou usando uma abreviação, como ex.

Por enquanto, o novo programa, chamado Ghostwriter, ainda está em fase de pesquisa. Os autores do estudo acreditam que em breve ele poderá ser levado para dentro das escolas, mas antes disso é preciso existir um debate ético. O programa não deve ser o único recurso utilizado para identificar a falsidade do texto. Ele pode indicar ou suspeitar da legitimidade do autor, mas quem deve dar a palavra final são seres humanos.

O Ghostwriter também pode ser útil em outras áreas. Ele pode analisar grandes quantidades de documentos e ajudar a polícia a identificar quais deles são falsificados. Ele também contribui para separar os tweets de usuários verdadeiros daqueles que foram pagos ou feitos por robôs. No Brasil - em que até receita de miojo recebe nota boa no Enem - a tecnologia será muito bem-vinda.

Maria Clara Rossini. Disponível em: https://super.abril.com.br. Acesso em 5/7/2019

Em: "Alguns aspectos que o programa procura...", o pronome relativo foi empregado corretamente, obedecendo às regras de regência. Marque a opção em que o pronome relativo também foi corretamente empregado.

a) Alguns aspectos de que o programa propõe...
b) Alguns aspectos aos quais o programa se origina...
c) Alguns aspectos com que o programa faz alusão...
d) Alguns aspectos dos quais o programa se identifica...
e) Alguns aspectos a que o programa se refere...

02. A palavra QUE destacada pode ser classificada como pronome relativo somente no item:

a) "[...] possui uma constituição QUE emanou da vontade do povo [...]"
b) "[...] isso significa QUE vivemos em uma República."
c) "[...] este trecho estabelece QUE, no Brasil, também funciona a democracia direta."
d) "Ele explica QUE essa palavra por si só concentra todo o significado da expressão."

03. Na oração "certos momentos, jamais chegarão a ser momentos certos", os termos grifados é sucessivamente:

a) Adjetivo e pronome.
b) Pronome indefinido e adjetivo.
c) Pronome pessoal e pronome relativo.
d) Pronome indefinido e pronome relativo.
e) Nenhuma das alternativas.

Gabaritos

01	E
02	A
03	B

5. MORFOLOGIA - VERBO

5.1 Verbos

O estudo dos verbos representa uma parte bastante importante da gramática da Língua Portuguesa. A maioria das circunstâncias comunicativas acontece em torno dessa classe gramatical. Em provas, não se costuma cobrar toda uma conjugação de determinado verbo. Todavia, pode-se solicitar a análise da mudança semântica a partir da modificação das conjugações, ou mesmo se alguma conjugação está correta. Muitas vezes, as conjugações verbais trazem uma significação completamente diferente, dependendo do contexto em que aparecem.

Exs.: Não **matarás**.

(verbo no futuro do presente, mas com conotação de proibição).

Pudera eu ser milionário.

(verbo no pretérito-mais-que-perfeito, mas com conotação de hipótese).

Conjugações do Verbo

Todos os verbos em Língua Portuguesa, quando no infinitivo, terminarão em **ar, er** ou **ir**. Essa classificação é chamada de conjugação:

1ª conjugação: Verbos terminados em AR

2ª conjugação: Verbos terminados em ER

3ª conjugação: Verbos terminados em IR

Locução Verbal

É formada por um ou mais verbos auxiliares e um principal na forma nominal (infinitivo, gerúndio ou particípio).

Exs.: Vou Querer/Pode ter ocorrido/Deve ter sido feito/Estou estudando.

Modo Indicativo

Indica certeza. Conseguimos precisar quando algo realmente acontece, aconteceu ou acontecerá. Mas isso nem sempre é recorrente, muitas vezes, dependendo do tempo verbal, teremos noção hipótese também.

Presente

Indica algo que se faz neste exato momento, algo que se faça rotineiramente, algo que se fará no futuro ou, muitas vezes, pode adquirir até uma conotação de passado (presente histórico).

Reaver: defectivo, possui apenas algumas pessoas no presente do modo indicativo e **inexiste** no presente do modo subjuntivo.

Nós reavemos e vós reaveis.

Aderir: eu adiro, tu aderes, ele adere, nós aderimos, vós aderis, eles aderem. (Competir e repelir seguem a mesma conjugação.)

Intermediar: eu intermedeio, tu intermedeias, ele intermedeia, nós intermediamos, vós intermediais, eles intermedeiam (MEDIAR, ANSIAR, REMEDIAR, INCENDIAR e ODIAR seguem a mesma conjugação).

Aprazer: eu aprazo, tu aprazes, ele apraz, nós aprazemos, vós aprazeis, eles aprazem. (ter prazer)

Pretérito Perfeito

Indica uma ação terminada, concluída no passado. Atenção para as gírias, muitas vezes elas aparecem na linguagem do dia a dia, mas a normal culta condena o uso delas. É o caso do exemplo: "Festa hoje? Fui!". Perceba que o verbo FUI indica uma certeza de algo, porém, na linguagem tradicional, o normal seria VOU ou IREI, mantendo a ideia certa de presença no evento.

Reaver: eu reouve, tu reouveste, ele reouve, nós reouvemos, vós reouvestes, eles reouveram.

Ter: eu tive, tu tiveste, ele teve, nós tivemos, vós tivestes, eles tiveram (Derivados do Ter se conjugam igualmente, **reter, manter, obter, abster, entreter, deter, conter**).

Vir: eu vim, tu vieste, ele veio, nós viemos, vós viestes, eles vieram. (Derivados do VIR se conjugam igualmente, **intervir, advir, provir, convir**.)

Prover: eu provi, tu proveste, ele proveu, nós provemos, vós provestes, eles proveram.

Pretérito Imperfeito

Indica uma ação não concluída no passado. Noção de movimento, algo em andamento, mas no passado. Existe a tendência de usá-lo como ação não feita, tal qual o futuro do pretérito.

Pôr: eu punha, tu punhas, ele punha, nós púnhamos, vós púnheis, eles punham. (Derivados do PÔR se conjugam igualmente, **supor, predispor, propor, repor, transpor, justapor, depor, compor, decompor, opor** etc.)

Amar: eu amava, tu amavas, ele amava, nós amávamos, vós amáveis, eles amavam.

Reaver: eu reavia, tu reavias, ele reavia, nós reavíamos, vós reavíeis, eles reaviam.

Ter: eu tinha, tu tinhas, ele tinha, nós tínhamos, vós tínheis, eles tinham. (Derivados do Ter se conjugam igualmente, **reter, manter, obter, abster, entreter, deter, conter**).

Pretérito-Mais-Que-Perfeito

Indica uma ação anterior ao pretérito perfeito ou uma ação hipotética.

Ex.: Eu abri a garrafa que eu pegara (**PEGUEI** ou **TINHA PEGADO**).

Trazer: eu trouxera, tu trouxeras, ele trouxera, nós trouxéramos, vós trouxéreis, eles trouxeram.

Saber: eu soubera, tu souberas, ele soubera, nós soubéramos, vós soubéreis, eles souberam.

Fazer: eu fizera, tu fizeras, ele fizera, nós fizéramos, vós fizéreis, eles fizeram. (**SATISFAZER** conjuga-se da mesma maneira).

Futuro do Presente

Ação futura ou proibição. Muitas vezes esse tempo verbal pode ser trocado pelo Presente do Indicativo ou pelo Imperativo Negativo, tudo dependendo do contexto!

Querer: eu quererei, tu quererás, ele quererá, nós quereremos, vós querereis, eles quererão.

Aniversariar: eu aniversariarei, tu aniversariarás, ele aniversariará, nós aniversariaremos, vós aniversariareis, eles aniversariarão.

Muitas bancas podem colocar verbos na mesma conjugação na locução, mas com semântica diferente.

Ex.: QUEREREI ≠ DEVEREI QUERER, não se equivalem. QUEREREI indica certeza, DEVEREI QUERER, hipótese.

O correto é **VOU VIR,** e não **VOU VIM**, construção frequente na linguagem coloquial.

Futuro do Pretérito

Indica ação não feita, hipótese, expressão de desejo e ação no passado. Aqui temos o exemplo típico de hipótese. É o tempo verbal do indicativo com mais simbologias, portanto fique atento ao discurso.

Fazer: eu faria, tu farias, ele faria, nós faríamos, vós faríeis, eles fariam. (**SATISFAZER** se conjuga da mesma maneira).

Querer: eu quereria, tu quererias, ele quereria, nós quereríamos, vós quereríeis, eles quereriam.

Dizer: eu diria, tu dirias, ele diria, nós diríamos, vós diríeis, eles diriam. (**MALDIZER** se conjuga da mesma maneira).

Modo Subjuntivo

Hipótese: Usa-se esse modo quando não se sabe a precisão dos fatos. Quando tal modo aparece, consegue-se imaginar certo tom de dúvida, de hipótese. Imaginemos determinado anfitrião perguntando a uma visita: "você quer que eu PEGUE um copo d'água?". O tempo usado é o correto, porque não se sabe qual resposta será dada.

Presente (que)

Vale lembrar que não só a conjunção QUE determina a flexão nesse tempo verbal, pode-se também usar AINDA, QUE, EMBORA etc.

Aderir	Caber	Intervir
adira	caiba	intervenha
adiras	caibas	intervenhas
adira	caiba	intervenha
adiramos	caibamos	intervenhamos
adirais	caibais	intervenhais
adiram	caibam	intervenham

Obs.: os verbos defectivos **INEXISTEM** nesta conjugação, tais como REAVER, EXTORQUIR, FALIR, COLORIR.

Pretérito Imperfeito (se)

Vale lembrar que não só a conjunção SE determina a flexão nesse tempo verbal, pode-se também usar CASO, AINDA QUE etc.

Reaver	Requerer	Intervir	Manter
reouvesse	requeresse	interviesse	mantivesse
reouvesses	requeresses	interviesses	mantivesses
reouvesse	requeresse	interviesse	mantivesse
reouvéssemos	requerêssemos	interviéssemos	mantivéssemos
reouvésseis	requerêsseis	interviésseis	mantivésseis
reouvessem	requeressem	interviessem	mantivessem

Futuro (quando)

Destaca-se que não só a conjunção QUANDO determina a flexão nesse tempo verbal, pode-se também usar SE, CASO etc.

Ver	Vir	Pôr	Manter
Vir	Vier	Puser	Mantiver
Vires	Vieres	Puseres	Mantiveres
Vir	Vier	Puser	Mantiver
Virmos	Viemos	Pusermos	Mantivemos
Virdes	vierdes	Puserdes	Mantiverdes
Virem	vierem	puserem	mantiverem

Muitos tempos verbais no futuro do subjuntivo são conjugados do mesmo modo que o infinitivo impessoal. É o caso do verbo AMAR.

Ex.: Ele falou para eu AMAR (infinitivo).

Quando eu AMAR (futuro do subjuntivo).

Modo Imperativo

Imperativo: pode indicar ordem ou proibição.

Afirmativo

Ordem. Em linguagem coloquial, nota-se que, muitas vezes, o imperativo afirmativo é usado de forma inadequada, sem que o próprio falante se dê conta. Deveríamos usar a conjugação em terceira pessoa, já que esta é bastante frequente nas situações comunicativas cotidianas. O tratamento de VOCÊ é muito mais comum que o de TU. Porém, quando se usa o imperativo, nota-se a constante opção pela conjugação em segunda pessoa: TU.

Presente do Indicativo		Imperativo Afirmativo		Presente do Subjuntivo
Eu compro		-		Que eu compre
Tu compras	sem o **s**	Compra tu		Que tu compres
Ele compra		Compre você		**Que ele compre**
Nós compramos	sem o **s**	Compremos nós		**Que nós compremos**
Vós comprais		Comprai vós		Que vós compreis
Eles compram		Comprem vocês		**Que eles comprem**

Obs.: Todos os verbos se conjugam assim, com exceção de SER. SÊ tu, SEJA você, SEJAMOS nós, SEDE vós, SEJAM vocês.

Negativo

Proibição. Existe uma equivalência com uma dos significados do futuro do indicativo.

Imperativo Negativo		Presente do Subjuntivo
Não sejas tu	←	Que tu sejas
Não seja você	←	Que ele seja
Não sejamos nós	←	Que nós sejamos
Não sejais vós	←	Que vós sejais

Correlação Verbal

As conjugações dos verbos, na maioria das bancas de concurso, não são cobradas de modo direto, senão pela correlação verbal. Ela consiste em situações cujas conjugações verbais aparecem de modo correlato, numa sintonia lógica ao que se queira dizer. Muitas vezes, ficar atento à conjunção ajuda bastante.

Exs.: Ainda que ela **suponha** a solução, nada **mudará**.

Ainda que ela **supusesse** a solução, nada **mudaria**.

Ainda que ela **supuser** a solução, nada **mudará**.

Caso nós **cheguemos** cedo, **iremos** ao show.

Caso nós **chegássemos** cedo, **iríamos** ao show. (Percebe-se que, pela conjugação verbal, tem-se a certeza de que ninguém foi ao show).

Caso nós **chegarmos** cedo, **iremos** ao show.

Vale ressaltar que unir o conhecimento do idioma com a conjugação certa dos verbos é um estudo bastante eficaz para se entender a gramática e compreender como as bancas abordam tal recurso.

Verbos Abundantes

Geralmente, os verbos trazem apenas um particípio, que pode ser regular ou irregular. No caso dos verbos abundantes, os particípios podem aparecer de duas formas: regular (-**do**) e irregular.

Exs.: nascer: nasci**do** → nato

benzer: benzi**do** → bento

morrer: morri**do** → morto

inserir: inseri**do** → inserto

pagar: paga**do** → pago

pegar: pega**do** → pego

enxugar: enxuga**do** → enxuto

Observações:

Usamos o particípio regular (-do), com os verbos auxiliares **TER** e **HAVER**.

Usamos o particípio irregular com os verbos auxiliares **SER** e **ESTAR**.

Ex.: Os boletos **foram pagos**.

A menina **tinha pagado** os boletos.

Obs.: TINHA PAGO é aceito.

Os padres **haviam benzido** o bebê.

Os bebês **estão bentos**.

Vozes Verbais

Indicam a relação que o sujeito mantém com o verbo. A abordagem desse tema é muito comum em provas de concurso. Geralmente, nos enunciados das questões, as vozes verbais podem aparecer associadas a uma palavra que gera dúvidas aos candidatos: transposição.

As vozes verbais são divididas em três: analítica, reflexiva e sintética.

Voz Passiva Analítica

Formada por verbos auxiliares e particípios. Nela, o sujeito recebe a ação e é chamado de sujeito paciente.

Exs.: Eu **corto** o pão. (voz ativa)

O pão **é cortado** por mim. (voz passiva analítica)

Percebe-se que o tempo verbal na voz ativa determina o tempo do verbo auxiliar na voz passiva. Fique atento nas provas, muitas vezes a transposição da voz ativa para a passiva é possível, mas o verbo aparece em outro tempo e você pode se prejudicar. Exemplo: Ele CORTA a maçã/A maçã É CORTADA por ela. Veja que os verbos CORTA e É estão no mesmo tempo verbal.

Exs.: Pintei – **foi** pintado.

Pintara – **fora** pintado.

Pintava – **era** pintado.

Pintará – **será** pintado.

Pintaria – **seria** pintado.

Estou Pintando – **está sendo** pintado.

Estava Pintando – **estava sendo** pintado.

Os verbos que aceitam transposição são os **transitivos diretos**, ou seja, aqueles que aceitam como complemento **algo** ou **alguém**.

Cortar, ver, pintar, amar, selecionar, ultrapassar, transpor, prejudicar etc.: percebemos que todos estes verbos pedem complemento **algo** ou **alguém**.

Não existe **voz passiva analítica** com verbos que exigem, no complemento, uma preposição.

Exs.: Eu gosto **de** você.

Eu assisti **ao** jogo.

Eu preciso **de** ajuda.

Como não existe sujeito preposicionado, não existe a possibilidade de haver **voz passiva analítica**.

Exceção: verbos OBEDECER e DESOBEDECER:

Exs.: Nós desobedecemos **ao** pai → **O pai foi desobedecido por nós**.

Eu obedeço **ao** pai → **O pai é obedecido por mim**.

Existem transposições que fogem do comum, mas estão perfeitamente corretas.

Exs.: Vives rodeado de mulheres. (Mulheres te rodeiam - **voz ativa**)

Pareceis cercado de problemas. (Problemas vos cercam - **voz ativa**)

Reflexiva

Caracteriza-se pela presença de pronome reflexivo, ou seja, o sujeito faz e recebe a ação simultaneamente.

Ex.: Eu **me** penteio - Ele **se** cortou.

Vejamos as formas reflexivas e seus respectivos pronomes.

eu **me** - tu **te** - ele(a)(s) **se** - nós **nos** - vós **vos**.

Sintética

Quando SE é um pronome apassivador ou partícula apassivadora, é possível transformar tal oração em voz passiva analítica. O verbo concorda com o sujeito. Assim, quando o sujeito estiver no plural, o verbo também estará.

Ex.: Vendem-**se** casas. - Casas **são vendidas**.
Pronome apassivador

Ex.: Fazem-**se** reparos. - Reparos **são feitos**.

Aqui **se** analisam as propostas.

Alugam-se salas.

Entender o conceito é o melhor caminho. Em provas, temos alguns exemplos que podem trazer confusão. Portanto, encontrar o sujeito sempre é uma saída. Descobre-se também a concordância correta quando passamos a oração para a voz passiva analítica.

Exs.: Não se **contrapuseram** nossos pontos de vista. → Nossos pontos de vista não **foram contrapostos**.

Aqui se **veem** problemas por toda parte. → Problemas **são vistos** por toda parte.

Verbos Impessoais

Não possibilitam a alguém exercer a ação. Só existem na 3ª pessoa do singular (em todos os tempos e modos). Aparecem em orações cujo sujeito é inexistente. São 4 os verbos impessoais:

Haver (no sentido de existir)

Na sala, **há** alunos.

Há = Existem

Exs.: Haverá problemas. (vai haver)

Existirão problemas. (vão existir)

Quando for utilizado o verbo EXISTIR, o sujeito se torna PROBLEMAS. Há diferença gramatical, mas não semântica, ou seja, o sentido continua o mesmo. Cuidado: muitas vezes, a locução verbal pode trazer mudança semântica. Desse modo, se a locução for DEVERÁ HAVER PROBLEMAS, existe a possibilidade de haver ou não problemas.

Fazer (indicando tempo decorrido)

Exs.: Hoje **faz** 15 anos que me formei.

Lá **faz** invernos rigorosos.

Verbos que Indicam Fenômenos da Natureza

Exs.: Chove sem parar.

Amanheceu muito tarde.

Na oração "**O dia** amanheceu tarde", a semântica é a mesma. Porém, há sujeito. Desse modo, o verbo, mesmo representando semanticamente um fenômeno da natureza, deixa de ser impessoal.

Ser

Sentido de tempo e quantidade: pode vir no plural, ainda assim será impessoal.

Ex.: É meia-noite.

É 01 de maio.

É meio-dia e meia.

SÃO 14 horas.

É (dia) / **SÃO** 25 de agosto.

100 reais **É** suficiente.

Vimos como os verbos são determinantes em uma prova. Saber a conjugação para entender a correlação e os sentidos que dão ao texto é fundamental. Conhecer as regras gramaticais ajuda, porém, entender cada forma como o verbo se mostra e as relações que possui é primordial ao entendimento de uma mensagem, de um texto. Verbo é essencial em Língua Portuguesa e sempre estará presente em qualquer assunto gramatical.

Transitividade Verbal

Os verbos dividem-se conforme a sua transitividade. São eles:

Intransitivo: Quando o sentido do verbo é completo e não exige complemento.

Ex.: Meu vizinho morreu.

Transitivo: Quando o sentido do verbo não é completo e é necessário um complemento para que faça sentido. Dentre os transitivos, pode ser:

Transitivo Direto: Quando exige um complemento que não é seguido por preposição (objeto direto):

Ex.: Comprei uma bolsa.

Transitivo Indireto: Quando exige um complemento que é seguido por preposição (objeto indireto):

Ex.: Gosto de cantar.

Transitivo Direto e Indireto (bitransitivo): Quando exige dois complementos para fazer sentido:

Ex.: Entreguei uma carta ao porteiro.

Verbo de Ligação: Quando não exprime uma ação e sim uma característica do sujeito:

Ex.: Marina é bonita.

São verbos de ligação:

Ser

Estar

Continuar

Andar

Parecer

Permanecer

Ficar

Tornar-se

Virar

Questões

01. O fragmento abaixo foi retirado do poema Ternura, de Vinícius de Moraes.

"Eu te peço perdão por te amar de repente Embora o meu amor seja uma velha canção nos teus ouvidos Das horas que passei à sombra dos teus gestos Bebendo em tua boca o perfume dos sorrisos Das noites que vivi acalentado Pela graça indizível dos teus passos eternamente fugindo Trago a doçura dos que aceitam melancolicamente (...)"

Se esse mesmo fragmento fosse reescrito usando a 3ª. pessoa do singular para dirigir-se ao seu interlocutor, mantendo-se o uso determinado pela gramática normativa, a uniformidade de tratamento e o sentido original, teríamos:

a) Eu te peço perdão por lhe amar de repente Embora o meu amor seja uma velha canção nos seus ouvidos Das horas que passei à sombra dos seus gestos Bebendo em tua boca o perfume dos sorrisos Das noites que vivi acalentado Pela graça indizível dos teus passos eternamente fugindo Trago a doçura dos que aceitam melancolicamente (...)

b) Eu lhe peço perdão por me amar de repente Embora o seu amor seja uma velha canção nos meus ouvidos Das horas que passei à sombra dos seus gestos Bebendo em tua boca o perfume dos sorrisos Das noites que vivi acalentado Pela graça indizível dos seus passos eternamente fugindo Trago a doçura dos que aceitam melancolicamente (...)

c) Eu lhe peço perdão por lhe amar de repente Embora o meu amor seja uma velha canção nos seus ouvidos Das horas que passei à sombra dos seus gestos Bebendo em sua boca o perfume dos sorrisos Das noites que vivi acalentado Pela graça indizível dos seus passos eternamente fugindo Trago a doçura dos que aceitam melancolicamente (...)

d) Eu lhe peço perdão por lhe amar de repente Embora o seu amor seja uma velha canção nos meus ouvidos Das horas que passei à sombra dos seus gestos Bebendo em sua boca o perfume dos sorrisos Das noites que vivi acalentado Pela graça indizível dos seus passos eternamente fugindo Trago a doçura dos que aceitam melancolicamente (...)

02. Os verbos defectivos representam aqueles que não possuem uma conjugação completa. A alternativa em que todos os verbos são defectivos é

a) cantar / haver / fazer / vir

b) brincar / namorar / saber / ruir

c) estar / perdoar / vencer / querer

d) chorar / acordar / parecer / aturdir

e) adequar / reaver / colorir / extorquir

03. De acordo com as classes de palavras da nossa língua portuguesa, aquilo que expressa ações ou estado, denomina-se:

a) Artigo;

b) Verbo;

c) Substantivo;

d) Pronome.

Gabaritos

01	C
02	E
03	B

6. SINTAXE DA ORAÇÃO

6.1 Frase

Observe os exemplos:

Cuidado!

Estou cansada.

Passei no concurso!

Mentira!

Jura?

Anda logo!

Toda palavra ou conjunto de palavras organizada de maneira coerente e que transmita informações ou tenha sentido é considerada **frase**.

Classificação da Frase

De acordo com o seu **significado**, uma frase pode ser:

Declarativa ou afirmativa: Eu gosto de você.

Interrogativa: Você sabe que dia é a prova?

Exclamativa: Mentira!

Imperativa: Fique onde está.

Nominal

Quando não possui verbos:

Exs.:

Silêncio!

Bom dia!

Verbal

Quando possui verbos:

Exs.:

João **gosta** de Química.

As crianças **brincavam** no quintal.

Os meninos **são** muito agitados.

A frase verbal também é considerada *oração*.

6.2 Oração

Todo enunciado que faz sentido e que possui verbo é considerado oração.

Exs.:

Cansei *de esperar.*

Eles **estão estudando** muito para a prova.

As meninas **passaram** horas se **arrumando** para a festa.

É preciso observar que:

- Nem toda frase é oração

Somente será oração quando houver verbo. Portanto, alguns enunciados serão apenas frases, pois terão sentido completo mas sem a presença de verbos:

Ex.: Que calor!

- Nem toda oração é frase

Em alguns casos, a oração não fará sentido sem um complemento. Portanto, haverá a presença de verbo, mas não será considerada uma frase:

Ex.: *Gostei | de você ter falado o que sentia.*

Observe que o primeiro verbo não faz sentido sem o complemento, sendo, portanto, uma oração, e não uma frase.

Período: Toda oração é chamada também de período, que pode ser:

Simples: Quando possui apenas um verbo, ou seja, apenas uma oração:

Exs.:

Eles **gostaram** do bolo.

As roupas **secaram** no varal.

Composto: Quando possui mais de um verbo, ou seja, mais de uma oração:

Exs.: Queremos que as coisas **sejam resolvidas** logo.
1ª oração 2ª oração

Era tarde quando **chegamos** do trabalho.
1ª oração 2ª oração

Quando houver uma locução verbal, será contado apenas o verbo principal, ou seja, será apenas uma oração:

Vai ficar tarde para **ligar** para ela.
1ª oração 2ª oração

Termos Essenciais da Oração

Observe o trecho a seguir:

Os alunos gostam das aulas de Inglês.

A oração faz sentido porque possui dois elementos essenciais: sujeito e predicado.

Sujeito é o termo sobre o qual a oração fala.

Predicado é o que se fala sobre o sujeito.

Os **alunos** <u>gostam das aulas de Inglês</u>.
Sujeito Predicado

Sujeito

Núcleo do sujeito: É o termo essencial na identificação do sujeito:

Os alunos.
Artigo substantivo

Núcleo do sujeito: alunos

Tipos de sujeito

Determinado: Quando é possível identificar o sujeito, ele é chamado sujeito determinado. Ele pode ser:

Simples: Quando possui apenas um núcleo:

Meus filhos gostam de almoçar aqui.

Núcleo: filhos.

Composto: Quando possui mais de um núcleo:

Meus filhos e meus netos gostam de almoçar aqui.

Núcleo: filhos, netos.

Oculto: Quando o sujeito não aparece na oração, mas é possível identificá-lo através do verbo:

Gostei de almoçar aqui.

Sujeito: eu.

Fomos embora cedo.

Sujeito: nós.

Indeterminado: Pode ser representado de duas maneiras:

01. Verbo na 3ª pessoa do plural.

Chegaram atrasado.

Falaram sobre ele.

Reclamaram dos preços.

Disseram que a fila estava enorme.

Note que nos períodos acima não é possível identificar o agente das ações. Por isso, é chamado sujeito indeterminado.

Observação: dependendo do contexto, o verbo na 3ª pessoa não significará sujeito indeterminado.

Exs.: Os meninos vieram do banco. Disseram que a fila estava enorme.

Sujeito: os meninos – implícito na oração e identificado graças ao contexto.

02. Verbo + partícula "se"

Confia-se muito em medicamentos.

Sujeito: ?

A partícula "se", nesse caso, atua como índice de indeterminação do sujeito. Essa construção ocorrerá com verbos transitivos indiretos, verbos intransitivos e verbos de ligação. Observe:

Ex.: Precisa-se de vendedores.

verbo transitivo indireto

Quem precisa?

Sujeito indeterminado.

Ex.: Vive-se melhor no campo.

verbo intransitivo

Quem vive?

Sujeito indeterminado.

Note que as orações anteriores não estão na voz passiva, pois não é possível convertê-las para a voz ativa:

Vive-se melhor no campo.

Precisa-se de vendedores.

Diferentemente dos exemplos acima, a construção de "verbo + se" também pode indicar voz passiva sintética. Veja o exemplo a seguir:

Vende-se terreno.

verbo transitivo direto

Nesse caso, a partícula "se" é pronome apassivador, e o sujeito é "terreno". A oração na voz ativa ficará: Terreno é vendido.

Oração sem Sujeito

Em alguns casos, a ação expressa pelo verbo não terá sujeito. São eles:

Haver: Quando significar existir, acontecer, realizar:

Exs.:

Há muita gente passando fome. (existe)

O que **houve**? (aconteceu)

Houve uma cerimônia rápida em homenagem aos pais. (realizou-se)

Fazer, ser e estar: Quando significar tempo decorrido ou tempo decorrido de um fenômeno da natureza:

Exs.:

Faz dias que não a vejo.

Faz dias que chove.

Estava calor.

Verbos que expressam fenômenos da natureza

Amanheceu, embora ninguém tivesse dormido.

Choveu a noite inteira.

Faz anos que não **neva** aqui.

Predicado: embora seja possível existir oração sem sujeito, não existe oração sem predicado.

Ex.: Faz duas semanas que não a vejo.

Predicado

O predicado se divide em 3 tipos: verbal, nominal e verbo-nominal.

Predicado verbal: é o predicado cujo verbo indica uma ação:

Ex.:

Os **meninos levantaram** com pressa.

As águas **correm** depressa nessa parte do rio.

O núcleo do predicado verbal sempre será o verbo:

Os meninos **levantaram** cedo.

Sujeito Predicado

Núcleo do predicado: levantaram

Predicado nominal: é o predicado cujo verbo indica um estado do sujeito:

Ex.:

Os alunos **parecem** cansados.

Raul **estava** atrasado quando me encontrou.

Os verbos do predicado nominal são os **verbos de ligação**, que não indicam ação mas características do sujeito. Os principais verbos de ligação são:

Andar

Continuar

Estar

Ficar

Parecer

Permanecer

Ser

Assim como ocorre no predicado verbal, o núcleo do predicado nominal será o verbo de ligação:

Os alunos (Sujeito) **parecem** cansados. (Predicado; **parecem**: Núcleo do predicado)

Predicado verbo-nominal: em alguns casos, o predicado verbal e o predicado nominal aparecerão juntos, ou seja, o predicado indicará uma ação e um estado do sujeito:

Os meninos (Sujeito) **subiram** (Ação) as escadas apressados. (Estado – Estavam apressados)

O predicado verbo-nominal apresentará dois núcleos: os verbo de ação e o verbo de ligação.

No exemplo apresentado acima, o núcleo será: *subiram* e *apressados*.

Termos Integrantes da Oração

Em alguns casos, o verbo ou nome expresso na oração não apresenta sentido completo, exigindo um complemento para que a informação seja transmitira. Estes complementos, por não serem opcionais mas obrigatórios, são chamados de termos integrantes da oração. Eles são divididos em: objeto direto, objeto indireto, complemento nominal e agente da passiva.

Objeto direto: é o termo que completa o sentido do verbo transitivo direto. Observe o exemplo a seguir:

Ex.: Compramos frutas na feira.

O verbo comprar não possui sentido completo. Ou seja: é um verbo transitivo e exige um complemento para que a oração fique clara.

Como este complemento é ligado a ele de maneira direta, sem o auxilio de uma preposição, é chamado **objeto direto**.

Objeto indireto: é o termo que completa o sentido do verbo transitivo indireto. Observe o exemplo a seguir:

Eu **gostei** da viagem.

O verbo gostar não possui sentido completo. Ou seja: é um verbo transitivo e exige um complemento para que a oração fique clara.

Como este complemento é ligado a ele de maneira indireta, com o auxilio de uma preposição, é chamado **objeto indireto**.

Complemento nominal: em alguns casos, o termo que terá o sentido incompleto e exigirá um complemento será um nome (substantivo, adjetivo ou advérbio). Observe o exemplo a seguir:

Ex.: A saudade (Substantivo) **de casa** (complemento nominal) agitava a menina.

Agente da passiva: quando o verbo aparece na voz passiva, ou seja, com sujeito paciente, o termo que pratica a ação verbal será chamado **agente da passiva**:

Ex.: A festa (Sujeito paciente) foi paga **pelos funcionários do banco.** (Agente da passiva)

Se a oração for passava para voz ativa, o agente da passiva será sujeito:

Os funcionários do banco (sujeito) pagaram a festa.

Termos Acessórios da Oração

Adjunto adnominal: assim como o complemento nominal, o adjunto adnominal completa o sentido de um nome, caracterizando-o.

As luzes **de Natal** enfeitavam **a** sala.

Adjunto adnominal: as, de natal, a.

Os termos que completam o sentido de um nome podem ser artigos, adjetivos ou numerais:

Ex.: A (Artigo) cidade inteira acordou com **uma** (numeral) sensação **estranha.** (adjetivo)

Diferença entre adjunto adnominal e complemento nominal

Considerando que ambos completam o sentido de um nome, é comum ter dúvidas entre o adjunto adnominal e o complemento nominal. Para distingui-los, é importante observar os critérios abaixo:

Complemento nominal	Adjunto adnominal
Sempre com preposição	Nem sempre com preposição
Se relaciona com substantivos, adjetivos e	Se relaciona somente com substantivos, nunca com adjetivos ou advérbios
Nunca se relaciona com substantivos concretos	Se relaciona com substantivos concretos
	Transmite a ideia de **posse**

Adjunto Adverbial

Este é um dos termos da oração, muito abordado em provas de concurso. Tem-se observado que a nomenclatura dos adjuntos adverbiais não é visada pelas bancas; o que se aborda é a significação que tais palavras adquirem no contexto de um enunciado.

É importante frisar que o ADVÉRBIO está ligado ao verbo, e não o complementa. Sua função é modificar um verbo ou outro advérbio.

Exs.:

Eu moro **longe.** (Modificando um verbo)

Eu moro **muito** (Modificando outro advérbio) longe.

É possível perceber que as nomenclaturas representam realmente o que simbolizam.

De tempo (quando?): Termo que sempre vai designar ideia de tempo.

Ex.: Hoje, geralmente, amanhã, ontem, nunca, jamais etc.

De lugar (onde?): Termo que sempre vai designar ideia de lugar.

Ex.: Aqui, lá, acolá, ali etc.

De afirmação: Termo que sempre vai designar ideia de afirmação.

Ex.: Sim, certamente, com certeza, sem dúvida, amém etc.

De negação: Termo que sempre vai designar ideia de negação.

Ex.: Não, nunca, jamais etc.

De dúvida: Termo que sempre vai designar ideia de dúvida.

Ex.: Talvez, quiçá, oxalá, provavelmente etc.

De causa: Termo que sempre vai designar ideia de causa.

Exs.: Tremeu **com a palavra**.

Vibrou **com a notícia**.

De instrumento: Termo que sempre vai designar ideia de instrumento.

Exs.: Feriu-se **com o anzol**.

Enforcou-se **com a corda**.

De companhia: Termo que sempre vai designar ideia de companhia.

Exs.: Saí **com minha tia.**

Viajamos **com a mãe.**

De modo: Termo que sempre vai designar ideia de modo.

Ex.: Erroneamente, facilmente, às claras, às escuras etc.

De intensidade: Termo que sempre vai designar ideia de intensidade.

Ex.: Muito, pouco, menos, mais, bastante etc.

De assunto: Termo que sempre vai designar ideia de assunto.

Ex.: Falei **sobre gramática**.

De proporção: Termo que sempre vai designar ideia de proporção.

Ex.: À medida que, à proporção que, conforme, quanto mais, quanto menos etc.

De finalidade: Termo que sempre vai designar ideia de finalidade.

Ex.: Para que, a fim de (que), para etc.

De consequência: Termo que sempre vai designar ideia de consequência.

Ex.: Tanto que, tamanho que, tal que, tão que etc.

De concessão: Termo que sempre vai designar ideia de concessão.

Ex.: Embora, ainda que, por mais, apesar de, conquanto etc.

De condição: Termo que sempre vai designar ideia de condição.

Ex.: Se, caso, desde que, contanto que etc.

De comparação: Termo que sempre vai designar ideia de comparação.

Ex.: Como, tal qual, (do) que, qual, quão etc.

De conformidade: Termo que sempre vai designar ideia de conformidade.

Ex.: Como, conforme, segundo, consoante, de acordo etc.

De meio: Termo que sempre vai designar ideia de meio.

Exs.: Fui **de trem.**

Mandei **via correio**.

Aposto: Observe o exemplo a seguir:

João, **morador do térreo**, reclamou do barulho das crianças na garagem.

O termo destacado acrescenta uma informação sobre o sujeito, identificando-o ou caracterizando-o. Este termo é chamado *aposto.*

São Paulo, **maior cidade do país**, luta contra a poluição.

Fascinadas com o parque, as meninas não queriam ir embora.

Geralmente, o aposto aparece entre vírgulas. Entretanto, quando aparece sem elas, é chamado aposto restritivo. Observe a diferença:

Os alunos da tarde que vão viajar devem entregar a autorização até amanhã.

Os alunos da tarde, que vão viajar, devem entregar a autorização até amanhã.

No 1º caso, entende-se que apenas os alunos da tarde que vão viajar precisam entregar a autorização. Trata-se, portanto, de aposto restritivo.

No 2º caso, entende-se que TODOS vão viajar e o aposto, portanto, é uma informação que cabe a todos os alunos da tarde. Trata-se, portanto, de aposto explicativo.

Vocativo

Observe os exemplos a seguir:

Marina, você viu o edital do concurso?

Crianças, já bateu o sinal!

Corram, **meninas**, vocês vão se atrasar!

Observe que os termos assinalados não possuem relação sintática com os enunciados. Trata-se de uma **interlocução**, uma relação entre quem fala e quem ouve.

Questões

01. Programa detecta 90% de precisão se a autoria de um texto é falsa

Pense bem antes de considerar colar no seu próximo trabalho escrito. Pesquisadores da Universidade de Copenhague, na Dinamarca, combinaram uma grande base de dados com inteligência artificial para criar um sistema que determina se um texto é original ou foi copiado da internet.

A pesquisa coletou 130 mil redações de estudantes de 10 mil escolas dinamarquesas, e o sistema adivinhou, com 90% de acerto, quais eram falsos. Já existem programas capazes de identificar se um texto foi plagiado de um artigo previamente publicado. Um exemplo é o Lectio, usado nas escolas da Dinamarca. As coisas complicaram quando os alunos começaram a contratar outras pessoas para fazer seus textos, os ghostwriters. A situação é muito expressiva principalmente no último ano do colegial, quando os alunos precisam entregar um trabalho final – como se fosse um TCC do Ensino Médio.

No caso de a redação ter sido escrita por um ghostwriter, os programas utilizados atualmente não são tão eficientes. A técnica criada pelos cientistas identifica diferenças no estilo de escrita do aluno comparando seus textos anteriores. Alguns aspectos que o programa procura são tamanho das palavras, estrutura das frases e como as palavras são usadas. Um exemplo é a própria palavra "exemplo" – ela pode ser escrita inteira ou usando uma abreviação, como ex.

Por enquanto, o novo programa, chamado Ghostwriter, ainda está em fase de pesquisa. Os autores do estudo acreditam que em breve ele poderá ser levado para dentro das escolas, mas antes disso é preciso existir um debate ético. O programa não deve ser o único recurso utilizado para identificar a falsidade do texto. Ele pode indicar ou suspeitar da legitimidade do autor, mas quem deve dar a palavra final são seres humanos.

O Ghostwriter também pode ser útil em outras áreas. Ele pode analisar grandes quantidades de documentos e ajudar a polícia a identificar quais deles são falsificados. Ele também contribui para separar os tweets de usuários verdadeiros daqueles que foram pagos ou feitos por robôs. No Brasil – em que até receita de miojo recebe nota boa no Enem – a tecnologia será muito bem-vinda.

Maria Clara Rossini. Disponível em: https://super.abril.com.br. Acesso em 5/7/2019

No trecho "ele poderá ser levado para dentro das escolas, MAS antes disso é preciso existir um debate ético.", o termo destacado pode ser substituído, sem alteração de sentido, por:

a) portanto.
b) porque.
c) entretanto.
d) por isso.
e) logo.

02. O termo destacado em "A técnica criada pelos cientistas identifica DIFERENÇAS no estilo da escrita" exerce função sintática de:

a) objeto direto.
b) objeto indireto.
c) complemento nominal.
d) agente da passiva.
e) predicativo.

03. O termo destacado em "Os autores do estudo acreditam que EM BREVE ele poderá ser levado para dentro das escolas" exerce função sintática de:

a) objeto direto.
b) objeto indireto.
c) predicativo.
d) adjunto adnominal.
e) adjunto adverbial.

Gabaritos

01	C
02	A
03	E

7. SINTAXE DO PERÍODO

Observe as orações a seguir:

Fui à fazenda.

Cheguei à fazenda e **corri** para ver o lago.

Gostei de **andar** pela fazenda.

A primeira oração possui apenas um verbo e o sentido completo. Trata-se, portanto, de um **período simples**, ou uma **oração absoluta.**

No segundo caso, temos duas orações, ou seja, dois verbos, com sentidos completos e independentes uma da outra.

Ex.: Cheguei à fazenda. **Corri** para ver o lago.

Cheguei à fazenda e **corri** para ver o lago.

Por possuir mais de um verbo, trata-se de um **período composto.**

Por serem as orações independentes, trata-se de um período composto por coordenação. As orações são **coordenadas.**

No terceiro caso, as duas orações não possuem sentido completo e independente:

Ex.: Gostei de **andar** pela fazenda.

As orações dependem uma da outra para ter sentido, não sendo, portanto, independentes. Neste caso, trata-se de um período composto por subordinação. Há uma oração principal e uma **oração subordinada.**

7.1 Período Composto por Coordenação

As orações coordenadas são aquelas que possuem sentido independente.

As orações coordenadas podem ser:

Sindéticas: quando possuem elemento de ligação, normalmente representado pelas conjunções:

Ex.: Cheguei tarde **e** logo dormi.

Assindéticas: quando não possuem elemento de ligação, normalmente representado pelas conjunções:

Ex.: Tentou, (1ª oração) cansou, (2ª oração) desistiu. (3ª oração)

Aditivas: são as orações que dão a ideia de adição. Normalmente são ligadas por uma conjunção aditiva:

Ex.: Chegou cansada **e** logo foi dormir.

Alternativas: são as orações que dão a ideia de alternância. Normalmente são ligadas por uma conjunção alternativa:

Ex.: Ou chega atrasado **ou** sai mais cedo.

Adversativas: são as orações que dão a ideia de oposição. Normalmente são ligadas por uma conjunção adversativa:

Ex.: Chegou cansada, **mas** deu atenção aos filhos.

Explicativas: são as orações que dão a ideia de explicação. Normalmente são ligadas por uma conjunção explicativa:

Ex.: Estava chateado, **pois** *não* conseguiu o emprego que queria.

Conclusivas: são as orações que dão a ideia de conclusão. Normalmente são ligadas por uma conjunção conclusiva:

Ex.: Choveu o dia inteiro, **portanto** não poderemos realizar a reunião no gramado.

7.2 Período Composto por Subordinação

O período composto por subordinação é caracterizado pela presença de uma oração principal e uma a ela subordinada.

A classificação das orações subordinadas é semelhante à classificação dos termos no período simples. A diferença é que o termo será representado por uma oração.

Oração Subordinada Substantiva

As orações subordinadas substantivas classificam-se em:

Oração subordinada substantiva	Função
Subjetiva	Sujeito da oração principal
Objetiva direta	Objeto direto da oração principal
Objetiva indireta	Objeto indireto da oração principal
Completiva nominal	Complemento nominal (de um termo) da oração principal
Apositiva	Aposto da oração principal
Predicativa	Predicativo do sujeito da oração principal

As orações subordinadas substantivas exercem a mesma função sintática que os substantivos exerceriam na oração. Observe:

Ex.: Mariana gosta (VTI) de doces. (OI)

Ex.: Mariana gosta (VTI) de passear com o cachorro.

de passear com o cachorro: por possuir verbo, é uma oração subordinada com função de OI. Portanto, trata-se de uma oração subordinada substantiva objetiva indireta.

Subjetiva: a oração subordinada substantiva subjetiva tem a função de sujeito da oração principal:

Exs.: Não **convém** falar mal dos outros.

Foi **avisado** que a reunião ia demorar.

Objetiva direta: a oração subordinada objetiva direta tem a função de objeto direto da oração principal:

Ex.: As meninas **falaram** (VTD) que você gostou do presente.

Objetiva indireta: a oração subordinada objetiva indireta tem a função de objeto indireto da oração principal:

Os alunos **gostaram** (VTI) de falar sobre as férias

Completiva nominal: a oração subordinada completiva nominal tem a função de complemento nominal de um nome da oração principal:

Ex.: Nós ficamos **cansados** (nome incompleto) por viajar tanto tempo.

Apositiva: a oração subordinada apositiva tem a função de aposto da oração principal:

Ex.: Uma coisa era certa: **nada seria como antes**.

Predicativa: a oração subordinada predicativa tem a função de predicado da oração principal.

Acontece quando a oração principal apresenta um verbo de ligação:

Meu medo ***era*** que ***chovesse no dia da viagem***.

Orações subordinadas adverbiais: têm valor de advérbio e formam um total de 9 tipos de orações. O mais comum em provas é cobrar o valor da conjunção. Atenção: **oração = verbo** - *subordinada = dependência* - adverbial = valor de advérbio.

Oração subordinada adverbial temporal: possui valor de tempo e traz conjunções como QUANDO, DESDE QUE, ENQUANTO, ASSIM QUE, LOGO QUE etc.

Desde que trabalho, meus sonhos acontecem.
Conj. temporal

Trabalho = modo indicativo (tempo)

Oração subordinada adverbial condicional: possui valor de condição e traz conjunções como SE, CASO, DESDE QUE, CONTANTO QUE etc.

Desde que trabalhe, meus sonhos acontecerão.
Conj. condicional

Trabalhe = subjuntivo (hipótese)

Oração subordinada adverbial proporcional: possui valor de proporção e traz conjunções como À MEDIDA QUE, À PROPORÇÃO QUE, CONFORME, QUANTO MAIS, ASSIM COMO etc.

Ex.: **À medida que leio,** mais inteligente fico.
Conj. proporcional

Existem muitas conjunções que podem aparecer com valores distintos. Portanto, decorar não é a solução. Dependendo de como elas apareçam na oração e de como se relacionam com verbos, o valor de tais conectivos muda.

Oração subordinada adverbial consecutiva: possui valor de consequência e traz conjunções como TANTO QUE, TÃO QUE, TAMANHO QUE etc.

Ex.: O tombo foi **tão** feio **que** desmaiou.
Conj. consecutiva

Oração subordinada adverbial causal: possui valor de causa e traz conjunções como PORQUE, COMO, JÁ QUE, UMA VEZ QUE etc.

Exs.: **Como** você não apareceu, fui ao cinema.
Conj. causal

Nosso produto vende mais, **porque** é fresquinho.
Conj. causal

É comum confundir conjunções causais com as explicativas. Para não cair em armadilhas, pergunte "O que acontece primeiro?". A causa sempre vem primeiro, se houver conjunção na causa, a conjunção terá valor de causa, se não, terá valor de explicativa.

Oração subordinada adverbial conformativa: possui valor de conformidade e traz conjunções como CONFORME, COMO, SEGUNDO, CONSOANTE, DESTA FORMA etc.

Ex.: Segui as instruções **como** nós havíamos combinado.
Conj. conformativa

Oração subordinada adverbial comparativa: possui valor de comparação e traz conjunções como QUE, TAL QUAL, QUAL, QUÃO, COMO etc.

Ex.: Ela me tratou **como** se eu não existisse.
Conj. comparativa

Oração subordinada adverbial final: possui valor de finalidade e traz conjunções como A FIM DE (QUE), PARA QUE, PARA etc.

Ex.: Rezei **para que** a prova fosse adiada.
Conj. final

Oração subordinada adverbial concessiva: possui valor de concessão (ceder) e traz conjunções como EMBORA, AINDA QUE, CONQUANTO, APESAR DE, POR MAIS QUE etc.

Ex.: **Embora** odeie minha sogra, dependo dela.
Conj. concessiva

Orações Subordinadas Adjetivas

Orações que têm valor de adjetivo. Se houver conectivos nessas orações, serão pronomes relativos QUE, O(A)(S) QUAL(IS), CUJO (A)(S) etc. Não é comum aparecerem nas provas com essa nomenclatura, porém é a vírgula quem dá toda a diferença delas. Fique atento à semântica, ao entendimento do contexto das orações.

O gelo **FRIO** – adjetivo explicativo.

Que é frio

A mulher **GANANCIOSA** – adjetivo restritivo.

Que é gananciosa

QUE é um pronome relativo.

Para transformar adjetivos em orações, colocamos verbos neles.

Adjetiva explicativa: são aquelas orações que têm valor de adjetivo explicativo, ou seja, se retiradas não fazem diferença numa oração. Sempre são isoladas por vírgulas.

Exs.: A mãe, **que tem filhos,** detesta fraldas de pano.

Este menino, **que rouba livros**, é analfabeto.

A menina, **que nunca foi santa**, aprontou mais uma.

Perceba que aqui o entendimento da oração, do idioma, fica mais evidente que a nomenclatura gramatical. Perceba que todas as orações em destaque não fazem diferença na mensagem. Todo padre faz seminário. Já se sabe quem enforcou o rato e, se a menina aprontou MAIS UMA, significa que ela nunca foi santa.

Adjetiva restritiva: são aquelas orações que têm valor de adjetivo restritivo, ou seja, são essenciais para pontuar uma mensagem. Literalmente restringem uma informação. A vírgula depois dela, uma só, é opcional.

O padre **que é bêbado** (,) sempre atrasa a missa.

O cão **que latiu** (,) estava bravo.

Perceba que não é qualquer padre ou qualquer cão, todos eles estão especificados, ou seja, restritos. Na terceira oração, o tempo verbal faz a diferença, veja que se falou do "cão que latiu", apenas dele.

Exs.: Almocei com meu irmão **que se casou**. (restritiva)

Almocei com meu irmão, **que se casou**. (explicativa)

A diferença entre as duas é gritante. Na primeira, o sujeito possui mais de um irmão, ele especifica com qual deles almoçou. Na segunda, ele possui apenas um irmão.

As nomenclaturas reforçam a tese. Repare que na segunda, sendo explicativa, já se sabe com qual irmão ele almoçou. Na primeira ele restringe com qual irmão almoçou.

Exs.: Vi o senador **que é meu vizinho**. (restritiva)

Vi o senador, **que é meu vizinho**. (explicativa)

Na primeira, sei de qual senador o sujeito se refere. Na segunda, pode-se falar que o sujeito esteja na Câmara do Senado, por especificar qual senador, entre muitos que lá trabalham, ele viu.

Vimos neste capítulo como o valor das conjunções pode e vai confundir você, caso sua mente não esteja atenta. Saber quais são as conjunções é válido, porém saber o valor que possuem é ainda mais útil e eficaz para êxito numa prova de concurso. Assim como na coordenadas, as subordinadas pedem uma atenção ainda maior. O lado positivo é que representam literalmente o nome que recebem. Já nas substantivas, não se esqueça de que a conjunção é sempre integrante e que você consegue substituir toda uma oração substantiva por ISSO. Nas adjetivas, as vírgulas diferenciam uma da outra, entretanto estar atento à mensagem é o essencial para ter êxito nas provas.

Questões

01. Leia atentamente o texto abaixo para responder à questão.

Sem direito e Poesia

Eis me aqui, iniludível. Incipiente na arte da escrita, desfraldo sentimentos vestindo-os com as palavras que lhes atribuem significado. Às vezes dá vontade ser assim, hermético. Talvez, porque eu sinta que o mundo não me entende ou porque, talvez, eu não me encaixe harmonicamente no mundo, é que sinto esta liberdade em não me fazer entender. É que, talvez, a vida seja mesmo um mal entendido.

Portanto, despiciendo as opiniões e me faço prolixo. Suasório para o intento de escrever em uma língua indecifrável ao homem comum. Meu vocabulário, quando quero, é um quarto cerrado e, nele me tranco e jogo fora a chave do entendimento. Dizem-me que as palavras devem ser um instrumento para comunicar-se e que isto é fazer-se entender. Mas eu, que do mundo nada entendo, por que razão deveria me fazer entender?

Sinto o decesso aproximar-se, pelo esvair-se do fluido vital, e, sem tempo para o recreio desejado, com os ombros arcados pelos compromissos assumidos, tenho no plenilúnio um desejo imarcescível de que haja vida no satélite natural. Talvez, após o decesso, eu possa lá estabelecer morada e, vivendo em uma sociedade singular, haja o recreio em espírito. Na realidade. Na iniludível realidade, meu recreio é uma sala ampla. Teto alto. Prateleiras rústicas com farta literatura e filosofia. Nenhuma porta ou janela aberta a permitir à passagem do tempo. Uma poltrona aveludada. Frio. Lareira acesa. Vinho tinto seco, Malbec.

O amor? O entregar-se? Não!

Tratar-se-ia apenas de amor próprio. Sem entrega. Apenas eu. Apenas eu e o tempo. Cerrado na sala cerrada. Divagando sobre o nada e refletindo sobre tudo. Imarcescível seria tal momento. Mas a vida. A vida é singular ao tempo, pois que o tempo é eterno, e a criatura humana é botão de rosa, matéria orgânica falível na passagem do eterno. Sigo... Soerguendo-me... Sobrevivo...

(Fonte: Nelson Olivo Capeleti Junior/ Artigos13/04/2018 - JUS Brasil)

Analise as afirmativas abaixo sobre o enunciado a seguir: "A vida é singular ao tempo, pois que o tempo é eterno, e a criatura humana é botão de rosa, matéria orgânica falível na passagem do eterno".

I. O vocábulo "singular" funciona como predicativo do sujeito.

II. Há a presença de predicados nominais em todas as orações do período composto.

III. O vocábulo "humana" funciona como complemento nominal.

IV. As palavras "orgânica" e "falível" funcionam como adjuntos adnominais.

Assinale a alternativa correta.

a) Apenas as afirmativas II, III e IV estão corretas.

b) Apenas as afirmativas I, II e IV estão corretas.

c) Apenas as afirmativas I, II e III estão corretas.

d) Apenas as afirmativas I, III e IV estão corretas.

02. Leia o texto abaixo para responder a questão.

Hino de Pernambuco

Oscar Brandão da Rocha (1908)

Oscar Brandão da Rocha (1908)
Coração do Brasil, em teu seio
corre o sangue de heróis - rubro veio
que há de sempre o valor traduzir.
És a fonte da vida e da história
desse povo coberto de glória,
o primeiro, talvez, no porvir.

Salve, ó terra dos altos coqueiros,
de belezas soberbo estendal,
nova Roma de bravos guerreiros,
Pernambuco imortal! Imortal!

Esses montes e vales e rios,
proclamando o valor de teus brios,
reproduzem batalhas cruéis.
No presente és a guarda avançada,
sentinela indormida e sagrada
que defende da pátria os lauréis.[...].

"Esses montes e vales e rios,/ proclamando o valor de teus brios,/ reproduzem batalhas cruéis." De acordo com as regras de sintaxe, assinale a alternativa que apresenta a correta classificação da oração em destaque.

a) Oração Subordinada Sindética Aditiva.

b) Oração Coordenada Substantiva Adverbial.

c) Oração Subordinada Adjetiva Explicativa.

d) Oração Coordenada Adversativa Consecutiva.

Gabaritos

01	B
02	C

8. CONCORDÂNCIA VERBAL E NOMINAL

8.1 Concordância Verbal

A concordância verbal é dos assuntos mais cobrados em provas de concurso, justamente pela complexidade que envolve a detecção de certos erros. O assunto por si só gera problemas, e as bancas agravam a abordagem do conteúdo, conduzindo, muitas vezes, o candidato ao erro. Saber as regras é importante, mas seguir alguns passos para isso é ainda melhor. Uma dica: em primeiro lugar, deve-se encontrar o sujeito. Fazendo isso, o candidato perceberá a relação do verbo com o sujeito, de modo que fica mais fácil unir o conhecimento das regras à coerência da mensagem.

A concordância verbal ocorre quando o verbo concorda com o núcleo do sujeito. Porém, levar isso à risca é perigoso, pois nem todos os casos seguem tal teoria e definição. Por isso, atenção aos exemplos. Vale lembrar que todos os verbos seguem as mesmas regras, com exceção de SER, que possui uma regra específica.

1ª pessoa	2ª pessoa	3ª pessoa
eu, nós	tu, vós	ele(a)(s)

Eu e tu **fizemos.**
(nós)

Tu e ele **fizestes** – ou – Tu e ele **fizeram.**
(vós) **(eles)**

Percebe-se que a ordem de aparição dos sujeitos pode mudar a concordância do verbo:

Eu, ela, Maria e Paula **fizemos**.
(nós)

Quando o sujeito vier posposto ao verbo, a concordância pode ser feita de duas formas: com os núcleos ou com o mais próximo.

Exs.: Fizemos eu, ela, Maria e Paula.

Fiz eu, ela, Maria e Paula.

Casos de concordância verbal

Um(a) dos(as) que

Um dos que: pode-se concordar com o mais próximo ou a quem que se quer dar ênfase:

Ela é uma **das** que **vieram** – ou – veio.

> Muitas vezes, a mudança de concordância dos verbos pode influenciar em prejuízo semântico. A ênfase pode mudar. Saber unir seu domínio do idioma com as regras gramaticais é essencial para ter êxito em uma prova.

Núcleos com sinônimos

A concordância é feita de duas formas, com os núcleos ou no singular, como se fosse uma coisa apenas.

Dor e sofrimento

Guiam – ou – guia minha vida.

(dor e sofrimento são sinônimos)

Sujeito oracional

Verbo sempre no SINGULAR.

Ex.: Amar e agir não **denota** a mesma coisa.

OU como inclusão no plural

Ex.: Manga **ou** mexerica me **aprazem**.
(ou: valor de E)

Aposto resumitivo

Verbo concorda com ele. Único caso em que o verbo não concordará com o núcleo do sujeito.

Ex.: Cinema, música, arte, dança, **tudo** me **agrada**.
(tudo: aposto)

Preposição COM

Duas concordâncias, com um dos núcleos ou com os dois.

Exs.: José **com** o cão **passeou** – ou – **passearam**.

José passeou com o cão. – mesma semântica

Coletivo pelo determinante

Duas concordâncias, com o coletivo e com os determinantes.

Exs.: A maioria **das pessoas** sofre – ou – sofrem.

Parte **dos alunos vieram** – ou – veio.

Mais de / Menos de

Ex.: Mais de um cliente **surgiu** – Menos de dois clientes **surgiram**.

Mais de um caminhão **se chocaram**.

Por causa do SE (pronome reflexivo), acredita-se que seja mais de um carro mesmo, ou seja, no mínimo dois.

Com pronomes

Ex.: Nem eu nem ele **vamos**.

Equivale a "eu e ele vamos".

(Nenhum) Nem um nem outro **vai.**

Ninguém apareceu.

Ex.: Quem de nós **foi**? – Qual de nós **vai**?

Concordando sempre com o pronome no singular.

Ex.: Quantos de **nós** vão – ou – **vamos**?

Pronomes no plural, tanto faz concordar com o coletivo ou com o determinante.

Sujeito deslocado

Muitas vezes, achar o sujeito é o meio mais seguro de saber se a concordância está correta. Claro que saber a regra constitui um aliado. Em provas, o mais comum é a mescla dos dois.

Ex.: Não se **contrapuseram** o meu e o seu ponto de vista.

Sujeito

São dois os pontos de vista. Verifica-se que tudo fica no singular para induzir o candidato ao erro.

Couberam (**coube**) a mim, um ator jovem, num mundo de ambição, o papel de mordomo e o de vilão.

Sujeito: o papel de mordomo e o de vilão. São dois os papéis.

Verifica-se que o verbo, por anteceder o sujeito, poderia vir no singular. Mas, em um concurso, a banca tende a induzir o candidato ao erro. Nota-se que não existe uma palavra no plural, e isso pode confundir o candidato. A flexão no singular COUBE é aceita porque o verbo está anteposto, podendo concordar com o primeiro núcleo do sujeito, no caso, PAPEL.

Vejamos algumas orações que podem causar dúvida quanto à concordância verbal:

Exs.: Soaram 10 horas no relógio.

Deu meio-dia nos relógios.

Deram 1 hora **nos relógios**.

Que / Quem

Fui eu **que fiz.**

Quem fiz.

Quem fez.

Fomos nós **que fizemos.**

Quem fizemos.

Quem fez.

Países / Estados

Mesmo que o nome esteja no plural, o verbo ficará no singular, a menos que apareça um artigo, daí o verbo se flexiona no plural.

Exs.: Estados Unidos **invade** o Iraque – **Os** Estados Unidos **invadem** o Iraque.

Minas Gerais **abraça** o Brasil – **As** Minas Gerais **abraçam** o Brasil.

Os lusíadas **narra / narram** a saga portuguesa.

Pronomes de tratamento

Sempre 3ª pessoa do singular.

Vossa Santidade está bem?

Locução verbal

O verbo auxiliar concorda com o núcleo do sujeito.

Eles **vão** sair.

Exceção ao verbo auxiliar PARECER, que pode flexionar concordando com o núcleo ou ficar no singular.

Eles **parecem** dormir – Eles parece **dormirem**.

Haja Vista

Pode concordar com o termo sucessor no plural ou ficar invariável.

Ex.: (...) **HAJA** VISTA **o problema** da saúde.

(...) **HAJAM** VISTA **os problemas** da saúde.

(haja vista)

Silepse de Pessoa

O verbo concorda com um termo implícito.

Os brasileiros **estamos** calmos. (**nós**, termo implícito)

(**estão**)

Concordância do Verbo Ser

As regras do verbo SER são diferentes. Ele concorda com o pronome do caso reto e/ou com pessoas, independente se estiverem no sujeito ou no predicado. Na ausência dessas duas possibilidades, o verbo SER concorda com quem estiver no plural.

Exs.: As crianças são o inferno.

Meu sonho **são meus pais**.

O rei **somos nós**.

Tudo **são** (é) **flores**.

O verbo "ser", quando indica tempo ou distância, concordará com o predicativo:

Ex.: São seis quilômetros daqui até a cidade.

- → Se a oração estiver na voz passiva, com sujeito indeterminado, o verbo ficará na terceira pessoa do singular:

  Ex.: Precisa-se de vendedores.

- → Se o verbo vier acompanhado do pronome apassivador "se", deverá concordar com o sujeito:

  Ex.: Alugam-se barcos.

- → Quando o sujeito for composto, o verbo ficará no plural quando aparecer depois do sujeito:

  Ex.: Filhos e netos aplaudiram o discurso do jardineiro.

- → Quando o verbo aparecer antes do sujeito composto, poderá aparecer no plural ou no singular concordando com o primeiro termo:

  Exs.: Chegaram a filha, o genro e os netos.

  Chegou a filha, o genro e os netos.

- → Verbos que indicam fenômenos da natureza, por não possuírem sujeito, ficarão sempre na terceira pessoa do singular:

  Exs.: Ventou a semana toda.

  Choveu por três dias.

- → O verbo "haver", quando apresentar o sentido de "existir", será impessoal e ficará sempre na terceira pessoa do singular:

  Ex.: Há várias coisas para fazer aqui.

- → Os verbos "haver" e "fazer", quando indicarem tempo, também serão impessoais e ficarão sempre na terceira pessoa do singular:

  Exs.: Faz duas semanas que não como doces.

  Há meses que não vou até lá.

8.2 Concordância Nominal

Muitas vezes, a concordância nominal aparece junto à verbal. As bancas têm o hábito de colocar as duas num mesmo exercício. O grau de atenção que o tópico pede é o mesmo que o da concordância verbal.

A concordância nominal ocorre quando existe a concordância com o nome em gênero (masculino e feminino) e número (singular e plural).

Quando houver os dois gêneros, na concordância, sempre prevalecerá o masculino.

Comprei toalha e tapete **amarelos**. (concorda com os dois)

Comprei toalha e tapete **amarelo**. (concorda apenas com TAPETE)

Comprei toalha **amarela** e tapete. (concorda apenas com TOALHA e deve estar "colado" ao termo feminino)

Comprei **amarela** toalha e tapete. (concorda com o mais próximo)

Comprei **amarelos** toalha e tapete. (concorda com os dois)

Exs.: A cerveja que desce **REDONDO**.

(advérbio, sem variação)

É **PROIBIDO** entrada de estranhos.

É **PROIBIDA A** entrada de estranhos.

(artigo muda o gênero)

Casos de concordância nominal

Anexo

Ex.: Seguem **ANEXAS** as planilhas.

Seguem **EM ANEXO** as planilhas.

Bom / Boa

Exs.: Salada é **bom.**

A salada é **boa**.

Meio / Meia

Exs.: Ela ficou **MEIO** tensa. (advérbio)

Já é meio-dia e **meia**. (numeral)

Menos

Ex.: Faça **MENOS** força.

Mesmo

Ex.: Joana **MESMA** fez o bolo.

Joana fez o bolo **MESMO.**

Só

Exs.: **Ele** ficou SÓ com a menina. (concorda com o sujeito)

Eles ficaram **SÓS** com a menina. (concorda com o sujeito)

A Sós

Exs.: Ele ficou **A SÓS** com ela.

Eles ficaram **A SÓS** com ela.

(ambos são advérbios, portanto, não há variação)

Quite/Quites

Exs.: Eu estou **QUITE**.

Nós estamos **QUITES.**

Alerta

Ex.: As pessoas ficaram **ALERTA**.

Muitas vezes, saber a quem o termo se refere ajuda, e muito, para entender o conceito de concordância. Em provas, é comum deslocar a concordância do termo com o qual ela se relaciona, e o candidato pode ser induzido ao erro.

Ex.: Achei **LINDA**, entre todos os presentes, homens de negócio, ambiciosos cujo poder suplanta qualquer caráter, **a sua atitude**.

Adjetivos Compostos

Quando há dois adjetivos, em um mesmo termo, apenas o segundo se flexiona em concordância ao nome.

Reuniões afro-**brasileiras.**

Clínicas médico-**cirúrgicas.**

Exceção:

Crianças **SURDAS-MUDAS.**

Cores

Cores compostas, apenas **CLARO e ESCURO flexionam,** os demais termos não.

Exs.: **Blusas** verde-**claras.**

Calças verde-**escuras.**

Sutiãs verde-abacate.

Cuecas vermelho-sangue.

Quando a cor funcionar também como substantivo, apenas o substantivo flexionará o adjetivo, ou seja, a cor não. O plural de CINZA, como substantivo ficará CINZAS, a cor não.

Exs.: **Saias** laranja.

Camisas vinho.

Blusas violeta.

Calcinhas creme.

Sapatos cinza.

Vimos, neste capítulo, como a atenção ao sujeito é primordial para que tanto a concordância nominal como a verbal fiquem claras para o aluno. Saber as regras é importante, porém entender os conceitos e, principalmente, dominar a semântica da Língua Portuguesa é ainda mais essencial. A leitura ajuda muito. Quem lê bastante acaba dominando as mensagens, mesmo as mais peculiares que os discursos trazem.

Questões

01. Leia o trecho do conto Uma forma de herança, de Cíntia Moscovich, para responder à questão.

Aos domingos, o último ponto do passeio de carro era ali, na casa da rua Marquês de Abranches, e o pai se referia ao imóvel fazendo um obséquio exagerado: a Casa da Marquês.

O pai costumava repetir que, quando tivesse dinheiro suficiente, iria construir: edifícios, lojas, garagens, armazéns, apartamentos, vagas de estacionamento. Como a demonstrar o valor de ser dono de um pedaço da superfície do globo, e mesmo que a gente já estivesse careca de saber, ele batia repetidas vezes o pé no chão e sentenciava:

– Terra não se vende, terra só se compra.

No solo que era nosso, ele construiria e, no futuro, a gente teria bens para alugar por um bom preço, imóveis que garantissem teto, sustento e tempo – e que a gente nunca dependesse de ninguém para o que fosse ou deixasse de ser.

Embora a Casa da Marquês tivesse um belo telhado de duas águas e janelas com vidros hexagonais, seu valor se devia mesmo ao tamanho do terreno. No meio do terreno, o pai faria erguer um edifício baixo, mas "com bons apartamentos": quartos amplos e amplas salas, com uma varanda que ele pudesse sentar quando viesse da fábrica e onde, no inverno, batesse o sol da tarde. Haveria várias vagas de garagem, e ele teria um boxe de estacionamento no qual fosse fácil manobrar.

Formaríamos um condomínio em família, cada qual com sua propriedade – e, com isso, o pai queria dizer que morar em imóvel alugado, como ele e a mãe tiveram de fazer por muitos e muitos anos, era uma das piores coisas do universo.

Para ele, não se ocupava tempo, paciência ou imóveis de terceiros.

(Essa coisa brilhante que é a chuva. Editora Record, 2012. Adaptado)

Assinale a alternativa correta quanto à concordância verbal e nominal estabelecida pela norma-padrão.

a) A Casa da Marquês, entre os locais visitados aos domingos, eram o preferido do pai da narradora.

b) Para o pai, deveriam ser evitados os imóveis, o tempo e a paciência de terceiros.

c) Os filhos repetidamente ouvia a preleção do pai de que terra não se vende.

d) O edifício familiar seria baixo, porém teria bons apartamentos dividido em quartos e salas amplas.

e) No condomínio, existiria várias vagas de garagem e um boxe fácil para manobrar o carro.

02. [O motor da preguiça]

Acho que a verdadeira força motriz do desenvolvimento humano, a razão da superioridade e do sucesso do Homem, foi a preguiça. A técnica é fruto da preguiça. O que são o estilingue, a flecha e a lança senão maneiras de não precisar ir lá e esgoelar a caça ou um semelhante com as mãos, arriscando-se a levar a pior e perder a viagem? O que estaria pensando o inventor da roda senão no eventual desenvolvimento da charrete, que, atrelada a um animal menos preguiçoso do que ele, o levaria a toda parte sem que ele precisasse correr ou caminhar?

Toda a história das telecomunicações, desde os tambores tribais e seus códigos primitivos até os sinais da TV e a internet, se deve ao desejo humano de enviar a mensagem em vez de ir entregá-la pessoalmente. A fome de riqueza e poder do Homem não passa da vontade de poder mandar os outros fazerem o que ele tem preguiça de fazer, seja de trazer os seus chinelos ou construir suas pirâmides.

A química moderna é filha da alquimia, que era a tentativa de ter o ouro sem ter que procurá-lo, ou trabalhar para merecê-lo. A física e a filosofia são produtos da contemplação, que é um subproduto da indolência e uma alternativa para a sesta, A grande arte também se deve à preguiça. Não por acaso, o que é considerada a maior realização da melhor época da arte ocidental, o teto da Capela Sistina, foi feita pelo Michelangelo deitado. Marcel Proust escreveu Em busca do tempo perdido deitado. Vá lá, recostado. As duas maiores invenções contemporâneas, depois do antibiótico e do microchip, que são a escada rolante e o manobrista, devem sua existência à preguiça. E nem vamos falar no controle remoto.

(Adaptado de: VERISSIMO, Luis Fernando. O mundo é bárbaro. Rio de Janeiro: Objetiva, 2008, p. 54-55)

Há pleno atendimento às normas de concordância verbal na frase:

a) Aos momentos de preguiça deve-se, segundo o autor, a inspiração para que se alcancem alguns resultados que, sem ela, não se revelariam possíveis.

b) Estilingues, flechas e lanças, a se crerem nos argumentos do cronista, constitui um arsenal bélico destinado a satisfazer os impulsos que decorrem da nossa preguiça.

c) Na história das telecomunicações não haveriam como deixar de notar os atributos da preguiça, que se manifesta como um desejável encurtamento das distâncias.

d) Aos alquimistas ocorriam, muitas vezes, nos momentos de maior ambição, a possibilidade de se fabricar o ouro a partir de operações a se realizar num laboratório químico.

e) Uma obra de arte, sejam nos livros, sejam nos painéis, costuma-se produzir em momentos onde não faltam aos artistas algum tempo de ócio criativo.

Gabaritos

01	B
02	A

9. COLOCAÇÃO PRONOMINAL

A colocação pronominal caracteriza-se quando o pronome oblíquo aparece relacionado ao verbo. Existem 3 formas de o pronome oblíquo aparecer junto ao verbo: depois, no meio e antes dele. Apesar de a próclise ser a mais recorrente em concursos, a colocação pronominal é comum nas provas, independentemente da banca.

Ênclise

Caracteriza-se quando o pronome oblíquo aparece depois do verbo. É a forma natural de o pronome aparecer. Existe apenas uma regra. É comum chamar o pronome oblíquo numa ênclise de pronome **enclítico**.

Jamais se inicia oração com pronomes oblíquos.

Ex.: Dê-**me** – Fale-**me** - Compre-**o** – Diga-**lhe**– Faça-**o**- Fizeram-**me**.

Não importa o pronome, importa que a ele seja dado o nome de enclítico quando vier depois do verbo.

A ênclise só é obrigatória nessas situações, fora isso, a próclise, quando o pronome oblíquo aparece antes do verbo, também pode ser correta.

> Não é interessante decorar regras. Entender o conceito é muito mais seguro para uma prova. Observemos a oração a seguir.

Ex.: Aqui (se) trabalha(**-se**).

O pronome SE viria antes ou depois do verbo?

É aqui que a Língua Portuguesa traz mais uma vez suas particularidades. Se a resposta for "depende", haveria alguns ajustes a serem feitos.

Vejamos a sentença a seguir:

Ex.: Aqui **se** trabalha.

A posição do pronome não só é correta como também é obrigatória, porque o termo AQUI é um advérbio, uma palavra atrativa, ou seja, o pronome oblíquo se torna proclítico, obrigatoriamente.

Ex.: Aqui, trabalha-**se.**

Caso se opte pela ênclise, significa que a vírgula, opcional, deve aparecer na sentença. O início da oração traz um advérbio reduzido, com isso, o uso da vírgula é opcional.

Caso se opte por colocar a vírgula, a oração vai se iniciar depois dela, logo aplica-se a regra da ênclise de jamais se iniciar oração por pronome oblíquo. O pronome tem de ser enclítico, obrigatoriamente.

Exs.: Em janeiro, permite-**se** tudo.

Lá, perseguem-**me**.

Vejamos a oração:

Ex.: As meninas, ontem, (me) ligaram(-me).

Percebe-se que, se a regra de colocação pronominal for meramente decorada, com certeza, o candidato seria induzido ao erro. Na oração citada, tanto faz colocar o pronome antes ou depois do verbo.

O termo ONTEM, isolado por vírgulas, está no meio da oração, é como "se ele não existisse", é possível retirá-lo, de modo que a oração não será modificada sintaticamente. Convém observar que a oração começa com AS MENINAS.

Conforme já afirmamos no início da abordagem desse tema, a próclise é tradicional no Brasil. Portanto, **tanto faz** falar "me ligaram" ou "ligaram-me".

Como as vírgulas são opcionais, ao retirá-las, o termo ONTEM (uma palavra atrativa) fica em evidência. Dessa forma, a oração apenas ficará certa com a seguinte formação:

Ex.: As meninas ontem **ME** ligaram.

> A ênclise inexiste no particípio e nos futuros do presente e do pretérito do modo indicativo.
> **Ex.:** Comprado-me – Dito-lhe – Compraria-me – Darei-lhe.

Mesóclise

Caracteriza-se quando o pronome oblíquo aparece no meio do verbo. Os verbos que aceitam a mesóclise são os conjugados nos tempos futuro do presente e futuro do pretérito do modo indicativo. A mesóclise só será obrigatória em início de oração, caso contrário, a próclise também estará certa.

Exs.: Dar-**LHE**-ei - Comprar-**TE**-íamos

Ligá-**LO**-ei - Trá-**LA**-á.

Vejamos a mesóclise em exemplos apontados a seguir. Verifica-se que, obrigatoriamente, os verbos estão no início da oração. Por isso, o pronome mesoclítico é a única forma correta:

Exs.: Comparemos a ti (TE) o pão (O).

Comprar-**TO**-emos.

Darei a ela (LHE) a palavra (A).

Dar-**LHA**-ei.

> Percebe-se que, quando a mesóclise não aparecer no início, a próclise também estará certa. Tanto faz "O casamento REALIZAR-SE-Á à noite" ou "O casamento SE REALIZARÁ à noite".

Próclise

Ocorre quando o pronome oblíquo aparece **antes** do verbo. É a forma mais comum no Brasil. Por isso, são as mais cobradas pelas bancas. A próclise só estará errada se aparecer no início da oração. Para que ela seja OBRIGATÓRIA, existem as palavras atrativas.

Vejamos as regras:

Advérbio

Ex.: Não **me** desanime.

Pronome indefinido, demonstrativo

Exs.: Isso **o** desapontou.

Tudo **me** anima.

Pronome relativo

Ex.: Este é o homem que **lhe** desobedecerá.

Conjunção subordinativa

Ex.: Ela falou que **me** deve dinheiro.

Frases exclamativas e interrogativas

Exs.: Como **te** maltrataram!

Onde **a** deixaram?

Expressão de desejo / Imprecação (desejo ruim)

Ex.: Deus **o** ilumine. O diabo **te** carregue.

Verbo no gerúndio precedido, porém, de outra oração.

Ex.: Em **se** falando de política, cale-se.

Nas orações a seguir, é possível observar que ambas estão certas:

Ex.: Joana disse **que** a festa se realizará amanhã.

A conjunção subordinada atrai o pronome oblíquo, mas não de forma obrigatória, a ênclise também estaria certa aqui.

Ex.: Joana disse **que** vai chamar-me.

Mesmo que haja a palavra atrativa, existe uma locução verbal e o verbo principal no infinitivo, assim, mesmo se tivermos a oração abaixo, também estaria correta.

Exs.: Joana disse **que** vai me chamar. – Joana disse **que** me vai chamar.

Não irá convidar-me.

Não irá me convidar.

Não me irá convidar.

Não existe ênclise com verbos no particípio. Assim como nem toda locução verbal exigirá o pronome oblíquo igual ao exemplo anterior. Ex.: O padre (ME) tinha (ME) chamado.

Vimos, neste capítulo, como a próclise predomina na colocação pronominal. Claro que saber as regras ajuda, e muito, a usar adequadamente os pronomes oblíquos em uma oração. Porém, perceber que tais termos em nada mudarão a semântica em uma mensagem é fundamental para que não se cometam erros ao se resolver uma questão.

Questões

01. A respeito das normas de Colocação Pronominal, assinale a alternativa incorreta.

a) A mesóclise é o uso do pronome no interior do verbo em frases no presente do indicativo.

b) A próclise é o uso do pronome antes do verbo, quando houver conjunções subordinativas.

c) A ênclise é o uso do pronome depois do verbo em frases iniciadas por verbo.

d) A próclise é o uso do pronome antes do verbo em frases que possuam advérbios ou outras palavras atrativas.

02. Observe o enunciado abaixo.

Vou-me embora pra Pasárgada,

lá sou amigo do Rei".

(M.Bandeira)

Quanto à regra de colocação pronominal utilizada, assinale a alternativa correta.

a) Ênclise: em orações iniciadas com verbos no presente ou pretérito afirmativo, o pronome oblíquo deve ser usado posposto ao verbo.

b) Próclise: em orações iniciadas com verbos no presente ou pretérito afirmativo, o pronome oblíquo deve ser usado posposto ao verbo.

c) Mesóclise: em orações iniciadas com verbos no presente ou pretérito afirmativo, o pronome oblíquo deve ser usado posposto ao verbo.

d) Próclise: em orações iniciadas com verbos no imperativo afirmativo, o pronome oblíquo deve ser usado posposto ao verbo.

03. Nas frases a seguir, o uso correto quanto à colocação dos pronomes átonos correspondente à sequência: Ênclise – mesóclise – próclise é:

a) Ninguém te convidou para a festa? A prova realizar-se-á neste sábado. Diga-lhe que estou aqui.

b) Far-lhe-ei a proposta. Amem-se uns aos outros. O homem o qual me referi foi preso.

c) Isso me deixa muito triste. Gostaria de convidar-te para jantar. Neste país talvez se combata a fome.

d) Sigam-me. Os alunos esforçar-se-ão. Ela desmaiou logo que lhe contaram o acontecido.

Gabaritos

01	A
02	A
03	D

10. REGÊNCIA VERBAL E NOMINAL

10.1 Regência Verbal

A relação correta entre o verbo e seus complementos, ou seja, os termos regidos por ele.

Os verbos que exigem complemento, chamados transitivos, se relacionam de duas maneiras com seus complementos:

> Verbos transitivos diretos:

São os verbos que exigem preposição antes de seus complementos:

Ex.: Comprei frutas hoje cedo.

> Verbos transitivos indiretos:

São os verbos que não exigem preposição antes de seus complementos:

Exs.: Os moradores **gostaram da** pintura do prédio.

Fui à cidade de ônibus.

> Verbos transitivos diretos e indiretos:

São verbos que exigem dois complementos, sendo um ligado por preposição:

Ex.: Entreguei a carta **ao diretor**.

> Verbos intransitivos:

São verbos que não exigem complemento:

Ex.: O vizinho do apartamento ao lado **morreu**.

Em alguns casos, o emprego ou não de preposição poderá alterar o sentido do verbo:

Assistir:

Verbo transitivo direto quando tiver o sentido de ajudar.

Verbo transitivo indireto quando tiver o sentido de ver.

Ex.: Assistimos **ao** filme na minha casa.

O médico assistiu **os** pacientes mesmo fora de seu horário.

Verbo	Sentido	Regência/Preposição	Pronomes	Exemplos
Chamar	convocar	TD (por)	o,a	O Diretor o chamou à sua presença. Chamei por você. (ODp)
	apelidar	TD TI > a	o,a lhe	Chamaram-no (de) charlatão. (PO) Chamaram-lhe (de) charlatão. (PO)
Chegar, vir, ir	-	VI > a	-	Chegou ao Rio ontem.
Custar	ser custoso/difícil	TDI > a	lhe	Custa ao homem o perdão.
Implicar	acarretar	TD		Isso implica punição.
Lembrar Esquecer	-	TD	o,a	Lembrou o fato Esqueceu a chave.
Lembrar-se Esquecer-se	-	TI > de	dele	Lembrou-se do fato. Esqueceu-se da chave.
Namorar	-	TD	o,a	Ele namora minha irmã.
Necessitar Precisar	-	TD TI > de	o, a dele	O País precisa (de) agrônomos. O País precisa deles. O País precisa-os.
(Des)obedecer	-	TI > a	lhe (pessoa)	Os filhos obedecem aos pais. Não devemos desobedecer-lhes.
Morar, residir	-	VI > em	-	Mora na Rua XV de Novembro.
Pagar Perdoar	coisa/algo	TD	o, a	Ela pagou a conta do restaurante.
	pessoa	TI > a	lhe	Perdoei aos meus devedores. Perdoei-lhes.
Preferir	algo a alguma coisa	TDI > a		Prefiro água a sucos.
Proceder	dar início/realizar	TI > a	a ele/ela	O professor procedeu-lhe.
Querer	desejar	TD	o,a	Ele não a quis para esposa.
	amar/ter afeto a	TI > a	lhe	Juro que lhe quero muito.
Referir-se		TI > a	a ele	Referiu-se à ajuda coletiva. (a ela)
Responder	dizer/escrever em resposta	TI > a TDI	lhe	Respondeu ao telegrama. Respondeu-lhe que estava doente.

Visar	fazer pontaria pôr visto em	TD	o,a	Visou o alvo e atirou. O banco visou o cheque.
	pretender	TI > a	a ele	O vestiba visa a uma vaga na universidade. (a ela)
Agradar	causar agrado	TI > a	lhe	O vestibular agradou aos calouros.
Ajudar		TD	o,a	O filho ajudava o pai na roça.
Aludir	fazer/referência	TI > a TDI	a ele	Aludiu aos fatos acontecidos. (a eles) Aludiu os fatos aos ouvintes.
Ansiar	causar mal-estar/ angustiar	TD	o,a	O cansaço ansiava-o.
	desejar ardentemente	TD TI > por	o, a por ele	Minha alfa anseia o infinito. Ansiava por me ver fora de casa.
	padecer ânsias	VI	-	Anseio em viagens.
Aspirar	sorver/respirar	TD	o, a	Aspirava o cheiro das rosas abertas.
	desejar/pretender	TI > a	a ele	O vestiba aspira a ser médio. (a isso)
Assistir	prestar assistência	TD	o, a	O médico assiste o doente. Os missionários são assistidos por Deus.
	presenciar/ver	TI > a	a ele	porque não assistes às aulas, vestiba? Tenho assistido a elas (às aulas)
	caber/ser de direito	TI > a	lhe	Não lhe assiste o direito de oprimir os vestibas.
	morar/residir	VI > em	-	Assistirei na capital enquanto estiver estudando.

10.2 Regência Nominal

Observe os exemplos a seguir:

Exs.: Temos muito **admiração pelo** seu trabalho.

A atitude dele durante a reunião foi **contrária ao** esperado.

Tenho certeza de que você tem **capacidade para** fazer um ótimo trabalho.

Observe que os nomes são acompanhados por preposições que lhes dão sentido. Estas preposições ligam os nomes ao termos de maneira coerente.

Cada nome possui um ou mais preposições específicas que devem acompanha-los. Esta colocação correta é chamada **regência nominal.**

Nomes e Respectivas Regências			
Acessível : a	Contíguo: a	Imbuído: de, em	Preferível: a
Acostumado: a, com	Contrário: a	Impróprio: para	Prejudicial: a
Afável: com, para, a	Curioso: de	Imcompatível: com	Presente: a
Aflito: com, por	Descontente: com	Indeciso: em	Prestes: a
Agradável: a	Desejoso: de	Inepto: para	Propenso: a, para
Alheio: a. de	Devoto: a, de	Insensível: a	Propício: a
Alusão: a	Diferente: de	Liberal: com	Próximo: a, de
Ambicioso: de	Entendido: em	Medo: a, de	Relacionado: com, a
Análogo: a	Equivalente: a	Misericordioso: com, para, com	Residente, situado, sito, morador: em
Ansioso: de, para, por	Essencial: para	Natural: de	Respeito: a, com, para com
Apaixonado: de (entusiasmado), por (enamorado)	Fácil: de	Necessário: a	Satisfeito: com, de, em, por
Apto: a, para	Falho: de, em	Nocivo: a	Semelhante: a
Aversão: a, por	Fanático: por	Obediência: a	Sensível: a
Ávido: de, por	Favorável: a	Ódio: a, contra	Suspeito: de

Benéfico: a	Favorável: a	Ojeriza: a. por	União: a, com, de, entre
Capacidade: de, para	Generoso: com	Paralelo: a, com, entre	Único: a, em
Capaz: de, para	Grato: a	Parco: em, de	Útil: a, para
Compatível: com	Hábil: em	Parecido: a, com	Vazio: de
Conforme: a (semelhante), com (coerente), em (concorde)	Habituado: a	Passível: de	Versado: em
Constante: de, em	Horror: a	Possível: de	Vinculado: a
Conteporâneo: a, de	Idêntico: a	Possuído: de, por	

Questões

01. A regência verbal ou nominal é a relação de subordinação existente entre um verbo ou um nome e seus complementos. A este respeito, assinale a alternativa a relação feita corretamente.

a) O Senhor agradeceu o entregador a agilidade na prestação de serviço.

b) Há paridade entre os preços de combustíveis em algumas cidades.

c) Aquela farmácia faz entrega de medicamentos a domicílio.

d) Algumas crianças têm ojeriza com palhaços.

02. Assinale a alternativa que preenche as lacunas com as expressões que, de acordo com a norma-padrão, são adequadas ao seguinte texto: Os candidatos _________ inscrições com isenção de taxa estão pendentes devem procurar a Secretaria para entregar documentos _________ possam comprovar endereço e renda familiar. O deferimento __________ inscrições só ocorrerá após a entrega.

a) cujas ... com os quais ... dessas

b) que as ... que ... nestas

c) cujos as ... os quais ... destas

d) as quais ... nos quais ... a essas

e) de que ... os que ... para estas

03. Leia o texto, para responder a questão.

Subi ao avião com indiferença, e como o dia não estava bonito, lancei apenas um olhar distraído a essa cidade do Rio de Janeiro e mergulhei na leitura de um jornal. Depois fiquei a olhar pela janela e não via mais que nuvens, e feias. Na verdade, não estava no céu; pensava coisas da terra, minhas pobres, pequenas coisas, uma aborrecida sonolência foi me dominando, até que uma senhora nervosa ao meu lado disse que "nós não podemos descer!" O avião já havia chegado a São Paulo, mas estava fazendo sua ronda dentro de um nevoeiro fechado, à espera de ordem para pousar. Procurei acalmar a senhora.

Ela estava tão aflita que embora fizesse frio se abanava com uma revista. Tentei convencê-la de que não devia se abanar, mas acabei achando que era melhor que o fizesse. Ela precisava fazer alguma coisa, e a única providência que aparentemente poderia tomar naquele momento de medo era se abanar. Ofereci-lhe meu jornal dobrado, no lugar da revista, e ficou muito grata, como se acreditasse que, produzindo mais vento, adquirisse maior eficiência na sua luta contra a morte.

Gastei cerca de meia hora com a aflição daquela senhora. Notando que uma sua amiga estava em outra poltrona, ofereci- -me para trocar de lugar, e ela aceitou. Mas esperei inutilmente que recolhesse as pernas para que eu pudesse sair de meu lugar junto à janela; acabou confessando que assim mesmo estava bem, e preferia ter um homem – "o senhor" – ao lado. Isto lisonjeou meu orgulho de cavalheiro: senti-me útil e responsável. Era por estar ali eu, um homem, que aquele avião não ousava cair.

(Rubem Braga, Um braço de mulher. Os cem melhores contos brasileiros do século.)

A alternativa que reescreve passagem do texto de acordo com a norma-padrão de regência verbal é:

a) ...e preferia ter um homem – "o senhor" – ao lado, a ter a amiga.

b) Tentei fazê-la crer de que não devia se abanar...

c) Adentrei do avião com indiferença...

d) ...esperei inutilmente que retraísse nas pernas

e) ... acabou mencionando a que assim mesmo estava bem...

Gabaritos

01	B
02	A
03	A

11. CRASE

Assunto mais do que recorrente em qualquer prova, banca e nível. Por ser tão acomplexa, a crase tornou-se a vilã de qualquer concurso público. O importante é entender o conceito e não apenas decorar regras. Lembre-se de que o acento indicativo da crase é o grave e que crase é o encontro vocálico entre a preposição A e o artigo A.

Existem as regras obrigatórias, as proibitivas e as facultativas. Porém, há que se ter uma base delas para entender como as bancas optam por cobrar esse assunto.

11.1 Regras Obrigatórias

Em locuções conjuntivas

Ex.: à medida que**, à** proporção que.

A medida que tomei foi a correta. - sem crase

Em locuções adverbiais

Ex.: à direita, à esquerda, à noite, às vezes, à vista, às 10h etc.

Quando o assunto se refere aos períodos de tempo, principalmente as horas, é importante saber diferenciar um período de uma hora exata. Observemos que "Ele ficou as 10h em jejum" não leva acento grave, por representar o tempo total do jejum. Deve-se atentar também para as preposições, com exceção do ATÉ - nunca haverá crase com elas: "Estou aqui desde as 9h".

Em expressões à moda de

Bife à milanesa – Escrevo à Camões – Fiz um gol à Maradona.

Antes de senhora, senhorita e dona

Eu obedeço à senhora – Ele se referiu à dona – Eu paguei à senhorita.

Antes de casa, terra e distância, quando tais palavras vierem determinadas

Exs.: Cheguei à terra **dos meus pais.**

Fomos à casa **amarela.**

Fiquei à distância **de 50 metros.**

11.2 Regras Facultativas

Antes de nomes próprios femininos

Exs.: Ele se referiu (a) (à) Mariana.

Nós obedecemos (a) (à) Carla

Eles pagaram (a) (à) Maria.

Com a preposição ATÉ

Exs.: Todos foram **até (a) (à)** mais bela fantasia.

Ficaremos abertos **até (as) (às)** 23h.

Pronomes possessivos femininos

Exs.: Fomos **(a) (à) sua** casa.

Ele se referiu **(a) (à) minha** mãe.

11.3 Regras Proibitivas

Antes de palavras masculinas

Exs.: Graças **a Deus**

Fomos **a pé**.

Entre palavras repetidas

Exs.: gota **a** gota – uma **a** uma – cara **a** cara – face **a** face.

Antes de verbos

Exs.: Voltamos a apresentar

Contas a pagar

A partir

Antes de palavras no plural sem que haja encontro vocálico

Exs.: Ele se referiu **a mulheres**

Fomos **a missas.**

Observação: verifica-se que só há preposição nos exemplos acima.

Antes de numerais

Exs.: Matrículas de 15 **a 30** de abril.

De segunda **a sexta.**

Ficamos **a 10** metros de distância.

Quando existir a contração da preposição DE com o artigo A, haverá uso do acento grave. Ex.: Da primeira à sexta fileiras - Escrevi DA página 1 à 40.

Antes de pronomes

Exs.: Um beijo **a todos.**

Graças **a Sua Santidade.**

Dei um recado **a ela.**

Este é o filme **a que** assisti.

11.4 Crase – Casos Especiais

Decorar regras de crase pode não ser tão eficiente. É importante atentar para algumas formas de o acento grave ser cobrado em provas. A probabilidade de aparecer isso nas questões é muito grande, principalmente quando a crase aparece com regras implícitas. Vejamos:

Ex.: Vivenciei uma situação análoga à que você contou.

Verifica-se que, pelas regras, antes de pronomes, não haveria acento grave. Mas, no exemplo, há uma palavra implícita: SITUAÇÃO.

A oração ficaria assim:

Ex.: Vivenciei uma situação análoga à **(situação)** que você contou.

Como a palavra não pode ser repetida, pois seria um eco, a crase dá a impressão de estar errada. É preciso ter cuidado com esse tipo de situação.

Ex.: O termo À QUE pode ser trocado por À QUAL (A+A QUAL).

Muitas vezes, saber a regência do verbo ajudará, e muito, no entendimento do uso do acento grave. Além de assimilar o valor correto da mensagem, também trará ao leitor uma exatidão no uso da crase.

Outro Caso

Quando o aluno decora algo e toma aquilo como lei, pode sofrer consequências inesperadas. O acento grave pode aparecer em pronomes demonstrativos. Isso ocorre quando o verbo exigir a preposição A. Nesse caso, saber a regência do verbo é primordial ao entendimento.

Exs.: Ele viu aquilo. (quem vê vê algo)

Obedeci **àquele** homem. (Quem obedece obedece a alguém)

A preposição ligada ao verbo, no caso o A, junta-se ao A do pronome aquele e tem-se tal formação. Mesmo sendo pronome masculino: **a+aquele.**

Ele se referiu **àquilo.**

(Quem se refere se refere a algo) a preposição ligada ao verbo, no caso o A, junta-se ao A do pronome AQUILO e tem-se tal formação: **a+aquilo**.

Crase com Termos Implícitos

Ainda no campo de palavras implícitas, percebamos, nos exemplos abaixo, como o ato de simplesmente decorar pode atrapalhar o aluno.

Ex.: Não só fez uma homenagem à filha do vizinho como também à dele.

Não só fez uma homenagem à filha do vizinho como também (fez uma homenagem) à (filha) dele.

Neste capítulo, vimos como a crase é importantíssima para uma comunicação perfeita. Procuramos salientar como as bancas costumam agir, elaborando questões que tendem a eliminar o candidato que se ocupa em exclusivamente decorar regras. Entender o conceito que o conteúdo traz e associar as regras ao uso correto do acento será primordial para que o assunto se torne corriqueiro e de domínio do aluno, auxiliando-o, inclusive, em suas redações.

Questões

01. Analise a frase abaixo.

_________ medida que relatava sua versão dos fatos, ficava claro que ela não deveria mais se submeter______________tipo de situação____________toa!

Assinale a alternativa que completa corretamente as lacunas do texto.

a) À • àquele • à
b) À • aquele • à
c) À • aquele • a
d) A • àquele • a
e) A • aquele • a

02. O sinal indicativo de crase está empregado corretamente em:

a) Ela tem muito apego à família e aos amigos.
b) Ela se apega facilmente à qualquer pessoa.
c) Ela é apegada à bebidas, livros e sonhos.
d) Ele se apegou com obsessão à esta mágoa.
e) Ele é apegado à todos os tipos de prazer.

03. Assinale a alternativa que não ocorre o uso da crase.

a) Não vou a lojas que não aceitam cartão de crédito.
b) Fomos aquele bar na rua quinze.
c) Vamos a Bahia.
d) Rente a situação, fiz o que pude.

Gabaritos

01	B
02	C
03	A

12. PONTUAÇÃO

A pontuação assinala a melodia de nossa fala, ou seja, as pausas, a ênfase etc.

12.1 Principais Sinais e Usos

Vírgula

É o sinal mais importante para concurso público.

Usa-se a vírgula para:

→ Separar termos que possuem mesma função sintática no período:

Ex.: José, **Maria**, **Antônio** e **Joana** foram ao mercado. (função de núcleo do sujeito)

→ Isolar o vocativo:

Ex.: Então, **minha cara**, não há mais o que se dizer!

→ Isolar um aposto explicativo (cuidado com essa regra, veja que não há verbo no aposto explicativo):

Ex.: O João, **ex-integrante da comissão**, veio fazer parte da reunião.

→ Isolar termos antecipados, como: complemento, adjunto ou predicativo:

Ex.: Na semana passada, comemos camarão no restaurante português. (antecipação de adjunto adverbial)

→ Separar expressões explicativas, conjunções e conectivos:

Ex.: isto é, ou seja, por exemplo, além disso, pois, porém, mas, no entanto, assim etc.

→ Separar os nomes dos locais de datas:

Ex.: Cascavel, 02 de maio de 2012.

→ Isolar orações adjetivas explicativas (pronome relativo + verbo + vírgula):

Ex.:O Brasil, **que é um belíssimo país**, possui ótimas praias.

→ Separar termos de uma enumeração:

Ex.: Vá ao mercado e traga **cebola**, **alho**, **sal**, **pimenta e coentro**.

→ Separar orações coordenadas:

Exs.: Esforçou-se muito, **mas não venceu o desafio**. (oração coordenada sindética adversativa)

Roubou todo o dinheiro, **e ainda apareceu na casa**. (oração coordenada sindética aditiva).

> A vírgula pode ser utilizada antes da conjunção aditiva "e" caso se queira enfatizar a oração por ela introduzida.

Omitir um termo, elipse (no caso da elipse verbal, chamaremos "zeugma"):

Ex.: De dia era um anjo, de noite um **demônio**. (omissão do verbo "ser")

Separar termos de natureza adverbial deslocado dentro da sentença:

Exs.: Na semana passada, trinta alunos foram aprovados no concurso. (locução adverbial temporal)

Se estudar muito, você será aprovado no concurso. (oração subordinada adverbial condicional)

Ponto final

Usa-se o ponto final:

→ Ao final de frases para indicar uma pausa total; é o que marca o fim de um período:

Ex.: Depois de passar no concurso, comprarei um carro.

→ Em abreviaturas:

Ex.: Sr., a. C., Ltda., num., adj., obs., máx., bat., brit. etc.

Ponto e vírgula

Usam-se ponto e vírgula para:

→ Separar itens que aparecem enumerados:

Ex.: Uma boa dissertação apresenta:

Coesão;

Coerência;

Progressão lógica;

Riqueza lexical;

Concisão;

Objetividade;

Aprofundamento.

→ Separar um período que já se encontra dividido por vírgulas:

Ex.: Não gostava de trabalhar; queria, no entanto, muito dinheiro no bolso.

→ Separar partes do texto que se equilibram em importância:

Exs.: Os pobres dão pelo pão o trabalho; os ricos dão pelo pão a fazenda; os de espíritos generosos dão pelo pão a vida; os de nenhum espírito dão pelo pão a alma.(Vieira).

O capitalismo é a exploração do homem pelo homem; o socialismo é exatamente o contrário.

Dois pontos

São usados dois pontos quando:

→ Se vai fazer uma citação ou introduzir uma fala:

Exs.: José respondeu:

- Não, muito obrigado!

→ Se quer indicar uma enumeração:

Ex.: Quero apenas uma coisa: que vocês sejam aprovados no concurso!

Aspas

São usadas aspas para indicar:

→ Citação presente no texto.

Ex.: "Há distinção entre categorias do pensamento" - disse o filósofo.

→ Expressões estrangeiras, neologismos, gírias.

Exs.: Na parede, haviam pintado a palavra "love". (expressão estrangeira)

Ficava "bailarinando", como diria Guimarães. (neologismo)

"Velho", esconde o "cano" aí e "deixa baixo". (gíria)

Reticências

São usadas para indicar supressão de um trecho, interrupção na fala, ou dar ideia de continuidade ao que se estava falando.

Exs.: (...) Profundissimamente hipocondríaco Este ambiente me causa repugnância Sobe-me à boca uma ânsia análoga à ânsia Que se escapa pela boca de um cardíaco(...)

Eu estava andando pela rua quando...

Eu gostei da nova casa, mas da garagem...

Parênteses

São usados quando se quer explicar melhor algo que foi dito ou para fazer simples indicações.

Ex.: Foi o homem que cometeu o crime (o assassinato do irmão).

Travessão

Indica a fala de um personagem:

Exs.: Ademar falou.

- Amigo, preciso contar algo para você.

Isola um comentário no texto.

Ex.: O estudo bem realizado - diga-se de passagem, que quase ninguém faz - é o primeiro passo para a aprovação.

Isola um aposto na sentença.

Ex.: A Semântica – estudo sobre as relações de sentido - é importantíssima para o entendimento da Língua.

Reforçar a parte final de um enunciado.

Ex.: Para passar no concurso, é preciso estudar muito — muito mesmo.

Trocas

A Banca, eventualmente, costuma perguntar sobre a possibilidade de troca de termos, portanto, atenção!

» Vírgulas, travessões e parênteses, quando isolarem um aposto, podem ser trocadas sem prejuízo para a sentença;

» Travessões podem ser trocados por dois pontos, a fim de enfatizar um enunciado.

Regra de ouro

Na ordem natural de uma sentença, é proibido:

→ Separar Sujeito e Predicado com vírgulas:
"Aqueles maravilhosos velhos ensinamentos de meu pai foram de grande utilidade. (certo) Aqueles maravilhosos velhos ensinamentos de meu pai, foram de grande utilidade. (errado)."

→ Separar Verbo de Objeto:
"O presidente do maravilhoso país chamado Brasil assinou uma lei importante. (certo) O presidente do maravilhoso país chamado Brasil assinou, uma lei importante. (errado)"

Questões

01. Leia a tirinha abaixo:

BROWNE, Dik. Hagar. *Folha de S.Paulo*, 20 out. 2004.

O emprego da vírgula em "Venha depressa, doutor!" se justifica por:

a) Isolar palavra explicativa.

b) Indicar a elipse do verbo.

c) Isolar o aposto.

d) Isolar o vocativo.

02. Assinale a alternativa corretamente pontuada, de acordo com a língua escrita padrão.

a) Em 1957 o psicólogo B. F. Skinner da Universidade de Harvard, constatou que recompensas inconstantes que surgem de forma irregular, eram mais eficientes para condicionar o comportamento dos animais. O smartphone explora isso ao abrir um app, você nunca sabe quantas unidades de conteúdo (textos, fotos, vídeos, posts, mensagens) ele vai mostrar.

b) Em 1957 o psicólogo B. F. Skinner, da Universidade de Harvard constatou que recompensas inconstantes – que surgem de forma irregular, eram mais eficientes para condicionar o comportamento dos animais; o smartphone explora isso, ao abrir um app, você nunca sabe quantas unidades de conteúdo (textos, fotos, vídeos, posts, mensagens) ele vai mostrar.

c) Em 1957, o psicólogo B. F. Skinner, da Universidade de Harvard, constatou que recompensas inconstantes (que surgem de forma irregular) eram mais eficientes para condicionar o comportamento dos animais. O smartphone explora isso: ao abrir um app, você nunca sabe quantas unidades de conteúdo (textos, fotos, vídeos, posts, mensagens) ele vai mostrar.

d) Em 1957, o psicólogo B. F. Skinner, da Universidade de Harvard, constatou que: recompensas inconstantes que surgem de forma irregular eram mais eficientes para condicionar o comportamento dos animais. O smartphone explora isso. Ao abrir um app você nunca sabe quantas unidades de conteúdo (textos, fotos, vídeos, posts, mensagens) ele vai mostrar.

e) Em 1957 o psicólogo B. F. Skinner da Universidade de Harvard constatou que recompensas, inconstantes (que surgem de forma irregular), eram mais eficientes para condicionar o comportamento dos animais (o smartphone explora isso) ao abrir um app. Você nunca sabe quantas unidades de conteúdo (textos, fotos, vídeos, posts, mensagens) ele vai mostrar.

Gabaritos

01	D
02	C

13. REESCRITURA DE FRASES E PARÁGRAFOS DO TEXTO

A reescrita ou reescritura de frases é uma paráfrase que visa à mudança da forma de um texto. Para que o novo período esteja correto, é preciso que sejam respeitadas a correção gramatical e o sentido do texto original. Desse modo, quando há qualquer inadequação do ponto de vista gramatical e/ou semântico, o trecho reescrito deve ser considerado incorreto.

Assim, para resolver uma questão que envolve reescritura de trechos ou períodos, é necessário verificar os aspectos gramaticais (principalmente, pontuação, elementos coesivos, ortografia, concordância, emprego de pronomes, colocação pronominal, regência etc.) e aspectos semânticos (significação de palavras, alteração de sentido etc.).

Existem diversas maneiras de se parafrasear uma frase, por isso cada Banca Examinadora pode formular questões a partir de muitas formas. Nesse sentido, é essencial conhecer e dominar as variadas estruturas que uma sentença pode assumir quando ela é reescrita.

13.1 Substituição de Palavras ou de Trechos de Texto

No processo de reescrita, pode haver a substituição de palavras ou trechos. Ao se comparar o texto original e o que foi reestruturado, é necessário verificar se essa substituição mantém ou altera o sentido e a coerência do primeiro texto.

Locuções x palavras

Em muitos casos, há locuções (expressões formadas por mais de uma palavra) que podem ser substituídas por uma palavra, sem alterar o sentido e a correção gramatical. Isso é muito comum com verbos.

Exs.:

Os alunos **têm buscad**o formação profissional.

(locução: têm buscado)

Os alunos **buscam** formação profissional.

(uma palavra: buscam)

Ambas as frases têm sentido atemporal, ou seja, expressam ações constantes, que não têm fim.

Significação das palavras

Ao avaliarmos a significação das palavras, devemos ficar atentos a alguns aspectos: sinônimos, antônimos, polissemia, homônimos e parônimos.

→ **Sinônimos**: palavras que possuem significados próximos, mas não são totalmente equivalentes.

Exs.:

Casa: lar - moradia – residência

Carro: automóvel

Para verificar a validade da substituição, deve-se também ficar atento ao significado contextual. Por exemplo, na frase "As fronteiras entre o bem e o mal", não há menção a limites geográficos, pois a palavra "fronteira" está em sentido conotativo (figurado).

Além disso, nem toda substituição é coerente. Por exemplo, na frase "Eu comprei uma casa", fica incoerente reescrever "Eu comprei um lar".

Antônimos: palavras que possuem significados diferentes, opostos, contrários.

Exs.: Mal / Bem

Ausência / Presença

Subir / Descer

Cheio / Vazio

Possível / Impossível

Polissemia: ocorre quando uma palavra apresenta mais de um significado em diferentes contextos.

Exs.:

Banco (instituição comercial financeira; assento)

Manga (parte da roupa; fruta)

> A polissemia está relacionada ao significado contextual, ou seja, uma palavra tem um sentido específico apenas no contexto em que está inserida. Por exemplo: A eleição foi marcada por debates explosivos (ou seja: debates acalorados, e não com sentido de explodir algo).

→ **Homônimos**: palavras com a mesma pronúncia (algumas vezes, a mesma grafia), mas com significados diferentes.

Exs.:

A**c**ender: colocar fogo. A**sc**ender: subir.

Con**c**erto: sessão musical. Con**s**erto: reparo.

→ **Homônimos perfeitos:** palavras com a mesma grafia e o mesmo som.

Exs.:

Eu **cedo** este lugar você. (cedo = verbo)

Cheguei **cedo** para jantar. (cedo = advérbio de tempo)

Percebe-se que o significado depende do contexto em que a palavra aparece. Portanto, deve-se ficar atento à ortografia quando a questão é de reescrita.

→ **Parônimos**: palavras que possuem significados diferentes, mas são muito parecidas na pronúncia e na escrita.

Exs.:

Abso**l**ver: perdoar, inocentar.

Abso**r**ver: aspirar.

C**o**mprimento: extensão.

C**u**mprimento: saudação.

Conectores de mesmo valor semântico

Há palavras, principalmente as conjunções, que possuem valores semânticos específicos, os quais devem ser levados em conta no momento de fazer uma substituição.

Logo, pode-se reescrever um período, alterando-se a conjunção. Para tanto, é preciso que a outra conjunção tenha o mesmo valor semântico. Além disso, é importante verificar como ficam os tempos verbais após a substituição.

Exs.:

Embora fosse tarde, fomos visitá-lo. (conjunção subordinativa concessiva)

Apesar de ser tarde, fomos visitá-lo. (conjunção subordinativa concessiva)

No exemplo acima, o verbo também sofreu alteração.

Exs.:

Toque o sinal **para que** todos entrem na sala.
(conjunção subordinativa final)

Toque o sinal **a fim de que** todos entrem na sala.
(conjunção subordinativa final)

No exemplo acima, o verbo permaneceu da mesma maneira.

Paralelismo

Ocorre quando há uma sequência de expressões com estrutura idêntica.

→ **Paralelismo sintático**: é possível quando a estrutura de termos coordenados entre si é idêntica. Nesse caso, entende-se que "termos coordenados entre si" são aqueles que desempenham a mesma função sintática em um período ou trecho.

João comprou **balas** e **biscoitos**.

Perceba que "balas" e "biscoitos" têm a mesma função sintática (objeto direto). Além disso, ambas são expressões nominais. Assim, apresentam, na sentença, uma estrutura sintática idêntica.

Os formandos estão pensando **na carreira,** isto é**, no futuro.**

Tanto "na carreira" quanto "no futuro" são complementos do verbo pensar. Ademais, as duas expressões são formadas por preposição e substantivo.

→ **Paralelismo semântico**: estrutura-se pela coerência entre as informações.

Lucélia gosta de **maçã** e de **pera.**

Percebe-se que há uma relação semântica entre maçã e pera, pois ambas são frutas.

Lucélia gosta de **livros de ação** e de **pizza.**

Observa-se que os termos "livros de ação" e "pizza" não possuem sentidos semelhantes que garantam a sequência lógica esperada no período.

13.2 Retextualização de Diferentes Gêneros e Níveis de Formalidade

Na retextualização, pode-se alterar o nível de linguagem do texto, dependendo de qual é a finalidade da transformação proposta. Nesse caso, são possíveis as seguintes alterações: linguagem informal para a formal; tipos de discurso; vozes verbais; oração reduzida para desenvolvida; inversão sintática; dupla regência.

Linguagem formal x linguagem informal

Um texto pode estar escrito em linguagem coloquial (informal) ou formal (norma padrão). A proposta de reescrita pode mudar de uma linguagem para outra. Veja o exemplo:

Exs.:

Pra que serve a política? (informalidade)

Para que serve a política? (formalidade)

> A oralidade geralmente é mais informal. Portanto, fique atento: a fala e a escrita são diferentes, ou seja, a escrita não reproduz a fala e vice-versa.

Tipos de discurso

Discurso está relacionado à construção de textos, tanto orais quanto escritos, portanto, ele é considerado uma prática social.

Em um texto, podem ser encontrados três tipos de discurso: o discurso direto, o indireto e o indireto livre.

→ **Discurso direto**: são as falas das personagens. Esse discurso pode aparecer em forma de diálogos e citações, e vêm marcadas com alguma pontuação (travessão, dois pontos, aspas etc.). Ou seja, o discurso direto reproduz fielmente a fala de alguém.

O médico disse à paciente:

- Você precisa fazer exercícios físicos regularmente.

→ **Discurso indireto**: é a reprodução da fala de alguém, a qual é feita pelo narrador. Normalmente, esse discurso é escrito em terceira pessoa.

Exs.: O médico disse à paciente que ela precisava fazer exercícios regulamente.

→ **Discurso indireto livre**: é a ocorrência do discurso direto e indireto ao mesmo tempo. Ou seja, o narrador conta a história, mas as personagens também têm voz própria.

No exemplo a seguir, há um discurso direto: "que raiva", que mostra a fala da personagem.

"*Retirou as asas e estraçalhou-a. Só tinham beleza. Entretanto, qualquer urubu... que raiva...*" (Ana Maria Machado)

No trecho a seguir, há uma fala da personagem, mesclada com a narração: "Para que estar catando defeitos no próximo?".

"*D. Aurora sacudiu a cabeça e afastou o juízo temerário. Para que estar catando defeitos no próximo? Eram todos irmãos. Irmãos.*" (Graciliano Ramos)

Nas questões de reescrita que tratam da transposição de discursos, é mais frequente a substituição do direto pelo indireto. Nesse caso, deve-se ficar atento aos tempos verbais.

Exemplo de uma transposição de discurso direto para indireto:

Ana perguntou:

- Qual a resposta correta?

Ana perguntou qual era a resposta correta.

Voz verbal

Um verbo pode apresentar-se na voz ativa, passiva ou reflexiva.

→ **Ativa**: ocorre quando o sujeito é agente, ou seja, pratica a ação expressa pelo verbo.

O aluno resolveu o exercício.

→ **Passiva**: ocorre quando o sujeito é paciente, ou seja, recebe a ação expressa pelo verbo.

O exercício foi resolvido pelo aluno.

→ **Reflexiva**: ocorre quando o sujeito é agente e paciente ao mesmo tempo, ou seja, pratica e recebe a ação.

Ex.: A criança feriu-se com a faca.

Não confunda o emprego reflexivo do verbo com a reciprocidade. Por exemplo:
Os lutadores de MMA feriram-se. (um ao outro)"

Formação da voz passiva

A voz passiva pode ocorrer de forma analítica ou sintética.

→ **Voz passiva analítica**: verbo SER + particípio do verbo principal.

Exs.: A academia de polícia **será pintada**.

O relatório é **feito** por ele.

A variação de tempo é determinada pelo verbo auxiliar (SER), pois o particípio é invariável.

Exs.: João **fez** a tarefa. (pretérito perfeito do indicativo)

A tarefa **foi** feita por João. (pretérito perfeito do indicativo)

João **faz** a tarefa. (presente do indicativo)

A tarefa **é** feita por João. (presente do indicativo)

João **fará** a tarefa. (futuro do presente)

A tarefa **será** feita por João. (futuro do presente)

→ **Voz passiva sintética**: verbo na 3ª pessoa, seguido do pronome apassivador SE.

Abriram-se as inscrições para o concurso.

Transposição da voz ativa para a voz passiva

Pode-se mudar de uma voz para outra sem alterar o sentido da frase.

Exs.: Os médicos brasileiros **lançaram** um tratamento para o câncer.

Um tratamento para o câncer **foi lançado** pelos médicos brasileiros.

Nas questões de concursos, costuma-se cobrar a transposição da voz ativa para a passiva, e da voz passiva sintética para a analítica.
Exs.:
A fiscalização exige o passaporte.
O passaporte é exigido pela fiscalização.
Exige-se comprovante de pagamento.
É exigido comprovante de pagamento.

Oração reduzida x oração desenvolvida

As orações subordinadas podem ser reduzidas ou desenvolvidas. Não há mudança de sentido se houver a substituição de uma pela outra.

Exs.: Ao terminar a aula, todos podem sair. (reduzida de infinitivo)

Quando terminarem a prova, todos podem sair.(desenvolvida)

Os vizinhos ouviram uma criança chorando na rua.(reduzida de gerúndio)

Os vizinhos ouviram uma criança que chorava na rua. (desenvolvida)

Terminada a reforma, a família mudou-se para a nova casa. (reduzida de particípio)

Assim que terminou a reforma, a família mudou-se para a nova casa.(desenvolvida)

Inversão sintática

Um período pode ser escrito na ordem direta ou indireta. Nesse caso, quando ocorre a inversão sintática, a correção gramatical é mantida. Apenas é necessário ficar atento ao sentido do período.

Ordem direta: sujeito – verbo – complementos/adjuntos adverbiais.

Exs.: Os documentos foram levados para o gerente. (direta)

Foram levados os documentos para o gerente. (indireta)

Curiosidade: o Hino Nacional brasileiro é escrito em ordem indireta.
"Ouviram do Ipiranga as margens plácidas
De um povo heroico o brado retumbante."
As margens plácidas do Ipiranga ouviram o brado retumbante de um povo heroico.

Dupla regência

Há verbos que exigem a presença da preposição e outros não. Deve-se ficar atento ao fato de que a regência pode influenciar no significado de um verbo.

→ **Verbos transitivos diretos ou indiretos:** sem alterar o sentido, alguns verbos admitem duas construções: uma transitiva direta e outra indireta. Portanto, a ocorrência ou não da preposição mantém um trecho com o mesmo sentido.

Almejar: Exs.: Almejamos ***a*** paz entre os países que estão em guerra. / Almejamos ***pela*** paz entre os países que estão em guerra.

Atender: Exs.: O gerente atendeu ***os*** meus pedidos. / O gerente atendeu ***aos*** meus pedidos.

Necessitar: Exs.: Necessitamos algumas horas para organizar o evento. / Necessitamos ***de*** algumas horas para organizar o evento.

Transitividade e mudança de significado

Existem alguns verbos que, conforme a mudança de transitividade, têm o sentido alterado.

Aspirar: é transitivo direto no sentido de sorver, inspirar (o ar), inalar.

Ex.: Aspirava o suave perfume. (Aspirava-o.)

Aspirar é transitivo indireto no sentido de desejar, ter como ambição.

Aspirávamos ao cargo de diretor.

Questões

01. INSTRUÇÃO: Leia o texto a seguir para responder à questão .

TEXTO II

Desmatamento

Roubando como um desesperado sem nenhum sentido.
Desmatando a mãe natureza que nos teve como filhos.
Todos os filhos de Jah.
Jah deu a natureza não foi pra um só, não foi pra um só.
Deus deu a natureza pra todos nós cuidarmos bem dela.
Não convém, está cometendo suicídio não faça isso rapaz.
Prejudicando nossas vidas, a vida dos nossos filhos.
E a dos animais.
Não mate o que é da mata ela só faz você viver e ser feliz.
Isso que não pode acontecer, não pode acontecer.
Desmatar a mata pra poder se enriquecer, uhum.
Pois a natureza não mata, ela só faz você viver e ser feliz.
Não convém, está cometendo suicídio não faça isso rapaz.
Prejudicando nossas vidas, a vida dos nossos filhos e a dos animais.
Eu cuido dela sim para que a mãe natureza cuide bem de mim.

RAIZ DA MATA. Desmatamento. Disponível em: <https://www.vagalume.com.br/raiz-da-mata/desmatamento.html>.Acesso em: 15 nov. 2019.

Releia este trecho.

"Não convém, está cometendo suicídio não faça isso rapaz."

Para que esteja de acordo com a norma-padrão, esse trecho deve ser reescrito da seguinte forma:

a) Não convém, está cometendo suicídio, não faça isso, rapaz.
b) Não convém, está cometendo suicídio, não faça isso rapaz.
c) Não convém está cometendo suicídio não faça isso, rapaz.
d) Não convém, está cometendo suicídio não faça isso, rapaz.

1 Existe uma enfermidade moderna que afeta dois terços dos adultos. Seus sintomas incluem falta de apetite, dificuldade para controlar o peso, baixa imunidade, flutuações de humor, entre outros. Essa enfermidade é a privação de sono crônica, que vem crescendo na esteira de dispositivos que emitem luz azul.

2 Por milênios, a luz azul existiu apenas durante o dia. Velas e lenha produziam luz amarelo-avermelhada e não havia iluminação artificial à noite. A luz do fogo não é problema porque o cérebro interpreta a luz vermelha como sinal de que chegou a hora de dormir. Com a luz azul é diferente: ela sinaliza a chegada da manhã.

3 Assim, um dos responsáveis pelo declínio da qualidade do sono nas duas últimas décadas é a luz azulada que emana de aparelhos eletrônicos; mas um dano ainda maior acontece quando estamos acordados, fazendo um malabarismo obsessivo com computadores e smartphones.

4 A maioria das pessoas passam de uma a quatro horas diárias em seus dispositivos eletrônicos - e muitos gastam bem mais que isso. Não é problema de uma minoria. Pesquisadores nos aconselham a usar o celular por menos de uma hora diariamente. Mas o uso excessivo do aparelho é tão predominante que os pesquisadores cunharam o termo "nomofobia" (uma abreviatura da expressão inglesa no-mobile-phobiaj para descrever a fobia de ficar sem celular.

5 O cérebro humano exibe diferentes padrões de atividade para diferentes experiências. Um deles retrata reações cerebrais de um viciado em jogos eletrônicos. "Comportamentos viciantes ativam o centro de recompensa do cérebro", afirma Claire Gillan, neurocientista que estuda comportamentos obsessivos. "Contanto que a conduta acarrete recompensa, o cérebro a tratará da mesma maneira que uma droga".

(Adaptado de: ALTER, Adam. Irresistível. São Paulo: Objetiva, edição digital)

Existe uma enfermidade moderna que afeta dois terços dos adultos. // Essa enfermidade é a privação de sono crônica, que vem crescendo na esteira de dispositivos que emitem luz azul. (1° parágrafo)

02. As frases acima estão reescritas em um único período, com correção e coerência, do seguinte modo:

a) Afetam dois terços dos adultos a privação de sono crônica, uma enfermidade moderna, que tem crescido na esteira dos dispositivos que emitem luz azul.

b) Uma enfermidade moderna, à qual afeta dois terços dos adultos, é a privação de sono crônica, que tem crescido na esteira de dispositivos que emitem luz azul.

c) A enfermidade moderna, que vem afetando dois terços dos adultos e crescendo na esteira de dispositivos dos quais emitem luz azul é a privação de sono crônica.

d) Tem vindo crescendo junto aos dispositivos que emitem luz azul, a privação de sono crônica: uma enfermidade moderna, que afeta dois terços dos adultos.

e) A privação de sono crônica, uma enfermidade moderna que vem crescendo na esteira de dispositivos que emitem luz azul, afeta dois terços dos adultos.

Gabaritos

01	A
02	E

14. INTERPRETAÇÃO E COMPREENSÃO DE TEXTO

Interpretar textos é, antes de tudo, compreender o que se leu. Para que haja essa compreensão, é necessária uma leitura muito atenta e algumas técnicas que veremos no decorrer dos textos. Entre os aspectos que envolvem esse processo de interpretação, é essencial saber o que é ambiguidade, conhecer como se dá a coesão, entender o que é a coerência, dominar algumas características de uma dissertação, e distinguir os tipos de discurso que se podem encontrar num texto.

14.1 Ambiguidade

Ambiguidade ou anfibologia é a falta de clareza em um enunciado que lhe permite mais de uma interpretação. É conhecida, também, como duplo sentido. Observe os exemplos a seguir:

Exs.: Maria disse à Ana que sua irmã chegou.
(A irmã é de Maria ou Ana?)

A mãe falou com a filha caída no chão.

(Quem estava caída no chão?)

Está em dúvida quanto à configuração da sua máquina? Então, acabe com ela agora mesmo!
(Acabe com a dúvida, com a configuração ou com a máquina?)

Em alguns casos, especialmente na publicidade e nos textos literários, a ambiguidade é proposital; mas, para que ocorra a compreensão necessária, é preciso que o leitor tenha conhecimento de mundo suficiente para interpretar de maneira literal e não literal.

> É importante observar que os textos não são estáticos e dificilmente apresentarão apenas uma tipologia. É comum que o texto seja, por exemplo, dissertativo-argumentativo, narrativo-descritivo ou descritivo-instrucional. É importante, portanto, identificar a tipologia que predomina.

No entanto, ela se torna um problema nos textos quando causa dúvidas em relação à interpretação. Ela também pode gerar problemas e fazer com que o autor seja mal interpretado, como na frase "Sinto falta da galinha da minha mãe".

Ao escrever, para que não haja problemas relacionados à ambiguidade, é necessária atenção do autor e uma leitura cuidadosa.

14.2 Coesão

Observe as orações a seguir:

Mariana estava cansada. Viajou a noite toda. Foi trabalhar no dia seguinte.

Perceba que a relação entre elas não está clara. Agora, veja o que acontece quando são inseridos **elementos de coesão**:

Mariana estava cansada **porque** viajou a noite toda. **Mesmo assim**, foi trabalhar no dia seguinte.

Os elementos de coesão são responsáveis por criar a relação correta entre os termos do texto, tornando-o coerente.

Os elementos de coesão são representados pelas conjunções. As principais relações estabelecidas entre eles são:

Concessão	embora - ainda que - se bem que - mesmo que - por mais que.
Adversidade	mas - contudo - no entanto - todavia - se bem que - porém - entretanto.
Conclusão	dessa forma - logo - portanto - assim sendo - por conseguinte
Causa	Porque - pois - já que - visto que - uma vez que
Tempo	quando - na hora em que - logo que - assim que

Leia o trecho a seguir, publicado no jornal Correio Popular:

"Durante a sua carreira de goleiro, iniciada no Comercial de Ribeirão Preto, sua terra natal, Leão, de 51 anos, sempre impôs seu estilo ao mesmo tempo arredio e disciplinado. Por outro lado, costumava ficar horas aprimorando seus defeitos após os treinos. Ao chegar à seleção brasileira em 1970, quando fez parte do grupo que conquistou o tricampeonato mundial, Leão não dava um passo em falso. Cada atitude e cada declaração eram pensados com um racionalismo típico de sua família, já que seus outros dois irmãos são médicos."

Correio Popular, Campinas, 20 out. 2000.

Observe que neste trecho há problemas de coerência.

"(...) costumava ficar horas aprimorando seus defeitos (...)"

Entende-se o que o redator do texto quis dizer, mas a construção é indevida, uma vez que a definição para aprimorar, segundo o dicionário, é *aperfeiçoar, melhorar a qualidade de*. Portanto, se interpretada seguindo esta definição, entender-se-ia que o jogador *melhorava seus defeitos*.

Além da escolha inadequada do vocábulo, há também um problema causado pelo uso indevido dos elementos de coesão. Observe o uso da expressão "Por outro lado", que deveria indicar algo contrário ao que foi dito anteriormente, mas neste caso precede uma afirmação que confirma o que foi dito no período anterior, deixando o texto confuso.

Perceba, portanto, que:

Coesão é a relação entre as afirmações do texto, de maneira a deixá-lo claro e fazer sentido:

Ontem o dia foi bom **porque** vi Lucas.

Ontem o dia foi bom **apesar de** eu ter visto Lucas.

A relação de sentido estabelecida pela conjunção fará o sentido do texto.

14.3 Coerência Textual

Em provas de concurso, é muito comum as bancas abordarem o uso da coerência textual nas questões. Portanto, ficar atento ao texto é mais do que essencial, é vital para seu sucesso. Coerência é a união de ideias, é a harmonia entre as partes de um texto. Há um único sentido para o entendimento de um texto. O conteúdo da linguagem usada num texto deve ser compatível, não havendo oposição ou incoerência.

> Os nomes das coerências aparecem aqui apenas para divisar e ilustrar cada uma delas. As bancas não cobrarão tais nomenclaturas, porém a palavra COERÊNCIA é mais do que reincidente nos enunciados das questões.

Coerência externa

Usemos a lógica: quando nos referimos à coerência externa, há que se ter o conhecimento geral de mundo, sobre política, esportes, cultura, atualidades; é necessário um conhecimento prévio do assunto. A coerência acaba sendo vital, não somente à prova de gramática, como também ao conteúdo referente a atualidades. Uma informação errada pode gerar outras mais, tornando a propagação deste erro algo tão grande e que se torna impossível ver quais proporções isso pode tomar e quais desastres pode causar. Seja numa prova, numa conversa, as consequências de um domínio falso de determinado assunto é constrangedor, especialmente em dias de globalização com o acesso tão rápido e fácil à informação.

Em uma questão da prova de Oficial de Promotoria/SP, houve uma questão sobre o seguinte *slogan*: "Nossa **guerra** é contra a fome". E o enunciado cobrava a quem ele pertencia? Sim, era do projeto FOME ZERO, do primeiro mandato do governo Lula.

Saber tais informações foi essencial para acertar a questão. Apenas a coerência externa bastaria. Isso em uma redação ajuda, e muito.

Podemos ver a coerência externa e seus benefícios nos exemplos a seguir:

"A **fatídica curva de Ímola** fez o Brasil chorar".

↓

Ayrton Senna, piloto brasileiro de Fórmula 1, morreu em 1º de maio de 1994 numa corrida no circuito de Ímola, Itália.

"O **Boca do Inferno** foi o primeiro escritor brasileiro". →

Gregório de Matos Guerra nasceu no século XVII, no Brasil. Sua obra não foi publicada em vida, mas ficou eternizada na memória do povo. Sua poesia trazia com ironia e sarcasmo situações cômicas da sociedade e do clero baiano.

Nos dois exemplos anteriores, vemos que a coerência externa é essencial para saber quais assuntos são tratados.

Já discutimos, neste estudo, a importância de se ter conhecimento do mundo, quando abordamos o assunto "Crônicas". Agora essa ideia vem reforçada pelo estudo da coerência externa. Verifica-se, inclusive, uma interdisciplinaridade entre gramática e Atualidades nesse caso.

Coerência interna

Acabamos de conceituar a coerência externa, ou seja, aquela que vem fora do texto. A coerência interna acaba sendo o oposto: é aquela que aparece dentro do texto. Para que isso aconteça, há que se ver todo o ambiente que cerca determinado documento, narrativa ou dissertação. A maioria dos textos de concursos aborda tal coerência, principalmente no tocante ao cargo. O exemplo a seguir ilustrará melhor o assunto:

E você vai **rasgar meu papel**.
(...) Serei sempre seu confidente fiel.
E você vai molhar meu papel.
O que **está escrito em mim**
Comigo ficará guardado se quiser saber
A vida segue sempre em frente
O que há de se fazer
Só peço a você um favor se puder
Não me esqueça num canto qualquer.

(O CADERNO, Toquinho)

Se imaginarmos um caderno conversando com uma criança, perceberemos que nada de errado aparece nos versos. A coerência interna fica latente pela proposta do tema. É assim que deve ser feito nos textos. A coerência tem de estar ligada ao tema proposto.

Coerência argumentativa

A argumentação deve concordar com o texto. Em concursos públicos, isso pode aparecer nos exercícios de maneira indireta para que o concursando seja induzido ao erro. Mas vejamos como a propaganda pode fazer isso:

"**Bombril** tem mil e uma utilidades."
(slogan de uma propaganda de palha de aço)

↘ Pagando menos e com mais vantagens

"**Hollywood**, o sucesso"
(***slogan de uma propaganda de cigarros)***

↘ Mesmo prejudicial à saúde, o cigarro pode servir de status a alguém.

Numa prova de concurso, a coerência textual é o fator que mais aparece. A falta de habilidade de leitura dos mecanismos de coerência pode facilmente induzir o leitor ao erro. Vejamos essa característica em uma questão de prova:

14.4 Dissertação

A dissertação está presente em qualquer tipo de texto. Predomina em pensamentos, análises. Ela não poderia ficar de fora em concursos públicos, o que justifica sua maior aparição e predominância em tais provas. Este tipo de texto é mais complexo que a narração e a descrição, pois usa de um entendimento mais avançado para determinado assunto.

Dissertar é opinar sobre determinado assunto. Há que se ter, nesse caso, um conhecimento geral suficiente para que o texto possa ser mais lógico e coerente para o leitor. Uma dica: é sempre importante estar atento a noticiários, ler sobreo maior número possível de temas. E, junto a este texto, aparecem as linguagens, cada qual com um estilo, e muitas vezes o estilo do texto, o tema central pede tais linguagens, e estas vão ditar de um modo coerente o que se quer passar ao leitor.

Exemplo de dissertação:

Falar que o Brasil é um país repleto de problemas é como chover no molhado. Identificar os problemas quanto ao crescimento deixou de ser um recomeço. Talvez o lugar comum no Brasil seja mais do que promessas. A fé nunca esteve tão presente. Os sonhos se fortalecem e ficarão tão fortes que este texto acabou de dar mais um passo para o lado.

Uma dissertação está dividida em **três partes** que se interagem:

1ª parte**: introdução, apresentação do assunto**
2ª parte: **desenvolvimento, dados exatos**
informação nova
EVITE: **clichês, ditados populares**.
3ª parte: **conclusão coerente com toda a redação**

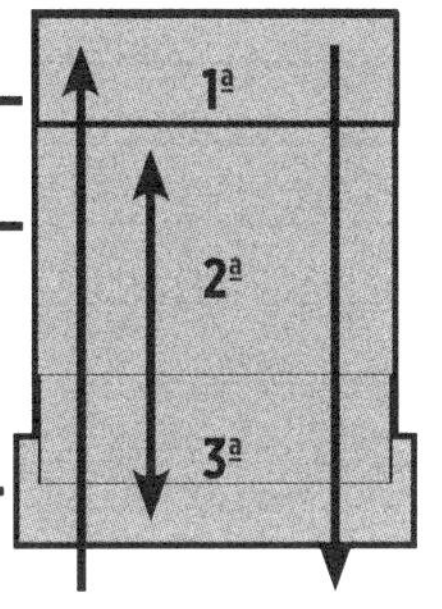

Introdução: falar que o Brasil é um país repleto de problemas é como chover no molhado. Identificar os problemas quanto ao crescimento deixou de ser um recomeço.

Desenvolvimento: talvez o lugar comum no Brasil seja mais do que promessas. A fé nunca esteve tão presente.

Conclusão: os sonhos se fortalecem e ficarão tão fortes que este texto acabou de dar mais um passo para o lado.

Como no esquema citado encontramos um exemplo para textos dissertativos, aproveite-o para usar em suas redações, já que a dissertação é a forma textual mais frequente, no que tange à elaboração de um texto em provas.

14.5 Discurso

Discurso é a forma de uma mensagem aparecer. Ele pode vir em forma direta e indireta. Há bancas que pedem principalmente a transposição de um para outro. Ficar atento aos verbos, pronomes e advérbios ajuda, e muito, nos exercícios que as bancas trazem.

→ **Discurso direto**: representa a fala de alguém. Aparece literalmente num diálogo.

Ex.: "Eu não vou à sua casa hoje".

→ **Discurso indireto**: representa a fala de outrem. Aparece indiretamente, por meio da voz de uma pessoa, o que outra acabou proferindo.

Ex.: "Ele disse que não vai à minha casa hoje".

Vimos, neste capítulo, como a coerência rege um texto para que ele tenha um perfil fiel ao que se propõe a fazer. Aliada à dissertação, estilo mais comum nos concursos, ela constitui a base geral de uma comunicação clara e sem ruídos.

Questões

Cachorrinhos quase humanos

Clara Braga

Observei que ultimamente o termo "pais de pets" tem se popularizado e eu acho isso muito legal! Eu mesma me considero mãe de pet, tenho uma cadelinha linda, que é uma companheira da família, principalmente do meu filho.

Mas, uma coisa me preocupou em relação a algumas pessoas com quem conversei nos últimos dias. Não foi uma ou duas, foram algumas várias pessoas que compartilharam do mesmo pensamento. Todas disseram que decidiram ter um cachorro ou um gato para ver se levavam jeito para serem pais e, então, decidirem se teriam ou não filhos humanos!

Lembrei-me do dia que minha cadelinha chegou em casa: coloquei água, ração, deixei um brinquedinho à disposição e fui trabalhar. Então, lembrei-me de quando meu filho chegou: choro de 3 em 3 horas, peito rachado por causa da amamentação, pacotes e mais pacotes de fraldas e, para sair de casa, parecia que estávamos de mudança. Lembrei-me das cólicas que minha cadela nunca teve, das febres altas e viroses que ela nunca experimentou, dos quilos de roupas golfadas que nunca precisei lavar dela e dos banhos que são apenas semanais e não diários!

A gente ama os pets como se fossem filhos, eles são da família, aparecem nas fotos de natal, têm seu próprio book, dormem na nossa cama, estão sempre do nosso lado, se ficam doentes, a gente sofre, mas mesmo doentes não dão o trabalho que uma criança dá!

Comparar as situações é injusto até com o pet, já que ele também não sabe se está preparado para a chegada de um mini humano. Só o pet sabe o que é ter seu rabo puxado constantemente, ver seu pote de água sendo virado, ver brinquedos espalhados no chão e não poder brincar, enfim, aposto que eles também têm suas dúvidas!

E sabe quem mais tem dúvida? Quem já é pai e mãe, pois eles sabem que tudo que funcionou com um pode não funcionar com o segundo, então bate o pânico de novo! Ou seja, nada se compara a ter um filho, nem ter um filho!

Verdade seja dita, nós nunca estamos preparados, contudo damos um jeito. Depois de um dia difícil, segurar seu filho no colo, ganhar um beijo e um sorriso, faz você entender todo o resto. Não te faz esquecer, não te deixa menos cansado, não faz você levantar e sair cantando e dançando como se estivesse em um musical, mas faz você entender, principalmente se junto você tiver seu pet pronto para também ganhar e dar carinho para todo mundo.

01. A frase "Lembrei-me do dia que minha cadelinha chegou em casa." poderia ser reescrita, considerando as normas gramaticais, da seguinte maneira:

a) Me lembrei do dia em que minha cadelinha chegou à casa.
b) Lembrei do dia que minha cadelinha chegou a casa.
c) Lembrei o dia que minha cadelinha chegou à casa.
d) Lembrei-me do dia em que minha cadelinha chegou a casa.

02. Assinale a alternativa que apresenta um vocábulo que NÃO poderia substituir corretamente a expressão destacada em "Só o pet sabe o que é ter seu rabo puxado constantemente".

a) Frequentemente.
b) Ininterruptamente.
c) Fortuitamente.
d) Amiudadamente.

03. A variante linguística empregada na maior parte no texto é

a) formal, pois não há desvios em relação à norma culta da Língua Portuguesa.

b) informal, pois a linguagem é descontraída, dado que a autora aborda sua própria experiência de vida.

c) formal, já que há o uso de termos rebuscados e complexos, que não se aproximam da fala do dia a dia das pessoas.

d) informal, tendo em vista que se aproxima muito da fala cotidiana da maioria das pessoas.

Gabaritos

01	D
02	C
03	A

15. TIPOLOGIA E GÊNEROS TEXTUAIS

Neste capítulo, são apresentados alguns gêneros textuais que circulam na sociedade (artigo, ata, atestado, apostila, carta, charge, certidão, circular, declaração, editorial, entrevista, edital, gênero literário, história em quadrinhos, notícia, ofício, parecer, propaganda, poema, reportagem, requerimento, relatório, portaria). Sobre esse assunto, é importante saber que esses gêneros estão relacionados à tipologia textual. Portanto, vale a pena fazer uma síntese dessas tipologias antes de tratarmos diretamente dos gêneros.

15.1 Tipologia Textual

Um texto pode ter várias características. Entre elas, estão a tipologia e o gênero textual. A relação é a seguinte: cada tipologia textual possui diversos gêneros textuais. Além disso, geralmente um texto não é escrito com base em apenas uma tipologia, ou seja, podem ser encontradas várias tipologias num texto, mas sempre há alguma que se torna predominante.

As tipologias mais importantes que devemos estudar são: narração, descrição, dissertação, injunção, predição, dialogal.

Narração

Modalidade textual que tem o objetivo de contar um fato, fictício ou não, que aconteceu num determinado tempo e lugar, e que envolve personagens. Geralmente, segue uma cronologia em relação à passagem de tempo. Nesse tipo de texto, predomina o emprego do pretérito.

Os gêneros textuais mais comuns são: conto, fábula, crônica, romance, novela, depoimento, piada, relato etc.

Descrição

A descrição consiste em fazer um detalhamento, como se fosse um retrato por escrito de um lugar, uma pessoa, um animal ou um objeto. O adjetivo é muito usado nesse tipo de produção textual. As abordagens podem ser tanto físicas quanto psicológicas (que envolvem sentimentos, emoções). Esse tipo de texto geralmente está contido em textos diversos.

Os gêneros textuais mais comuns são: cardápio, folheto turístico, anúncio classificado etc.

Dissertação

Dissertar significa falar sobre algo, explicar um assunto, discorrer sobre um fato, um tema. Nesse sentido, a dissertação pode ter caráter expositivo ou argumentativo.

→ **Dissertação-Expositiva**: o texto expositivo apresenta ideias sobre um determinado assunto. Há informações sobre diferentes temas, em que o autor expõe dados, conceitos de modo objetivo. O objetivo principal é informar, esclarecer.

Os gêneros mais comuns em que se encontra esse tipo de texto são: aula, resumo, textos científicos, enciclopédia, textos expositivos de revistas e jornais etc.

→ **Dissertação-Argumentativa**: um texto argumentativo defende ideias ou um ponto de vista do autor. Além de trazer explicações, esse tipo de texto busca persuadir, convencer o leitor de algo. O texto, além de explicar, também persuade o interlocutor, objetivando convencê-lo de algo. O mais importante é haver uma progressão lógica e coerente das ideias, sem ficar no que é vago, impreciso.

É comum encontrar essa tipologia textual em: sermão, ensaio, monografia, dissertação, tese, ensaio, manifesto, crítica, editorial de jornais e revistas.

Injunção/Instrucional

Com uma linguagem objetiva e concisa, esse tipo de texto orienta como realizar uma ação. Predominantemente, os verbos são empregados no modo imperativo, todavia há também o uso do infinitivo e do futuro do presente do modo indicativo.

Temos como gêneros textuais mais comuns: ordens; pedidos; súplica; desejo; manuais e instruções para montagem ou uso de aparelhos e instrumentos; textos com regras de comportamento; textos de orientação (ex: recomendações de trânsito); receitas, cartões com votos e desejos (de natal, aniversário etc.).

Predição

A predição tem por características a informação e a probabilidade. O intuito é predizer algo ou levar o interlocutor a crer em alguma coisa que ainda irá ocorrer.

Os gêneros em que mais são encontrados essa tipologia são: previsões astrológicas, previsões meteorológicas, previsões escatológicas/apocalípticas.

Dialogal/Conversacional

A base para esta tipologia textual é o diálogo entre os interlocutores. Nesse tipo de texto, temos um locutor (quem fala), um assunto, um receptor (quem recebe o texto). Ou seja, temos um diálogo entre os interlocutores (locutor e receptor).

Os gêneros em que essa tipologia ocorre são: entrevista, conversa telefônica, chat etc.

15.2 Gêneros Textuais

Os gêneros textuais podem ser textos orais ou escritos, formais ou informais. Eles possuem características em comum, como a intenção comunicativa, mas há algumas características que os distinguem uns dos outros.

Gêneros textuais e esferas de circulação

Cada gênero textual está vinculado a uma esfera de circulação, ou seja, um lugar comum em que ele pode ser encontrado.

Cotidiana: Adivinhas, Diário, Álbum de Família Exposição Oral, Anedotas, Fotos, Bilhetes, Músicas, Cantigas de Roda, Parlendas, Carta Pessoal, Piadas, Cartão, Provérbios, Cartão Postal, Quadrinhas, Causos, Receitas, Comunicado, Relatos de Experiências Vividas, Convites, Trava-Línguas, *Curriculum Vitae.*

Literária/Artística: Autobiografia, Letras de Músicas, Biografias, Narrativas de Aventura, Contos, Narrativas de Enigma,

Contos de Fadas, Narrativas de Ficção, Contos de Fadas Contemporâneos, Narrativas de Humor, Crônicas de Ficção, Narrativas de Terror, Escultura, Narrativas Fantásticas, Fábulas, Narrativas Míticas, Fábulas Contemporâneas, Paródias, Haicai, Pinturas, Histórias em Quadrinhos, Poemas, Lendas, Romances, Literatura de Cordel, Tankas, Memórias, Textos Dramáticos.

Científica: Artigos, Relato Histórico, Conferência, Relatório, Debate, Palestra, Verbetes, Pesquisas.

Escolar: Ata, Relato Histórico, Cartazes, Relatório, Debate, Regrado, Relatos de Experiências, Diálogo/Discussão Argumentativa Científicas, Exposição Oral, Resenha, Júri Simulado, Resumo, Mapas, Seminário, Palestra, Texto Argumentativo, Pesquisas, Texto de Opinião, Verbetes de Enciclopédias.

Jornalística: Imprensa: Agenda Cultural, Fotos, Anúncio de Emprego, Horóscopo, Artigo de Opinião, Infográfico, Caricatura, Manchete, Carta ao Leitor, Mapas, Mesa Redonda, Cartum, Notícia, Charge, Reportagens, Classificados, Resenha Crítica, Crônica Jornalística, Sinopses de Filmes, Editorial, Tiras, Entrevista (oral e escrita).

Publicidade: Anúncio, Músicas, Caricatura, Paródia, Cartazes, Placas, Comercial para TV, Publicidade Comercial, E-mail, Publicidade Institucional, Folder, Publicidade Oficial, Fotos, Texto Político, Slogan.

Política: Abaixo-Assinado, Debate Regrado, Assembleia, Discurso Político, Carta de Emprego, Fórum, Carta de Reclamação, Manifesto, Carta de Solicitação, Mesa Redonda, Debate, Panfleto.

Jurídica: Boletim de Ocorrência, Estatutos, Constituição Brasileira, Leis, Contrato, Ofício, Declaração de Direitos, Procuração, Depoimentos, Regimentos, Discurso de Acusação, Regulamentos, Discurso de Defesa, Requerimentos.

Social: Bulas, Relato Histórico, Manual Técnico, Relatório, Placas, Relatos de Experiências Científicas, Resenha, Resumo, Seminário, Texto Argumentativo, Texto de Opinião, Verbetes de Enciclopédias.

Midiática: Blog, Reality Show, Chat, Talk Show, Desenho Animado, Telejornal, E-mail, Telenovelas, Entrevista, Torpedos, Filmes, Vídeo Clip, Fotoblog, Videoconferência, Home Page.

Exemplos de gêneros textuais

Artigo: o artigo de opinião é um gênero textual que faz parte da esfera jornalística e tem por finalidade a exposição do ponto de vista sobre um determinado assunto. Assim como a dissertação, ele também se compõe de um título, uma introdução, um desenvolvimento e uma conclusão.

Ata: a ata tem como finalidade registrar ocorrências, resoluções e decisões de reuniões, sessões realizadas por algum órgão, setor, entidade etc.

Estrutura da ata:

> dia, mês, ano e hora (por extenso);

> local da reunião;

> pessoas presente, devidamente qualificadas;

> ordem do dia (pauta);

> fecho.

Observações:

> não há disposição quanto à quantidade de pessoas que deve assinar a ata; pode ser assinada apenas pelo presidente e secretário.

> a ata deve ser redigida de modo que não sejam possíveis alterações posteriores à assinatura (há o emprego de expressões "digo" e "em tempo").

> não há parágrafos ou alíneas.

> a ata é o registro fiel.

Atestado: atestado é o documento mediante o qual a autoridade comprova um fato ou situação de que tenha conhecimento em razão do cargo que ocupa ou da função que exerce. Destina-se à comprovação de fatos ou situações passíveis de modificações frequentes. É uma mera declaração, ao passo que a certidão é uma transcrição. Ato administrativo enunciativo, o atestado é, em síntese, afirmação oficial de fatos.

Partes:

> título ou epígrafe: denominação do ato (atestado).

> texto: exposição do objeto da atestação. Pode-se declarar, embora não seja obrigatório, a pedido de quem e com que finalidade o documento é emitido.

> local e data: cidade, dia, mês e ano da emissão do ato, podendo-se também citar, preferentemente sob forma de sigla, o nome do órgão em que a autoridade signatária do atestado exerce suas funções.

> assinatura: nome e cargo ou função da autoridade que atesta.

Apostila: apostila é a averbação, feita abaixo dos textos ou no verso de decretos e portarias pessoais (nomeação, promoção, ascensão, transferência, readaptação, reversão, aproveitamento, reintegração, recondução, remoção, exoneração, demissão, dispensa, disponibilidade e aposentadoria), para que seja corrigida flagrante inexatidão material do texto original (erro na grafia de nomes próprios, lapso na especificação de datas etc.), desde que essa correção não venha a alterar a substância do ato já publicado.

Tratando-se de erro material em decreto pessoal, a apostila deve ser feita pelo Ministro de Estado que o propôs. Se o lapso houver ocorrido em portaria pessoal, a correção por apostilamento estará a cargo do Ministro ou Secretário signatário da portaria. Nos dois casos, a apostila deve sempre ser publicada no Boletim de Serviço ou Boletim Interno correspondente e, quando se tratar de ato referente a Ministro de Estado, também no Diário Oficial da União.

A finalidade da correção de inexatidões materiais por meio de apostila é evitar que se sobrecarregue o Presidente da República com a assinatura de atos repetidos, e que se onere a Imprensa Nacional com a republicação de atos.

→ **Forma e Estrutura:**

> título, em maiúsculas e centralizado sobre o texto: APOSTILA;

> texto, no qual deve constar a correção que está sendo feita, a ser iniciada com a remissão ao decreto que autoriza esse procedimento;

> data, por extenso:

Brasília, em 12 de novembro de 1990;

> identificação do signatário, abaixo da assinatura:

NOME (em maiúsculas)

Secretário da Administração Federal

No original do ato normativo, próximo à apostila, deverá ser mencionada a data de publicação da apostila no Boletim de Serviço ou no Boletim Interno.

Carta: pode ter caráter argumentativo quando se trata de uma carta aberta ou carta do leitor. Quando se trata de carta pessoa, há a presença de aspectos narrativos ou descritivos.

A charge é um dos gêneros textuais mais cobrados em questões de concurso. Deve dar atenção à crítica feita pelo autor, a qual pode ser percebida pela relação texto verbal e não verbal (palavras e imagens).

Charge: é um gênero textual em que é feita uma ilustração cômica, irônica, por meio de caricaturas, com o objetivo de satirizar, criticar ou fazer um comentário sobre algum acontecimento, que é atual, em sua grande maioria.

Certidão: certidão é o ato pelo qual se procede à publicidade de algo relativo à atividade Cartorária, a fim de que, sobre isso, não haja dúvidas. Possui formato padrão próprio, termos essenciais que lhe dão suas características. Exige linguagem formal, objetiva e concisão.

Termos essenciais da certidão:

> afirmação: certidão e dou fé que.

> identificação do motivo de sua expedição: a pedido da parte interessada.

> ato a que se refere: revendo os assentamentos constantes deste cartório, não logrei encontrar ação movida contra (nome).

> data de sua expedição:

> assinatura: O Escrivão.

Circular: é utilizada para transmitir avisos, ordens, pedidos ou instruções, dar ciência de leis, decretos, portarias etc.

> destina-se a uma ou mais de uma pessoa/órgão/ empresa. No caso de mais de um destinatário, todas as vias distribuídas devem ser iguais.

> a paragrafação pode seguir o estilo americano (sem entradas de parágrafo), ou estilo tradicional. No caso de estilo americano, todo o texto, a data e a assinatura devem ser alinhados à margem esquerda. No estilo tradicional, devem ser centralizados.

Partes:

> TIMBRE: impresso no alto do papel.

> TÍTULO E NÚMERO: cerca de três linhas do timbre e no centro da folha. O número pode vir seguido do ano.

> DATA: a data deve estar próxima do título e número, ao lado ou abaixo, podendo se apresentar de várias formas:

CIRCULAR Nº 01, DE 2 MARÇO DE 2002

CIRCULAR Nº 01

De 2 de março de 2002

CIRCULAR Nº 01/02 Rio de Janeiro, 2 de março de 2002

> EMENTA (opcional): deve vir abaixo do título e data, cerca de três linhas.

Ementa: Material de consumo.

Ref.: Material de consumo

> INVOCAÇÃO: cerca de quatro linhas do título. Dependendo do assunto e destinatários, a invocação é dispensável.

Excelentíssimo Senhor:

Senhor Prefeito:

Senhores Pais:

→ TEXTO: cerca de três linhas do título. Deve conter:

> exposição do assunto, desenvolvida a partir dos objetivos;

> a sensibilização do receptor/destinatário;

> convite a agir;

> CUMPRIMENTO FINAL:

Respeitosamente,

Atenciosamente,

> ASSINATURA: cerca de quatro linhas do cumprimento final. É composta do nome do emissor (só as iniciais maiúsculas) e cargo ou função (todo em maiúscula):

Herivelto Nascimento

DIRETOR

> ANEXOS: quando houver documentos a anexar, escreve-se a palavra anexo à margem esquerda, seguida da relação do que está anexado:

Anexo: quadro de horários.

Anexa: cópia do documento.

Anexas: tabela de horários e cópia dos documentos.

> INICIAIS: na última linha útil do papel, à esquerda, devemos escrever as iniciais de quem elaborou o texto (redator), seguido das iniciais de quem a datilografou/ digitou (em maiúscula ou minúscula, tanto faz). Quando o redator e o datilógrafo forem a mesma pessoa, basta colocar a barra seguida das iniciais:

PPS/AZ

Pps/az

/pps

/PPS

Declaração: a declaração deve ser fornecida por pessoa credenciada ou idônea que nele assume a responsabilidade sobre uma situação ou a concorrência de um fato. Portanto, é uma comprovação escrita com caráter de documento.

A declaração pode ser manuscrita em papel almaço simples ou digitada. Quanto ao aspecto formal, divide-se nas seguintes etapas:

> timbre: impresso com cabeçalho, contendo o nome do órgão ou empresa. Nas declarações particulares, usa-se papel sem timbre.

> título: no centro da folha, em caixa alta.

> texto:

» identificação do emissor.

- » o verbo atestar ou declarar deve aparecer no presente do indicativo, terceira pessoal do singular ou do plural.
- » finalidade do documento: em geral, costuma-se usar o termo "para os devidos fins". Também se pode especificar: "para fins de trabalho", "para fins escolares" etc.
- » nome e dados de identificação do interessado.
- » citação do fato a ser atestado.

> local e data: deve-se escrevê-lo a cerca de três linhas do texto.

Editorial: é um gênero textual dissertativo-argumentativo que apresenta o posicionamento de uma empresa, revista, jornal sobre determinado assunto.

Entrevista: é um gênero textual em que aparece o diálogo entre o entrevistador e o(s) entrevistado(s), para obter informações sobre o entrevistado ou algum assunto. Podem aparecer elementos expositivos, argumentativos e narrativos.

Edital: é um documento em que são apresentados avisos, citações, determinações.

São diversos os tipos de editais, de acordo com o objetivo: pode comunicar uma citação, um proclame, um contrato, uma exoneração, uma licitação de obras, serviços, tomada de preço etc.

Entre eles, os editais mais comuns são os de concursos públicos, que determinam as etapas dos processos seletivos e as competências necessárias para a sua execução.

Gêneros literários

Os gêneros literários costumam ser cobrados em algumas provas. É importante saber que há a presença tanto da linguagem denotativa quanto da conotativa. Geralmente, as provas trazem fragmentos de textos. Alguns gêneros mais cobrados são: novela, conto, fábula, crônica, ensaio.

Novela: é um texto narrativo longo, em que são narradas várias histórias. Sempre há uma história principal que caracteriza esse gênero. Exemplos: O Alienista, de Machado de Assis, e A Metamorfose, de Kafka.

Conto: é um texto narrativo curto, em que há, geralmente, um enredo (uma história) e poucos personagens.

Fábula: É um texto narrativo em que há uma história curta que termina com uma lição de moral. Geralmente, há a personificação, pois há personagens que não são humanos (animais, objetos) que adquirem características humanas.

Crônica: é uma narrativa breve, relacionada ao cotidiano. Pode ter um tom humorístico ou reflexivo (presença de críticas).

Ensaio: é um texto com caráter também didático, em que são expostas ideias, críticas e reflexões morais e filosóficas a respeito de certo tema. É caracterizado pela defesa de um ponto de vista pessoal e subjetivo sobre um tema (humanístico, filosófico, político, social, cultural, moral, comportamental etc.), sem a necessidade de comprovação científica.

História em quadrinhos

É um gênero narrativo que consiste em contar algo por meio de pequenos quadros. Pode haver diálogos diretos entre personagens. É caracterizado pela linguagem verbal e não verbal.

Notícia

É um texto em que podem aparecer características narrativas e descritivas. Conta-se como ocorreu um determinado fato. Aparecem as seguintes informações: o que ocorreu, como, quando, onde e quem estava envolvido.

Ofício

O ofício tem o objetivo de informar, propor convênios, ajustes, acordos, encaminhar documentos, solicitar providências e/ou informações.

É uma correspondência que pode ser dirigida tanto ao Poder Público quanto a particulares.

Formatação:

- > Papel timbrado;
- > Número de ordem na margem superior esquerda;
- > Local e data na mesma linha do número de ordem, ao lado direito;
- > Vocativo (a forma de se dirigir à pessoa a que se destina a correspondência);
- > O texto pode ser dividido em parágrafos;
- > Fecho;
- > Assinatura e cargo do remetente;
- > Endereçamento.

Parecer

O parecer é o pronunciamento fundamentado, com caráter opinativo, de autoria de comissão ou de relator, snobre matéria sujeita a seu exame.

Partes de um parecer:

- > designação: número do processo, no centro superior do papel. Não é um item obrigatório.
- > título: denominação do ato, seguido de numeração (Parecer nº).
- > ementa: resumo do assunto do parecer, de maneira concisa, a dois espaços do título.
- > texto: introdução (histórico); esclarecimentos (análise do fato); conclusão do assunto.
- > fecho: compreende: local e/ou denominação do órgão (sigla);
  - » data;
  - » assinatura (nome e cargo de quem emite o parecer).

Propaganda

Caracterizado como um texto expositivo, o objetivo é propagar informações sobre algo, para influenciar o leitor com mensagens que despertam as emoções e a sensibilidade.

Poema

É um texto estruturado em versos (linhas) e pode também ter estrofes (conjunto de linhas). É muito comum haver a descrição e a narração.

Reportagem

É um gênero textual que pertence à esfera jornalística e tem um caráter dissertativo-expositivo. A reportagem tem, por objetivo, informar e levar os fatos ao leitor de uma maneira concisa, clara, e direta.

Requerimento

O requerimento é o instrumento por meio do qual o signatário pede, a uma autoridade, algo que lhe pareça justo ou legal. Qualquer pessoa que tenha interesse no serviço público pode valer-se de um requerimento, que será dirigido a uma autoridade competente para conhecer, analisar e solucionar o caso, podendo ser escrito ou datilografado (digitado).

Os elementos constitutivos do requerimento são:

> vocativo: indica a autoridade a quem se dirige a comunicação (alinhado à esquerda, sem parágrafo, identificando a autoridade e não a pessoa em si;
> texto: nome do requerente (letras maiúsculas), qualificação, objeto do requerimento;
> fecho: pede deferimento, espera deferimento, aguarda deferimento;
> local e data;
> assinatura.

Relatório

Relatório é um documento em que se faz uma descrição de fatos, analisados com o objetivo de orientar o serviço interessado ou o superior imediato para possíveis ações a serem tomadas.

É, em última análise, a exposição circunstanciada de atividades levadas a termo por funcionário, no desempenho das funções do cargo que exerce, ou por ordem de autoridade superior.

É geralmente feito para expor:

> situações de serviço;
> resultados de exames;
> eventos ocorridos em relação a planejamento;
> prestação de contas ao término de um exercício etc.

Suas partes componentes são:

1) Título (a palavra RELATÓRIO), em letras maiúsculas.
2) Vocativo: a palavra Senhor(a), seguida do cargo do destinatário, e de vírgula.
3) Texto paragrafado, composto de introdução, desenvolvimento e conclusão.
   > Introdução: enuncia-se o propósito do relatório;
   > Desenvolvimento: corpo do relatório - a exposição dos fatos;
   > Conclusão: o resultado ou síntese do trabalho, bem como a recomendação de providências cabíveis.
4) Fecho, utilizando as fórmulas usuais de cortesia, como as do ofício.
5) Local e data, por extenso.
6) Assinatura, nome e cargo ou função do signatário.
7) Anexos, complementando o Relatório, com material ilustrativo e/ou ocumental.

Classificação de Relatórios

> Informativo: aborda um problema ou situação e oferece informações.
> Reativo: aborda um problema, examina as causas e as consequências e oferece sugestões.
> Conclusivo: aborda um problema ou situação e oferece conclusões.

Portaria

É um ato pelo qual as autoridades competentes determinam providências de caráter administrativo, dão instruções sobre a execução de leis e de serviços, definem situações funcionais e aplicam medidas de ordem disciplinar.

Partes:

> numeração (classificação): número do ato e data de expedição.
> título: denominação completa de autoridade que expede o ato.
> fundamentação: citação da legislação básica em que a autoridade apoia sua decisão, seguida do termo resolve.
> texto: desenvolvimento do assunto.
> assinatura: nome da autoridade que expede o ato.

Questões

01. Retrato

Eu não tinha este rosto de hoje,
Assim calmo, assim triste, assim magro,
Nem estes olhos tão vazios,
Nem o lábio amargo.

Eu não tinha estas mãos sem força,
Tao paradas e frias e mortas;
Eu não tinha este coração
Que nem se mostra.

Eu não dei por esta mudança,
Tão simples, tão certa, tão fácil:
– Em que espelho ficou perdida
a minha face?

(Cecília Meirelles)

– Em que espelho ficou perdida a minha face? (3ª estrofe)

Caso a frase acima seja transposta para o discurso indireto, o elemento sublinhado assumirá a seguinte forma:

a) ficasse.
b) ficará.
c) ficou.
d) ficava.
e) ficara.

02. Benefícios da "AMIGOTERAPIA": cura depressão, alivia ansiedade e boicota a solidão e muito mais

A amizade é um bálsamo para a alma. Ao lado de um amigo, o peso da nossa existência fica atenuado e a alegria tende a brotar mais facilmente. Quando a nossa mente e as nossas emoções nos parecem desconexas, a "amigoterapira" pode nos mostrar o caminho.

Não raro, nesses dias de aflição e de muita pressa, sentimos falta de um amigo. Alguém que esteja disposto a ouvir a nossa alma, a decifrar o nosso semblante, a nos dar aquele "tapa com luva de pelica" necessário ou aquela palavra de ânimo providencial. É por isso que, em casos de alma adoecida, sem embargo das demais terapias, uma amizade tem poder curador.

Um amigo é alguém disposto a nos mostrar a verdadeira face do nosso espírito, despindo-nos de nossas máscaras, de nossas falsas certezas sobre nós.

Um amigo é capaz de ouvir sem julgar. De orientar sem querer impor a sua vontade ou verdade. Um amigo é capaz de nos fazer rir de nós mesmos. Está apto a refazer o nosso projeto de vida, a reler o nosso passado, a reavaliar o presente.

Um amigo é capaz de guardar as suas angústias no bolso, quando percebe que a sua dor requer um curativo mais emergencial.

Um amigo não é aquele que está ao seu lado quando você cai, tão somente. Mas, aquele que também estará na primeira fila quando você triunfar. Um amigo o afastará da solidão. Será uma ponte a levá-lo, juntamente com outros cuidados necessários, para longe da depressão. Ele fará menor a sua ansiedade e atenuará os seus medos da solidão.

A "amigoterapia" é o exercício da amizade verdadeira e pura e só pode ser realizada quando dois corações alados se encontram e um coração serve ao outro, sem nada exigir, mas ciente de que também será servido depois.

Adaptado de: <https://www.revistapazes.com/beneficios-da-amigoterapia-cura-depressao-alivia-ansiedade-e-boicota-a-solidao-e-muito-mais/>. Acesso em: 18 out. 2019.

Em relação à função e à construção do texto, é correto afirmar que

a) é uma notícia tradicional, visto que preza pela transmissão de fatos ocorridos e que afetaram a sociedade.

b) é um texto informativo em que se percebe certo lirismo ao se apresentar as informações.

c) é um texto narrativo, com o propósito de relatar uma história.

d) é uma crônica, visto que relata uma situação vivida pelos personagens a fim de fazer uma reflexão sobre o comportamento humano.

03. "Não foi nada disto que aconteceu. Ao constatar a existência do depósito milionário, o aposentado simplesmente devolveu o dinheiro. Eu não conseguiria dormir, disse, à guisa de explicação".

Ao ser transposto para o discurso indireto, o trecho Eu não conseguiria dormir, disse [o aposentado] assume a seguinte redação:

a) O aposentado disse que ele não conseguiria dormir.

b) Disse o aposentado: – Eu não conseguiria dormir.

c) Disse-me o aposentado que ele não conseguia dormir.

d) O aposentado disse-me: – Eu não conseguia dormir.

e) O aposentado disse que ele não conseguira dormir.

Gabaritos

01	E
02	B
03	A

16. FIGURAS DE LINGUAGEM

Na Língua Portuguesa, como em qualquer outro idioma, verificam-se expressões que, se observadas exclusivamente a partir de seu significado literal, podem não fazer muito sentido. Todavia, elas são entendidas, compreendidas e, em alguns casos, tornam-se até insubstituíveis. Muitas vezes, algumas dessas expressões chegam a ser consideradas desvios da norma culta; outras vezes, elas são vistas como "um tempero na gramática", algo capaz de provocar, através da linguagem, a formação de imagens (figuras), de modo a criar um efeito linguístico insubstituível do ponto de vista semântico e estilístico.

As figuras de linguagem aparecem em provas de concurso como "um divisor de águas" (acabamos de utilizar uma figura de linguagem!). Quando o assunto é o estudo da gramática, nota-se que nem todos os concursandos se dedicam ao aprofundamento dessa particularidade da linguagem. Portanto, quem se empenhar em conhecer esse tema certamente terá, diante da concorrência, um diferencial em termos de conhecimento. Vejamos quais são as figuras de linguagem mais abordadas em provas de concurso.

Metáfora

Consiste em usar uma palavra com o significado de outra, havendo entre elas alguma relação de semelhança.

Na parede da memória essa lembrança é o **quadro** que dói mais. *(Como Nossos Pais, Belchior)*

↓

Imaginemos a memória como parede e as lembranças como quadros pendurados.

Comparação

É muito parecida com a metáfora, porém a partícula de comparação, no caso COMO, aparece de forma explícita.

Você é bem **como** eu, conhece o que é ser assim. *(Toda Forma De Amor, Lulu Santos)*

Metonímia

Consiste na troca da parte por um todo. Usa-se uma palavra com o significado de outra numa relação de **implicação mútua**.

Ex.: Ouvia **Mozart**.
Lia **Saramago**. →

Não ouvia o compositor, ouvia as **obras** que ele compôs; não lia Saramago, lia as **obras** que ele escreveu.

Antonomásia

Registra a substituição do nome próprio da pessoa por uma característica pela qual se tornou conhecida.

Era quase impossível derrotar **Mohamed Ali**, parece que o destino escolheu quando perderia.

↓

Nome adotado pelo boxeador Cassius Marcelus Clay, nas décadas de 60 e 70.

Catacrese

É quase uma metáfora, porém o processo metafórico se desgastou pelo fato de a expressão ser usual demais.

Ex.: O jogador **enterrava** a bola na cesta, fazendo o público vibrar.

↓

Enterrar é um jargão utilizado nos jogos de basquete.

Sinestesia

Reúne sensações originárias de diferentes órgãos de sentidos.

Sentia o **aroma doce** e **áspero**

↓

Dá o sentido de olfato, paladar e tato.

Não é interessante tentar associar o nome da figura ao que ela representa. Isso apenas causará frustrações. O aconselhável é conseguir associar as figuras de linguagem ao rico universo da música, tão presente no cotidiano do ser humano. As músicas, em praticamente toda a sua totalidade, possuem pelo menos uma figura de linguagem presente em sua formação.

Assíndeto

Omissão de conjunções entre as orações.

Ex.: Pensou em sair**,** desfez a loucura em segundos**,** preferiu isolar-se.

↓

As vírgulas poderiam ser substituídas por **E, MAS** etc.

Polissíndeto

Excesso de conjunções entre as orações.

Nada fez **e** pensou sair **e** deixou-se em paz **e** dormiu **e** sonhou **e** não acordou.

Zeugma

Omissão de um termo já citado anteriormente em uma frase, feita por vírgula.

Ex.: Ele comprou sonhos, ela**,** realidades.

↓

A vírgula está omitindo o termo COMPRAR.

Elipse

Omissão de um termo que não foi enunciado anteriormente na oração.

Ex.: "A praia **(?)** deserta, ninguém **(?)** àquela hora na rua". (Autran Dourado)

Omissão do verbo estava.

Aliteração

Repetição de consoantes de mesma natureza ou semelhante no início ou meio de palavras.

Ex.: "Enquanto o**s** ho**m**e**ns** exer**cem** **s**eus **pod**res **pod**eres". (Caetano Veloso)

Anáfora

Repetição da mesma palavra durante o texto.

Ex.: Era **abril**, o sol fervia, era **abril**, a esperança partia, era **abril**, apenas **abril**.

Anacoluto

Termo desconexo na frase, sem função sintática.

Ex.: E o menino perdido, solto como ar, sabíamos ficar de ventos.

Pleonasmo

Repetição de uma palavra já implicada no texto.

Ex.: Sonhei um sonho lindo.

Hipérbato

Inversão na posição normal dos termos da oração.

Ex.: Ouviram do Ipiranga as margens plácidas de um povo heroico o brado retumbante. (Osório Duque Estrada, Hino Nacional)

Silepse

Efetua a concordância com palavras ou noções pressupostas na frase, não com palavras explícitas. Pode ser classificada como:

De **pessoa**: Os brasileiros **somos** injustiçados.

O verbo concorda com NÓS.

De **número**: Todos nós estamos **aberto** a negociações.

ABERTO não concorda com NÓS.

De **gênero**: Basta irmos **à** Carlos Gomes e assistir ao concerto.

A palavra PRAÇA está omissa

Ainda que a silepse seja uma figura de linguagem, é muito comum que ela apareça em exercícios de gramática, já que sua associação está diretamente ligada às concordâncias verbal e nominal.

Epíteto

Qualificação de um nome por uma característica que já é inerente a ela.

Ex.: Aquelas chuvas **úmidas** faziam da paisagem algo a mais.

Não existe chuva seca.

Antítese

Quando há ideias opostas.

Ex.: Corro a ti, cujos **pés cravados ao chão** me abrem o coração.

Ideias opostas

Clímax

Apresenta as ideias de modo gradativo.

Ex.: Vinham de todo lado, **rosnavam**, o **barulho crescia**, a **morte gritava**.

Eufemismo

Figura que visa suavizar algo originalmente grosseiro, triste ou desagradável.

Dez anos passaram, cresceram meus irmãos, e os **anjos levaram minha mãe pelas mãos.** (MARVIN, versão de Nando Reis)

Termo que se usou para descrever a morte de alguém.

Hipérbole

Figura que expressa o exagero.

"Por você **vou roubar os anéis de Saturno.**" (DESCULPE O AUÊ, Rita Lee e Roberto de Carvalho)

Exagero expresso

Ironia

Figura que consiste em dizer justamente o contrário do que se pretende expressar, com o intuito de produzir um efeito satírico, de crítica, ou apenas para promover o humor.

"O meu nome é Dejair, **facinho de confundir com João do caminhão**". (BOIS DON'T CRY, Mamonas Assassinas)

Onomatopeia

Figura que consiste em criar uma palavra ou expressão que imite ou tente imitar algum som. Esse recurso é muito utilizado em histórias em quadrinhos, por exemplo.

Pluct, plact, zum, não vai a lugar nenhum. (O CARIMBADOR MALUCO, Raul Seixas)

Som que lembra batida, velocidade.

Muitas vezes, as figuras de linguagem podem aparecer misturadas em uma só. É o caso, por exemplo, de "Vozes veladas, veludosas vozes/ Volúpias dos violões, vozes veladas/ Vagam nos velhos vórtices velozes/ Dos ventos, vivas, vãs, vulcanizadas", de Cruz e Sousa. Verifica-se uma aliteração imitando o som do vento e dos violões. Ao mesmo tempo, há também uma onomatopeia, lembrando o som do vento.

Paradoxo

Figura que consiste em expressar duas ideias opostas simultaneamente.

"(...) era **provar para todo mundo que eu não precisava provar** nada pra ninguém". (QUASE SEM QUERER, Renato Russo)

Prosopopeia ou personificação

Figura que consiste em atribuir particularidades de seres animados (com vida) a seres inanimados (sem vida). Essa figura também se caracteriza quando são atribuídas características humanas a animais.

O meu cachorro
me **sorriu** latindo.
(O PORTÃO, Roberto Carlos e Erasmo Carlos)

→ Características humanas

Vimos, neste capítulo, como as figuras de linguagem podem "temperar" um texto e seu conteúdo, atribuindo-lhe outra roupagem. Ficar atento à nomenclatura é importante. Porém, associar os exemplos é uma forma eficiente de entender seu conteúdo.

Questões

01. A perfeição (adaptado)

O susto de reencontrar alguém que não vemos há anos é o impacto do tempo. O desmanche alheio incomoda? Claro que não, apenas o nosso refletido na hipótese de estarmos também daquele jeito. Há momentos nos quais o salto para o abismo do fim parece mais dramático: especialmente entre 35 e 55. (...)

Agatha Christie deu um lindo argumento para todos nós que envelhecemos. Na sua Autobiografia, narra que a solução de um casamento feliz está em imitar o segundo casamento da autora: contrair núpcias com um arqueólogo (no caso, Max Mallowan), pois, quanto mais velha ela ficava, mais o marido se apaixonava. Talvez o mesmo indicativo para homens e mulheres estivesse na busca de geriatras, restauradores, historiadores, egiptólogos ou, no limite, tanatologistas.

Envelhecer é complexo, a opção é mais desafiadora. O célebre historiador israelense Yuval Harari prevê que a geração alpha (nascidos no século em curso) chegará, no mínimo, a 120 anos se obtiver cuidados básicos. O Brasil envelhece demograficamente e nós poderíamos ser chamados de vanguarda do novo processo. Dizem que Nelson Rodrigues aconselhava aos jovens que envelhecessem, como o melhor indicador do caminho a seguir. Não precisamos do conselho pois o tempo é ceifador inevitável. (...)

Como em toda peça teatral, o descer das cortinas pode ser a deixa para um aplauso caloroso ou um silêncio constrangedor, quando não vaia estrondosa. É sabedoria que o tempo ensina, ao retirar nossa certeza com o processo de aprendizado. Hoje começa mais um dia e mais uma etapa possível. Hoje é um dia diferente de todos. Você, tendo 16 ou 76, será mais velho amanhã e terá um dia a menos de vida. Hoje é o dia. Jovens, velhos e adjacentes: é preciso ter esperança.

Leia os trechos retirados do texto e assinale a alternativa que não possui uma figura de linguagem em sua construção.

- **a)** "pois o tempo é ceifador inevitável."
- **b)** "deixa para um aplauso caloroso."
- **c)** "É sabedoria que o tempo ensina."
- **d)** "Você, tendo 16 ou 76, será mais velho amanhã."

02. Assinale a alternativa que contém as figuras de linguagem correspondentes aos períodos a seguir:

- **I.** "Está provado, quem ama o feio, bonito lhe parece."
- **II.** " Era a união do amor e o ódio."
- **III.** Ele foi discriminado por faltar com a verdade."
- **IV.** Marta quase morreu de tanto rir no circo.

- **a)** ironia - antítese - eufemismo - hipérbole.
- **b)** eufemismo - ironia - hipérbole - antítese.
- **c)** hipérbole - eufemismo - antítese - ironia.
- **d)** antítese - hipérbole – ironia – eufemismo.
- **e)** Nenhuma das alternativas.

Gabaritos

01	D	02	A

17. VARIAÇÕES LINGUÍSTICAS

A língua é um conjunto de variedades, ou seja, apesar de altamente organizada, ela é um sistema flexível. Desse modo, os falantes têm a sua disposição várias alternativas para expressar um mesmo significado, podendo escolher aquela que seja a mais adequada para determinada situação. Para entender melhor essa informação, é importante que se estudem as funções da linguagem, a diferença entre fala e escrita e como ocorrem as variações linguísticas.

17.1 Funções da Linguagem

Função referencial ou denotativa

A linguagem transmite uma informação objetiva sobre a realidade, com preferência a dados concretos, fatos e circunstâncias. Essa forma de comunicação é comum em notícias de jornal, discurso científico etc. desse modo, coloca-se em evidência o assunto ao qual a mensagem se refere.

Função expressiva ou emotiva

A forma de se expressar reflete o estado de ânimo do emissor, os seus sentimentos e suas emoções. Uma das características de função é a presença de interjeições e de alguns sinais de pontuação, como as reticências e o ponto de exclamação.

Função apelativa ou conativa

A linguagem tem como objetivo influenciar o receptor ou destinatário, com a intenção de convencê-lo, de persuadi-lo. O emissor se dirige diretamente ao receptor. É a linguagem usada em discursos, sermões e propagandas que se dirigem diretamente ao consumidor.

Função poética

A linguagem poética deixa em evidência a forma da mensagem, ou seja, há uma preocupação em como dizer algo. Está muito presente em textos literários, mas não é exclusiva da poesia nem da literatura em geral, pois se encontra com frequência nas expressões cotidianas de valor metafórico e na publicidade.

Função fática

A linguagem é empregada para estabelecer, prolongar ou interromper a comunicação. É aplicada em situações em que o mais importante não é o que se fala, nem como se fala, mas sim o contato entre o emissor e o receptor. Fática quer dizer "relativa ao fato", ao que está ocorrendo. É a linguagem das falas telefônicas, saudações e similares.

Função metalinguística

Esta função refere-se à metalinguagem, que ocorre quando o emissor explica um código usando o próprio código. É a poesia que fala da poesia, da sua função e do poeta, um texto que comenta outro texto. As gramáticas e os dicionários são exemplos de metalinguagem.

17.2 Língua Falada e Língua Escrita

A fala e a escrita são dois meios de comunicação distintos.

A língua falada é mais espontânea e vem acompanhada de linguagem não verbal, tom de voz, mímicas etc.

A língua escrita é um sistema disciplinado e rígido, uma vez que não conta com mímicas e tom de voz.

A língua portuguesa, assim como todas as línguas, pode sofrer muitas variações. Ela varia conforme:

- o lugar social dos falantes;
- os nossos interlocutores;
- o papel social que exercemos em determinada situação.

Isso mostra que as línguas não são uniformes, homogêneas, pois todas sofrem algum tipo de variação quanto à pronúncia, ao vocabulário, à estrutura gramatical.

17.3 Fatores que Interferem os Usos Diferentes da Língua

Fatores regionais: diferença do português falado por habitantes de regiões diferentes. Também há variações no uso da língua dentro de uma mesma região.

Fatores culturais: é a influência que o grau de escolarização e a formação cultural de um indivíduo têm em relação ao uso da língua.

Fatores contextuais: a forma de comunicar-se é influenciada pelo contexto social, econômico, cultural etc. Por exemplo: há diferença de vocabulário, de expressões entre um encontro de amigos e uma reunião profissional.

Mesmo que existam diferenças quanto à forma de se comunicar, não se pode afirmar que uma variedade regional, por exemplo, é um erro, pois a língua é empregada de acordo com o contexto social, econômico, político, educacional etc.

Fatores profissionais: algumas atividades profissionais exigem o domínio de uma linguagem técnica. Isso pode ser percebido pelo emprego de termos específicos de engenheiros, biólogos, matemáticos, médicos, linguistas etc.

Fatores naturais: alguns fatores como idade e sexo influenciam o uso da língua.

17.4 Níveis de Emprego da Fala e da Escrita

Nível coloquial-popular: é a linguagem que se utiliza no dia a dia, principalmente em situações informais. Esse nível da fala é mais espontâneo, pois não há uma preocupação em falar de acordo com a norma padrão, com as regras.

Nível formal-culto: é a linguagem que se utiliza em situações formais. Caracteriza-se por um cuidado maior com o vocabulário e pela obediência às regras gramaticais.

17.5 Tipos de Variações Linguísticas

Variações diafásicas

As variações ocorrem de acordo com o contexto comunicativo, ou seja, o momento é que determina a forma como alguém se dirige ao próprio interlocutor, se deve ser formal ou informal. 5.2 Variações diatópicas As variações surgem por causa de diferenças regionais. Um exemplo é o termo mandioca, que pode adquirir nomenclaturas diferentes em razão de um lugar (macaxeira, aipim)

Variações diastráticas

As variações ocorrem em razão da convivência entre os grupos sociais. Um exemplo é a linguagem relacionada ao ambiente profissional, como a linguagem dos advogados, dos surfistas etc.

Questões

01. (IBFC)

Notícia de Jornal

(Fernando Sabino)

Leio no jornal a notícia de que um homem morreu de fome. Um homem de cor branca, 30 anos presumíveis, pobremente vestido, morreu de fome, sem socorros, em pleno centro da cidade, permanecendo deitado na calçada durante 72 horas, para finalmente morrer de fome.

Morreu de fome. Depois de insistentes pedidos e comentários, uma ambulância do Pronto Socorro e uma radiopatrulha foram ao local, mas regressaram sem prestar auxílio ao homem, que acabou morrendo de fome. Um homem que morreu de fome. O comissário de plantão (um homem) afirmou que o caso (morrer de fome) era da alçada da Delegacia de Mendicância, especialista em homens que morrem de fome. E o homem morreu de fome. O corpo do homem que morreu de fome foi recolhido ao Instituto Anatômico sem ser identificado. Nada se sabe dele, senão que morreu de fome. Um homem morre de fome em plena rua, entre centenas de passantes. Um homem caído na rua. Um bêbado. Um vagabundo. Um mendigo, um anormal, um tarado, um pária, um marginal, um proscrito, um bicho, uma coisa - não é um homem. E os outros homens cumprem seu destino de passantes, que é o de passar. Durante setenta e duas horas todos passam, ao lado do homem que morre de fome, com um olhar de nojo, desdém, inquietação e até mesmo piedade, ou sem olhar nenhum. Passam, e o homem continua morrendo de fome, sozinho, isolado, perdido entre os homens, sem socorro e sem perdão.

Não é da alçada do comissário, nem do hospital, nem da radiopatrulha, por que haveria de ser da minha alçada? Que é que eu tenho com isso? Deixa o homem morrer de fome.

E o homem morre de fome. De trinta anos presumíveis. Pobremente vestido. Morreu de fome, diz o jornal. Louve-se a insistência dos comerciantes, que jamais morrerão de fome, pedindo providências às autoridades. As autoridades nada mais puderam fazer senão remover o corpo do homem. Deviam deixar que apodrecesse, para escarmento dos outros homens. Nada mais puderam fazer senão esperar que morresse de fome.

E ontem, depois de setenta e duas horas de inanição, tombado em plena rua, no centro mais movimentado da cidade do Rio de Janeiro, Estado da Guanabara, um homem morreu de fome.

(Disponível em http://www.fotolog.com.br/spokesman_/70276847/: Acesso em 10/09/14)

Texto II

O Bicho (Manuel Bandeira) Vi ontem um bicho Na imundície do pátio Catando comida entre os detritos. Quando achava alguma coisa, Não examinava nem cheirava: Engolia com voracidade. O bicho não era um cão, Não era um gato, Não era um rato. O bicho, meu Deus, era um homem.

(Disponível em: http://www.casadobruxo.com.br/poesia/m/bicho.htm, acesso em 10/09/2014)

Tanto na crônica (Texto I) quanto no poema (Texto II) os enunciadores não se limitam a apresentar o fato; eles também buscam causar comoção em seus leitores. A função de linguagem que melhor retrata esse objetivo e os trechos que podem representar esse aspecto são, respectivamente:

a) Função metalinguística; "Morreu de Fome" (texto I) e " Meu Deus" (texto II).

b) Função fática; "Leio no jornal" (texto I) e "Vi ontem um bicho" (texto II).

c) Função poética; "Leio no jornal" (texto I) e "Vi ontem um bicho" (texto II).

d) Função conativa, "Morreu de Fome" (texto I) e " Meu Deus" (texto II).

e) Função referencial; "Um homem de cor branca" (texto I); Na imundície do pátio"" (texto II)

02. (UFSC)

Texto 4

Glossário:
Intempestivamente: por impulso, subitamente.
Zefir: um tecido feito de algodão.
Incontinente: que não se contém.

WATTERSON, Bill. O melhor de Calvin. *O Estado de S. Paulo*, São Paulo, 27 ago. 2002.

Com relação ao Texto 4, analise as afirmativas abaixo.

I. I. Nos três primeiros quadrinhos, é utilizada uma variedade linguística característica de situações informais de comunicação.

II. II. As palavras "delinquente" e "traste" são antônimos.

III. III. No último quadrinho, Calvin sugere que a variedade linguística empregada no seriado é artificial.

IV. IV. O uso da conjugação de segunda pessoa, a ocorrência de inversão sintática e a escolha do vocabulário contribuem para o estranhamento causado no leitor nos três primeiros quadrinhos, por se tratar de um uso informal da língua.

Assinale a alternativa CORRETA.

a) Somente as afirmativas I e III estão corretas.

b) Somente as afirmativas I, II e IV estão corretas.

c) Somente as afirmativas I e II estão corretas.

d) Somente as afirmativas III e IV estão corretas.

e) Somente as afirmativas II e IV estão corretas.

03. (FUMARC)

Quem são nossos ídolos?

Claudio de Moura Castro

Eu estava na França nos idos dos anos 80. Ligando a televisão, ouvi por acaso uma entrevista com um jovem piloto de Fórmula 1. Foi-lhe perguntado em quem se inspirava como piloto iniciante. A resposta foi pronta: Ayrton Senna. O curioso é que nessa época Senna não havia ganho uma só corrida importante. Mas bastou ver o piloto brasileiro se preparando para uma corrida: era o primeiro a chegar no treino, o único a sempre fazer a pista a pé, o que mais trocava ideias com os mecânicos e o último a ir embora. Em outras palavras, sua dedicação, tenacidade, atenção aos detalhes eram tão descomunais que, aliadas a seu talento, teriam de levar ao sucesso.

Por que tal comentário teria hoje alguma importância?

Cada época tem seus ídolos, pois eles são a tradução de anseios, esperanças, sonhos e identidade cultural daquele momento. Mas, ao mesmo tempo, reforçam e ajudam a materializar esses modelos de pensar e agir.

Já faz muito tempo, Heleno de Freitas foi um grande ídolo do futebol. Segundo consta, jactava-se de tomar uma cachacinha antes do jogo, para aumentar a criatividade. Entrava em campo exibindo seu bigodinho e, após o gol, puxava o pente e corrigia o penteado. O ídolo era a genialidade pura do futebol-arte.

Mais tarde, Garrincha era a expressão do povo, com sua alegria e ingenuidade. Era o jogador cujo estilo brotava naturalmente. Era a espontaneidade, como pessoa e como jogo, e era facilmente amado pelos brasileiros, pois materializava as virtudes da criação genial.

Para o jogador "cavador", cabia não mais do que um prêmio de consola- ção. Até que veio Pelé. Genial, sim. Mas disciplinado, dedicado e totalmente comprometido a usar todas as energias para levar a cabo sua tarefa. E de atleta completo e brilhante passou a ser um cidadão exemplar.

É bem adiante que vem Ayrton Senna. Tinha talento, sem dúvida. Mas tinha mais do que isso. Tinha a obsessão da disciplina, do detalhe e da dedicação total e completa. Era o talento a serviço do método e da premeditação, que são muito mais críticos nesse desporto.

Há mais do que uma coincidência nessa evolução. Nossa escolha de ídolos evoluiu porque evoluímos. Nossos ídolos do passado refletiam nossa imaturidade. Era a época de Macunaíma. Era a apologia da genialidade pura. Só talento, pois esforço é careta. Admirávamos quem era talentoso por graça de Deus e desdenhávamos o sucesso originado do esforço. Amadurecemos. Cresceu o peso da razão nos ídolos. A emoção ingênua recuou. Hoje criamos espaço para os ídolos cujo êxito é, em grande medida, resultado da dedicação e da disciplina – como Pelé e Senna.

Mas há o outro lado da equação, vital para nossa juventude. Necessitamos de modelos que mostrem o caminho do sucesso por via do esforço e da dedicação. Tais ídolos trazem um ideário mais disciplinado e produtivo.

Nossa educação ainda valoriza o aluno genial, que não estuda – ou que, paradoxalmente, se sente na obrigação de estudar escondido e jactar-se de não fazê-lo. O cê-dê-efe é diminuído, menosprezado, é um pobre-diabo que só obtém bons resultados porque se mata de estudar. A vitória comemorada é a que deriva da improvisação, do golpe de mestre. E, nos casos mais tristes, até competência na cola é motivo de orgulho.

Parte do sucesso da educação japonesa e dos Tigres Asiáticos provém da crença de que todos podem obter bons resultados por via do esforço e da dedicação. Pelo ideário desses países, pobres e ricos podem ter sucesso, é só dar duro.

O êxito em nossa educação passa por uma evolução semelhante à que aconteceu nos desportos – da emoção para a razão. É preciso que o sucesso escolar passe a ser visto como resultado da disciplina, do paroxismo de dedica- ção, da premeditação e do método na consecução de objetivos.

A valorização da genialidade em estado puro é o atraso, nos desportos e na educação. O modelo para nossos estudantes deverá ser Ayrton Senna, o supremo cê-dê-efe de nosso esporte. Se em seu modelo se inspirarem, vejo bons augúrios para nossa educação.

Disponível em: http://veja.abril.com.br/idade/educacao/060601/ponto_de_vista.html. Acesso em: jul. 2016.

Sobre a constituição do texto, é correto afirmar, EXCETO:

a) No 1º parágrafo, o autor faz uso da 1ª pessoa do singular, o que não atrapalha a confiabilidade de seu texto.

b) No 3º parágrafo, apresenta-se a tese que será defendida ao longo do texto.

c) Utiliza-se de uma linguagem formal, o que dá ao leitor a ideia de um batepapo.

d) Utiliza-se da exemplificação, para melhor compreensão do tema a ser tratado.

Gabaritos

01	D
02	D
03	C

18. ORTOGRAFIA

A ortografia em provas de concurso costuma ser cobrada com palavras homógrafas, homófonas e parônimas. Aborda-se também o uso de grafias similares em determinados níveis de comunicação. Nesse sentido, o hábito da leitura e o uso de dicionários ajudam muito na assimilação gradativa da grafia das palavras, bem como no processo de compreensão e de interpretação de uma mensagem.

Ortho= correto, *graphos* = escrita

A ortografia das palavras pode ser assimilada de várias formas. As mais eficazes, conforme acabamos de afirmar, consistem na leitura e na consulta ao dicionário. Todas as grafias têm sua lógica proveniente da etimologia (origem das palavras). Algumas, porém, possuem também regras que as determinam.

18.1 Regras Para o Emprego de Letras

Letras E e I

Emprega-se E.

> Em sílabas finais dos verbos terminados em -oar, -uar.

Exs.: magoar - magoe, magoes; continuar- continue, continues.

> Em palavras formadas com o prefixo ante- (antes, anterior).

Exs.: antebraço, antecipar.

> Em vocábulos como:

Exs.: cadeado, confete, disenteria, empecilho, irrequieto, mexerico, orquídea etc.

Emprega-se I.

> Em sílabas finais dos verbos terminados em -air, -oer, -uir.

Exs.: cair- cai / doer- dói / influir- influi.

> Em palavras formadas com o prefixo anti- (contra)

Exs.: Anticristo, antitetânico.

> Nos seguintes vocábulos:

Exs.: aborígine, artimanha, chefiar, digladiar, penicilina, privilégio etc.

Letras O e U

O emprego de o/u determina a diferença de significado de algumas palavras.

Exs.: comprimento (extensão) e cumprimento (saudação, realização) / soar (emitir som) e suar (transpirar).

Grafam-se com a letra O: bolacha, bússola, costume, moleque.

Grafam-se com a letra U: camundongo, jabuti, Manuel, tábua.

Letra X e dígrafo Ch

Emprega-se X.

> Após um ditongo.

Exs.: caixa, frouxo, peixe.

Exceção: recauchutar e seus derivados.

> Após a sílaba inicial "en".

Exs.: enxame, enxada, enxaqueca.

Exceção: palavras iniciadas por "ch" que recebem o prefixo "en-": encharcar (de charco), enchiqueirar (de chiqueiro), encher e seus derivados (enchente, enchimento, preencher...)

> Após a sílaba inicial "me-".

Exs.: mexer, mexerica, mexicano, mexilhão.

Exceção: mecha.

> Em vocábulos de origem indígena ou africana e nas palavras inglesas aportuguesadas.

Exs.: abacaxi, xavante, orixá, xará, xerife, xampu.

> Outros casos.

Exs.: bexiga, bruxa, coaxar, faxina, graxa, lagartixa, lixo, puxar, rixa, oxalá, praxe, roxo, vexame, xadrez, xarope, xaxim, xícara, xale, xingar etc.

Emprega-se Ch.

> Em vocábulos como:

Exs.: bochecha, bucha, cachimbo, chalé, charque, chimarrão, chuchu, chute, cochilo, debochar, fachada, fantoche, ficha, flecha, mochila, pechincha, salsicha, tchau etc.

Letra G

> Nos substantivos terminados em -agem, -igem, -ugem.

Exs.: barragem, miragem, viagem, origem, ferrugem.

Exceção: pajem.

> Nas palavras terminadas em -ágio, -égio, -ígio, -ógio, -úgio.

Exs.: estágio, privilégio, prestígio, relógio, refúgio.

> Nas palavras derivadas de outras que se grafam com g

Exs.: engessar (de gesso), massagista (de massagem), vertiginoso (de vertigem).

> Outros casos:

Exs.: algema, auge, bege, estrangeiro, geada, gengiva, gibi, gilete, hegemonia, herege, megera, monge, rabugento, vagem

Letra J

> Nas formas dos verbos terminados em -jar ou -jear.

Exs.: arranjar: arranjo, arranje, arranjem / espejar:despejo, despeje, despejem / gorjear: gorjeie, gorjeiam, gorjeando / enferrujar: enferruje, enferrujem / viajar: viajo, viaje, viajem.

> Nas palavras de origem tupi, africana, árabe ou exótica.

Exs.: biju, jiboia, canjica, pajé, jerico, manjericão, Moji.

> Nas palavras derivadas de outras que já apresentam j.

Exs.: laranja - laranjeira / loja - lojista / cereja: cerejeira.

> Outros casos.

Exs.: berinjela, cafajeste, jeca, jegue, majestade, jeito, jejum, laje, traje, pegajento.

Letras S e Z

Emprega-se S.

> Nas palavras derivadas de outras que já apresentam s no radical.

Exs.: análise – analisar / casa – casinha / catálise – catalisador.

- Nos sufixos -ês e -esa, ao indicarem nacionalidade, título ou origem.

Exs.: burguês – burguesa / inglês – inglesa.

- Nos sufixos formadores de adjetivos -ense, -oso e -osa.

Exs.: catarinense, gostoso, teimosa.

- Nos sufixos gregos -ese, -isa, -osa.

Exs.: catequese, diocese, poetisa, profetisa, sacerdotisa, glicose, metamorfose, virose.

- Após ditongos.

Exs.: coisa, pouso, lousa, náusea.

- Nas formas dos verbos pôr e querer, bem como em seus derivados.

Exs.: pus, pôs, pusemos, puseram, pusera, pusesse, pusséssemos / quis, quisemos, quiseram, quiser, quisera, quiséssemos / repus, repusera, repusesse, repuséssemos.

- Outros casos.

Exs.: abuso, asilo, através, aviso, besouro, brasa, cortesia, decisão, despesa, empresa, /freguesia, fusível, maisena, mesada, paisagem, paraíso, pêsames, presépio, presídio, querosene, raposa, surpresa, tesoura, usura, vaso, vigésimo, visita etc.

Emprega-se Z.

- Nas palavras derivadas de outras que já apresentam z no radical.

Exs.: deslize – deslizar / razão – razoável.

- Nos sufixos -ez, -eza, ao formarem substantivos abstratos a partir de adjetivos.

Exs.: inválido – invalidez / limpo – limpeza.

- Nos sufixos -izar, ao formar verbos e -ização, ao formar substantivos.

Exs.: civilizar – civilização.

18.2 Homônimos

Os homônimos se diferenciam entre palavras **homógrafas** e as **homófonas**. São vocábulos que se pronunciam ou se escrevem da mesma forma e que diferem no sentido.

Homônimos Perfeitos

Possuem som e grafia idênticos, mas significado diferente.

Vela: substantivo e verbo (velar).

Saia: substantivo e verbo (sair).

Homógrafas

Mesma grafia; som, classe gramatical e significado diferentes.

Exs.: **Almoço**: substantivo.

Almoço: verbo almoçar, 1ª pessoa do presente.

Colher: verbo.

Colher: substantivo, talher.

Conserto: substantivo.

Conserto: verbo consertar, 1º pessoa do presente.

Polissemia

Mesmo som e grafia, mesma classe gramatical, mas significado diferente.

Cabo: patente militar, acidente geográfico, fio, haste da panela (substantivos).

Palavras homônimas são aquelas que possuem som e grafia iguais, mas classes gramaticais diferentes. Palavras polissêmicas possuem som e grafia iguais; além disso, pertencem às mesmas classes gramaticais.

Homófonas

Mesmo som; grafia e significado diferentes.

Xá: título Persa.

Chá: bebida.

Xeque: título honorífico, posto em prova.

Cheque: ordem de pagamento, talonário.

Caçar: matar.

Cassar: tirar os direitos políticos de alguém.

Intenção: desejo.

Intensão: intensidade.

Cozer: cozinhar.

Coser: costurar.

Incerto: não certo.

Inserto: inserido.

Descente: que desce.

Decente: honesto.

Passo: verbo passar.

Paço: palácio.

Expectador: que tem expectativa.

Espectador: que assiste a algo, que vê.

Experto: perito.

Esperto: inteligente.

Incipiente: iniciante.

Insipiente: ignorante.

Seção ou **secção:** divisão, departamento.

Sessão: divisão de horário, reunião.

Cessão: ato de ceder.

Mau: adjetivo, contrário de bom.

Mal: advérbio, contrário de bem.

Extrato: aquilo que foi extraído.

Estrato: faixa, camada.

Taxar: determinar taxa.

Tachar: censurar, pôr defeito.

Com quanto: quantidade.

Conquanto: conjunção concessiva (embora).

Censo: recenseamento.

Senso: juízo, entendimento.

Calda: creme.

Cauda: rabo.

Porquanto: porque (justificativa).

Por quanto: quantidade.

Ainda com relação às palavras **homófonas**, temos particularidades que são bastante recorrentes em provas.

Senão / Se Não

Se não: caso (conjunção condicional) não (advérbio). Geralmente, essa expressão traz um verbo explícito ligado a ela.

Se não chover, haverá festa.

> *Nem sempre o verbo ligado a este termo aparecerá explícito.*
>
> *Ex.: Ele fará da mesma forma, SE NÃO (fizer) melhor.*
>
> *Respondam SE SIM ou SE NÃO.*

Senão: caso contrário. Semanticamente, é igual ao SE NÃO, mas o verbo estará implícito.

Faça o certo, **senão** seus erros dormirão ao seu lado.

> *O verbo FIZER está implícito, logo depois do termo. Porém, se tornarmos o verbo explícito, o SE NÃO será escrito separado.*
>
> *Ex.: FAÇA o certo, SE NÃO fizer, seus erros dormirão ao seu lado.*

Senão: a não ser.

Ex.: Ele nada fez, **senão** (a não ser) dormir o dia todo.

Senão: mas sim. MAS é uma conjunção com valor de adversidade; o oposto de SIM é Não. Logo, esse termo, sempre que aparecer com essa intenção, implicará um NÃO, na oração.

Ex.: NÃO quis fugir, **SENÃO** (mas sim) buscar ajuda.

18.3 Uso Dos Porquês

Por que: Como pronome interrogativo. (Nem sempre quando aparecer em frases interrogativas, o termo virá assim.)

Ex.: Por que eles odeiam gramática?

Por que: No meio da oração, pode ser substituído por O MOTIVO PELO QUAL, ou A RAZÃO PELA QUAL, ou somente por PELO(A) QUAL.

Exs.: Não sei **por que** ela se foi. (o motivo pelo qual)

Perguntamos **por que** a vida é injusta.(o motivo pelo qual)

A causa **por que** lutamos é digna. (pela qual)

Por quê:

Ex.: Perto de pontuação. A pontuação deve vir logo após o termo.

Por quê?

Não responderam como nem **POR QUÊ**.

Não se sabe **POR QUÊ,** mas a aula atrasou.

Porque: Justificativa. (Mas pode aparecer em frases interrogativas, conforme veremos adiante.)

Exs.: Eles odeiam gramática, **porque** preferem números.

Porque a mãe dele quis, ele se formou médico?

Obs.: pode-se perceber que a resposta será "sim", "não" ou "talvez". Esse termo virá escrito assim (PORQUE), mesmo que a frase seja interrogativa.

Porquê: *Substantivado, precedido por termos determinantes (adjetivos, artigos, pronomes, numerais).*

Exs.: O **porquê** não apareceu.

Dois **porquês** não apareceram na pauta.

18.4 Parônimos

A seguir, veremos alguns parônimos que são recorrentes em provas. Parônimos apresentam som e grafia parecidos.

Descriminar: relatar, livrar do crime.

Discriminar: isolar, separar.

Mandato: período de cumprimento de um cargo, procuração.

Mandado: ordem judicial.

Eminente: sublime, elevado.

Iminente: inevitável.

Deferimento: aprovação.

Diferimento: adiamento.

Flagrante: pego no ato.

Fragrante: aroma.

Inflação: alta de valores, alta de preços.

Infração: ato proibido.

Descrição: ato de descrever.

Discrição: ato de ser discreto.

Vultoso: volumoso, pomposo.

Vultuoso: congestão facial.

Delatar: revelar.

Dilatar: aumentar.

Em princípio: em tese.

A princípio: no início.

Retificar: consertar.

Ratificar: confirmar.

Tráfego: andar, trafegar, movimento.

Tráfico: comércio ilegal.

De encontro: discordar.

Ao encontro: concordar.

Ao invés de: inverso.

Em vez de: no lugar de.

Evasão: sair.

Invasão: entrar.

Vimos, neste capítulo, algumas observações de como a ortografia pode se apresentar em provas de concurso. É bastante importante atentar para os termos homônimos, envolvendo palavras homófonas e homógrafas. Tais conteúdos são determinantes para solucionar questões que podem induzir o candidato a erro. Vale lembrar que, nesse sentido, os parônimos também são recorrentes em concursos. Mais uma vez, ressalta-se a importância da leitura e do uso do dicionário para a assimilação desse conteúdo.

Questões

01. Programa detecta 90% de precisão se a autoria de um texto é falsa

Pense bem antes de considerar colar no seu próximo trabalho escrito. Pesquisadores da Universidade de Copenhague, na Dinamarca, combinaram uma grande base de dados com inteligência artificial para criar um sistema que determina se um texto é original ou foi copiado da internet.

A pesquisa coletou 130 mil redações de estudantes de 10 mil escolas dinamarquesas, e o sistema adivinhou, com 90% de acerto, quais eram falsos. Já existem programas capazes de identificar se um texto foi plagiado de um artigo previamente publicado. Um exemplo é o Lectio, usado nas escolas da Dinamarca. As coisas complicaram quando os alunos começaram a contratar outras pessoas para fazer seus textos, os ghostwriters. A situação é muito expressiva principalmente no último ano do colegial, quando os alunos precisam entregar um trabalho final – como se fosse um TCC do Ensino Médio.

No caso de a redação ter sido escrita por um ghostwriter, os programas utilizados atualmente não são tão eficientes. A técnica criada pelos cientistas identifica diferenças no estilo de escrita do aluno comparando seus textos anteriores. Alguns aspectos que o programa procura são tamanho das palavras, estrutura das frases e como as palavras são usadas. Um exemplo é a própria palavra "exemplo" — ela pode ser escrita inteira ou usando uma abreviação, como ex.

Por enquanto, o novo programa, chamado Ghostwriter, ainda está em fase de pesquisa. Os autores do estudo acreditam que em breve ele poderá ser levado para dentro das escolas, mas antes disso é preciso existir um debate ético. O programa não deve ser o único recurso utilizado para identificar a falsidade do texto. Ele pode indicar ou suspeitar da legitimidade do autor, mas quem deve dar a palavra final são seres humanos.

O Ghostwriter também pode ser útil em outras áreas. Ele pode analisar grandes quantidades de documentos e ajudar a polícia a identificar quais deles são falsificados. Ele também contribui para separar os tweets de usuários verdadeiros daqueles que foram pagos ou feitos por robôs. No Brasil – em que até receita de miojo recebe nota boa no Enem – a tecnologia será muito bem-vinda.

Maria Clara Rossini. Disponível em: https://super.abril.com.br. Acesso em 5/7/2019

Assinale a opção em que a palavra foi corretamente grafada com S, como a destacada em "Ele pode ANALISAR grandes quantidades de documentos".

a) As escolas PARALISARAM as atividades.
b) O jardim, ao fundo, EMBELESAVA o prédio.
c) O povo, HORRORISADO, corria pelas ruas.
d) O técnico PARABENISOU os atletas.
e) O diretor foi DESMORALISADO.

02. Só se encontram palavras que sofreram alterações ortográficas com a Nova Reforma em:

a) semiárido – pé de moleque – para-brisa – pôr do sol – autoatendimento.
b) bem-te-vi – bola-de-neve – anti-imigração – entre-eixos – dona de casa.
c) ideia – girassóis – assembleia – anéis – androide.
d) Müller – aguentar – têm – veem – pôde.
e) voo – arqui-inimigo – farmacêutico – porquê – contém.

Gabaritos

01	A
02	A

19. ACORDO ORTOGRÁFICO DA LÍNGUA PORTUGUESA

O Novo Acordo Ortográfico busca simplificar as regras ortográficas da Língua Portuguesa e unificar a nossa escrita e a das demais nações de língua portuguesa: Portugal, Angola, Moçambique, Cabo Verde, Guiné-Bissau, São Tomé e Príncipe e Timor-Leste.

Sua implementação no Brasil passou por algumas etapas:

> 2009 – vigência ainda não obrigatória

> 2010 a 2015: adaptação completa às novas regras

> A partir de 1º de janeiro de 2016: emprego obrigatório, o novo acordo ortográfico passa a ser o único formato da língua reconhecido no Brasil.

Entre as mudanças na língua portuguesa decorrentes da reforma ortográfica, podemos citar o fim do trema, alterações da forma de acentuar palavras com ditongos abertos e que sejam hiatos, supressão dos acentos diferenciais e dos acentos tônicos, novas regras para o emprego do hífen e inclusão das letras w, k e y ao idioma.

Entre a proposta (em 1990) e a entrada em vigor (2016) são 16 anos. Esse processo foi longo porque era necessário que fossem alcançadas as três decisões para que o acordo fosse cumprido. Em 2006, São Tomé e Príncipe e Cabo Verde se uniram ao Brasil e ratificaram o novo acordo. Em maio de 2008, Portugal também ratificou o acordo para unificar a ortografia em todas as nações de língua portuguesa.

19.1 Trema

Não se usa mais o trema (¨), sinal colocado sobre a letra u para indicar que ela deve ser pronunciada nos grupos gue, gui, que, qui.

Exs.: aguentar, bilíngue, cinquenta, delinquente, eloquente, ensanguentado, frequente, linguiça, quinquênio, sequência, sequestro, tranquilo.

Obs.: o trema permanece apenas nas palavras estrangeiras e em suas derivadas. Exemplos: Müller, mülleriano.

19.2 Regras de Acentuação

Ditongos abertos em paroxítonas

Não se usa mais o acento dos ditongos abertos éi e ói das palavras paroxítonas (palavras que têm acento tônico na penúltima sílaba).

Exs.: alcateia, androide, apoia, apoio (verbo), asteroide, boia, celuloide, claraboia, colmeia, Coreia, debiloide, epopeia, estoico, estreia, geleia, heroico, ideia, jiboia, joia, odisseia, paranoia, paranoico, plateia, tramoia.

A palavra ideia não leva mais acento, assim como heroico. Mas o termo herói é acentuado.

Obs.: a regra é somente para palavras paroxítonas. Assim, continuam a ser acentuadas as palavras oxítonas e os monossílabos tônicos terminados em éi(s), ói(s). Exemplos: papéis, herói, heróis, dói (verbo doer), sóis etc.

I e U tônicos depois de um ditongo

Nas palavras paroxítonas, não se usa mais o acento no i e no u tônicos quando vierem depois de um ditongo.

baiuca, bocaiuva (tipo de palmeira), cauila (avarento)

Obs.:

> se a palavra for oxítona e o i ou o u estiverem em posição final (ou seguidos des), o acento permanece. Exemplos: tuiuiú, tuiuiús, Piauí;

> se o i ou o u forem precedidos de ditongo crescente, o acento permanece. Exemplos: guaíba, Guaíra.

Hiatos EE e OO

Não se usa mais acento em palavras terminadas em eem e oo(s).

Exs.: abençoo, creem, deem, doo, enjoo, leem, magoo, perdoo, povoo, veem, voos, zoo

Acento diferencial

Não se usa mais o acento que diferenciava os pares pára/para, péla(s)/pela(s), pêlo(s)/pelo(s), pólo(s)/polo(s) e pêra/pera.

Exs.:

Ele para o carro.

Ele foi ao polo Norte.

Ele gosta de jogar polo.

Esse gato tem pelos brancos.

Comi uma pera.

Obs.:

> Permanece o acento diferencial em pôde/pode. Pôde é a forma do passado do verbo poder (pretérito perfeito do indicativo), na 3ª pessoa do singular. Pode é a forma do presente do indicativo, na 3ª pessoa do singular.

Ex.: Ontem, ele não pôde sair mais cedo, mas hoje ele pode.

> Permanece o acento diferencial em pôr/por. Pôr é verbo. Por é preposição. Exemplo: Vou pôr o livro na estante que foi feita por mim.

> Permanecem os acentos que diferenciam o singular do plural dos verbos ter e vir, assim como de seus derivados (manter, deter, reter, conter, convir, intervir, advir etc.).

Exs.:

Ele tem dois carros. / Eles têm dois carros.

Ele vem de Sorocaba. / Eles vêm de Sorocaba.

Ele mantém a palavra. / Eles mantêm a palavra.

Ele convém aos estudantes. / Eles convêm aos es tudantes.

Ele detém o poder. / Eles detêm o poder.

Ele intervém em todas as aulas. / Eles intervêm em todas as aulas.

> É facultativo o uso do acento circunflexo para diferenciar as palavras forma/fôrma. Em alguns casos, o uso do acento deixa a frase mais clara. Veja este exemplo: Qual é a forma da fôrma do bolo?

Acento agudo no u tônico

Não se usa mais o acento agudo no u tônico das formas (tu) arguis, (ele) argui, (eles) arguem, do presente do indicativo dos verbos arguir e redarguir.

19.3 Hífen com Compostos

Palavras compostas sem elementos de ligação

Usa-se o hífen nas palavras compostas que não apresentam elementos de ligação.

Exs.: guarda-chuva, arco-íris, boa-fé, segunda-feira, mesa-redonda, vaga-lume, joão-ninguém, porta-malas, porta-bandeira, pão-duro, bate-boca.

Exceções: Não se usa o hífen em certas palavras que perderam a noção de composição, como girassol, madressilva, mandachuva, pontapé, paraquedas, paraquedista, paraquedismo.

Compostos com palavras iguais

Usa-se o hífen em compostos que têm palavras iguais ou quase iguais, sem elementos de ligação.

Exs.: reco-reco, blá-blá-blá, zum-zum, tico-tico, tique-taque, cri-cri, glu-glu, rom-rom, pingue-pongue, zigue-zague, esconde-esconde, pega-pega, corre-corre.

Compostos com elementos de ligação

Não se usa o hífen em compostos que apresentam elementos de ligação.

Exs.: pé de moleque, pé de vento, pai de todos, dia a dia, fim de semana, cor de vinho, ponto e vírgula, camisa de força, cara de pau, olho de sogra.

Obs.: Incluem-se nesse caso os compostos de base oracional. maria vai com as outras, leva e traz, diz que diz que, deus me livre, deus nos acuda, cor de burro quando foge, bicho de sete cabeças, faz de conta.

Exceções: água-de-colônia, arco-da-velha, cor-de-rosa, mais-que-perfeito, pé-de-meia, ao deus-dará, à queima-roupa.

Topônimos

Usa-se o hífen nas palavras compostas derivadas de topônimos (nomes próprios de lugares), com ou sem elementos de ligação.

Exs.:

Belo Horizonte: belo-horizontino
Porto Alegre: porto-alegrense
Mato Grosso do Sul: mato-grossense-do-sul
Rio Grande do Norte: rio-grandense-do-norte
África do Sul: sul-africano

19.4 Uso do Hífen com Palavras Formadas por Prefixos

Casos gerais

→ **Antes de H:** usa-se o hífen diante de palavra iniciada por h.

Exs.:

anti-higiênico, anti-histórico, macro-história, mini-hotel, proto-história, sobre-humano, super-homem, ultra-humano

→ **Letras iguais:** usa-se o hífen se o prefixo terminar com a mesma letra com que se inicia a outra palavra.

Exs.:

micro-ondas, anti-inflacionário, sub-bibliotecário, inter-regional

→ **Letras diferentes:** não se usa o hífen se o prefixo terminar com letra diferente daquela com que se inicia a outra palavra.

Exs.:

autoescola, antiaéreo, intermunicipal, supersônico, superinteressante, agroindustrial, aeroespacial, semicírculo

Obs.: se o prefixo terminar por vogal e a outra palavra começar por r ou s, dobram-se essas letras.

Exs.:

minissaia, antirracismo, ultrassom, semirreta

Casos particulares

→ **Prefixos SUB e SOB:** com os prefixos sub e sob, usa-se o hífen também diante de palavra iniciada por r.

Exs.:

sub-região, sub-reitor, sub-regional, sob-roda

→ **Prefixos CIRCUM e PAN:** com os prefixos circum e pan, usa-se o hífen diante de palavra iniciada por m, n e vogal.

Exs.:

circum-murado
circum-navegação
pan-americano

→ **Outros prefixos:** usa-se o hífen com os prefixos ex, sem, além, aquém, recém, pós, pré, pró, vice.

Exs.:

além-mar, além-túmulo, aquém-mar, ex-aluno, ex-diretor, ex-hospedeiro, ex-prefeito, ex-presidente, pós-graduação, pré-história, pré-vestibular, pró-europeu, recém-casado, recém-nascido, sem-terra, vice-rei

→ **Prefixo CO:** o prefixo co junta-se com o segundo elemento, mesmo quando este se inicia por o ou h. Neste último caso, corta-se o h. Se a palavra seguinte começar com r ou s, dobram-se essas letras.

Exs.:

coobrigação, coedição, coeducar, cofundador, coabitação, coerdeiro, corréu, corresponsável, cosseno

→ **Prefixos PRE e RE:** com os prefixos pre e re, não se usa o hífen, mesmo diante de palavras começadas por e.

Exs.:

preexistente	reescrever
preelaborar	reedição

→ **Prefixos AB, OB e AD:** na formação de palavras com ab, ob e ad, usa-se o hífen diante de palavra começada por b, d ou r.

Exs.:

ad-digital	ob-rogar
ad-renal	ab-rogar

Outros casos do uso do hífen

→ **NÃO e QUASE:** não se usa o hífen na formação de palavras com não e quase.

Exs.:

(acordo de) não agressão

(isto é um) quase delito

→ **MAL:** com mal*, usa-se o hífen quando a palavra seguinte começar por vogal, h ou l.

Exs.:

mal-entendido	mal-humorado
mal-estar	mal-limpo

Obs.: quando mal significa doença, usa-se o hífen se não houver elemento de ligação.

Ex.: mal-francês.

Se houver elemento de ligação, escreve-se sem o hífen.

Ex.: mal de lázaro, mal de sete dias.

→ **Tupi-guarani:** usa-se o hífen com sufixos de origem tupi-guarani que representam formas adjetivas: açu, guaçu, mirim.

Exs.:

capim-açu

amoré-guaçu anajá-mirim

→ **Combinação ocasional:** usa-se o hífen para ligar duas ou mais palavras que ocasionalmente se combinam, formando não propriamente vocábulos, mas encadeamentos vocabulares.

Exs.:

ponte Rio-Niterói

eixo Rio-São Paulo

→ **Hífen e translineação:** para clareza gráfica, se no final da linha a partição de uma palavra ou combinação de palavras coincidir com o hífen, ele deve ser repetido na linha seguinte.

Exs.:

Na cidade, conta-

- se que ele foi viajar.

O diretor foi receber os ex-

-alunos.

guarda-

-chuva

Por favor, diga-

-nos logo o que aconteceu.

19.5 Síntese das Principais Regras do Hífen

Síntese do Hífen		
Letras diferentes	Não use hífen	Infraestrutura, extraoficial, supermercado
Letras iguais	Use hífen	Anti-inflamatório, contra-argumento, inter-racial, hiper-realista
Vogal + r ou s	Não use hífen (duplique r ou s)	Corréu, cosseno, minissaia, autorretrato
Bem	Use hífen	Bem vindo, bem humorado

19.6 Quadro-Resumo do Emprego do Hífen com Prefixos

Prefixos	Letra que inicia a palavra seguinte
Ante-, Anti-, Contra-, Entre-, Extra-, Infra-, Intra-, Sobre-, Supra-, Ultra-	**H / VOGAL IDÊNTICA À QUE TERMINA O PREFIXO** Exemplos com H: ante-hipófise / anti-higiênico / anti-herói / contra-hospitalar / entre-hostil / xtra-humano / infra-hepático / sobre-humano / supra-hepático / ultra-hiperbólico. Exemplos com vogal idêntica: anti-inflamatório / contra-ataque / infra-axilar, sobre-estimar / supra-auricular / ultra-aquecido.
Ab-, Ad-, Ob-, Sob-	**B - R - D** (Apenas com o prefixo "Ad") Exemplos: ab-rogar (pôr em desuso) / ad-rogar (adotar) / ob-reptício (astucioso) / sob-roda / ad-digital
Circum-, Pan-	**H / M / N / VOGAL** Exemplos: circum-meridiano / circum-navegação / circum-oral / pan-americano / pan-mágico / pan-negritude.
Ex- (no sentido de estado anterior), Sota-, Soto-, Vice-, Vizo-	**DIANTE DE QUALQUER PALAVRA** Exemplos: ex-namorada / sota-soberania (não total) / soto-mestre (substituto) / vice-reitor / vizo-rei.
Hiper-, Inter-, Super-	**H / R** Exemplos: hiper-hidrose / hiper-raivoso / inter-humano / inter-racial / super-homem / super-resistente.
Pós-, Pré-, Pró- (tônicos e com significados próprios)	**DIANTE DE QUALQUER PALAVRA** Exemplos: pós-graduação / pré-escolar / pró-democracia. Obs.: se os prefixos não forem autônomos, não haverá hífen. Exemplos: predeterminado / pressupor / pospor / propor.

Sub-	**B - H - R** Exemplos: sub-bloco / sub-hepático / sub-humano / sub-região. Obs.: "subumano" e "subepático" também são aceitas.
Pseudoprefixos (diferem-se dos prefixos por apresentarem elevado grau de independência e possuírem uma significação mais ou menos delimitada, presente à consciência dos falantes.) Aero-, Agro-, Arqui-, Auto-, Bio-, Eletro-, Geo-, Hidro-, Macro-, Maxi-, Mega, Micro-, Mini-, Multi-, Neo-, Pluri-, Proto-, Pseudo-, Retro-, Semi-, Tele-	**H / VOGAL IDÊNTICA À QUE TERMINA O PREFIXO** Exemplos com H: geo-histórico / mini-hospital / neo-helênico / proto-história / semi-hospitalar. Exemplos com vogal idêntica: arqui-inimigo / auto-observação / eletro-ótica / micro-ondas / micro-ônibus / neo-ortodoxia / semi-interno / tele-educação.

1) Não se utilizará o hífen em palavras iniciadas pelo prefixo 'co-'.

Ex.: coadministrar, coautor, coexistência, cooptar, coerdeiro corresponsável, cosseno.

2) Prefixos des- e in- + segundo elemento sem o "h" inicial.

Ex.: desarmonia, desumano, desumidificar, inábil, inumano etc.

3) Não se utilizará o hífen com a palavra não.

Ex.: não violência, não agressão, não comparecimento.

4) Não se utiliza o hífen em palavras que possuem os elementos "bi", "tri", "tetra", "penta", "hexa" etc.

Ex.: bicampeão, bimensal, bimestral, bienal, tridimensional, trimestral, triênio, tetracampeão, tetraplégico, pentacampeão, pentágono etc.

5) Em relação ao prefixo "hidro", em alguns casos pode haver duas formas de grafia.

Ex.: hidroelétrica e hidrelétrica

6) No caso do elemento "socio", o hífen será utilizado apenas quando houver função de substantivo (= de associado).

Ex.: sócio-gerente / socioeconômico

Questões

01. LEI Nº 8.069, DE 13 DE JULHO DE 1990.

Das Disposições Preliminares

[...]

Art. 3º *A criança e o adolescente gozam de todos os direitos fundamentais inerentes à pessoa humana, sem prejuízo da proteção integral de que trata esta Lei, assegurando-se-lhes, por lei ou por outros meios, todas as oportunidades e facilidades, a fim de lhes facultar o desenvolvimento físico, mental, moral, espiritual e social, em condições de liberdade e de dignidade.*

Parágrafo único. *Os direitos enunciados nesta Lei aplicam-se a todas as crianças e adolescentes, sem discriminação de nascimento, situação familiar, idade, sexo, raça, etnia ou cor, religião ou crença, deficiência, condição pessoal de desenvolvimento e aprendizagem, condição econômica, ambiente social, região e local de moradia ou outra condição que diferencie as pessoas, as famílias ou a comunidade em que vivem. (incluído pela Lei nº 13.257, de 2016).*

Art. 4º *É dever da família, da comunidade, da sociedade em geral e do poder público assegurar, com absoluta prioridade, a efetivação dos direitos referentes à vida, à saúde, à alimentação, à educação, ao esporte, ao lazer, à profissionalização, à cultura, à dignidade, ao respeito, à liberdade e à convivência familiar e comunitária.*

Parágrafo único. *A garantia de prioridade compreende:*

a) *primazia de receber proteção e socorro em quaisquer circunstâncias;*

b) *precedência de atendimento nos serviços públicos ou de relevância pública;*

c) *preferência na formulação e na execução das políticas sociais públicas;*

d) *destinação privilegiada de recursos públicos nas áreas relacionadas com a proteção à infância e à juventude.*

Disponível em: http://www.planalto.gov.br/ccivil_03/leis/L8069.htm Acesso em 20/04/2017.

Em relação às normas ortográficas da língua portuguesa em vigor, é CORRETO afirmar:

a) Segundo o Novo Acordo Ortográfico da língua portuguesa, o acento diferencial de palavras homógrafas como pelo (verbo pelar) e pêlo (substantivo) foi mantido.

b) A acentuação gráfica das palavras deficiência, comunitária, infância e precedência justifica-se pela mesma regra do Novo Acordo Ortográfico: todas as palavras paroxítonas são acentuadas.

c) Em relação à eliminação do emprego do hífen, as palavras a seguir respeitam o Novo Acordo Ortográfico: autoeducação, extraoficial, coeditor e contraexemplo.

d) O Novo Acordo manteve o hífen nas palavras compostas por justaposição cujos elementos constituem uma unidade semântica, mas mantêm uma tonicidade própria, como em: aero-espacial, bem-te-vi, ave-maria.

e) As palavras ideia, jiboia, heroi e feiura tiveram o acento agudo eliminado após o Novo Acordo Ortográfico .

Gabaritos

01	C

20. ACENTUAÇÃO GRÁFICA

A acentuação gráfica, em provas de concurso, acaba aparecendo sempre de modo decisivo. Observa-se que, com o advento da informática e com a comodidade proveniente dos corretores automáticos de texto, muitas pessoas deixam de usar os acentos gráficos. Todavia, quando se trata de concurso, é essencial que se domine o uso da acentuação, independentemente da banca elaboradora.

O acento gráfico é usado, na maioria das vezes, para indicar o acento tônico das palavras. São considerados acentos gráficos:

> acento agudo (´);

> acento circunflexo (^);

> acento grave (`) (apenas para indicar a ocorrência de crase).

Ru**IM** - oxítona, quando a última sílaba é a tônica.

Exs.: co**lher**, cate**ter**, ure**ter** etc.

Re**COR**de – **paroxítona**, quando a penúltima sílaba é a tônica

Exs.: ru**bri**ca, pu**di**co, a**va**ro etc.

ÍNterim – **proparoxítona**, quando a antepenúltima (limite de sílaba tônica) sílaba é a tônica.

20.1 Proparoxítona

Todas as **proparoxítonas recebem acento gráfico. Proparoxítonas são palavras que trazem a antepenúltima sílaba** como sendo a tônica

Exs.: ca**tás**trofe, bom**bás**tico, átomo etc.

20.2 Monossílabos

Acentuam-se os monossílabos tônicos terminados por **a, e, o(s)**.

Exs.: pá, fé, más, pés, dó, pós etc.

Obs.: monossílabos com "i" e "u" não recebem acento.

li, mi, cru, nu etc.

20.3 Oxítonas

Acentuam-se as oxítonas terminadas por **a, e, o(s)**.

Exs.: maracu**já**, i**pê**, ca**fés**, ci**pó**, domi**nós**, vata**pás** etc.

Acentuam-se as oxítonas terminadas por **em, ens**.

Exs.: amém, re**fém**, con**têm**, inter**véns**, para**béns** etc.

20.4 Paroxítonas

Acentuam-se as paroxítonas terminadas por **R, X, N, L**.

Exs.: **hí**fen, **lá**tex, re**vól**ver, **mó**vel etc.

Acentuam-se as paroxítonas terminadas por **i(s), u(s)**.

Exs.: sa**fá**ri, **lá**pis, ô**nus**, **bô**nus, **ví**rus etc.

Acentuam-se as paroxítonas terminadas por **on, ons**.

Exs.: **pró**ton, ele**trons**, âni**on**, í**ons** etc.

Acentuam-se as paroxítonas terminadas por **um, uns**.

Exs.: ál**bum**, **mé**di**um**, **fó**rum, **quó**runs etc.

Acentuam-se as paroxítonas terminadas por **ps**.

Exs.: **bí**ceps, **fór**ceps, **trí**ceps etc.

Acentuam-se as paroxítonas terminadas por ão(s) ã(s).

Exs.: **ó**r**gão**, **ó**r**fão**s, **ímã**s etc.

Acentuam-se as paroxítonas terminadas por **ditongo(s)**.

Exs.: vocabu**lário**, ân**sia**, **tê**nue, ín**dios**, secre**tárias** etc.

O plural de hífen pode ser dois: hifens (sem acento) e hífenes. Existem duas separações silábicas para paroxítonas terminadas por ditongo.

Ex.: VO.CA.BU.LÁ.RIO – VO.CA.BU.LÁ.RI.O (chamada, neste caso, de proparoxítona eventual)

20.5 Ditongos Abertos

Acentuam-se os ditongos abertos **ÉI(s), ÉU(s), ÓI(s)**, somente os monossílabos e as oxítonas. As paroxítonas **não possuem** acento.

Exs.: pa**péis**, s**óis**, cha**péus**, he**rói** etc.

20.6 Hiato

Quando existe a junção de duas vogais, temos o hiato. As vogais se separam formando sílabas sozinhas.

Ex.: po.**e**.ta

Acentuam-se os **i(s), u(s) tônicos** formadores de hiato.

Exs.: sa**ú**de, sa**í**da, mi**ú**do, ba**ú**s, sa**í**ste etc.

Acentuam-se os hiatos precedidos por ditongos, somente nas proparoxítonas e nas oxítonas. As paroxítonas não possuem acento.

Exs.: Piau**í**, tuiui**ú**, fei**í**ssimo etc.

Ainda que exista hiato na vogal "i", se esta vier seguida de NH ou por outra vogal "i", o acento deixará de existir.

Ex.: rainha, xiita etc.

A exceção é a palavra iídiche, que recebe acento por ser uma proparoxítona.

20.7 Trema

> Utiliza-se o trema (¨) em palavras de origem estrangeira.

Exs.: **Mü**ller, **Fü**hrer etc.

20.8 Acentos Diferenciais

Os acentos diferenciais existem para literalmente diferenciar palavras, a fim de que não haja problemas na comunicação. Nos verbos TER, VIR e seus derivados, os acentos diferenciais também estão presentes.

PÔR (verbo) e POR (preposição) - PODE (presente) e PÔDE (pretérito) - TEM (singular) e TÊM (plural) etc.

Obs.: em **FORMA** e **FÔRMA** o acento é opcional.

Vimos, neste capítulo, como a acentuação se apresenta em provas de concurso. É importante dar atenção aos acentos nas paroxítonas e, principalmente, em diferentes classes de palavras. Vale lembrar que não há regras que priorizem classes de palavras, todas as palavras recebem um mesmo acento pela mesma regra que o justifica.

Questões

01.

"A transmissão inicial provável(1) foi o contato de seres humanos com frutos do mar e animais vivos vendidos em um mercado público(2) na província(3) de Hubei. Embora já(4) se conheça, o potencial de transmissão inter-humanos ainda se encontra em investigação."

"Todas as palavras proparoxítonas devem ser acentuadas graficamente."

Fonte: CUNHA, C.; CINTRA, L. Nova gramática do português contemporâneo. Rio de Janeiro: Léxikon, 2008. p. 84.

Essa regra recai de forma exata sobre a palavra destacada e numerada em:

a) (1).
b) (2).
c) (3).
d) (4).

02. Assinale a alternativa que apresenta palavra utilizada no texto com regra de acentuação gráfica diferente das demais.

a) Vírus
b) Indivíduo
c) Clínico
d) Eficácia

03. Quanto às normas de acentuação gráfica, assinale a alternativa correta.

a) diastole, esplendor, pincel, caqui.
b) bambu, atras, paranoico, diarreia.
c) paranoia, raiz, gratuito, recorde.
d) pivo, rubrica, menu, flor.

Gabaritos

01	B
02	C
03	C

SUMÁRIO

1. REDAÇÃO PARA CONCURSOS PÚBLICOS

Os editais de concurso público disponibilizam o conteúdo programático das matérias que serão cobradas nas provas, mas nem sempre deixam explícito como se preparar para a prova discursiva, ou prova de redação – que, na grande maioria dos concursos, é uma etapa eliminatória.

Portanto, é necessário preparar-se com bastante antecedência, para que possa haver melhoras gradativas durante o processo de produção de um texto.

1.1 Posturas em Relação à Redação

Antes de começar a desenvolver a prática de escrita, é preciso que ter algumas posturas em relação ao processo de composição de um texto. Em posse dessas posturas, percebe-se que escrever não é tão complexo se você estiver orientado e fizer da escrita um ato constante.

Leitura

Apenas a leitura não garante uma boa escrita. Então, deve-se associar a leitura constante com a escrita constante, pois uma prática complementa a outra.

E o que ler?

Direcione sua prática de leitura da seguinte forma: fique atento às ATUALIDADES, que é um conteúdo geralmente previsto na prova de conhecimentos gerais. Ademais, conheça a instituição e o cargo a que você pretende candidatar-se, como as FUNÇÕES e RESPONSABILIDADES exigidas, as quais estão previstas no edital de abertura de um concurso. E, também, tenha uma visão crítica sobre os conhecimentos específicos, porque a tendência dos concursos é relacionar um tema ao contexto de trabalho.

Considere que, nas provas de redação, também podem ser abordados temas sobre algum assunto desafiante para o cargo ao qual o candidato está concorrendo. Uma dica é estar atento às informações veiculadas sobre o órgão público no qual pretende ingressar.

Produção do texto

A produção de um texto não depende de talento ou de um dom. No processo de elaboração de um texto, pode-se dizer que um por cento (1%) é inspiração e noventa e nove por cento (99%) é trabalho. Escrever um excelente texto é um processo que exige esforço, planejamento e organização.

Escrita

O ato de escrever é sempre desta maneira: basta começar. Escrever para ser avaliado por um corretor é colocar pensamentos organizados e articulados, num papel, a partir de um posicionamento sobre um tema estabelecido na proposta de redação.

Tema

O seu texto deve estar cem por cento (100%) adequado à proposta exigida na prova, ou seja, você não pode escrever o que quer, mas o que a proposta determina. Desse modo, antes de começar a escrever, é necessário entender o TEMA da prova.

O tema é o assunto proposto que deve ser desenvolvido. Portanto, cabe a você entendê-lo, problematizá-lo e delimitá-lo, com base no comando da proposta.

Objetividade

Seu texto deve ser objetivo, isto é, o enfoque do assunto deve ser direto, sem rodeios. Além disso, as bancas dão preferência a uma linguagem simples e objetiva. E não confunda linguagem simples com coloquialismos, pois é necessário sempre manter a sua escrita baseada na norma padrão da língua portuguesa.

Além disso, é fundamental o candidato colocar-se na posição do leitor. É um momento de estranhamento do próprio texto para indagar-se: o que escrevi é interessante e de fácil entendimento?

1.2 Apresentação do Texto

Para que se consiga escrever um bom texto, é preciso aliar duas posturas: ter o hábito da leitura e praticar a escrita de textos. Além disso, é importante conhecer as propostas das bancas e saber quais são os critérios de correção previstos em edital.

Letra - legibilidade

Escreva sempre com letra legível. Pode ser letra cursiva ou de imprensa. Tenha atenção para o espaçamento entre as letras/palavras e para a distinção entre maiúsculas e minúsculas.

Respeito às margens

As margens (tanto esquerda quanto direita) existem para serem respeitadas, portanto, não as ultrapasse no momento em que escreve a versão definitiva. Tampouco deixe "buracos" entre as palavras.

Indicação de parágrafos

É preciso deixar um espaço antes de iniciar um parágrafo (mais ou menos dois centímetros).

Título

Colocar título na redação vale mais pontos?

Se o título for solicitado, ele será obrigatório. Caso não seja colocado na redação, haverá alguma perda, mas não muito. Os editais, em geral, não informam pontuações exatas. No caso de o título não ser solicitado, ele se torna facultativo. Logo, se o candidato decidir inseri-lo, ele fará parte do texto, sendo analisado como tal, mas não terá um valor extra por isso.

O título era obrigatório, e não o coloquei... E agora?

Quando há a obrigatoriedade, a ausência do título não anula a questão, a menos que haja essa orientação nas instruções dadas na prova. Não há um desconto considerável em relação ao esquecimento do título, porque a maior pontuação, em uma redação para concurso, está relacionada ao conteúdo do texto.

É preciso pular linha após o título?

Em caso de obrigatoriedade do título, procure não pular linha entre o título e o início do texto, porque essa linha em branco não é contada durante a correção.

Quando se deve escrever o título?

O título é a síntese de sua redação, portanto, prefira escrevê-lo ao término da redação.

> Não rasure seu texto.
> Não escreva a palavra entre parênteses, mesmo se estiver riscada: (exeção) (exeção).
> Não use a expressão "digo".

Erros na versão final

Quando você está escrevendo e, por distração, erra uma palavra, você deve passar um traço sobre a palavra e escrevê-la corretamente logo em seguida:

Ex.: ~~exeção~~ exceção

Translineação

Quando não dá para escrever uma palavra completa ao final da linha, deve-se escrever até o limite, sem ultrapassar a margem direita da linha, e o sinal de separação será sempre o hífen.

Sempre respeite as regras de separação silábica. Nunca uma palavra será separada de maneira a desrespeitar as sílabas:

tran-
sformação

Caso a próxima sílaba não caiba no final da linha, embora ainda haja um espaço, deixe-a e continue na próxima linha.

trans-
formação

> Em relação ao posicionamento do hífen de separação, deixe-o ao lado da sílaba. Nunca acima.

Quando a palavra for escrita com hífen e a separação ocorrer justo nesse espaço, você deve usar duas marcações. Por exemplo: entende-se

entende-
-se

Se a palavra não tiver hífen em sua estrutura, use apenas uma marcação:

apresen-
tação

Impessoalidade

O texto dissertativo (expositivo-argumentativo) é impessoal. Portanto, pode-se escrever com verbos em:

> **3ª pessoa:**

Ex.: A qualidade no atendimento **precisa** ser prioridade.

Percebe-se que a qualidade no atendimento é essencial.

Notam-se várias mudanças no setor público.

> **1ª pessoa do plural:**

Observamos muitas mudanças e melhorias no serviço público.

NÃO escreva na 1ª pessoa do singular:

Ex.: Observo mudanças significativas.

Adequação vocabular

Adequação vocabular diz respeito ao desempenho linguístico de acordo com o nível de conhecimento exigido para o cargo/área/especialidade, e a adequação do nível de linguagem adotado à produção proposta.

Portanto, devem-se escolher palavras adequadas, evitando-se o uso de jargões, chavões, termos muito técnicos que possam dificultar a compreensão.

Domínio da norma padrão da língua

Deve-se ficar atento aos aspectos gramaticais, principalmente:

- **Estrutura sintática de orações e períodos**
- **Elementos coesivos**
- **Concordância verbal e nominal**
- **Pontuação**
- **Regência verbal e nominal**
- **Emprego de pronomes**
- **Flexão verbal e nominal**
- **Uso de tempos e modos verbais**
- **Grafia**
- **Acentuação**

Repetição

Prejudica a coesão textual, e ocorre quando se usa muitas vezes a mesma palavra ou ideia, as quais poderiam ser substituídas por sinônimos e conectivos.

Informações óbvias

Explicações que não precisam ser mencionadas, pois já se explicam por si próprias.

Generalização

É percebida quando se atribui um conceito que é específico de uma forma generalizada.

Exs.: Os menores infratores saem dos centros de ressocialização e retornam ao o do crime. (isso ocorre com todos?)

É preciso que o governo tome medidas urgentes para resolver esse problema. (que medidas?)

Gerúndio

É muito comum usarmos o gerúndio na fala, mas não se usa com tanta recorrência na escrita.

1.3 O Texto Dissertativo

Dissertar é escrever sobre algum assunto e pressupõe ou defender uma ideia, analisá-la criticamente, discuti-la, opinar, ou apenas esclarecer conceitos, dar explicações, apresentar dados sobre um assunto, tudo de maneira organizada, quer dizer, com início, meio e fim bem claros e objetivos.

A dissertação pode ser classificada quanto à maneira como o assunto é abordado:

EXPOSITIVA: são expostos fatos (de conhecimento e domínio público, divulgados em diversos meios de comunicação), mas não é apresentada uma discussão, um ponto de vista.

A dissertação expositiva também é usada quando a proposta exige um texto técnico. Este tipo de texto pode ter duas abordagens: Estudo de Caso (em que é feito um parecer a partir de sua situação hipotética) e Questão Teórica (em que é preciso apresentar conceitos, normas, regras, diretrizes de um determinado conteúdo).

ARGUMENTATIVA: há a exposição de pontos de vista pessoais, com juízos de valor sobre um fato ou assunto.

E qual a melhor maneira de abordar um assunto numa prova de redação para concursos públicos?

Para que seu texto seja MUITO BEM avaliado, o ideal é conseguir chegar a uma forma mista de abordagem, ou seja, escrever um texto dissertativo em que você expõe um assunto e, ao mesmo tempo, dá sua opinião sobre ele. Desse modo, os fatos que são conhecidos (domínio público) podem se transformar em exemplificação atualizada, a qual pode ser relacionada à sua argumentação de forma contextualiza e crítica.

Aspectos gerais da produção de textos

Em face da limitação de espaço, é muito difícil apresentar muitos enfoques relativos ao tema. Por essa razão, dependendo do limite em relação à quantidade de linhas, a dissertação deve conter de 4 a 5 parágrafos, sendo UM para Introdução, DOIS a TRÊS para Desenvolvimento e UM para Conclusão.

Além disso, cada parágrafo deve possuir, no mínimo, dois períodos. Cuidado com as frases fragmentadas, ambiguidades e os erros de paralelismo.

Procure elaborar uma introdução que contenha, de maneira clara e direta, o tema, o primeiro enfoque, o segundo enfoque, etc. E mantenha sempre o caráter dissertativo. Por isso, no desenvolvimento, dê um parágrafo para cada enfoque selecionado, e empregue os articuladores adequados. Por fim, fundamente sempre suas ideias.

Quanto aos exemplos, procure selecionar aqueles que sejam de domínio público, os que tenham saído na mídia: jornais, revistas, TV. E nunca analise temas por meio de emoções exageradas – especialmente política, futebol, religião, etc.

Nunca use frases feitas, chavões.

Não repita palavras ou expressões. Use sinônimos.

Jamais converse com o leitor: nunca use você ou tu. Não empregue verbos no imperativo.

Estrutura de um texto dissertativo

Para escrever uma dissertação, é preciso que haja uma organização do texto a fim de que se obtenha um texto claro e bem articulado:

01. INTRODUÇÃO: consiste na apresentação do assunto a fim de deixar claro qual é o recorte temático e qual a ideia que será defendida e/ou esclarecida, ou seja, a TESE.

02. DESENVOLVIMENTO: é a parte em que são elaborados os parágrafos argumentativos e/ou informativos, nos quais você explica a sua TESE. É o momento mais importante do texto, por isso, É NECESSÁRIO que a TESE seja explicada, justificada, e isso pode ser feito por meio de exemplos e explicações.

03. CONCLUSÃO: esta parte do texto não traz informações novas, muito menos argumentos, porque consiste no fechamento das ideias apresentadas, ou seja, é feita uma reafirmação da TESE. Dependendo do comando da proposta de redação e do tema, pode ser apresentada uma hipótese de solução de um problema apresentado na TESE.

TESE		
	Introdução	- Assunto - Recorte temático - TESE
	Desenvolvimento	- Tópico/TESE + justificativa
	Conclusão	- Retomada da introdução - Reafirmação da TESE

1. Introdução

É o primeiro parágrafo e serve de apresentação da dissertação, por essa razão deve estar muito bem elaborada, ser breve e apresentar apenas informações sucintas. Deve apenas apresentar o TEMA e os ENFOQUES e ter em torno de cinco linhas.

2. Desenvolvimento

É a redação propriamente dita. Deve ser constituído de dois a três parágrafos (a depender do tema da proposta), um para cada enfoque apresentado na Introdução. É a parte da redação em que argumentos são apresentados para explicitar, em um parágrafo distinto, cada um dos enfoques. Cada parágrafo deve ter de 5 a 8 linhas. Pode-se desenvolver os argumentos por meio de relações que devem ser usadas para deixar seu texto coeso e coerente.

Conectores

As relações comentadas acima são estabelecidas com CONECTORES:

Prioridade, relevância: em primeiro lugar, antes de mais nada, antes de tudo, em princípio, primeiramente, acima de tudo, principalmente, primordialmente, sobretudo.

Tempo: atualmente, hoje, frequentemente, constantemente às vezes, eventualmente, por vezes, ocasionalmente, sempre, raramente, não raro, ao mesmo tempo, simultaneamente, nesse ínterim, enquanto, quando, antes que, depois que, logo que, sempre que, assim que, desde que, todas as vezes que, cada vez que, então, enfim, logo, logo depois, imediatamente, logo após, a princípio, no momento em que, pouco antes, pouco depois, anteriormente, posteriormente, em seguida, afinal, por fim, finalmente, agora.

Semelhança, comparação, conformidade: de acordo com, segundo, conforme, sob o mesmo ponto de vista, tal qual, tanto quanto, como, assim como, como se, bem como, igualmente, da mesma forma, assim também, do mesmo modo, semelhantemente, analogamente, por analogia, de maneira idêntica, de conformidade com.

Condição, hipótese: se, caso, eventualmente.

Adição, continuação: além disso, demais, ademais, outrossim, ainda mais, por outro lado, também, e, nem, não só ... mas também, não só... como também, não apenas ... como também, não só ... bem como, com, ou (quando não for excludente).

Dúvida: talvez, provavelmente, possivelmente, quiçá, quem sabe, é provável, não é certo, se é que.

Certeza, ênfase: certamente, decerto, por certo, inquestionavelmente, sem dúvida, inegavelmente, com toda a certeza.

Ilustração, esclarecimento: por exemplo, só para ilustrar, só para exemplificar, isto é, quer dizer, em outras palavras, ou por outra, a saber, ou seja, aliás.

Propósito, intenção, finalidade: com o fim de, a fim de, com o propósito de, com a finalidade de, com o intuito de, para que, a fim de que, para.

Resumo, recapitulação, conclusão: em suma, em síntese, em conclusão, enfim, em resumo, portanto, assim, dessa forma, dessa maneira, desse modo, logo, dessa forma, dessa maneira, assim sendo.

Explicação: por consequência, por conseguinte, como resultado, por isso, por causa de, em virtude de, assim, de fato, com efeito, tão (tanto, tamanho)... que, porque, porquanto, pois, já que, uma vez que, visto que, como (= porque), portanto, logo, que (= porque), de tal sorte que, de tal forma que, haja vista.

Contraste, oposição, restrição: pelo contrário, em contraste com, salvo, exceto, menos, mas, contudo, todavia, entretanto, no entanto, embora, apesar de, apesar de que, ainda que, mesmo que, posto que, conquanto, se bem que, por mais que, por menos que, só que, ao passo que, por outro lado, em contrapartida, ao contrário do que se pensa, em compensação.

Contraposição: é possível que... no entanto...

É certo que... entretanto...

É provável que ... porém...

Organização de ideias: em primeiro lugar ..., em segundo ..., por último ...; por um lado ..., por outro ...; primeiramente, ...,em seguida, ..., finalmente, ...

Enumeração: é preciso considerar que ...; Também não devemos esquecer que ...; Não podemos deixar de lembrar que...

Reafirmação/Retomada: compreende-se, então, que ...

É bom acrescentar ainda que ...

É interessante reiterar ...

3. Conclusão

É o último parágrafo. Deve ser breve, contendo em torno de cinco linhas. Na conclusão, deve-se retomar o tema e fazer o fechamento das ideias apresentadas em todo o texto e não somente em relação às ideias contidas no último parágrafo do desenvolvimento.

Pode-se concluir:

> **Fazendo uma síntese das ideias expostas.**

> **Esclarecendo um posicionamento e/ou questionamento, desde que coerente, com o desenvolvimento.**

> **Estabelecendo uma dedução ou demonstrando uma consequência dos argumentos expostos.**

> **Levantando uma hipótese ou uma sugestão coerente com as afirmações feitas durante o texto.**

> **Apresentando possíveis soluções para os problemas expostos no desenvolvimento, buscando prováveis resultados.**

Conectores

Pode-se iniciar o parágrafo da conclusão com:

Assim; Assim sendo; Portanto; Mediante os fatos expostos; Dessa forma; Diante do que foi dito; Resumindo; Em suma; Em vista disso, pode-se concluir que; Finalmente; Nesse sentido; Com esses dados, conclui-se que; Considerando as informações apresentadas, entende-se que; A partir do que foi discutido.

1.4 Critérios de Correção da Redação para Concursos Públicos

Conteúdo

Neste critério, observa-se se há apresentação marcada do recorte temático, o qual deve nortear o desenvolvimento do texto; se o recorte está contextualizado no texto, por exemplo: quando a proposta propuser uma situação hipotética, ela deve estar diluída em seu texto.

Lembre-se: a proposta não faz parte de seu texto, ou seja, sua produção não pode depender da proposta para ter sentido claro e objetivo.

Em outras palavras: se há algum texto ou uma coletânea de textos, eles têm caráter apenas motivador. Portanto, não faça cópias de trechos dos textos, tampouco pense que o tema da redação é o assunto desses textos. É preciso verificar o recorte temático, o qual fica evidente no corpo da proposta.

O único gênero textual que permite a referência ao texto motivador, bem como a cópia de alguns trechos, é o estudo de caso, pois é preciso fazer uma análise em relação a uma situação hipotética.

Gênero

Neste critério, verifica-se se a produção textual está adequada à modalidade redacional, ou seja, se o texto expressa o domínio da linguagem do gênero: narrar, relatar, argumentar, expor, descrever ações, etc.

Os concursos públicos, quase em sua totalidade, têm como gênero textual a dissertação argumentativa ou o texto expositivo-argumentativo. Desse modo, a banca avalia a objetividade e o posicionamento frente ao tema, a articulação dos argumentos, a consistência e a coerência da argumentação.

Isso significa que há uma valorização quanto do conteúdo do texto: a opinião, a justificativa dessa opinião e a seletividade de informações sobre o tema.

Coerência

Neste critério, avalia-se se há atendimento total do comando, com informações novas que evidenciam conhecimento de mundo e que atestam excelente articulação entre os aspectos exigidos pela proposta, o recorte temático e o gênero textual requisitado. Ou seja, é preciso trazer informações ao texto que não estão disponíveis na proposta. Além disso, é essencial garantir a progressão textual, quer dizer, seu texto precisa ter uma evolução e não pode trazer a mesma informação em todos os parágrafos.

Coesão e Gramática

Neste critério, percebe-se se há erros gramaticais; se os períodos estão bem organizados e articulados, com uso de vocabulário e conectivos adequados; e se os parágrafos estão divididos de modo consciente, a fim de garantir a progressão textual.

1.5 Critérios de Correção das Bancas

Cada Banca Examinadora delimita, na publicação do edital de abertura de um concurso, que critérios serão utilizados para corrigir as redações. Por isso, é essencial que se conheça quais são esses critérios e como cada Banca os organiza. Você perceberá que são predominantemente os mesmos itens; o que muda é a nota atribuída para cada um e como a proposta é organizada.

1.6 Propostas de Redação

Proposta 01

As vendas de automóveis de passeio e de veículos comerciais leves alcançaram 340 706 unidades em junho de 2012, alta de 18,75%, em relação a junho de 2011, e de 24,18%, em relação a maio de 2012, segundo informou, nesta terça-feira, a Federação Nacional de Distribuição de Veículos Automotores (Fenabrave). Segundo a entidade, este é o melhor mês de junho da história do setor automobilístico.

Disponível em: <http://br.financas.yahoo.com>. Acesso em: 3 jul. 2012 (adaptado).

Na capital paulista, o trânsito lento se estendeu por 295 km às 19 h e superou a marca de 293 km, registrada no dia 10 de junho de 2009. Na cidade de São Paulo, registrou-se, na tarde desta sexta-feira, o maior congestionamento da história, segundo a Companhia de Engenharia de Tráfego (CET). Às 19 h, eram 295 km de trânsito lento nas vias monitoradas pela empresa. O índice superou o registrado no dia 10 de junho de 2009, quando a CET anotou, às 19 h, 293 km de congestionamento.

Disponível em: <http://noticias.terra.com.br>. Acesso em: 03 jul. 2012 (adaptado).

O governo brasileiro, diante da crise econômica mundial, decidiu estimular a venda de automóveis e, para tal, reduziu o imposto sobre produtos industrializados (IPI). Há, no entanto, paralelamente a essa decisão, a preocupação constante com o desenvolvimento sustentável, por meio do qual se busca a promoção de crescimento econômico capaz de incorporar as dimensões socioambientais.

Considerando que os textos acima têm caráter unicamente motivador, redija um texto dissertativo sobre sistema de transporte urbano sustentável, contemplando os seguintes aspectos:

> **Conceito de desenvolvimento sustentável; (valor: 3,0 pontos)**

> **Conflito entre o estímulo à compra de veículos automotores e a promoção da sustentabilidade; (valor: 4,0 pontos)**

> **Ações de fomento ao transporte urbano sustentável no Brasil. (valor: 3,0 pontos)**

Proposta 02

I

Venham de onde venham, imigrantes, emigrantes e refugiados, cada vez mais unidos em redes sociais, estão aumentando sua capacidade de incidência política sobre uma reivindicação fundamental: serem tratados como cidadãos, em vez de apenas como mão de obra (barata ou de elite).

(Adaptado de: http://observatoriodadiversidade.org.br)

II

A intensificação dos fluxos migratórios internacionais das últimas décadas provocou o aumento do número de países orientados a regulamentar a imigração. Os argumentos alegados não são novos: o medo de uma "invasão migratória", os riscos de desemprego para os trabalhadores autóctones, a perda da identidade nacional.

III

Ainda não existe uma legislação internacional sólida sobre as migrações internacionais. Assim, enquanto que os direitos relativos ao investimento estrangeiro foram se reforçando cada vez mais nas regras estabelecidas para a economia global, pouca atenção vem sendo dada aos direitos dos trabalhadores.

(II e III adaptados de: http://www.migrante.org.br)

Considerando o que se afirma em I, II e III, desenvolva um texto dissertativo-argumentativo, posicionando-se a respeito do seguinte tema:

Mobilidade Humana e Cidadania na atualidade.

1.	
2.	
3.	
4.	
5.	
6.	
7.	
8.	
9.	
10.	
11.	
12.	
13.	
14.	
15.	
16.	
17.	
18.	
19.	
20.	
21.	
22.	
23.	
24.	
25.	
26.	
27.	
28.	
29.	
30.	

1.	
2.	
3.	
4.	
5.	
6.	
7.	
8.	
9.	
10.	
11.	
12.	
13.	
14.	
15.	
16.	
17.	
18.	
19.	
20.	
21.	
22.	
23.	
24.	
25.	
26.	
27.	
28.	
29.	
30.	

1.	
2.	
3.	
4.	
5.	
6.	
7.	
8.	
9.	
10.	
11.	
12.	
13.	
14.	
15.	
16.	
17.	
18.	
19.	
20.	
21.	
22.	
23.	
24.	
25.	
26.	
27.	
28.	
29.	
30.	

1.	
2.	
3.	
4.	
5.	
6.	
7.	
8.	
9.	
10.	
11.	
12.	
13.	
14.	
15.	
16.	
17.	
18.	
19.	
20.	
21.	
22.	
23.	
24.	
25.	
26.	
27.	
28.	
29.	
30.	

2. DISSERTAÇÃO EXPOSITIVA E ARGUMENTATIVA

2.1 Dissertação Expositiva

Na dissertação expositiva, o objetivo do texto é passar conhecimento para o leitor de maneira clara, imparcial e objetiva.

Nesse tipo textual, não se faz necessariamente a defesa de uma ideia, pois não há intenção de convencer o leitor, nem criar debate. Trabalha-se o assunto de maneira atemporal.

Distinção entre texto expositivo e descritivo

É bastante comum que se confunda o texto dissertativo-expositivo com o texto descritivo. Vamos à distinção:

O texto expositivo tem por objetivo principal informar com clareza e objetividade. Predomina a linguagem impessoal e objetiva. De forma geral, segue a estrutura da dissertação (introdução, desenvolvimento, conclusão). Como exemplo desse tipo de texto, temos aqueles encontrados em livros didáticos, enciclopédias, jornais, revistas (científicas, informativas, etc.).

> É bastante comum que um texto (um gênero textual) apresente diversos tipos textuais em sua estrutura, o que dificulta a diferenciação.

O tipo descritivo está relacionado à caracterização minuciosa de algo, sem, necessariamente, ter o objetivo de informar ao leitor. A linguagem utilizada na descrição nem sempre é objetiva ou impessoal, e sua estrutura não obedece necessariamente a regras.

Partes do texto dissertativo-expositivo

Tipos de introdução

→ **Introdução Simples**

É uma introdução direta, na qual é exposta apenas a delimitação do tema.

→ **Introdução com Paráfrase**

A paráfrase é uma reescrita de frases sem que haja alteração de sentido. Para que essa reescrita seja coerente, é necessário que seja mantido o paralelismo semântico. Este tipo de introdução geralmente é usado quando o tema da redação é uma afirmação.

→ **Introdução com Conceituação**

Neste tipo de introdução, a autor do texto apresenta seu ponto de vista ou a ideia central por meio da definição de algum conceito que tenha relação com o núcleo do tema.

→ **Introdução com Indicação do Desenvolvimento**

São apresentados o tema e os tópicos que serão esclarecidos no desenvolvimento. Numa dissertação-expositiva enumeram-se os aspectos que serão relatadas ao longo do texto.

É muito importante ter atenção com a ordem dessa enumeração, pois é necessário que ela seja mantida no decorre do desenvolvimento para que se garanta conexão lógica e a progressividade textual. Além disso, todos os itens enumerados devem ser abordados no desenvolvimento.

É imprescindível, também, que se trate cada tópico em um parágrafo diferente, porque facilita, para o examinador, a identificação de que foi redigido tudo o que foi apresentado.

Tipos de desenvolvimento

O desenvolvimento deve conter a exposição de cada um dos aspectos enumerados na introdução. Não há uma forma específica para se escrever esta parte da redação. A continuidade do texto será dada de acordo com a introdução. Ou seja, a sequência do desenvolvimento deve estar já delimitada no parágrafo introdutório.

> Procure escrever, em cada parágrafo, alguma palavra-chave sobre o tema e os fundamentos abordados na redação.

Nunca deixe mencionar tudo o que é solicitado na proposta. Se deixar em branco, será atribuída nota zero na correção da redação. Isso significa que você deve responder ao questionamento, sem se desviar do tema.

Tipos de conclusão

→ **Confirmação**

É a forma mais simples. É feita uma síntese do que foi escrito na redação ou uma confirmação (reforço) da tese que orientou o texto e foi afirmado na introdução.

→ **Solução**

Este tipo é muito usado em pareceres e relatórios, pois há apresentação de solução ou soluções para a tese apresentada na introdução.

→ **Expansão**

Neste tipo de conclusão, usa-se o melhor argumento ou a melhor ideia exposta (no desenvolvimento) e é feita uma conexão com o desenvolvimento, de forma encerrar a discussão ou o assunto.

→ **Finalização do desenvolvimento**

O parágrafo de conclusão também pode trazer algum aspecto relevante sobre o tema, em vez de expor uma "conclusão, síntese, expansão ou solução".

Para que a redação não fique sem fechamento, é recomendável que se use alguma expressão que indique conclusão, como: "por fim", "finalmente", "por último", "em último lugar", "em conclusão", etc.

Propostas de Dissertação Expositiva

Proposta 01

Convocada pela Defensoria Pública do Rio, a comunidade do Complexo do Alemão começou a chegar duas horas antes do combinado. Enfileiraram-se em busca, principalmente, de carteiras de identidade e de trabalho, ícones da entrada na sociedade formal. Houve duas dúzias de coleta de material genético para exames de comprovação de paternidade. Foram entrevistadas 180 moradoras sobre saúde, maternidade e violência doméstica. Uma cidadã transexual foi atrás de orientação para trocar de nome. Mães pediram tratamento psicológico para filhos com sintomas de síndrome do pânico. Segundo a presidenta da Associação de Defensores Públicos do Estado do Rio de Janeiro, "quando conversamos, percebemos que a violência permeia o discurso. Mas os moradores têm outras demandas. Denunciam a falta de alguma instituição que os defenda da vulnerabilidade". A agenda dos moradores do Alemão envolve cinco ações: moradia, saneamento, educação técnico-profissional, políticas para jovens e espaços de lazer, esporte e cultura.

Flávia Oliveira. Demanda cidadã. In: O Globo, 27/5/2015, p. 28 (com adaptações).

Considerando que o fragmento de texto acima tem caráter unicamente motivador, redija um texto dissertativo acerca do seguinte tema.

SEGURANÇA PÚBLICA: POLÍCIA E POLÍTICAS PÚBLICAS

Ao elaborar seu texto, faça o que se pede a seguir.

> **Disserte a respeito da segurança como condição para o exercício da cidadania. [valor: 25,50 pontos]**

> **Dê exemplos de ação do Estado na luta pela segurança pública. [valor: 25,50 pontos]**

> **Discorra acerca da ausência do poder público e a presença do crime organizado. [valor: 25,00 pontos]**

Padrão de Resposta da Banca

Espera-se que, relativamente ao primeiro aspecto proposto (a segurança como condição para o exercício da cidadania), o candidato afirme a impossibilidade real e concreta do pleno exercício da cidadania em um cenário de dramática insegurança. Tal como dicionarizado, o conceito de cidadania remete ao "indivíduo que, como membro de um Estado, usufrui de direitos civis e políticos garantidos pelo mesmo Estado e desempenha os deveres que lhe são atribuídos". Viver em paz, sem o contínuo temor de ser vítima de agressão — venha de onde vier — passa a ser entendido como direito essencial à vida em comunidade assentada nos princípios da cidadania.

Em relação ao segundo aspecto (exemplos de ação do Estado na luta pela segurança pública), espera-se que o candidato seja capaz de apontar alguns exemplos da necessária ação do poder público para a conquista e a manutenção do clima de segurança coletiva nas mais diversas comunidades, sobretudo as mais vulneráveis. Nesse sentido, basta que o candidato se reporte ao próprio texto motivador, tendo em vista que policiamento adequado e atendimento às demandas básicas da sociedade são faces de uma mesma moeda.

Por fim, no que concerne ao terceiro aspecto (ausência do poder público e a presença do crime organizado), convém que o candidato faça referência a uma preocupante realidade, por todos sabida: onde há omissão do Estado, a tendência é que esse vazio seja ocupado por grupos criminosos no atendimento às demandas das comunidades. Essa realidade está presente, inclusive, em instituições penitenciárias.

Proposta 02

Um relatório do Conselho de Segurança da Organização das Nações Unidas constatou que 15 mil pessoas viajaram à Síria e ao Iraque para combater pelo Estado Islâmico e por grupos extremistas semelhantes. De acordo com o relatório, essas pessoas saíram de mais de 80 países, o que inclui um grupo de países que não havia enfrentado desafios anteriores com relação à Al Qaeda. Os números reforçam recentes estimativas dos serviços de inteligência dos Estados Unidos da América sobre o escopo do problema dos combatentes estrangeiros, que, conforme o relatório, se agravou apesar das ações agressivas das forças antiterroristas e das redes mundiais de vigilância. Os números referentes ao período iniciado em 2010 são superiores aos números referentes ao total de combatentes estrangeiros nas fileiras terroristas entre 1990 e 2010 — e continuam crescendo.

Folha de S.Paulo, 1.º/11/2014, p. 10, caderno Mundo 2 (com adaptações).

Considerando que o fragmento de texto acima tem caráter unicamente motivador, redija um texto dissertativo acerca do tema a seguir.

A CIVILIZAÇÃO CONTEMPORÂNEA E O TERRORISMO

Ao elaborar seu texto, aborde, necessariamente, os seguintes aspectos:

> **o 11 de Setembro de 2001 e a nova escalada terrorista; [valor: 4,00 pontos]**

> **o Estado Islâmico: intolerância e agressividade; [valor: 4,00 pontos]**

> **a reação mundial ao terrorismo. [valor: 4,00 pontos]**

Padrão de Resposta da Banca

Espera-se que, relativamente ao primeiro aspecto (O 11 de setembro de 2001 e a nova escalada terrorista), o candidato mencione o impacto causado em todo o mundo pela ação do terror (Al Qaeda) em território norte-americano, atingindo o prédio do Pentágono, em Washington, e destruindo por completo as torres do World Trade Center, em Nova Iorque. A pronta e vigorosa reação dos EUA (governo Bush) alterou a legislação do país, com algum tipo de cerceamento das liberdades, e se estendeu por várias partes do mundo, a começar pela identificação de países considerados fontes permanentes de ações agressivas contra os EUA, definidos como "Eixo do Mal". Em verdade, o 11 de setembro de 2001 deu inédita visibilidade ao terrorismo impulsionado pelo fanatismo religioso, que se manifestou em outros locais, como, por exemplo, Londres e Madri.

Quanto ao segundo aspecto (Estado Islâmico: intolerância e agressividade), o candidato poderá destacar a intenção do grupo de instituir um califado muçulmano, com a conquista de territórios hoje integrantes da Síria e do Iraque, sua absoluta subordinação a uma visão estreita e radical do islã, além da chocante violência de seus atos, como a decapitação de prisioneiros, em cenas gravadas e divulgadas pelo mundo afora. Outro direcionamento para o segundo aspecto é o aliciamento de jovens para a luta armada por meio das redes sociais, por exemplo.

Por fim, o terceiro aspecto a ser focalizado (A reação mundial ao terrorismo) deverá levar o candidato a se referir às manifestações da opinião pública mundial, que tende a repudiar maciçamente atitudes dessa natureza, à ação de organismos internacionais (como a citada ONU) e à reação objetiva de muitos países (particularmente os ocidentais, à frente os EUA), agindo civil e militarmente para frear a ação terrorista. Além disso, ao abordar os aspectos citados no comando da prova, espera-se que o candidato mencione o interesse econômico subjante às atividades terroristas, o que decorre sobretudo do interesse por fontes naturais, tais como petróleo e gás natural.

Proposta 03

Em um lixão de Gana, carcaças de computadores espalhadas em meio a todo o tipo de dejetos chamam a atenção por etiquetas que identificam sua procedência: delegacias, conselhos públicos e até universidades britânicas. O mesmo acontece em lixões da China, com produtos oriundos da Europa ou dos Estados Unidos da América (EUA). Já na América Central, um navio saído dos EUA passa por países pobres tentando encontrar um terreno que aceite o depósito do que dizem ser fertilizante, mas que na verdade são cinzas de produtos eletrônicos. Parte do material, rico em arsênio, chumbo e outras substâncias tóxicas, é jogado em uma praia do Haiti, outra parte atirada no oceano. Não tão distante, 353 toneladas de resíduos de televisores são trazidos dos EUA em contêineres ao Porto de Navegantes, em Santa Catarina (carga devolvida à origem).

O Globo, 24/8/2015, p. 21 (com adaptações).

Considerando que o fragmento de texto acima tem caráter unicamente motivador, redija um texto dissertativo acerca do seguinte tema.

LIXO ELETRÔNICO: O PLANETA EM PERIGO

Ao elaborar seu texto, aborde os seguintes aspectos:

> **lixo eletrônico: a outra face do desenvolvimento; [valor: 3,50 pontos]**

> **a globalização da rota do tráfico de resíduos eletrônicos; [valor: 3,00 pontos]**

> **os lucros gerados pelos resíduos e a ação do crime organizado. [valor: 3,00 pontos]**

Padrão de resposta da banca

Espera-se que, em relação ao primeiro tópico proposto (lixo eletrônico: a outra face do desenvolvimento), o candidato identifique nesses resíduos eletrônicos a outra e danosa face do desenvolvimento trazido pelo processo de transformação do sistema produtivo conhecido como Revolução Industrial. O certo é que, em muitos países, ainda não há legislação plenamente ativa para controlar o descarte de eletrônicos. No Brasil, verifica-se reiterada tentativa de burlar a legislação a respeito. Esse descarte, feito de modo inadequado, agride violentamente o meio ambiente.

Quanto ao segundo aspecto (a globalização da rota do tráfico de resíduos eletrônicos), espera-se que o candidato aponte a relação existente entre a globalização da economia e a do tráfico desses resíduos. Em geral, como indicado no texto motivador, esse descarte criminoso é feito pelas economias mais desenvolvidas na direção de países periféricos e mais pobres.

Relativamente ao terceiro ponto (os lucros gerados pelos resíduos e a ação do crime organizado), espera-se que o candidato lembre que, devido à falta de monitoramento e à fragilidade da fiscalização, essa atividade ilegal torna-se por demais atraente em termos financeiros, sem maiores riscos para quem dela se ocupa. É onde entra o crime organizado global, que tem se diversificado e investido em resíduos. O próprio texto motivador deixa transparecer que o descarte do lixo eletrônico, tal como visto nos exemplos citados, acaba sendo mais um ramo do crime organizado global, integrando a extensa teia que envolve lavagem de dinheiro, comércio de armas, tráfico humano, fraudes na área esportiva, avanço ilegal sobre a biodiversidade, entre tantos outros.

Proposta 04

Considerando que o contexto que envolve as drogas ilícitas, redija um texto dissertativo que atenda, necessariamente, ao que se pede a seguir:

AS DROGAS ILÍCITAS NA CONTEMPORANEIDADE

> **O problema social das drogas ilícitas no mundo contemporâneo**

> **O fracasso da política antidrogas militarizada**

> **Alternativas à atual política antidrogas**

Padrão de resposta da banca

Espera-se que, em relação ao primeiro item ("O problema social das drogas ilícitas no mundo contemporâneo"), o candidato aponte as drogas como um grave problema social da contemporaneidade. Sem distinção de classes sociais e presente em todas elas, o uso de drogas ilícitas instalou-se no interior das sociedades, e é, sob muitos aspectos, elemento fundamental para a desestruturação familiar e para a exacerbação da violência. Além disso, contribui decisivamente para o adensamento do crime organizado, cuja atuação, cada vez mais, ocorre em escala global.

No que concerne ao segundo item ("O fracasso da política antidrogas militarizada"), espera-se que o candidato pondere, por exemplo, que o custo do combate às drogas é elevado, seja no que se refere a vidas humanas, seja no que se refere ao dinheiro nele aplicado. Em suma, pode-se afirmar que, se determinados instrumentos utilizados por cinco décadas não apresentaram resultados, esses métodos são ineficazes, o que leva à reflexão sobre a conveniência de substituí-los.

Por fim, em relação ao terceiro item ("Alternativas à atual política antidrogas"), espera-se que o candidato alegue que estão em marcha atitudes que podem ser uma alternativa interessante à atual política antidrogas militarizada, por exemplo, a rejeição à pulverização pura e simples dos campos de cultivo de coca, planta da qual é feita a cocaína; a permissão para o cultivo de pequenas plantações de coca; a plantação de maconha para fins medicinais e, sobretudo, ação de lideranças políticas (no Brasil, com destaque para o ex-presidente Fernando Henrique Cardoso), que defendem a descriminalização do uso da maconha, a qual distingue claramente o usuário e o traficante.

Proposta 05

Considerando o contexto que envolve as drogas ilícitas, redija um texto dissertativo que atenda, necessariamente, ao que se pede a seguir:

A MOBILIDADE HUMANA NA MODERNIDADE

> **fatores que levam milhares de pessoas a enfrentar a perigosa travessia do Mediterrâneo**
> **o dilema moral vivido pela Europa entre receber ou rejeitar os imigrantes**
> **o papel da opinião pública internacional na sociedade contemporânea**

Padrão de resposta da banca

Espera-se que, ao abordar o primeiro item proposto (fatores que levam milhares de pessoas a enfrentar a perigosa travessia do Mediterrâneo), o candidato enfatize, no mínimo, dois aspectos determinantes para as atuais levas de milhares de imigrantes que buscam, na Europa, as condições elementares de uma vida razoavelmente digna que não mais encontram em seus países de origem. De um lado, a fome e a miséria, quadro que tão bem representa a situação vivida, em larga medida, por habitantes da África subsaariana. De outro, a ação truculenta de governos despóticos e corruptos, além da multiplicação de guerras civis, às vezes, ensejando autênticos genocídios. Especificamente em relação ao Oriente Médio, destaca-se a caótica realidade experimentada pela Síria, na qual se associam um governo ditatorial, rivalidades religiosas levadas ao extremo e a ação implacável do terrorismo.

Em relação ao segundo tópico (o dilema moral vivido pela Europa entre receber ou rejeitar os imigrantes), espera-se que o candidato se reporte ao intenso debate travado no âmbito da União Europeia, quando alguns membros compreenderam a imperiosa necessidade de se encontrarem meios para a recepção de certo número de imigrantes, como é o caso, por exemplo, da Alemanha, enquanto outros, particularmente na Europa do Leste, ofereciam resistência explícita ao acolhimento desses imigrantes.

Por fim, quanto ao terceiro ponto (o papel da opinião pública internacional na sociedade contemporânea), espera-se que o candidato lembre ser este um elemento definidor da contemporaneidade: milhares de pessoas saem às ruas e se manifestam, por todos os meios, em face de determinados acontecimentos, como atos terroristas e o desespero desses milhares de imigrantes. Esse fenômeno de participação cidadã tem forçado os governos a tomarem certas atitudes que, muitas vezes, não se situavam em seu campo de alternativas.

2.2 Dissertação Argumentativa

A dissertação argumentativa consiste na exposição de ideias a respeito de um tema, de forma técnica e impessoal, com base em raciocínios e argumentações. Tem por objetivo a defesa ou a contestação de um ponto de vista por meio da persuasão. Por isso, a coerência entre as ideias e a clareza na forma de expressão são elementos fundamentais.

Estrutura

A estrutura lógica da dissertação consiste em: introdução (apresenta o tema a ser discutido); desenvolvimento (expõe os argumentos e ideias sobre o tema, com fundamento em fatos, exemplos, testemunhos e provas do que se pretende demonstrar); e conclusão (traz o desfecho da redação, com a finalidade de reforçar a ideia inicial).

Parágrafo

O parágrafo é uma unidade do todo que é o texto. Perceba que a redação trata de um único assunto, que é aquele apresentado no comando. Assim, dividimos o texto em parágrafos para que a leitura seja fluida, de acordo com a abordagem reservada a cada um dos parágrafos.

Elementos contidos em um parágrafo

Todo parágrafo possui uma ideia central, que é o tópico principal. Geralmente, ela se encontra na introdução do parágrafo. Em torno dessa ideia central, temos ideias secundárias que dão desenvolvimento ao parágrafo. Vale ressaltar que muitos parágrafos ainda possuem uma conclusão, a qual tem como função sintetizar o conteúdo dele.

Outro elemento não obrigatório, mas de suma importância, é o termo que faz a relação entre os parágrafos. Geralmente se encontra do segundo parágrafo em diante e objetiva fazer a conexão lógica das ideais presentes em cada parágrafo. Logo, podemos afirmar que um parágrafo adequado possui clareza, objetividade, coerência, coesão e conteúdo adequado.

Quanto ao tamanho dos parágrafos, é importante que haja uma harmonia entre eles. Dessa forma, deve-se redigir parágrafos de tamanhos semelhantes, não necessariamente iguais. Ademais, é importante não fazer parágrafos muito grandes.

> Cada assunto deve ser objeto de um parágrafo específico.

Como cada parágrafo possui uma ideia principal, não se recomenda escrever um parágrafo com apenas um período ou misturar ideias em um mesmo parágrafo. Dessa maneira, o ideal é reservar um parágrafo para cada ideia e(ou) argumentação abordada ou então daquelas contidas na enumeração feita na introdução.

Cada assunto deve ser objeto de um parágrafo específico.

Por fim, vamos novamente às regrinhas básicas: não faça parágrafos excessivamente longos e confusos, pois o examinador se cansará facilmente e não compreenderá seu texto. Por outro lado, também não faça parágrafos excessivamente curtos, que não contenham o devido desenvolvimento da ideia principal.

Exemplos

A seguir, há dois parágrafos que podem servir como introdução de um texto. Pode-se perceber que há uma organização interna que garante uma leitura rápida e eficaz. Além disso, há dois elementos básicos: a apresentação do assunto e o objetivo do texto.

01. Considera-se a humanização no ambiente de trabalho uma das principais características com a qual a empresa deve preocupar-se a fim de que alcance bons resultados, afinal, o capital humano é o bem mais precioso de uma instituição e o responsável por mantê-la ativa no mercado em geral. Além disso, a CF tem como um de seus fundamentos a dignidade da pessoa humana, a qual garante aos indivíduos um tratamento justo e igualitário para uma vida com qualidade. Logo, por ser um fundamento básico e irradiante, e alcançar todas as áreas do Direito, precisa ser garantido nas relações trabalhistas.

02. A fim de alcançar a cidadania, que de certa forma é um meio para a busca da ordem e do progresso social, o Estado tem o dever, como cita a Constituição Federal, de promover a segurança pública. Por esse motivo, é coerente afirmar que é preciso ofertar, de forma homogênea, a possibilidade de "execução" da cidadania por todos do povo.

Propostas de dissertação expositiva

Proposta 01

Elabore um texto dissertativo-argumentativo abordando o seguinte tema:

É POSSÍVEL CONCILIAR OS INTERESSES PESSOAIS DO TRABALHADOR E OS INTERESSES DA ORGANIZAÇÃO?

Proposta 02

A internet é uma mídia que ainda vai provocar muitas modificações entre as pessoas. Estamos apenas adentrando essa nova era, que, no Brasil, teve início em 1996. Capistrano de Abreu dizia que os colonizadores portugueses ficaram, durante vários séculos, como caranguejos, apenas arranhando as costas do Brasil, sem adentrar seu território, nem dominar as regiões desconhecidas. Em relação à internet, somos os novos caranguejos do início do século XXI, sem desvendar com segurança as possibilidades desse meio de comunicação revolucionário na produção e propagação de saberes. Não sabemos ainda o que acontecerá e como se dará; por isso, não podemos fazer previsões estanques.

SHEPERD, T.; SALIÉS, T. In: Linguística da internet. São Paulo: Contexto, 2012. p.91

Redija um texto dissertativo-argumentativo em que se discuta se o uso da internet trouxe mais benefícios ou mais malefícios ao indivíduo e à sociedade. Apresente argumentos que fundamentem sua posição.

Proposta 03

Apesar da presunção de veracidade que confere autoridade, interesse e sedução a todas as fotos, a obra que os fotógrafos produzem não constitui uma exceção genérica ao comércio usualmente nebuloso entre arte e verdade. Mesmo quando os fotógrafos estão muito mais preocupados em espelhar a realidade, ainda são assediados por imperativos de gosto e de consciência. [...] O problema não é que as pessoas se lembrem através das fotografias, mas que se lembrem apenas das fotografias.

(SONTAG, Susan. "Na caverna de Platão", em Sobre a Fotografia, São Paulo, Companhia das Letras, 2008)

A partir do trecho acima, escreva um texto dissertativo-argumentativo sobre o seguinte tema:

A IMAGEM COMO PRODUTORA DE SENTIDOS NA MODERNIDADE

Proposta 04

Epicuro havia percebido que as leis não educam: que não eram feitas para serem propriamente obedecidas, mas para garantir, sobretudo, a possibilidade de punição. Ele se deu conta, por um lado, de que a educação e as necessidades básicas do ser humano deveriam ser gerenciadas pela pólis (Estado); por outro lado, viu que era preciso, de algum modo, isolar para educar, porém, sem reclusão, porque a virtude do caráter político não se reduz, afinal, a um modelo ou teoria, tampouco ao recinto de uma instituição ou de uma *pólis*.

(Adaptado de: SPINELLI, Miguel. Epicuro e as bases do epicurismo, São Paulo, Paulus, 2013, p. 8)

Com base no excerto acima, escreva uma dissertação justificando amplamente seu ponto de vista.

Proposta 05

I

Para além da fidelidade e integridade da informação, problema que se impunha com os veículos tradicionais da mídia, hoje, com a internet, o homem enfrenta um novo desafio: distinguir, de uma profusão de informações supérfluas, as que lhe importam na formação de um pensamento que garanta sua identidade e papel social.

II

Ponto de vista não é apenas a opinião que desenvolvemos sobre determinado assunto, mas também o lugar a partir de onde consideramos o mundo e que influencia de maneira cabal nossas percepções e ações.

III

Todos os homens voltam para casa.
Estão menos livres mas levam jornais
e soletram o mundo, sabendo que o perdem.

(ANDRADE, Carlos Drummond de. "A flor e a náusea")

Redija um texto dissertativo-argumentativo a partir do que se afirma em I, II e III.

Proposta 06

As Olimpíadas eram uma série de competições esportivas que, de quatro em quatro anos, reuniam atletas das cidades-estado que formavam a Grécia Antiga. Surgiram em 776 a.C. na cidade de Olímpia e se realizaram até 393 d.C. Tinham grande importância por seu caráter religioso, político e esportivo, e buscavam a harmonia entre cidades, com a trégua entre conflitos e guerras, além da valorização da saúde e do corpo saudável. Ressurgiram em 1896, com o objetivo de retomar os ideais olímpicos na interação entre os povos, e estiveram sujeitas a interferências políticas no decorrer do tempo. Os Jogos Panamericanos, mais recentes, também realizados de quatro em quatro anos, são evento multiesportivo, que tem por base os Jogos Olímpicos e, como indica o próprio nome, reúne atletas dos países do continente americano. Na atualidade, no entanto, parece haver confluência de interesses bastante diversos na realização desses eventos, de modo a acirrar o espírito competitivo e a expor o poder, até mesmo financeiro, de alguns países.

Diante do que se expôs acima, redija um texto dissertativo-argumentativo sobre o seguinte tema:

AS COMPETIÇÕES ESPORTIVAS INTERNACIONAIS COMO INSTRUMENTO DE MANUTENÇÃO DA PAZ E DA IGUALDADE NO MUNDO MODERNO.

SUMÁRIO

Sumário

1. TEORIA DOS CONJUNTOS

Frequentemente, usa-se a noção de conjunto. O principal exemplo de conjunto são os conjuntos numéricos, que, advindos da necessidade de contar ou quantificar as coisas ou objetos, foram adquirindo características próprias que os diferem. Os componentes de um conjunto são chamados de elementos. Costuma-se representar um conjunto nomeando os elementos um a um, colocando-os entre chaves e separando-os por vírgula; é o que chamamos de representação por extensão. Para nomear um conjunto, usa-se geralmente uma letra maiúscula. Exemplos:

A = {1,2,3,4,5} → conjunto finito

B = {1,2,3,4,5,...} → conjunto infinito

1.1 Definições

Ex.: Se quisermos montar o conjunto das vogais do alfabeto, os ***elementos*** serão a, e, i, o, u.

A nomenclatura dos conjuntos é formada pelas letras maiúsculas do alfabeto.

Ex.: Conjunto dos estados da região Sul do Brasil: A = {Paraná, Santa Catarina, Rio Grande do Sul}.

Representação dos conjuntos

Os conjuntos podem ser representados tanto em **chaves** como em **diagramas**.

ATENÇÃO! Quando é dada uma propriedade característica dos elementos de um conjunto, diz-se que ele está representado por compreensão. Vejamos:

A = {x |x é um múltiplo de dois maior que zero}

Representação em chaves

Conjuntos dos estados brasileiros que fazem fronteira com o Paraguai:

B = {Paraná, Mato Grosso do Sul}.

Representação em diagramas

Ex.: Conjuntos das cores da bandeira do Brasil:

Elementos e relação de pertinência

Quando um elemento está em um conjunto, dizemos que ele pertence a esse conjunto. A relação de pertinência é representada pelo símbolo ∈ (pertence).

Ex.: Conjunto dos algarismos pares: **G** = {2, 4, 6, 8, 0}.

Observe que:

4 ∈ G   7 ∉ G

Conjunto unitário, conjunto vazio e conjunto universo

Conjunto unitário: possui um só elemento.

Ex.: Conjunto da capital do Brasil: K = {Brasília}

Conjunto vazio: simbolizado por Ø ou {}, é o conjunto que não possui elemento.

Ex.: Conjunto dos estados brasileiros que fazem fronteira com o Chile: M = Ø.

Conjunto universo: Em inúmeras situações é importante estabelecer o conjunto U ao qual pertencem os elementos de todos os conjuntos considerados. Esse conjunto é chamado de conjunto universo. Assim:

> Quando se estuda a geometria plana, o conjunto universo é formado por todos os pontos de um dado plano.

> Quando se estuda a população humana, o conjunto universo é constituído de todos os seres humanos.

Para descrever um conjunto A por meio de uma propriedade característica p de seus elementos, deve-se mencionar, de modo explícito ou não, o conjunto universo U no qual se está trabalhando:

Ex.: A = {x ∈ R | x>2}, onde U = R → forma explícita

A = {x | x > 2} → forma implícita.

1.2 Subconjuntos

Diz-se que B é um subconjunto de A se, e somente se, todos os elementos de B pertencem a A.

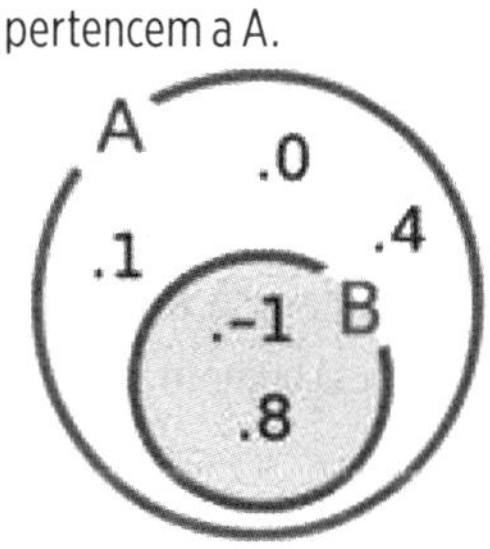

Deve-se notar que A = {-1,0,1,4,8} e B = {-1,8}, ou seja, todos os elementos de B também são elementos do conjunto A.

Nesse caso, diz-se que B está contido em A ou B é subconjunto de A. (B ⊂ A). Pode-se dizer também que A contém B. (A ⊃ B).

OBSERVAÇÕES:

> Se A ⊂ B e B ⊂ A , então A = B.

> Os símbolos ⊂ (contido), ⊃ (contém), ⊄ (não está contido) e ⊅ (não contém) são utilizados para relacionar conjuntos.

> Para todo conjunto A, tem-se A ⊂ A.

> Para todo conjunto A, tem-se Ø ⊂ A, onde Ø representa o conjunto vazio.

> Todo conjunto é subconjunto de si próprio (D ⊂ D);

> O conjunto vazio é subconjunto de qualquer conjunto (Ø ⊂ D);

> Se um conjunto A possui "p" elementos, então ele possui 2p subconjuntos;

> O conjunto formado por todos os subconjuntos de um conjunto A, é denominado conjunto das partes de A. Assim, se A = {4, 7}, o conjunto das partes de A, é dado por {Ø, {4}, {7}, {4, 7}}.

1.3 Operações com Conjuntos

União de conjuntos: a união de dois conjuntos quaisquer será representada por "A ∪ B" e terá os elementos que pertencem a A "ou" a B, ou seja, todos os elementos.

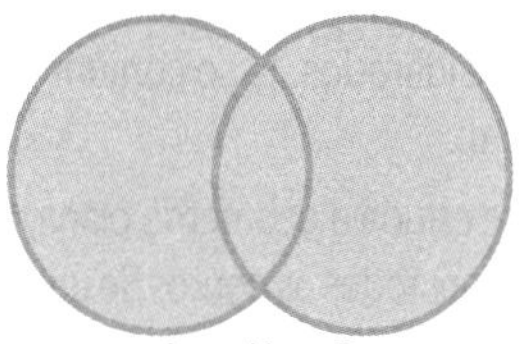

A ∪ B

Interseção de conjuntos: a interseção de dois conjuntos quaisquer será representada por "A ∩ B". Os elementos que fazem parte do conjunto interseção são os elementos comuns aos dois conjuntos.

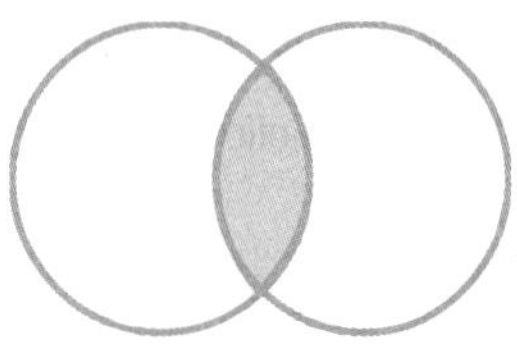

A ∩ B

Conjuntos disjuntos: Se dois conjuntos não possuem elementos em comum, diz-se que eles são disjuntos. Simbolicamente, escreve-se A ∩ B = Ø. Nesse caso, a união dos conjuntos A e B é denominada união disjunta. O número de elementos A ∩ B nesse caso é igual a zero.

n (A ∩ B) = 0.

Ex.:

Seja A = {1, 2, 3, 4, 5}, B = {1, 5, 6, 3}, C = {2, 4, 7, 8, 9} e D = {10, 20}. Tem-se:

A ∪ B = {1,2,3,4,5,6}

B ∪ A = {1,2,3,4,5,6}

A ∩ B = {1,3,5}

B ∩ A = {1,3,5}

A ∪ B ∪ C = {1,2,3,4,5,6,7,8,9} e

A ∩ D = Ø.

É possível notar que A, B e C são todos disjuntos com D, mas A, B e C não são dois a dois disjuntos.

Diferença de conjuntos: a diferença de dois conjuntos quaisquer será representada por "A – B" e terá os elementos que pertencem somente a A, mas não pertencem a B, ou seja, que são exclusivos de A.

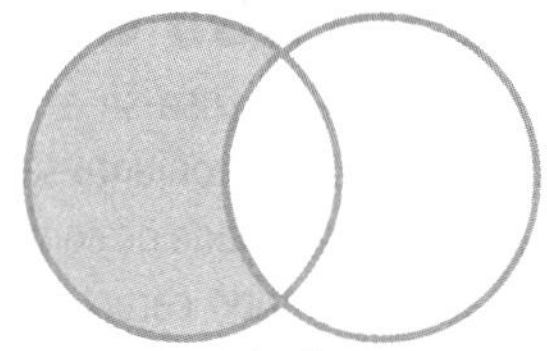

A - B

Complementar de um conjunto: se A está contido no conjunto universo U, o complementar de A é a diferença entre o conjunto universo e o conjunto A, será representado por "$C_U^{(A)}$ = U - A" e terá todos os elementos que pertencem ao conjunto universo, menos os que pertencem ao conjunto A.

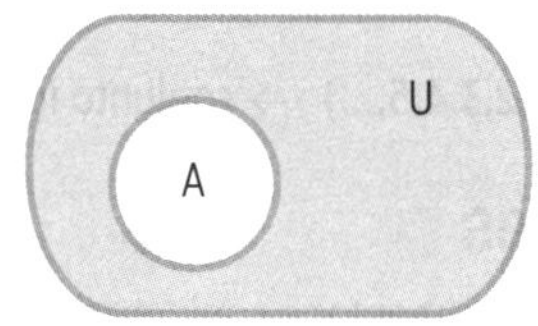

$C_p(A)$

Questões

01. Dados os conjuntos A = {1, 2, 3, 4, 6}, B = {1, 2, 3, 5, 7} e C = {3, 4, 5, 8, 9}, determine o conjunto X sabendo que X ⊂ C e C – X = B ∩ C.

a) X = {3, 5}

b) X = {1, 2, 7}

c) X = {2, 3, 4}

d) X = {3, 4, 7}

e) X = {4, 8, 9}

02. (Epcar) Para uma turma de 80 alunos do CPCAR, foi aplicada uma prova de Matemática valendo 9,0 pontos distribuídos igualmente em 3 questões sobre:

1ª FUNÇÃO

2ª GEOMETRIA

3ª POLINÔMIOS

Sabe-se que:

Apesar de 70% dos alunos terem acertado a questão sobre **função**, apenas 1/10 da turma conseguiu nota 9,0;

20 alunos acertaram as questões sobre **função** e **geometria**;

22 acertaram as questões sobre **geometria** e **Polinômios**;

18 acertaram as questões sobre **função** e **polinômios**.

A turma estava completa nessa avaliação, ninguém tirou nota zero, no critério de correção não houve questões com acertos parciais e o número de acertos apenas em **geometria** é o mesmo que o número de acertos apenas em **polinômios**.

Nessas condições, é correto afirmar que:

a) O número de alunos que só acertaram a 2ª questão é o dobro do número de alunos que acertaram todas as questões.

b) Metade da turma só acertou uma questão.

c) Mais de 50% da turma errou a terceira questão.

d) Apenas 3/4 da turma atingiu a média maior ou igual a 5,0.

03. (Upenet) Se A, B e C são conjuntos não vazios, sendo N(X) = número de elementos do conjunto X, é CORRETO afirmar que das afirmativas abaixo:

I. $A \cap (B \cup C) = (A \cap B) \cup (A \cap C)$;

II. $N(A \cap B) = N(A \cup B) - N(A) + N(B)$;

III. Se $A \cap B = \emptyset$, então, obrigatoriamente, $A = B = \emptyset$.

a) I é verdadeira.
b) I e II são verdadeiras.
c) III é verdadeira.
d) I, II e III são verdadeiras.
e) II e III são verdadeiras.

04. (Cesgranrio) 1000 pessoas responderam a uma pesquisa sobre a frequência do uso de automóvel. 810 pessoas disseram utilizar automóvel em dias de semana, 880 afirmaram que utilizam automóvel nos finais de semana e 90 disseram que não utilizam automóveis. Do total de entrevistados, quantas pessoas afirmaram que utilizam automóvel durante a semana e, também, nos fins de semana?

a) 580
b) 610
c) 690
d) 710
e) 780

05. (FCC) Dos 36 funcionários de uma agência bancária, sabe-se que: apenas 7 são fumantes, 22 são do sexo masculino e 11 são mulheres que não fumam. Com base nessas afirmações, é correto afirmar que o:

a) Número de homens que não fumam é 18.
b) Número de homens fumantes é 5.
c) Número de mulheres fumantes é 4.
d) Total de funcionários do sexo feminino é 15.
e) Total de funcionários não fumantes é 28.

06. (Cesgranrio) Considere os conjuntos A, B e C, seus respectivos complementares AC, BC e CC e as seguintes declarações:

I. $A \cup (B \cap C) = (A \cap B) \cup (A \cap C)$;

II. $A \cap (B \cup C) = (A \cup B) \cap (A \cup C)$;

III. $(B \cap C)C = BC \cap CC$.

Para esses conjuntos e seus respectivos complementares, está(ão) correta(s) a(s) declaração(ões):

a) II, somente.
b) III, somente.
c) I e II, somente.
d) I e III, somente.
e) I, II e III.

07. (Fumarc) Em minha turma da Escola, tenho colegas que falam, além do Português, duas línguas estrangeiras: Inglês e Espanhol. Tenho, também, colegas que só falam Português. Assim:

4 colegas só falam Português;

25 colegas, além do Português, só falam Inglês;

6 colegas, além do Português, só falam Espanhol;

10 colegas, além do Português, falam Inglês e Espanhol.

Diante desse quadro, quantos alunos há na minha turma?

a) 46
b) 45
c) 44
d) 43
e) 42

08. (Cesgranrio) Em um grupo de 48 pessoas, 9 não têm filhos. Dentre as pessoas que têm filhos, 32 têm menos de 4 filhos e 12, mais de 2 filhos. Nesse grupo, quantas pessoas têm 3 filhos?

a) 4
b) 5
c) 6
d) 7
e) 8

09. (Cesgranrio) Se A e B são conjuntos quaisquer e $C(A, B) = A - (A \cap B)$ então $C(A, B)$ é igual ao conjunto:

a) $\emptyset$
b) B
c) B - A
d) A - B
e) $(A \cup B) - A$

10. (CEPERJ) Dois conjuntos B e C são subconjuntos de um conjunto A, porém A também é subconjunto de B e contém os elementos de C. Desse modo, pode-se afirmar que:

a) $A = B$ e $C \subset B$
b) $A \supset B$ e $C \supset B$
c) $A \in B$ e $C \supset B$
d) $A \in B$ e $C = B$
e) $A = B$ e $B = C$

Gabaritos

01	E	06	B
02	C	07	A
03	A	08	B
04	E	09	D
05	A	10	A

2. CONJUNTOS NUMÉRICOS

Os números surgiram da necessidade de contar ou quantificar coisas ou objetos. Com o passar do tempo, foram adquirindo características próprias.

2.1 Números Naturais

É o primeiro dos conjuntos numéricos. Representado pelo símbolo $\mathbb{N}$. É formado pelos seguintes elementos:

$\mathbb{N} = \{0, 1, 2, 3, 4, 5, 6, 7, 8, 9, 10, 11, 12, 13, ... + \infty\}$

O símbolo ∞ significa infinito, o + quer dizer positivo, então $+\infty$ quer dizer infinito positivo.

2.2 Números Inteiros

Esse conjunto surgiu da necessidade de alguns cálculos não possuírem resultados, pois esses resultados eram negativos.

Representado pelo símbolo $\mathbb{Z}$, é formado pelos seguintes elementos:

$\mathbb{Z} = \{-\infty, ..., -3, -2, -1, 0, 1, 2, 3, ..., +\infty\}$

Operações e propriedades dos números naturais e inteiros

As principais operações com os números naturais e inteiros são: adição, subtração, multiplicação, divisão, potenciação e radiciação (as quatro primeiras são também chamadas operações fundamentais).

Adição

Na adição, a soma dos termos ou parcelas resulta naquilo que se chama **total**.

Ex.: $2 + 2 = 4$

As propriedades da adição são:

Elemento Neutro: qualquer número somado ao zero tem como total o próprio número.

Ex.: $+ 0 = 2$

Comutativa: a ordem dos termos não altera o total.

Ex.: $2 + 3 = 3 + 2 = 5$

Associativa: o ajuntamento de parcelas não altera o total.

Ex.: $2 + 0 = 2$

Subtração

Operação contrária à adição, também conhecida como diferença.

Os termos ou parcelas da subtração, assim como o total, têm nomes próprios:

$M - N = P$; em que M = minuendo, N = subtraendo e P = diferença ou resto.

Ex.: $7 - 2 = 5$

Quando o subtraendo for maior que o minuendo, a diferença será negativa.

Multiplicação

Nada mais é do que a soma de uma quantidade de parcelas fixas. Ao resultado da multiplicação chama-se produto.

Os símbolos que indicam a multiplicação são o **"x"** (sinal de vezes) ou o **"."** (ponto).

Exs.: $4 \times 7 = 7 + 7 + 7 + 7 = 28$

$7 . 4 = 4 + 4 + 4 + 4 + 4 + 4 + 4 = 28$

As propriedades da multiplicação são:

Elemento Neutro: qualquer número multiplicado por 1 terá como produto o próprio número.

Ex.: $5 . 1 = 5$

Comutativa: ordem dos fatores não altera o produto.

Ex.: $3 \cdot 4 = 4 \cdot 3 = 12$

Associativa: o ajuntamento dos fatores não altera o resultado.

Ex.: $2 \cdot (3 \cdot 4) = (2 \cdot 3) \cdot 4 = 24$

Distributiva: um fator em evidência multiplica todas as parcelas dentro dos parênteses.

Ex.: $2 \cdot (3 + 4) = (2 \cdot 3) + (2 \cdot 4) = 6 + 8 = 14$

Na multiplicação existe "jogo de sinais", que fica assim:

Parcela	Parcela	Produto
+	+	+
+	-	-
-	+	-
-	-	+

Exs.: $2 \cdot -3 = -6$

$-3 \cdot -7 = 21$

Divisão

Por ser o inverso da multiplicação, a divisão também possui o "jogo de sinal".

É o inverso da multiplicação. Os sinais que a representam são: "÷", ":", "/" ou a fração.

Exs.: $14 \div 7 = 2$

$25 : 5 = 5$

$36/12 = 3$

2.3 Números Racionais

Com o passar do tempo alguns cálculos não possuíam resultados inteiros, a partir daí surgiram os números racionais, que são representados pela letra $\mathbb{Q}$ e são os números que podem ser escritos sob forma de frações.

$\mathbb{Q} = \frac{a}{b}$ (com "b" diferente de zero → $b \neq 0$); em que "a" é o numerador e "b" é o denominador.

Fazem parte desse conjunto também as dízimas periódicas (números que apresentam uma série infinita de algarismos decimais, após a vírgula) e os números decimais (aqueles que são escritos com a vírgula e cujo denominador são as potências de 10).

Toda fração cujo numerador é menor que o denominador é chamada de fração própria.

Operações com os números racionais

Adição e subtração

Para somar frações deve-se estar atento se os denominadores das frações são os mesmos. Caso sejam iguais, basta repetir o denominador e somar (ou subtrair) os numeradores, porém se os denominadores forem diferentes é preciso fazer o M.M.C. (assunto que será visto adiante) dos denominadores, constituir novas frações equivalentes às frações originais e, assim, proceder com o cálculo.

$$\frac{2}{7}+\frac{4}{7}=\frac{6}{7}$$

$$\frac{2}{3}+\frac{4}{5}=\frac{10}{15}+\frac{12}{15}=\frac{22}{15}$$

Multiplicação

Para multiplicar frações basta multiplicar numerador com numerador e denominador com denominador.

$$\frac{3}{4}\cdot\frac{5}{7}=\frac{15}{28}$$

Divisão

Para dividir frações basta fazer uma multiplicação da primeira fração com o inverso da segunda fração.

$\frac{2}{3}\div\frac{4}{5}=\frac{2}{3}\cdot\frac{5}{4}=\frac{10}{12}=\frac{5}{6}$ (Simplificando por 2)

Toda vez que for possível deve-se simplificar a fração até sua fração irredutível (aquela que não pode mais ser simplificada).

Potenciação

Se a multiplicação é soma de uma quantidade de parcelas fixas, a potenciação é a multiplicação de uma quantidade de fatores fixos, tal quantidade indicada no expoente que acompanha a base da potência.

A potenciação é expressa por: **a**n, cujo "a" é a base da potência e o "n" é o expoente.

Ex.: $4^3 = 4 \cdot 4 \cdot 4 = 64$

As propriedades das potências são:

$a^0 = 1$

$3^0 = 1$

$a^1 = a$

$5^1 = 5$

$a^{-n} = 1/a^n$

$2^{-3} = \frac{1}{2^3} = 1/8$

$a^m \cdot a^n = a^{(m+n)}$

$3^2 \cdot 3^3 = 3^{(2+3)} = 3^5 = 243$

$a^m : a^n = a^{(m-n)}$

$4^5 : 4^3 = 4^{(5-3)} = 4^2 = 16$

$(a^m)^n = a^{m \cdot n}$

$(2^2)^4 = 2^{2 \cdot 4} = 2^8 = 256$

$a^{m/n} = \sqrt[n]{a^m}$

$7^{2/3} = \sqrt[3]{7^2} = \sqrt[3]{49}$

Não confunda: (am)n ≠ am n

Não confunda também: (-a)n ≠ -an.

Radiciação

É a expressão da potenciação com expoente fracionário.

A representação genérica da radiciação é: $\sqrt[n]{a}$; cujo "n" é o índice da raiz, o "a" é o radicando e "$\sqrt{\ }$ " é o radical.

Quando o índice da raiz for o 2 ele não precisa aparecer e essa raiz será uma raiz quadrada.

As propriedades das "raízes" são:

→ $\sqrt[n]{a^m} = (\sqrt[n]{a})^m = a^{m/n}$

→ $\sqrt[m]{\sqrt[n]{a}} = \sqrt[m \cdot n]{a}$

→ $\sqrt[m]{a^m} = a = am/m = a1 = a$

Racionalização: se uma fração tem em seu denominador um radical, faz-se o seguinte:

$$\frac{1}{\sqrt{a}}=\frac{1}{\sqrt{a}}\cdot\frac{\sqrt{a}}{\sqrt{a}}=\frac{\sqrt{a}}{\sqrt{a^2}}=\frac{\sqrt{a}}{a}$$

Transformando dízima periódica em fração

Para transformar dízimas periódicas em fração, é preciso atentar-se para algumas situações:

> Verifique se depois da vírgula só há a parte periódica, ou se há uma parte não periódica e uma periódica.

> Observe quantas são as "casas" periódicas e, caso haja, as não periódicas. Lembrado sempre que essa observação só será para os números que estão depois da vírgula.

> Em relação à fração, o denominador será tantos "9" quantos forem as casas do período, seguido de tantos "0" quantos forem as casas não periódicas (caso haja e depois da vírgula). Já o numerador será o número sem a vírgula até o primeiro período "menos" toda a parte não periódica (caso haja).

Exs.: $0,6666... = \frac{6}{9}$

$0,36363636... = \frac{36}{99}$

$0,123333... = \frac{123-12}{900} = \frac{111}{900}$

$2,8888... = \frac{28-2}{9} = \frac{26}{9}$

$3,754545454... = \frac{3754-37}{990} = \frac{3717}{990}$

Transformando número decimal em fração

Para transformar número decimal em fração, basta contar quantas "casas" existem depois da vírgula; então o denominador da fração será o número 1 acompanhado de tantos zeros quantos forem o número de "casas", já o numerador será o número sem a "vírgula".

Exs.: $0,3 = \frac{3}{10}$

$2,45 = \frac{245}{100}$

$49,586 = \frac{49586}{1000}$

2.4 Números Irracionais

São os números que não podem ser escritos na forma de fração.

O conjunto é representado pela letra $\mathbb{I}$ e tem como elementos as dízimas não periódicas e as raízes não exatas.

2.5 Números Reais

Simbolizado pela letra $\mathbb{R}$, é a união do conjunto dos números racionais com o conjunto dos números irracionais.

Representado, tem-se:

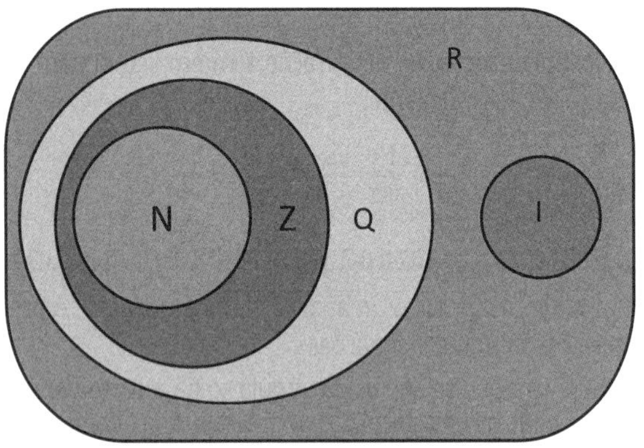

Colocando todos os números em uma reta, tem-se:

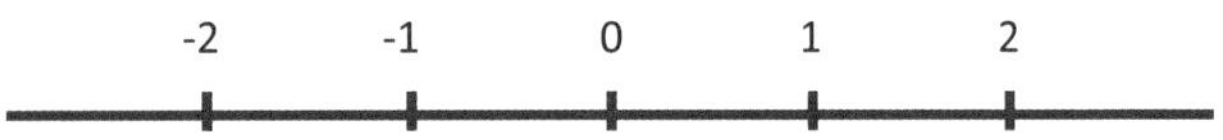

As desigualdades ocorrem em razão de os números serem maiores ou menores uns dos outros.

Os símbolos das desigualdades são:

$\geq$ maior ou igual a;

$\leq$ menor ou igual a;

$>$ maior que;

$<$ menor que.

Dessas desigualdades surgem os intervalos, que nada mais são do que um espaço dessa reta, entre dois números.

Os intervalos podem ser abertos ou fechados, depende dos símbolos de desigualdade utilizados.

Intervalo aberto ocorre quando os números não fazem parte do intervalo e os sinais de desigualdade são:

$>$ maior que;

$<$ menor que.

Intervalo fechado ocorre quando os números fazem parte do intervalo e os sinais de desigualdade são:

$\geq$ maior ou igual a;

$\leq$ menor ou igual a.

2.6 Intervalos

Os intervalos numéricos podem ser representados das seguintes formas:

Com os Símbolos $<, >, \leq, \geq$

Quando forem usados os símbolos $<$ ou $>$, os números que os acompanham não fazem parte do intervalo real. Já quando forem usados os símbolos $\leq$ ou $\geq$ os números farão parte do intervalo real.

Exs.:

$2 < x < 5$: o 2 e o 5 não fazem parte do intervalo.

$2 \leq x < 5$: o 2 faz parte do intervalo, mas o 5 não.

$2 \leq x \leq 5$: o 2 e o 5 fazem parte do intervalo.

Com os Colchetes

Quando os colchetes estiverem voltados para os números, significa que farão parte do intervalo. Porém, quando os colchetes estiverem invertidos, significa que os números não farão parte do intervalo.

Exs.:

]2;5[: o 2 e o 5 não fazem parte do intervalo.

[2;5[: o 2 faz parte do intervalo, mas o 5 não faz.

[2;5]: o 2 e o 5 fazem parte do intervalo.

Sobre uma Reta Numérica

Intervalo aberto $2<x<5$:

Em que 2 e 5 não fazem parte do intervalo numérico, representado pela marcação aberta (sem preenchimento - O).

Intervalo fechado e aberto $2 \leq x < 5$:

Em que 2 faz parte do intervalo, representado pela marcação fechada (preenchida - ●) em que 5 não faz parte do intervalo, representado pela marcação aberta (O).

Intervalo fechado $2 \leq x \leq 5$:

Em que 2 e 5 fazem parte do intervalo numérico, representado pela marcação fechada (●).

2.7 Múltiplos e Divisores

Os múltiplos são resultados de uma multiplicação de dois números naturais.

Ex.: Os múltiplos de 3 são: 0, 3, 6, 9, 12, 15, 18, 21, 24, 27, 30... (os múltiplos são infinitos).

> Números quadrados perfeitos são aqueles que resultam da multiplicação de um número por ele mesmo.
> Ex.: $4 = 2 \cdot 2$
> $25 = 5 \cdot 5$

Os divisores de um "número" são os números cuja divisão desse "número" por eles será exata.

Ex.: Os divisores de 12 são: 1, 2, 3, 4, 6, 12.

2.8 Números Primos

São os números que têm apenas dois divisores, o 1 e ele mesmo (alguns autores consideram os números primos aqueles que tem 4 divisores, sendo o 1, o -1, ele mesmo e o seu oposto – simétrico).

Veja alguns números primos:

2 (único primo par), 3, 5, 7, 11, 13, 17, 19, 23, 29, 31, 37, 41, 43, 47, 53, 59, ...

Os números primos servem para decompor outros números.

A decomposição de um número em fatores primos serve para fazer o MMC (mínimo múltiplo comum) e o MDC (máximo divisor comum).

2.9 MMC e MDC

O MMC de um, dois ou mais números é o menor número que, ao mesmo tempo, é múltiplo de todos esses números.

O MDC de dois ou mais números é o maior número que pode dividir todos esses números ao mesmo tempo.

Para calcular, após decompor os números, o MMC de dois ou mais números será o produto de todos os fatores primos, comuns e não comuns, elevados aos maiores expoentes. Já o MDC será apenas os fatores comuns a todos os números elevados aos menores expoentes.

Exs.: $6 = 2 \cdot 3$

$18 = 2 \cdot 3 \cdot 3 = 2 \cdot 3^2$

$35 = 5 \cdot 7$

$144 = 2 \cdot 2 \cdot 2 \cdot 2 \cdot 3 \cdot 3 = 2^4 \cdot 3^2$

$225 = 3 \cdot 3 \cdot 5 \cdot 5 = 3^2 \cdot 5^2$

$490 = 2 \cdot 5 \cdot 7 \cdot 7 = 2 \cdot 5 \cdot 7^2$

$640 = 2 \cdot 2 \cdot 2 \cdot 2 \cdot 2 \cdot 2 \cdot 2 \cdot 5 = 2^7 \cdot 5$

MMC de 18 e 225 = $2 \cdot 3^2 \cdot 5^2 = 2 \cdot 9 \cdot 25 = 450$

MDC de 225 e 490 = 5

Para saber a quantidade de divisores de um número basta, depois da decomposição do número, pegar os expoentes dos fatores primos, somar "+1" e multiplicar os valores obtidos.

Exs.: $225 = 3^2 \cdot 5^2 = 3^{2+1} \cdot 5^{2+1} = 3 \cdot 3 = 9$

Nº de divisores = $(2 + 1) \cdot (2 + 1) = 3 \cdot 3 = 9$ divisores. Que são: 1, 3, 5, 9, 15, 25, 45, 75, 225.

2.10 Divisibilidade

As regras de divisibilidade servem para facilitar a resolução de contas, para ajudar a descobrir se um número é ou não divisível por outro. Veja algumas dessas regras.

Divisibilidade por 2: para um número ser divisível por 2 basta que o mesmo seja par.

Exs.: 14 é divisível por 2.

17 não é divisível por 2.

Divisibilidade por 3: para um número ser divisível por 3, a soma dos seus algarismos tem que ser divisível por 3.

Exs.: 174 é divisível por 3, pois 1 + 7 + 4 = 12

188 não é divisível por 3, pois 1 + 8 + 8 = 17

Divisibilidade por 4: para um número ser divisível por 4, ele tem que terminar em 00 ou os seus dois últimos números devem ser múltiplos de 4.

Exs.: 300 é divisível por 4.

532 é divisível por 4.

766 não é divisível por 4.

Divisibilidade por 5: para um número ser divisível por 5, ele deve terminar em 0 ou em 5.

Exs.: 35 é divisível por 5.

370 é divisível por 5.

548 não é divisível por 5.

Divisibilidade por 6: para um número ser divisível por 6, ele deve ser divisível por 2 e por 3 ao mesmo tempo.

Exs.: 78 é divisível por 6.

576 é divisível por 6.

652 não é divisível por 6.

Divisibilidade por 9: para um número ser divisível por 9, a soma dos seus algarismos deve ser divisível por 9.

Exs.: 75 é não divisível por 9.

684 é divisível por 9.

Divisibilidade por 10: para um número ser divisível por 10, basta que ele termine em 0.

Exs.: 90 é divisível por 10.

364 não é divisível por 10.

2.11 Expressões Numéricas

Para resolver expressões numéricas, deve-se sempre seguir a ordem:

> Resolva os (parênteses), depois os [colchetes], depois as {chaves}, nessa ordem;

> Dentre as operações resolva primeiro as potenciações e raízes (o que vier primeiro), depois as multiplicações e divisões (o que vier primeiro) e por último as somas e subtrações (o que vier primeiro).

Calcule o valor da expressão:

Ex.: $8 - \{5 - [10 - (7 - 3 . 2)] \div 3\}$

Resolução:

$8 - \{5 - [10 - (7 - 6)] \div 3\}$

$8 - \{5 - [10 - (1)] \div 3\}$

$8 - \{5 - [9] \div 3\}$

$8 - \{5 - 3\}$

$8 - \{2\}$

6

Questões

01. (MB) Considere x = 10 e y = 20. Calcule o valor de $(x + y)^2 - 2xy$.

a) 900
b) 600
c) 500
d) 300
e) 200

02. O conjunto A = {-4, -3, -2, -1, 0, 1} pode ser representado por:

a) $\{x \in Z \mid -4 < x < 1\}$
b) $\{x \in Z \mid -4 < x \leq 1\}$
c) $\{x \in Z \mid -4 \leq x \leq 1\}$
d) $\{x \in Z \mid -4 \leq x < 1\}$
e) $\{x \in Z \mid +4 < x < 1\}$

03. (FCC) O valor da expressão $\dfrac{A^2 - B^3}{A^B + B^A}$, para A = 2 e B = -1 é um número compreendido entre:

a) -2 e 1.
b) 1 e 4.
c) 4 e 7.
d) 7 e 9.
e) 9 e 10.

04. (TJ-PR) Um historiador comentou em sala de aula: "Meu tataravô nasceu no século 18. O ano em que nasceu era um cubo perfeito. O ano em que morreu era um quadrado perfeito. O quanto viveu, também era um quadrado perfeito." Quantos anos viveu o tataravô do historiador?

a) 36
b) 30
c) 32
d) 34
e) 40

05. (Cefet) Os restos das divisões de 247 e 315 por x são 7 e 3, respectivamente. Os restos das divisões de 167 e 213 por y são 5 e 3, respectivamente. O maior valor possível para a soma x + y é:

a) 36
b) 34
c) 30
d) 25

06. (FCC) Sejam x e y números naturais, e Δ e $\square$ símbolos com os seguintes significados:

– x Δ y é igual ao maior número dentre x e y, com $x \neq y$;

– x $\square$ y é igual ao menor número dentre x e y, com $x \neq y$;

– se x = y, então x Δ y = x $\square$ y = x = y.

De acordo com essas regras, o valor da expressão $[64 \square (78 \Delta 64) \square \{92 \Delta[(43 \square 21) \Delta 21]\}$ é:

a) 92.
b) 78.
c) 64.
d) 43.
e) 21.

07. (PUC-MG) O valor exato de

$$\frac{0{,}2929\ldots - 0{,}222\ldots}{0{,}555\ldots + 0{,}333\ldots} \text{ é:}$$

a) 3/25
b) 3/28
c) 4/34
d) 6/58
e) 7/88

08. Sejam x e y números reais dados por suas representações decimais:

$$\begin{cases} x = 0{,}111111\ldots \\ y = 0{,}999999\ldots \end{cases}$$

Pode-se afirmar que:

a) x + y = 1
b) x - y = 8 / 9
c) xy = 0,9
d) 1 / (x + y) = 0,9
e) xy = 1

09. (ESPP) Sejam as afirmações:

I. A soma entre dois números irracionais é sempre um número irracional.

II. Toda dízima periódica pode ser escrita com uma fração de denominador e numerador inteiros.

III. **$7\pi/4 > 11/2$**

Pode-se dizer que:

a) São corretas somente I e II.
b) Todas são corretas.
c) Somente uma delas é correta.
d) São corretas somente II e III.

10. (FGV) Analise as afirmativas a seguir:

I. $\sqrt{6}$ é maior que $\frac{5}{2}$.

II. 0,555... é um número racional.

III. Todo número inteiro tem antecessor.

Assinale:

a) Se somente as afirmativas I e III estiverem corretas.
b) Se somente a afirmativa II estiver correta.
c) Se somente as afirmativas I e II estiverem corretas.
d) Se somente a afirmativa I estiver correta.
e) Se somente as afirmativas II e III estiverem corretas.

Gabaritos

01	C	06	C
02	C	07	E
03	B	08	D
04	A	09	C
05	C	10	E

3. SISTEMA LEGAL DE MEDIDAS

3.1 Medidas de Tempo

A unidade padrão do tempo é o segundo (s), mas devemos saber as seguintes relações:

1 min = 60 s

1h = 60 min = 3600 s

1 dia = 24 h = 1440 min = 86400 s

30 dias = 1 mês

2 meses = 1 bimestre

6 meses = 1 semestre

12 meses = 1ano

10 anos = 1 década

100 anos = 1 século

Exs.: 5h47min18seg + 11h39min59s = 26h86min77s = 26h87min17s = 27h27min17s= 1dia3h27mim17s;

8h23min – 3h49min51seg = 7h83min – 3h49min51seg = 7h82min60seg – 3h49min51seg = 4h33min9seg.

Cuidado com as transformações de tempo, pois elas não seguem o mesmo padrão das outras medidas.

3.2 Sistema Métrico Decimal

Serve para medir comprimentos, distâncias, áreas e volumes. Tem como unidade padrão o metro (m). Veremos agora seus múltiplos, variações e algumas transformações.

Metro (m):

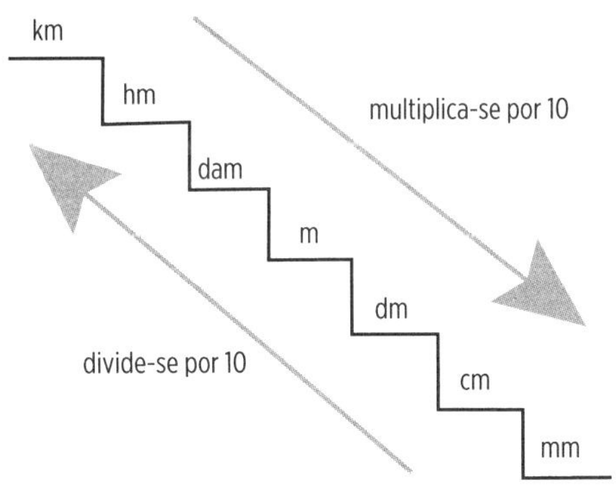

Para cada degrau descido da escada, multiplica-se por 10, e para cada degrau subido, divide-se por 10.

Exs.: Transformar 2,98km em cm = 2,98 · 100.000 = 298.000cm (na multiplicação por 10 ou suas potências, basta deslocar a "vírgula" para a direita);

Transformar 74m em km = 74 ÷ 1000 = 0,074km (na divisão por 10 ou suas potências, basta deslocar a "vírgula" para a esquerda).

> O grama (g) e o litro (l) seguem o mesmo padrão do metro (m).

Metro quadrado (m^2):

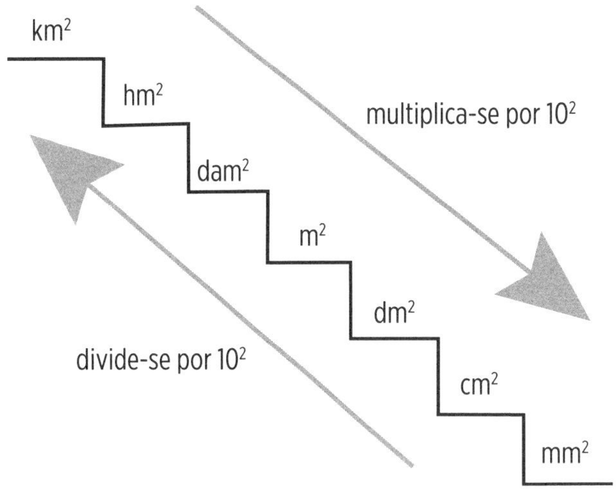

Para cada degrau descido da escada multiplica por 10^2 ou 100, e para cada degrau subido divide por 10^2 ou 100.

Exs.: Transformar $79{,}11m^2$ em $cm^2 = 79{,}11 \cdot 10.000 = 791.100cm^2$;

Transformar $135m^2$ em $km^2 = 135 \div 1.000.000 = 0{,}000135km^2$.

Metro cúbico (m^3):

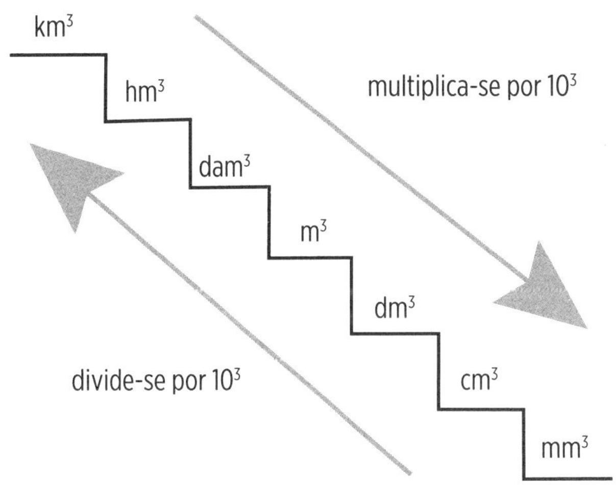

Para cada degrau descido da escada, multiplica-se por 10^3 ou 1000, e para cada degrau subido, divide-se por 10^3 ou 1000.

Exs.: Transformar $269dm^3$ em $cm^3 = 269 \cdot 1.000 = 269.000cm^3$

Transformar $4.831cm^3$ em $m^3 = 4.831 \div 1.000.000 = 0{,}004831m^3$

O metro cúbico, por ser uma medida de volume, tem relação com o litro (l), e essa relação é:

$1m^3$ = 1000 litros

$1dm^3$ = 1 litro

$1cm^3$ = 1 mililitro

Questões

01. (Cesgranrio) José é funcionário de uma imobiliária e gosta muito de Matemática. Para fazer uma brincadeira com um colega, resolveu escrever as áreas de cinco apartamentos que estão à venda em unidades de medida diferentes, como mostra a tabela abaixo.

Apartamento	Área
I	0,000162 km²
II	180 m²
III	12.800 dm²
IV	950.000 cm²
V	100.000.000 mm²

Em seguida, pediu ao colega que organizasse as áreas dos cinco apartamentos em ordem crescente.

O colega de José respondeu corretamente ao desafio proposto apresentando a ordem:

a) I < II < III < IV < V
b) II < I < IV < V < III
c) IV < V < III < I < II
d) V < II < I < III < IV
e) V < IV < III < II < I

02. (Cesgranrio) No modelo abaixo, os pontos A, B, C e D pertencem à mesma reta. O ponto A dista 65,8 mm do ponto D; o ponto B dista 41,9 mm do ponto D, e o ponto C está a 48,7 mm do ponto A.

Qual é, em milímetros, a distância entre os pontos B e C?

a) 17,1
b) 23,1
c) 23,5
d) 23,9
e) 24,8

03. (CEPERJ) Uma pessoa levou 1 hora, 40 minutos e 20 segundos para realizar determinada tarefa. O tempo total de trabalho dessa pessoa, em segundos, vale:

a) 120
b) 1420
c) 3660
d) 4120
e) 6020

04. (FCC) Sabe-se que, num dado instante, a velocidade de um veículo era v = 0,0125 km/s. Assim sendo, é correto afirmar que, em metros por hora, v seria igual a:

a) 45 000.
b) 25 000.
c) 7 500.
d) 4 500.
e) 2 500.

05. (FCC) Considere que:

> 1 milissegundo (ms) = 10^{-3} segundo
> 1 microssegundo (μs) = 10^{-6} segundo
> 1 nanossegundo (ns) = 10^{-9} segundo
> 1 picossegundo (ps) = 10^{-12} segundo

Nessas condições, a soma 1 ms + 10 μs + 100 ns + 1 000 ps NÃO é igual a:

a) 1,010101 ms.
b) 0,001010101 s.
c) 1.010.101.000 ps.
d) 1.010.101 ns.
e) 10.101,01 μs.

06. (CPCAR) Três alunos A, B e C participam de uma gincana e uma das tarefas é uma corrida em pista circular. Eles gastam para esta corrida, respectivamente, 1,2 minutos, 1,5 minutos e 2 minutos para completarem uma volta na pista. Eles partem do mesmo local e no mesmo instante. Após algum tempo, os três alunos se encontram pela primeira vez no local de partida. Considerando os dados acima, assinale a alternativa correta.

a) Na terceira vez que os três se encontrarem, o aluno menos veloz terá completado 12 voltas.
b) O tempo que o aluno B gastou até que os três se encontraram pela primeira vez foi de 4 minutos.
c) No momento em que os três alunos se encontraram pela segunda vez, o aluno mais veloz gastou 15 minutos.
d) A soma do número de voltas que os três alunos completaram quando se encontraram pela segunda vez foi 24.

07. (Cesgranrio) Aos domingos, é possível fazer um passeio de 7 km pela antiga Estrada de Ferro Madeira-Mamoré, indo de Porto Velho até Cachoeira de Santo Antônio. Esse passeio acontece em quatro horários: 9h, 10h30min, 15h e 16h30min. Um turista pretendia fazer o passeio no segundo horário da manhã, mas chegou atrasado à estação e, assim, teve que esperar 3 horas e 35 minutos até o horário seguinte. A que horas esse turista chegou à estação?

a) 10h 55min.
b) 11h 15min.
c) 11h 25min.
d) 11h 45min.
e) 11h 55min.

08. (FCC) A velocidade de 120 km/h equivale, aproximadamente, à velocidade de:

a) 33,33 m/s
b) 35 m/s
c) 42,5 m/s
d) 54,44 m/s
e) 60 m/s

09. (Cesgranrio) Certo nadador levou 150 segundos para completar uma prova de natação. Esse tempo corresponde a:

a) Um minuto e meio.
b) Dois minutos.
c) Dois minutos e meio.
d) Três minutos.
e) Três minutos e meio.

10. (Cesgranrio) Considere que 1 litro de óleo de soja pesa aproximadamente 960 gramas. Uma empresa exporta 6 contêineres contendo 32 toneladas de óleo de soja cada. Quantos metros cúbicos de óleo foram exportados por essa empresa?

a) 100
b) 200
c) 300
d) 400
e) 600

Gabaritos

01	C	06	D
02	E	07	C
03	E	08	A
04	A	09	C
05	E	10	B

4. PORCENTAGEM E JUROS

O presente capítulo trata de uma pequena parte da matemática financeira, e também do uso das porcentagens, assuntos presentes no dia a dia de todos.

4.1 Porcentagem

É a aplicação da taxa percentual a determinado valor.

Taxa percentual: é o valor que vem acompanhado do símbolo %.

Para fins de cálculo, usa-se a taxa percentual em forma de fração ou em números decimais.

Ex.: 3% = 3/100 = 0,03

15% = 15/100 = 0,15

34% de 1200 = 34/100 . 1200 = 40800/100 = 408

65% de 140 = 0,65 . 140 = 91

4.2 Lucro e Prejuízo

Lucro e prejuízo são resultados de movimentações financeiras.

Custo (C): "Gasto".

Venda (V): "Ganho".

Lucro (L): quando se ganha mais do que se gasta.

$$L = V - C$$

Prejuízo (P): quando se gasta mais do que se ganha.

$$P = C - V$$

Basta substituir no lucro ou no prejuízo o valor da porcentagem, no custo ou na venda.

Ex.: Um computador foi comprado por R$ 3.000,00 e revendido com lucro de 25% sobre a venda. Qual o preço de venda?

Como o lucro foi na venda, então L = 0,25V:

L = V – C

0,25V = V – 3.000

0,25V – V = -3.000

-0.75V = -3.000 (-1)

0,75V = 3.000

$$V = \frac{3000}{0,75} = \frac{300000}{75} = 4.000$$

Logo, a venda se deu por R$ 4.000,00.

4.3 Juros Simples

Juros: atributos (ganhos) de uma operação financeira.

Juros simples: os valores são somados ao capital apenas no final da aplicação. Somente o capital rende juros.

Para o cálculo de juros simples, usa-se a seguinte fórmula:

$$J = C \cdot i \cdot t$$

Nas questões de juros, as taxas de juros e os tempos devem estar expressos pela mesma unidade.

> J = juros;
> C = capital;
> i = taxa de juros;
> t = tempo da aplicação.

Ex.: Um capital de R$ 2.500,00 foi aplicado a juros de 2% ao trimestre durante um ano. Quais os juros produzidos?

Em 1 ano há exatamente 4 trimestres, como a taxa está em trimestre, agora é só calcular:

J = C . i . t

J = 2.500 . 0,02 . 4

J = 200

4.4 Juros Compostos

Os valores são somados ao capital no final de cada período de aplicação, formando um novo capital, para incidência dos juros novamente. É o famoso caso de juros sobre juros.

Para o cálculo de juros compostos, usa-se a seguinte fórmula:

$$M = C \cdot (1 + I)^t$$

> M = montante;
> C = capital;
> i = taxa de juros;
> t = tempo da aplicação.

Um investidor aplicou a quantia de R$ 10.000,00 à taxa de juros de 2% a.m. durante 4 meses. Qual o montante desse investimento?

Aplicando a fórmula, já que a taxa e o tempo estão na mesma unidade:

Ex.: M = C · (1 + i)t

M = 10.000 · (1 + 0,02)4

M = 10.000 · (1,02)4

M = 10.000 · 1,08243216

M = 10.824,32

4.5 Capitalização

Capitalização: acúmulo de capitais (capital + juros).

Nos juros simples, calcula-se por: M = C + J.

Nos juros compostos, calcula-se por: J = M – C.

Em algumas questões terão que ser calculados os montantes do juro simples ou os juros do juro composto.

Questões

01. (EsSa) Um par de coturnos custa na loja "Só Fardas" R$ 21,00 mais barato que na loja "Selva Brasil". O gerente da loja "Selva Brasil", observando essa diferença, oferece um desconto de 15% para que o seu preço se iguale ao de seu concorrente. O preço do par de coturnos, em reais, na loja "Só Fardas" é um número cuja soma dos algarismos é:

a) 9.
b) 11.
c) 10.
d) 13.
e) 12.

02. (EB) Um agricultor colheu dez mil sacas de soja durante uma safra. Naquele momento a soja era vendida a R$ 40,00 a saca. Como a expectativa do mercado era do aumento de preços, ele decidiu guardar a produção e tomar um empréstimo no mesmo valor que obteria se vendesse toda a sua produção, a juros compostos de 10% ao ano. Dois anos depois, ele vendeu a soja a R$ 50,00 a saca e quitou a dívida. Com essa operação ele obteve:

a) Prejuízo de R$ 20.000,00.
b) Lucro de R$ 20.000,00.
c) Prejuízo de R$ 16.000,00.
d) Lucro de R$ 16.000,00.
e) Lucro de R$ 60.000,00.

03. (EB) Um capital de R$ 1.000,00 foi aplicado a juros compostos a uma taxa de 44% a.a.. Se o prazo de capitalização foi de 180 dias, o montante gerado será de:

a) R$ 1.440,00.
b) R$ 1.240,00.
c) R$ 1.680,00.
d) R$ 1.200,00.
e) R$ 1.480,00.

04. (EsSA) O capital de R$ 360,00 foi dividido em duas partes, A e B. A quantia A rendeu em 6 meses o mesmo que a quantia B rendeu em 3 meses, ambos aplicados à mesma taxa no regime de juros simples. Nessas condições, pode-se afirmar que:

a) A = B
b) A = 2B
c) B = 2A
d) A = 3B
e) B = 3A

05. (EsSA) Uma loja de eletrodomésticos paga, pela aquisição de certo produto, o correspondente ao preço x (em reais) de fabricação, mais 5 % de imposto e 3 % de frete, ambos os percentuais calculados sobre o preço x. Vende esse produto ao consumidor por R$ 54,00, com lucro de 25 %. Então, o valor de x é:

a) R$ 36,00
b) R$ 38,00
c) R$ 40,00
d) R$ 41,80
e) R$ 42,40

06. (MB) Em um grupo de 20 pessoas, 40% são homens e 75% das mulheres são solteiras. O número de mulheres casadas é:

a) 3
b) 6
c) 7
d) 8
e) 9

07. (MB) Uma liga é composta por 70% de cobre, 20% de alumínio e 10% de zinco. Qual a quantidade, respectivamente, de cobre, alumínio e zinco em 800 g dessa liga?

a) 100 g, 250 g, 450 g
b) 400 g, 260 g, 140 g
c) 450 g, 250 g, 100 g
d) 560 g, 160 g, 80 g
e) 650 g, 100 g, 50 g

08. (MB) Qual das afirmativas é verdadeira?

a) Dois descontos sucessivos de 10% correspondem a um desconto de 20%.
b) Dois aumentos sucessivos de 15% correspondem a um aumento de 30%.
c) Um desconto de 10% e depois um aumento de 20% correspondem a um aumento de 8%.
d) Um aumento de 20% e depois um desconto de 10% correspondem a um aumento de 10%.
e) Um aumento de 15% e depois um desconto de 25% correspondem a um desconto de 5%.

09. (EPCAR) Lucas e Mateus ganharam de presente de aniversário as quantias x e y reais, respectivamente, e aplicaram, a juros simples, todo o dinheiro que ganharam, da seguinte forma:

Mateus aplicou a quantia y durante um tempo que foi metade do que esteve aplicado a quantia x de Lucas.

Mateus aplicou seu dinheiro a uma taxa igual ao triplo da taxa da quantia aplicada por Lucas.

No resgate de cada quantia aplicada, Lucas e Mateus receberam o mesmo valor de juros.

Se juntos os dois ganharam de presente 516 reais, então x – y é igual a:

a) R$ 103,20
b) R$106,40
c) R$108,30
d) R$109,60

10. (EPCAR) Um terreno que possui 2,5ha de área é totalmente aproveitado para o plantio de arroz. Cada m2 produz 5 litros de arroz que será vendido por 75 reais o saco de 50 kg. Sabe-se que o agricultor teve um total de despesas de 60000 reais, que houve uma perda de 10% na colheita e que vendeu todo o arroz colhido. Se cada litro de arroz corresponde a 800 g de arroz, é correto afirmar que 20% do lucro, em milhares de reais, é um número compreendido entre:

a) 1 e 10
b) 10 e 16
c) 16 e 22
d) 22 e 30

Gabaritos

01	B	06	A
02	D	07	D
03	D	08	C
04	C	09	A
05	C	10	B

5. RAZÕES E PROPORÇÕES

Neste capítulo, estão presentes alguns assuntos muito incidentes em provas: razões e proporções. É preciso que haja atenção no estudo desse conteúdo.

5.1 Grandeza

É tudo aquilo que pode ser contado, medido ou enumerado.

Ex.: Comprimento (distância), tempo, quantidade de pessoas e/ou coisas, etc.

Grandezas Diretamente Proporcionais: são aquelas em que o aumento de uma implica o aumento da outra.

Ex.: Quantidade e preço.

Grandezas Inversamente Proporcionais: são aquelas em que o aumento de uma implica a diminuição da outra.

Ex.: Velocidade e tempo.

5.2 Razão

É a comparação de duas grandezas. Essas grandezas podem ser de mesma espécie (com a mesma unidade) ou de espécies diferentes (unidades diferentes). Nada mais é do que uma fração do tipo $\frac{a}{b}$, com $b \neq 0$.

Nas razões, os numeradores são também chamados de antecedentes e os denominadores de consequentes.

Exs.:

Escala: comprimento no desenho comparado ao tamanho real.

Velocidade: distância comparada ao tempo.

5.3 Proporção

Pode ser definida como a igualdade de razões.

$$\frac{a}{b} = \frac{c}{d}$$

Dessa igualdade, tiramos a propriedade fundamental das proporções: "o produto dos meios igual ao produto dos extremos" (a chamada "multiplicação cruzada").

$$b \cdot c = a \cdot d$$

É basicamente essa propriedade que ajuda resolver a maioria das questões desse assunto.

Dados três números racionais a, b e c, não nulos, denomina-se quarta proporcional desses números um número x tal que:

$$\frac{a}{b} = \frac{c}{x}$$

Proporção contínua é toda proporção que apresenta os meios iguais.

De um modo geral, uma proporção contínua pode ser representada por:

$$\frac{a}{b} = \frac{b}{c}$$

As outras propriedades das proporções são:

Numa proporção, a soma dos dois primeiros termos está para o 2º (ou 1º) termo, assim como a soma dos dois últimos está para o 4º (ou 3º).

$$\frac{a+b}{b} = \frac{c+d}{d} \text{ ou } \frac{a+b}{a} = \frac{c+d}{c}$$

Numa proporção, a diferença dos dois primeiros termos está para o 2º (ou 1º) termo, assim como a diferença dos dois últimos está para o 4º (ou 3º).

$$\frac{a-b}{b} = \frac{c-d}{d} \text{ ou } \frac{a-b}{a} = \frac{c-d}{c}$$

Numa proporção, a soma dos antecedentes está para a soma dos consequentes, assim como cada antecedente está para o seu consequente.

$$\frac{a+c}{b+d} = \frac{c}{d} = \frac{a}{b}$$

Numa proporção, a diferença dos antecedentes está para a diferença dos consequentes, assim como cada antecedente está para o seu consequente.

$$\frac{a-c}{b-d} = \frac{c}{d} = \frac{a}{b}$$

Numa proporção, o produto dos antecedentes está para o produto dos consequentes, assim como o quadrado de cada antecedente está para quadrado do seu consequente.

$$\frac{a \cdot c}{b \cdot d} = \frac{a^2}{b^2} = \frac{c^2}{d^2}$$

A última propriedade pode ser estendida para qualquer número de razões.

$$\frac{a \cdot c \cdot e}{b \cdot d \cdot f} = \frac{a^3}{b^3} = \frac{c^3}{d^3} = \frac{e^3}{f^3}$$

5.4 Divisão em Partes Proporcionais

Para dividir um número em partes direta ou inversamente proporcionais, basta seguir algumas regras:

Divisão em partes diretamente proporcionais

Divida o número 50 em partes diretamente proporcionais a 4 e a 6.

$4x + 6x = 50$

$10x = 50$

$x = \frac{50}{10}$

$x = 5$

x = constante proporcional

Então, $4x = 4 \cdot 5 = 20$ e $6x = 6 \cdot 5 = 30$

Logo, a parte proporcional a 4 é o 20 e a parte proporcional ao 6 é o 30.

Divisão em partes inversamente proporcionais

Divida o número 60 em partes inversamente proporcionais a 2 e a 3.

$$\frac{x}{2} + \frac{x}{3} = 60$$

$$\frac{3x}{6} + \frac{2x}{6} =$$

$$60$$

$$5x = 60 \cdot 6$$

$$5x = 360$$

$$x = \frac{360}{5}$$

$$x = 72$$

x = constante proporcional

Então, $\frac{x}{2} = \frac{72}{2} = 36\ e\ \frac{x}{3} = \frac{72}{3} = 24$

Logo, a parte proporcional a 2 é o 36 e a parte proporcional ao 3 é o 24.

Perceba que, na divisão diretamente proporcional, quem tiver a maior parte ficará com o maior valor. Já na divisão inversamente proporcional, quem tiver a maior parte ficará com o menor valor.

5.5 Regra das Torneiras

Sempre que uma questão envolver uma "situação" que pode ser feita de um jeito em determinado tempo (ou por uma pessoa) e, em outro tempo, de outro jeito (ou por outra pessoa), e quiser saber em quanto tempo seria se fosse feito tudo ao mesmo tempo, usa-se a regra da torneira, que consiste na aplicação da seguinte fórmula:

$$t_T = \frac{t_1 \cdot t_2}{t_1 + t_2}$$

Em que "t" é o tempo.

Quando houver mais de duas "situações", é melhor usar a fórmula:

$$\frac{1}{t_T} = \frac{1}{t_1} + \frac{1}{t_2} + ... + \frac{1}{t_n}$$

Em que "n" é a quantidade de situações.

Uma torneira enche um tanque em 6h. Uma segunda torneira enche o mesmo tanque em 8h. Se as duas torneiras forem abertas juntas quanto tempo vão levar para encher o mesmo tanque?

$$t_T = \frac{t_1 \cdot t_2}{t_1 + t_2}$$

$$t_T = \frac{6 \cdot 8}{6 + 8} = \frac{48}{14} = 3h\ 25min\ e\ 43s$$

5.6 Regra de Três

Mecanismo prático e/ou método utilizado para resolver questões que envolvem razão e proporção (grandezas).

Regra de três simples

Aquela que só envolve duas grandezas.

Ex.: Durante uma viagem um carro consome 20 litros de combustível para percorrer 240km, quantos litros são necessários para percorrer 450km?

Primeiro, verifique se as grandezas envolvidas na questão são direta ou inversamente proporcionais, e monte uma estrutura para visualizar melhor a questão.

Distância	Litro
240	20
450	x

Ao aumentar a distância, a quantidade de litros de combustível necessária para percorrer essa distância também vai aumentar, então, as grandezas são diretamente proporcionais.

$$\frac{20}{x} = \frac{240}{450}$$

Aplicando a propriedade fundamental das proporções:

240x = 9000

$$x = \frac{9000}{240} = 37{,}5\ litros$$

Regra de três composta

Aquela que envolve mais de duas grandezas.

Ex.: Dois pedreiros levam nove dias para construir um muro com 2m de altura. Trabalhando três pedreiros e aumentando a altura para 4m, qual será o tempo necessário para completar esse muro?

Neste caso, deve-se comparar uma grandeza de cada vez com a variável.

Dias	Pedreiros	Altura
9	2	2
x	3	4

Note que, ao aumentar a quantidade de pedreiros, o número de dias necessários para construir um muro diminui, então as grandezas pedreiros e dias são inversamente proporcionais. No entanto, se aumentar a altura do muro, será necessário mais dias para construí-lo. Dessa forma as grandezas muro e dias são diretamente proporcionais. Para finalizar, basta montar a proporção e resolver, lembrando que quando uma grandeza for inversamente proporcional à variável sua fração será invertida.

$$\frac{9}{x} = \frac{3}{2} \cdot \frac{2}{4}$$

$$\frac{9}{x} = \frac{6}{8}$$

Ex.: Aplicando a propriedade fundamental das proporções:

$$6x = 72$$

$$X = \frac{72}{6} = 12\ dias$$

Questões

01. (FCC) Uma torneira enche um tanque, sozinha, em 2 horas enquanto outra torneira demora 4 horas. Em quanto tempo as duas torneiras juntas encherão esse mesmo tanque?

a) 1h10min
b) 1h20min
c) 1h30min
d) 1h50min
e) 2h

02. (EPCAR) Um reservatório possui 4 torneiras. A primeira torneira gasta 15 horas para encher todo o reservatório; a segunda, 20 horas; a terceira, 30 horas e a quarta, 60 horas. Abrem-se as 4 torneiras, simultaneamente, e elas ficam abertas despejando água por 5 horas. Após esse período fecham-se, ao mesmo tempo, a primeira e a segunda torneiras. Considerando que o fluxo de cada torneira permaneceu constante enquanto esteve aberta, é correto afirmar que o tempo gasto pelas demais torneiras, em minutos, para completarem com água o reservatório, é um número cuja soma dos algarismos é:

a) Par maior que 4 e menor que 10
b) Par menor ou igual a 4
c) Ímpar maior que 4 e menor que 12
d) Ímpar menor que 5

03. (Esaf) A taxa cobrada por uma empresa de logística para entregar uma encomenda até determinado lugar é proporcional à raiz quadrada do peso da encomenda. Ana, que utiliza, em muito, os serviços dessa empresa, pagou para enviar uma encomenda de 25kg uma taxa de R$ 54,00. Desse modo, se Ana enviar a mesma encomenda de 25kg dividida em dois pacotes de 16kg e 9kg, ela pagará o valor total de:

a) 54,32.
b) 54,86.
c) 76,40.
d) 54.
e) 75,60.

04. (Esaf) Dois trabalhadores, fazendo a jornada de 8 horas por dia cada um, colhem juntos 60 sacos de arroz. Três outros trabalhadores, fazendo a jornada de 10 horas por dia cada um, colhem juntos 75 sacos de arroz em 10 dias. Quanto tempo um trabalhador do primeiro grupo é mais ou menos produtivo que um trabalhador do segundo grupo?

a) O trabalhador do primeiro grupo é 10% menos produtivo.
b) O trabalhador do primeiro grupo é 10% mais produtivo.
c) O trabalhador do primeiro grupo é 25% mais produtivo.
d) As produtividades dos trabalhadores dos dois grupos é a mesma.
e) O trabalhador do primeiro grupo é 25% menos produtivo.

05. (FCC) Uma pesquisa realizada pelo Diretório Acadêmico de uma faculdade mostrou que 65% dos alunos são a favor da construção de uma nova quadra poliesportiva. Dentre os alunos homens, 11 em cada 16 manifestaram-se a favor da nova quadra e, dentre as mulheres, 3 em cada 5. Nessa faculdade, a razão entre o número de alunos homens e mulheres, nessa ordem, é igual a:

a) 4/3
b) 6/5
c) 7/4
d) 7/5
e) 9/7

06. (Cesgrario) Uma herança no valor de R$ 168.000,00 foi dividida entre quatro irmãos em partes diretamente proporcionais às suas respectivas idades. Se as idades, em número de anos, são 32, 30, 27 e 23, a parte que coube ao mais novo dos irmãos é, em reais, igual a:

a) 23.000
b) 27.600
c) 28.750
d) 32.200
e) 34.500

07. (FCC) Ao serem contabilizados os dias de certo mês, em que três Técnicos Judiciários de uma Unidade do Tribunal Regional do Trabalho prestaram atendimento ao público, constatou-se o seguinte:

> a razão entre os números de pessoas atendidas por Jasão e Moisés, nesta ordem, era 3/5;

> o número de pessoas atendidas por Tadeu era 120% do número das atendidas por Jasão;

> o total de pessoas atendidas pelos três era 348.

Nessas condições, é correto afirmar que, nesse mês:

a) Tadeu atendeu a menor quantidade de pessoas.
b) Moisés atendeu 50 pessoas a mais que Jasão.
c) Jasão atendeu 8 pessoas a mais que Tadeu.
d) Moisés atendeu 40 pessoas a menos que Tadeu.
e) Tadeu atendeu menos que 110 pessoas.

08. (FCC) Suponha que certo medicamento seja obtido adicionando-se uma substância "A" a uma mistura homogênea Ω, composta de apenas duas substâncias X e Y. Sabe-se que:

> O teor de X em Ω é de 60%;

> Se pode obter tal medicamento retirando-se 15 de 50 litros de Ω e substituindo-os por 5 litros de A e 10 litros de Y, resultando em nova mistura homogênea.

Nessas condições, o teor de Y no medicamento assim obtido é de:

a) 52%.
b) 48%.
c) 45%
d) 44%.
e) 42%.

09. (FCC) Do total de pessoas que visitaram uma Unidade do Tribunal Regional do Trabalho de segunda a sexta-feira de certa semana, sabe-se que: 1/5 o fizeram na terça-feira e 1/6 na sexta-feira. Considerando que o número de visitantes da segunda-feira correspondia a 3/4 do de terça-feira e que a quarta-feira e a quinta-feira receberam, cada uma, 58 pessoas, então o total de visitantes recebidos nessa Unidade ao longo de tal semana é um número:

a) menor que 150.
b) múltiplo de 7.
c) quadrado perfeito.
d) divisível por 48.
e) maior que 250.

10. (AOCP) Se dois números na razão 5:3 são representados por 5x e 3x, assinale a alternativa que apresenta o item que expressa o seguinte: "duas vezes o maior somado ao triplo do menor é 57".

a) 10x = 9x + 57; x = 57; números: 285 e 171
b) 10x - 57 = 9x; x = 3; números: 15 e 6
c) 57 - 9x = 10x; x = 5; números: 15 e 9
d) 5x + 3x = 57; x = 7,125; números: 35,62 e 21,375
e) 10x + 9x = 57; x = 3; números: 15 e 9

Gabaritos

01	B	06	E
02	B	07	E
03	E	08	B
04	D	09	D
05	A	10	E

6. ANÁLISE COMBINATÓRIA

As primeiras atividades matemáticas da humanidade estavam ligadas à contagem de objetos de um conjunto, enumerando seus elementos.

Vamos estudar, aqui, algumas técnicas para a descrição e contagem de todos os casos possíveis de um acontecimento.

6.1 Definição

A análise combinatória é utilizada para descobrir o **número de maneiras possíveis** de realizar determinado evento, sem que seja necessário demonstrar todas essas maneiras.

Ex.: Quantos são os pares formados pelo lançamento de dois **"dados"** simultaneamente?

No primeiro dado, temos 6 possibilidades - do 1 ao 6 - e, no segundo dado, também temos 6 possibilidades - do 1 ao 6. Juntando todos os pares formados, temos 36 pares (6 . 6 = 36).

(1,1), (1,2), (1,3), (1,4), (1,5), (1,6),
(2,1), (2,2), (2,3), (2,4), (2,5), (2,6),
(3,1), (3,2), (3,3), (3,4), (3,5), (3,6),
(4,1), (4,2), (4,3), (4,4), (4,5), (4,6),
(5,1), (5,2), (5,3), (5,4), (5,5), (5,6),
(6,1), (6,2), (6,3), (6,4), (6,5), (6,6);

Logo, temos **36 pares**.

Não há necessidade de expor todos os pares formados, basta que saibamos quantos pares são.

Imagine se fossem 4 dados e quiséssemos saber todas as quadras possíveis, o resultado seria 1296 quadras. Um número inviável de ser representado. Por isso utilizamos a Análise Combinatória.

Para resolver as questões de Análise Combinatória, utilizamos algumas técnicas, que veremos a partir de agora.

6.2 Fatorial

É comum, nos problemas de contagem, calcularmos o produto de uma multiplicação cujos fatores são números naturais consecutivos. Para facilitar esse trabalho, vamos adotar um símbolo chamado fatorial. Sendo n um número inteiro maior que 1, define-se fatorial de n como o produto dos n números naturais consecutivos de n a 1. Indica-se n!.

$n! = n(n-1)(n-2)...3.2.1$, *sendo* $n \in \mathbb{N}$ e $n > 1$.

Por definição, temos:

→ $0! = 1$

→ $1! = 1$

Ex.: $4! = 4 \cdot 3 \cdot 2 \cdot 1 = 24$
$6! = 6 \cdot 5 \cdot 4 \cdot 3 \cdot 2 \cdot 1 = 720$
$8! = 8 \cdot 7 \cdot 6 \cdot 5 \cdot 4 \cdot 3 \cdot 2 \cdot 1 = 40320$

Observe que:

$6! = 6 \cdot 5 \cdot 4!$
$8! = 8 \cdot 7 \cdot 6!$
Para n = 0, teremos: 0! = 1.

Para n = 1, teremos: 1! = 1.

Ex.: *Qual deve ser o valor numérico de n para que a equação $(n + 2)! = 20 . n!$ seja verdadeira?*

O primeiro passo na resolução deste problema consiste em escrevermos **(n + 2)!** em função de **n!**, em busca de uma equação que não mais contenha fatoriais:

$(n+2)(n+1) n! = 20n!$, dividindo por n!, temos:

$(n+2)(n+1) = 20$, fazendo a distributiva

$n^2 + 3n + 2 = 20 \Rightarrow n^2 + 3n - 18 = 0$

Rapidamente concluímos que as raízes procuradas são **-6** e **3**, mas como não existe fatorial de números negativos, já que eles não pertencem ao conjunto dos números naturais, ficamos apenas com a raiz igual a **3**.

Portanto:

O valor numérico de n, para que a equação seja verdadeira, é igual a 3.

6.3 Princípio Fundamental da Contagem (PFC)

É uma das técnicas mais importantes e uma das mais utilizadas nas questões de Análise Combinatória.

O PFC é utilizado nas questões em que os elementos podem ser repetidos **ou** quando a ordem dos elementos fizer diferença no resultado.

Esses "elementos" são os dados das questões, os valores envolvidos.

Consiste de dois princípios: o **multiplicativo** e o **aditivo**. A diferença dos dois consiste nos termos utilizados durante a resolução das questões.

Multiplicativo: usado sempre que na resolução das questões utilizarmos o termo "**e**". Como o próprio nome já diz, faremos multiplicações.

Aditivo: usado quando utilizarmos o termo "**ou**". Aqui realizaremos somas.

Ex.: Quantas senhas são possíveis com os algarismos 1, 3, 5 e 7?

Como nas senhas os algarismos podem ser repetidos, para formar senhas de 3 algarismos temos a seguinte possibilidade:

SENHA = Algarismo E Algarismo E Algarismo

Nº de SENHAS = 4 . 4 . 4 (já que são 4 os algarismos que temos na questão, e observe o princípio multiplicativo no uso do "e").
Nº de SENHAS = 64.

Ex.: Quantos são os números naturais de dois algarismos que são múltiplos de 5?

Como o zero à esquerda de um número não é significativo, para que tenhamos um número natural com dois algarismos, ele deve começar com um dígito de 1 a 9. Temos, portanto, 9 possibilidades.

Para que o número seja um múltiplo de 5, ele deve terminar em 0 ou 5, portanto temos apenas 2 possibilidades. A multiplicação de 9 por 2 nos dará o resultado desejado. Logo: São 18 os números naturais de dois algarismos que são múltiplos de 5.

6.4 Arranjo e Combinação

Duas outras técnicas usadas para resolução de problemas de análise combinatória, sendo importante saber quando usa cada uma delas.

Arranjo: usado quando os elementos (envolvidos no cálculo) não podem ser repetidos e quando a ordem dos elementos faz diferença no resultado

A fórmula do arranjo é:

$$A_{n,p} = \frac{n!}{(n-p)!}$$

$$A_{n,n} = \frac{n!}{(n-n)!}$$

$$A_{n,n} = \frac{n!}{(0)!}$$

$$A_{n,n} = \frac{n!}{1}$$

$$A_{n,n} = n!$$

$$A_{n,p} = \frac{n!}{(n-p)!}$$

Sendo:

n = a todos os elementos do conjunto;

p = os elementos utilizados.

Ex.: pódio de competição.

Combinação: usado quando os elementos (envolvidos no cálculo) não podem ser repetidos e quando a ordem dos elementos não faz diferença no resultado.

A fórmula da combinação é:

$$C_{n,p} = \frac{n!}{p! \cdot (n-p)!}$$

Sendo:

n = a todos os elementos do conjunto;

p = os elementos utilizados.

Ex.: salada de fruta.

6.5 Permutação

Permutação simples

Seja E um conjunto com n elementos. Chama-se permutação simples dos n elementos, qualquer agrupamento (sequência) de n elementos distintos de E.

Podemos, também, interpretar cada permutação de **n** elementos como um arranjo simples de **n** elementos tomados **n** a **n**, ou seja, p = n.

Nada mais é do que um caso particular de arranjo cujo p = n.

Logo:

Assim, a fórmula da permutação é:

$$P_n = n!$$

As permutações são muito usadas nas questões de anagramas. Anagramas: todas as palavras formadas com todas as letras de uma palavra, quer essas novas palavras tenham sentido ou não na linguagem comum.

Ex.: Quantos anagramas têm a palavra prova?

A palavra **prova** tem 5 letras, e nenhuma repetida, sendo assim **n** = 5, e:

$P_5 = 5!$

$P_5 = 5 . 4 . 3 . 2 . 1$

$P_5 = 120$ anagramas

Permutação com elementos repetidos

Na permutação com elementos repetidos, usa-se a seguinte fórmula:

$$P_n^{k,y,\cdots,w} = \frac{n!}{k! \cdot y! \cdot \ldots \cdot w!}$$

Sendo:

n = o número total de elementos do conjunto;

k, y, w = as quantidades de elementos repetidos.

Ex.: Quantos anagramas têm a palavra concurso?

Observe que na palavra **CONCURSO** existem duas letras repetidas, o "C" e o "O", e cada uma duas vezes, portanto n = 8, k = 2 e y = 2, agora:

$$P_8^{2,2} = \frac{8!}{2! \cdot 2!}$$

$$P_8^{2,2} = \frac{8 \cdot 7 \cdot 6 \cdot 5 \cdot 4 \cdot 3 \cdot 2!}{2 \cdot 1 \cdot 2!} \quad (Simplificando\ o\ 2!)$$

$$P_8^{2,2} = \frac{20.160}{2}$$

$$P_8^{2,2} = 10.080\ anagramas$$

Resumo:

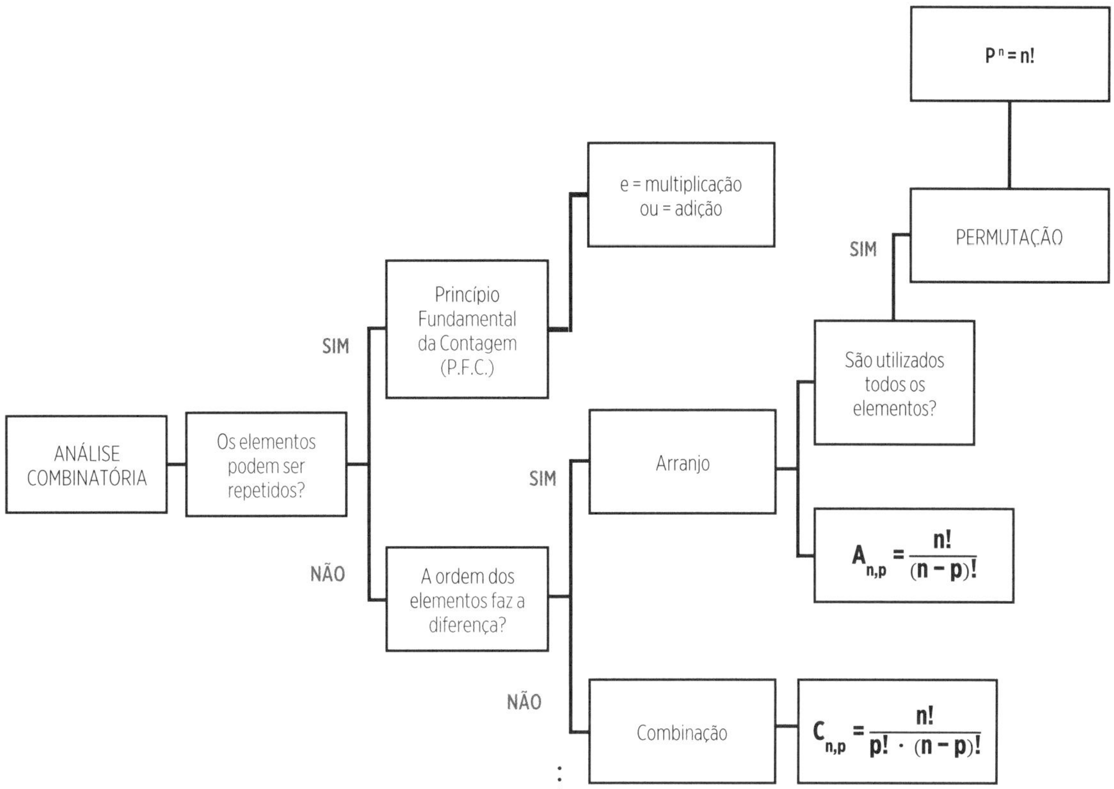

Para saber qual das técnicas utilizar basta fazer duas, no máximo, três perguntas para a questão, veja:

Os elementos podem ser repetidos?

Se a resposta for sim, deve-se trabalhar com o PFC; se a resposta for não, passe para a próxima pergunta;

A ordem dos elementos faz diferença no resultado da questão?

Se a resposta for sim, trabalha-se com arranjo; se a resposta for não, trabalha-se com as combinações (todas as questões de arranjo podem ser feitas por PFC).

(Opcional): vou utilizar todos os elementos para resolver a questão?

Para fazer a 3ª pergunta, depende, se a resposta da 1ª for não e a 2ª for sim; se a resposta da 3ª for sim, trabalha-se com as permutações.

Permutações circulares e combinações com repetição

Casos especiais dentro da análise combinatória

Permutação Circular: usada quando houver giro horário ou anti-horário.

$$Pc(n) = (n-1)!$$

Sendo:

n = o número total de elementos do conjunto;

Pc = permutação circular.

Combinação com Repetição: usada quando $p > n$ ou quando a questão informar que pode haver repetição.

$$C_{r(n,p)} = C_{(n+p-1,p)} = \frac{(n+p-1)!}{p! \cdot (n-1)!}$$

Sendo:

n = o número total de elementos do conjunto;

p = o número de elementos utilizados;

Cr = combinação com repetição.

Questões

01. (EsPCEx) Os alunos de uma escola realizam experiências no laboratório de Química utilizando 8 substâncias diferentes. O experimento consiste em misturar quantidades iguais de duas dessas substâncias e observar o produto obtido. O professor recomenda, entretanto, que as substâncias S1, S2 e S3 não devem ser misturadas entre si, pois produzem como resultado o gás metano, de odor muito ruim. Assim, o número possível de misturas diferentes que se pode obter, sem produzir o gás metano é:

a) 16
b) 24
c) 25
d) 28
e) 56

02. (EEAR) Considere todos os anagramas que podem ser formados com as letras da palavra COLHER. O número dos que começam com a letra C é:

a) 2
b) 6
c) 24
d) 120

03. (CEV)Em uma sala há "x" homens e 8 mulheres. Os homens cumprimentam-se entre si e cumprimentam todas as mulheres, mas as mulheres não se cumprimentam entre si. Houve 50 cumprimentos. Quantos homens havia na sala?

a) 6
b) 8
c) 4
d) 5
e) 7

04. (Cesgranrio) Pedrinho precisava inventar uma bandeira para representar seu grupo em um trabalho escolar. Ele criou uma bandeira simples, de quatro listras verticais, representada abaixo.

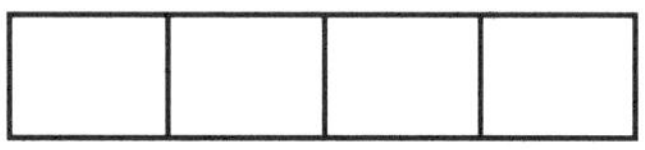

Pedrinho decidiu pintar sua bandeira utilizando as quatro cores da bandeira do Estado de Rondônia. De quantos modos essa bandeira poderá ser pintada, se duas listras seguidas devem, obrigatoriamente, ser de cores diferentes?

a) 24
b) 48
c) 72
d) 96
e) 108

05. (CEPERJ) Uma permutação de um número natural é um outro número natural que possui exatamente os mesmos algarismos em outra ordem. Se todas as permutações do número 31452 foram escritas em ordem crescente, o número que ocupará a 80ª posição nessa lista será:

a) 32154
b) 34251
c) 35142
d) 41352
e) 42153

06. (Cesgranrio) Quantos números naturais de 5 algarismos apresentam dígitos repetidos?

a) 27.216
b) 59.760
c) 62.784
d) 69.760
e) 72.784

Gabaritos

01	C
02	D
03	D
04	E
05	E
06	C

7. GEOMETRIA PLANA

Conceitos importantes:

Ceviana: as cevianas são segmentos de reta que partem do vértice do triângulo para o lado oposto. Alguns

Mediana: é o **segmento de reta** que liga um vértice deste triângulo ao **ponto médio** do lado oposto a este vértice. As medianas se encontram em um ponto chamado de **baricentro**.

Altura: altura de um triângulo é um segmento de reta perpendicular a um lado do triângulo ou ao seu prolongamento, traçado pelo vértice oposto. As alturas se encontram em um ponto chamado ortocentro.

Bissetriz: é o lugar geométrico dos pontos que equidistam de duas retas concorrentes e, por consequência, divide um **ângulo** em dois ângulos congruentes. As bissetrizes se encontram em um ponto chamado **incentro**.

Mediatrizes: são retas perpendiculares a cada um dos lados de um triângulo. As mediatrizes se encontram em um ponto chamado circuncentro.

7.1 Semelhanças de Figuras

Duas figuras (formas geométricas) são semelhantes quando satisfazem a duas condições: os seus ângulos têm o mesmo tamanho e os lados correspondentes são proporcionais.

Nos triângulos existem alguns casos de semelhanças bem conhecidos;

1º caso: LAL (lado, ângulo, lado): dois lados congruentes e o ângulo entre esses lados também congruentes.

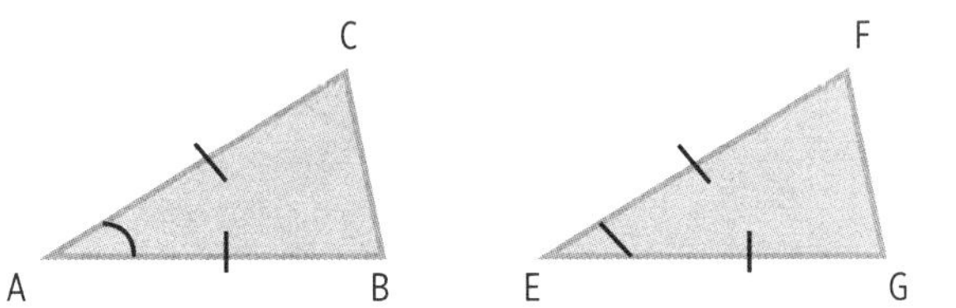

2º caso: LLL (lado, lado, lado): os três lados congruentes.

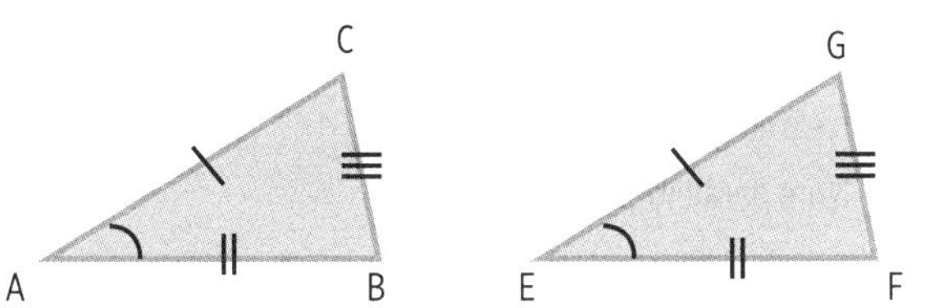

3º caso: ALA (ângulo, lado, ângulo): dois ângulos congruentes e o lado entre esses ângulos também congruente.

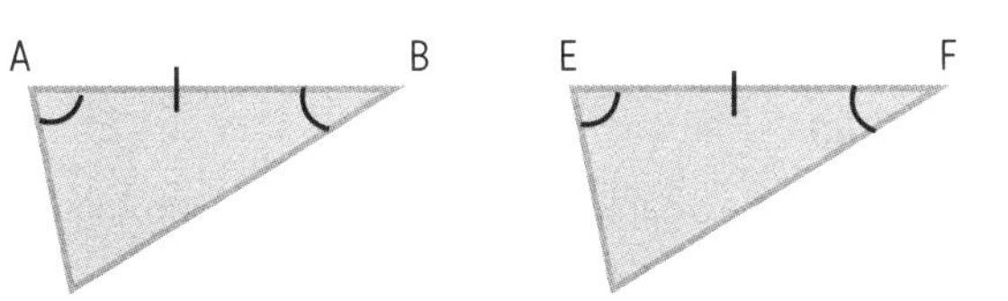

4º caso: LAA_0 (lado, ângulo, ângulo oposto): congruência do ângulo adjacente ao lado, e congruência do ângulo oposto ao lado.

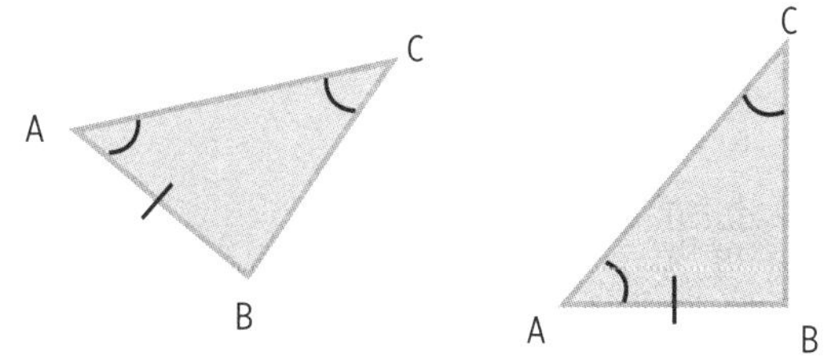

7.2 Relações Métricas nos Triângulos

O triângulo retângulo e suas relações métricas

Denomina-se triângulo retângulo o triângulo que tem um de seus ângulos retos, ou seja, um de seus ângulos mede 90°. O triângulo retângulo é formado por uma hipotenusa e dois catetos, a hipotenusa é o lado maior, o lado aposto ao ângulo de 90°, e os outros dois lados são os catetos.

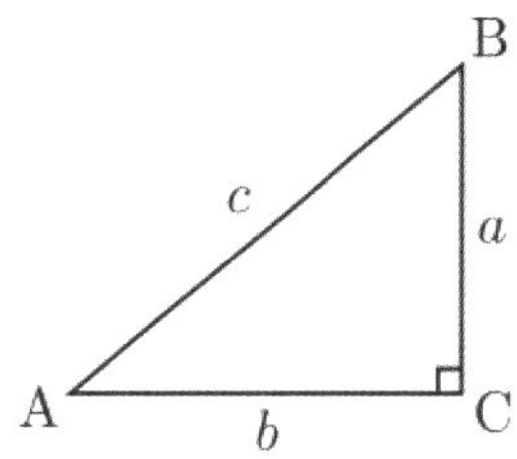

Na figura, podemos observar o triângulo retângulo de vértices A,B e C, e lados a,b e c. Como o ângulo de 90° está no vértice C, então a hipotenusa do triângulo é o lado c, e os catetos são os lados a e b.

Assim, podemos separar um triângulo em dois triângulos semelhantes:

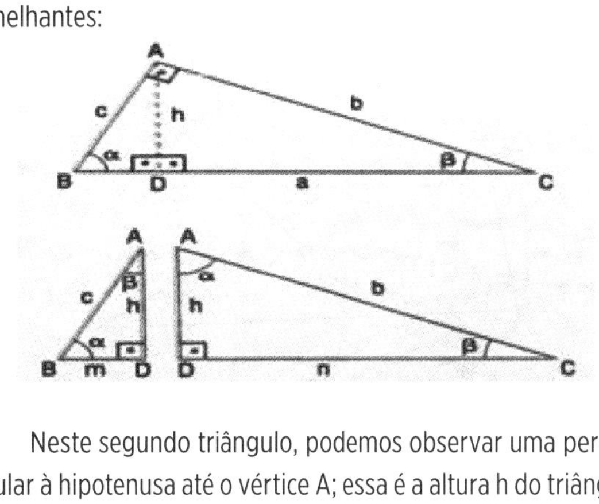

Neste segundo triângulo, podemos observar uma perpendicular à hipotenusa até o vértice A; essa é a altura h do triângulo, separando assim a hipotenusa em dois segmentos, o segmento m e o segmento n, separando esses dois triângulos obtemos dois triângulos retângulos, o triângulo ΔABD e ΔADC. Como os ângulos dos três triângulos são congruentes, então podemos dizer que os triângulos são semelhantes.

Com essa semelhança, ganhamos algumas relações métricas entre os triângulos:

$\frac{c}{a} = \frac{m}{c} \Longrightarrow c^2 = am$

$\frac{c}{a} = \frac{h}{b} \Longrightarrow cb = ah$

$\frac{b}{a} = \frac{n}{b} \Longrightarrow b^2 = an$

$\frac{h}{m} = \frac{n}{h} \Longrightarrow h^2 = mn$

Da primeira e da terceira equação, obtemos:

$c^2 + b^2 = am + an = a(m + n)$.

Como vimos na figura que m+n=a, então temos:

$c^2 + b^2 = aa = a^2$,

ou seja, trata-se do Teorema de Pitágoras.

Lei dos cossenos

Para um triângulo qualquer demonstra-se que:

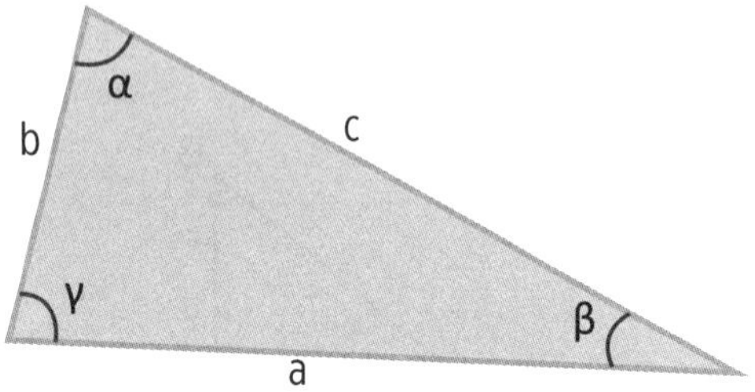

$$a^2 = b^2 + c^2 - 2 \cdot b \cdot c \cdot \cos\alpha$$

Note que o lado "a" do triângulo é oposto ao cosseno do ângulo α.

Lei dos senos

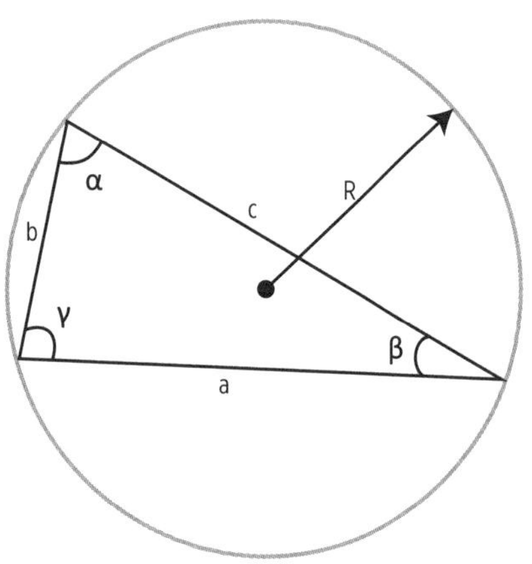

R é o raio da circunferência circunscrita a esse triângulo.

Neste caso, valem as seguintes relações, conforme a lei dos senos:

$$\frac{a}{\text{sen}\alpha} = \frac{b}{\text{sen}\beta} = \frac{c}{\text{sen}\gamma} = 2R$$

7.3 Quadriláteros

Quadrilátero é um polígono de quatro lados. Eles possuem os seguintes elementos:

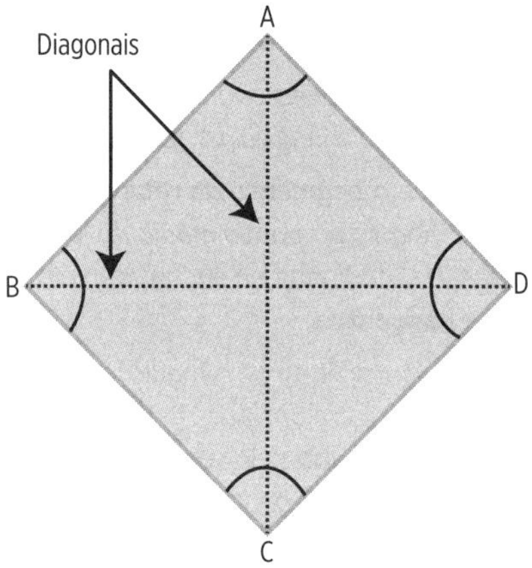

Vértices: A, B, C, e D.

Lados: AB, BC, CD, DA.

Diagonais: AC e BD.

Ângulos internos ou ângulos do quadrilátero ABCD: $\hat{A}$, $\hat{B}$, $\hat{C}$ e $\hat{D}$.

Todo quadrilátero tem duas diagonais.

O perímetro de um quadrilátero ABCD é a soma das medidas de seus lados, ou seja: AB + BC + CD + DA.

Quadriláteros importantes

Paralelogramo

Paralelogramo é o quadrilátero que tem os lados opostos paralelos.

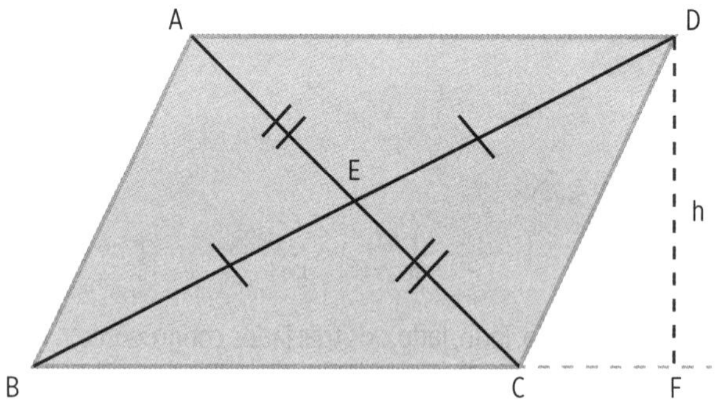

h é a altura do paralelogramo.

Num paralelogramo:

Os lados opostos são congruentes;

Cada diagonal o divide em dois triângulos congruentes;

Os ângulos opostos são congruentes;

As diagonais interceptam-se em seu ponto médio.

Retângulo

Retângulo é o paralelogramo em que os quatro ângulos são congruentes (retos).

Losango

Losango é o paralelogramo em que os quatro lados são congruentes.

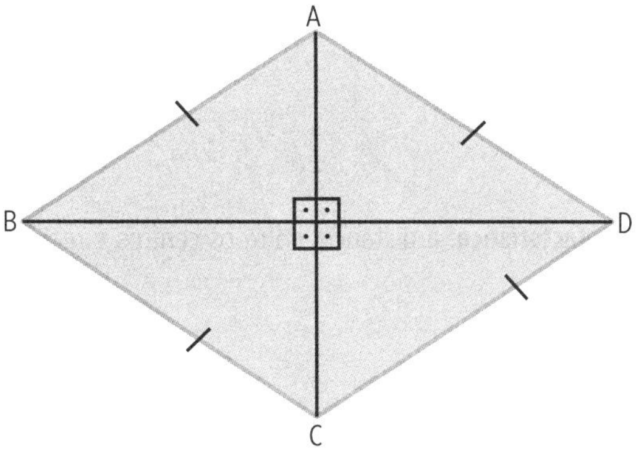

Quadrado

Quadrado é o paralelogramo em que os quatro lados e os quatro ângulos são congruentes.

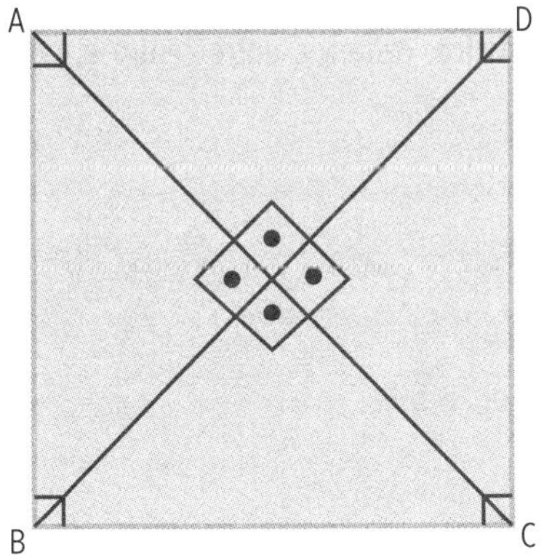

Trapézios

É o quadrilátero que apresenta somente dois lados paralelos chamados bases.

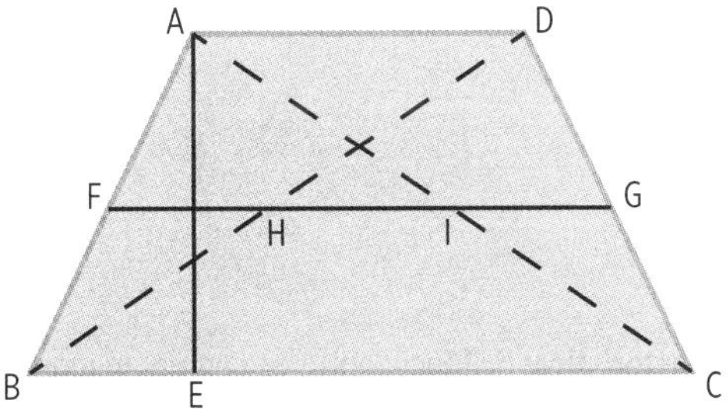

Trapézio retângulo

É aquele que apresenta dois ângulos retos.

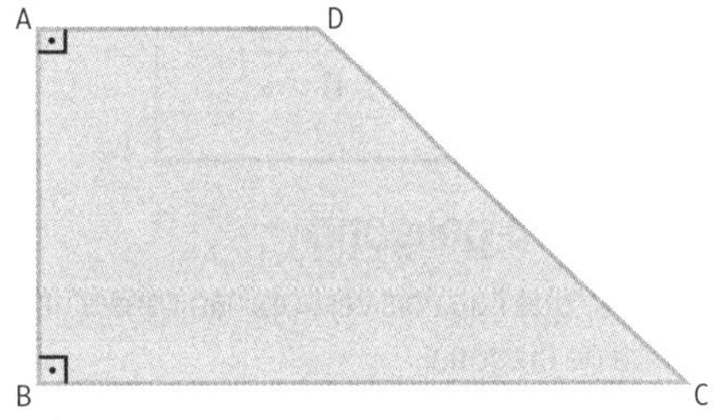

Trapézio isósceles

É aquele em que os lados não paralelos são congruentes.

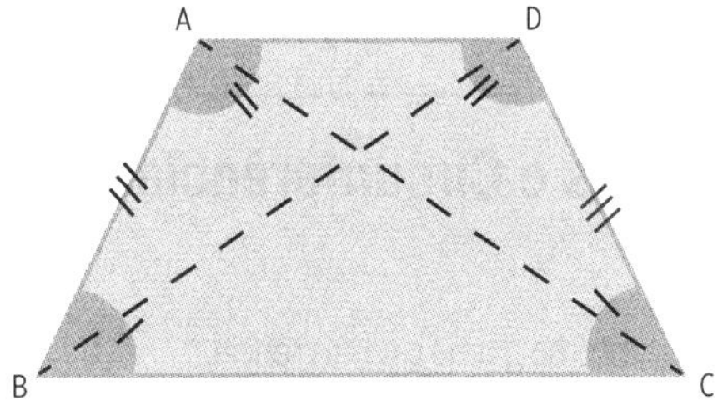

7.4 Polígonos Regulares

Um polígono é regular se todos os seus lados e todos os seus ângulos forem congruentes.

Os nomes dos polígonos dependem do critério que se utiliza para classificá-los. Usando **o número de ângulos** ou o **número de lados**, tem-se a seguinte nomenclatura:

Número de lados (ou ângulos)	Nome do Polígono	
	Em função do número de ângulos	Em função do número de lados
3	triângulo	trilátero
4	quadrângulo	quadrilátero
5	pentágono	pentalátero
6	hexágono	hexalátero
7	heptágono	heptalátero
8	octógono	octolátero
9	eneágono	enealátero
10	decágono	decalátero
11	undecágono	undecalátero
12	dodecágono	dodecalátero
15	pentadecágono	pentadecalátero
20	icoságono	icosalátero

Nos polígonos regulares cada ângulo externo é dado por:

$$e = \frac{360^\circ}{n}$$

A soma dos ângulos internos é dada por:

$$S_i = 180 \cdot (n - 2)$$

E cada ângulo interno é dado por:

$$i = \frac{180(n-2)}{n}$$

Diagonais de um polígono

O segmento que liga dois vértices não consecutivos de polígono é chamado de diagonal.

O número de diagonais de um polígono é dado pela fórmula:

$$d = \frac{n \cdot (n-3)}{2}$$

7.5 Círculos e Circunferências

Círculo

É a área interna a uma circunferência.

Circunferência

É o contorno do círculo. Por definição, é o lugar geométrico dos pontos equidistantes ao centro.

A distância entre o centro e o lado é o raio.

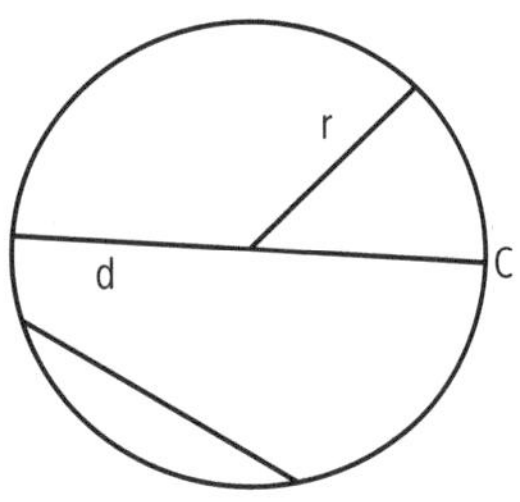

Corda

É o seguimento que liga dois pontos da circunferência.

A maior corda, ou corda maior de uma circunferência, é o diâmetro. Também dizemos que a corda que passa pelo centro é o diâmetro.

Posição relativa entre reta e circunferência

Secante Tangente Exterior

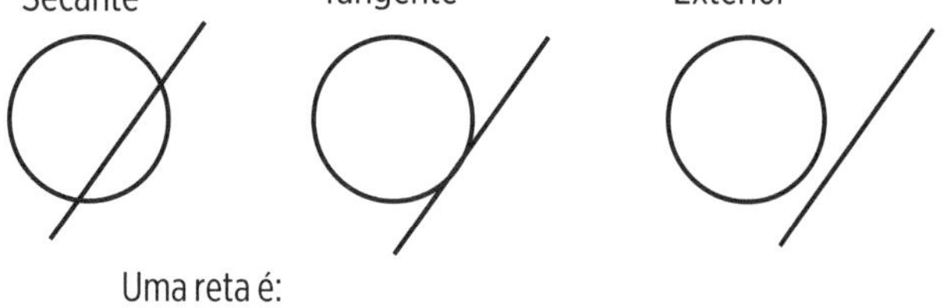

Uma reta é:

> **Secante**: distância entre a reta e o centro da circunferência é menor que o raio.

> **Tangente**: a distância entre a reta e o centro da circunferência é igual ao raio.

> **Externa**: a distância entre a reta e o centro da circunferência é maior que o raio.

Posição relativa entre circunferência

As posições relativas entre circunferência são basicamente 5.

Circunferência Secante

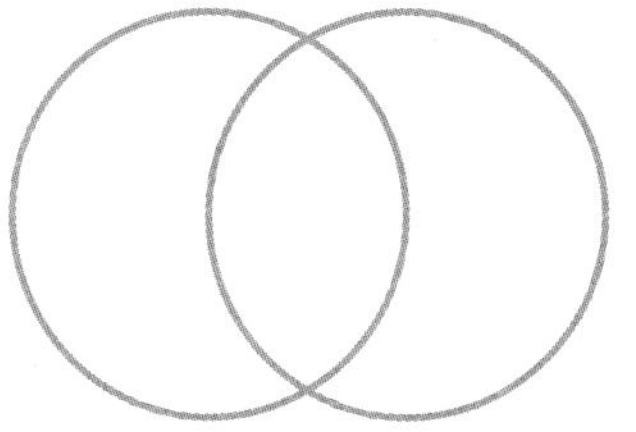

Característica: a distância entre os centros é menor que a soma dos raios das duas, porém, é maior que o raio de cada uma.

Externo

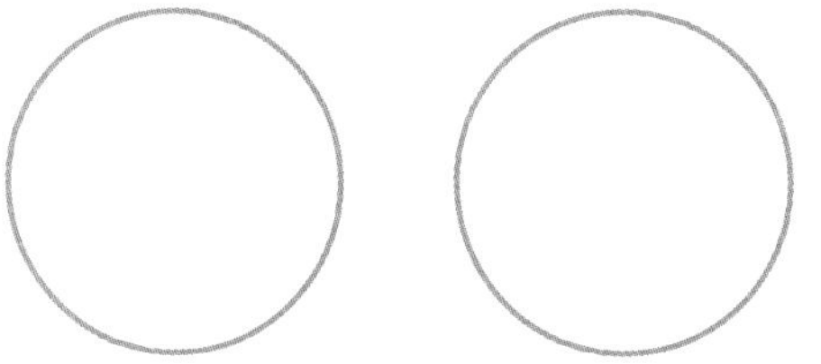

Característica: a distância entre os centros é maior que a soma do raio.

Tangente

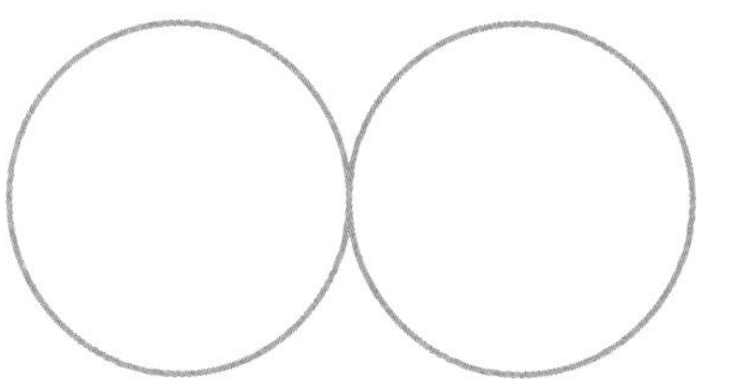

Característica: distância entre centro é igual à soma dos raios.

Interna

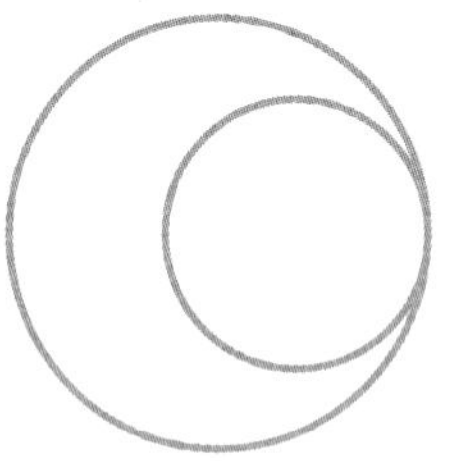

Característica: distância entre os centros mais o raio da menor é igual ao raio da maior.

Interior

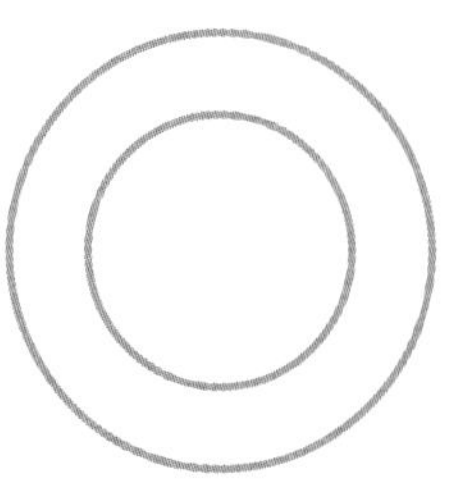

Característica: distância entre os centros menos o raio da menor é menor que o raio da maior.

Ângulo central e ângulo inscrito

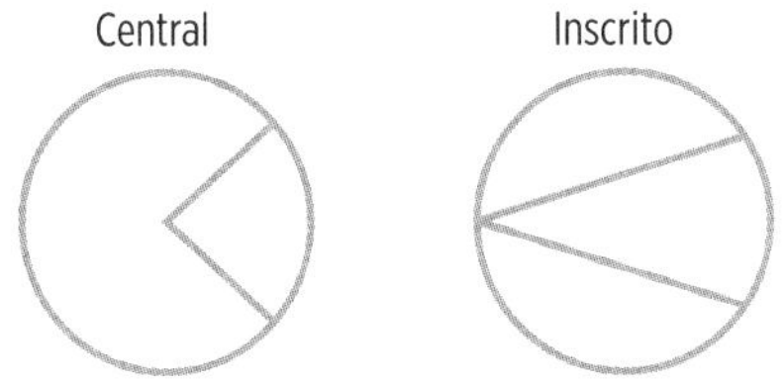

Um ângulo central sempre é o dobro do ângulo inscrito de um mesmo arco.

As áreas de círculos e partes do círculo são:

$$\text{Área do círculo} = \pi \cdot r^2 = \frac{1}{4} \cdot \pi \cdot D^2$$

$$\text{Área do setor circular} = \pi \cdot r^2 \cdot \frac{\alpha}{360^o} = \frac{1}{2} \cdot \alpha \cdot r^2$$

Área da coroa = área do círculo maior – área do círculo menor

> *Os ângulos podem ser expressos em graus (360° = 1 volta) ou em radianos (2π = 1 volta)*

7.6 Polígonos Regulares Inscritos e Circunscritos

As principais relações entre a circunferência e os polígonos são:

Qualquer polígono regular é inscritível em uma circunferência.

Qualquer polígono regular e circunscritível a uma circunferência.

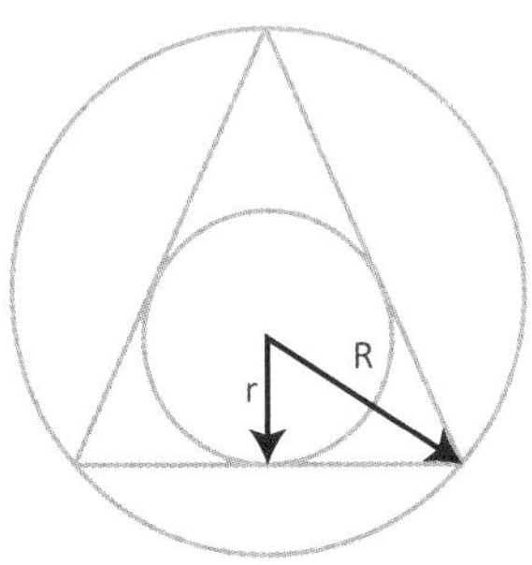

Polígono circunscrito a uma circunferência é o que possui seus lados tangentes à circunferência. Ao mesmo tempo, dizemos que esta circunferência está inscrita no polígono.

Já um polígono é inscrito em uma circunferência se cada vértice do polígono for um ponto da circunferência, e neste caso dizemos que a circunferência é circunscrita ao polígono.

Da inscrição e circunscrição dos polígonos nas circunferências podem-se ter as seguintes relações:

Apótema de um polígono regular é a distância do centro a qualquer lado. Ele é sempre perpendicular ao lado.

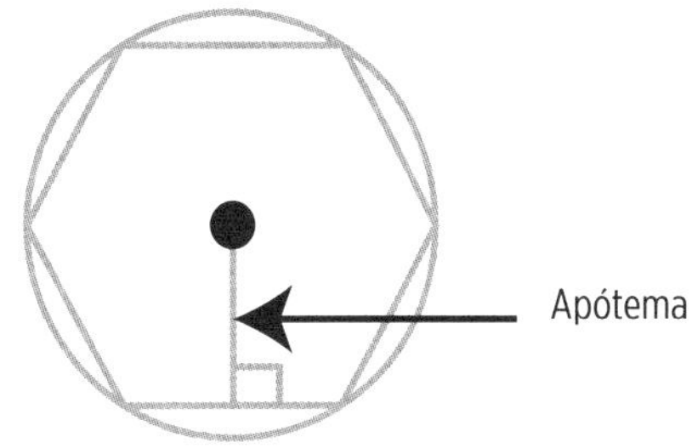

Nos polígonos inscritos:

No quadrado

Cálculo da medida do lado (L):

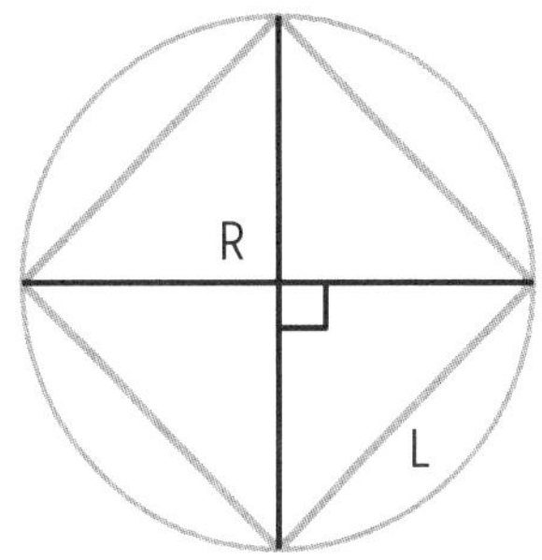

$$L = R\sqrt{2}$$

Cálculo da medida do apótema (a):

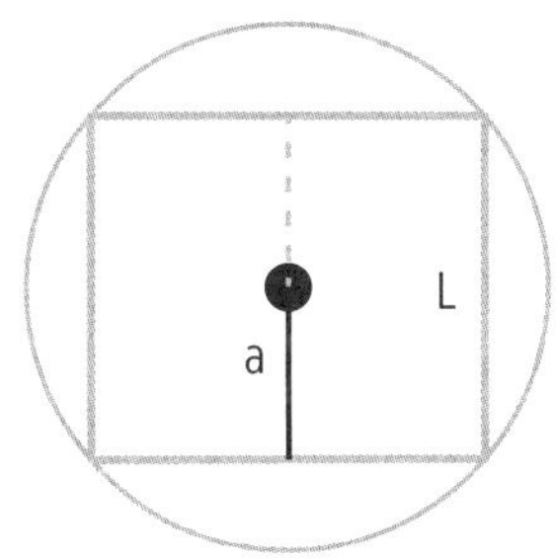

$$a = \frac{R\sqrt{2}}{2}$$

No hexágono

Cálculo da medida do lado (L):

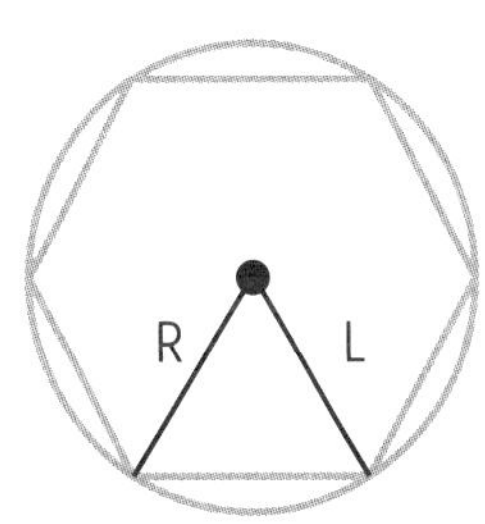

$$L = R$$

Cálculo da medida do apótema (a):

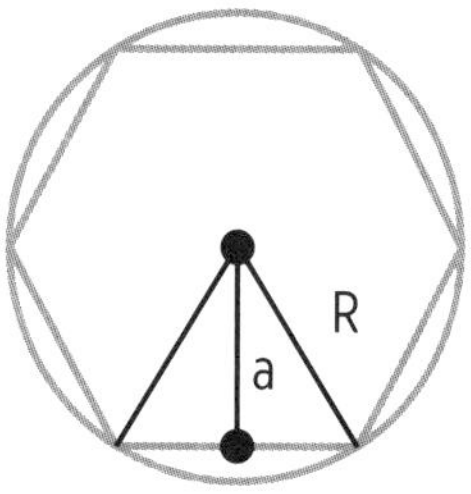

$$a = \frac{R\sqrt{3}}{2}$$

No triângulo equilátero

Cálculo da medida do lado (L):

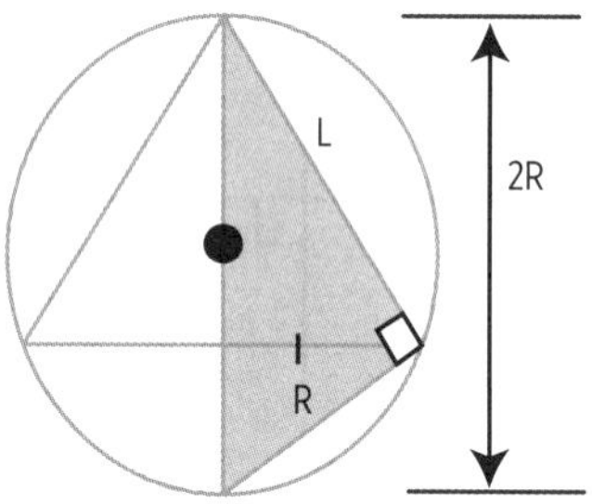

$$L = R\sqrt{3}$$

Cálculo da medida do apótema (a):

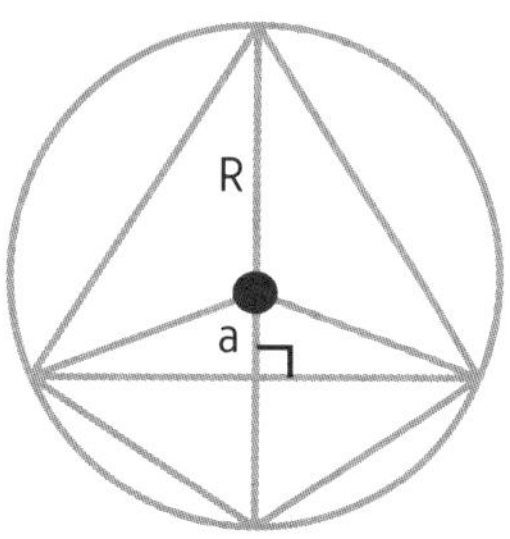

$$a = \frac{R}{2}$$

Nos polígonos circunscritos:

No quadrado

Cálculo da medida do lado (L):

$$L = 2R$$

Cálculo da medida do apótema (a):

$$a = R$$

No hexágono

Cálculo da medida do lado (L):

$$L = \frac{2R\sqrt{3}}{3}$$

Cálculo da medida do apótema (a):

$$a = R$$

No triângulo equilátero

Cálculo da medida do lado (L):

$$L = 2R\sqrt{3}$$

Cálculo da medida do apótema (a):

$$a = R$$

7.7 Perímetros e Áreas dos Polígonos e Círculos

Perímetro

Perímetro: É o contorno da figura ou seja, a soma dos lados da figura.

Para calcular o perímetro do círculo utilize: $P = 2\pi \cdot r$

Área

É o espaço interno, ou seja, a extensão que ela ocupa dentro do perímetro.

As principais áreas (S) de polígonos são:

Retângulo

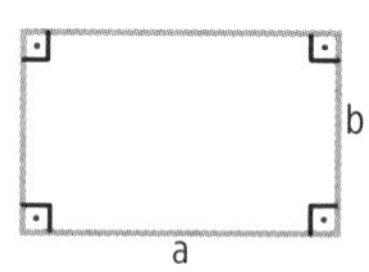

$S = a \cdot b$

Quadrado

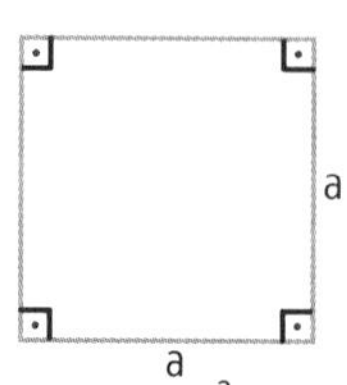

$S = a^2$

Paralelogramo

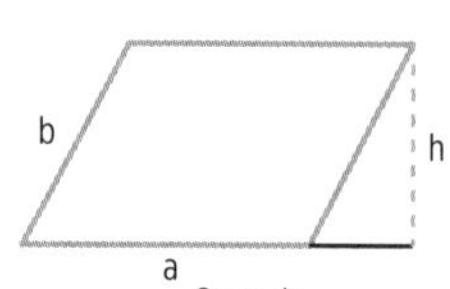

$S = a \cdot h$

Losango

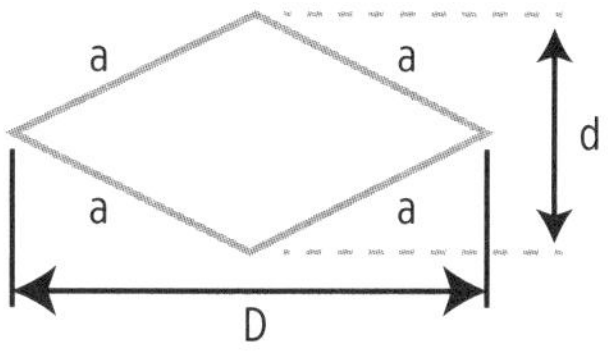

$$S = \frac{D \cdot d}{2}$$

Trapézio

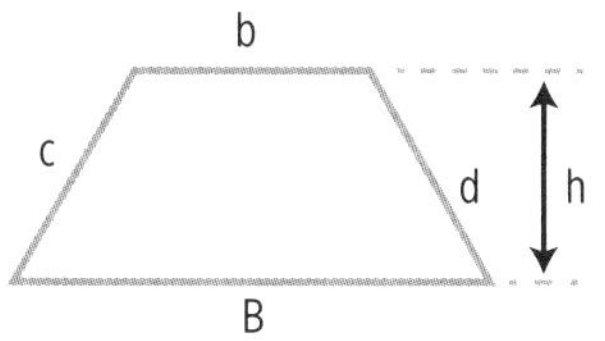

$$S = \frac{(B + b) \cdot h}{2}$$

Triângulo

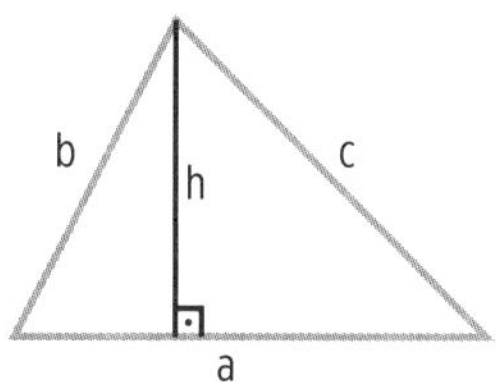

$$S = \frac{a \cdot h}{2}$$

Triângulo equilátero

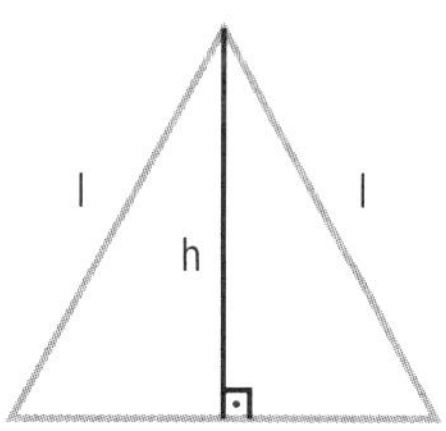

$$S = \frac{l^2\sqrt{3}}{4}$$

Círculo

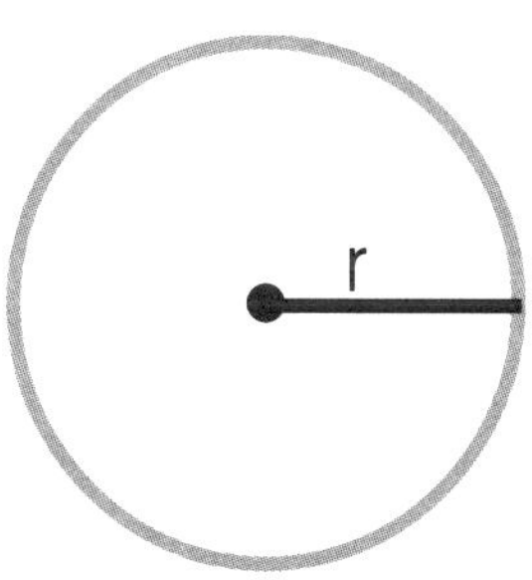

$$S = \pi \cdot r^2$$

Questões

01. (EsSA)Um terreno de forma triangular tem frentes de 20 metros e 40 metros, em ruas que formam, entre si, um ângulo de 60°. Admitindo-se, a medida do perímetro do terreno, em metros, é:

a) 94
b) 93
c) 92
d) 91
e) 90

02. Um quadrado e um retângulo têm a mesma área. Os lados do retângulo são expressos por números naturais consecutivos, enquanto que o quadrado tem $2\sqrt{5}$ centímetros de lado. Assim, o perímetro, em centímetros, do retângulo é:

a) 12
b) 16
c) 18
d) 20
e) 24

03. (EsSA) As diagonais de um losango medem 48cm e 33cm. Se a medida da diagonal maior diminuir 4cm, então, para que a área permaneça a mesma, deve-se aumentar a medida da diagonal menor de:

a) 3cm
b) 5cm
c) 6cm
d) 8cm
e) 9cm

04. Qual o perímetro do polígono abaixo?

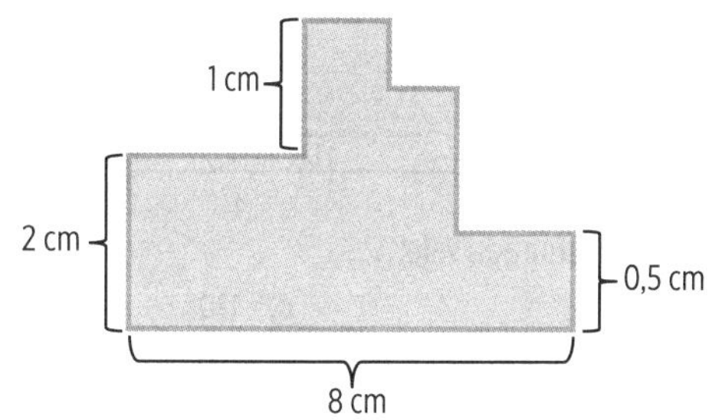

a) 15 cm
b) 18 cm
c) 20 cm
d) 22 cm
e) 23 cm

05. (Vunesp) Na figura, cujas dimensões estão em metros, a linha pontilhada representa uma grade que foi colocada em dois lados de um canteiro. A extensão total dessa grade é:

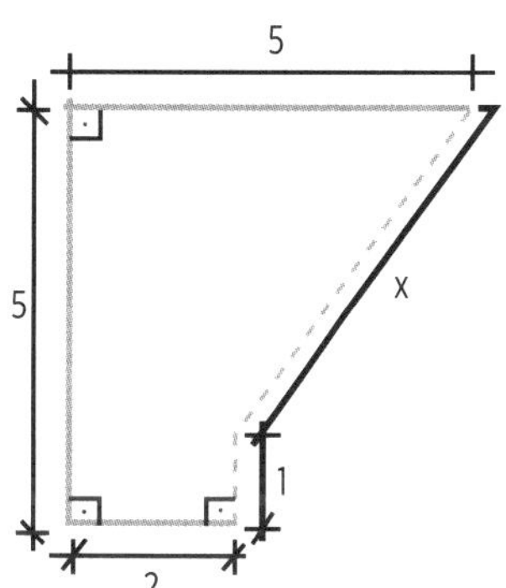

a) 6,00 m
b) 5,80 m
c) 5,75 m
d) 5,50 m
e) 5,00 m

06. (Cesgranrio) Abaixo, temos a planta de um terreno retangular, de 810 m² de área cercado por um muro. Note que o terreno tem 36 m de comprimento, e que há um único portão de acesso com 2,5 m de largura.

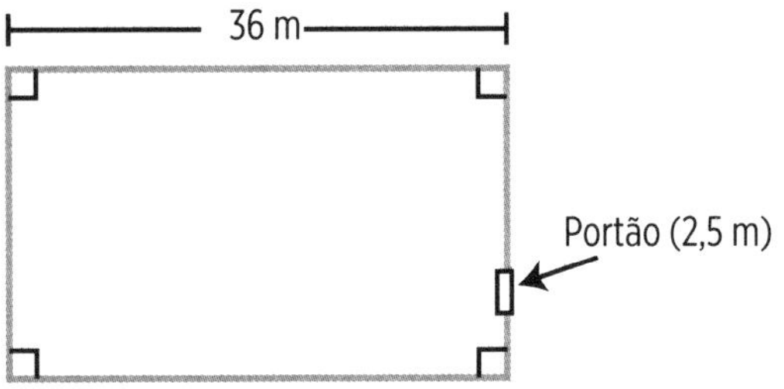

Qual é, em metros, o comprimento do muro que cerca esse terreno?

a) 113,0
b) 113,5
c) 114,5
d) 116,0
e) 117,0

07. (CEPERJ) Observe atentamente o retângulo abaixo, no interior do qual se encontra um polígono ABCD:

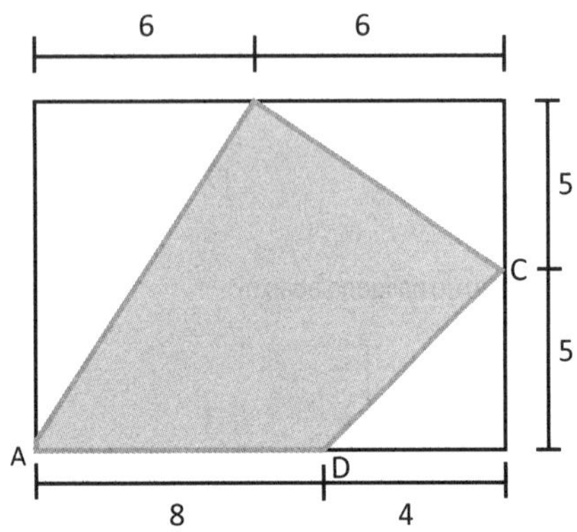

A área hachurada vale:

a) 55
b) 65
c) 90
d) 120
e) 150

08. (Funcab) A área de um triângulo isósceles cujos lados iguais medem 4, e dois de seus ângulos medem 45°, corresponde a:

a) 4 u.a.
b) 8 u.a.
c) 12 u.a.
d) 16 u.a.
e) 20 u.a.

09. (Funiversa) A figura ilustra a planta, a vista superior, de um edifício. O quadrado CGHI corresponde ao corpo da edificação. O quadrado ABCD é uma área coberta cujo lado mede 8 m. A parte cinza da figura é um espelho d'água. DEFG é um quadrado tal que $EF^4 - GH^4 = 640 \text{ m}^4$.

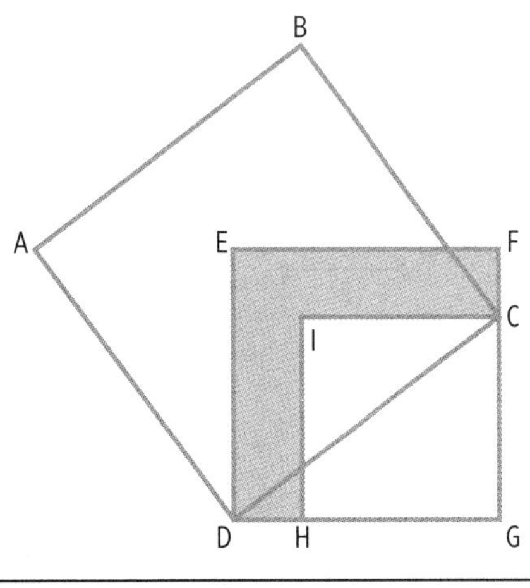

Qual é a medida da superfície do espelho d'água?

a) 80 m²
b) 64 m²
c) 18 m²
d) 10 m²
e) 8 m²

10. (FCC) Ultimamente tem havido muito interesse no aproveitamento da energia solar para suprir outras fontes de energia. Isso fez com que, após uma reforma, parte do teto de um salão de uma empresa fosse substituída por uma superfície retangular totalmente revestida por células solares, todas feitas de um mesmo material. Considere que células solares podem converter a energia solar em energia elétrica e que para cada centímetro quadrado de célula solar que recebe diretamente a luz do sol é gerada 0,01 Watt de potência elétrica;

A superfície revestida pelas células solares tem 3,5 m de largura por 8,4 m de comprimento.

Assim sendo, se a luz do sol incidir diretamente sobre tais células, a potência elétrica que elas serão capazes de gerar em conjunto, em Watts, é:

a) 294.000
b) 38.200
c) 29.400
d) 3.820
e) 2.940

Gabaritos

01	A	06	C
02	C	07	B
03	A	08	B
04	D	09	D
05	A	10	E

8. GEOMETRIA ESPACIAL

Neste capítulo, serão abordados os principais conceitos de geometria espacial e suas aplicações.

8.1 Retas e Planos

Veja alguns conceitos:

A reta é infinita, ou seja, contém infinitos pontos.

Por um ponto, podem ser traçadas infinitas retas.

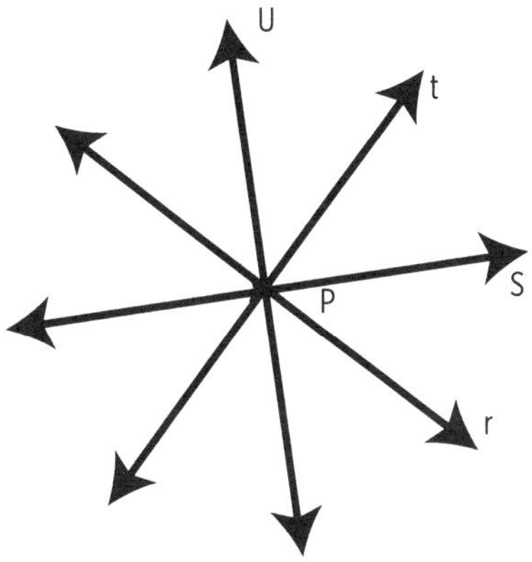

Por dois pontos distintos, passa uma única reta.

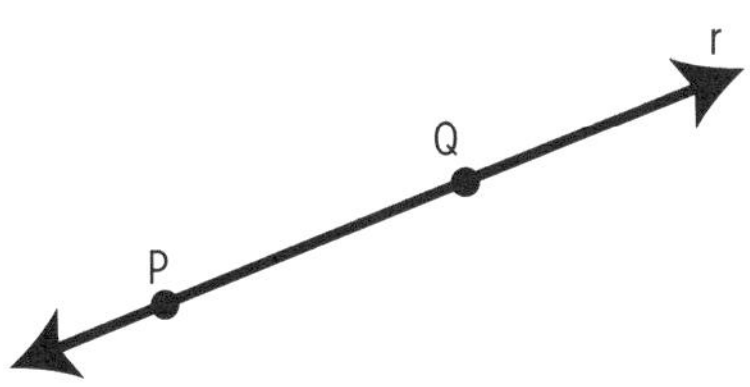

Um ponto qualquer de uma reta divide-a em duas semirretas.

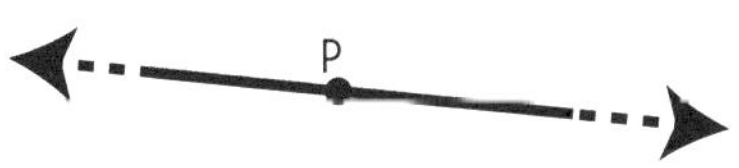

Por três pontos não colineares, passa um único plano.

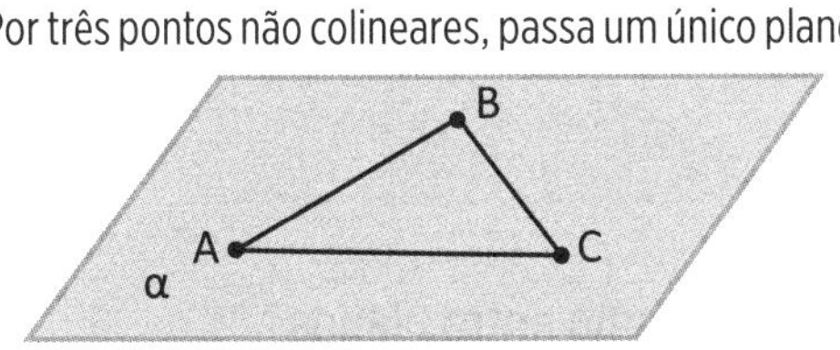

Por uma reta, pode ser traçada uma infinidade de planos.

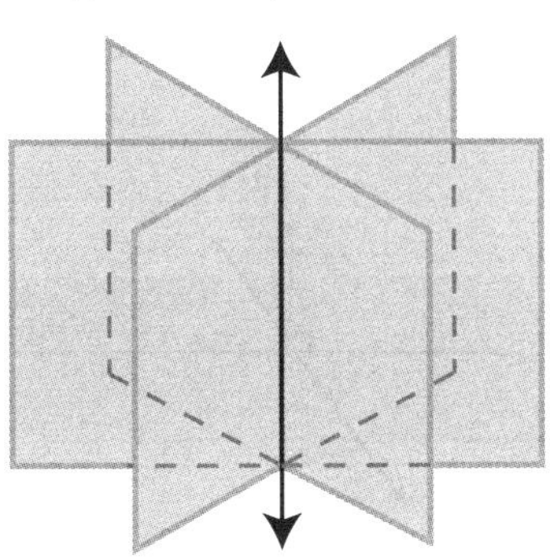

Posições relativas de duas retas

No espaço, duas retas distintas podem ser concorrentes, paralelas ou reversas:

Concorrentes

$r \cap s = \{P\}$

$r \subset \alpha$

$s \subset \alpha$

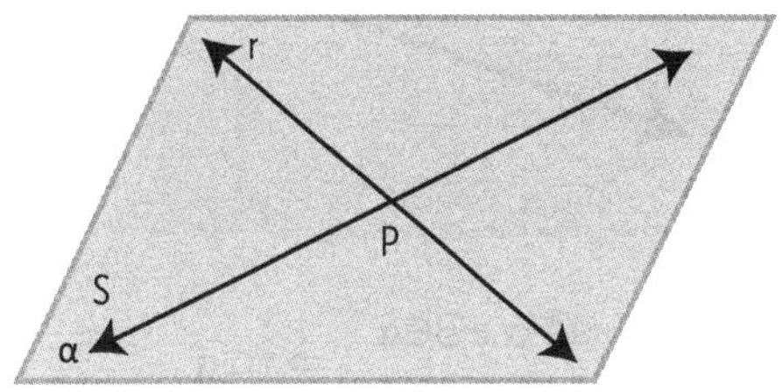

Paralelas

$r \cap s = \{\ \}$

$r \subset \alpha$

$s \subset \alpha$

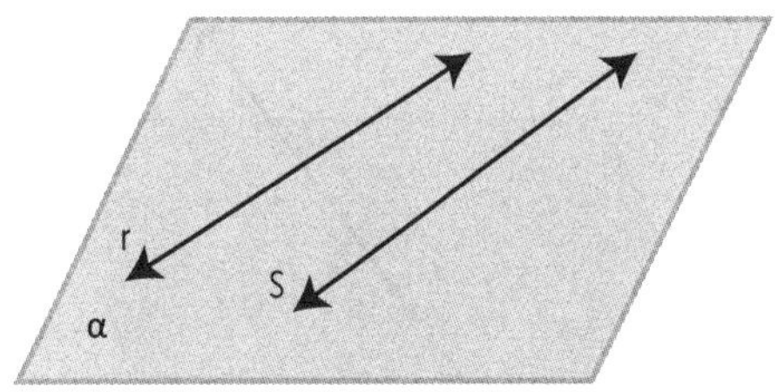

Concorrentes

$r \cap s = \{\ \}$

Não existe plano que contenha

r e s simultaneamente

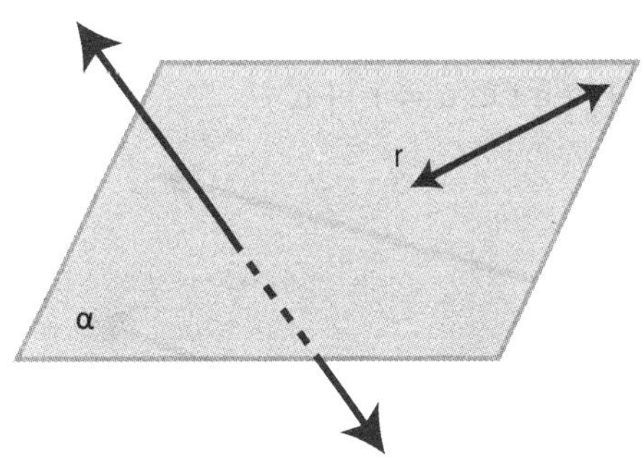

Em particular nas retas concorrentes, há aquelas que são perpendiculares.

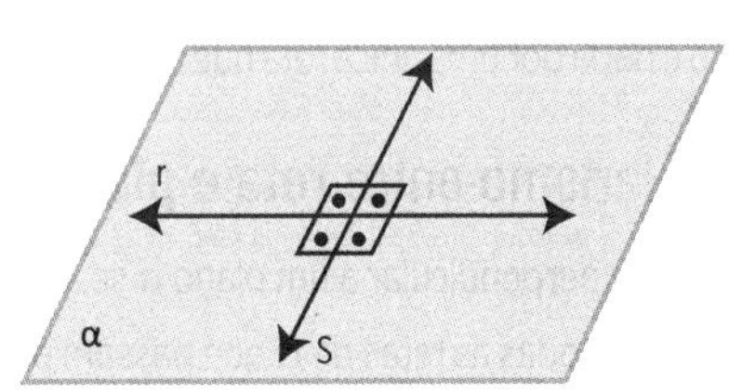

$r \perp s$

Posições relativas entre reta e plano

Reta contida no plano

Se uma reta r tem dois pontos distintos num plano α, então, r está contida nesse plano:

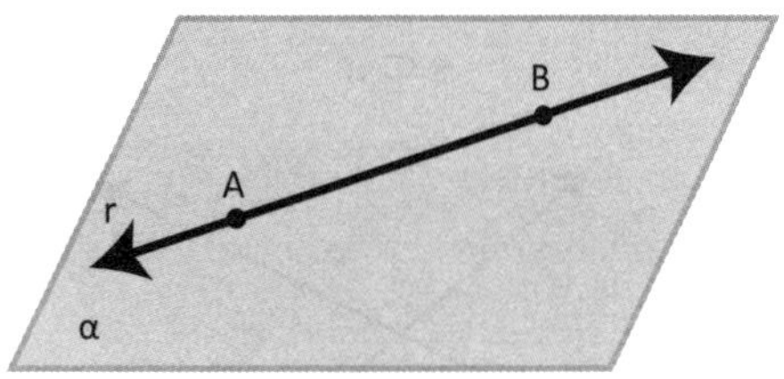

$$\left.\begin{matrix} A\in\alpha \text{ e } B\in\alpha \\ A\in r \text{ e } B\in r \end{matrix}\right. \Rightarrow r\subset\alpha$$

Reta concorrente ou incidente ao plano

Dizemos que a reta r "fura" o plano α ou que r e α são concorrentes em P quando $r \cap \alpha = \{P\}$.

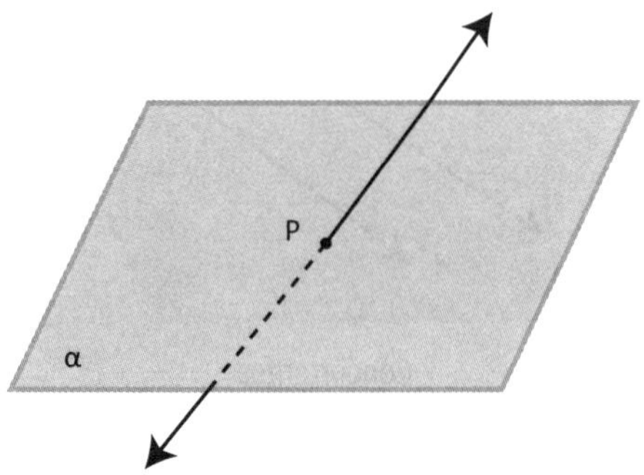

Reta paralela ao plano

Se uma reta r e um plano α não tem ponto em comum, então, a reta r é paralela a uma reta t contida no plano α; portanto, $r \parallel \alpha, r \parallel t \text{ e } t \subset \alpha \Rightarrow r \parallel \alpha$

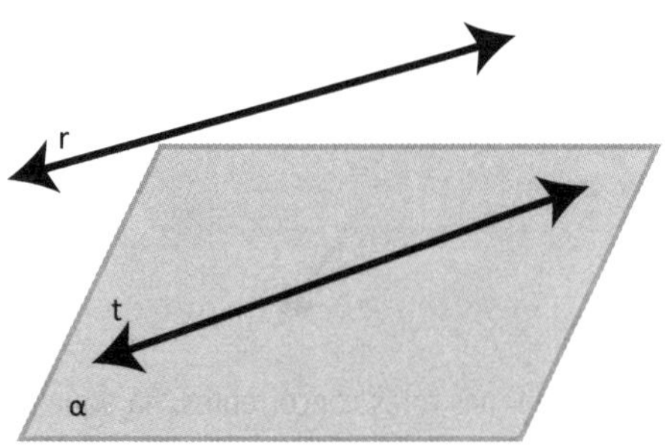

Se dois planos distintos têm um ponto em comum, então, a sua interseção é dada por uma única reta que passa por esse ponto.

Perpendicularismo entre reta e plano

Uma reta r é perpendicular a um plano α se, e somente se, r for perpendicular a todas as retas de α que passam pelo ponto de interseção de r e α.

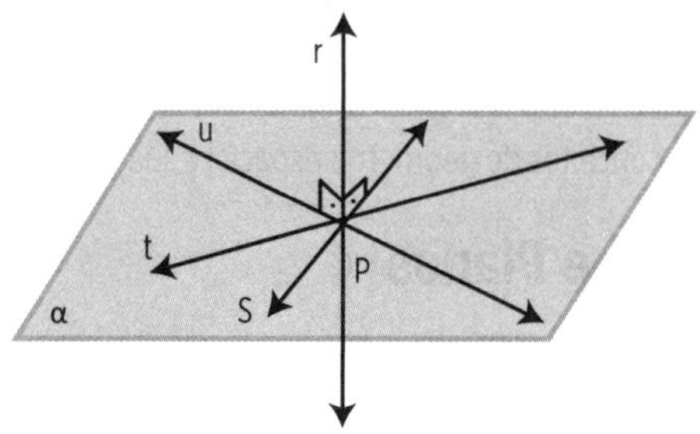

Posições relativas de dois planos

Planos coincidentes ou iguais

Planos concorrentes ou secantes

Dois planos, α e β, são concorrentes quando sua interseção é uma única reta:

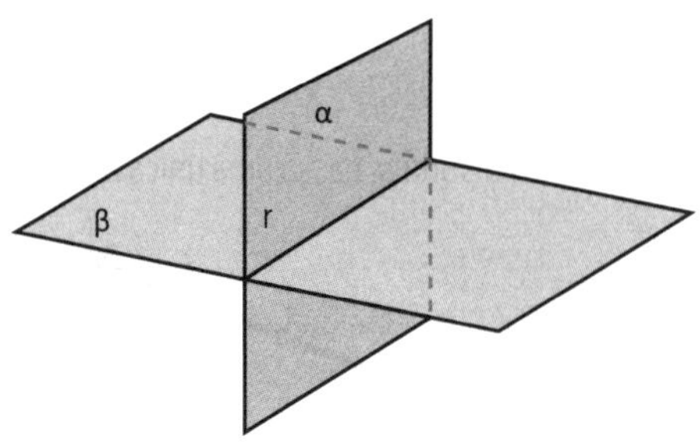

Planos paralelos

Dois planos, α e β, são paralelos quando sua interseção é vazia:

Perpendicularismo entre planos

Dois planos, α e β, são perpendiculares se, e somente se, exista uma reta de um deles que seja perpendicular ao outro:

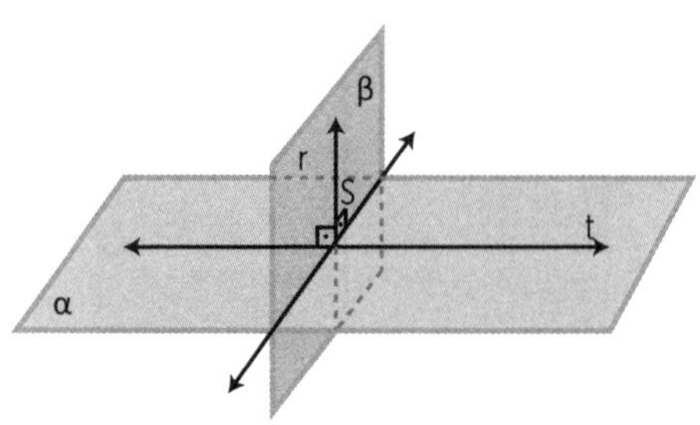

8.2 Prismas

Na figura abaixo, temos dois planos paralelos e distintos, α e β, um polígono convexo R contido em a e uma reta r que intercepta a e β, mas não R:

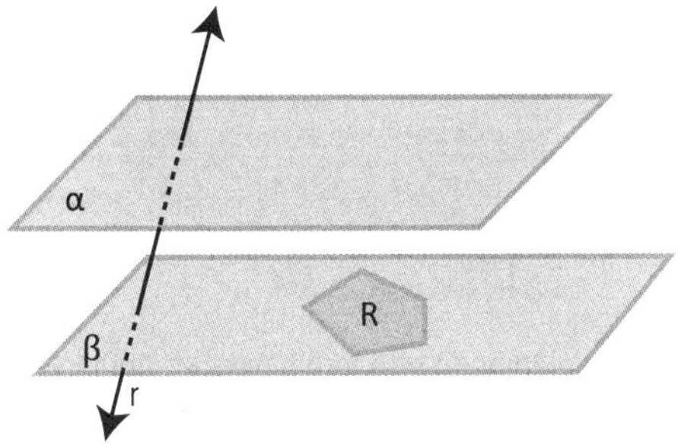

Para cada ponto P da região R, vamos considerar o segmento $\overline{PP}$, paralelo à reta r (P linha, pertence a Beta.)

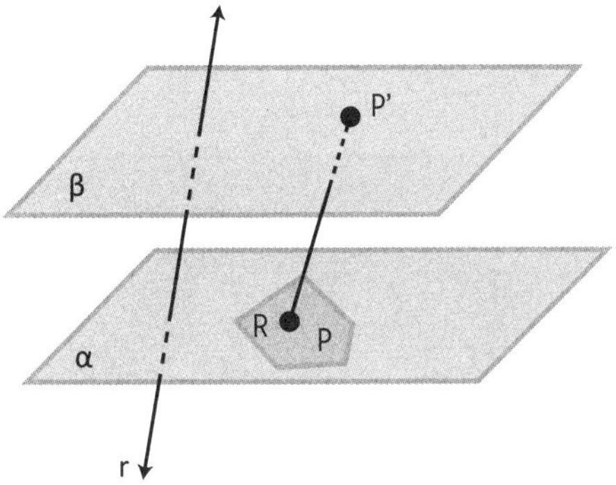

Assim, temos:

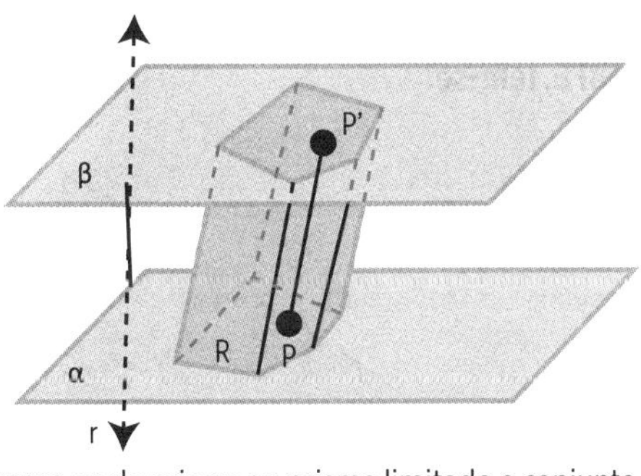

Chama-se de prisma ou prisma limitado o conjunto de todos os segmentos congruentes $\overline{PP}$ paralelos a r.

Elementos do prisma

Dado o prisma a seguir, considere os seguintes elementos:

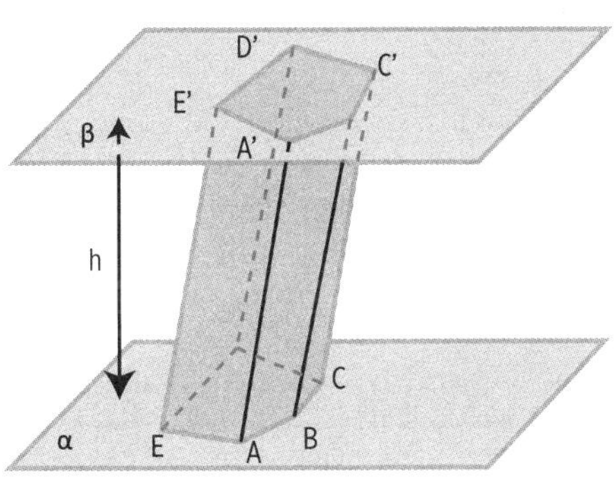

Bases: as regiões poligonais R e S

Altura: a distância h entre os planos α e β

Arestas das bases:

Lados AB, BC, CD, DE, EA, A'B', B'C', D'E', E'A' (dos polígonos)

Arestas laterais:

Os segmentos AA', BB', CC', DD', EE'

Faces laterais: os paralelogramos AA'BB', BB'C'C, CC'D'D, DD'E'E, EE'A'A

Classificação

Um prisma pode ser:

Reto: quando as arestas laterais são perpendiculares aos planos das bases;

Oblíquo: quando as arestas laterais são oblíquas aos planos das bases.

Prisma reto

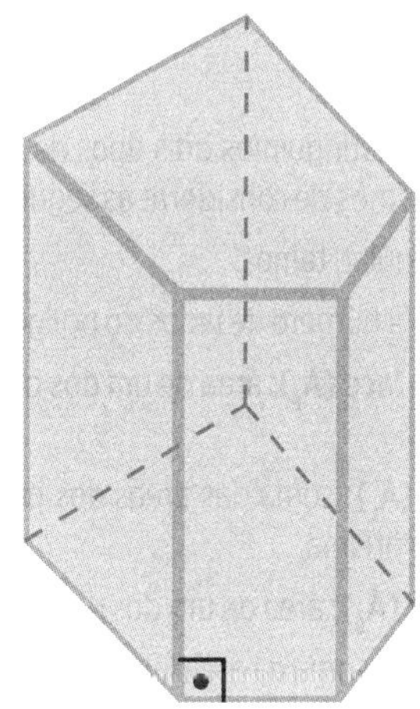

Prisma oblíquo

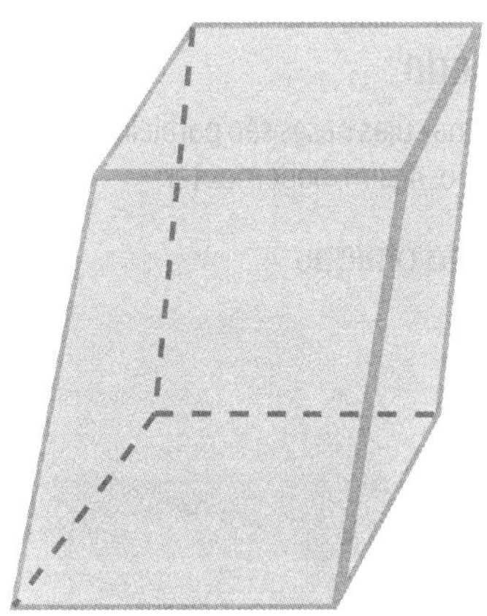

Prisma regular triangular

Chama-se de prisma regular todo prisma reto cujas bases são polígonos regulares:

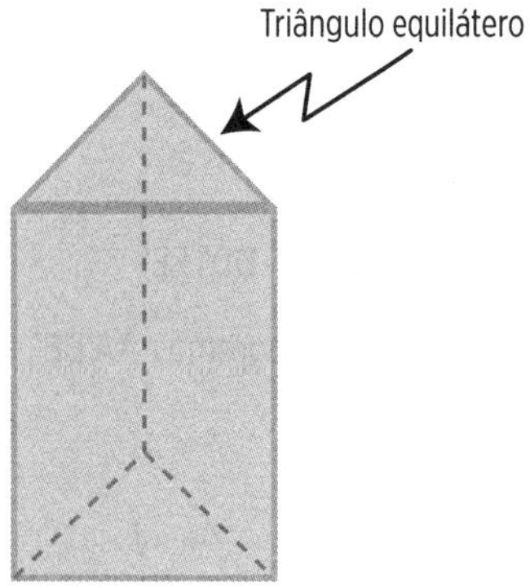

Prisma regular hexagonal

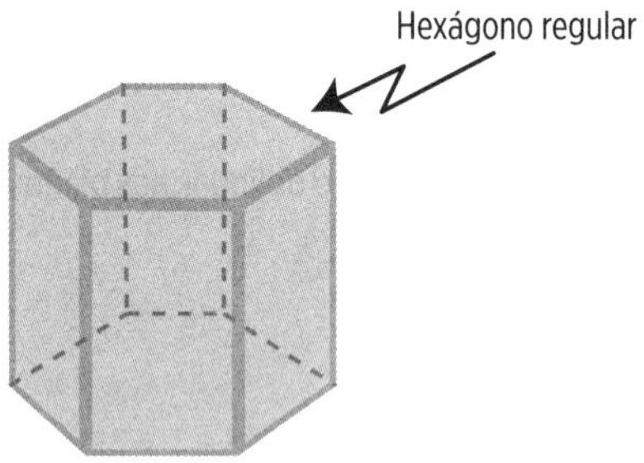

> As faces de um prisma regular são retângulos congruentes.

Áreas

Num prisma, distinguimos dois tipos de superfície: as faces e as bases. Assim, temos de considerar as seguintes áreas:

No prisma regular, temos:

AL = n . AF (n = número de lados do polígono da base).

Área de uma face (A_F): área de um dos paralelogramos que constituem as faces.

Área lateral (A_L): soma das áreas dos paralelogramos que formam as faces do prisma.

Área da base (A_B): área de um dos polígonos das bases.

Área total (A_T): soma da área lateral com a área das bases:

$$A_T = A_L + 2A_B$$

Paralelepípedo

Todo prisma cujas bases são paralelogramos recebe o nome de paralelepípedo. Assim, podemos ter:

Paralelepípedo oblíquo

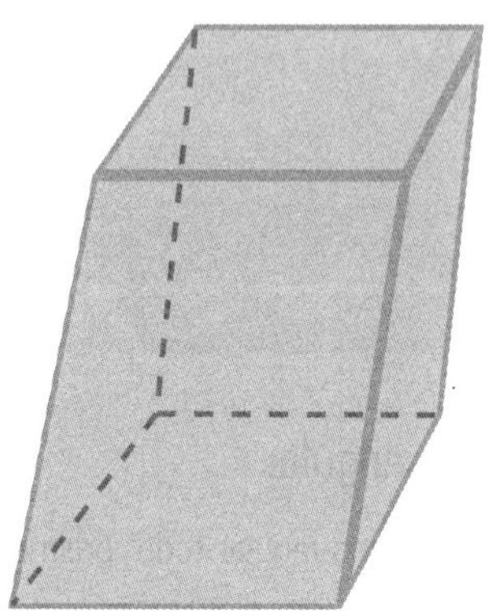

Paralelepípedo reto

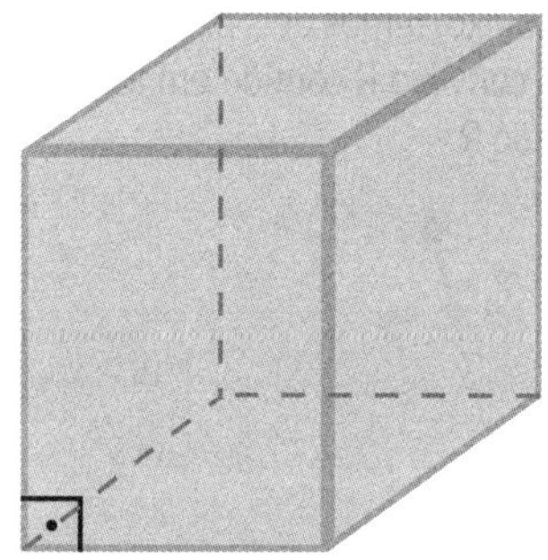

Se o paralelepípedo reto tem bases retangulares, ele é chamado de paralelepípedo reto-retângulo, ortoedro ou paralelepípedo retângulo.

Paralelepípedo retângulo

Diagonais da base e do paralelepípedo:

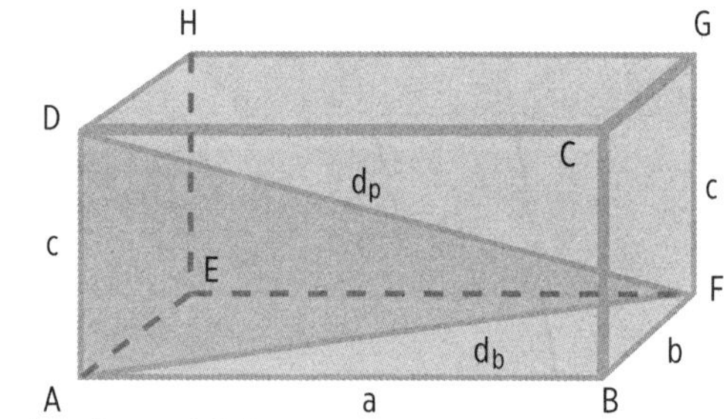

d_b = diagonal da base

d_p = diagonal do paralelepípedo

Na base, ABFE, tem-se:

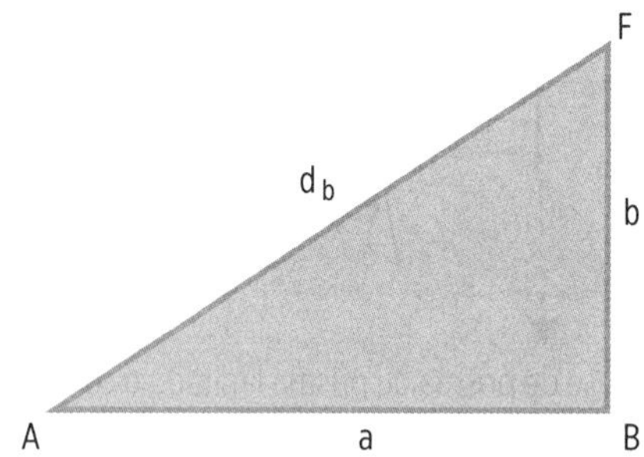

$$d_b^2 = a^2 + b^2 \Longrightarrow d_b = \sqrt{a^2 + b^2}$$

No triângulo AFD, tem-se:

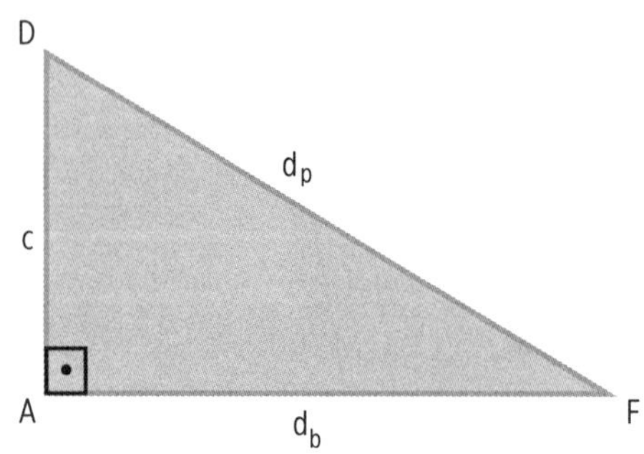

$$d_p^2 = d_b^2 + c^2 = a^2 + b^2 + c^2 \Rightarrow d_p = \sqrt{a^2 + b^2 + c^2}$$

Área lateral

Sendo A_L a área lateral de um paralelepípedo retângulo, tem-se:

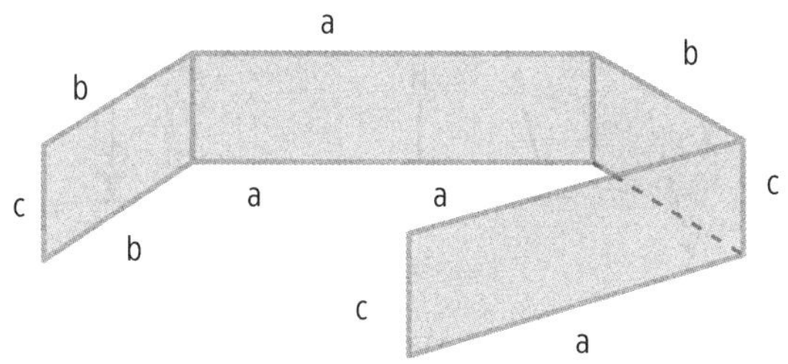

$$A_L = ac + bc + ac + bc = 2ac + 2bc = A_L = 2(ac + bc)$$

Área total

Planificando o paralelepípedo, verificamos que a área total é a soma das áreas de cada par de faces opostas:

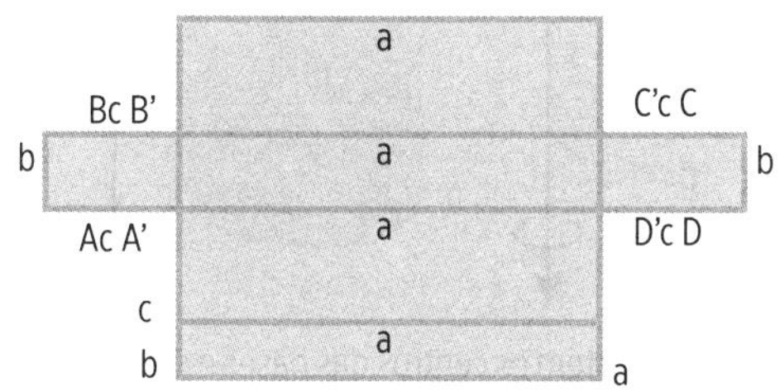

$$A_T = 2(ab + ac + bc)$$

Volume

O volume de um paralelepípedo retângulo de dimensões a, b e c é dado por:

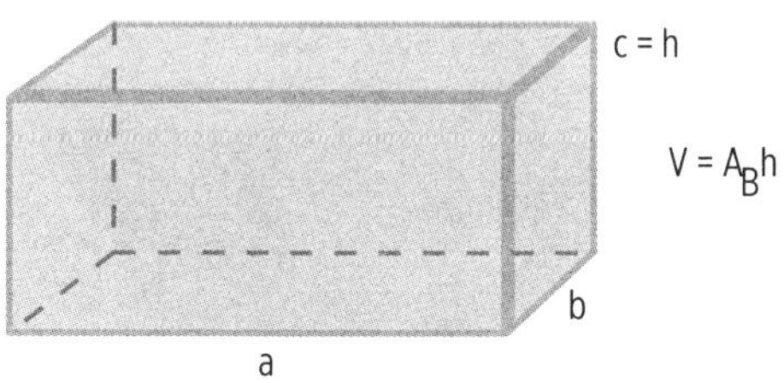

$$V = a.b.c$$

Cubo

Um paralelepípedo retângulo com todas as arestas congruentes (a = b = c) recebe o nome de cubo. Dessa forma, cada face é um quadrado.

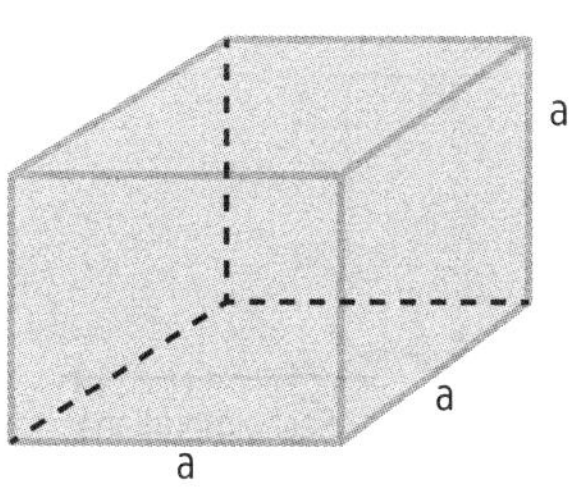

Diagonais da base e do cubo

Considere a figura a seguir:

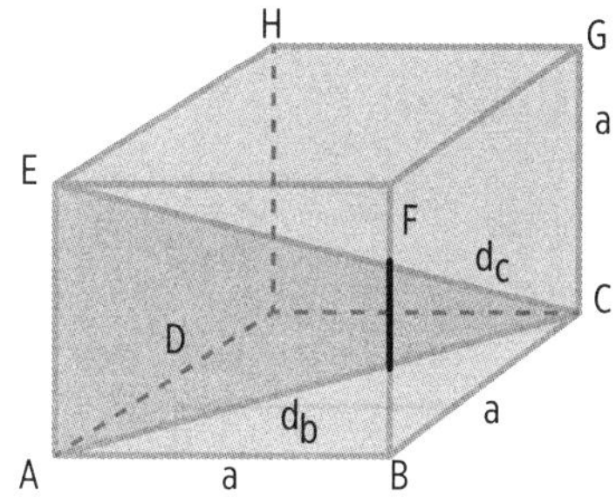

d_c = diagonal do cubo

d_b = diagonal da base

Na base ABCD, tem-se:

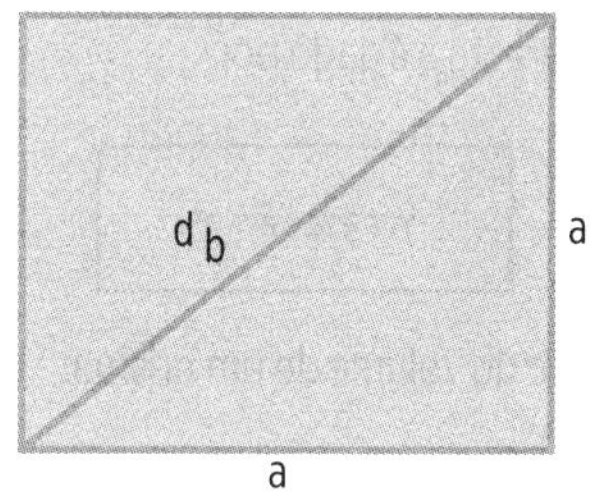

$$d_c^2 = a^2 + a^2 = 2a^2 \Longrightarrow d_b = a\sqrt{2}$$

No triângulo ACE, tem-se:

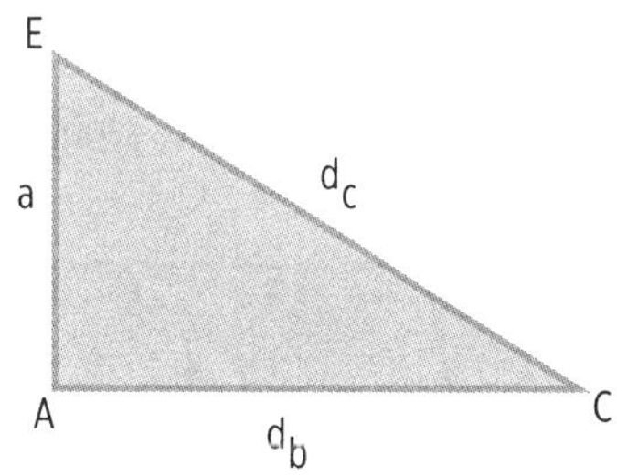

$$d_c^2 = a^2 + d_b^2 = a^2 + 2a^2 = 3a^2 \Longrightarrow d_c = a\sqrt{3}$$

Área lateral

A área lateral A_L é dada pela área dos quadrados de lado a:

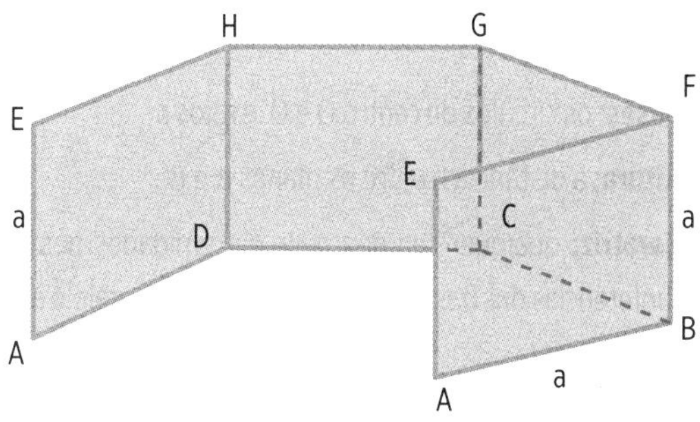

$$A_L = 4a^2$$

Área total

A área total A_T é dada pela área dos seis quadrados de lado a:

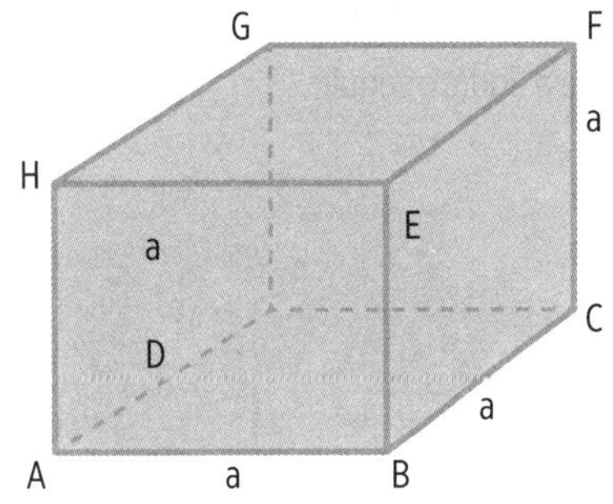

$$A_T = 6a^2$$

Volume

De forma semelhante ao paralelepípedo retângulo, o volume de um cubo de aresta a é dado por:

$$V = a \cdot a \cdot a = a^3$$

Generalização do volume de um prisma:

$V_{prisma} = A_B \cdot h$

8.3 Cilindro

Elementos do cilindro

Dado o cilindro a seguir, considere os seguintes elementos:

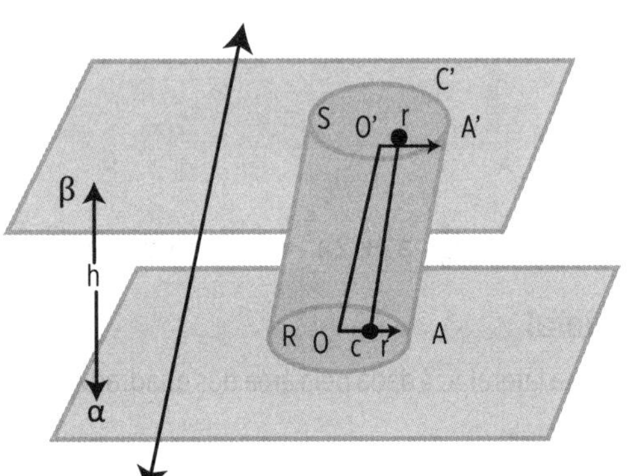

Bases: os círculos de centro O e O' e raios r.

Altura: a distância h entre os planos α e β.

Geratriz: qualquer segmento de extremidades nos pontos das circunferências das bases (por exemplo, $\overline{AA'}$) e paralelo à reta r.

Classificação do cilindro

Um cilindro pode ser:

> **Circular oblíquo:** quando as geratrizes são oblíquas às bases;

> **Circular reto:** quando as geratrizes são perpendiculares às bases.

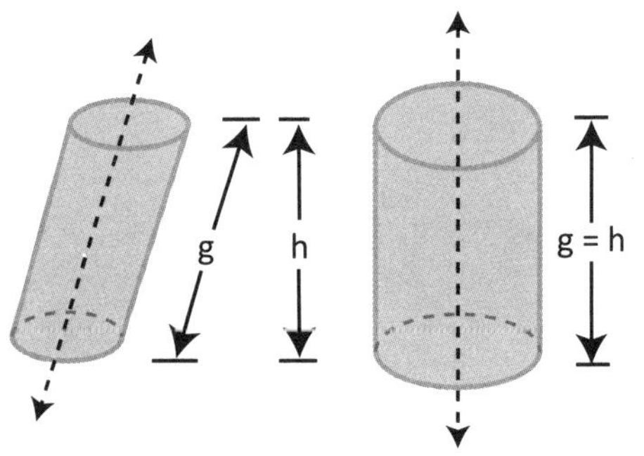

O cilindro circular reto é também chamado de cilindro de revolução, por ser gerado pela rotação completa de um retângulo por um de seus lados. Assim, a rotação do retângulo ABCD pelo lado $\overline{BC}$ gera o cilindro a seguir:

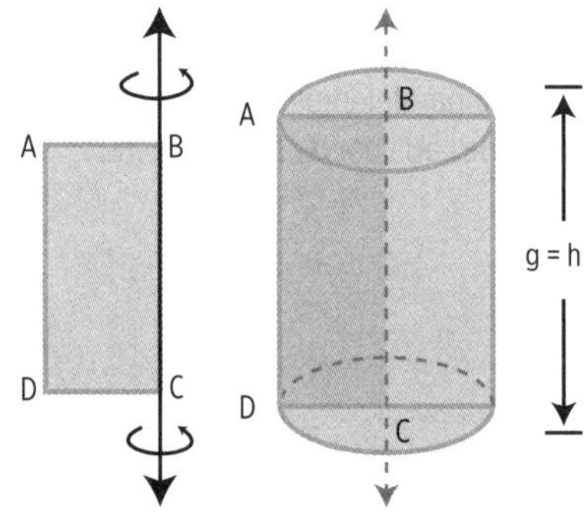

A reta $\overline{BC}$ contém os centros das bases e é o eixo do cilindro.

Seção

Seção transversal é a região determinada pela interseção do cilindro com um plano paralelo às bases. Todas as seções transversais são congruentes.

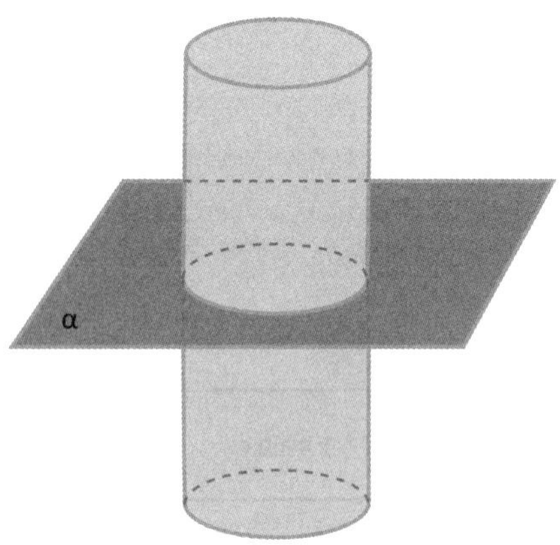

Seção meridiana é a região determinada pela interseção do cilindro com um plano que contém o eixo.

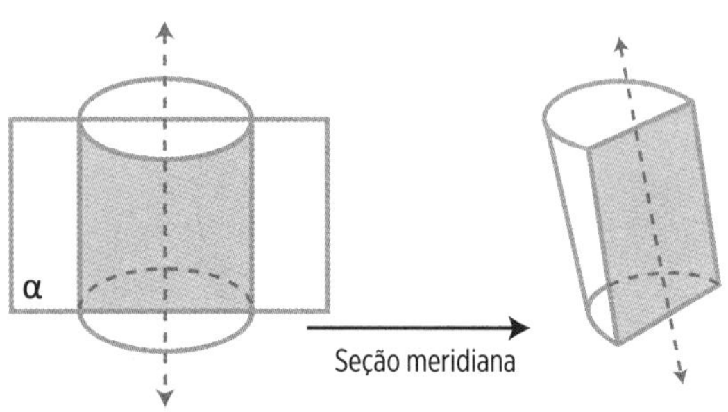

Áreas

Num cilindro, consideramos as seguintes áreas:

Área Lateral (A_L)

Pode-se observar a área lateral de um cilindro fazendo a sua planificação:

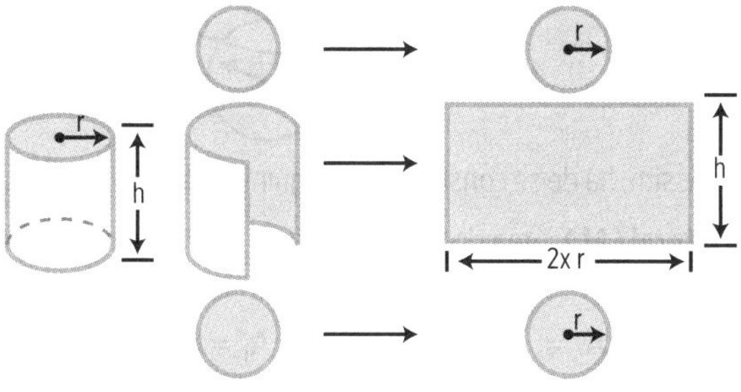

Assim, a área lateral do cilindro reto cuja altura é h e cujos raios dos círculos das bases são r é um retângulo de dimensões 2 π r e h:

$$A_L = 2\pi r h$$

Área da base (A_B): área do círculo de raio r

$$A_B = 2\pi r^2$$

Área total (A_T): soma da área lateral com as áreas das bases

$$A_T = A_L + 2_{AB} = 2\pi r h + 2\pi r^2 = 2\pi r (h + r)$$

Volume

O volume de todo paralelepípedo retângulo e de todo cilindro é o produto da área da base pela medida de sua altura:

$$V_{cilindro} = A_B \cdot h$$

No caso do cilindro circular reto, a área da base é a área do círculo de raio r, $A_B = \varpi r^1 h$; portanto, seu volume é:

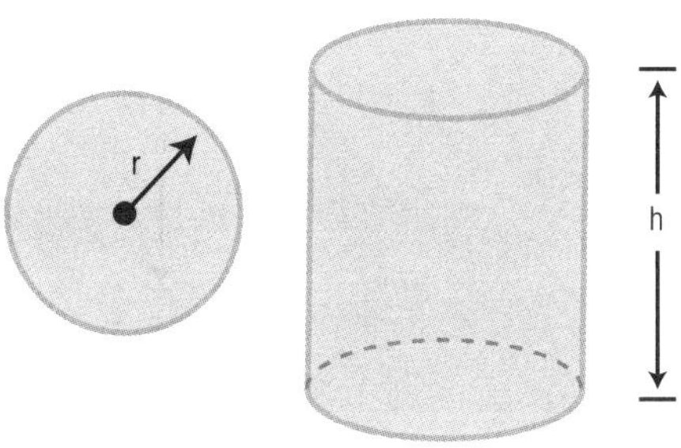

$$V = r^2 h$$

Cilindro equilátero

Todo cilindro cuja seção meridiana é um quadrado (altura igual ao diâmetro da base) é chamado cilindro equilátero.

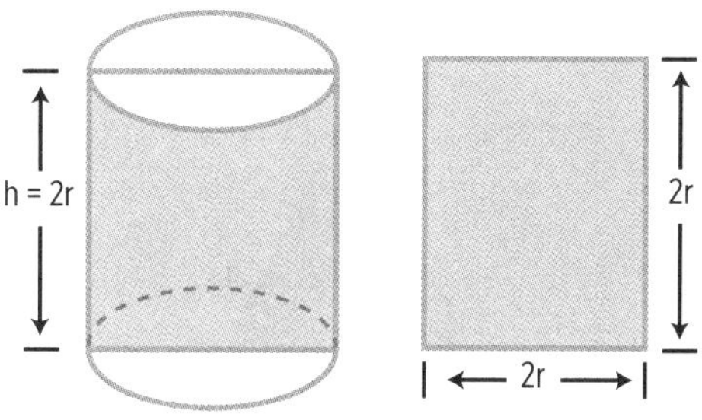

$$A_L = 2r \cdot 2\pi r = 4\pi r^2$$

$$A_T = A_L + A_B = 4\pi r^2 + 2\pi r^2 = 6\pi r^2$$

8.4 Cone Circular

Dado um círculo C, contido num plano α, e um ponto V (vértice) fora de α, chamamos de cone circular o conjunto de todos os segmentos $\overline{VP}$, $P \in C$.

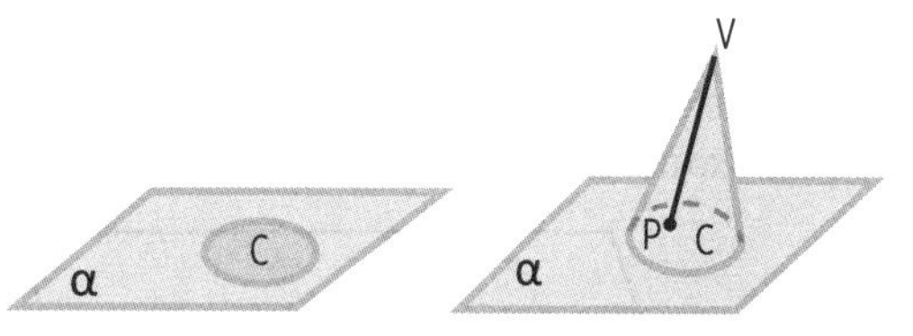

Elementos do cone circular

Dado o cone a seguir, consideramos os seguintes elementos:

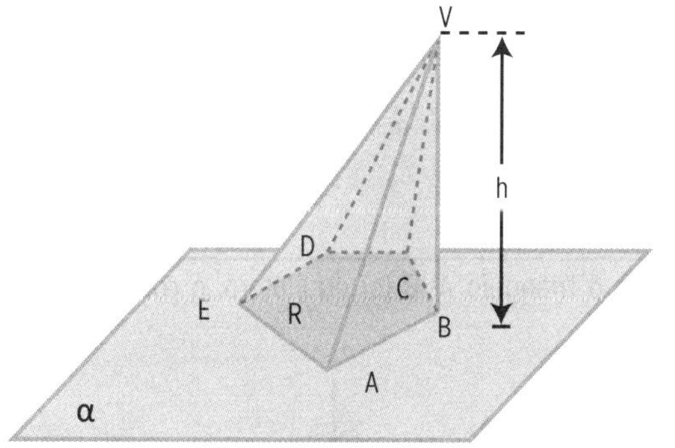

Altura: distância h do vértice V ao plano α.

Geratriz (g): segmento com uma extremidade no ponto V e outra num ponto da circunferência.

Raio da base: raio R do círculo.

Eixo de rotação: reta $\overline{VO}$ determinada pelo centro do círculo e pelo vértice do cone.

Cone reto

Todo cone cujo eixo de rotação é perpendicular à base é chamado cone reto, também denominado cone de revolução. Ele pode ser gerado pela rotação completa de um triângulo retângulo em torno de um de seus catetos.

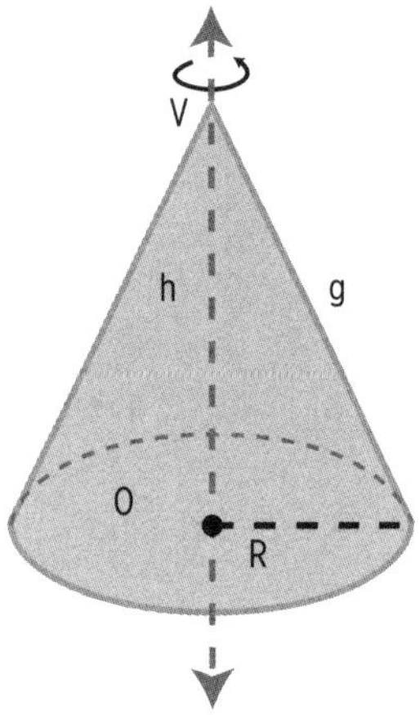

Da figura, e pelo Teorema de Pitágoras, temos a seguinte relação:

$$g^2 = h^2 + R^2$$

Seção meridiana

A seção determinada, num cone de revolução, por um plano que contém o eixo de rotação é chamada seção meridiana.

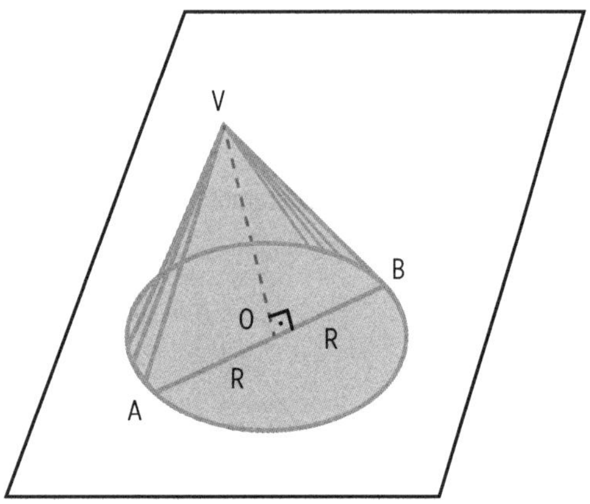

Se o triângulo AVB for equilátero, o cone também será equilátero:

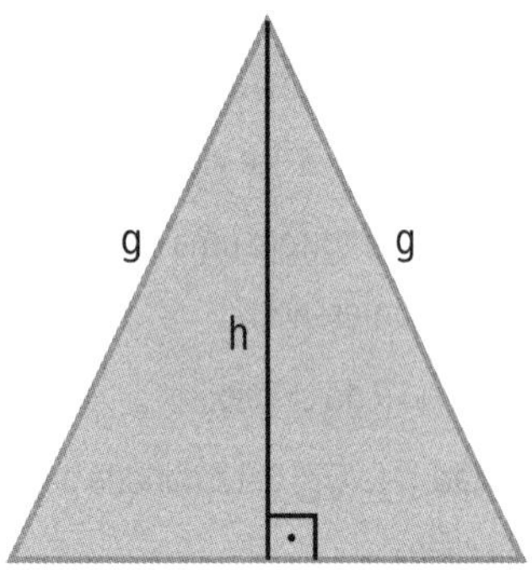

2R

$$g = 2R$$
$$h = R\sqrt{3}$$

Áreas

Desenvolvendo a superfície lateral de um cone circular reto, obtemos um setor circular de raio g e comprimento $L = 2\pi R$

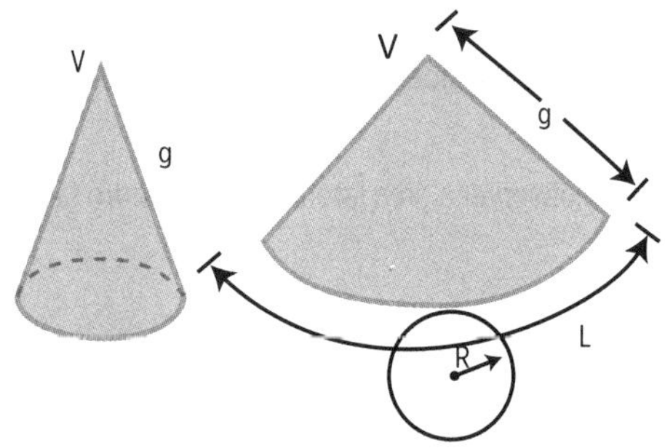

Assim, há de se considerar as seguintes áreas:

Área lateral (AL): área do setor circular

$$A_L = \frac{gl}{2} = \frac{g \cdot 2\pi R}{2} \Longrightarrow A_L = \pi R g$$

Área da base (AB): área do círculo do raio R

$$A_B = \pi R^2$$

Área total (AT): soma da área lateral com a área da base

$$A_T = A_L + A_B = \pi R g + \pi R^2 \rightarrow A_T \pi R\,(g+R)$$

Volume

$$V_{cone} = 2\pi d S = 2\pi \cdot \frac{r}{3} \cdot \frac{rh}{2} \Longrightarrow V_{cone} = \frac{1}{3} \cdot \pi r^2 h$$

8.5 Pirâmides

Dado um polígono convexo R, contido em um plano α, e um ponto V (vértice) fora de α, chamamos de pirâmide o conjunto de todos os segmentos $\overline{VP}$, $P \in R$.

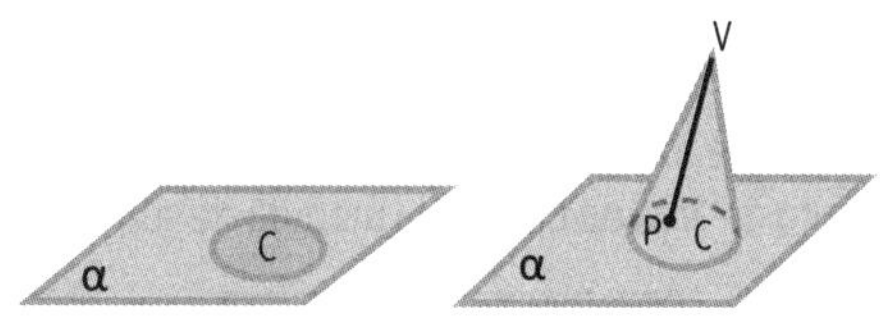

Elementos da pirâmide

Dada a pirâmide a seguir, tem-se os seguintes elementos:

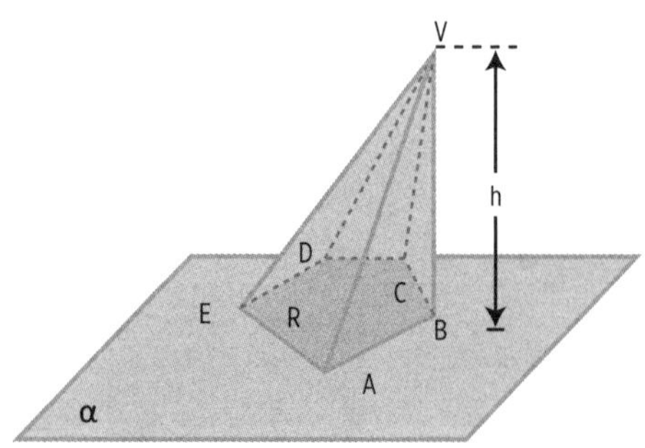

Base: o polígono convexo R.

Arestas da base: os lados AB, BC, CD, DE, EA do polígono.

Arestas laterais: os segmentos VA, VB, VC, VD, VE. .

Faces laterais: os triângulos VAB, VBC, VCD, VDE, VEA.

Altura: distância h do ponto V ao plano.

Classificação

Uma pirâmide é reta quando a projeção ortogonal do vértice coincide com o centro do polígono da base.

Toda pirâmide reta, cujo polígono da base é regular, recebe o nome de pirâmide regular. Ela pode ser triangular, quadrangular, pentagonal, etc., conforme sua base, seja, respectivamente, um triângulo, um quadrilátero, um pentágono, etc.

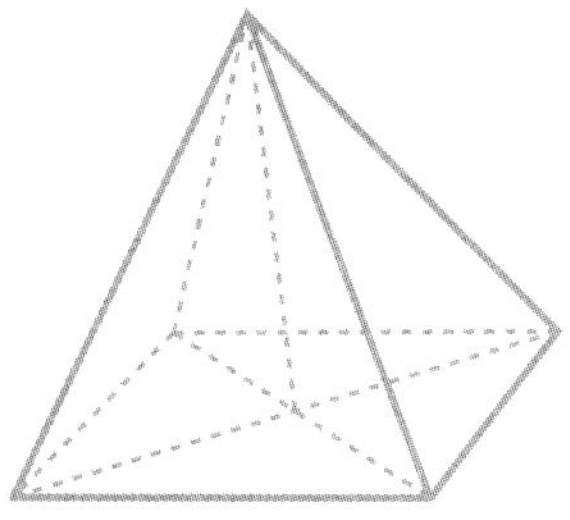

Pirâmide regular quadrangular

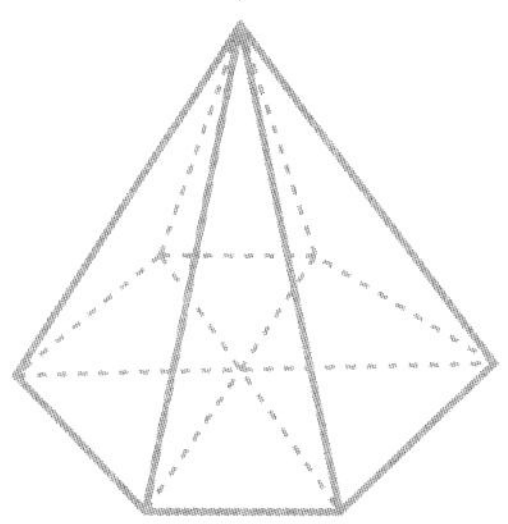

Pirâmide regular hexagonal

Áreas

Numa pirâmide, temos as seguintes áreas:

Área lateral (A_L): reunião das áreas das faces laterais.

Área da base (A_B): área do polígono convexo (base da pirâmide).

Área total (A_T): união da área lateral com a área da base.

$$A_T = A_L + A_B$$

Para uma pirâmide regular, temos:

$$A_L = n \cdot \frac{bg}{2} \qquad A_B = pa$$

Em que:

- **b** é a aresta;
- **g** é o apótema;
- **n** é o número de arestas laterais;
- **p** é o semiperímetro da base;
- **a** é o apótema do polígono da base.

Volume

$$V_{cone} = \frac{1}{3} \cdot \underbrace{\pi \cdot R^2}_{\text{Área da base}} h \rightarrow \boxed{V_{pirâmide} = \frac{1}{3} \cdot ABh}$$

Troncos

Se um plano interceptar todas as arestas de uma pirâmide ou de um cone, paralelamente às suas bases, o plano dividirá cada um desses sólidos em dois outros: uma nova pirâmide e um tronco de pirâmide; e um novo cone e um tronco de cone.

Tronco da pirâmide

Dado o tronco de pirâmide regular a seguir, tem-se:

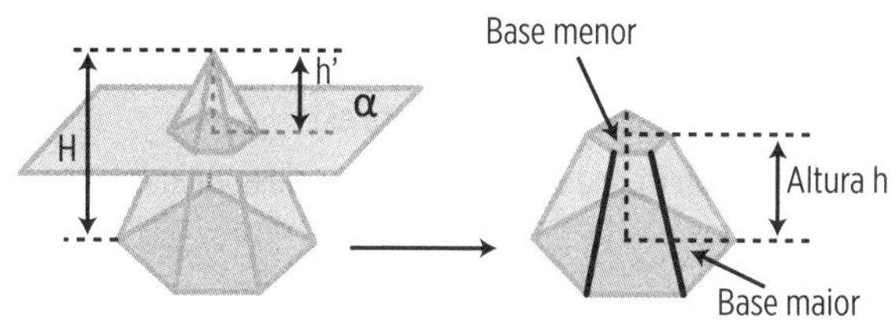

Pirâmide Tronco da pirâmide

As bases são polígonos regulares paralelos e semelhantes;

As faces laterais são trapézios isósceles congruentes.

Áreas

Área lateral (A_L): soma das áreas dos trapézios isósceles congruentes que formam as faces laterais.

Área total (A_T): soma da área lateral com a soma das áreas da base menor (A_b) e maior (A_B).

$$A_T = A_L + A_B + A_b$$

Volume

O volume de um tronco de pirâmide regular é dado por:

$$V_r = \frac{h}{3}\left(A_B + A_b + \sqrt{A_B A_b}\right)$$

Sendo V o volume da pirâmide e V' o volume da pirâmide obtido pela seção, é válida a relação:

$$\frac{V'}{V} = \left(\frac{h'}{H}\right)^3$$

Tronco do cone

Sendo o tronco do cone circular regular a seguir, tem-se:

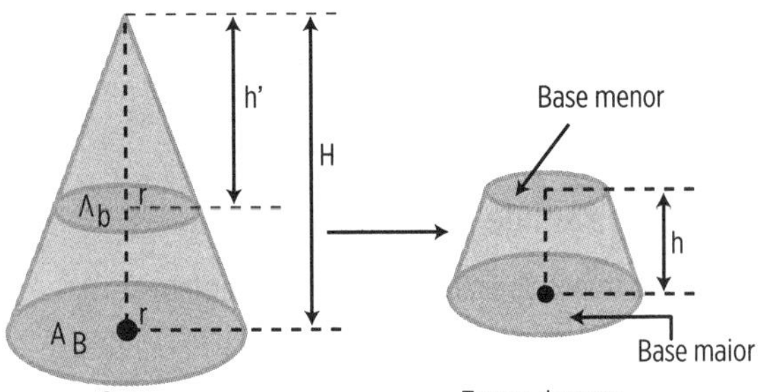

Cone Tronco do cone

As bases maior e menor são paralelas;

A altura do tronco é dada pela distância entre os planos que contém as bases.

Áreas

Tem-se: área lateral

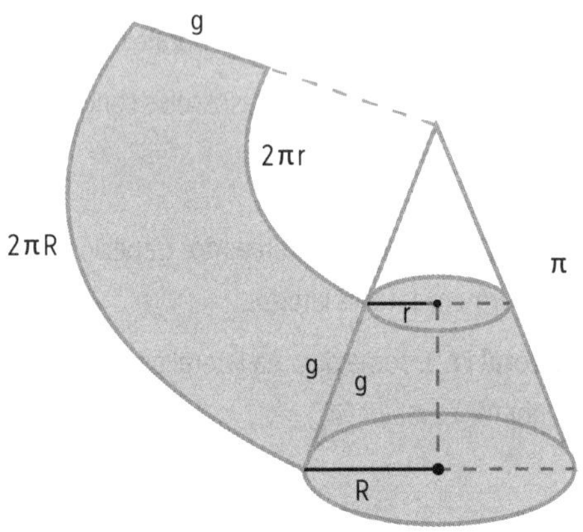

$$A_L = \pi(R + r)g$$

Área total

$$A_T = A_L + A_B + A_b = \pi(R + r)g + \pi R^2 + \pi r^2$$
$$\Downarrow$$
$$A_T = \pi[(R + r)g + R^2 + r^2]$$

Volume

$$V = \frac{h}{3}\left(A_B + A_b + \sqrt{A_B A_b}\right) = \frac{h}{3}\left(\pi R^2 + \pi r^2 + \sqrt{\pi R^2 \cdot \pi r^2}\right)$$
$$\Downarrow$$
$$V = \frac{\pi h}{3}(R^2 + r^2 + Rr)$$

Sendo V o volume do cone e V' o volume do cone obtido pela seção, são válidas as relações:

$$\frac{r}{r'} = \frac{H}{h'}$$

$$\frac{A_B}{A_b} = \left(\frac{H}{h'}\right)^2$$

$$\frac{V}{V'} = \left(\frac{H}{h'}\right)^3$$

8.6 Esfera

Chama-se de esfera de centro O e raio R o conjunto de pontos do espaço cuja distância ao centro é menor ou igual ao raio R.

Considerando a rotação completa de um semicírculo em torno de um eixo e, a esfera é o sólido gerado por essa rotação. Assim, ela é limitada por uma superfície esférica e formada por todos os pontos pertencentes a essa superfície e ao seu interior.

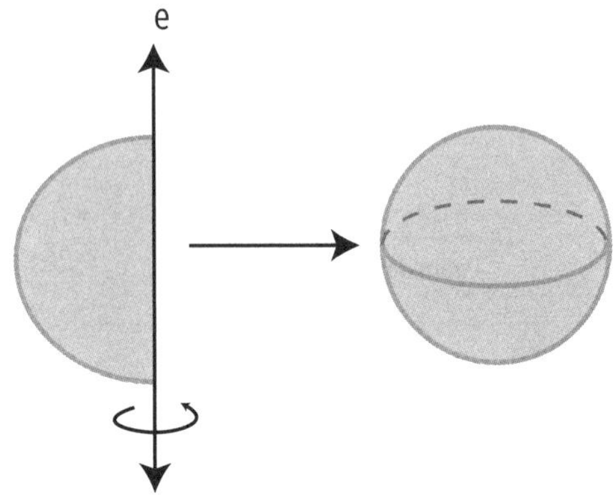

Volume

O volume da esfera de raio R é dado por:

$$V_e = \frac{4}{3} \cdot \pi R^3$$

Partes da esfera

Superfície esférica

A superfície esférica de centro O e raio R é o conjunto de pontos do espaço cuja distância ao ponto O é igual ao raio R.

Se considerar a rotação completa de uma semicircunferência em torno de seu diâmetro, a superfície esférica é o resultado dessa rotação.

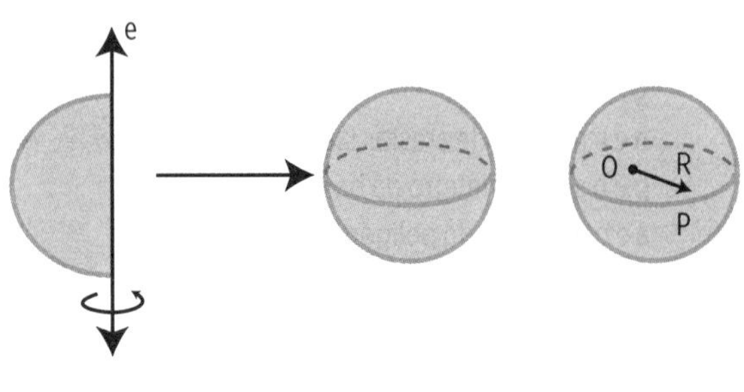

A área da superfície esférica é dada por:

$$A_s = 4\pi R^2$$

Zona esférica

É a parte da esfera gerada do seguinte modo:

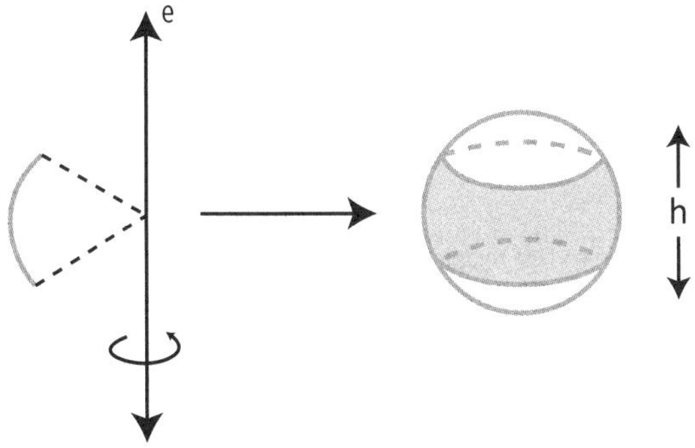

A área da zona esférica é dada por:

$$S = 2\pi Rh$$

Calota esférica

É a parte da esfera gerada do seguinte modo:

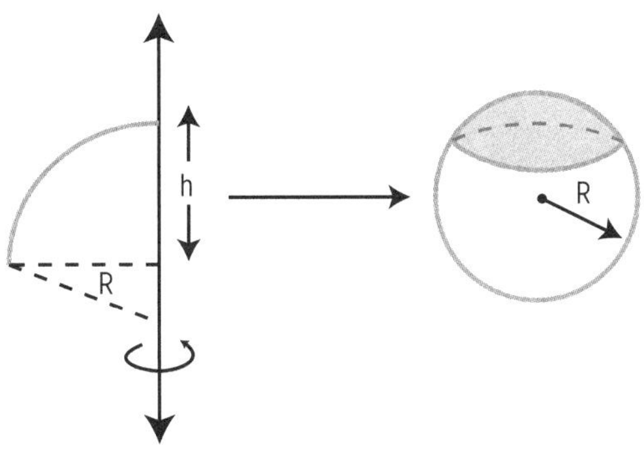

A área da calota esférica é dada por:

$$S = 2\pi Rh$$

Fuso esférico

O fuso esférico é uma parte da superfície esférica que se obtém ao girar uma semicircunferência de um ângulo $\alpha(0< \alpha<2\pi)$ em torno de seu eixo:

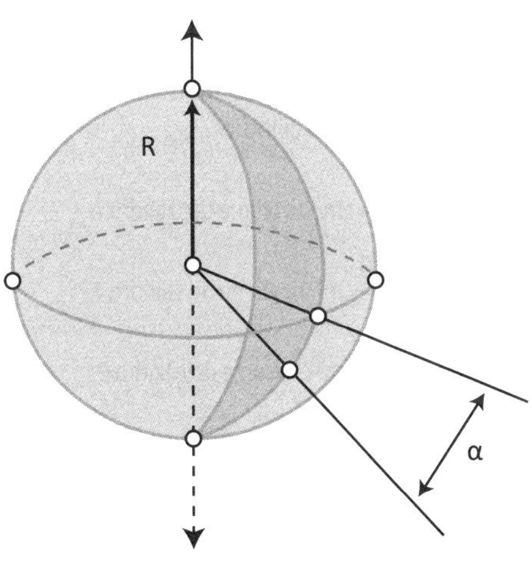

A área do fuso esférico pode ser obtida por uma regra de três simples:

$$A_S - 2\pi \quad A_F = \frac{4\pi R^2\alpha}{2\pi} \Rightarrow A_F = 2R^2\alpha \text{ (α em radianos)}$$
$$A_F - \alpha$$

$$A_S = 360^o \quad A_F = \frac{4\pi R^2\alpha}{360^o} \Rightarrow A_F = \frac{\pi R^2\alpha}{90^o} \text{ (α em graus)}$$
$$A_F - \alpha$$

Cunha esférica

Parte da esfera que se obtém ao girar um semicírculo em torno de seu eixo de um ângulo $\alpha(0< \alpha< 2\pi)$:

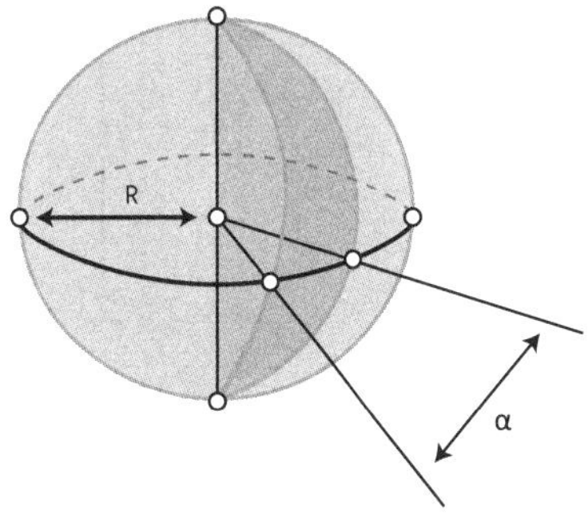

O volume da cunha pode ser obtido por uma regra de três simples:

$$\left.\begin{matrix} V_e - 2\pi \\ V_c - \alpha \end{matrix}\right\} \Rightarrow V_c = \frac{\frac{4}{3}\pi R^3\alpha}{2\pi} \Rightarrow V_c = \frac{2}{3} . R^3\alpha \text{ (α em radianos)}$$

$$\left.\begin{matrix} V_e - 360^o \\ V_c - \alpha \end{matrix}\right\} \Rightarrow V_c = \frac{\frac{4}{3}\pi R^3\alpha}{360^o} \Rightarrow V_c = \frac{\pi R^3\alpha}{270^o} \text{ (α em graus)}$$

Questões

01. (Vunesp) Flávio ingeriu uma certa quantidade do suco contido em um recipiente no formato de um prisma reto, mostrado na figura, e o nível do suco no recipiente baixou 5 cm. A quantidade de suco ingerida por Flávio foi, em mL, igual a:

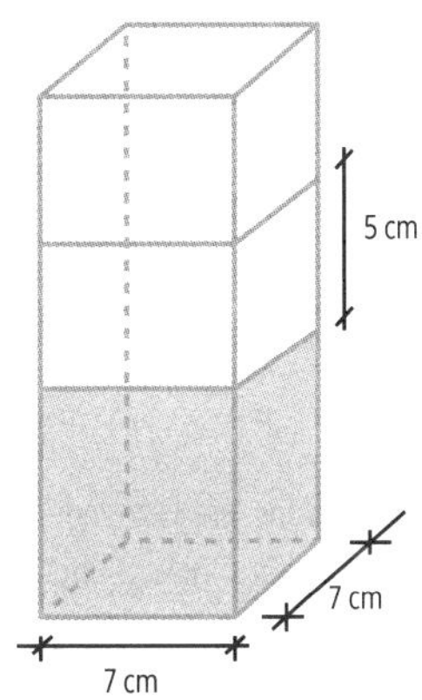

a) 185
b) 200
c) 210
d) 225
e) 245

02. (FIP) Ao aumentarmos a altura de um paralelepípedo retângulo em 2 unidades, em quanto aumenta a área total do paralelepípedo obtido?

a) Quatro vezes a soma das dimensões da base.

b) Três vezes a diferença das dimensões das arestas laterais.

c) Dobro das arestas.

d) Metade da soma das dimensões da base.

e) Um quinto da soma das arestas e das dimensões da base.

03. (FCC) Considere que a peça mostrada na figura abaixo foi obtida secionando-se obliquamente um prisma reto de base quadrada, feito de aço maciço.

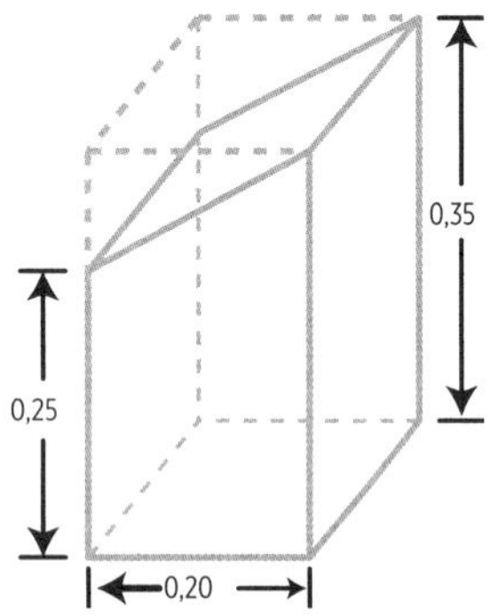

Se a unidade das medidas indicadas na figura é o metro e sabendo que a densidade do aço é 7,9 g/cm^3, então, a massa da peça obtida, em quilogramas, é:

a) 8,76 **d)** 94,8

b) 9,48

c) 87,6 **e)** 125,6

04. (EsPCEx) A figura abaixo representa a planificação de um tronco de cone reto com a indicação das medidas dos raios das circunferências das bases e da geratriz. A medida da altura desse tronco de cone é:

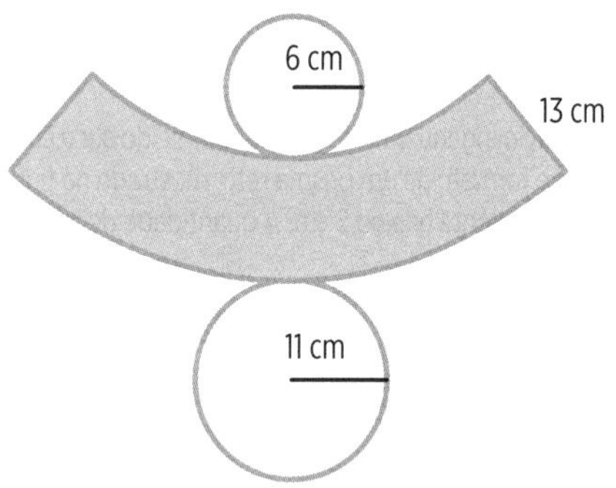

a) 13 cm **d)** 10 cm

b) 12 cm

c) 11 cm **e)** 9 cm

05. (EJA) A pirâmide de Quéops, em Gizé, no Egito, tem aproximadamente $90\sqrt{2}$ metros de altura, possui uma base quadrada e suas faces laterais são triângulos equiláteros. Nessas condições, pode-se afirmar que, em metros, cada uma de suas arestas mede:

a) 90 **d)** 180

b) 120

c) 160 **e)** 200

06. (EsSA) Um tanque subterrâneo tem a forma de um cone invertido. Esse tanque está completamente cheio com 8dm^3 de água e 56dm^3 de petróleo. Petróleo e água não se misturam, ficando o petróleo na parte superior do tanque e a água na parte inferior. Sabendo que o tanque tem 12m de profundidade, a altura da camada de petróleo é:

a) 10m **d)** 7m

b) 9m

c) 8m **e)** 6m

07. (Comperve) Um recipiente cônico foi projetado de acordo com o desenho ao lado, no qual o tronco do cone foi obtido de um cone de altura igual a 18 cm.

O volume desse recipiente, em cm3, é igual a:

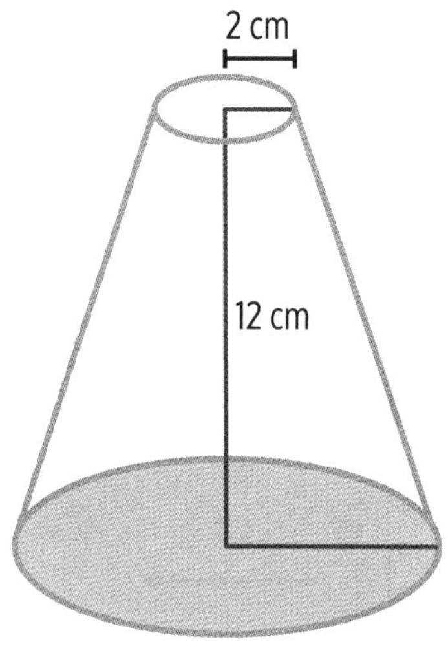

a) 216π **c)** 224π

b) 208π **d)** 200π

08. (FCC) A figura mostra os retângulos A e B, que representam, respectivamente, as planificações das superfícies laterais dos cilindros circulares retos A e B, ambos de mesma altura.

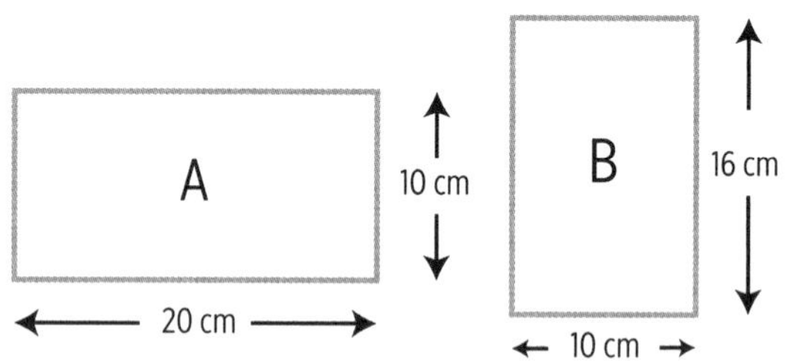

Em relação aos volumes dos dois cilindros, é correto afirmar que o volume do cilindro:

a) B supera em $\dfrac{390}{\pi}$ cm^3 o volume do cilindro A.

b) B supera em $\dfrac{156}{\pi}$ cm^3 o volume do cilindro A.

c) A supera em $\dfrac{144}{\pi}$ cm^3 o volume do cilindro B.

d) A supera em $\dfrac{250}{\pi}$ cm^3 o volume do cilindro B.

e) A supera em $\dfrac{360}{\pi}$ cm^3 o volume do cilindro B.

09. (AlfaCon) Em um cubo de aresta a, a distância entre um vértice e o centro da face oposta é igual a:

a) $\frac{a\sqrt{6}}{2}$

b) $\frac{a\sqrt{6}}{2}$

c) $\frac{a\sqrt{6}}{3}$

d) $\frac{a\sqrt{6}}{3}$

e) $\frac{a\sqrt{2}}{2}$

10. (FIP) O volume de uma pirâmide regular de base quadrada é igual a 8 cm3 e a aresta da base é igual a 2 cm. Aumentando a altura em 3 cm, qual é o valor da aresta lateral da pirâmide regular de base quadrada obtida?

a) $\sqrt{35}$ cm.
b) $\sqrt{51}$ cm.
c) $\sqrt{83}$ cm.
d) $\sqrt{91}$ cm.
e) $\sqrt{107}$ cm.

Gabaritos

01	E	06	E
02	A	07	B
03	D	08	E
04	B	09	A
05	D	10	C

9. ESTATÍSTICA DESCRITIVA

9.1 Conceitos Básicos

Estatística

A Estatística compreende os métodos científicos utilizados para coleta, organização, resumo, apresentação e análise, ou descrição, de dados de observação. Também abrange métodos utilizados para tomadas de decisões sob condições de incerteza.

Estatística Descritiva

Inclui as técnicas empregadas para coleta e descrição de dados. Também é empregada na análise exploratória de dados.

Estatística Inferencial

Utiliza informações incompletas para tomar decisões e tirar conclusões satisfatórias. O alicerce das técnicas de estatística inferencial está no cálculo de probabilidades. As duas técnicas de estatística inferencial são: estimação e teste de hipóteses.

População

Emprega-se para designar um conjunto de indivíduos que possuem pelo menos uma característica, ou atributo, em comum.

Amostra

Refere-se a qualquer subconjunto de uma população. A amostragem é uma das etapas mais importantes na aplicação de métodos estatísticos e envolve aspectos como determinação do tamanho da amostra, metodologia de formação e representatividade da amostra com relação à população.

Variável

É usada para atribuição dos valores correspondentes aos dados observados. É importante ressaltar que os dados em questão não são necessariamente numéricos, uma vez que podem dizer respeito a atributos qualitativos observados na população.

Censo

É um conjunto de dados obtidos de todos os membros da população.

Experimento Aleatório

Fenômeno que, quando repetido inúmeras vezes em processos semelhantes, possui resultados imprevisíveis. As variáveis podem ser quantitativas (discreta ou contínua) ou qualitativas (nominal ou ordinal).

Quantitativa discreta: pode assumir apenas alguns valores.

Ex.: Núm**ero de filhos.**

Quantitativa contínua: pode assumir infinitos valores.

Ex.: Peso, altura.

Qualitativa nominal: apenas identifica as categorias.

Ex.: Gênero (feminino e masculino).

Qualitativa ordinal: podem-se ordenar as categorias.

Ex.: Grau de instrução.

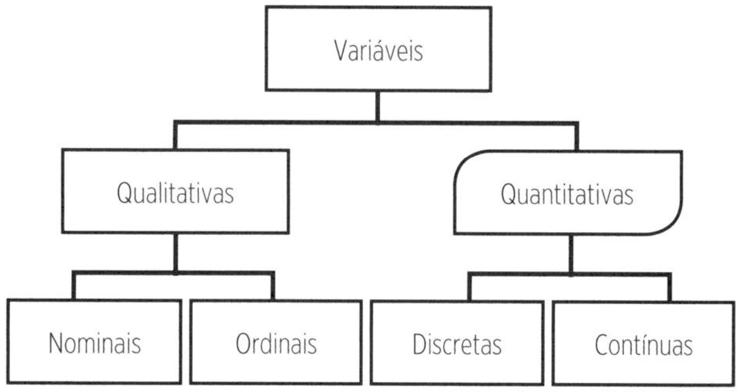

9.2 Apresentação dos Dados

A apresentação dos dados pode ocorrer basicamente de três maneiras:

> Dados Isolados
> Dados Ponderados
> Dados Agrupados

Dados Isolados: representam os dados na forma bruta.

Ex.: 2, 2, 3, 5, 7, 8, 8, 9

Dados Ponderados: consistem em uma tabela que contém, para cada valor observado, o número de vezes que ele ocorre (frequência), mas não se pode saber a quem corresponde cada valor. **Ex.:**

Nota	Frequência
0	2
1	1
1,5	1
2	2
2,5	1
3,5	2
4	3
4,5	3
5	5
5,5	2
6	3
6,5	2
7	3
8	1
8,5	1
Total	**32**

Dados agrupados: apenas para dados quantitativos. É uma tabela que contém divisões da variável em estudo (intervalos), em que é observado o número de vezes que ocorrem os valores contidos nestes intervalos. **Ex.:**

Intervalo de Nota	Frequência
0 ⊢ 2	4
2 ⊢ 4	5
4 ⊢ 6	13
6 ⊢ 8	8
8 ⊢ 10	2
Total	32

Dados Brutos

Trata-se da designação para um conjunto de dados não ordenados.

Ex.: 42, 41, 58, 50, 41, 42, 41, 60, 43, 44, 46, 45, 57, 46, 50, 51, 52, 60, 54, 58.

Rol

É um conjunto de dados ordenados.

Ex.: 41, 41, 41, 42, 42, 43, 44, 45, 46, 46, 50, 50, 51, 52, 54, 57, 58, 58, 60, 60.

Tabelas

Servem para organizar e apresentar os dados coletados, por meio das variáveis, no sentido de facilitar a sua interpretação. Os dados obtidos por meio das variáveis também podem ser organizados no ROL, que consiste em colocar os dados em ordem crescente, mesmo que estes sejam ou estejam repetidos.

Ex.: Quantidade de alunos matriculados no Empresa X.

Tabela 01 Quantidade de alunos matriculados por curso na Empresa X	
Curso	**Número de Alunos**
Polícia Federal	250
DEPEN	150
INSS	350
Receita Federal	250

Obs.: ROL: 150, 250, 250, 350.

Tabela de Frequência

A tabela de frequência serve para organizar dados. A frequência absoluta (F.A) é o valor real do dado e a frequência relativa (F.R) é o valor em porcentagem quando comparado ao total.

Ex.: As idades dos alunos de uma sala são: 12, 13, 13, 14, 11, 12, 15, 14, 13, 14, 15, 11, 12, 13, 13, 13, 15, 12, 12, 13. Ao organizar no ROL e na tabela de frequência, como fica?

No ROL fica: 11, 11, 12, 12, 12, 12, 12, 13, 13, 13, 13, 13, 13, 13, 14, 14, 14, 15, 15, 15.

Na tabela, fica:

Tabela 02			
Idade	**F.A**	**F.R (%)**	**Frequência Acumulada**
11	2	10	2
12	5	25	7
13	7	35	14
14	3	15	17
15	3	15	20
TOTAL	20	100	

Tipos de Frequência

Geralmente, dados isolados são agrupados na forma de tabelas de frequência, que consistem em dados ponderados ou agrupados. Existem quatro tipos de frequência:

- Frequência Absoluta Simples (fi);
- Frequência Relativa Simples (fri);
- Frequência Acumulada (Fi);
- Frequência Acumulada Relativa (Fri).

Ex.: 0, 2, 1, 2, 3, 1, 2, 2, 3, 4

x	f_i	f_{ri}	F_i	F_{ri}
0	1	1/10 = 10%	1	10%
1	2	2/10 = 20%	3	30%
2	4	4/10 = 40%	7	70%
3	2	2/10 = 20%	9	90%
4	1	1/10 = 10%	10	100%
Σ	10	1 = 100%	-	-

Gráficos

Servem para representar e apresentar os dados coletados. Os gráficos podem ser em barra, coluna, setores ***(pizzas)***, linhas, dentre outros.

Barras

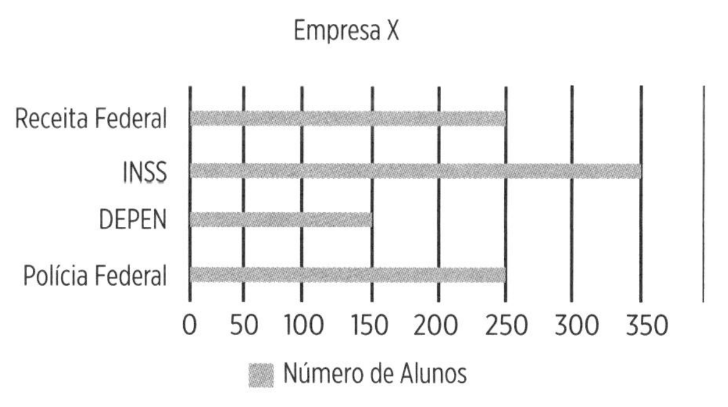

Colunas

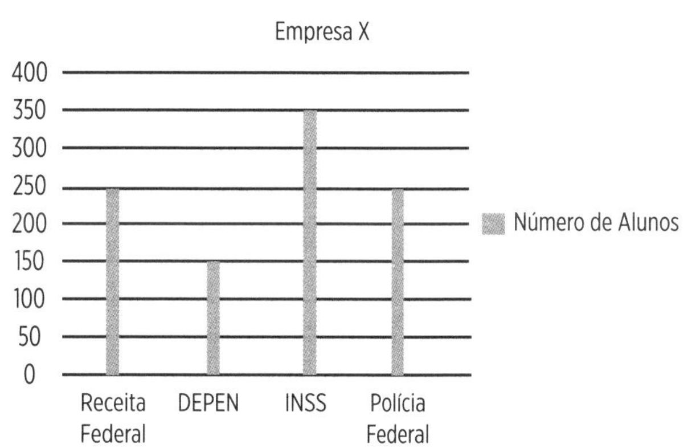

Setores

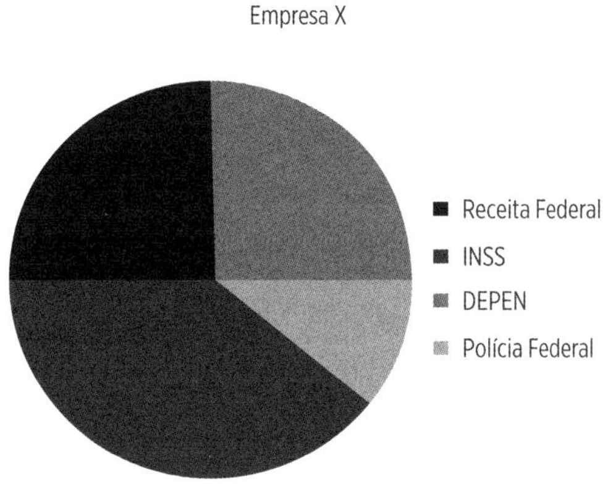

Linhas

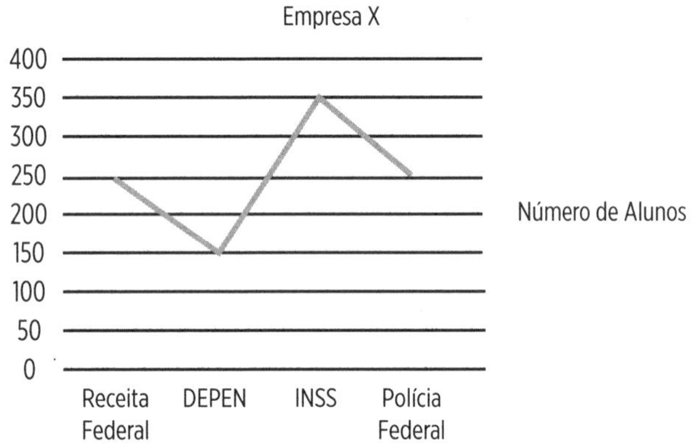

Diagrama de Ramos e Folhas

Há ainda outra forma de apresentação de dados que tem sido explorada frequentemente em provas: o diagrama de ramos e folhas.

Em um diagrama de ramos e folhas cada número é separado em um ramo e uma folha

Vejamos alguns exemplos:

Ex. 1: Consideramos a tabela de dados a seguir:

155	159	144	129	105	145	126	116	130	114	122	112	142	126
118	118	108	122	121	109	140	126	119	113	117	118	109	119
139	139	122	78	133	126	123	145	121	134	119	132	133	124
129	112	126	148	147									

Representação dos dados no diagrama de ramos e folhas:

Chave: 15|5=155

Ponto discrepante: 7 | 8

Ramos	Folhas
7	8
8	
9	
10	5 8 9 9 9
11	2 2 2 3 4 6 7 8 8 8 9 9 9
12	1 1 2 2 2 3 4 4 6 6 6 6 6 9 9
13	0 2 3 3 4 9 9
14	0 2 4 5 5 7 8
15	5 9

Ex. 2: Construir o diagrama de ramos e folhas dos seguintes dados:

56, 62, 63, 65, 65, 65, 68, 70, 72

Unidade das Folhas - 1

Ramos	Folhas
5	6
6	235558
7	02

As folhas contêm o último dígito, e os ramos contêm os restantes em sequência (mesmo que alguns ramos fiquem sem folhas).

9.3 Distribuição de Frequências

Uma distribuição de frequência é um método de agrupar dados em classes de modo a fornecer a quantidade (e/ou a percentagem) de dados em cada classe.

Uma distribuição de frequência (absoluta ou relativa) pode ser apresentada em tabelas ou gráficos.

Intervalo de Classe

Os limites de cada classe podem ser definidos de quatro modos distintos, mostrados a seguir.

01. Intervalo "exclusive - exclusive" ——
02. Intervalo "inclusive - exclusive" ⊢—
03. Intervalo "inclusive - inclusive" ⊢—⊣
04. Intervalo "exclusive - inclusive" —⊣

Distribuição de Frequência (sem intervalos de classe)

É a simples condensação dos dados conforme as repetições de seus valores. **Ex.:**

Dados	Frequência
41	3
42	2
43	1
44	1
45	1
46	2
50	2
51	1
52	1
54	1
57	1
58	2
60	2
Total	20

Distribuição de Frequência (com intervalos de classe)

Quando o tamanho da amostra é elevado é mais racional efetuar o agrupamento dos valores em vários intervalos de classe.

Classes	Frequências
41 ⊢ 45	7
45 ⊢ 49	3
49 ⊢ 53	4
53 ⊢ 57	1
57 ⊢ 61	5
Total	20

Elementos de uma Distribuição de Frequência (com intervalos de classe)

Classe: corresponde aos intervalos de variação da variável e é simbolizada por **i**; e o número total de classes é simbolizado por **k**.

Ex.: Na tabela anterior k=5 e 49 ⊢ 53 é a 3ª classe, em que **i**=3.

Limites de classe: são os extremos de cada classe. O menor número é o limite inferior de classe (li) e o maior número, limite superior de classe (Li).

Ex.: Em 49 ⊢ 53 l3= 49 e L3= 53

Amplitude do intervalo de classe: é obtida por meio da diferença entre o limite superior e inferior da classe e é simbolizada por

$$hi = Li - li$$

Ex.: na tabela anterior h_i= 53 - 49 = 4.

Obs.: Na distribuição de frequência com classe o $\mathbf{h_i}$ será igual em todas as classes.

Amplitude total da distribuição (AT): é a diferença entre o limite superior da última classe e o limite inferior da primeira classe.

$$AT = L_{(max)} - l_{(min)}$$

Ex.: Na tabela anterior AT = 61 - 41= 20.

Amplitude total da amostra (AA): é a diferença entre o valor máximo e o valor mínimo da amostra (ROL). em que $AA = X_{máx} - X_{mín}$. Em nosso exemplo, $AA = 60 - 41 = 19$.

Obs.: **AT** sempre será maior que AA.

Ponto médio de classe (Xi): é o ponto que divide o intervalo de classe em duas partes iguais.

$$Xi = \frac{Li + Ll}{2}$$

Em que:

Li: limite inferior da classe.

Ll: limite superior da classe.

X3: Ponto médio da 3ª classe.

Ex.: Em 49 ⊢ 53 o ponto médio x3 = (53+49)/2 = 51.

Representações Gráficas

As distribuições de frequências podem ser representadas por meio de três tipos de gráficos, não mutuamente exclusivos.

Histograma

É formado por um conjunto de retângulos justapostos, cujas bases se localizam sobre o eixo horizontal, de tal modo que seus pontos médios coincidam com os pontos médios dos intervalos de classe. A área de um histograma é proporcional à soma das frequências simples ou absolutas.

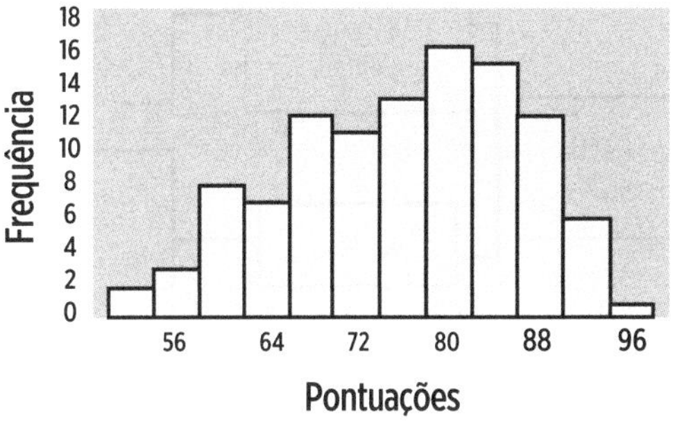

Polígono de Frequências

É um gráfico em linha, sendo as frequências marcadas sobre perpendiculares ao eixo horizontal, levantadas pelos pontos médios dos intervalos de classe. Para realmente obtermos um polígono (linha fechada), devemos completar a figura, ligando os extremos da linha obtida aos pontos médios da classe anterior à primeira, e da posterior à última da distribuição.

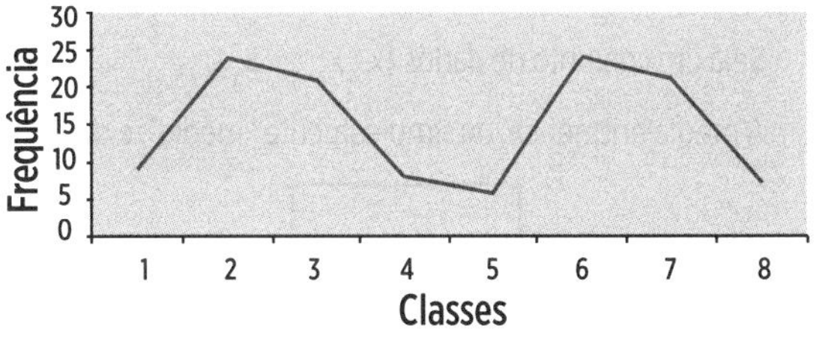

Obs.: é importante notar que tanto o histograma quanto o polígono de frequência indicam a frequência absoluta de cada classe.

Curva de Frequências

Enquanto o polígono de frequência nos dá a imagem real do fenômeno estudado, a curva de frequência nos dá a imagem tendencial. O polimento (geometricamente, corresponde à eliminação dos vértices da linha poligonal) de um polígono de frequência nos mostra o que seria tal polígono com um número maior de dados em amostras mais amplas.

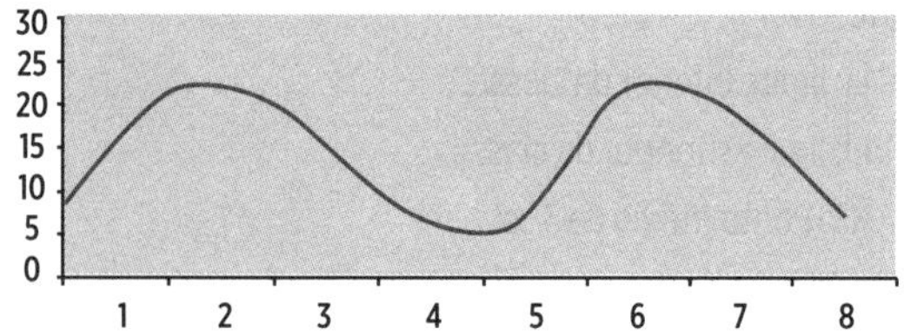

9.4 Medidas de Tendência Central ou de Posição

São medidas utilizadas principalmente para a descrição de dados. As principais medidas de posição são a média aritmética, a mediana e a moda.

O esquema a seguir resume a classificação das Medidas de Tendência Central ou de Posição:

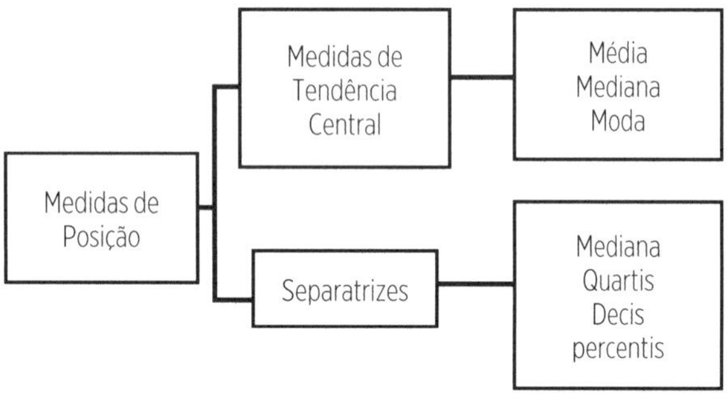

Na sequência, calcularemos as medidas de tendência central ou de posição para três possibilidades a seguir:

> 1º - para dados não agrupados;

> 2º - para dados agrupados sem intervalos de classes; e

> 3º - para dados agrupados com intervalos de classes.

Média Aritmética ($\bar{x}$)

Para Dados Não Agrupados

Seja um conjunto de dados $\{x_1, x_2, \ldots, x_n\}$.

A média aritmética, ou simplesmente "média", é dada por:

$$\bar{x} = \sum_{i=1}^{n} x_i$$

Ex.: Seja o conjunto {2, 4, 3, 5, 6, 2, 5}.

Então, a média aritmética é:

$$\bar{x} = \frac{2+4+3+5+6+2+5}{7} = 3{,}8571$$

Obs.: a notação $\bar{x}$ é empregada para representar a média de uma amostra de valores. A média da população costuma ser representada pela letra grega μ (mi).

Para Dados Agrupados sem Intervalos de Classes

Para dados agrupados em distribuições de frequências, calcula-se a média ponderada, sendo que a frequência observada para cada valor é o peso dele, então a média aritmética é dada por:

$$\bar{x} = \frac{\sum_{i=1}^{k} x_i f_i}{\sum_{i=1}^{k} f_i}$$

Ex.: Considerando a distribuição:

x	f_1
2	1
4	3
5	2

$$\bar{x} = \frac{2\cdot 1+4\cdot 3+5\cdot 2}{1+3+2} = \frac{2+12+10}{6} = 6$$

Para Dados Agrupados com Intervalos de Classes

Consideramos a seguinte tabela que representa o tempo de utilização de um aparelho de ginástica de uma academia pelos seus usuários:

Tempo de Utilização (em minutos)	Frequência Absoluta
1 ⊢ 4	18
4 ⊢ 7	108
7 ⊢ 10	270
10 ⊢ 13	150
13 ⊢ 16	54
Total	600

Seja x_i o ponto médio de um determinado intervalo.

Tempo de Utilização (em minutos)	Ponto Médio	Frequência Absoluta	Frequência Relativa
1 ⊢ 4	2,5	18	18/600 = 0,03
4 ⊢ 7	5,5	108	108/600 = 0,18
7 ⊢ 10	8,5	207	270/600 = 0,45
10 ⊢ 13	11,5	150	150/600 = 0,25
13 ⊢ 16	14,5	54	54/600 = 0,09

O tempo médio de utilização do aparelho é dado por:

$$\bar{x} = \frac{18\cdot 2{,}5+108\cdot 5{,}5+270\cdot 11{,}5+54\cdot 14{,}5}{600}$$

$$\bar{x} \cong 9{,}07 \text{ minutos}$$

Propriedades da Média Aritmética

P1: se a cada x_i (i = 1, 2, ..., n) **adicionarmos** uma constante real ***k***, a média aritmética fica **adicionada** de ***k*** unidades.

P2: se **multiplicarmos** cada x_i (i = 1, 2, ..., n) por uma constante real ***k***, a média aritmética fica **multiplicada** por ***k***.

Outros Tipos de Média

Podemos definir outros tipos de média de um conjunto de dados, tais como:

> Média Aritmética Ponderada;
> Média Geométrica;
> Média Harmônica; e
> Média das Médias.

Média Aritmética Ponderada

A média aritmética ponderada é calculada por meio do somatório das multiplicações entre valores e as frequências desses valores divididas pelo somatório dessas frequências.

Ex.: Notas de um aluno.

Nota	Peso
7,0	1
6,0	2
8,0	3
7,5	4

A média ponderada é:

$$\frac{7,0 \cdot 1 + 6,0 \cdot 2 + 8,0 \cdot 3 + 7,5 \cdot 4}{1+2+3+4} = \frac{73}{10} = 7,3$$

Média Geométrica (G)

A média geométrica é definida como n-ésima raiz (em que n é a quantidade de termos) da multiplicação dos termos.

Calcular a média geométrica entre os valores 2 e 8.

$$G = \sqrt{2 \cdot 8} = \sqrt{16} = 4$$

Média Harmônica (H)

A média harmônica H dos números reais positivos $x_1,...,x_n > 0$ é definida como sendo o número de membros dividido pela soma do inverso dos membros.

Calcular a média harmônica entre os valores 2 e 8.

$$H = \frac{2}{\frac{1}{2}+\frac{1}{8}} = \frac{2}{\frac{5}{8}} = 2 \cdot \frac{8}{5} = \frac{16}{5} = 3,2$$

Para um conjunto de observações não negativas, vale a seguinte relação:

$$\overline{X} \geq G \geq H$$

Média das Médias (Média Global)

Sejam os conjuntos A com valores, B com valores, ..., e K com valores. Se A tem média , B tem média , ..., e K tem média , então a média do conjunto maior, que é formado pela reunião de todos os elementos dos conjuntos A, B, ..., K em um único conjunto, é dada por:

$$\overline{x} = \frac{n_A \overline{x}_A + n_B \overline{x}_A + ... \; n_K \overline{x}_K}{n_A + n_B + ... \; n_K}$$

Ex.: Em uma empresa, há 400 homens e 100 mulheres. Os salários médios pagos aos empregados dos gêneros masculinos e femininos são de R$ 2550,00 e 2480,00, respectivamente. Calcule a média global dos salários.

$$\overline{x} = \frac{n_H \overline{x}_H + n_M \overline{x}_M}{n_H + n_M}$$

$$= \frac{400 \text{ x } 2550 + 100 \text{ x } 2480}{400 + 100} = 2536$$

Mediana (M_e)

É uma medida de tendência central que indica exatamente o valor central de uma amostra de dados.

Observações:

> os valores da amostra devem ser colocados em ordem crescente;
> se a quantidade de valores da amostra for ímpar, a mediana é o valor central da amostra; e
> se a quantidade de valores da amostra for par, é preciso tirar a média dos valores centrais para calcular a mediana.

Para Dados Não Agrupados

Ex.: 1:

3 - 4 - 9 - 6 - 3 - 8 - 2 - 4 - 5 - 6

M_e = 2 - 3 - 3 - 4 - **4 - 5** - 6 - 6 - 8 - 9

$M_e = \frac{4+5}{2} = \frac{9}{2} = \mathbf{4,5}$

Ex.: 2:

4 - 5 - 7 - 2 - 9

M_e = 2 - 4 - **5** - 7 - 9

M_e = **5**

Para Dados Agrupados sem Intervalos de Classes

O valor que divide a distribuição de frequências em 2 grupos com mesmo número de elementos estará na posição dada por:

$$\boxed{\frac{\sum f_i}{2}}$$

Neste caso basta identificar a frequência acumulada imediatamente superior à metade da soma das frequências:

Ex.: Calcule a Mediana da seguinte distribuição:

X_i	f_i	F_i
0	2	2
1	6	8
2	10	18
3	12	30
4	4	34
	$\sum = 34$	

$$\frac{\sum f_i}{2} = \frac{34}{2} = 17$$

X_i	f_i	F_i
0	2	2
1	6	8
2	10	(18)
3	12	30
4	4	34
	$\sum = 34$	

frequência acumulada imediatamente superior à metade da soma das frequências

$M_e = 2$

Ex.: Calcule a Mediana da seguinte distribuição:

X_i	f_i	F_i
12	1	1
14	2	3
15	1	4
16	2	6
17	1	7
20	1	8
	$\sum = 8$	

Temos que:

$$\frac{\sum f_i}{2} = \frac{8}{2} = 4$$

Neste caso, a mediana será a média aritmética entre o valor da variável correspondente a essa frequência acumulada e o seguinte.

X_i	f_i	F_i
12	1	1
14	2	3
15	1	(4)
16	2	(6)
17	1	7
20	1	8
	$\sum = 8$	

Logo,

$$M_e = \frac{15+16}{2}$$

$M_e = 15{,}5$

Para Dados Agrupados com Intervalos de Classes

Neste caso, devemos seguir os seguintes passos:

- determinar as frequências acumuladas;
- calcular $\Sigma f_i/2$;
- marcar a classe correspondente à frequência acumulada imediatamente à $\Sigma f_i/2$ (classe mediana) e, em seguida, aplicar a seguinte fórmula:

$$M_e = Li + h \cdot \frac{\sum fi / 2 - F_{(ant)}}{f}$$

Legenda:

Li: limite inferior da classe mediana;

$F_{(ant)}$: frequência acumulada da classe anterior à classe mediana;

f: frequência acumulada da classe anterior à classe mediana;

h: amplitude do intervalo da classe mediana.

Calcule a Mediana da seguinte distribuição:

Classes	f_i
150 ⊢ 154	4
154 ⊢ 158	9
158 ⊢ 162	11
162 ⊢ 166	8
166 ⊢ 170	5
170 ⊢ 174	3
	$\sum = 40$

1º Passo: determinar as frequências acumuladas

Classes	f_i	F_i
150 ⊢154	4	14
154 ⊢158	9	13
158 ⊢162	11	24
162 ⊢166	8	32
166 ⊢170	5	37
170 ⊢174	3	40
	$\sum = 40$	

frequência acumulada (← F_i)

2º Passo: calcular $\frac{\sum fi}{2}$

$$\frac{\sum fi}{2} = \frac{40}{2} = 20$$

3º Passo:

h=4 $F_{(ant)}$

Classes	f_i	F_i
150 ⊢154	4	14
154 ⊢158	9	(13) ← $F_{(ant)}$
(158) ⊢162 ← Li	(11) ← f	24 ← **classe mediana**
162 ⊢166	8	32
166 ⊢170	5	37
170 ⊢174	3	40
	$\sum = 40$	

Li f

Logo,

$$Me = Li + h \cdot \frac{\Sigma fi/2 - F_{(ant)}}{f}$$

$$Me = 158 + 4 \cdot \frac{20 - 13}{11}$$

Me = 158 + 2,54

Me = 160,54

Propriedades da Mediana

P1. A mediana não depende de todos os valores observados; além disso, não sofre influência de valores extremos.

P2. Não pode ser aplicada a variáveis nominais.

P3. Adequado quando os dados apresentam grande variabilidade ou distribuição assimétrica, além de valores extremos indefinidos (Ex.: maior do que...).

Moda (M_0)

A moda de uma série de valores é o valor de maior frequência absoluta, ou seja, o valor que aparece o maior número de vezes na distribuição.

Para Dados Não Agrupados

Ex.: 1:

6 - 9 - 12 - 9 - 4 - 5 – 9

$M_o = 9$

Ex.: 2:

12 - 13 - 19 - 13 - 14 - 12 – 16

M_o = 12 e 13 (Bimodal)

Ex.: 3: 4 - 29 - 15 - 13 - 18

M_o = Não há moda (**Amodal),** pois não existe valor mais presente.

Pode haver mais de uma moda em um conjunto de valores. Se houver apenas uma moda, a distribuição é dita Unimodal; se houver duas, é Bimodal; se houver três é Trimodal, e assim sucessivamente.

Para Dados Agrupados sem Intervalos de Classes

Ex.: Consideremos a seguinte distribuição:

x	f_1
2	1
4 ←	(3)
5	2

O valor de frequência máxima é o 4.

Logo, $M_o = 4$.

Para Dados Agrupados com Intervalos de Classes

Neste caso, a classe que apresenta a maior frequência é denominada classe modal. Se os dados de uma variável quantitativa estão dispostos em uma tabela agrupada em classe, e não há acesso aos dados originais, é possível encontrar a Moda por vários procedimentos. São eles:

> Moda Bruta;

> Moda de Pearson;

> Moda Czuber;

> Moda Kink.

Vejamos os exemplos a seguir.

Cálculo da Moda Bruta: é o método mais simples; consiste em tomar como Moda o ponto médio da classe modal.

Ex.: 1: Determine a Moda Bruta da seguinte distribuição:

Altura	f_i
155 ⊢165	3
165 ⊢175	18
175 ⊢185	11
185 ⊢195	9

Altura	f_i	X_i
155 ⊢165	3	160
165 ⊢175	18	170
175 ⊢185	11	180
185 ⊢195	9	190

classe modal

classe modal

$$M_o: \frac{165+175}{2} = 170$$

Cálculo da Moda de Pearson, Czuber e King: para o cálculo da Moda de Pearson, Czuber e King utilizaremos as seguintes fórmulas:

> **Moda de Pearson**:

$$M_o = 3.M_e - 2\overline{x}$$

> **Moda de Czuber**:

$$Mo = Li + h \cdot \frac{F_{\max} - F_{ant}}{2F_{\max} - \left(F_{ant} + F_{post}\right)}$$

> **Moda King:**

$$Mo = Li + h \cdot \frac{F_{post}}{F_{ant} + F_{post}}$$

Legenda:

M_o = Moda;

M_e = Mediana;

$\overline{x}$ = Média;

Li = Limite inferior da classe modal;

h = Intervalo da classe modal;

$F_{máx}$ = Frequência da classe modal;

F_{ant} = Frequência da classe anterior à classe modal;

F_{post} = Frequência da Classe Posterior à classe modal.

Estes três procedimentos são aproximações; a Moda real seria obtida a partir dos dados brutos.

Ex.: 2: Calcule a Moda de Pearson, King e Czuber, da tabela abaixo:

Classes	f_i
0 ⊢10	1
10 ⊢20	3
20 ⊢30	6
30 ⊢40	2

Obs.: Vamos determinar a classe modal:

Classes	f_i
0 ⊢10	1
10 ⊢20	3
20 ⊢30	6
30 ⊢40	2

classe modal

Moda de Pearson

Classes	f_i
0 ⊢10	1
10 ⊢20	3
20 ⊢30	6
30 ⊢40	2

1º Passo: determinar a Mediana (M_e).

Classes	f_i	F_i
0 ⊢10	1	1
10 ⊢20	3	4
20 ⊢30	6	10
30 ⊢40	2	12
		-

Freq. Acumulada

$$M_e = Li + h \cdot \frac{\sum fi - F_{(ant)}}{f}$$

$$M_e = 20 + 10 \cdot \frac{12/2 - 4}{6}$$

$$M_e = 23{,}33$$

2º Passo: calcular a Média.

Classes	f_i	X_i
0 ⊢10	1	5
10 ⊢20	3	15
20 ⊢30	6	25
30 ⊢40	2	35
	$\sum = 12$	

X_i = Ponto médio

$$\overline{x} = \frac{1.5 + 3.15 + 6.25 + 2.35}{12} = \frac{270}{12} = 22{,}5$$

3º Passo: aplicar a fórmula.

$$M_e = 3.M_e - 2\overline{x}$$

$$M_e = 3.23{,}33 - 2(22{,}5) = 25$$

Moda King

Classes	f_i
0 ⊢10	1
10 ⊢20	3
20 ⊢30	6
30 ⊢40	2

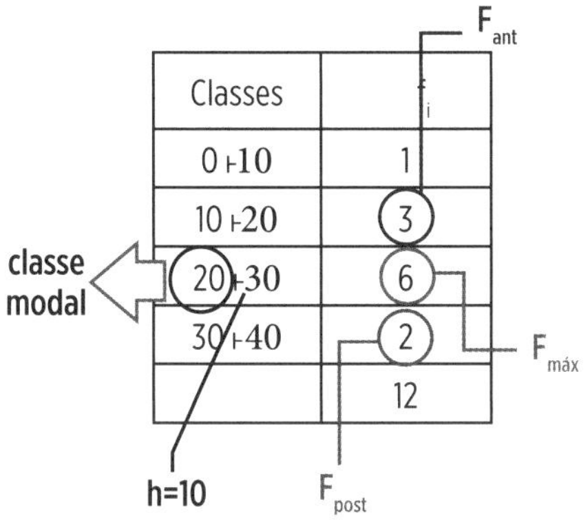

$$Mo = Li + h.\frac{F_{post}}{F_{ant} + F_{post}}$$

$$Mo = 20 + 10.\frac{2}{3+2}$$

$$Mo = 24$$

Moda Czuber

Classes	f_i
0 ⊢10	1
10 ⊢20	3
20 ⊢30	6
30 ⊢40	2

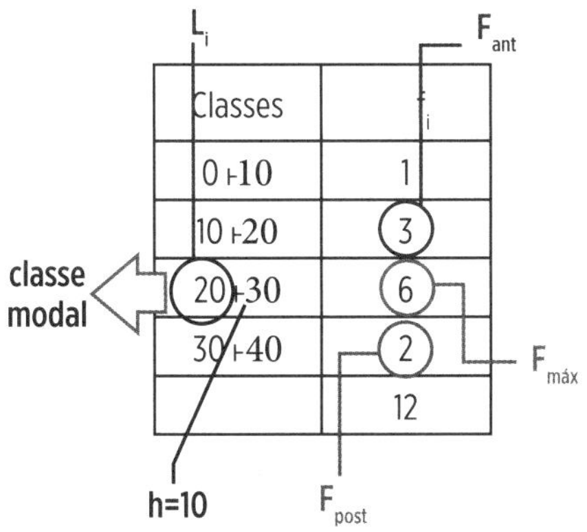

$$Mo = Li + h.\frac{F_{\max} - F_{ant}}{2.F_{\max} - (F_{ant} + F_{post})}$$

$$Mo = 20 + 10.\frac{6-3}{2(6)-(3+2)}$$

$$Mo = 24{,}29$$

A Moda é o ponto de maior probabilidade. Ao contrário da Média e da Mediana, a Moda tem de ser um valor existente no conjunto de dados.

Quando todos os dados de uma série estatística são iguais, a média, a mediana e a moda coincidirão com este valor e, portanto qualquer uma delas representará bem a série.

Separatrizes

As separatrizes são os valores que dividem as séries em partes iguais. As principais medidas separatrizes são: a mediana (já estudada) e os quartis, os decis e os percentis.

Quartis

Chamamos de quartis os valores que dividem a distribuição em 4 partes iguais e podem ser obtidos da seguinte maneira:

Temos três quartis:

1º Quartil (Q1): é o valor que tem 25% dos dados à sua esquerda e o restante (75%) à direita.

2º Quartil (Q2): tem 50% dos dados de cada lado, coincide com a mediana.

3º Quartil (Q3): tem 75% dos dados à sua esquerda e 25% à direita.

Fórmulas

1º Quartil	P = 0,25.(n+1)
2º Quartil	P = 0,50.(n+1)
3º Quartil	P = 0,75.(n+1)

Em que:

n – nº de dados

Ex.: 1 Calcule os quartis da série: {5, 2, 6, 9, 10, 13, 15}.

O primeiro passo a ser dado é o da ordenação (crescente ou decrescente) dos valores:

{2, 5, 6, 9, 10, 13, 15}.

Se n for ímpar, a Mediana é o valor central do rol: 4º número.

O valor que divide a série acima em duas partes iguais é igual a 9, logo a M_d = 9 que será = Q2.

Temos agora {2, 5, 6} e {10, 13, 15} como sendo os dois grupos de valores iguais. Para o cálculo do primeiro quartil e do terceiro quartil, basta calcular as medianas de cada uma das partes.

Em {2, 5, 6} a mediana é 5, ou seja: Q1 = 5 e

Em {10, 13, 15 } a mediana é 13, ou seja:

Q3 = 13

Ex.: 2 Encontre os quartis da série:

{1, 1, 2, 3, 5, 5, 6, 7, 9, 9, 10, 13}

Q2=(5+6)/2=5,5

5,5

↓

{1, 1, 2, 3, 5, 5, 6, 7, 9, 9, 10, 13}

{1, 1, 2, 3, 5, 5}   {6, 7, 9, 9, 10, 13}

Q1={1, 1, 2, 3, 5, 5}   Q3={6, 7, 9, 9, 10, 13}

Q1= (2+3)/2=2,5   Q3= (9+9)/2=9

Portanto, os quartis encontrados foram:

Q1= 2,5

Q2 = 5,5

Q3 = 9

Decis

Chamamos de decis os valores que dividem uma série em 10 partes iguais. Portanto, temos nove decis; o primeiro tem 10% dos dados à sua esquerda, e 90% à sua direita; o segundo tem 20% dos dados à sua esquerda, e 80% à sua direita, e assim por diante, até o nono decil, que tem 90% dos dados à sua esquerda, e 10% à sua direita.

Fórmulas

1º Decil	P = 0,10.(n+1)
2º Decil	P = 0,20.(n+1)
3º Decil	P = 0,30.(n+1)
4º Decil	P = 0,40.(n+1)
5º Decil	P = 0,50.(n+1)
6º Decil	P = 0,60.(n+1)
7º Decil	P = 0,70.(n+1)
8º Decil	P = 0,80.(n+1)
9º Decil	P = 0,90.(n+1)

Em que:

n: nº de dados

Percentis

Chamamos de percentis os 99 valores que separam uma série em 100 partes iguais. O cálculo dos percentis está relacionado com a percentagem. No quadro abaixo são mostrados alguns percentis:

Fórmulas

4º Percentil (P_4)	P = 0,04.(n+1)
12º Percentil (P_{12})	P = 0,12.(n+1)
20º Percentil (P_{50})	P = 0,20.(n+1)

Em que:

n: nº de dados

Cálculos das Separatrizes para Dados Agrupados com Intervalos de Classes

Para determinar os **quartis**, utilizaremos as seguintes fórmulas:

$$Q1 = Li + h.\frac{1.\sum fi / 4 - F_{(ant)}}{f}$$

$$Q2 = Li + h.\frac{2.\sum fi / 4 - F_{(ant)}}{f}$$

$$Q3 = Li + h.\frac{3.\sum fi / 4 - F_{(ant)}}{f}$$

Legenda:

Li = Limite inferior da classe quartílica;

h = Intervalo de classe;

f = Frequência simples da classe quartílica;

$F_{(ant)}$ = Frequência acumulada da classe anterior à classe quartílica.

As expressões:

1. Σ fi/4, 2. fi/4 e 3. fi/4 servem também para determinar a Classe Quartílica.

Vejamos o exemplo a seguir:

Consideremos a seguinte distribuição de frequências em classe:

Classes	f_i
150 ⊢154	4
154 ⊢158	9
158 ⊢162	11
162⊢ 166	8
166 ⊢170	5
170⊢174	3
	$\sum = 40$

Vamos determinar a Frequência acumulada:

Classes	f_i	F_i ⇐ **Freq. acumulada**
150 ⊢154	4	4
154 ⊢158	9	13
158 ⊢162	11	24
162⊢ 166	8	32
166 ⊢170	5	37
170⊢174	3	40
	$\sum = 40$	

Vamos calcular o Q1, Q2 e Q3:

1º Quartil (Q1):

$$Q1 = Li + h.\frac{1.\sum fi/4 - F_{(ant)}}{f}$$

1º Passo: determinar a classe quartílica para o Q1:

1.Σ fi/4 = 1. 40/4 = **10**

Classes	f_i	F_i
150 ⊢ 154	4	(4)
154 ⊢ 158	9	13
158 ⊢ 162	11	24
162 ⊢ 166	8	32
166 ⊢ 170	5	37
170 ⊢ 174	3	40
	$\sum = 40$	

Frequência acumulada anterior à classe quartílica (4)

classe quartílica (154 ⊢ 158)

Logo, $Q1 = 154 + 4.\frac{(10-4)}{9}$

Q1 = 156,66...

2º Quartil (Q2):

$$Q2 = Li + h.\frac{2.\sum fi/4 - F_{(ant)}}{f}$$

1º Passo: determinar a classe quartílica para o Q2:

2.Σ fi/4 = 2 . 40/4 = **20**

Classes	f_i	F_i
150 ⊢ 154	4	4
154 ⊢ 158	9	(13)
158 ⊢ 162	11	24
162 ⊢ 166	8	32
166 ⊢ 170	5	37
170 ⊢ 174	3	40
	$\sum = 40$	

Frequência acumulada anterior à classe quartílica (13)

classe quartílica (158 ⊢ 162)

$$Q2 = 158 + 4.\frac{(20-13)}{11}$$

Q2 = 160,5454...

3º Quartil (Q3):

$$Q3 = li + h.\frac{3.\sum fi/4 - F_{(ant)}}{f}$$

1º Passo: determinar a classe quartílica para o Q3:

3.Σ fi/4 = 3 . 40/4 = **30**

Classes	f_i	F_i
150 ⊢ 154	4	4
154 ⊢ 158	9	13
158 ⊢ 162	11	(24)
162 ⊢ 166	8	32
166 ⊢ 170	5	37
170 ⊢ 174	3	40
	$\sum = 40$	

Frequência acumulada anterior à classe quartílica (24)

classe quartílica (162 ⊢ 166)

$$Q3 = 162 + 4.\frac{(30-24)}{8}$$

Q3 = 165

Analogamente, para calcular os Decis e os Percentis de uma distribuição, adaptamos as fórmulas utilizadas anteriormente para o cálculo dos *Quartis*, conforme o disposto a seguir:

Para os Decis:

$$Dn = Li + h.\frac{n.\sum fi/10 - F_{(ant)}}{2}$$

Para os Percentis:

$$P_n = Li + h.\frac{n\sum fi/100 - F_{ant}}{f}$$

Vejamos o seguinte exemplo:

Consideremos a seguinte distribuição de frequências em classe:

Classes	f_i
150 ⊢ 154	4
154 ⊢ 158	9
158 ⊢ 162	11
162 ⊢ 166	8
166 ⊢ 170	5
170 ⊢ 174	3
	$\sum = 40$

Determine o 1º Decil (D1) e o 90º Percentil (P90).

1º Decil (D1):

1º Passo: determinar a classe quartílica para o Q1:

1.Σ fi/10 = 1. 40/10 = **4**

Classes	f_i	F_i
150 ⊢ 154	4	4
154 ⊢ 158	9	13
158 ⊢ 162	11	24
162 ⊢ 166	8	32
166 ⊢ 170	5	37
170 ⊢ 174	3	40
	$\sum = 40$	

$$D_n = Li + h.\frac{n.\sum fi/10 - F_{(ant)}}{f}$$

$$D_1 = 150 + 4\frac{[4-0]}{4}$$

$$D_1 = 154$$

90º Percentil (P90):

1º Passo: Determinar a classe quartílica para o Q1:

90.Σ fi/100 = 90. 40/100 = **36**

$$P_n = Li + h.\frac{n\sum fi/100 - F_{(ant)}}{f}$$

$$P_{90} = 166 + 4.\frac{(90 \cdot 40/100 - 32)}{5}$$

$$P_{90} = 169{,}2$$

No caso da Mediana, vimos que ela divide o conjunto em duas metades. Já o Quartil, separa o conjunto em quatro partes iguais; o Decil, em dez partes e, finalmente, o Centil (ou Percentil), em cem partes iguais! Observemos esta relação visual entre as separatrizes:

```
!------------------!------------------!
                   Md

!---------!---------!---------!---------!
          Q1        Q2        Q3

!---!---!---!---!---!---!---!---!---!---!
    D1  D2  D3  D4  D5  D6  D7  D8  D9

!---!---!---!---!---!---!---!---!---!---!
   C10 C20 C30 C40 C50 C60 C70 C80 C90
```

Com isso, concluímos que:

Md = Q2 = D5 = C50

Questões

01. (Esaf) A coleta de dados do município, relativa ao ensino fundamental, apresentou a seguinte composição etária:

Faixa etária	Masculino	Feminino
Até 06 anos	9.000	10.200
De 07 a 08 anos	10.000	9.300
De 09 a 10 anos	8.000	8.500
De 11 a 12 anos	7.000	5.500
De 12 a 14 anos	5.000	3.500
De 15 a 18 anos	3.000	2.500
Acima de 18 anos	1.000	1.500
Total	43.000	41.000

Com base nos dados acima, temos as seguintes sentenças:

I. A Moda está na faixa etária até os 06 anos.

II. A Média de alunos está na faixa etária de 12 a 14 anos.

III. A Mediana é superior à média.

Apontando nos 3 (três) itens acima como V - Verdadeiro e F - Falso, a opção correta é:

a) V, V, V
b) V, F, V
c) F, V, F
d) F, F, F
e) V, V, F

02. (FCC) Considere a tabela abaixo, que mostra a distribuição de salários (em reais) de 160 funcionários de determinada empresa, com suas respectivas frequências relativa acumuladas.

Classes em reais	Frequência relativa acumulada (%)
[600,100]	10
[1000,1400]	30
[1400,1800]	70
[1800,2200]	95
[2200,2600]	100

O valor modal dos salários (desprezando os centavos), é:

a) 1784
b) 1666
c) 1648
d) 1636
e) 628

03. (Esaf) Determine a mediana do seguinte conjunto de dados:

58, 95, 17, 44, 63, 9, 57, 21, 88, 12, 31, 28, 73, 5 e 56.

a) 28
b) 31
c) 44
d) 50
e) 56

04. (FCC) O valor da moda, obtida com a utilização da fórmula de Czuber, é igual a (desprezar os centavos na resposta):

Salários dos empregados da empresa XYZ em dezembro de 2005	
Salário (R$)	**Frequências Simples Absolutas**
1 000.00 ⊢ 2 000.00	2
2 000.00 ⊢ 3 000.00	8
3 000.00 ⊢ 4 000.00	16
4 000.00 ⊢ 5 000.00	10
5 000.00 ⊢ 6 000.00	4

Dados:

$$Moda = L_i + h\frac{Z_{\max} - Z_{ant}}{2 \cdot Z_{\max} - (Z_{ant} + Z_{post})}$$

Em que:

L_i = Limite inferior da classe modal;

h = Intervalo de classe modal;

$Z_{máx}$ = Frequência da classe modal;

Z_{ant} = Frequência da classe anterior à classe modal;

Z_{post} = Frequência da classe posterior à classe modal.

a) R$ 3.201,00
b) R$ 3.307,00
c) R$ 3.404,00
d) R$ 3.483,00
e) R$ 3.571,00

05. (FGV) A média, a mediana e a variância das idades de um grupo de vinte pessoas são, hoje, iguais, respectivamente, a 34, 35 e 24. Daqui a dez anos, os valores da média, da mediana e da variância das idades dessas pessoas serão, respectivamente:

a) 44, 35 e 34
b) 44, 45 e 12
c) 44, 45 e 24
d) 34, 35 e 12
e) 44, 45 e 124

06. (Esaf) Para um conjunto determinado de números positivos temos: X como a média aritmética, G como a média geométrica e H como a média harmônica, podemos afirmar que:

a) X menor ou igual a G menor ou igual a H.
b) G maior do que X maior do que H.
c) X menor ou igual a H menor ou igual a G.
d) H menor ou igual a G menor ou igual a X.
e) H maior do que G maior do que X.

07. (FGV) Em uma repartição, foi tomada uma amostra do número de filhos de 4 funcionários. O resultado foi {2, 1, 4, 2}. A média geométrica simples dessa amostra é

a) 2,25.
b) 1,75.
c) 2.
d) 2,4.
e) 2,5.

08. (Fundatec) A tabela a seguir representa a distribuição de frequências da idade de uma amostra de moradores de um asilo.

X_i	f_i
70 ⊢ 74	7
74 ⊢ 78	19
78 ⊢ 82	13
82 ⊢ 86	11
86 ⊢ 90	6
90 ⊢ 94	4
Total	60

A idade aproximada da mediana é:

a) 78,22.
b) 80,00.
c) 79,38.
d) 78,55.
e) 79,23.

09. (Fundatec) A tabela a seguir representa a distribuição de frequências da idade de uma amostra de moradores de um asilo.

X_i	f_i
70 ⊢ 74	7
74 ⊢ 78	19
78 ⊢ 82	13
82 ⊢ 86	11
86 ⊢ 90	6
90 ⊢ 94	4
Total	60

O valor da moda pelo método de King é:

a) 72,8.
b) 76,6.
c) 80,0.
d) 76,0.
e) 19,0.

10. (Esaf) Considere o diagrama de ramos e folhas abaixo correspondente à sequência de observações (91, 91, ..., 140, 145, 158). Assinale a opção que dá a mediana das observações de X.

9	11
9	9
10	002234
10	57778
11	013
11	66
12	00012
12	558
13	004
13	555
14	0
14	5
15	
15	8

a) 110
b) 120
c) 116
d) 113
e) 111

Gabaritos

01	D	06	D
02	E	07	C
03	C	08	E
04	E	09	B
05	C	10	C

Geografia

Sumário

Sumário

1. ESPAÇO GEOGRÁFICO

Os gregos foram os primeiros a tentar sistematizar o pensamento geográfico, sendo eles os criadores da palavra **geografia**, que significa "escrever sobre a terra".

Durante o século XIX, a Geografia foi considerada uma ciência moderna, mostrando uma forte ligação com o Estado (governos) e com o desenvolvimento da burguesia por meio da revolução industrial.

→ **Nesse contexto, despontam duas escolas geográficas:**

> **Determinismo Geográfico** - escola alemã: define o meio como determinante das condições de vida do ser humano.

> **Possibilismo Geográfico** - escola francesa: difunde a ideia de que o ser humano é capaz de transformar a natureza, adaptando-a às suas necessidades.

Até a década 50 do século XX, a Geografia era uma ciência preocupada com a descrição das paisagens, influenciada pelas experiências vivenciadas pelos seres humanos. As mudanças ocorridas na sociedade pós II Guerra Mundial levam a algumas preocupações de ordem social, econômica que envolviam o mundo.

Nesse momento, surge a Geografia Crítica, que voltou sua atenção a esses questionamentos de caráter global, principalmente a relação das potências mundiais (EUA/URSS) com suas áreas de influência, mas também buscou demonstrar interesse por elementos de nível local, como as condições das pessoas na área urbana, as relações de trabalho impostas pelos capitalistas e os problemas ambientais.

Atualmente, destaca-se a Nova Geografia Cultural. Essa corrente considera a cultura, além de resultado condição da existência humana, um componente do espaço geográfico. É resultado da relação entre os seres humanos, estabelecida cotidianamente pelos grupos sociais.

No passado, a Geografia tinha a preocupação de descrever o espaço dos seres humanos. Hoje, ela procura entender a evolução desse espaço, colocando o ser humano como um ser ativo em plena evolução.

1.1 Espaço, Lugar, Paisagem, Território, Estado-Nação

Espaço Geográfico - é o espaço das relações da sociedade com o meio. É o espaço em construção pelo ser humano, formado pelo aspectos naturais e culturais (humanos) e em contínua mudança.

Lugar - É o espaço onde desenvolvemos nossas relações pessoais e profissionais. Nele, sentimos uma relação de afetividade e de familiarização. No decorrer da nossa vida, o lugar é um espaço em pleno movimento, pois, quando crianças, temos uma relação forte com o nosso quarto, com o parquinho na sala de aula. Ao crescermos em idade, criamos novos lugares, novos significados, novos espaços de afetividade.

Paisagem - A paisagem é uma das categorias da Geografia que combina elementos do presente e do passado. Esses elementos são mais do que um mero olhar, pois resultam das relações entre o ser humano e os elementos naturais que formam o espaço geográfico. O contexto histórico, as questões atuais, os aspectos culturais o modo pelo qual a ação humana interage com esses elementos é que definem a paisagem.

Território - Quando ocorre a concorrência entre dois grupos ou mais pelo espaço, o lugar pode dar origem ao território ou seja, quando falamos em território, estamos nos referindo a um espaço de relação de poder, onde encontramos quem domina e quem é dominado.

Perda de Território Palestino - 1946/2010

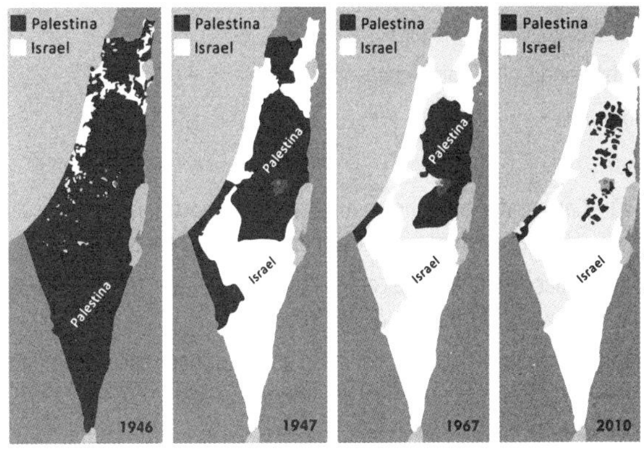

Estado-Nação - Para que se constitua um Estado, é necessário que haja território e povo (nação), os indivíduos que formam o povo com características culturais comuns. O Estado-Nação se constitui de poder econômico (soberania territorial) e poder político (leis e governo próprios).

Questões

01. Qual o objeto de estudo da Geografia?

a) Interpretação de Mapas.

b) Descrição dos Lugares.

c) Observação da Paisagem.

d) Estudo do Espaço Geográfico.

e) Saber todos os nomes de países e capitais.

02. Assinale a opção correta em relação ao conceito de Paisagem.

a) Paisagem representa o que ouvimos de um determinado lugar.

b) Paisagem é uma fotografia de um lugar só com características naturais.

c) Paisagem é o que vemos e observamos de um lugar.

d) Paisagem geográfica é apenas um quadro bonito de um lugar.

e) Paisagem representa apenas os aspectos sociais e humanizados de um determinado lugar.

03. A seguir, você observará um fragmento da canção "Samba do Avião". Interprete-o, de modo a perceber qual categoria geográfica encontra-se presente nos versos:

Samba do avião

Composição: Antônio Carlos Jobim

Eparrê

Aroeira beira de mar

[...]

Vejo o Rio de Janeiro
Estou morrendo de saudades
Rio, seu mar
Praia sem fim
[...]
Este samba é só porque
Rio, eu gosto de você
A morena vai sambar
Seu corpo todo balançar
[...]
Aperte o cinto, vamos chegar
Água brilhando, olha a pista chegando
E vamos nós
Pousar...

a) Cartografia: o trecho da música citada mostra aspectos visuais do espaço geográfico que podemos representar em mapas.
b) Espaço geográfico: a composição mostra aspectos do Universo que vivemos, ou seja, nosso Espaço Sideral.
c) Paisagem: a partir da dimensão do perceptível, que é delimitado pela visão, o compositor descreve o seu lugar.
d) Região: os recortes espaciais abordados na canção trazem implícita a ideia de particularidade e agrupam elementos semelhantes entre si.
e) Território: na composição, o autor aborda as territorialidades disputadas por grupos sociais diferentes.

04. A partir do conceito de região, assinale a opção correta:

a) O conceito de região, na Geografia, refere-se à porção do espaço que agrupa elementos diferentes.
b) Por regionalização pode-se entender a divisão de um grande espaço em regiões, sem nenhum critério anteriormente estabelecido.
c) Para estudar todos os países do mundo, não precisamos regionalizar as informações, podemos estudar todos os dados geográficos juntos.
d) O conceito de região é menor que a escala local e maior que a escala nacional.
e) Cada região se diferencia das outras por apresentar particularidades próprias, ou seja, semelhança entre seus elementos.

05. O espaço geográfico é composto por "formas visíveis" e por "formas invisíveis". Assinale a alternativa a seguir, que contenha apenas "formas invisíveis" do espaço geográfico:

a) Rodovias e legislação.
b) Hidrelétricas e praias.
c) Fluxo de comunicação e fluxo de informação.
d) Fábricas e fluxo de informação.

06. (FAFIPA) Assinale a alternativa correta sobre o território e a paisagem, como categorias de análise geográfica:

a) O território é um espaço abstrato e a paisagem é um espaço concreto.
b) O território pressupõe a existência de uma área definida, delimitável, e a paisagem é concreta e visível.
c) O território é uma área natural, e a paisagem é sempre um espaço cultural.
d) O território é um espaço físico sem limites definidos, e a paisagem tem sempre limites precisos.
e) O território é, basicamente, um espaço livre, e a paisagem é um espaço com divisas ou fronteiras.

07. (FAFIPA) Considerando-se a paisagem geográfica como a parte visível do espaço, é **CORRETO** afirmar:

a) A paisagem varia de um lugar para o outro, pois, em cada um deles, há uma determinada divergência de elementos.
b) Quanto mais transformada está a natureza, mais se destacam os elementos naturais da paisagem.
c) A paisagem é sempre a materialização de um momento da sociedade, à semelhança de uma fotografia.
d) A paisagem já existe mesmo antes de o homem nascer, sendo irrelevante, portanto, considerar a sua atuação na construção do espaço.
e) As paisagens são formadas somente por elementos naturais, isto é, criadas pela Natureza, sem interferência do homem.

08. (FAFIPA) O objeto de estudo e de análise da Geografia é o espaço geográfico, que assume formas abstratas e concretas, dependendo da categoria de análise. Sobre as categorias de pesquisa do espaço geográfico, assinale a alternativa correta.

a) O território é uma convenção entre lugares que normalmente aproveita acidentes geográficos naturais, como rios ou montanhas.
b) O espaço vital consiste em santuários intocados pelo homem, onde as espécies animais convivem sem a interferência da poluição.
c) O espaço se manifesta na paisagem, que contém somente elementos naturais como campos ou florestas.
d) Os métodos de análise espacial são, normalmente, baseados em teorias e não em observações dos processos em campo.
e) A Geografia não constitui conhecimento científico por precisar de várias outras técnicas, como a Cartografia ou a História, por exemplo.

09. (UFPR/NC) "Como toda ciência, a Geografia possui alguns conceitos-chave, capazes de sintetizar a sua objetivação, isto é, o ângulo específico com que a sociedade é analisada, ângulo que confere à Geografia sua identidade e a sua autonomia relativa no âmbito das ciências sociais" (CORREA, 2007, p.16). Levando em consideração os conceitos-chaves da Geografia, relacione Espaço, Lugar, Paisagem, Região e Território com as respectivas definições, numerando a coluna da direita de acordo com sua correspondência com a coluna da esquerda.

1. Espaço.
2. Lugar.
3. Paisagem.
4. Região.
5. Território.

( ) Entendido como espaço vivido, dotado de valor pelo sujeito que nele vive.
( ) Conceito ligado à diferenciação de áreas; associado à localização e à extensão de um certo fato ou fenômeno.
( ) Espaço definido e delimitado por e a partir de relações de poder.

( ) Conjunto indissociável de sistemas de objetos e de sistemas de ações, de fixos e fluxos, lócus da reprodução da sociedade.

( ) Conceito associado ao domínio do visível, porção territorial resultante da ação dos fatores humanos e naturais e suas inter-relações.

Assinale a alternativa que apresenta a numeração correta da coluna da direita, de cima para baixo:

a) 2 - 5 - 1 - 3 - 4.
b) 1 - 4 - 5 - 2 - 3.
c) 5 - 3 - 1 - 2 - 4.
d) 2 - 4 - 5 - 1 - 3.
e) 5 - 3 - 4 - 1 - 2.

10. (FGV) *Carl Sauer*, em *"A Morfologia da Paisagem"*, propôs um método para analisar a paisagem geográfica, considerada como objeto principal da disciplina. Em relação aos princípios teóricos e metodológicos da *morfologia da paisagem*, analise as afirmativas a seguir:

I. A paisagem natural é um meio transformado culturalmente pela ação dos seres humanos.
II. A paisagem cultural é concebida como o resultado de um longo processo de constituição e diferenciação de um espaço.
III. As paisagens são elementos primários da observação empírica e, pela aplicação de lógicas genéticas e sistemáticas, tornam-se o produto final da investigação geográfica.

Assinale:

a) Se somente a afirmativa I estiver correta.
b) Se somente a afirmativa II estiver correta.
c) Se somente as afirmativas I e II estiverem corretas.
d) Se somente as afirmativas I e III estiverem corretas.
e) Se todas as afirmativas estiverem corretas.

Gabaritos

01	D	06	B
02	C	07	C
03	C	08	A
04	E	09	D
05	C	10	E

2. ORIENTAÇÃO, COORDENADAS GEOGRÁFICAS E NOÇÕES DE CARTOGRAFIA

2.1 Orientação

No sentido geográfico, orientação é o mesmo que rumo, direção. Portanto, orientar-se significa determinar a própria direção, ou a posição de um lugar em relação aos pontos cardeais.

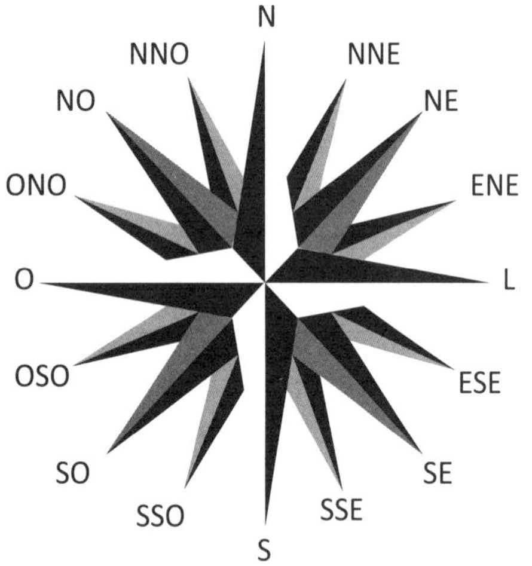

Os Pontos Cardeais foram convencionados com base no movimento de rotação da Terra.

→ **Norte (N): extremidade superior do eixo terrestre.**

→ **Sul (S): extremidade inferior do eixo terrestre.**

→ **Leste (L ou E): local onde o Sol nasce.**

→ **Oeste (O ou W): local onde o Sol se põe.**

Além dos quatro Pontos Cardeais, contamos com os Pontos Colaterais e Subcolaterais, formando um total de dezesseis direções, que formam a Rosa-dos-Ventos. Para a orientação, podem-se utilizar desde os meios mais antigos e simples como os astros (Sol, Lua, Cruzeiro do Sul e Estrela Polar) , até os instrumentos como Bússola e GPS (*Global Positioning System*).

2.2 Coordenadas Geográficas

É um sistema de referência e de posicionamento, em que um paralelo (latitude) e um meridiano (longitude) se encontram, formando uma coordenada.

→ **Latitude: distância referente à Linha do Equador. A maior latitude equivale a 90 graus ao Norte ou ao Sul, e a menor é de 0 graus na Linha do Equador.**

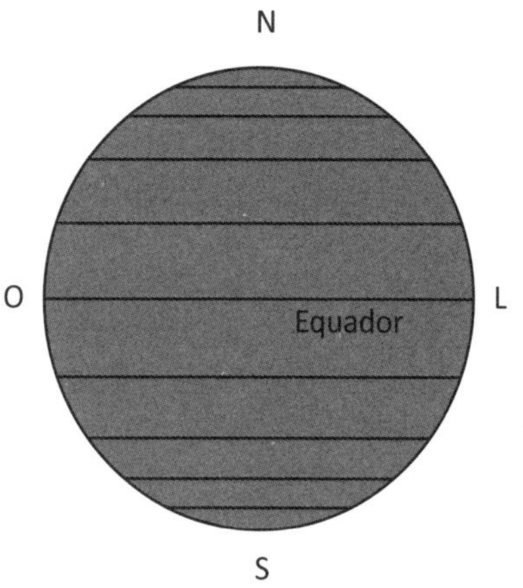

As regiões intertropicais podem ser denominadas de baixas latitudes; as regiões temperadas, de médias latitudes; e as polares, regiões de altas latitudes.

→ **Longitude: distância referente ao Meridiano de Greenwich. A maior longitude é de 180 graus para Leste (representado no mapa pela letra E) ou para Oeste (representado pela letra W).**

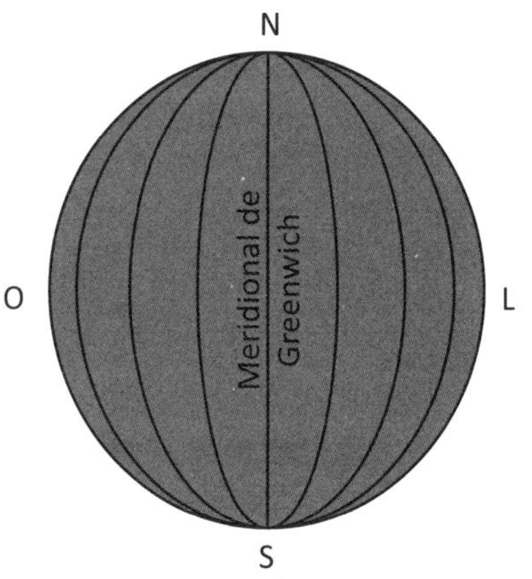

Convencionou-se dividir a Terra em dois hemisférios, a partir da Linha do Equador: Norte ou Setentrional e Sul ou Meridional. Como o Hemisfério Sul apresenta meia superfície oceânica, pode ser também denominado de *Hemisférios das Águas*. Também convencionou-se dividir a Terra em dois hemisférios, a partir do Meridiano de Greenwich : Hemisfério Leste ou Oriental e Hemisfério Oeste ou Ocidental.

2.3 Cartografia

É a ciência e a arte de compor mapas, ou cartas geográficas que se destinam-se à representação total ou parcial da Terra. A Cartografia utiliza-se das projeções cartográficas, transformando o globo terrestre em superfícies planas, denominadas de mapas.

2.4 Mapas

Mapas gerais: correspondem a um mapa de orientação ou informações bastante generalizadas. Um bom exemplo é o mapa-múndi, que serve, muitas vezes, como mera ilustração para facilitar a identificação de determinados lugares da superfície terrestre.

Mapas especiais: são produzidos para uma utilização específica.

Mapas temáticos: representam temas específicos da Geografia. Podem ser mapas demográficos, topográficos, geológicos, climáticos, meteorológicos etc.

2.5 Projeção Cartográficas

Projeção Cilíndrica

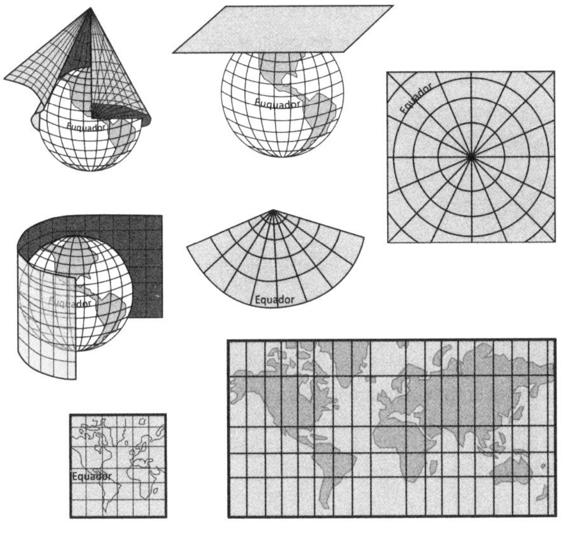

Esta representação é obtida com a projeção da superfície terrestre, com os paralelos e os meridianos, sobre um cilindro em que o mapa será desenhado. Ao ser desenrolado, apresentará sobre uma superfície plana todas as informações que para ele foram transferidas. Esta projeção é muita utilizada para a representação do mapa-múndi, além de ser usada para mapas marítimos e de regiões de baixas latitudes, onde as deformações são mínimas.

Projeção Cônica

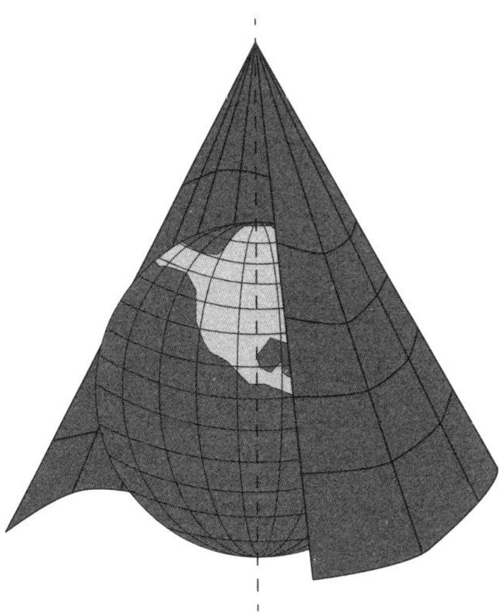

Um cone imaginário em contato com a esfera é a base para a elaboração do mapa. Os meridianos formam uma rede de linhas retas e os paralelos são curvos. Utilizada para representar regiões de médias latitudes.

Projeção Plana ou Azimutal

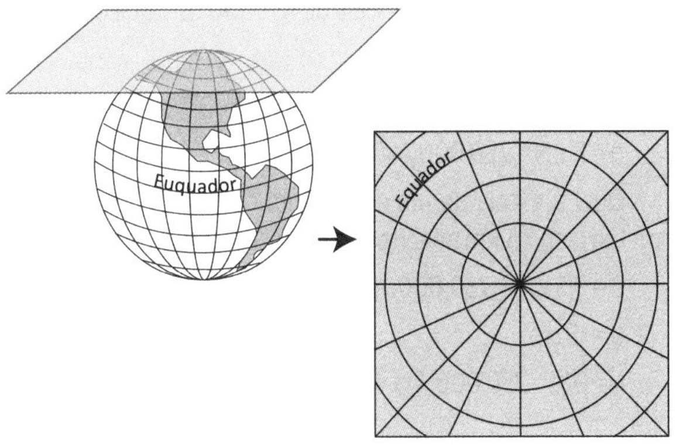

A projeção azimutal é usada, em geral, para representar as regiões polares. Os paralelos são círculos concêntricos e os meridianos são retos, convergindo para os polos.

2.6 Escala Cartográfica

É a relação matemática entre as dimensões dos elementos no desenho e no terreno.

2.7 Escala Gráfica

É a representação gráfica da escala numérica sob a forma de uma linha graduada, na qual a relação entre as distâncias reais e as representadas nos mapas, cartas ou outros documentos cartográficos é dada por um segmento de reta, em que uma unidade medida na reta corresponde a uma determinada medida real.

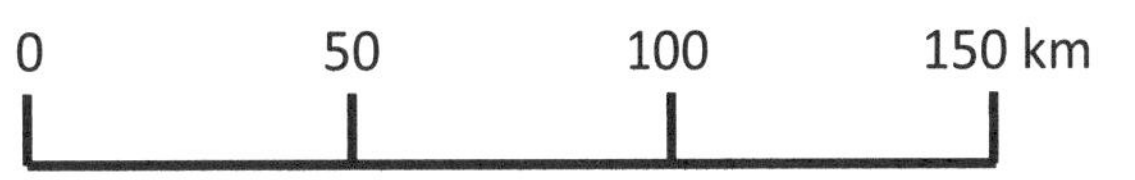

2.8 Escala Numérica

É a escala de um documento cartográfico (mapa, carta ou planta) expressa por uma fração ou proporção, a qual correlaciona a unidade de distância do documento à distância medida na mesma unidade no terreno.

> Ex: 1:100.000 – Lê-se 1 por 100.000.

Significa que 1cm no documento equivale a 100.000 cm no terreno, ou seja, 1000m ou 1Km.

Quando se conhece a escala numérica, pode-se calcular as distâncias reais, utilizando-se as expressões:

D = d x N - N = D / d - d = D / N

D=Distância real

d =Distância no documento

E = Escala

→ **Aplicação**

Um elemento de 15cm no documento cartográfico, elaborado na escala 1:50.000, terá que dimensão no terreno?

E = 1/ 50.000

d = 15

D = d x N

D = 15 x 50000 = 7,50000 = 7,5Km

Um elemento de 7,5Km no terreno será representado num documento cartográfico na escala de 1:50000 com que dimensão?

E= 1 / N

D = 7,5 Km = 7 500 m = 750000cm

d = D / N = 750 000 / 50 000 = 15 cm

Qual a escala de um documento cartográfico na qual um elemento com 7,5 Km no terreno é representado por 15 cm?

D = 7,5 Km = 750.000cm

d = 15 cm

N= D/d = 750 000 / 15 = 50 000

2.9 Curvas de Nível

São linhas que unem pontos de igual altitude num mapa.

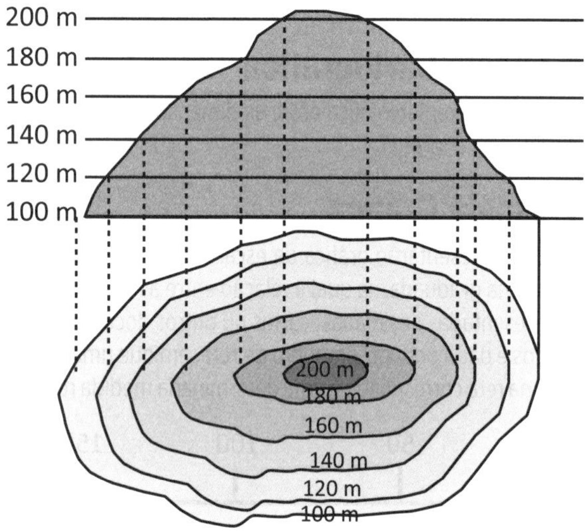

Questões

01. Identifique as coordenadas geográficas correspondentes, respectivamente, aos pontos B e A:

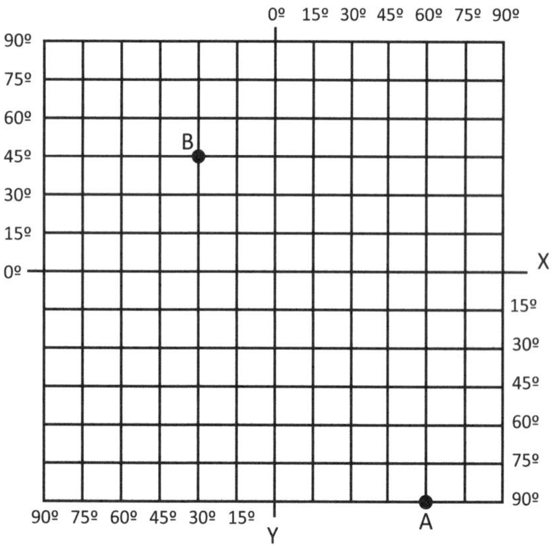

a) 30º de Lat. Sul e 45º de Long. Leste; 90º de Lat. Sul e 60º de Long. Leste.

b) 45º de Lat. Norte e 30º de Long. Oeste; 90º de Lat. Sul e 60º de Long. Leste.

c) 30º de Lat Norte e 45º de Long. Oeste; 60º de Lat. Sul e 90º de Long. Leste.

d) 30º de Lat. Sul e 45º de Long. Leste; 60º de Lat. Norte e 90º de Long. Leste.

02. O globo terrestre é uma forma de representação da Terra. Nele, podemos observar as linhas imaginárias, importantes para o estabelecimento das coordenadas geográficas, que são medidas estabelecidas para localizar um ponto na superfície do planeta.

Considerando as coordenadas geográficas, associe os termos listados na Coluna A aos conceitos apresentados na Coluna B.

01. Latitude	( ) Linhas imaginárias verticais que convergem para os polos.
02. Longitude	( ) Linhas imaginárias cujo plano é perpendicular ao eixo de rotação da Terra.
03. Paralelos	( ) Distância, expressa em graus, cujo ponto inicial é Greenwich.
04. Meridianos	( ) Medida, em graus, que estabelece as coordenadas ao Norte e ao Sul.

Assinale a alternativa que preenche corretamente os parênteses da Coluna II, de cima para baixo.

a) 1, 2, 3, 4

b) 1, 2, 4, 3

c) 4, 3, 2, 1

d) 3, 1, 2, 4

e) 3, 2, 1, 4

03. Rochas, relevo e solos são temas respectivos dos seguintes mapas:

a) Pedológico, geomorfológico e geológico.

b) Litológico, pedológico e geomorfológico.

c) Geomorfológico,topográfico e fitoecológico.

d) Geológico, geomorfológico e pedológico.

04. Um professor do Curso de Licenciatura em Geografia do Instituto Federal de Pernambuco (IFPE) entregou aos seus alunos um mapa feito na escala 1:1.000.000 cuja distância em linha reta entre duas cidades é de 5 cm. O professor pergunta: qual a distância real, em km, entre as cidades?

a) 10

b) 20

c) 50

d) 500

e) 5.000

05. (FAFIPA) Os mapas são fontes de informação valiosas sobre o espaço, apresentando-se de forma simplificada e em uma escala. Eles fornecem uma visão ortográfica, ou seja, como um sobrevoo pela área. Sobre a interpretação de mapas, assinale a alternativa correta:

a) Para ser considerado como tal, um mapa deve conter curvas de nível que representem a variação de altitude no terreno.

b) Um mapa apresentado sem uma escala é inútil, pois não há meios de determinar qual foi a redução utilizada na construção.

c) Uma representação pequena, como uma quadra ou um prédio, não pode ser chamada de mapa, mas de planta.

d) Todo mapa contém um sistema de projeção, que serve para representar a curvatura da Terra numa folha bidimensional.

e) Qualquer meio analógico não é capaz de mostrar uma representação cartográfica; isso só é possível na forma digital.

06. (UFPR) Num mapa, dentre outros elementos, são representadas a escala gráfica e a escala numérica. Isso é feito porque a escala gráfica:

I. acompanha as modificações ocorridas pela dilatação ou retração do papel;

II. e a escala numérica se complementam;

III. ilustra a escala numérica;

IV. permite que se façam medições sem qualquer instrumento de medida.

Assinale a alternativa correta:

a) Somente as afirmativas I e II são verdadeiras.

b) Somente as afirmativas I e III são verdadeiras.

c) Somente as afirmativas I e IV são verdadeiras.

d) Somente as afirmativas II e III são verdadeiras.

e) Somente as afirmativas III e IV são verdadeiras.

07. (UFPR) A Cartografia temática tem como objetivo gerar a representação das informações geográficas referentes a um ou vários fenômenos (físicos ou sociais) de todo o planeta ou de uma parte dele. Como exemplo de mapas temáticos, podemos citar os geológicos, os de vegetação e os climáticos, entre outros (adaptado de IBGE, 2007). A respeito do assunto e levando em consideração a grande diversidade de mapas temáticos existentes, assinale a alternativa correta:

a) Os mapas batimétricos representam, através de polígonos, as diferenças de pressão atmosférica em uma dada região.

b) Os mapas hipsométricos representam as classes de altura da superfície terrestre, utilizando, em geral, os tons de verde para as áreas mais baixas e tons de marrom para as mais elevadas.

c) Os cartodiagramas são mapas formados a partir de um conjunto de isolinhas de temperatura e/ou pluviosidade.

d) Os mapas coropléticos indicam através linhas coloridas a quantidade e o direcionamento dos mais variados fluxos em uma região.

e) As anamorfoses deformam voluntariamente as superfícies reais para torná-las proporcionais à variável considerada.

08. (UFPR) Em um mapa, a distância no papel entre duas cidades é de 5 centímetros. A partir da escala, constata-se que essa medida equivale a 1.250 quilômetros na superfície terrestre. Com base nessas informações, assinale a alternativa que indica a escala desse mapa.

a) 1:250.000.

b) 1:62.500.000.

c) 1:250.000.000.

d) 1:25.000.000.

e) 1:625.000.

09. (FAFIPA) Para os cartógrafos, os mapas são veículos de transmissão do conhecimento. Eles são representações gráficas de determinado espaço geográfico, concebidos para transmitir a visão subjetiva ou o conhecimento de alguém ou de poucos para muitos. Esse conhecimento pode ser o mais amplo e variado possível ou o mais restrito e objetivo possível. Então, cada mapa tem um autor, uma questão e um tema.

(RUTH E. NOGUEIRA LOCH, Cartografia-Representação, Comunicação e Visualização de Dados Espaciais, p. 33).

Sobre estudos voltados a cartografia, ciência ligada diretamente à Geografia, analise as assertivas e assinale as alternativas com sequência correta:

I. Quanto maior o denominador de uma escala, maior será a riqueza de detalhes e maior será a escala do mapa.

II. Quanto maior for o espaçamento entre as curvas de nível em uma carta topográfica, menor será a declividade representada do terreno.

III. Dentro da semiologia gráfica, utilizada na elaboração de legendas de mapas, as cores só podem representar quantidade.

IV. As coordenadas geográficas podem ser definidas como um ponto gerado a partir do cruzamento entre um paralelo com um meridiano.

a) Apenas I e II.

b) Apenas II e III.

c) Apenas III e IV.

d) Apenas II e IV.

e) Apenas I, II e IV.

10. (UFPR) A respeito das projeções e coordenadas geográficas, assinale a alternativa correta.

a) A coordenada geográfica de um determinado ponto da superfície terrestre é obtida pela interseção de um meridiano e um paralelo, linhas imaginárias que indicam, respectivamente, a latitude e a longitude.

b) Enquanto os valores de latitude variam de 0° (Linha do Equador) a 180° (polos), os de longitude têm variação de 0° (Greenwich) a 90° a leste e a oeste de Greenwich. Em ambos os casos, indica-se o hemisfério de localização.

c) As projeções podem ser classificadas quanto às propriedades ou à superfície de projeção. Em relação ao primeiro tipo de classificação, as projeções podem ser planas, cônicas ou cilíndricas.

d) Todas as projeções cartográficas apresentam deformações; assim, enquanto a projeção de Mercator reduz as áreas mais próximas aos polos, a de Peters as amplia demasiadamente.

e) As projeções cartográficas foram desenvolvidas para permitir a representação da esfericidade terrestre em um plano, cada uma priorizando determinado aspecto da representação (dimensão, forma etc.).

Gabaritos

01	B	06	C
02	C	07	E
03	D	08	D
04	C	09	D
05	D	10	E

3. GEOLOGIA

3.1 Eras Geológicas

Há 4,5 bilhões de anos, a Terra já era um planeta consolidado, já tinha sofrido um resfriamento que aconteceu de fora para dentro, formando as camadas que estruturam a Terra internamente. Estava, desta forma, iniciando um cenário de inúmeras transformações, origem da vida, a evolução das espécies e o aparecimento do ser humano. Essa história toda é contada numa cronologia dividida em: Éons, Eras, Períodos e Épocas. Dessa forma, as Eras se subdividem em:

- Pré-Cambriana: com apenas dois períodos: Arqueozóico e o proterozóico.
- Paleozoica: com 6 períodos- Cambriano, Ordoviciano, Siluriano, Devoniano, Carbonífero e Permiano.
- Mesozoica: com 3 períodos: Triássico, Jurássico e o Cretáceo.
- Cenozoica: com 2 períodos-Terciário (épocas-Paleoceno, Eoceno, Oligoceno, Mioceno e Plioceno) e Quaternário (época-Pleistoceno e Recente).

TEMPO GEOLÓGICO					IDADE
EON	ERA	PERÍODO	ÉPOCA	EVENTOS IMPORTANTES	"MILHÕES DE ANOS"
FANEROZÓICO	CENOZÓICO	Quaternário	Holoceno	Dispersão da espécie humana	0,01
			Pleistoceno	Extinção de muitos mamíferos, aves e plantas; surgimento da espécie humana	1,64
		Terciário	Plioceno	Surgimento dos primeiros hominídeos	5,2
			Mioceno	Diversificação de mamíferos. Vários fósseis da Bacia de Taubaté	23,3
			Oligoceno	Surgimento dos primatas	35,4
			Eoceno	Expansão das aves	56,5
			Paleoceno	Irradiação dos mamíferos	65
	MESOZÓICO	Cretáceo		Extinção dos dinossauros, pterossauros e répteis marinhos.	145,6
		Jurássico		Surgimento dos grandes dinossauros e aves.	208
		Triássico		Surgimento dos dinossauros e mamíferos; separação da Pangea	245
	PALEOZÓICO	Permiano		Diversificação dos répteis e extinção de muitos invertebrados marinhos	290
		Carbonífero		Auge dos anfíbios e explosão de vida na terra.	362,5
		Devoniano		Diversificação dos peixes e surgimento dos anfíbios e insetos	408,5
		Siluriano		Invasão das plantas e dos artropodas no ambiente terrestre	439
		Ordoviciano		Surgimento dos peixes sem mandíbulas (Agnathas)	510
		Cambriano		Explosão de vida no mar; origem da maioria dos filos de animais	570
PROTEROZÓICO				Origem dos primeiros seres fotossintetizantes e primeiros invertebrados.	2500
ARQUEOZÓICO				Origem da Terra; primeiros fósseis de procariontes.	4600

3.2 Teoria da Deriva Continental e da Tectônica de Placas

Lembre-se de que em 1912, o alemão Alfred Wegener elaborou essa teoria baseada na ideia de que os continentes já estiveram unidos, porém, devido às forças internas, ocorreu a quebra e foram se afastando uns dos outros. No Permeano (Paleozoica), tínhamos no planeta um grande continente chamado Pangeia e um grande oceano chamado Pantalassa. Devido a forças internas, começou, no Mesozoico, o processo de deriva.

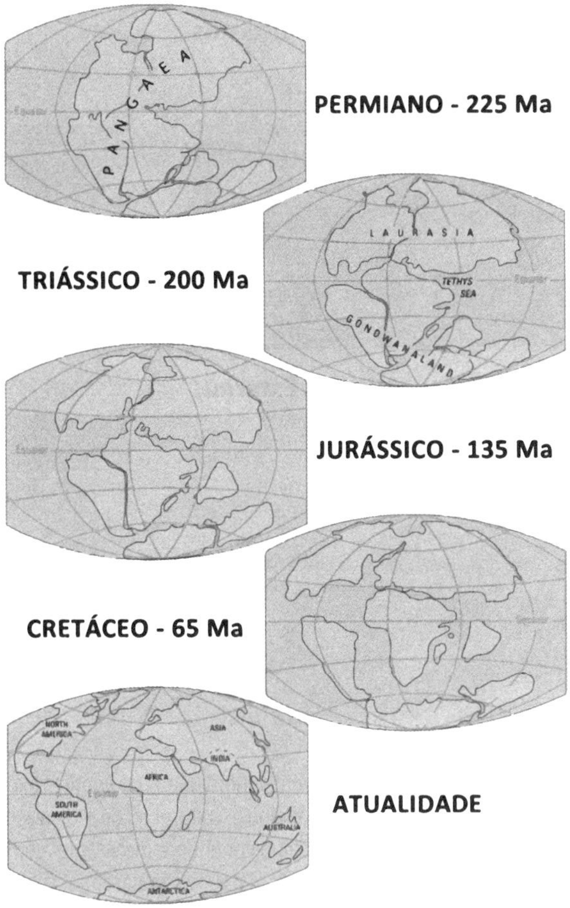

www.sobiologia.com.br/conteudos/Solo/Solo1.php

Em 1967, o pesquisador Jason Morgan elaborou a teoria segundo a qual a litosfera é formada por um conjunto de placas irregulares, denominadas placas tectônicas. Essas placas deslizam lentamente umas contra as outras, flutuando sobre o magma existente abaixo da crosta terrestre.

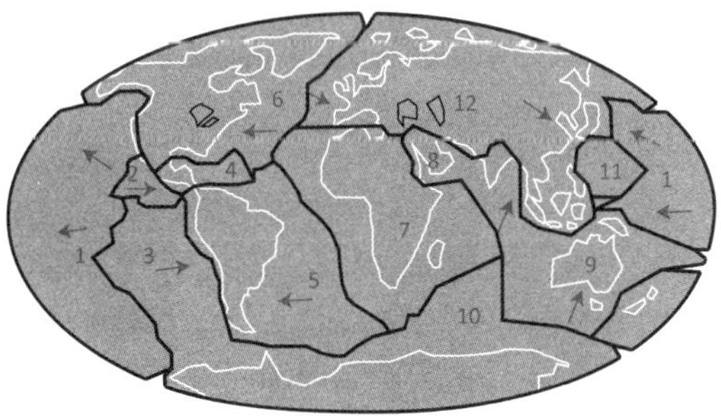

1 - Placa do Pacífico	5 - Placa Sul-Americana	9 - Placa Indo-Australiana
2 - Placa dos Cocos	6 - Placa Norte Americana	10 - Placa Antártica
3 - Placa de Nazca	7 - Placa Africana	11 - Placa Fiupina
4 - Placa das Caraíbas	8 - Placa Arábica	11 - Placa Eurasiana

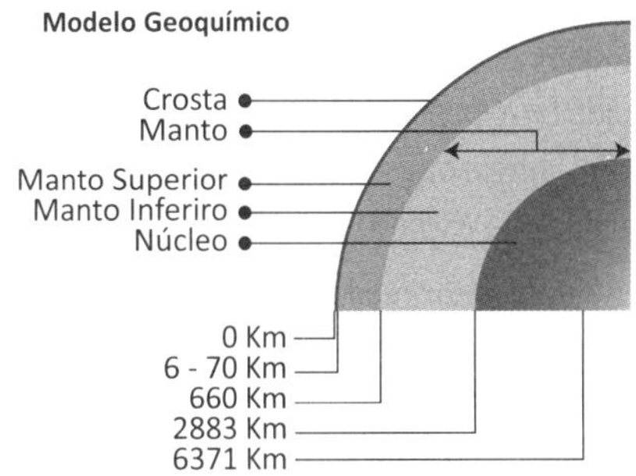

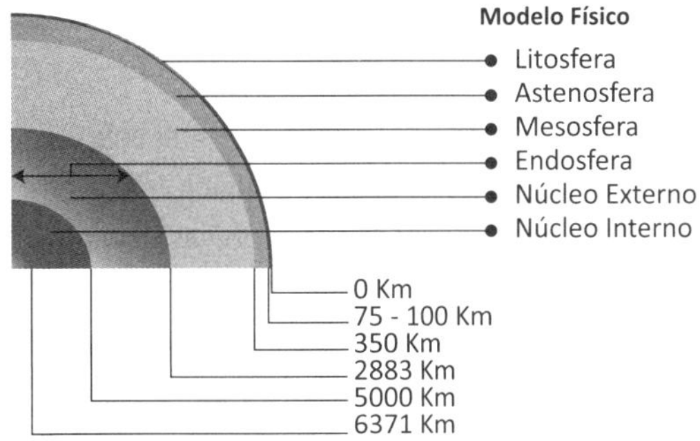

A parte externa da Terra é a crosta terrestre ou litosfera. É a parte formada de rochas e minerais. Sua espessura é de aproximadamente 50 a 60 km e divide-se em duas zonas: SIAL (porção mais externa, correspondente ao solo e ao subsolo, onde predomina o silício e o alumínio) e SIMA (porção interna da crosta terrestre, onde predomina o silício e o magnésio). A superfície da litosfera não é uniforme, acaba sendo mais espessa nos continentes e menos espessa nos mares. Entre a crosta terrestre e o manto, temos a descontinuidade de Mohorovicic ou de Moho e uma corrente de convecção que possibilita a ocorrência da subida do magma até a superfície terrestre , podendo gerar vulcanismos, terremotos, maremotos, movimentos de placas, etc.

A segunda camada da estrutura interna da Terra é o manto, a porção mais volumosa (80%) da estrutura interna da Terra , sendo uma vasta porção do interior da Terra, formada pelo magma e divide-se em manto superior e manto inferior. O manto é grosseiramente homogêneo formado essencialmente por rochas ultrabásicas (baixo teor de silício) e oferece as melhores condições para a propagação de ondas sísmicas, recebendo a denominação de "janela telessísmica". No período de 1965 a 1970, os geólogos e geofísicos concentraram seus esforços para pesquisar as primeiras centenas de quilômetros abaixo da superfície terrestre como parte do Projeto Internacional do manto Superior. Muitas descobertas importantes foram feitas entre elas a definição de "astenosfera", nessa região, em que se acredita que as rochas estão parcialmente fundidas. O manto inferior, que se estende de 700 km até 2900 km (limite do núcleo), é uma região que apresenta pequenas mudanças na composição e fases mineralógicas. A densidade e a velocidade aumentam gradualmente com a profundidade da mesma forma que a pressão. Entre o manto e o núcleo se apresenta a descontinuidade de Gutemberg.

A parte mais interna da Terra é o núcleo. Ela pode apresentar outro nome, NIFE, por possuir grande quantidade de níquel e ferro. Essa porção corresponde a cerca de 14% do volume e 32%

da massa do planeta. O núcleo divide-se em duas partes, a externa que se encontra em estado de fusão e representa um material liquido fortemente metálico e o interno que se encontra no estado sólido. Entre a transição dos dois núcleos, encontramos a descontinuidade de Wichert.

Com aproximadamente 1% da massa do planeta, a litosfera ou crosta terrestre, é a camada que mais nos interessa, pois é onde vivemos e de onde retiramos aquilo que precisamos para a nossa existência. A litosfera é composta por rochas, minerais e solo. Uma das partes mais importantes são as rochas, que são agregados naturais de minerais.

→ **Na natureza existem três tipos de rochas:**

→ **Magmáticas ou ígneas – São rochas formadas pela solidificação do magma pastoso. Quando a solidificação ocorre no interior da Terra são chamados de intrusivas ou plutônicas. Seu processo de formação é lento. Ex.: granito. Quando a solidificação do magma ocorre na parte externa da Terra são chamadas de extrusivas, efusivas ou vulcânicas. Seu processo de formação é rápido. Ex.: basalto.**

→ **Sedimentares – São rochas formadas ou resultantes da desagregação de outras rochas. Podem ser detríticas ou clásticas, ou seja, rochas constituídas, em sua maior parte, por fragmentos de rochas e/ou minerais provenientes do intemperismo e erosão de rochas pré-existentes, como, por exemplo, arenito, areia, argila e outros.**

As rochas sedimentares químicas se formam quando o líquido no qual os detritos minerais foram dissolvidos se torna saturado: esse processo frequentemente resulta na formação de belos cristais, o que faz com que, às vezes, sejam parecidas com rochas ígneas. As rochas sedimentares quimicamente formadas mais comuns são a calcita, aragonita e dolomita . E ainda temos as rochas sedimentares orgânicas As rochas sedimentares orgânicas são formadas por restos de animais e vegetais mortos, que vão se acumulando em alguns locais e, por meio de grande pressão e temperatura, dão origem a rochas e minerais como calcário, carvão mineral e petróleo.

→ **Metamórficas – São rochas resultantes das transformações sofridas por outras rochas (magmáticas e sedimentares) em virtude de (novas) alterações de temperatura e pressão no interior da Terra. Como exemplos, mármore (provém do calcário), gnaisse (provém do granito), ardósia (provém do argilito), quartzito(provém da argila).**

> **Agentes internos** – Os agentes internos também são chamados de endógenos ou estruturais, exatamente por atuarem de dentro para fora, muitas vezes, com grande violência e rapidez, como terremotos e os vulcanismos, criando ou modificando a fisionomia do relevo. Os agentes internos são o tectonismo, o vulcanismo e os abalos sísmicos.

Agentes Internos

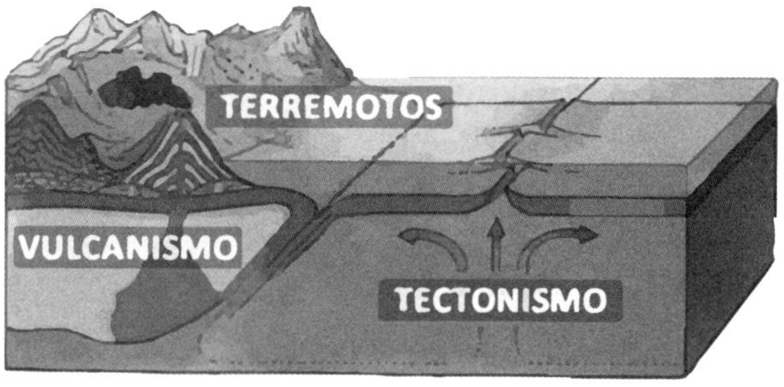

Agentes Externos

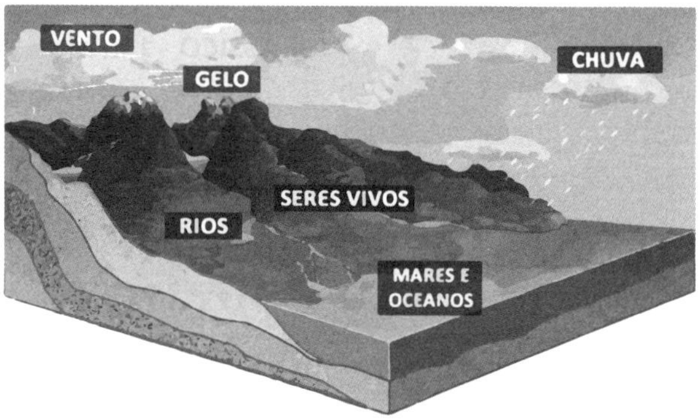

Os agentes externos, também denominados de agentes exógenos, são os que realizam um trabalho escultural ou de moldagem da paisagem terrestre. É um trabalho contínuo e incessante. Lembrando que os agentes endógenos têm a sua ação baseada na erosão, no transporte de sedimentos e na deposição ou sedimentação.

Os agentes externos são intemperismo, águas correntes, geleiras, trabalho dos mares, ventos e ação do homem e dos animais.

3.3 Os Solos

É a porção exterior, superficial da crosta terrestre, formada pelas rochas que foram decompostas e associadas a restos orgânicos.

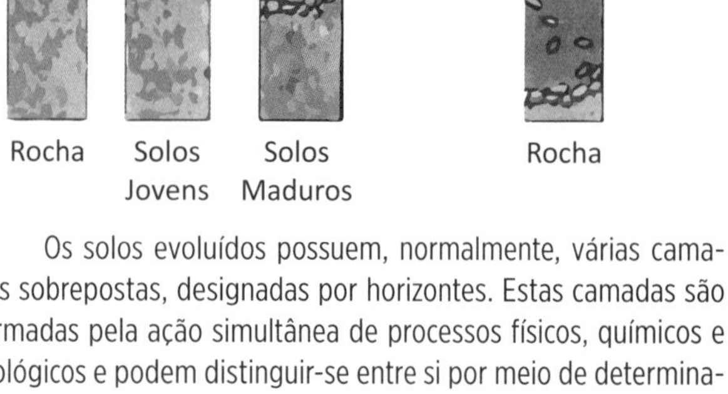

Os solos evoluídos possuem, normalmente, várias camadas sobrepostas, designadas por horizontes. Estas camadas são formadas pela ação simultânea de processos físicos, químicos e biológicos e podem distinguir-se entre si por meio de determinadas propriedades, como, por exemplo, a cor, a textura e o teor em argila.

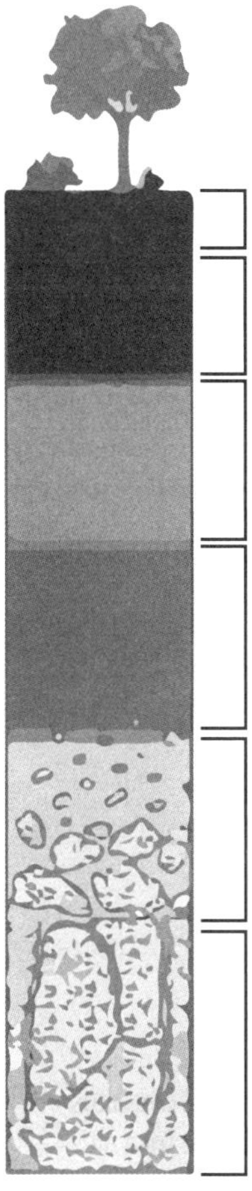

Horizonte O: camada orgânica superficial. É constituído por detritos vegetais e substâncias húmicas acumuladas na superfície, ou seja, em ambientes onde a água não se acumula (ocorre drenagem). É bem visível em áreas de floresta e distingui-se pela coloração escura e pelo conteúdo em matéria orgânica (cerca 20%).

Horizonte A: camada mineral superficial adjacente à camada O ou H. É o horizonte onde ocorre grande atividade biológica, o que lhe confere coloração escurecida pela presença de matéria orgânica. Existem diferentes tipos de horizontes A, dependendo de seus ambientes de formação. Esta camada apresenta maior quantidade de matéria orgânica que os horizontes subjacentes B e C.

Horizonte E ou B: camada mineral situada mais abaixo do horizonte A. Apresenta menor quantidade de matéria orgânica e acúmulo de compostos de ferro e argila minerais. Ocorre concentração de minerais resistentes, como quartzo em pequenas partículas (areia e silte). É o horizonte de máximo acúmulo, com bom desenvolvimento estrutural.

Horizonte C: camada mineral de material inconsolidado, ou seja, por ser relativamente pouco afetado por processos pedogenéticos, o solo pode ou não ter se formado, apresentando-se sem ou com pouca expressão de propriedades identificadoras de qualquer outro horizonte principal.

Horizonte R: camada mineral de material consolidado, que constitui substrato rochoso contínuo ou praticamente contínuo, a não ser pelas poucas e estreitas fendas que pode apresentar (rocha).

Quanto a Origem os Solos Podem Ser

Eluviais – São solos formados no local em que se encontra permanecendo sobre a rocha matriz. São chamados também de solos zonais. Ex.: terra roxa.

Aluviais – São solos transportados (pelo vento, água etc) para local diferente daquele onde teve origem. São denominados azonais. Ex.: *Loess*.

Orgânicos – Solos formados por grande quantidade de restos orgânicos (vegetais e animais) Ex.: *Podzol*, *Tchernozion*.

4. ESTRUTURA GEOLÓGICA E RELEVO DO BRASIL

4.1 Estrutura Geológica

Chamamos de "estrutura geológica de um local" as rochas que o compõem e se dispõem em diferentes camadas, que apresentam diferentes tipos e idades e se originaram de diferentes processos geológicos.

A estrutura geológica brasileira é constituída por escudos cristalinos, que abrangem cerca de 36% do território nacional. Os terrenos cristalinos podem ser divididos entre os que se formaram no Período Arqueozoico (32%) e os que se formaram na Era Proterozoica (4%).

Os terrenos sedimentares ocupam 64% do total do país, são de diversas idades, desde a Paleozoica ate a Cenozoica e apresentam duas riquezas principais: o carvão e o petróleo.

→ **Principais bacias sedimentares:**

> Era Paleozoica: Paranaica e San-franciscana

> Era Mesozoica: Maranhão-Piauí (meio-norte) e Recôncavo Baiano.

> Era Cenozoica: Amazônica, Pantaneira e Litorânea (costeira).

4.2 Classificações de Relevo do Brasil

Aroldo de Azevedo

É a mais antiga e utilizada, dividindo o Brasil em dois planaltos e três planícies. O principal critério para essa classificação foi a altimetria, pela qual foram consideradas planaltos as superfícies com altitudes médias superiores a 200 metros. Consideram-se planícies as superfícies com altitudes médias inferiores a 200 metros.

Aziz Ab' Saber

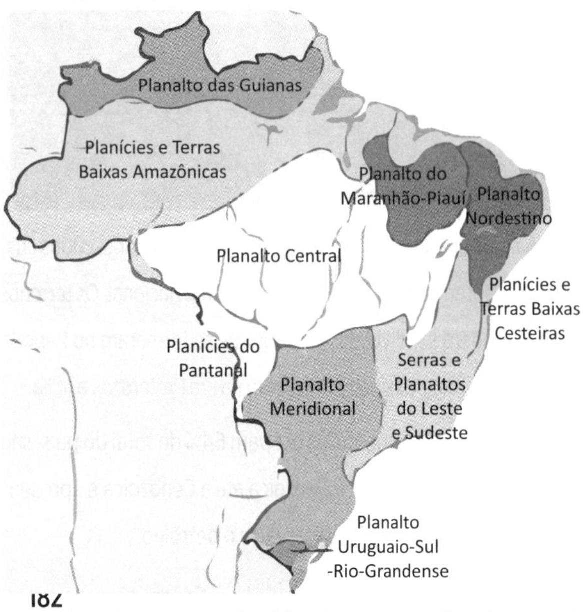

Essa classificação baseou-se nos processos de erosão e de sedimentação para diferenciar planalto de planície. Todas as superfícies onde predominam agentes da erosão são consideradas planaltos, e as superfícies onde ocorre a deposição de sedimentos são classificadas de planície.

Jurandyr Ross

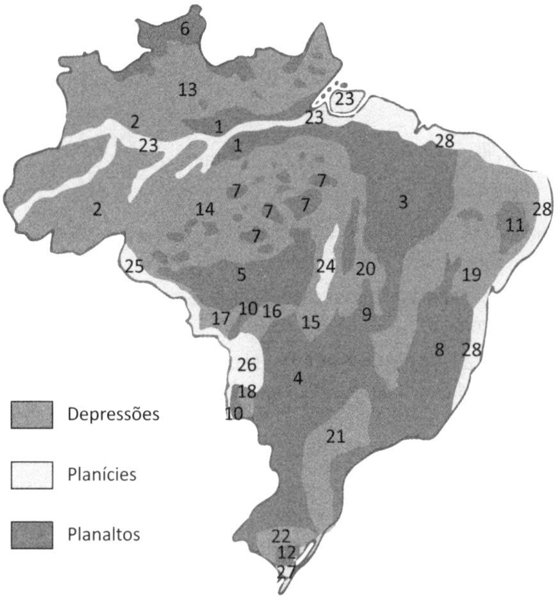

Esta classificação é a mais recente, baseada no levantamento realizado pelo projeto Radambrasil, que fotografou cada parte do Brasil por meio de radar. Dividiu o Brasil em 28 unidades de relevo.

Questões

01. Identifique os perfis geomorfológicos a seguir:

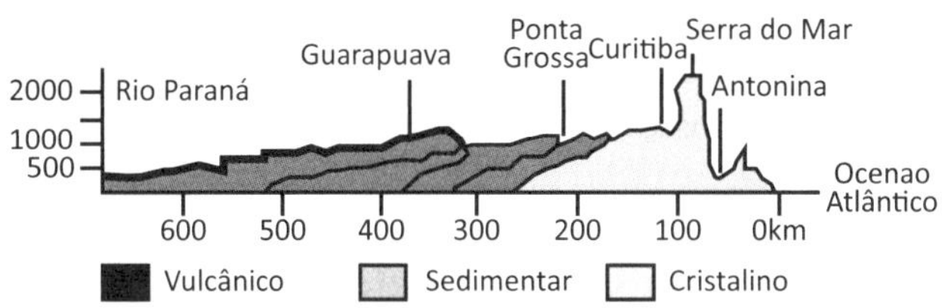

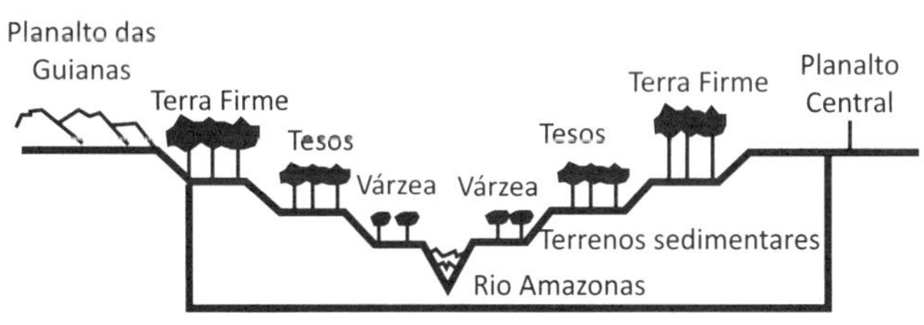

a) Planície do Pantanal e Planalto Atlântico.

b) Planalto Meridional e Planície Amazônica.

c) Planície Costeira e Planície do Pantanal.

d) Planalto Meridional e Planalto das Guianas.

e) Planalto Central e Planície Amazônica.

02. A estrutura geológica do Brasil é composta por:

I. Escudos cristalinos, muito antigos, de rochas rígidas e resistentes que originaram planaltos e algumas depressões, compondo 1/3 do território nacional.

II. Bacias sedimentares compostas de rochas sedimentares que originaram as planícies, planaltos sedimentares ou depressões, ocupando cerca de 64% do total do País.

III. Dobramentos modernos que originaram planaltos e relevos montanhosos, formados no Terciário, ocupando cerca de 30% do território nacional.

IV. Escudos cristalinos recentes, pouco desgastados por processos erosivos, que deram origem às formas de relevo no qual predominam os planaltos montanhosos distribuídos por quase todo o território nacional.

Assinale a alternativa correta:

a) Somente as afirmativas I e II são corretas.

b) Somente as afirmativas I e IV são corretas.

c) Somente as afirmativas III e IV são corretas.

d) Somente as afirmativas I, II e III são corretas.

e) Somente as afirmativas II, III e IV são corretas.

03. Muitas catástrofes naturais abalam a humanidade, como terremotos, vulcanismo e maremotos. No Brasil, a ausência desses fenômenos é explicada pela:

a) Existência de terrenos cristalinos antigos localizados nos limites de placas tectônicas.

b) Ausência de rochas vulcânicas basálticas, indispensáveis na ocorrência de vulcões.

c) Localização, distante de dorsais oceânicas e das bordas das placas tectônicas.

d) Grande massa continental, que evita o escape do magma, mesmo estando em áreas de subducção.

e) Localização na Placa Sul-Americana, que não se movimenta desde a Era Mesozoica.

04. Estrutura geológica são diferentes tipos de rocha (e de mineral) que compõem a litosfera. A respeito da estrutura geológica do Brasil, é incorreto afirmar que:

a) O território brasileiro é formado fundamentalmente por duas estruturas geológicas: os maciços antigos e as bacias sedimentares.

b) A base estrutural do nosso território é de natureza cristalina, portanto, muito antiga e rígida.

c) Os afloramentos superficiais do embasamento cristalino só representam cerca de 36% do total da superfície do País, ao passo que as áreas sedimentares representam cerca de 64%.

d) Os terrenos formados no Período Proterozpico são de grande importância, porque, geralmente, aparecem associados às jazidas de minerais metálicos.

e) As bacias sedimentares apresentam camadas dispostas horizontalmente ou quase horizontalmente, o que evidencia a atuação de agentes internos.

05. De acordo com a classificação do relevo brasileiro proposta por Jurandyr Ross, o Estado do Paraná apresenta, grosso modo, três unidades de relevo: os Planaltos e Serras do Atlântico Leste-Sudeste, os Planaltos e Chapadas da Bacia do Paraná e, entre eles,

a) uma planície;

b) uma depressão;

c) um tabuleiro;

d) uma escarpa;

e) uma serra.

06. As rochas, assim como outros componentes do meio natural, são classificadas por meio de critérios específicos, permitindo agrupá-las segundo características semelhantes. Uma das principais classificações é a genética, em que as rochas são agrupadas de acordo com o seu modo de formação na natureza. Sob este aspecto, as rochas se dividem em três grandes grupos:

a) Calcárias, basálticas e graníticas.

b) Crostáticas, continentais e oceânicas.

c) Areníticas, vulcânicas e radioativas.

d) Ígneas, sedimentares e metamórficas.

e) Neolíticas, terciárias e quaternárias.

07. Sobre a geologia e seus conceitos assinale a alternativa correta:

a) Rochas são agregados de minerais que formam a parte essencial da litosfera. São de três tipos: ígneas ou magmáticas, sedimentares e metamórficas.

b) As rochas sedimentares da crosta terrestre são resultantes da transformação de outras rochas, em virtude da pressão ou da temperatura, a exemplo do gnaisse, da ardósia e do mármore.

c) A rocha magmática extrusiva ou vulcânica tem seu resfriamento e formação no interior da litosfera, como, por exemplo, o granito.

d) O movimento orogenético transformante ocorre na área de subducção das placas , ou seja , nas áreas de afastamento convergente da placa.

e) O cientista Alfred Wegener elaborou a Teoria Tectônica de Placas , descobrindo que a crosta terrestre é dividida por vários blocos de rochas.

08. Com relação a estruturas e configurações do relevo, assinale o que for correto.

I. As cadeias de montanhas mais elevadas do globo são também as mais jovens, Cenozoico. Destacam-se, entre elas, a Cordilheira dos Andes (América do Sul), as Montanhas Rochosas (América do Norte), a Cadeia dos Alpes (Europa) e a Cordilheira do Himalaia (Ásia).

II. As cordilheiras dorsais mesoceânicas são encontradas, conforme a própria denominação sugere, nas áreas centrais dos oceanos. Verdadeiras cadeias de montanhas submersas, alguns de seus picos mais elevados podem ficar acima das superfícies das águas, formando ilhas.

III. As estruturas cristalinas ou áreas cratônicas formaram-se somente nas Era Mesozoica e Cenozoica.

a) Apenas a I e II.

b) Apenas I e III.

c) Apenas II e III.

d) I , II , III.

e) Apenas a III.

09. Com relação à litosfera e aos grandes ecossistemas terrestres, é correto afirmar que:

a) A crosta terrestre é uma fina camada da Terra e é mais conhecida pelo homem.

b) A crosta terrestre está fragmentada em várias placas que estão em movimento, do qual resultam as grandes cadeias de montanhas, os fossos marinhos e os abalos sísmicos, tais como os terremotos e os vulcanismos.

c) As rochas são agregados naturais de minerais, cuja importância decorre da facilidade de sempre formarem o petróleo.

d) Os vulcões e terremotos são apenas manifestações da energia existente no interior da Terra e não interferem na formação do quadro natural.

10. Terremotos são gerados pelos movimentos naturais das placas tectônicas da Terra, que causam ajustes na crosta terrestre, afetando a organização das sociedades. Em relação aos sismos naturais, é correto afirmar que eles são causados por:

a) Forças endógenas incontroláveis.

b) Energias exógenas excepcionais.

c) Forças antrópicas descontroladas.

d) Energias antrópicas excepcionais.

e) Forças endógenas e antrópicas.

Gabaritos

01	D	06	B
02	A	07	A
03	A	08	C
04	C	09	E
05	A	10	B

5. CLIMAS DA TERRA

5.1 Atmosfera

É uma fina camada que envolve a Terra, composta principalmente, por Nitrogênio e Oxigênio. Podemos dividir a atmosfera em várias camadas, destacando entre elas a:

Troposfera - de 0 a 18km de altitude, está em contato direto com a superfície do planeta. É nessa camada que ocorrem os principais fenômenos meteorológicos, como chuva, ventos e nuvens. Quanto mais aumenta a altitude nessa camada, as temperaturas diminuem.

Estratosfera - de 18 a 50km, quanto mais elevada for a altitude, maior será a temperatura nessa camada. Encontramos a camada de Ozônio, responsável por filtrar os raios ultravioleta do Sol.

Ionosfera - de 80 a 600 km, constituída de íons que refletem as ondas de rádio.

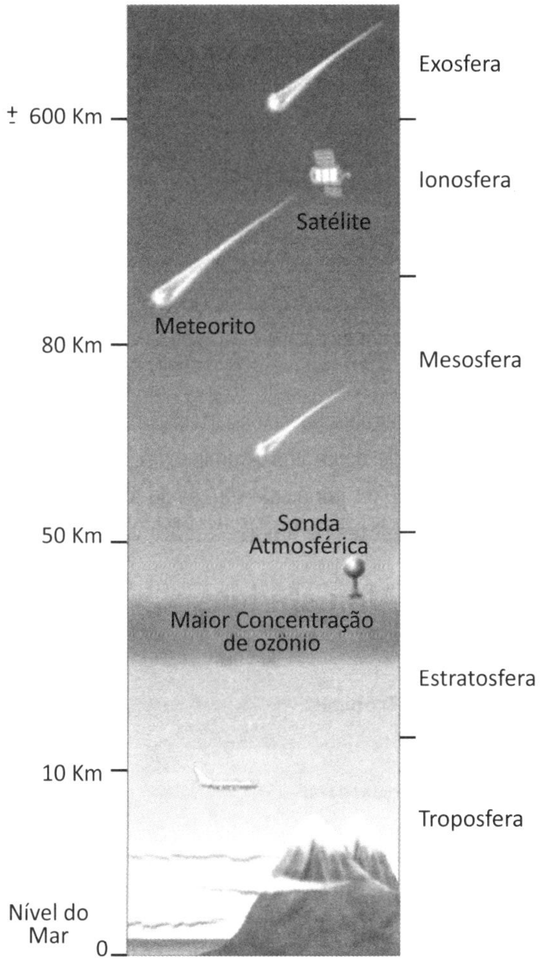

5.2 Funções da Atmosfera

Filtro

Uma das funções dos gases da atmosfera é a de impedir a passagem dos raios solares. Esses gases impedem cerca de dois terços das radiações solares, fazendo com que os raios em excesso e nocivos não cheguem à superfície terrestre. Assim, como consequência, permite a vida em nosso planeta.

Proteção

No espaço, há muitos fragmentos de astros que se desintegram, e, constantemente, os planetas são atingidos por esses fragmentos. A atmosfera é responsável por não deixar que eles cheguem até a superfície.

Conservação

Dentre as funções da atmosfera, a conservação é muito importante, pois ela é responsável por permitir a vida durante a noite. Todo o calor incidido no planeta durante o dia é conservado pela atmosfera, para que, durante a noite, o planeta continue aquecido.

5.3 Clima

Clima: conjunto de fenômenos meteorológicos (elementos), como a chuva, a temperatura, a pressão atmosférica, a umidade e os ventos. Ou, um ambiente atmosférico constituído pela série de estados da atmosfera em sua sucessão habitual. Elementos físicos também contribuem com o clima:

Tempo: combinação passageira dos elementos do clima.

→ **Elementos do clima:**

> Temperatura.
> Pressão atmosférica.
> Umidade do ar.
> Ventos.
> Massas de ar.
> Fatores do clima:
> Altitude.
> Latitude.
> Correntes marítimas.
> Relevo.
> Continentalidade/maritimidade.
> Vegetação.

5.4 Tipos de Climas

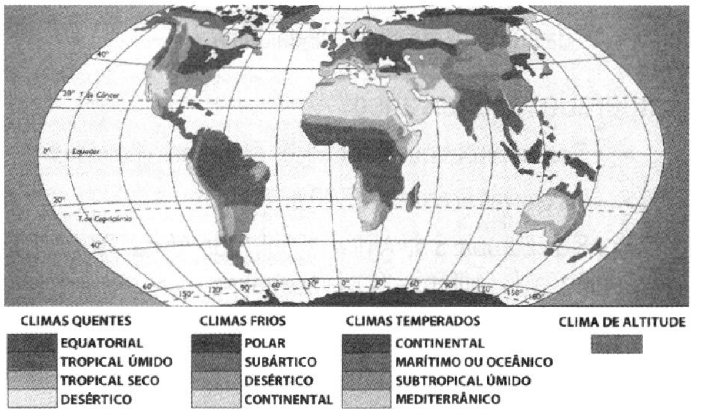

Equatorial

> Quente e úmido.
> Médias térmicas entre 24° a 28°C.
> Baixa amplitude térmica.
> Elevado índice pluviométrico, acima de 2.000 mm.

Ex.: Amazônia, Floresta do Congo e S Ásia.

Tropical

Tropical Úmido

> Quente e úmido.
> Temperaturas acima de 20°C.
> Elevado índice pluviométrico, entre 1.500 a 2.000mm.

Ex.: Brasil: faixa litorânea.

Tropical Úmido e Seco (continental/típico)

> Possui verão chuvoso e inverno seco.
> Média térmica e amplitude térmica moderada.
> Chuvas entre 1.000 a 1.500mm.

Ex.: Brasil: Centro-Oeste, África: Savanas, N da Austrália, N da Índia e L Malaio.

Tropical Monçônico

> Possui verões quentes com chuvas torrenciais e invernos secos.
> As monções de verão provocam chuvas e as monções de inverno, secas.

Ex.: S e SE da Ásia e L da África.

Temperado

Temperado Continental

> Possui verões rigorosos.
> Elevada amplitude térmica anual.
> As chuvas variam entre 500 a 1.200 mm e concentram-se no verão e na primavera.

Ex.: países da Europa Oriental, Centro dos USA, Centro-Leste da China.

Temperado Oceânico

> Os verões são moderadamente quentes e os invernos amenizados, devido às massas úmidas.
> A chuvas se concentram no inverno entre 500 a 2.500 mm.

Ex. W da Europa, L dos USA, NE da China.

Temperado Mediterrâneo

> Possui verões quentes e secos e invernos chuvosos.
> As chuvas ficam entre 300 a 900 mm.

Ex.: S da Europa, S da África do Sul, N da África, W do Chile, Península da Califórnia, SO da Austrália.

Climas Frios

Polar

> Localizado em elevadas latitudes.
> Possui verões curtos e invernos longos.
> Verões com 10°C e invernos com – 35°C.
> As chuvas não ultrapassam 200 mm.

Ex.: Groenlândia, Antártida, Extremo-Norte da Rússia e Canadá.

Montanhas e Continental

> O clima de montanha é frio, devido à altitude.
> O clima frio continental está localizado no norte do Canadá e da Rússia possuindo baixas pluviosidades.

Ex.: Alpes europeus, Cordilheira andina, Rochosas americanas e canadense, Himalaia.

Climas Secos

> **Extremamente árido:** quando pode ficar um ano sem chuvas (menor que 200mm).
> **Árido:** quando possui baixa precipitação anual (entre 200 e 500mm).
> **Semi-árido:** possui maior precipitação entre os climas secos (entre 500 e 1000mm).
>> » Os desertos típicos, como exemplo: o Saara e o da Namíbia, na África, o Atacama, na América do Sul, caracterizam-se por grandes amplitudes térmicas diárias.

6. CLIMAS DO BRASIL

O Brasil tem relativa diversidade climática. Isso se deve à dimensão do território, à extensão de sua faixa litorânea, à variação de altitude e, principalmente, à presença de diferentes massas de ar que modificam as condições de temperatura e de umidade das regiões em que atuam.

A posição geográfica da maior parte de suas terras, em uma zona de baixa latitude, determina o domínio de climas mais quentes. Cerca de 92% do território está situado na zona intertropical, cujas médias anuais de temperaturas estão acima de 20ºC.

6.1 Massas Atmosféricas

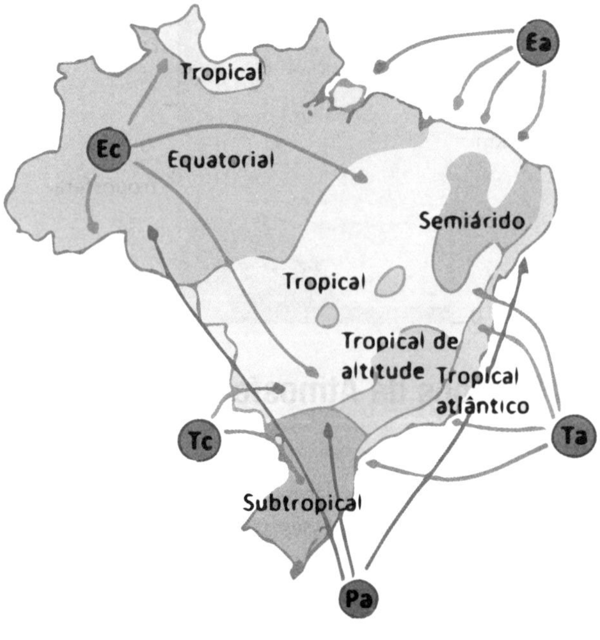

→ **Cinco são as massas que atuam com maior intensidade em nosso território:**

> MEC - Massa Equatorial continental
> MEA - Massa Equatorial Atlântica
> MTC - Massa Tropical Continental
> MTA - Massa Tropical Atlântica
> MPA - Massa Polar Atlântica

Não existe uma única classificação para os climas. A classificação mais utilizada para os tipos de clima do Brasil é baseada nos estudos do geógrafo Arthur Strahler, que considera a circulação das massas de ar como o fator mais importante para a caracterização climática.

A classificação de Arthur Strahler, adaptada ao Brasil, reconhece cinco regiões climáticas, definidas pela atuação de massas de ar equatorial, tropical e polar.

Basicamente, pode-se dizer que o Brasil tem seis domínios climáticos: clima equatorial, tropical, tropical semiárido, litorâneo, subtropical e tropical de altitude.

Climas do Brasil

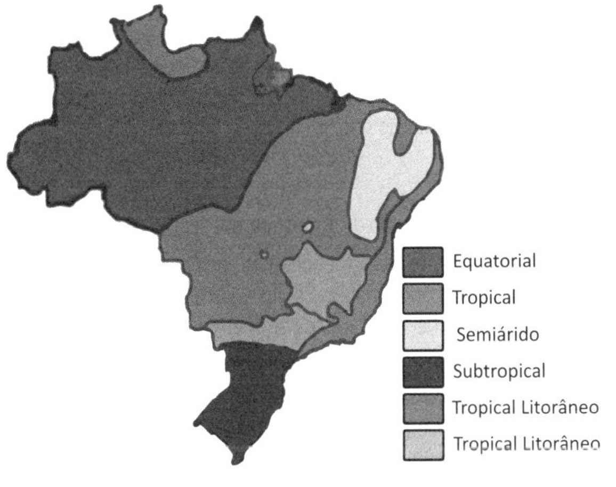

Clima Equatorial

Está localizado nas proximidades da Linha do Equador. Chove durante o ano todo e em grande quantidade; é bastante úmido e a temperatura varia pouco durante o ano, com média de 26ºC.

Clima Tropical

Predominante no território brasileiro. Os verões são chuvosos e os invernos são secos. A temperatura nesse clima é alta e não varia muito durante o ano.

Clima Semi-Árido

É o clima das zonas mais secas do interior do Nordeste. Caracteriza-se pela baixa umidade e temperaturas elevadas.

Clima Tropical Litorâneo (Atlântico)

Esse clima cobre todo o litoral do País, desde do Rio Grande do Norte até o Paraná. Caracteriza-se pelas temperaturas elevadas e pela alta umidade. No litoral do Nordeste, ocorrem chuvas, principalmente, no inverno.

Clima Tropical de Altitude

É o clima das áreas com altitude superior a 800 metros na região Sudeste. Os verões são quentes e chuvosos e os invernos frios e secos.

Clima Subtropical

É o clima das regiões localizadas ao sul do Trópico de Capricórnio. A quantidade de chuva não varia muito durante o ano, mas as temperaturas mudam bastante.

6.2 Classificação de Koppen – Geiger

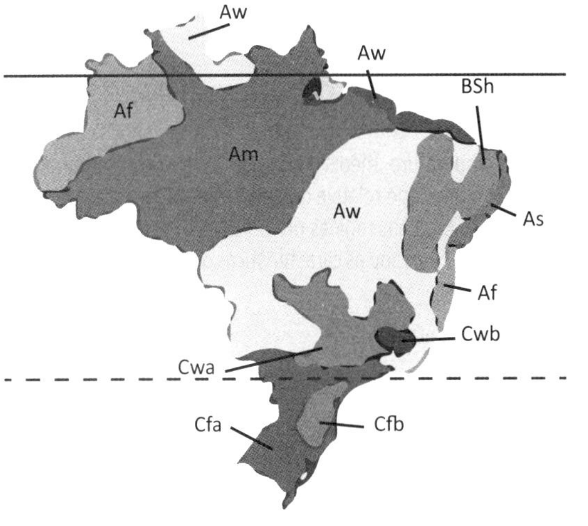

Am

Temperaturas elevadas e pluviosidade elevada. As médias de temperatura são maiores que 22°C, em todos os meses. As mínimas, no mês mais frio, são maiores que 20°C.

Aw

Temperaturas elevadas com chuva no verão e seca no inverno. As médias de temperatura dos meses é maior que 20°C. No mês mais frio do ano, as mínimas são menores que 18°C.

Aw'

Temperatura elevada com chuva no verão e no outono. Temperatura sempre maior que 20°C.

Cwa

Temperaturas moderadas com verão quente e chuvoso. No mês mais frio, a média de temperatura é menor que 20°C.

Cfa

Temperatura moderada com chuvas bem distribuídas e verão quente. Nos meses de inverno, há ocorrência de geadas. A média de temperatura, neste período, é inferior a 16°C. No mês mais quente as máximas são maiores que 30°C.

Af

Temperatura elevada sem estação seca. Temperaturas sempre maiores que 20°C.

As

Chuva de inverno e outono com temperaturas elevadas sempre maiores que 20°C.

BSh

Temperaturas altas com chuvas escassas no inverno. Temperaturas maiores que 22°C.

Cwb

Verão brando e chuvoso, com temperatura moderada. Há geadas no inverno e a média de temperatura no inverno e no outono é inferior a 18°C, com temperaturas mínimas inferiores a 12°C.

Cfb

Temperatura moderada, com chuva bem distribuída e verão brando. Podem ocorrer geadas, tanto no inverno como no outono. As médias de temperatura são inferiores a 20°C, exceto no verão. No inverno, média inferior a 14°C, como mínimas inferiores a 8°C.

Questões

01. Possui temperatura média anual de 25 °C, apresentando pouca variação. A umidade relativa do ar é bastante elevada: aproximadamente 90%. Atua nas regiões próximas à Linha do Equador, na zona intertropical. Essas são as características do clima:

a) Desértico.
b) Frio de montanha.
c) Subtropical.
d) Equatorial.
e) Tropical.

02. Apresenta as temperaturas mais baixas do planeta, podendo atingir até – 50 °C. Situa-se nas faixas delimitadas pelos círculos polares e recebe raios solares durante poucos meses no ano. Marque a alternativa que corresponde a esse tipo de clima:

a) Frio.
b) Temperado.
c) Polar.
d) Semiárido.
e) Equatorial.

03. Sobre o clima mundial, os fatores e os processos que o condicionam, assinale a alternativa incorreta:

I. A latitude influencia a distribuição espacial das temperaturas. Dessa forma, quanto maior for latitude, menores serão as temperaturas.

II. A pressão atmosférica varia em função da altitude e da temperatura. Assim, quanto maior for a altitude, menor será a pressão atmosférica, e quanto mais alta a temperatura, menor será a pressão.

III. O planeta Terra é aquecido uniformemente, tanto ao longo da sua superfície quanto ao longo do tempo (anos), e isto condiciona a circulação atmosférica, com a produção de centros de alta e de baixa pressão, que se alteram, continuadamente.

IV. Dependendo das condições locais, a precipitação pode ocorrer na forma de chuva, granizo ou neve e está relacionada, principalmente, à umidade atmosférica.

V. A diferença entre as temperaturas máxima e mínima é maior no interior dos continentes e a continentalidade exerce grande influência sobre essa amplitude térmica.

a) Estão incorretas as afirmativas I, III e V.
b) Estão incorretas as afirmativas II, IV.
c) Estão incorretas as alternativas I, IV e V.
d) Apenas a afirmativa III está incorreta.
e) Todas as afirmativas estão incorretas.

04. As colunas a seguir apresentam elementos climáticos e fatores climáticos. Associe-as:

01. Elementos climáticos 02. Fatores climáticos	( ) Altitude
	( ) Pressão atmosférica
	( ) Chuvas
	( ) Correntes marítimas
	( ) Latitude

Assinale a alternativa que apresenta a sequência correta.

a) 2 - 1 - 1 - 2 - 2
b) 1 - 1 - 2 - 1 - 1
c) 2 - 2 - 1 - 1 - 1
d) 1 - 2 - 1 - 2 - 2

05. (UFRN) "Torna-se importante o estudo da atmosfera, pelos efeitos que ela causa em nossas vidas, sejam efeitos naturais ou causados pela atividade humana, como a poluição, que provoca mudanças no clima do Planeta e transtornos à nossa saúde, devido à má qualidade do ar. Essas mudanças no clima, principalmente da temperatura, promovem transformações no padrão de tempo, em escala global, afetando o suprimento de alimentos, o regime das precipitações, o recebimento de radiação solar etc."

(Ferreira, Artur Gonçalves. Meteorologia Prática. São Paulo: Oficina de Textos, 2006. p. 47.)

Sobre a importância do estudo da atmosfera, analise:

I. É extremamente fácil entender a atmosfera e prever a ocorrência dos fenômenos meteorológicos, visto que inexistem interações entre a chegada e a saída de energia.

II. O estudo da atmosfera contribui no entendimento que severas tempestades podem causar grandes danos à população, provocando enormes enchentes, comprometendo a economia em várias escalas devido ao corte de energia, prejudicando os meios de transporte ou danificando os complexos industriais.

III. O estudo da atmosfera possibilita a compreensão de que invernos muito frios ou verões muito quentes causam aumento do consumo de energia e esgotamento dos recursos vitais, como se observa em algumas estiagens, em que ocorrem problemas de abastecimento de água potável e racionamento no consumo de energia elétrica.

Está(ão) correta(s) a(s) afirmativa(s):

a) I, II e III.
b) I, apenas.
c) I e II, apenas.
d) II e III, apenas.

06. (FAFIPA) "Estamos nos sentindo no Sul", dizem os moradores de Ji-Paraná e Vilhena (RO), em entrevista ao G1, no dia 24 de maio de 2014, momento em que as temperaturas na região estavam entre 13 °C e 16 °C. Durante o inverno, na Amazônia, pode ocorrer a chamada friagem, motivada pela ação da:

a) Massa Polar Atlântica, que reduz a temperatura no Norte do País, Acre, Rondônia e Amazonas.
b) Massa Equatorial Atlântica, que abaixa as temperaturas em São Paulo, atingindo o Norte do País.

c) Massa Tropical Continental, que incrementa as chuvas em Brasília e no Centro Norte do País.

d) Massa Tropical Atlântica, que diminui as chuvas no Rio Grande do Sul, e os ventos fortes fazem a temperatura cair.

07. (FUNCAB) ONU vê poucas chances de El Niño antes do fim do ano

22 de novembro de 2012 | 9h 26 min.

Há apenas uma pequena chance de o fenômeno climático El Niño se desenvolver antes do final do ano no Pacífico, afirmou, nesta quinta-feira a Organização Mundial de Meteorologia, da ONU. O órgão ainda estima que condições climáticas neutras deverão prevalecer no primeiro trimestre de 2013.

Uma das consequências do El Niño no território brasileiro é:

a) Índice pluviométrico bem mais baixo na Região Sul.
b) Modificação da salinidade da corrente marítima do Brasil.
c) Aumento das temperaturas das águas do Pacífico.
d) Período de estiagem mais prolongado no Nordeste.
e) Influência da ressurgência na Região Amazônica.

08. As características descritas a seguir fazem referência a um único tipo de clima brasileiro. Analise-as e responda a qual tipo de clima elas estão se referindo:

> Temperaturas médias elevadas ao longo do ano.

> Baixa precipitação anual e chuvas mal distribuídas.

> Encontro de quatro massas de ar: Equatorial Continental, Equatorial Atlântico, Tropical Atlântico e Polar Atlântica.

> O fenômeno La Niña, em que há um resfriamento da temperatura média das águas do Oceano Pacífico Equatorial, pode acarretar um excesso de precipitação.

a) Clima Tropical.
b) Clima Semiárido.
c) Clima Equatorial.
d) Clima Subtropical.
e) Clima Tropical Úmido.

09. Em relação aos tipos de clima no Brasil, marque qual clima abrange uma porção maior do território e melhor caracteriza o País:

a) Clima Semiárido.
b) Clima Equatorial.
c) Clima Subtropical.
d) Clima Tropical.
e) Clima Desértico.

10. A "friagem" consiste na queda brusca da temperatura, na região amazônica. Sobre ela, pode-se afirmar que:

I. O relevo baixo, de planície, facilita a incursão de massas de ar frio que atingem a Amazônia.
II. A massa de ar responsável pela ocorrência de friagem é a Tropical Atlântica.
III. A friagem ocorre no inverno.

De acordo com as afirmativas, assinale:

a) Se apenas I estiver correta.
b) Se I e II estiverem corretas.
c) Se II e III estiverem corretas.
d) Se I e III estiverem corretas.
e) Se todas as afirmativas estiverem corretas.

Gabaritos

01	D	06	A
02	C	07	D
03	D	08	B
04	A	09	D
05	D	10	D

7. HIDROGRAFIA

7.1 Águas Continentais

As principais civilizações mundiais se desenvolveram às margens de grandes rios. Além de fornecer água para o abastecimento das cidades e das indústrias, os rios são usados como vias de transporte e para gerar energia. Muitos rios são usados como limite entre os países.

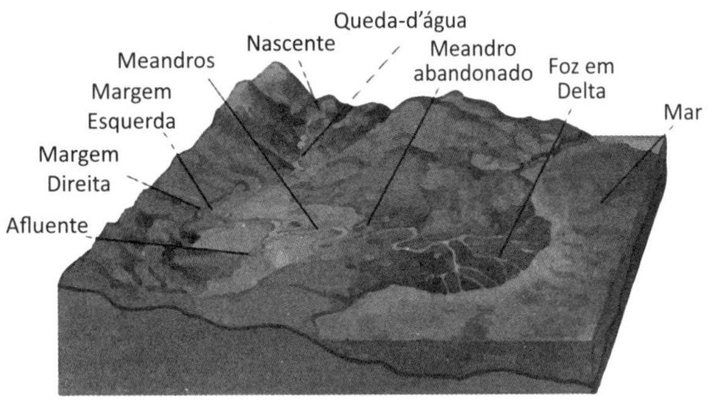

Os rios são cursos naturais de água. Sua nascente ou cabeceira é o local onde o rio nasce, podendo ser oriundo de uma fonte de água subterrânea, de uma geleira, de um lago ou, simplesmente, de uma junção de rios. Podemos dividir o rio em três partes:

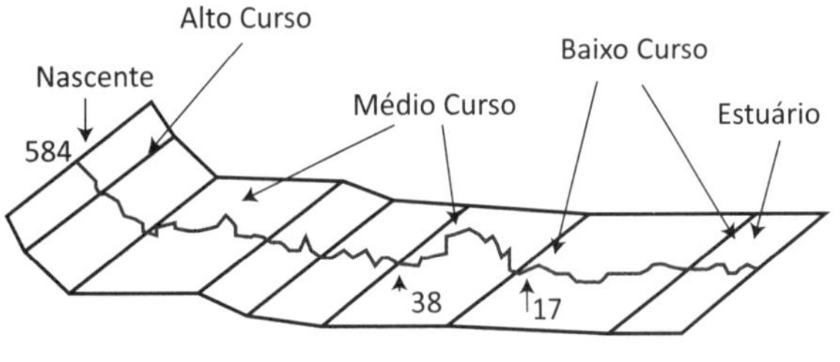

→ **Curso superior - Trecho situado próximo às nascentes.**

→ **Curso médio - Trecho intermediário situado entre os outros dois cursos.**

→ **Curso Inferior - Trecho situado próximo à foz.**

> De acordo com seu regime fluvial, definimos a forma de alimentação dos rios.

→ **Regime pluvial - São alimentados pela chuva.**

→ **Regime nival/alpino - São alimentados pelo degelo, principalmente das grandes montanhas do planeta.**

→ **Regime misto/complexo - São alimentados tanto pela chuva, como pelo degelo. Como exemplo, temos o Rio Amazonas.**

Um rio, seus afluentes e subafluentes e toda a área banhada por eles formam uma bacia hidrográfica. Quando a drenagem dos rios se dá em direção ao oceano, é denominada de exorreica; se, ao contrário, dá-se para o interior do continente, não desaguando no oceano, denominamos endorreica.

Em relação à topografia do terreno, as áreas mais elevadas constituem os divisores de água entre dois ou mais rios. A variação do relevo classificará os rios em:

> **Rios de Planalto** - Excelentes para gerar energia.

> **Rios de Planície** - Excelentes para a navegação.

→ **Os rios podem, ainda, ser classificados em:**

> **Rios perenes ou permanentes** - Quando mantêm água corrente o ano todo;

> **Rios temporários ou intermitentes** - Quando secam no período de estiagem.

→ **A foz dos rios podem ser classificadas em:**

> **Estuário** - Tipo de foz que se apresenta sem ilhas , sendo geralmente profunda.

> **Delta** - Tipo de foz que apresenta várias ilhas separadas por canais , indicando acumulação de sedimentos.

Por meio do perfil transversal de um rio, definimos as margens, porções laterais de um rio, chamadas de margem direita ou esquerda. Identificam-se as margens de um rio, voltando-se as costas para a nascente.

→ **Outros termos:**

> **Meandros** - São curvas apresentadas pelos rios, geralmente provocadas pelo acúmulo de sedimentos.

> **Leito** - Lugar por onde as águas do rio correm, o seu tamanho varia de acordo com o volume de água do rio.

> **Talvegue** - É o canal mais profundo do leito do rio.

> **Montante** - Sentido contrário ao curso do rio.

> **Jusante** - Sentido do curso do rio.

7.2 Lagos

São depressões continentais onde se verifica o acúmulo de água. Os lagos, de acordo com a sua origem, podem ser:

→ **Tectônicos - surgem por meio do movimento de placas.**

→ **Vulcânicos - correspondem a antigas crateras vulcânicas.**

→ **Glaciais - São formados em vales glaciais obstruídos por sedimentos transportados pelo próprio gelo.**

→ **Fluviais - São formados pela modificação do curso do rio, de forma natural, gerando a formação de meandros abandonados.**

→ **Restingas - depósitos arenosos podem fechar antigas baías, enseadas, formando lagoas costeiras.**

8. ÁGUAS OCEÂNICAS

Os oceanos e mares cobrem aproximadamente 2/3 da superfície terrestre. Os oceanos são as maiores porções de massas líquidas da superfície terrestre, separando massas continentais. Para melhor identificá-los, são divididos em três grandes porções:

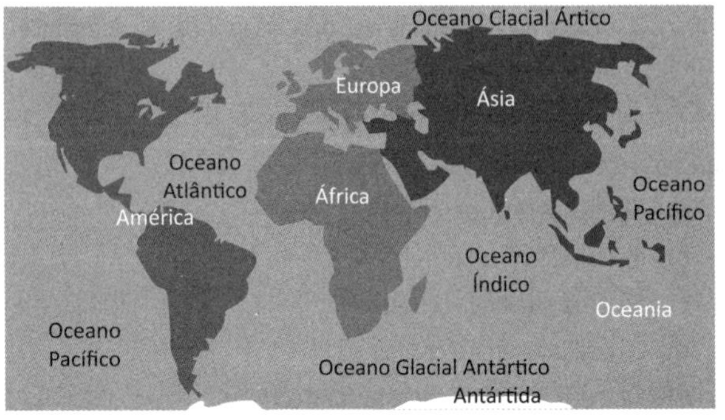

Oceano Pacífico - É o mais extenso. Apresenta a maior profundidade de todos os oceanos e separa o continente americano do asiático.

Oceano Atlântico - É o mais importante devido à navegação. Separa o continente americano da Europa e África.

Oceano Índico - É menor do que os outros dois e banha o sul da Ásia , o oeste da Oceania e o leste da África.

Os mares são porções menores e mais rasas que os oceanos e estão em contato com o continente.

Mares costeiros ou abertos – Têm comunicação ampla com os oceanos.

Mares continentais, interiores ou mediterrâneos - São aqueles que têm comunicação com os oceanos, por meio de pequenos estreitos. Como exemplo, temos o próprio Mar Mediterrâneo , Mar Vermelho e o Mar Báltico.

Mares fechados ou isolados – São aqueles que não apresentam comunicação com os oceanos. Como exemplo , temos o Mar Aral, Mar Cáspio e o Mar Morto (lago Asfaltite).

Características das águas oceânicas:

Temperatura – A temperatura das águas oceânicas variam de acordo com a latitude, a profundidade e as correntes marítimas. As principais consequências da temperatura é o teor de salinidade e o congelamento da água oceânica, ocasionando as formações de banquisas.

Coloração – A coloração das águas oceânicas depende da quantidade e da qualidade dos sedimentos em suspensão.

Movimentos – Entre os vários movimentos das águas oceânicas, destacamos:

Marulhos – Pequena oscilação da água marinha ocasionada pelas brisas.

Vagas ou ondas – São ocasionadas pelos ventos. As áreas mais altas da onda são denominadas crista e a porção mais baixa se chama cava ou cavado.

Vagas Sísmicas – Também conhecidas como *tsunami*, são ocasionadas pelo tectonismo que provoca maremotos.

Marés – É o movimento de fluxo e de refluxo marinho. Ao que tudo indica, é ocasionada pela atração que a Lua e o Sol exercem sobre a superfície da Terra. As marés podem ser de:

Sizígia ou de águas vivas – Marés de grande amplitude, que ocorrem no período de Lua Cheia (plenilúnio ou oposição) ou Nova (novilúnio ou conjunção).

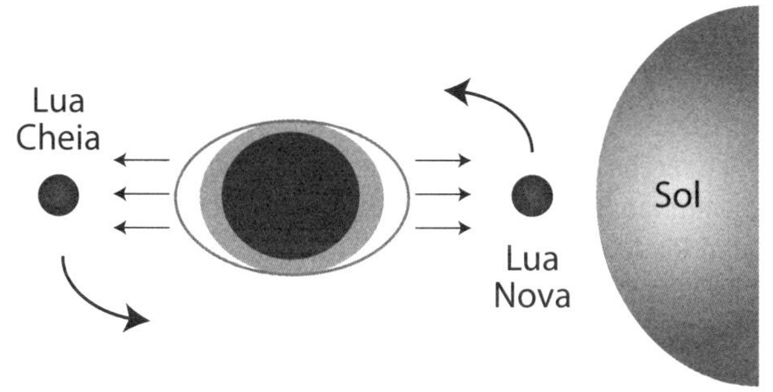

Quadratura ou de águas mortas – Marés de pequena amplitude, que ocorrem na fase de Lua Minguante ou Crescente.

Macaréu – É o choque das águas de um rio caudaloso com as ondas durante o período de marés de grande amplitude. Pode ser chamado de pororoca.

Correntes marítimas - São movimentos das águas oceânicas, com direção constante, temperatura e salinidade próprias, ocasionados pelo movimento de rotação da Terra, pelas diferenças de aquecimento do planeta e também pela ação dos ventos.

→ **Frias:**

> Corrente da Califórnia.
> Corrente de Humboldt.
> Corrente das Canárias.
> Corrente de Labrador.
> Corrente de Bengala.
> Corrente da Groelândia.
> Corrente Oya Shivo.

→ **Quentes:**

> Corrente das Guianas.
> Corrente do Brasil.
> Corrente do Golfo.
> Corrente Centro Equatorial.
> Corrente Sul Equatorial.
> Corrente Deriva Norte-Pacífico.
> Corrente Kuro Shivo.
> Relevo oceânico

O relevo oceânico pode ser dividido em plataforma continental, talude continental e fundo oceânico.

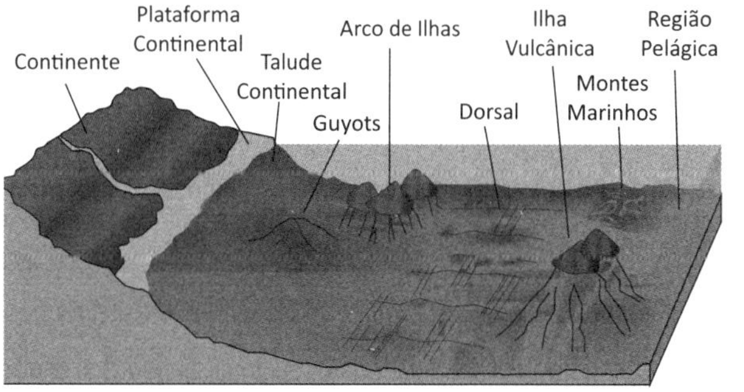

9. HIDROGRAFIA DO BRASIL

O Brasil possui a rede hidrográfica mais extensa do Globo, com 55.457km2. Muitos de seus rios destacam-se pela profundidade, largura e extensão, o que constitui um importante recurso natural. Em decorrência da natureza do relevo, predominam os rios de planalto. A energia hidráulica é a fonte primária de geração de eletricidade mais importante do Brasil.

Maiores Bacias Hodrográficas do Mundo

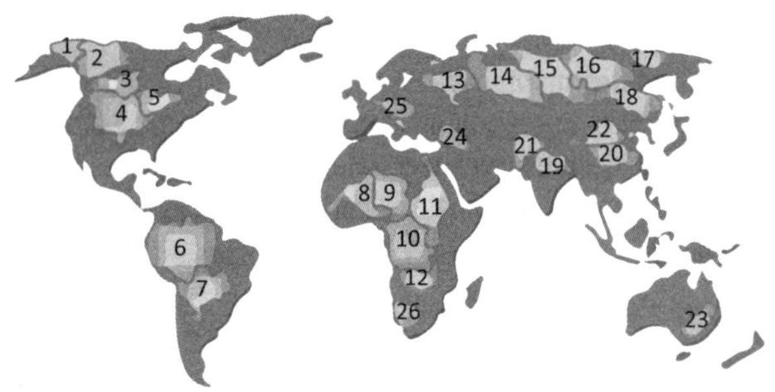

América do Norte
1 - Yokon
2 - Machenzie
3 - Nelson
4 - Mississipi
5 - St. Lawewnce
América do Sul
6 - Amazônia
7 - Paraná
Europa
25 - Danúbio
África e Oriente Médio
8 - Nger
9 - Lago Chan Basin
10 - Congo
11 - Nilo
12 - Zambezi
26 - Orange
24 - Eufrates e Tigre
Ásia
13 - Volga
14 - Ob
15 - Yenisey
16 - Lena
17 - Kolyma
18 - Amur
19 - Gages e Brahmaputra
20 - Yangtze
21 - Indo
22 - Huang Ho
Austrália
23 - Murry Darling

A densidade de rios de uma bacia está relacionada ao clima da região. Na Amazônia, que apresenta altos índices pluviométricos, existem muitos rios perenes e caudalosos. Em áreas de clima árido ou semiárido, os rios secam no período em que não chove.

As bacias brasileiras são divididas em dois tipos: Bacia de Planície, utilizada para navegação, e Bacia Planáltica, que permite aproveitamento hidrelétrico.

A Hidrografia brasileira apresenta os seguintes aspectos:

Não possui lagos tectônicos, devido à transformação das depressões em bacias sedimentares. No território brasileiro, só existem lagos de várzea e lagoas costeiras, como a dos Patos (RS) e a Rodrigo de Freitas (RJ), formadas por restingas.

Com exceção do Amazonas, todos os rios brasileiros possuem regime fluvial. Uma quantidade de água do rio Amazonas é proveniente do derretimento de neve da Cordilheira dos Andes, o que caracteriza um regime misto (pluvial e nival).

> Todos os rios são exorreicos, ou seja, têm como destino final o oceano.

> Só existem rios temporários no Sertão nordestino, que apresenta clima semiárido. No restante do País, os rios são perenes.

> Os rios de planalto predominam em áreas de elevado índice pluviométrico. A existência de desníveis no terreno e o grande volume de água contribuem para a produção de hidreletricidade.

9.1 Bacias Hidrográficas Brasileiras

As principais bacias hidrográficas brasileiras são: Bacia Amazônica, Bacia do Araguaia/Tocantins, Bacia Platina, Bacia do São Francisco e Bacia do Atlântico Sul.

Bacia Amazônica

É a maior bacia hidrográfica do planeta, com cerca de 7.000.000 km2, dos quais aproximadamente 3,8 milhões km2 estão situados em território brasileiro, e o restante distribuído por oito países sul-americanos: Guiana Francesa, Suriname, Guiana, Venezuela, Colômbia, Peru, Equador, Bolívia. Tem a sua vertente delimitada pelos divisores de água da Cordilheira dos Andes, pelo Planalto das Guianas e pelo Planalto Central.

Seu principal rio nasce no Peru, com o nome de Vilcanota, e depois recebe as denominações de Ucaiali, Urubamba e Marañon. Ao entrar no Brasil, passa a se chamar Solimões, até o encontro com o Rio Negro, passando a ser chamado, a partir daí, de Rio Amazonas. É o rio mais extenso do planeta, com 6.992 km de comprimento, e de maior volume de água, com drenagem superior a 5,8 milhões de km2. Sua largura média é de 5 km, chegando a mais de 50 km em alguns trechos. Possui cerca de 7 mil afluentes. Possui, ainda, grande número de cursos de águas menores e canais fluviais criados pelos processos de cheia e vazante.

A maioria de seus afluentes nasce nos escudos dos Planaltos das Guianas e Brasileiro na Venezuela, Colômbia, Peru e Bolívia. Possui o maior potencial hidrelétrico do País, mas a baixa declividade do seu terreno dificulta a instalação de Usinas Hidrelétricas. Na época das cheias, ocorre o fenômeno conhecido como "Pororoca", provocado pelo encontro de suas águas com o mar. Enormes ondas se formam, invadindo o continente.

Localizada numa região de planície, a Bacia Amazônica possui cerca de 23 mil km de rios navegáveis, possibilitando o desenvolvimento do transporte hidroviário. O Rio Amazonas é totalmente navegável.

A Bacia Amazônica abrange os Estados do Amazonas, Pará, Amapá, Acre, Roraima, Rondônia e Mato Grosso.

O Rio Amazonas é atravessado pela Linha do Equador, portanto, possui afluentes nos dois hemisférios. Os principais afluentes da margem esquerda são o Japurá, o Negro e o Trombetas, e da margem direita, o Juruá, o Purus, o Madeira, o Xingu e o Tapajós.

Bacia do Tocantins-Araguaia

É a maior bacia localizada inteiramente em território brasileiro. Dentre os principais afluentes da bacia Tocantins-Araguaia, estão os rios do Sono, Palma e Melo Alves, todos situados na margem direita do rio Araguaia.

Seu rio principal, o Tocantins, nasce na confluência dos rios Maranhão e Paraná, em Goiás, percorrendo 2.640 km até desembocar na foz do Amazonas. Durante o período de cheias, seu trecho navegável é de 1.900 km, entre as cidades de Belém (PA) e Peixe (GO). Em seu curso inferior, situa-se a Hidrelétrica de Tucuruí, a segunda maior do País, que abastece os projetos de mineração da Serra do Carajás e da Albrás.

O rio Araguaia nasce na serra das Araras, no Mato Grosso, na fronteira com Goiás. Tem cerca de 2.600 km de extensão. Desemboca no rio Tocantins em São João do Araguaia, logo antes de Marabá. No extremo Nordeste de Mato Grosso, o rio divide-se em dois braços, pela margem esquerda, o rio Araguaia, e pela margem direita, o rio Javaés, por aproximadamente 320 km, formando a ilha de Bananal, maior ilha fluvial do mundo. O rio é navegável por cerca de 1.100 km, entre São João do Araguaia e Beleza, porém, não possui nenhum centro urbano de destaque ao longo desse trecho.

O regime hidrológico da bacia é bem definido. No Tocantins, a época de cheia estende-se de outubro a abril, com pico em fevereiro, no curso superior, e março, nos cursos médio e inferior. No Araguaia, as cheias são maiores e um mês atrasadas, em decorrência do extravasamento da planície do Bananal. Os dois rios secam entre maio e setembro, com picos de seca em setembro.

A construção da hidrovia Araguaia-Tocantins tem sido questionada por ONGs que criticam os impactos ambientais que poderão ser causados. Por exemplo, a hidrovia cortaria 10 áreas de conservação ambiental e 35 áreas indígenas, afetando cerca de 10 mil índios.

Bacia do São Francisco

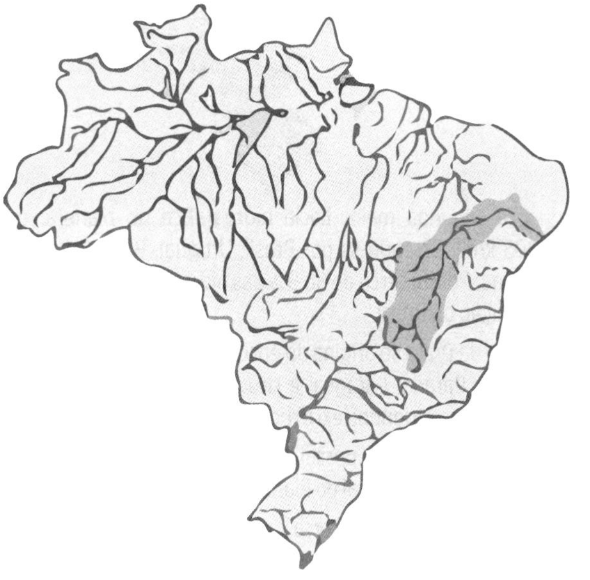

Possui área de aproximadamente 645.000 km2 e é responsável pela drenagem de 7,5% do território nacional. É a terceira bacia hidrográfica do Brasil, ocupando 8% do território nacional. É a segunda maior bacia localizada inteiramente em território nacional. A bacia encontra-se no Estados da Bahia, Minas Gerais, Pernambuco, Sergipe, Alagoas, Goiás e no Distrito Federal. Situa-se quase inteiramente em áreas de planalto.

O rio São Francisco nasce em Minas Gerais, na serra da Canastra e atravessa o sertão semiárido mineiro e baiano, o que possibilita a sobrevivência da população ribeirinha de baixa renda, a irrigação de pequenas propriedades e a criação de gado. Possui grande aproveitamento hidrelétrico, abastecendo não só a região Nordeste, como também parte da região Sudeste. Até a sua foz, na divisa dos Estados de Alagoas e Sergipe, o São Francisco percorre 2.700 km.

Seus principais afluentes são os rios Paracatu, Carinhanha e Grande, na margem esquerda, e os rios Salitre, das Velhas e Verde Grande, na margem direita. Embora atravesse um longo trecho em clima semiárido, é um rio perene e navegável por cerca de 1.800 km, desde Pirapora (MG) até a cachoeira de Paulo Afonso. Apresenta fortes quedas em alguns trechos e tem seu potencial hidrelétrico aproveitado por meio das Usinas de Paulo Afonso,

Sobradinho, Três Marias e Moxotó, entre outras. O rio São Francisco liga as duas regiões mais populosas e de mais antigo povoamento: Sudeste e Nordeste.

Bacia Platina

É a segunda maior bacia hidrográfica do planeta, com 1.397.905 km2. Estende-se por Brasil, Uruguai, Bolívia, Paraguai e Argentina. Possui cerca de 60,9% das hidrelétricas em operação ou construção do Brasil.

O rio da Prata se origina do encontro dos três principais rios desta bacia: Paraná, Paraguai e Uruguai. Eles se encontram na fronteira entre a Argentina e o Uruguai.

A bacia do Paraná possui localização geográfica privilegiada, situada na parte central do Planalto Meridional brasileiro.

O rio Paraná possui cerca de 3.000 km de extensão e é o segundo em extensão na América. É formado pela junção dos rios Grande e Parnaíba. Apresenta o maior aproveitamento hidrelétrico do Brasil, abrigando a Usina de Itaipu, entre outras. Os afluentes do Paraná, como o Tietê e o Paranapanema, também apresentam grande potencial hidrelétrico. Sua navegabilidade e a de seus afluentes vem sendo aumentada pela construção da hidrovia Tietê-Paraná.

A hidrovia serve para o transporte de cargas, pessoas e veículos, tornando-se uma importante ligação com os países do Mercosul. São 2.400 km de percurso navegável, ligando as localidades de Anhembi e Foz do Iguaçu. Em função de suas diversas quedas, o rio Paraná possui navegação de porte até a cidade argentina de Rosário. O rio Paraná é o quarto do mundo em drenagem, drenando todo o centro-sul da América do Sul, desde as encostas dos Andes até a Serra do Mar.

A bacia do Paraguai é típica de planície e sua área é de 345.000 km2. Atravessa a Planície do Pantanal e é muito utilizada na navegação.

O rio Paraguai possui cerca de 2.550 km de extensão ao longo dos territórios brasileiro e paraguaio. Tem sua origem na serra de Araporé, a 100 km de Cuiabá (MT). Seus principais afluentes são os rios Miranda, Taquari, Apa e São Lourenço. Antes de se juntar ao rio Paraná para formarem o rio da Prata, o rio Paraguai banha o Paraguai e a Argentina. O rio Paraguai drena áreas de importância, como o Pantanal mato-grossense.

A bacia do Uruguai tem um trecho planáltico, com potencial hidrelétrico, e outro de planície, entre São Borja e Uruguaiana (RS).

O rio Uruguai nasce pela fusão dos rios Canoas (SC) e Pelotas (RS), servindo de divisa entre Rio Grande do Sul e Santa Catarina, Brasil e Argentina, e mais ao sul, entre Uruguai e Argentina. Possui uma extensão de aproximadamente 1.500 km e deságua no Estuário do Prata. Seu curso superior é planáltico e possui expressivo potencial hidrelétrico. Os cursos médio e inferior são de planície e oferecem condições favoráveis para a navegação. É navegável desde sua foz até a cidade de Salto. Fazem parte de sua bacia os rios Peixe, Chapecó, Peperiguaçu, Ibicuí, Turvo, Ijuí e Piratini.

O aproveitamento econômico da bacia do Uruguai é pouco expressivo, quer seja em termos de navegação, quer seja em termos de produção hidrelétrica.

9.2 Região Hidrográfica do Atlântico

Trata-se de um conjunto de bacias costeiras formadas por rios que deságuam no Atlântico, exceto os do Amapá, que fazem parte da Região Hidrográfica Amazônica. São cinco regiões:

> A Atlântico Nordeste Ocidental, abriga os rios situados entre a foz do Gurupi (PA/MA) e a do Rio Parnaíba).

> A Nordeste Oriental , fica entre a foz do rio Parnaíba e a do São Francisco, na divisa entre Alagoas e Sergipe.

> A região Leste vai da foz do rio São Francisco ao rio Mucuri (extremo sul da Bahia).

> A Atlântico Sudeste, vai do rio Mucuri à área da divisa entre São Paulo e Paraná.

> O Atlântico Sul abrange bacias do rio Itajaí, Capivari e aquelas ligadas ao rio Guaíba.

9.3 O Atlântico e a Economia (a Produtividade Marinha)

O Atlântico, no Brasil, pela sua extensão e características físicas, se torna um dos litorais mais importantes, mas acaba sendo subaproveitado.

A exploração de petróleo (águas rasas, médias e profundas, como o pré-sal), a pesca, os portos, o sal marinho, o gás natural, os portos e até esportes náuticos são as atividades econômicas mais relevantes do litoral brasileiro.

A extensão do litoral vai do Amapá na parte norte do País até o extremo sul no Rio Grande do Sul. O litoral brasileiro é banhado por três correntes marítimas, sendo duas quentes (do Brasil e Guianas) e uma fria (Malvinas ou Falklands). Nosso litoral é pouco recortado, apresentando algumas baías, um golfo (do Maranhão), muitas enseadas, tômbolos e outras características próprias de um litoral, como mangues e restingas.

A história brasileira desde os tempos coloniais até os dias atuais sempre estiveram juntas no que tange ao desempenho econômico, tanto que duas capitais (Salvador e Rio de Janeiro) são cidades litorâneas, a concentração da população brasileira se dá no litoral e não muito distante dele, os portos brasileiros tem uma importância fundamental nas relações comerciais do país e até a questão do lazer faz com que muitas cidades litorâneas dependam diretamente dessa atividade.

Apesar do consumo do brasileiro ser muito aquém em termos de pescado, nosso litoral apresenta um enorme potencial para essa atividade. Santa Catarina é o Estado que mais produz pescado no Brasil, com aproximadamente ¼ da produção nacional, e o porto de Itajaí é o mais importante. Como região, o Nordeste com seu vasto e rico litoral, é o que apresenta a maior quantidade de pescado no Brasil, sendo a Bahia o principal Estado na atividade.

A pesca da lagosta é outra atividade econômica importante no litoral brasileiro e ela acontece desde o Amapá até o litoral capixaba.

9.4 O Mar Territorial Brasileiro

Pela sua extensão e importância econômica o Estado brasileiro definiu o seu mar territorial que é uma faixa que se estende por 12 milhas náuticas de largura, incluindo, nesse trecho, as ilhas além-costa, como é o caso do arquipélago de Fernando de Noronha e os penedos de São Pedro e São Paulo.

Questões

01. A expressão "Bacia Hidrográfica" pode ser entendida como:

a) O conjunto das terras drenadas ou percorridas por um rio principal e seus afluentes.

b) A área ocupada pelas águas de um rio principal e seus afluentes, no período normal de chuvas.

c) O conjunto de lagoas isoladas que se formam no leito dos rios quando o nível da água baixa.

d) O aumento exagerado do volume de água de um rio principal e seus afluentes, quando chove acima do normal.

e) O lago formado pelo represamento das águas de um rio principal e seus afluentes.

02. Com relação aos oceanos e mares, assinale a alternativa incorreta:

a) As correntes marítimas são consequência da atração que o Sol e a Lua exercem sobre as grandes massas líquidas.

b) As ondas são provocadas pelos ventos.

c) Maremotos são ondas isoladas, de grande potência, provocadas por furações, terremotos etc.

d) Marés são movimentos verticais das grandes massas líquidas, provocadas pela atração lunar e solar.

e) Os movimentos do mar podem provocar a criação de formas litorâneas de depósitos, como a praia, uma das mais representativas.

03. Analise as proposições a seguir:

I. Praticamente dois terços das terras emersas encontram-se no Hemisfério Norte, por isso ele é denominado hemisfério das terras ou continental.

II. O Oceano Pacífico separa o continente americano das terras africanas e da Oceania.

III. A plataforma continental é a porção mais importante do relevo submarino, ocupando cerca de 80% de sua área total.

IV. No Oceano Atlântico, a meio caminho das terras americanas e euro-africanas, o relevo submarino é bastante acidentado, possuindo uma elevação montanhosa submersa, denominada Dorsal Oceânica.

V. Após a plataforma continental, o relevo submarino desce para profundidades acentuadas, que varia de 200 a 3000 metros, constituindo o talude continental.

Estão corretas:

a) I, III e V.

b) II e IV.

c) II, III e V.

d) I, IV e V.

e) III, IV e V.

04. Em relação à rede hidrográfica brasileira, assinale a única alternativa INCORRETA:

a) O rio Uruguai resulta da junção dos rios Canoas e Pelotas e separa os Estados de Santa Catarina e Rio Grande do Sul.

b) Os rios do Sudeste são essencialmente rios de planície, o que os torna em grande parte navegáveis.

c) A bacia do São Francisco é a maior bacia fluvial genuinamente brasileira, pois começa e acaba dentro do território nacional.

d) O regime do Amazonas é do tipo complexo, pois suas cheias dependem das chuvas dos dois hemisférios e do derretimento do gelo e da neve na Cordilheira dos Andes.

e) O Planalto Central, através de suas terras altas e chapadas, é um grande divisor de águas, isto é, separa as águas que correm para diferentes bacias hidrográficas.

05. Nasce em Minas Gerais, na serra da Canastra, e atravessa os Estados da Bahia e de Pernambuco, com drenagem superior a 630.000 km2 e uma extensão de 3.160 km, tendo como principais afluentes os rios Paracatu, Carinhanha e Grande, pela margem esquerda, e os rios Salitre, das Velhas e Verde Grande, pela margem direita. De grande importância política, econômica e social, principalmente para uma região do País, é navegável por cerca de 1.800 km, desde Pirapora, em Minas Gerais, até a cachoeira de Paulo Afonso, em função da construção de hidrelétricas com grandes lagos e eclusas, como é o caso de Sobradinho e Itaparica. O texto anterior faz alusão à bacia do rio:

a) Amazonas.

b) São Francisco.

c) Araguaia-Tocantins.

d) Paraná.

e) Paraguai.

06. (ESCOLA NAVAL) Atualmente, chama-se a atenção para a importância de uma outra Amazônia que boa parte dos brasileiros desconhecem, ou seja, a "Amazônia Azul". Sabe-se que todos os bens econômicos sobre o leito do mar e no subsolo marinho, ao longo de uma faixa litorânea de 200 milhas marítimas de largura, são do Estado Costeiro. Essas áreas somadas a ZEE (Zonas Econômicas Exclusivas) mais a Plataforma Continental acresceriam ao território nacional mais de 4,5 milhões de km^2. Quanto à situação do litoral brasileiro, é correto afirmar:

a) Desde a colonização, as atividades marítimas já possuíam um caráter de integração nacional.

b) Os elevados custos dos fretes marítimos vêm sendo compensados pelos investimentos maciços no transporte feito por navios de bandeira brasileira.

c) A ocupação dos vazios demográficos da costa vem sendo feita pelos "resorts", os quais reduzem os danos ambientais e integram à comunidade local a prosperidade do negócio.

d) A exploração do petróleo no litoral fluminense impulsionou uma das primeiras atividades costeiras com impacto nacional, tornando a Petrobras recordista mundial em profundidade de exploração.

e) Devido à sua vastidão, a pesca artesanal vem recebendo maciços investimentos públicos e privados para a modernização da produção e geração de empregos.

07. (CESGRANRIO) A distribuição de alguns recursos pesqueiros está fortemente correlacionada com a distribuição de alguns fenômenos oceanográficos. Considerando que, na cadeia trófica, a sardinha é um consumidor primário, é correto afirmar que sua distribuição tende a ser maior em áreas:

a) de ressurgência;

b) de subsidência;

c) com grande amplitude de marés;

d) com altas temperaturas superficiais;

e) com baixa concentração de nutrientes.

08. (IFPB) Em qual faixa marítima do seu território o Brasil exerce direitos de soberania, para efeitos de exploração dos recursos naturais?

a) Mar territorial.

b) Zona contínua.

c) Amazônia verde.

d) Placas tectônicas.

e) Plataforma continental.

09. (IFPB) É definição para Mar Territorial:

a) É a porção de água do mar não incluída na zona econômica exclusiva, no mar territorial ou nas águas interiores e continentais de outro Estado, nem nas águas arquipelágicas de Estado arquipélago.

b) São os rios, bacias, ribeirões, lagos, lagoas, açudes ou quaisquer depósitos de água não marinha, naturais ou artificiais, e os canais que não tenham ligação com o mar.

c) É a faixa de 12 (doze) milhas marítimas de largura, medida a partir da linha de baixa-mar do litoral continental e insular brasileiro, tal como indicada nas cartas náuticas de grande escala, reconhecidas oficialmente pelo Brasil.

d) É o leito e o subsolo das áreas submarinas que se estendem além do mar territorial, em toda a extensão do prolongamento natural do território terrestre, até o bordo exterior da margem continental, ou até uma distância de 200 (duzentas) milhas marítimas das linhas de base, a partir das quais se mede a largura do mar territorial, nos casos em que o bordo exterior da margem continental não atinja essa distância.

e) É a faixa que se estende das 12 (doze) às 200 (duzentas) milhas marítimas, contadas a partir das linhas de base que servem para medir a largura do mar territorial.

10. (CESGRANRIO) Existem corpos d'água menores que os oceanos, denominados mares. Os mares podem ser de três tipos. O tipo de mar rodeado por terras e que mantém uma ligação com o oceano, através de canais ou estreitos, é denominado mar:

a) Costeiro.

b) Aberto.

c) Mediterrâneo.

d) Fechado.

e) Iolado.

Gabaritos

01	A	06	D
02	A	07	A
03	D	08	E
04	B	09	C
05	B	10	C

10. BIOMAS TERRESTRES

A distribuição dos biomas terrestres e seus tipos de fauna e flora estão ligados diretamente com o clima. Desse modo, a cada tipo climático, corresponde um bioma, marcado por uma cobertura vegetal. O relevo (altitude), as águas continentais ou oceânicas e os solos também influenciam a distribuição dos biomas na superfície da Terra.

Em relação aos aspectos vegetacionais, destacamos alguns termos importantes para definir as características de cada vegetação:

> **Aciculifoliada** - Folha em forma de agulha ou pontiaguda.

> **Arbustiva** - Formação vegetal de porte médio.

> **Coníferas** - Árvores com aparelho reprodutor em forma de cone (pinheiros).

> **Decídua** - Folhas caducas, ou seja, plantas que perdem suas folhas em certas épocas do ano (principalmente no inverno).

> **Higrófila** - Planta adaptada a climas muito úmidos.

> **Latifoliada** - folhas largas.

> **Orófila** - Planta adaptada às grandes altitudes.

> **Perenifólia** - Floresta sempre verde, não perdendo as folhas em nenhuma estação.

> **Tropófila** - Planta acostumada à alternância de uma estação seca e outra chuvosa.

> **Vegetação Heterogênea** - Vegetação constituída de grande variedade de espécies.

> **Vegetação Homogênea** - Vegetação constituída de poucas ou de uma única espécie.

> **Xerófita** - Planta adaptada a ambientes secos.

10.1 Principais Biomas

Tundra

> Vegetação herbácea que se desenvolve no degelo, quando as sementes encontram condições.

> Ciclo vegetativo rápido.

> Composição botânica em função do solo e do clima.

> Epécies: musgos, liquens e plantas rasteiras.

> Solo fica congelado a maior parte do ano.

> Tundra arbórea, arbustiva, herbácea e muscinal. Bioma mais frio do planeta.

> A palavra tundra tem origem no finlandês: tuntuna - Planície sem árvores.

De Montanha

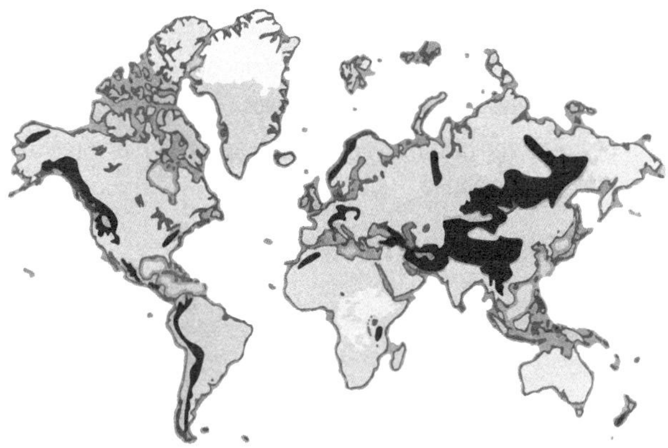

> Ocorre nas cadeias montanhosas: Andes, Rochosas, Alpes, Himalaia e outros.

> Vegetação em patamares.

> Vegetação que alcança 2500 a 3000 m é composta de plantas orófilas.

> O fator do bioma é a altitude.

> Ecossistema que evidencia bem a adaptação em função do clima e altitude.

Taiga, Boreal ou Coníferas

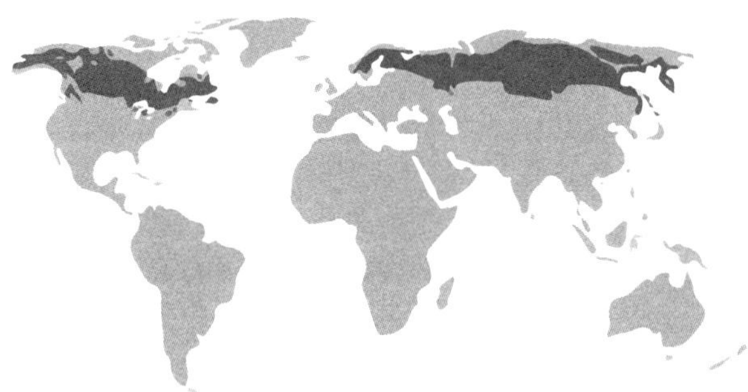

> Ocorre apenas no Hemisfério Norte, lat. 50o e 60o n.

> Floresta homogênea formada por coníferas: abetos e pinheiros (aciculifoliadas) resistentes e perenes.

> Escandinávia e Canadá utilizam como matéria-prima na indústria de papel e celulose.

Floresta Temperada

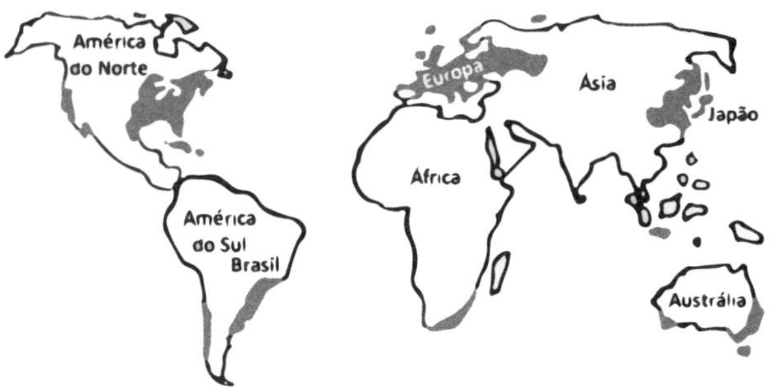

- Típica do clima temperado e estações bem definidas.
- Recobria áreas que são densamente povoadas.
- Floresta decídua (perde folhas no inverno).
- Não são homogêneas: há espécies perenes como flores, tapetes de musgos e cogumelos.
- Em regiões mais chuvosas, aparecem árvores de grande porte.

Formações Mediterrâneas

- Também conhecidas como bosques esclerófilos.
- Vegetação característica das margens do mediterrâneo, porém, aparece em outras partes do mundo.
- Bioma marcado por uma estação seca e quente e por outra úmida e fria.
- Formado por vegetação arbustiva ou bosques de árvores de folhas duras (esclerófilas).
- Podem ser denominadas de Maquis e Garrigues.

Estepes

- Bioma seco, frio e com vegetação rasteira.
- Aparecem no ecótono (zona de transição) deserto-savana.
- Nesse domínio, os verões são quentes e os invernos rigorosos.
- Com um pouco mais de chuva, a estepe pode ser classificada como pradaria.

Pradarias

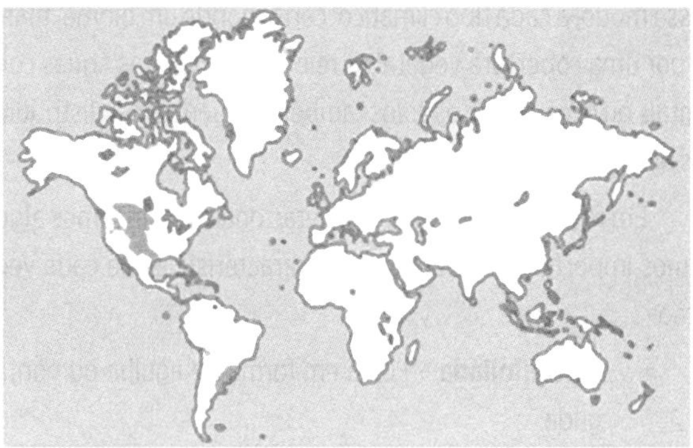

- Vegetação herbácea.
- Pradaria: América do norte, pampas da América do Sul.
- No Sul recebem mais chuva.
- Apresentam-se, geralmente, em relevo suavemente inclinado.

Savanas

- Típicas de clima tropical. Uma estação seca e outra chuvosa.
- Há vários tipos, as mais conhecidas são africanas com uma zoogeografia muito rica: leões, zebras, girafas, elefantes, gazelas e outros.
- Na América do Sul, ocupam áreas na Colômbia e Venezuela e são denominadas de lhanos.
- No Brasil, aparece como cerrado em grande parte do Centro-Oeste, composta de arbustos e gramíneas.
- Encontrado na Austrália: destaque para eucalipto.
- Na Índia, denominado de *jungle*.

Florestas Tropicais

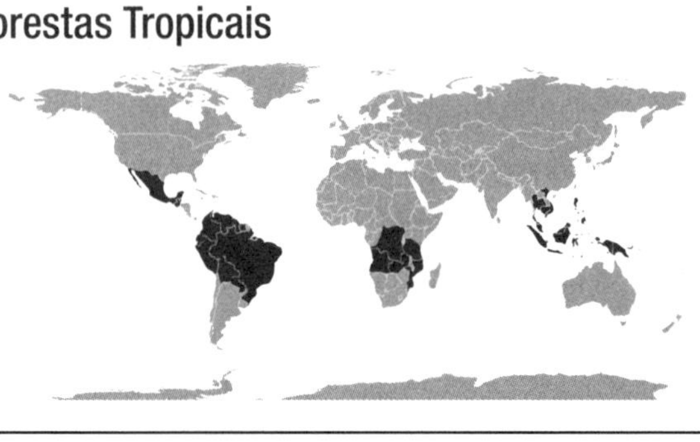

> Área de ocorrência delimitada pelos trópicos.
> Elevada temperatura e grande pluviosidade.
> São heterogêneas, perenes, higrófilas e latifoliadas.
> Maior biodiversidade entre os biomas.
> Próxima ao Equador, são mais densas e estratificadas.
> No Brasil destacamos a floresta Amazônica e a Mata Atlântica.

Vegetação Desértica

> Adaptam-se à escassez de água e em alguns casos de xerofilia extrema.
> Possuem espinhos para diminuir a evapotranspiração, caules cobertos com camada de cera para impedir a evaporação e raízes longas para absorção de umidade.
> A vegetação desértica é chamada de xeromorfas.
> No Brasil, apresentamos a vegetação da Caatinga, típica do Sertão nordestino, como xerófita.

11. DOMÍNIOS MORFOCLIMÁTICOS

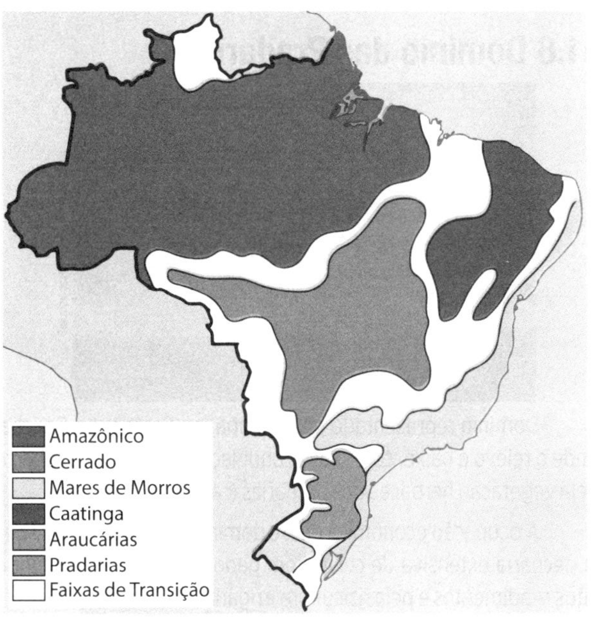

11.1 Domínio Amazônico

É formado por terras baixas: depressões, planícies aluviais e planaltos, cobertos pela extensa floresta latifoliada equatorial Amazônica. É banhado pela Bacia Amazônica, que se destaca pelo grande potencial hidrelétrico.

Apresenta grave problema de degradação ambiental, representado pelas queimadas e desmatamentos.

Amazônia - Devastação (2007)

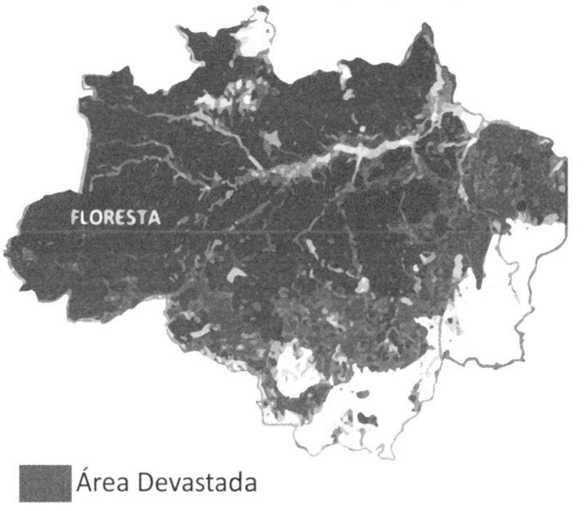

O Governo brasileiro, por meio do Programa Piloto para a Proteção das Florestas Tropicais do Brasil, adotará o ecoturismo e a biotecnologia como formas de desenvolver a Amazônia, preservando-a.

11.2 Domínio do Cerrado

Corresponde à área do Brasil Central e apresenta extensos chapadões e chapadas, com domínio do clima tropical semiúmido e vegetação do Cerrado.

A vegetação do Cerrado é formada por arbustos com troncos e galhos retorcidos, recobertos por casca grossa. Os solos são pobres e ácidos, mas com a utilização do método da calagem, colocando-se calcário no solo, estão sendo aproveitados pelo setor agrícola,transformando-se na nova fronteira da agricultura, representada pela expansão do cultivo da soja, feijão, arroz e outros produtos.

Nesse domínio, estão as áreas dispersoras da Bacia do Paraná, do Paraguai, do Tocantins, do Madeira e outros rios destacáveis.

11.3 Domínio dos Mares de Morros

professoralexeinowatzki.webnode.com.br

Esse domínio acompanha a faixa litorânea do Brasil, desde o Nordeste até o Sul do País. Caracteriza-se pelo relevo com topografia em "meia-laranja", mamelonares ou mares de morros, formados pela intensa ação erosiva na estrutura cristalina das Serras do Mar, da Mantiqueira e do Espinhaço.

Apresenta, predominantemente, clima tropical quente e úmido, caracterizado pela floresta latifoliada tropical, que na encosta da Serra do Mar, é conhecida como Mata Atlântica.

Essa paisagem sofreu grande degradação, em consequência da forte ocupação humana.

Além do desmatamento, esse domínio sofre intenso processo erosivo (relevo acidentado e clima úmido), com deslizamentos frequentes e formação de voçorocas.

11.4 Domínio da Caatinga

professoralexeinowatzki.webnode.com.br

Corresponde à região da depressão sertaneja nordestina, com clima quente e semiárido e típica vegetação de caatinga formada por cactáceas, bromeliáceas e árvores.

Destaca-se o extrativismo vegetal de fibras, como o caroá, o sisal e a piaçava.

A bacia do São Francisco atravessa o domínio da caatinga e tem destaque pelo aproveitamento hidrelétrico e pelos projetos de irrigação no seu vale, onde a produção de frutas (melão, manga, goiaba, uva) tem apresentado expansão.

A tradicional ocupação da caatinga é a pecuária extensiva de corte, com baixo aproveitamento.

No domínio da caatinga, aparecem os *inselbergs*, ou morros residuais, resultantes do processo de pediplanação em clima semiárido.

11.5 Domínio das Araucárias

professoralexeinowatzki.webnode.com.br

O domínio das araucárias, chamada cientificamente de Floresta Ombrófila Mista, localiza-se no sul do Brasil abrangendo uma área aproximada de 578.000 km2 que vai do sul paulista, passando por Santa Catarina até o norte do Rio Grande do Sul, Passo Fundo, Chapecó e Cascavel. O Clima subtropical da região favorece o surgimento da floresta que está ameaçada de extinção devido a ocupação agropecuária e a extração da madeira. A espécie das araucárias se desenvolve em solos mais férteis do que os das áreas tropicais.

11.6 Domínio das Pradarias

geoconceicao.blogspot.com.br

Domínio representado pelo Pampa, ou Campanha Gaúcha, onde o relevo é baixo, com suaves ondulações (coxilhas) e coberto pela vegetação herbácea das pradarias (campos).

A ocupação econômica desse domínio tem-se efetuado pela pecuária extensiva de corte, com gado tipo europeu, obtendo altos rendimentos e pela rizicultura irrigada.

11.7 As Faixas de Transição

Na passagem de um domínio para outro, aparecem áreas onde é possível perceber a existência de duas ou mais paisagens diferentes que compõem um espaço diferenciado e muito representativo. São as faixas de transição e delas se pode destacar:

> No Nordeste:
> Os manguezais na zona costeira.
> O agreste entre a Zona da Mata e o Sertão.
> A mata dos cocais no meio-norte entre a caatinga e a floresta Amazônica.
> No Sul:
> Zona de transição das pradarias, situada entre os domínios da Araucária e das pradarias.
> No Centro-Oeste:
> O Pantanal.

Questões

01. Assinale a alternativa incorreta, quanto aos biomas terrestres:

a) A taiga se localiza em regiões de clima frio, com invernos rigorosos; nela, as coníferas predominam.

b) Nos desertos, predominam as savanas, cujos solos áridos permitem a rápida decomposição da matéria orgânica.

c) Nos campos, devido à quantidade de chuvas, intermediária entre o deserto e a floresta, a vegetação que predomina é constituída por gramíneas.

d) As florestas tropicais são caracterizadas por uma vegetação que cresce o ano todo, devido à luminosidade, temperatura elevada e chuvas frequentes.

e) A tundra se desenvolve no Hemisfério Norte; é caracterizada por plantas herbáceas, como o capim, musgos e líquens.

02. Sobre os grandes biomas do mundo, assinale o que for correto:

a) As pradarias são compostas, basicamente, por gramíneas e são encontradas, principalmente, em regiões de clima temperado. Esse bioma recebe o nome de pradaria, na América do Norte, e de pampa, na América do Sul. Um dos solos mais férteis do mundo, denominado *tchernozion*, é encontrado sob as pradarias da Rússia e da Ucrânia.

b) A floresta boreal ou taiga ocorre apenas nas altas latitudes do Hemisfério Norte, em regiões de clima temperado continental, como Canadá, Suécia, Finlândia e Rússia. É um bioma que apresenta uma formação homogênea, na qual predominam coníferas do tipo pinheiro, resistentes ao frio.

c) Os desertos são biomas cujas espécies estão adaptadas à escassez de água em regiões com índice pluviométrico muito baixo. Os solos são sempre muito pedregosos ou arenosos. Nessas áreas, são encontradas plantas xerófitas e, em lugares onde a água aflora à superfície, surgem os oásis.

d) Nas regiões de montanhas, há uma grande variação da altitude. À medida que aumenta a altitude e diminui a temperatura, os solos ficam mais rasos e aparecem as plantas orófilas, que são plantas adaptadas a grandes altitudes.

e) A tundra é um bioma seco e frio, com dois estratos de vegetação: um mais alto, formado por árvores e outro, mais baixo, composto por gramíneas. A tundra é encontrada, geralmente, na faixa de transição entre os desertos e as florestas. Grandes extensões da tundra são encontradas na África, na América do Sul e no México.

03. O texto a seguir refere-se a qual formação vegetal?

"De origem bastante discutida, essa formação é característica das áreas onde o clima apresenta duas estações bem marcadas: uma seca e outra chuvosa, como no Planalto Central. Ela apresenta 2 estratos nítidos: um arbóreo-arbustivo, em que as espécies tortuosas têm os caules geralmente revestidos de casca espessa, e outro herbáceo, geralmente disposto em tufos".

a) Floresta tropical.

b) Caatinga.

c) Formação do Pantanal.

d) Mata semiúmida.

e) Cerrado.

04. Observe o mapa a seguir e assinale a(s) proposição(ões) verdadeira(s):

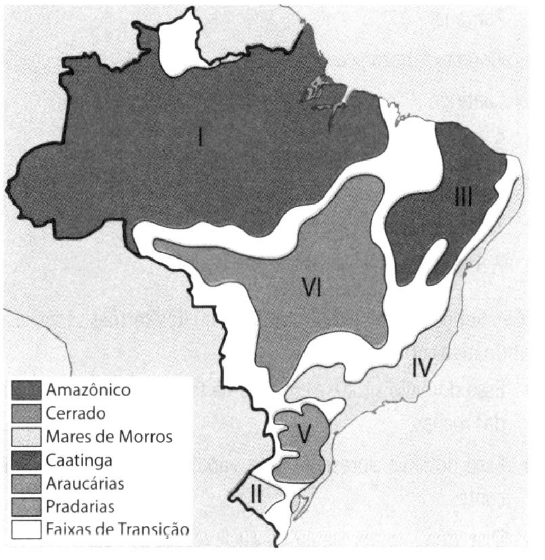

a) O I indica a existência de baixos planaltos e algumas planícies aluviais, cortados por rica rede hidrográfica e recobertos pela floresta latifoliada equatorial, onde o desmatamento e as queimadas têm suscitado intensos debates no mundo inteiro.

b) O II e o III correspondem aos domínios das pradarias e da caatinga, respectivamente, onde se registra uma diminuição dos índices de umidade e um empobrecimento dos solos.

c) O domínio IV era originalmente coberto pela mata Atlântica, região ocupada desde a época colonial, que abriga elevadas densidades demográficas e metrópoles e apresenta intensos processos erosivos.

d) O V assinala o domínio das araucárias, com clima tropical típico, alternadamente úmido e seco, recoberto de terrenos graníticos, rios intermitentes e com vegetação original ainda preservada.

e) Semelhante às savanas africanas, os cerrados, demarcados com VI, coincidem com as áreas de clima equatorial, apresentam solos ricos em toda a sua extensão e mares de morros, cobertos por floresta heterogênea, higrófila e aciculifoliada.

05. O Brasil, devido à sua localização e grande extensão territorial, abriga diversos tipos de cobertura vegetal, sendo que cada Região brasileira apresenta um bioma predominante. Nesse sentido, relacione o Estado ou Região ao tipo de vegetação predominante.

Coluna I:

> Região Nordeste
> Estado de Mato Grosso do Sul
> Região Norte
> Região Centro-Oeste
> Estado do Rio Grande do Sul
> Região Sudeste
> Região Sul

Coluna II:

( ) Campos/Pampas
( ) Cerrado
( ) Mata Araucárias
( ) Mata Atlântica
( ) Pantanal
( ) Floresta Amazônica
( ) Caatinga

a) 5, 4, 7, 6, 2, 3, 1
b) 1, 2, 3, 4, 5, 6, 7
c) 7, 6, 5, 4, 3, 2, 1
d) 7, 5, 4, 2, 3, 1, 6

06. (FGV) Sobre o domínio das caatingas ou dos sertões secos, assinale a afirmativa correta:

a) Esse domínio situa-se em área de forte decomposição química das rochas.
b) Esse domínio apresenta uma variabilidade climática insignificante.
c) Esse domínio apresenta os enclaves de brejos, onde os solos apresentam baixa fertilidade natural.
d) Esse domínio ocorre em regiões de depressões interplanálticas reduzidas a planícies de erosão.
e) Esse domínio tem rios que sobrevivem ao período de estiagem graças à água economizada nos lençóis freáticos.

07. (UFPR) Dentre os domínios vegetacionais brasileiros, aquele que ainda detém o maior percentual preservado de sua cobertura vegetal original é o domínio que corresponde:

a) à Floresta Amazônica;
b) à Caatinga;
c) à Mata das Araucárias;
d) à Floresta Atlântica;
e) ao Cerrado.

08. (PUC) É um bioma exclusivamente brasileiro, com grande diversidade de espécies endêmicas de alto valor para fins de conservação. Em suas paisagens, é encontrada uma vegetação arbustiva semidesértica que perde as folhas na estação seca (como, por exemplo, a aroeira, o juazeiro e o xiquexique) e uma fauna variada (por exemplo, cascavel, jiboia, gambá e veado catingueiro).

A que região o contexto acima se refere?

a) Amazônia.
b) Cerrado.
c) Pampas.
d) Caatinga.
e) Tundra.

09. (CONPASS) A Floresta Amazônica caracteriza-se por apresentar uma grande diversidade de espécies vegetais e animais, além do clima equatorial. É conhecida como uma floresta ombrófila, pluvial e autossustentável porque:

a) tem árvores com copas fechadas, resiste à falta de chuvas e depende de um solo rico para continuar existindo;
b) possui árvores de grande porte, depende da água dos rios e precisa de elevadas temperaturas para existir;
c) destaca-se por ter uma vegetação arbustiva, adaptada a ausência de chuvas e apresenta uma variedade de vegetais;
d) possui uma grande variedade de vegetação rasteira, está situada em área de mata de terra firme e resiste à ausência de chuvas por um longo período;
e) é úmida, depende da ocorrência de chuvas e se mantém com seus próprios nutrientes num ciclo permanente.

10. (UFRN) Observe a descrição a seguir:

"No cinturião de máxima diversidade biológica do planeta – que tornou possível o advento do homem – essa área se destaca pela extraordinária continuidade de suas florestas, pela ordem de grandeza da sua principal rede hidrográfica e pelas sutis variações de seus ecossistemas em nível regional e de atitude. Trata-se de um gigantesco domínio de terras baixas florestadas, disposto em um anfiteatro, enclausurado entre a grande barreira imposta pelas terras cisandinas e pelas bordas dos planaltos Brasileiro e Guianense. De sua posição geográfica resultou uma fortíssima entrada de energia solar, acompanhada de um abastecimento quase permanente de massa de ar úmido, de grande estoque de nebulosidade, de baixa amplitude térmica anual e de ausência de estações secas pronunciadas em quase todos os sub-espaços regionais."

(Ab' Sáber, Aziz Nacib. Os Domínios de Natureza no Brasil: potencialidades paisagísticas. São Paulo: Ateliê Editorial, 2003. p. 65.)

A área descrita refere-se a:

a) Mares de Morro.
b) Amazônia Brasileira.
c) Planaltos de Araucárias.
d) Domínio Tropical Atlântico.

Gabaritos

01	B	06	D
02	B	07	A
03	D	08	D
04	A	09	E
05	A	10	B

12. PROBLEMAS AMBIENTAIS: EROSÃO E POLUIÇÃO DO SOLO

Erosão do solo é caracterizada como a perda da camada superficial da litosfera, rica em matéria orgânica, onde existe a vida microbiana e que permite o desenvolvimento da vida vegetal. Entre as várias formas em que o homem provoca ou agrava a erosão dos solos, podemos destacar:

12.1 Os Desmatamentos Desordenados

Os países mais atingidos pelos desmatamentos estão localizados na faixa tropical do globo. Apesar da sua importância, as florestas tropicais têm sido destruídas por várias atividades humanas, entre elas:

> A utilização dos terrenos para agricultura.
> A exploração de recursos minerais.
> A extração da madeira.
> As queimadas.

Os impactos ambientais decorrentes do desmatamento são muitos:

> Extinção e redução da biodiversidade.
> Extermínio de indígenas.
> Erosão e empobrecimento dos solos.
> Assoreamento do leito dos rios.
> Desertificação.
> Aumento de CO2 na atmosfera , provocado pelas queimadas.
> Rebaixamento do lençol freático.
> Mudanças climáticas.
> A desertificação

→ **Causas**

> Uso intensivo do solo para agricultura.
> Fragilidade do ecossistema.
> Desmatamentos.
> Pecuária extensiva.
> Técnicas não apropriadas de irrigação e cultivo.

→ **Consequências:**

> Problemas sociais: fome, desnutrição, analfabetismo, diminuição da renda e do consumo.
> Migração dos habitantes de áreas secas: pobreza urbana, desestruturação familiar e desemprego.
> Destruição da biodiversidade.
> Erosão do solos e formação de areia.
> Redução dos recursos hídricos.
> Redução das terras cultiváveis.

12.2 A Prática da Agricultura

A agricultura causou os primeiros impactos ambientais quando o homem aprendeu a cultivar plantas alimentícias e criar animais. O crescimento populacional só fez agravar as consequências desses impactos.

Grande parte das terras ocupadas por atividades agrárias é formada por áreas de solos de baixa fertilidade ou por terrenos acidentados com pouca produtividade.

Entre os muitos impactos ambientais provocados pela agricultura estão a erosão e a contaminação dos solos por agrotóxicos, que podem atingir lençóis de água subterrânea, rios e lagos.

Algumas técnicas de cultivo podem auxiliar para que grande parte do solo das lavouras não seja levada pela água das chuvas. Destacamos:

Proteção e conservação ambiental

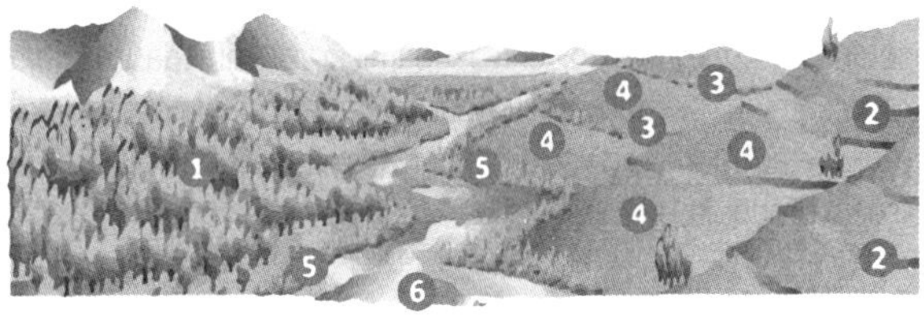

1 - Área florestada | 2 - Cultivo em curva de nível
2 - Cultivo com faixas de proteção | 4 - Pastagens
3 - Mata ciliar / rio protegido | 6 - Curso d'água livre de assoreamento

> Plantio em curvas de nível.
> Terraceamento.
> Associação de culturas.

12.3 Os Deslizamentos Provocados por Abertura de Estradas e Construções em Geral

A camada superficial do solo em terrenos inclinados tem a tendência de deslizar de cima para baixo. A velocidade e a intensidade desse deslizamento vão depender da maior ou menor permeabilidade dos solos e do declive do terreno. Quando temos a ação antrópica em áreas de grande declividade, os deslizamentos podem ocorrer de forma mais violenta, originando grandes tragédias. Um desmatamento anterior da área contribui para agilizar o processo.

13. QUESTÕES ATMOSFÉRICAS

A poluição do ar atmosférico causa muitos impactos ambientais, tanto em escala local como regional ou global. Nas escalas local e regional, destacam-se a inversão térmica, as ilhas de calor e a chuva ácida. Em escala global, são muito preocupantes o aquecimento global (efeito estufa) e a destruição da camada de ozônio.

13.1 Inversão Térmica

A inversão térmica ocorre em todo o planeta. Porém quando ocorre no espaço urbano, principalmente nas grandes cidades, contribui para agravar o problema da poluição.

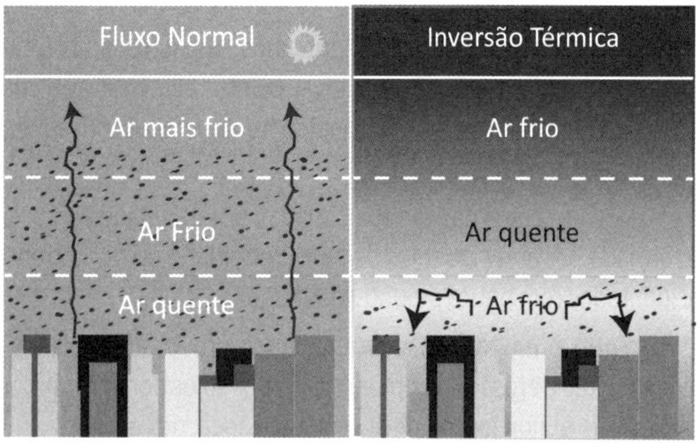

Na inversão térmica, o que acontece é a retenção de calor pelas camadas mais baixas da atmosfera, cujas moléculas do ar tendem a subir, formando correntes de convecção. Os poluentes contidos no ar tendem a ocupar as camadas mais altas da atmosfera. Até aí tudo normal. No inverno, porém, o ar frio e o ar quente formam uma barreira impedindo que os gases poluentes subam para as camadas mais altas da atmosfera. O resultado é a formação de uma névoa densa e tóxica próxima à superfície do solo, com graves efeitos sobre a saúde das pessoas (bronquite, pneumonia, por exemplo).

13.2 Ilhas de Calor

O crescimento desordenado da cidade pressiona as condições naturais da flora e da fauna. O uso inadequado do solo , os parques industriais e a concentração de poluentes, a pavimentação asfáltica, a queima de combustíveis fósseis resultam numa contaminação ambiental geral, alterando condições e a composição da camada mais próxima à superfície terrestre: a troposfera.

Essas são as condições propícias para a formação de um aumento nas temperaturas no centro das cidades. Esse fenômeno é conhecido como: ilha de calor. O centro da cidade, onde se concentram os edifícios e cujos materiais são de grande retenção de calor, favorece o aquecimento de grandes volumes de ar. Com isso, há uma grande diferença da temperatura do centro e da periferia das cidades, principalmente se essa contar com áreas verdes e reservatórios de água.

13.3 Chuva Ácida

A queima de combustíveis fósseis, como o petróleo e o carvão mineral, produz vários poluentes, dentre os quais, o dióxido de enxofre e os óxidos de nitrogênio. Esses gases, quando em contato com o vapor de água e oxigênio atmosféricos, formam moléculas de ácido sulfúrico e ácido nítrico, resultando em precipitações ácidas.

A química da chuva

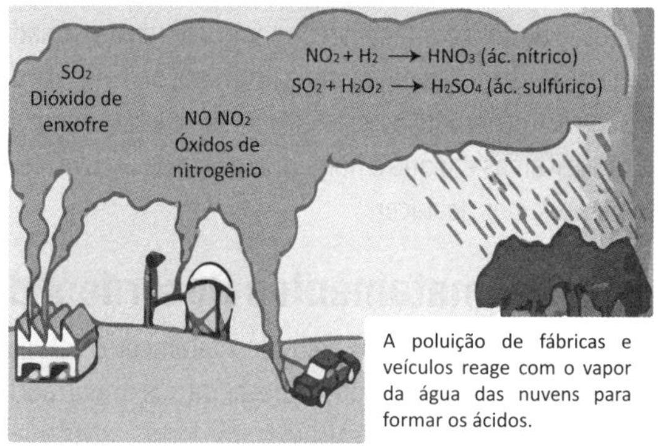

A poluição de fábricas e veículos reage com o vapor da água das nuvens para formar os ácidos.

A chuva ácida prejudica a saúde humana, diminui a vida aquática, destrói florestas e expõe o solo à erosão, ou seja, impacta os ecossistemas naturais, a agricultura e os monumentos.

13.4 Aquecimento Global (Efeito Estufa)

O efeito estufa é um fenômeno natural. Graças a ele, nosso planeta dispõe de um clima suficientemente quente e propício à vida, tornando-o habitável.

O efeito estufa está ficando cada vez mais acentuado. Ele é causado pela exagerada elevação dos níveis de dióxido de carbono e de outros gases do efeito estufa, provocando o aquecimento excessivo do clima da Terra e colocando em risco o equilíbrio ecológico do planeta. Sua origem tem como marco histórico a Revolução Industrial e o uso, a partir de então, dos combustíveis fósseis como fonte de energia.

→ **Os impactos do efeito estufa acentuado são:**

- Acréscimo na temperatura nos últimos 100 anos.
- Alteração do regime de chuvas e de ventos, interferindo na cobertura vegetal do planeta.
- Intensificação do processo de desertificação.
- Transferências de doenças propagadas por vetores que podem migrar do Sul para o Norte, dentre elas, a malária.
- Perda de áreas agrícolas que são hoje grandes produtoras: Sul da Europa e dos EUA, Oeste da Austrália.
- Migração humana em razão de secas, inundações costeiras, empobrecimento biótico.
- Aumento da aridez em regiões marcadas pela escassez da água.
- Elevação do nível dos oceanos em razão do degelo das calotas polares, glaciares e geleiras, com sérios problemas nas zonas costeiras.

13.5 Camada de Ozônio

O ozônio é um gás de cor azul, de ocorrência natural, resultado da reação química do oxigênio na presença da radiação solar ultravioleta. Está concentrado na estratosfera. A importância desse gás está em sua propriedade protetora contra a ação direta dos raios ultravioleta. No entanto, ele se decompõe por reações químicas na presença, principalmente, dos clorofluorcarbonetos (CFC), usados nas indústrias como fluido de refrigeração, na embalagem de espuma e como propelente de *sprays*, que persistem na atmosfera, pelo menos, 60 anos; outras substâncias sintéticas como o metilclorofórmio, e ainda outros compostos de bromo também têm participação na decomposição do ozônio.

O Protocolo de Montreal refere-se ao controle das substâncias químicas que danificam a camada de ozônio. Foi assinado em 1987 e entrou em vigor em 1989.

13.6 Principais Discussões e Conferências Sobre Meio Ambiente

Março 1972 - Clube de Roma publica Limites do Crescimento. O relatório provoca controvérsia ao associar o crescimento econômico ao esgotamento dos recursos naturais.

Junho 1972 - ONU realiza a Conferência sobre Meio Ambiente Humano, em Estocolmo, na Suécia.

Março 1979 - Acidente na usina nuclear de Three Mile Island, na Pensilvânia (EUA).

Março 1980 - Estratégia Mundial de Conservação é lançada pela IUCN (em português União Internacional para a Conservação da Natureza) em colaboração com WWF e Pnuma, levando em conta as pressões econômicas sobre a natureza e a necessidade do Desenvolvimento Sustentável.

Julho 1980 - A Comissão Independente sobre Questões de Desenvolvimento Internacional publica Norte-Sul: um Programa para a Sobrevivência (Relatório Brandt), que defende maior equilíbrio entre países ricos e em desenvolvimento.

Dezembro 1984 - Vazamento de gás da fábrica de agrotóxicos da Union Carbide em Bhopal, na Índia, matou perto de 22 mil pessoas. Foi o maior acidente químico já registrado. A indenização de 2 mil libras por vítima paga pela Dow Química, que comprou a Union Carbide em 1999, é contestada há anos pelos sobreviventes do desastre industrial.

Maio 1985 - Cientistas britânicos publicam carta na Nature comunicando descoberta do buraco na camada de ozônio sobre a Antártida.

Abril 1986 - Explosão em reator da estação nuclear de Chernobyl, na Ucrânia (na época, parte da então União Soviética), espalha nuvem radioativa pela Europa. O maior acidente nuclear de todos os tempos obrigou a evacuação de 350 mil pessoas das áreas contaminadas.

Abril 1987 - Nosso Futuro Comum (Relatório Brundtland) populariza a expressão "Desenvolvimento Sustentável" e lança as bases para a Rio-92.

Setembro 1987 - Adoção do Protocolo de Montreal, que inicia o controle de CFCs e outras substâncias químicas que danificam a camada de ozônio.

Março 1989 - O navio-tanque Exxon Valdez colide com um recife e derrama em torno de 355 mil barris de petróleo na costa do Alasca.

Junho 1992 - Também conhecida como Cúpula da Terra, Eco-92 e Rio-92, a Conferência das Nações Unidas sobre Meio Ambiente e Desenvolvimento acontece na cidade do Rio de Janeiro.

Janeiro 2001 - Movimentos sociais promovem em Porto Alegre (RS) o primeiro Fórum Social Mundial (FSM), que, desde então, repete-se anualmente. Tem como finalidade discutir propostas alternativas de sociedade, contemplando os Direitos Humanos, direitos trabalhistas, proteção ambiental e economia solidária.

Agosto 2002 - Cúpula Mundial sobre Desenvolvimento Sustentável, a Rio+10, aprova em Johanesburgo, na África do Sul, plano para implementar os compromissos da Rio-92.

Dezembro 2004 - Pela primeira vez, o Prêmio Nobel da Paz é concedido a um ambientalista, a queniana Wangari Maathai, por sua luta em defesa do meio ambiente e dos Direitos Humanos.

Fevereiro 2005 - Adotado em dezembro de 1997, o Protocolo de Kyoto passa a vigorar, obrigando os países industrializados a cortar em 5% suas emissões de gases-estufa em relação aos níveis de 1990.

Fevereiro 2007 - IPCC lança a primeira parte do 4º Relatório de Avaliação, que afirma ser muito provável que a maior parte do aumento na temperatura global é devida ao aumento nas concentrações atmosféricas de gases-estufa emitidos por atividades humanas.

2008 - Crises alimentar, energética e financeira convergem, provocando recessão econômica. Incentivos a tecnologias verdes são incluídos nos pacotes de estímulo econômico anticrise.

2008 - Acontecimento inédito na História da humanidade, a população urbana ultrapassa a das zonas rurais.

Dezembro 2009 - A 15ª Conferência das Partes da Convenção sobre Mudanças Climáticas (COP-15), realizada em Copenhague, consolida o tema climático nas agendas pública, corporativa e da sociedade civil, mas decepciona pelo insucesso em fechar um acordo para diminuir as emissões após 2012.

Fevereiro 2011 – Pnuma lança Rumo à Economia Verde: Caminhos para o Desenvolvimento Sustentável e a Erradicação da Pobreza.

Junho 2012 - Rio de Janeiro sedia a Conferência das Nações Unidas sobre Desenvolvimento Sustentável, a Rio+20.

14. ÁGUA

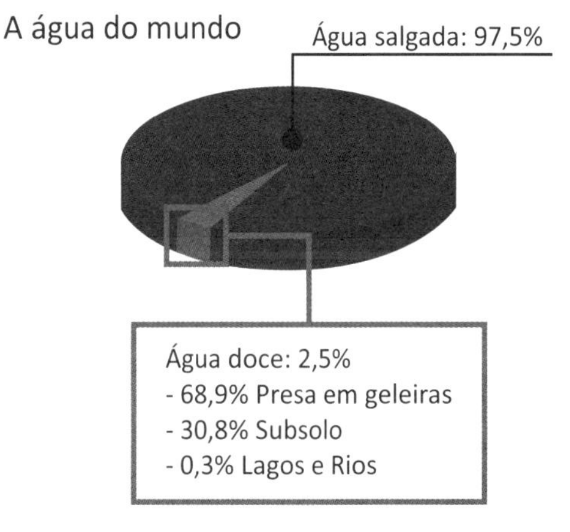

De toda água no mundo, apenas uma pequena parcela está disposição da vida do planeta. Essa pequena parcela, a cada dia, está sendo mais difícil de se encontrar limpa, potável, ideal para o consumo.

A poluição das águas superficiais é produzida:

> Pelas industrias.

> Pela queima de combustíveis fósseis responsáveis pelo aquecimento global que interfere no ciclo hidrológico, no regime pluviométrico.

> Pelos efluentes domésticos: lixo e esgoto urbano.

> Pelo mercúrio dos garimpos.

> Pelo assoreamento das águas, pela grande quantidade de solos escoados para rios e lagos.

> Pelo uso da irrigação intensiva.

> Pelos fertilizantes e agrotóxicos responsáveis pela revolução verde.

Tudo isso tem ocasionado não só a escassez dos recursos hídricos para o consumo, mas também está comprometendo sua qualidade. A demanda por água no planeta também está aumentando num ritmo acelerado, graças ao crescimento populacional, o desenvolvimento industrial e a expansão da agricultura irrigada. Sendo assim, está diminuindo a água para o consumo e está cada vez mais aumentando a demanda por água.

Observe que a distribuição da disponibilidade de água pelo planeta é irregular, pois algumas áreas têm muita água e outras estão próximas à escassez física do recurso hídrico.

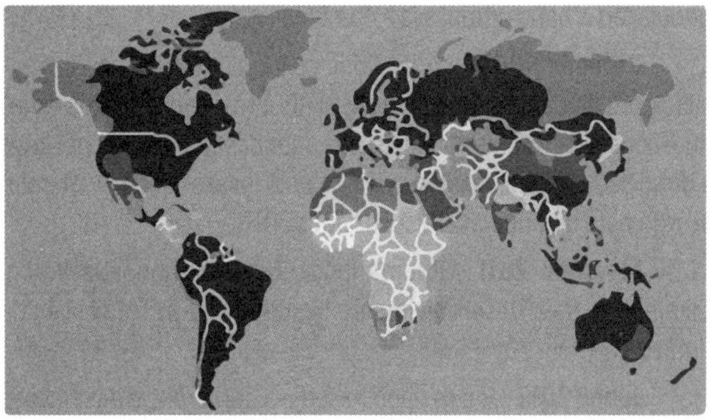

Pouca ou nenhuma escassez de água

Escassez física de água

Não avaliado

Escassez econômica de água

Próximo de escassez física de água

No Brasil, os recursos hídricos estão concentrados na bacia hidrográfica Amazônica, do Paraná e São Francisco. À primeira vista, parece que somos um povo afortunado em recursos hídricos e, no entanto, temos três grandes limitações:

> As maiores reservas de água estão na Amazônia, portanto, a uma grande distância dos grandes centros de consumo.

> O mau uso dos recursos hídricos das demais bacias brasileiras que apresentam grave degradação em relação a sua qualidade.

> A limitação relaciona-se a uma distribuição irregular de seu potencial aquífero e uma insipiente gestão de seus recursos hídricos.

Os principais problemas das águas no Brasil são:

> O uso de rios e córregos para lançamentos de esgotos e lixos.

> Aumento da demanda em razão da expansão dos centros urbanos.

> Desmatamento e queimadas.

> Manejo e gestão inadequados dos ecossistemas aquáticos.

> Rios da região amazônica e do Pantanal estão sendo contaminados pelo mercúrio dos garimpos clandestinos.

> São Paulo e Rio de Janeiro sofrem, simultaneamente, pela falta de água e pelas enchentes, pois a água que inunda é muito poluída e não pode ser utilizada para o consumo.

> Se o Nordeste sofre com a escassez na região do Sertão, o Sul e o Sudeste sofrem com a poluição das suas águas.

14.1 Eutrofização

É o processo contaminação pelo qual passam corpos d'água (rios, córregos, vertentes, olhos d'água, lagos e lagoas). Esse processo de poluição provoca alteração na cor da água, deixando-a turva e com níveis muito baixos de oxigênio. Com isso, há uma alteração natural da composição físico-química da água, o que provoca morte tanto de espécies animais como de vegetais.

A eutrofização é provocada pela ação antrópica (ser humano), através de atividades industriais, quando não há tratamento adequado de efluentes, lançamento e não tratamento de esgotos domésticos e comerciais, acidentes próximos de corpos d'água e a falta de saneamento básico (água tratada e esgoto, além de coletado, tratado).

14.2 Unidades de Conservação e a preservação dos ecossistemas, da flora e da fauna brasileira

Segundo levantamento do Instituto Chico Mendes, há no Brasil 320 Unidades de Conservação espalhadas entre parques e reservas. Essas unidades foram criadas por Decreto Presidencial de nº 9.985, de 18 de julho de 2000. As unidades estão divididas em dois grupos principais – o de Proteção Integral e o de Uso Sustentável que, no conjunto, são 12 categorias.

Os grupos de proteção integral:

> Estação Ecológica.

> Reserva Biológica.

> Parque Nacional.

> Monumento Natural.

> Refúgio de Vida Silvestre.

Os grupos de uso sustentável:

- Área de Proteção Ambiental.
- Área de Relevante Interesse Ecológico.
- Floresta Nacional.
- Reserva Extrativista.
- Reserva de Fauna.
- Reserva de Desenvolvimento Sustentável.
- Reserva Particular do Patrimônio Natural.

Unidades de Conservação no Paraná:

- Floresta Nacional de Piraí do Sul.
- Floresta Nacional do Açungui (Campo Largo).
- Floresta Nacional de Irati.
- Parque Estadual de Vila Velha.
- Parque Estadual do Cerrado (Jaguariaíva).
- Monumento Natural Salto de São João (Prudentópolis).
- Monumento Natural da Lancinha (Tibagi).
- Área de Relevante Interesse Ecológico da Serra do Tigre (Mallet).
- Área de Relevante Interesse Ecológico do Buriti (Pato Branco).
- Refúgio de Vida Silvestre dos Campos de Palmas.
- Reserva Biológica das Araucárias (Imbituva, Ipiranga, Teixeira Soares e Fernandes Pinheiro).
- Reserva Biológica Estadual da Biodiversidade (1º e 2º Planalto da Floresta Ombrófila Mista).
- Área de Proteção Ambiental de Guaratuba.
- Área de Proteção Ambiental da Escarpa Devoniana.
- Estação Ecológica Ilha do Mel.
- Estação Ecológica Guaraqueçaba.
- Estação Ecológica Fernandes Pinheiro.
- Floresta Estadual do Palmito (Paranaguá).
- Floresta Estadual Córrego da Biquinha (Tibagi).

Questões

01. Um agricultor adquiriu dez hectares de terra para práticas agrícolas. A propriedade, atravessada por um rio perene, apresenta solos de boa fertilidade. Todavia, predomina um relevo de médias altitudes com declividade acentuada. Preocupado com a conservação do solo, o agricultor consultou um engenheiro agrônomo. Este recomendou arar e semear o solo, seguindo as cotas altimétricas do relevo, o que reduz a velocidade do escoamento superficial da água, os processos erosivos e a perda de solo agricultável. A técnica de conservação do solo, recomendada pelo engenheiro agrônomo, denomina-se:

a) Curvas de nível.
b) Terraceamento.
c) Associação de culturas.
d) Reflorestamento.

02. Aos processos de desagregação física ou decomposição química das rochas e ao desgaste e remoção dos solos e das formações superficiais da terra, dão-se as denominações respectivas de:

a) Intemperismo e erosão.
b) Erosão e regolito.
c) Pedogênese e intemperismo.
d) Tectonismo e erosão.

03. A inevitável devastação ambiental decorrente do processo de desenvolvimento industrial é um "quadro" que começa a se modificar a partir da defesa pública de um novo conceito: o desenvolvimento sustentável. O uso dessa expressão tem a finalidade de:

a) Sustentar a inevitável necessidade do desenvolvimento.
b) Garantir que o desenvolvimento contemporâneo não se sustenta.
c) Sustentar o meio ambiente em detrimento do desenvolvimento.
d) Propor a conciliação do desenvolvimento com o meio ambiente.
e) Divulgar a insustentável situação do meio ambiente.

A maior parte dos veículos de transporte, atualmente, é movida por motores a combustão que utilizam derivados de petróleo. Por causa disso, esse setor é o maior consumidor de petróleo do mundo, com altas taxas de crescimento, ao longo do tempo. Enquanto outros setores têm obtido bons resultados na redução do consumo, os transportes tendem a concentrar ainda mais o uso de derivados do óleo.

MURTA, A. Energia: o vício da civilização. Rio de Janeiro: Garamond, 2011 (adaptado).

04. O IPCC (Painel Intergovernamental sobre mudanças climáticas globais) é um órgão da ONU, criado em 1988, especificamente para estudos das mudanças climáticas. Em seu 4º relatório (2001), o IPCC identificou modificações significativas dos sistemas físicos, tais como recuo de geleiras, alterações no regime hidrológico de rios, lagos e oceanos. Também foram verificadas alterações nos sistemas biológicos, como modificação do comportamento dos animais e nos ciclos naturais das espécies vegetais. As mudanças físicas e biológicas identificadas foram interpretadas pelo IPCC como:

a) O resultado do aumento da temperatura global causada pela expansão progressiva da calota de gelo nos últimos vinte anos, que reduziu a temperatura da água do mar e afetou a distribuição das massas de ar no planeta.
b) O resultado do desmatamento e das queimadas das florestas tropicais, que modificaram a distribuição das chuvas no globo.
c) O resultado do aumento das concentrações antrópicas dos gases do efeito estufa na atmosfera, causando a progressiva elevação das temperaturas no globo.
d) O resultado do fenômeno "*el hijo*" atuando em escala global.
e) A redução das concentrações dos gases do efeito estufa na atmosfera, o que aumentou a incidência de raios ultravioleta, afetando plantas e animais na superfície terrestre.

05. A água constitui um elemento fundamental para o desenvolvimento da vida no nosso planeta. Com relação a esse elemento, assinale a alternativa correta:

a) A água do planeta está sendo comprometida pela poluição doméstica, industrial e agrícola, e pelos desequilíbrios ambientais resultantes dos desmatamentos e do uso indevido do solo.
b) Desvios de água para projetos de irrigação, construção de hidrelétricas, consumo excessivo, desmatamento e poluição têm contribuído para a redução de conflitos entre usuários.

c) A água tem sido utilizada para a geração de energia elétrica, assegurando a sustentabilidade do meio ambiente local.

d) O Brasil possui pouca quantidade de água superficial e subterrânea, devido às suas características geológicas dominantes.

e) A diminuição da chuva no Brasil tem sido o maior problema ligado à falta de água para abastecer as cidades.

Leia atentamente o texto a seguir:

As Nações Unidas estimam que, até 2025, dois terços da população mundial sofrerão escassez, moderada ou severa, de água. Essa situação tem sido interpretada como resultante da falta física de água doce para o atendimento da demanda das populações da Terra. Entretanto, no plano geral, há água suficiente no mundo (...) para satisfazer as necessidades de todos. De fato, este cenário de escassez significa que, no ano 2025, apenas um terço da humanidade deverá dispor de dinheiro suficiente para pagar o serviço de abastecimento d'água decente, isto é, com regularidade de fornecimento e qualidade garantida da água.

REBOUÇAS, Aldo. O ambiente brasileiro: 500 anos de exploração. In: RIBEIRO, Wagner Costa. (Org.) Patrimônio Ambiental Brasileiro. São Paulo: Edusp, 2003. pg. 206.

06. Considerando os argumentos do texto, é correto afirmar que:

a) A "crise da água" resulta do elevado crescimento da população dos países mais pobres.

b) A "crise da água" não pode ser enfrentada com as tecnologias disponíveis, por isso tende a se aprofundar.

c) No cenário projetado pela ONU, a escassez de água tenderá a se agravar devido à continuidade do processo de urbanização.

d) Fatores sociais e econômicos desempenham um papel importante no problema da escassez de água.

e) A água é um recurso natural renovável, portanto, a escassez resulta apenas da distribuição desigual desse recurso pela superfície da Terra.

Observe o gráfico da distribuição da água doce na superfície do planeta.

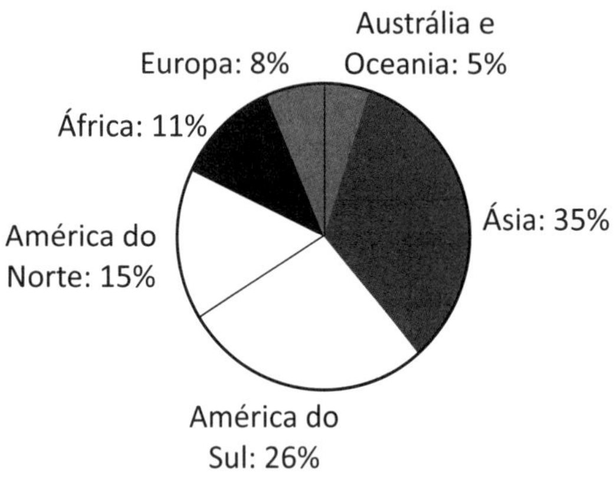

07. Com base nos conhecimentos sobre o tema e com o auxílio do gráfico, podemos afirmar que:

I. A distribuição desigual dos recursos hídricos é apenas uma face da problemática escassez de água potável no mundo; o desequilíbrio entre sua oferta e demanda passa também pela poluição dos grandes mananciais e pelas possibilidades das populações pobres terem acesso à água tratada.

II. A América do Sul, que sozinha detém quase 1/3 da água doce do planeta, configura-se como área estratégica. Mas também enfrenta problemas com a ambiguidade entre o desperdício e a escassez de abastecimento de água potável entre as camadas de suas populações.

III. Os recursos hídricos estão equitativamente bem distribuídos por todos os continentes e dentro deles a carência de acesso a esse bem renovável se dá não por escassez, mas simplesmente por questões políticas, tais como no Nordeste brasileiro e no Saara, onde o subsolo guarda grandes reservas de água doce que poderiam abastecer as populações e desenvolver a agricultura irrigada sem problema.

IV. As estatísticas da distribuição da água pelo planeta, por si, não revelam toda a realidade de acesso, ou não, das populações a esse líquido, tal como ocorre com a Ásia, que, embora detenha um dos maiores percentuais da água doce do planeta, também detém a maior população, parte vivendo em pobreza absoluta e alguns povos em áreas de escassez, onde o acesso à água é causa de conflitos.

Estão corretas apenas as proposições:

a) I, II e III.

b) I, II e IV.

c) II, III e IV.

d) I, III e IV.

e) II e III.

08. (FAFIPA) Sobre o fenômeno de eutrofização das águas e suas consequências, assinale a alternativa INCORRETA:

a) É um fenômeno provocado pela poluição química, principalmente decorrente da atividade industrial e não ocorre sob condições naturais.

b) É um fenômeno causado pelo excesso de nutrientes (compostos ricos em fósforo, nitrogênio, dentre outros) numa massa de água, provocando um aumento excessivo de algas.

c) O desenvolvimento excessivo das algas fomenta o desenvolvimento dos consumidores primários e eventualmente de outros elementos da teia alimentar nesse ecossistema.

d) O aumento da biomassa, isto é, da quantidade total de matéria viva no ecossistema aquático, pode levar a uma diminuição do oxigênio dissolvido, provocando a morte e consequente decomposição de muitos organismos.

e) Estão mais sujeitos ao fenômeno da eutrofização os cursos de água que passam por zonas urbanas ou que recebem dejetos de esgotos domésticos, bem como os cursos de água de áreas agrícolas com uso intensivo de fertilizantes químicos.

09. (FAFIPA) Sobre o conservacionismo no Brasil e/ou a preservação da flora e da fauna, assinale a alternativa correta:

a) As unidades de conservação brasileiras são voltadas à preservação de ambientes naturais; porém, a legislação nacional não contempla a proteção de ambientes do patrimônio histórico ou cultural, tais como sítios arqueológicos.

b) O Refúgio de Vida Silvestre é uma área que serve de centro de triagem e de recuperação de animais capturados pelo tráfico de animais exóticos e nativos.

c) A Reserva Extrativista é um espaço utilizado por populações locais que realizam o extrativismo vegetal e/ou mineral. Esse tipo de unidade de conservação objetiva a realização da atividade econômica de forma sustentável.

d) As maiores unidades de conservação, no Brasil, estão na região Sudeste, mas os Estados do Pará e do Rio Grande do Sul controlam o tráfico de animais silvestres, no Brasil.

e) As terras indígenas brasileiras são todas consideradas, também, como unidades de conservação, sendo nelas proibidas a caça e a pesca, tanto comercial, como de lazer ou de autossustento.

10. (PUC) Desde 2005, no litoral do Paraná, é desenvolvido um projeto que alia conservação da natureza ao desenvolvimento, com geração de renda para muitas famílias. A iniciativa é da SPVS (Sociedade de Pesquisa em Vida Selvagem e Educação Ambiental) e envolve 24 produtores da Acriapa (Associação dos Criadores de Abelhas Nativas da APA de Guaraqueçaba) dos municípios de Antonina e Guaraqueçaba, região classificada como uma das quinze mais pobres do País.

O projeto se enquadra em uma proposta de:

a) Sustentabilidade econômica e ambiental.
b) Extrativismo vegetal.
c) Desenvolvimento de um novo polo de indústrias de bens de consumo no Paraná.
d) Desenvolvimento e urbanização das áreas de manguezais.
e) Povoamento de uma região ocupada por uma das últimas áreas remanescentes da Floresta Atlântica

Gabaritos

01	A	06	D
02	A	07	B
03	D	08	A
04	C	09	C
05	A	10	A

15. BRASIL: LOCALIZAÇÃO GEOGRÁFICA

O Brasil está localizado no continente americano e ocupa a parte centro-oriental da América do Sul. Localiza-se a oeste do Meridiano inicial ou de Greenwich, situando-se, portanto, inteiramente no Hemisfério Ocidental. É cortado, ao norte, pela Linha do Equador e apresenta 7% de suas terras no Hemisfério Norte, ou setentrional, e 93%, no Hemisfério Sul, ou meridional. Ao sul, é cortado pelo Trópico de Capricórnio (esta linha imaginária passa em São Paulo), apresentando 92% do seu território na zona intertropical, isto é, entre os Trópicos de Câncer e de Capricórnio. Os 8% restantes estão na zona temperada do sul, entre o Trópico de Capricórnio e o Círculo Polar Antártico.

Os limites se estendem por 23.086 Km, dos quais 15.719 Km são correspondentes à linha divisória com países da América do Sul, dos quais apenas o Chile e o Equador não têm fronteiras com o Brasil. A costa brasileira se estende pelo Oceano Atlântico, cobrindo 7.367 Km. Nesta linha costeira, observa-se a ausência de acidentes geográficos de expressão: terra e mar coexistem harmoniosamente, isto é, o mar não invade a terra, e a terra não invade o mar.

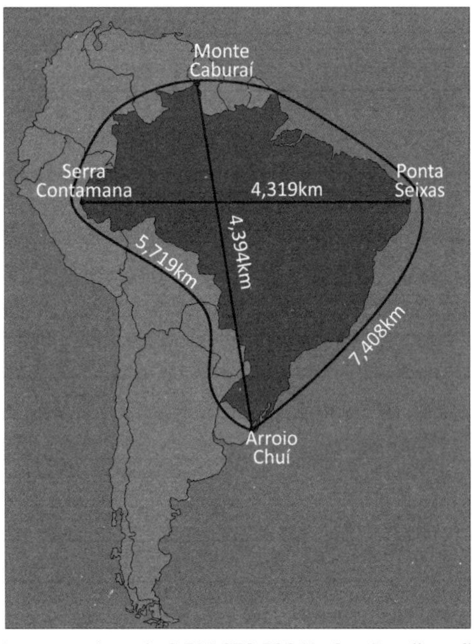

Com uma área de 8.514.876,599 Km2, o Brasil configura-se como o maior país do continente sul-americano e, no mundo, só é superado pela Federação Russa, Canadá e República Popular da China, se consideradas apenas as terras contínuas, e pelos Estados Unidos, levadas em conta as terras descontínuas.

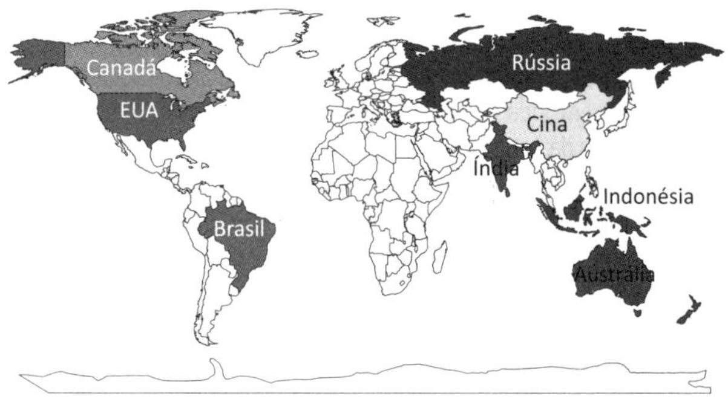

Observe que o território brasileiro alcança as suas maiores dimensões na faixa entre o Equador e o Trópico de Capricórnio, que compreende 90% do território nacional. Com uma forma triangular, o País tem a sua base voltada para o norte e, em consequência deste alargamento, as pontas extremas são praticamente equidistantes, sendo as medidas entre elas consideráveis: 4.394,7 km no sentido norte-sul e 4.319,4 km no sentido leste-oeste.

15.1 Pontos Extremos

A seguir são apresentados os pontos extremos do Brasil.

> Setentrional: a nascente do rio Ailã, no monte Caburaí, Roraíma, fronteira com a Guiana.

> Meridional: uma das curvas do arroio Chuí, Rio Grande do Sul, fronteira com o Uruguai.

> Oriental: Ponta do Seixas, na Paraíba.

> Ocidental: as nascentes do Rio Moa, na serra de Contamana ou do Divisor, Acre, fronteira com o Peru.

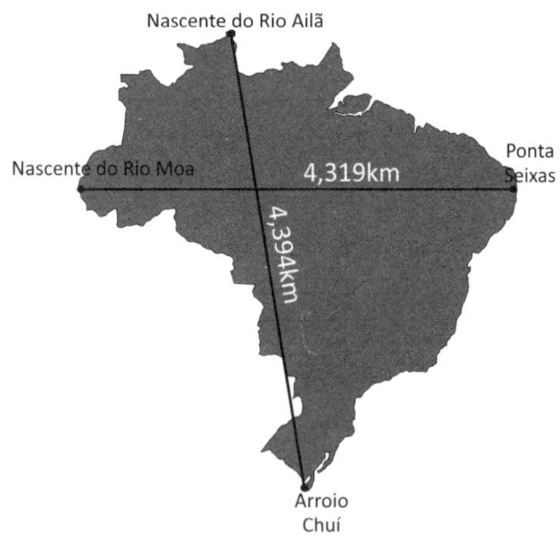

Por ter uma extensão bastante considerável no sentido leste-oeste, o Brasil possui hoje quatro fusos horários. Todos os fusos brasileiros estão atrasados em relação ao Meridiano de Greenwich (meridiano que define o sistema de fusos horários no mundo).

O Estado do Paraná está localizado no segundo horário brasileiro, que é o mesmo fuso de Brasília. O segundo fuso horário brasileiro é o terceiro fuso horário internacional oeste, por isso mesmo estamos três horas atrasados em relação a Londres, onde está localizado Greenwich.Quando estamos no horário de verão (outubro a fevereiro) o segundo fuso horário brasileiro fica com duas horas a menos que Londres, pois quando isso acontece (horário de verão) nós adiantamos em uma hora nossos relógios.

As únicas regiões que não adotam o horário de verão são o Norte (atravessada pela Linha do Equador) e a Nordeste (fica próxima da Linha do Equador, mas não é atravessada por ela). Isso acontece porque essas duas regiões ficam em baixíssima latitude, não tendo tanta diferença entre o momento claro (dia) e o momento escuro (noite) de um dia completo (24 horas). Lembrando que a adoção do horário de verão tem como principal objetivo a economia de energia.

15.2 Divisão Oficial do IBGE

A mais conhecida das divisões regionais do Brasil baseia-se em critérios político-administrativos. O limite de cada região coincide com as fronteiras estaduais, ao passo que a realidade nem sempre obedece às separações administrativas. Estabeleceu para o Brasil cinco macrorregiões. Essas cinco macrorregiões são:

Brasil Político

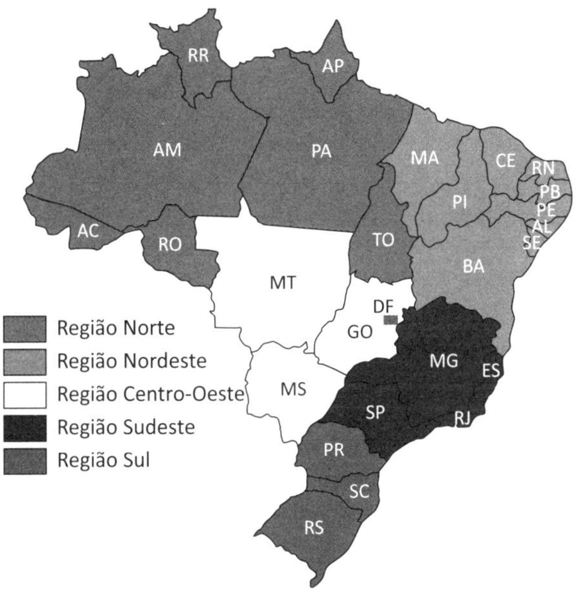

15.3 Pedro Pinchas Gelger

Essa classificação é determinada a partir das características geoeconômicas e prioriza o processo de evolução histórico-territorial. Sua maior singularidade é o fato de não considerar as delimitações estaduais. Reconhece três grandes complexos regionais:

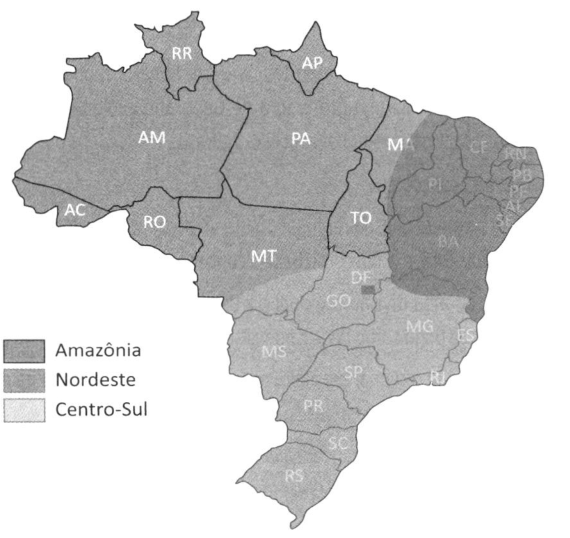

Questões

01. Sobre as características territoriais do Brasil, é correto afirmar que:

a) Com extensão territorial de 8.514.876 quilômetros quadrados, o Brasil é o maior país sul-americano.

b) O território brasileiro é banhado pelos oceanos Atlântico e Pacífico.

c) O Brasil está regionalizado em cinco grandes complexos regionais: Centro-Oeste, Nordeste, Norte, Amazônica e Centro -Sul.

d) A grande extensão territorial proporciona ao País fronteira com todas as nações da América do Sul.

02. O Brasil é o maior país em extensão territorial da América do Sul, possuindo fronteiras com várias nações desse subcontinente. Marque a alternativa que corresponde aos dois países sul-americanos que não se limitam com o território brasileiro:

a) Peru e Equador.

b) Suriname e Colômbia.

c) Chile e Equador.

d) Argentina e Uruguai.

e) Peru e Chile.

03. Analise o mapa e marque a alternativa incorreta:

a) O Brasil está localizado na América do Sul e é banhado somente pelo oceano Atlântico.

b) Dos países sul-americanos, somente Chile e Equador não possuem fronteira com o Brasil.

c) A porção sul do Brasil é cortada pela Linha do Equador, mais precisamente nos Estados Amapá, Pará, Roraima e Amazonas.

d) Bolívia e Peru estão localizados a oeste do território brasileiro.

e) O Trópico de Capricórnio corta o território brasileiro na porção sul.

04. A mais extensa das sub-regiões do Nordeste brasileiro é uma área de baixa densidade demográfica e de solos rasos. Sua economia se baseia na pecuária extensiva de corte e na agricultura tradicional.

A descrição se refere à(ao):

a) Meio-Norte.

b) Agreste.

c) Sertão.

d) Zona da Mata.

05. (UFPR) Ao longo das últimas décadas, foram propostas várias divisões regionais para o Brasil, destacando-se aquelas que dividem o País em grandes regiões. A respeito dessas divisões, considere as seguintes afirmativas:

I. Com base nos processos sociais e econômicos que, a partir da década de 1950, passaram a atuar sobre a organização espacial brasileira, Roberto Lobato Corrêa propõe a divisão do País em três grandes regiões: o Centro-Sul, o Nordeste e a Amazônia. Essa regionalização leva em consideração os limites político-administrativos das Unidades da Federação.

II. No final da década de 1990, Pedro Pinchas Geiger propõe a divisão do País em três regiões geoeconômicas: a Amazônia, o Nordeste e o Centro-Sul. Essa regionalização não leva em consideração os limites político-administrativos das Unidades da Federação e tem como base os grandes espaços econômicos brasileiros, diferenciados por nível de desenvolvimento.

III. O Instituto Brasileiro de Geografia e Estatística (IBGE) estabelece a divisão do Brasil em cinco macrorregiões: Centro-Oeste, Nordeste, Norte, Sudeste e Sul. Tal regionalização é utilizada para divulgação de estatísticas e para planejamento, tendo seus limites inalterados desde o final da década de 1970, momento de criação de Mato Grosso do Sul e Tocantins.

IV. A divisão regional do Brasil proposta por Milton Santos e Maria Laura Silveira leva em consideração a difusão do meio técnico-científico-informacional e as heranças do passado no território. Denominada de "Os Quatro Brasis", estabelece as seguintes regiões: Concentrada, Nordeste, Centro-Oeste e Amazônia.

Assinale a alternativa correta.

a) Somente as afirmativas 1 e 4 são verdadeiras.

b) Somente as afirmativas 2 e 3 são verdadeiras.

c) Somente as afirmativas 1, 3 e 4 são verdadeiras.

d) Somente as afirmativas 2, 3 e 4 são verdadeiras.

e) As afirmativas 1, 2, 3 e 4 são verdadeiras.

06. (FADESP) O Brasil é hoje um país de vasto território. A ocupação pelos portugueses, iniciada no século XVI, modificou muito nossa terra, antes restrita ao espaço indígena. Podemos dizer que **tudo começou pelo Nordeste** porque:

a) As condições naturais da Zona da Mata do Nordeste, bastante propícias ao desenvolvimento da cultura cacaueira, possibilitaram o surgimento dos primeiros núcleos de povoamento, como Olinda e São Vicente.

b) A Zona da Mata nordestina foi a primeira área de fixação dos colonizadores, que implantaram grandes canaviais, organizando o espaço geográfico em função dessa atividade, cuja produção destinava-se, basicamente, ao mercado externo.

c) Foi nessa região que se iniciou a ocupação do território pelos colonizadores por meio das "Entradas e Bandeiras", tendo aí surgido a Vila de Piratininga, que, mais tarde, passou a ser um centro de venda de escravos para a lavoura canavieira.

d) Foi nessa região que surgiram as primeiras vilas, originadas dos locais de pouso de tropeiros, uma vez que a atividade pastoril foi a grande força motriz da economia nordestina no período colonial, fato que trouxe como consequência a injusta estrutura fundiária que persiste até hoje na região.

07. (FUMARC) Leia o seguinte mapa que mostra a localização de uma região geoeconômica do Brasil:

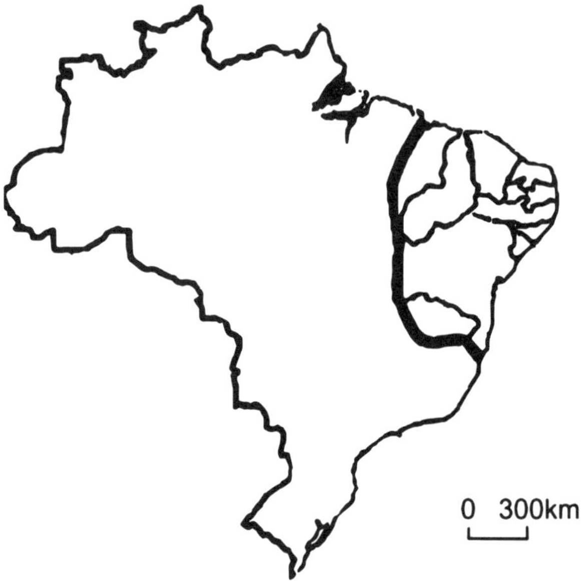

Com relação à região geoeconômica destacada no mapa, é INCORRETO afirmar que:

a) Apresenta, historicamente, alguns dos indicadores socioeconômicos mais baixos do País, apesar de os mesmos acusarem melhorias nos últimos anos.

b) É caracterizada pela distribuição espacialmente homogênea de sua população, desde o litoral até as áreas mais remotas de seu interior.

c) Registra, no Sertão, secas prolongadas que chegam a comprometer atividades agropecuárias praticadas, sobretudo, por pequenos proprietários.

d) Revela diferenças significativas de ordem natural e humana, quando comparada aos demais complexos regionais do Brasil.

08. (UFRN) Para discutir a importância da regionalização no planejamento territorial, uma professora de Geografia explorou com seus alunos as divisões regionais oficiais do Brasil.

A professora explicou que:

a) A primeira divisão regional do Brasil foi proposta pelo IBGE, nos anos 1940, e tinha como base o conceito de região natural.

b) A segunda divisão regional do Brasil tornou-se oficial no anos 1960 e tinha como base o conceito de macrorregião.

c) A divisão regional brasileira atual foi oficialmente proposta nos anos 1980 e tem por base o conceito de região homogênea.

d) A divisão regional brasileira em complexos regionais foi proposta nos anos 1960 e tem por base o conceito de região concentrada.

09. (UFRN) O espaço geográfico pode ser interpretado a partir de uma análise que leva em consideração a região:

Observe os mapas a seguir.

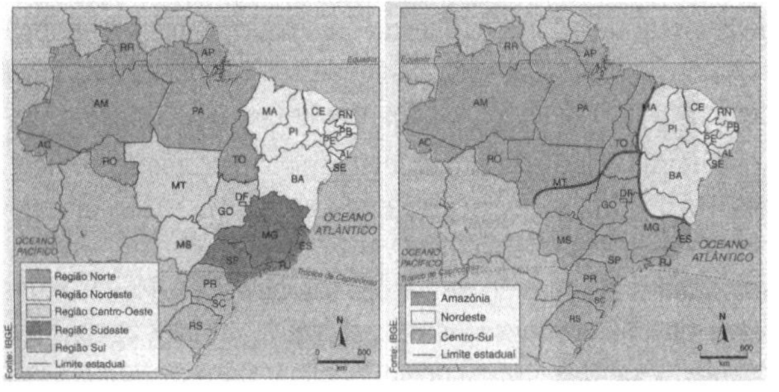

JAMES E MENDES. Geografia Geral e do Brasil: estudos para compreender o espaço. São Paulo: FTD, 2004. p. 124. [Adaptado]

A partir dos mapas e dos critérios que são utilizados para definir a regionalização do Brasil, pode-se inferir que:

a) O mapa 2 está baseado nas particularidades sociais, fazendo coincidir as fronteiras regionais com as político-administrativas dos Estados, determinando-se regiões fisiográficas.

b) O mapa 1 está de acordo com a perspectiva macrorregional da divisão natural do trabalho, daí as fronteiras regionais ultrapassarem as dos estados, configurando regiões geográficas.

c) O mapa 1 se fundamenta em critérios da divisão regional do trabalho. Por isso, os limites ocorrem pela semelhança de desenvolvimento econômico, estabelecendo-se regiões geoeconômicas.

d) O mapa 2 pauta-se em critérios político-administrativos, ocorrendo uma correspondência entre os limites regionais e os estaduais, e constituindo-se regiões geopolíticas.

10. (COPESE) A divisão regional do Brasil, elaborada pelo IBGE em 1967, estabeleceu cinco macrorregiões para o País. Na divisão regional oficial, utilizada atualmente pelo IBGE, é CORRETO afirmar que o Estado do Tocantins está inserido na macrorregião:

a) Noroeste, juntamente com os Estados do Piauí, Maranhão, Pará e Mato Grosso.

b) Norte, juntamente com os Estados do Amazonas, Pará, Acre, Rondônia, Amapá e Roraima.

c) Centro-Oeste, juntamente com os Estados de Goiás, Mato Grosso, Mato Grosso do Sul e Distrito Federal.

d) Nordeste, juntamente com os Estados do Maranhão, Piauí, Rio Grande do Norte, Ceará, Alagoas e Bahia.

Gabaritos

01	A	06	B
02	C	07	B
03	C	08	A
04	C	09	C
05	A	10	B

16. TEORIAS DEMOGRÁFICAS

16.1 Teoria Malthusiana

Em 1798, Thomas Malthus publicou um trabalho que, pela primeira vez, focaliza os problemas de suprimento de alimentos, relacionando-os com o aumento populacional. Com base nesse ensaio, os estudos de demografia passaram a enfocar o crescimento populacional em relação à demanda de alimentos , à produção agrícola e ao fenômeno da fome.

De acordo com sua teoria, a produção de alimentos cresce em progressão aritmética, enquanto a população aumenta em progressão geométrica. Tal defasagem explicaria as guerras e as epidemias como recursos inevitáveis de redução da população. Malthus propõe o controle de natalidade e a restrição total da assistência social e médica à população, para restaurar o equilíbrio.

A tese é elaborada no começo do século XIX, início da Revolução Industrial, período em que camponeses abandonariam o campo para se transformar em operários na cidade, reduzindo a mão de obra do setor agrícola e afetando a oferta de alimentos nos mercados urbanos.

A teoria malthusiana, atualmente, é insuficiente para explicar a relação entre aumento populacional e produção agrícola, pois há alimento para todos, sendo que a fome no País tem como causa a má distribuição dos alimentos, em razão da má distribuição de renda.

16.2 A teoria Neomalthusiana

Com o fim da Segunda Guerra Mundial, em 1945, foi realizada uma conferência de paz, em São Francisco, que deu origem à Organização das Nações Unidas (ONU). Na ocasião, foram discutidas estratégias de desenvolvimento, visando evitar a eclosão de um novo conflito militar em escala mundial. Para que tivessem solução, algumas questões, como a diminuição das desigualdades econômicas no planeta, tinham de ser pensadas e discutidas em fórum mundial.

A teoria neomalthusiana foi criada nesse contexto, em que se procurava explicar a ocorrência da fome nos países subdesenvolvidos. Essa teoria tem a mesma posição de Malthus em relação à fome e propõe programas de controle de natalidade nos países subdesenvolvidos e a disseminação dos métodos anticoncepcionais.

16.3 A Teoria Reformista (Marxista)

Em resposta aos neomalthusianos, foi elaborada a teoria reformista, que inverte a conclusão das duas teorias demográficas anteriores.

Ela analisa os problemas demográficos, tendo como referência as condições socioeconômicas da população, defendendo a necessidade de se enfrentarem as questões sociais e econômicas dos países com programas efetivos, para que a dinâmica demográfica entre em equilíbrio.

À medida que as famílias obtêm condições dignas de vida, tendem a diminuir o número de filhos para não comprometer o acesso de seus dependentes aos sistemas de educação e saúde.

16.4 Diversidade Étnica Mundial, Nacionalismo e Separatismo

Os elos étnicos, linguísticos, culturais e, dependendo de alguns casos, até mesmo as questões religiosas definem o nacionalismo de um povo. Para se valerem desses valores, alguns povos defendem seus ideais e conceitos até mesmo com a própria vida.

Para fazer o conceito acontecer além de conflitos do ponto de vista político, há as discussões que chegam às ruas motivando pessoas a se engajarem em movimentos que buscam sensibilizar autoridades até mesmo de nações estabelecidas. Muitas vezes, esses movimentos conseguem seus objetivos através de consultas populares; outras, através de atos violentos; e, em alguns casos, até mesmo com a intervenção militar, expulsando aqueles que não se enquadram no conceito nacionalista de um determinado grupo dominante.

Alguns exemplos são o caso dos bascos na Espanha, a população de origem francesa no Quebec (Canadá), parte da população belga na região de Flandres, os catalães numa região da Espanha, a intervenção militar na Crimeia (outrora Ucrânia, hoje Rússia) e um dos mais recentes exemplos é a mistura de um suposto ideal nacionalista e muito mais religioso para se formar o Estado Islâmico.

Um exemplo bem concreto foi a fragmentação da antiga Iugoslávia, que era um Estado forçado com diversas etnias, línguas, culturas, histórias e religiões diferentes que, aos poucos, foi se transformando em vários outros Estados. A própria ex-URSS, durante décadas, sobreviveu sob um mundo socialista e ruiu em no final de 1991, em 15 novos Estados. Outro caso interessante é o que acontece com os curdos, considerados o maior povo do mundo sem pátria, que sobrevivem em cinco países do Oriente Médio (Turquia, Iraque, Irã, Síria e Armênia). Na África, recentemente, houve a separação do Sudão em dois países, surgindo o Sudão do Sul. Entre a Índia e o Paquistão, bramanistas (indianos) e muçulmanos (paquistaneses) entram em conflito armado há décadas pela causa da Caxemira, um território montanhoso, importante nascedouro de rios sobre o qual os dois países não conseguem se entender diplomaticamente. Enfim, exemplos são muitos, mas o importante é compreender que, quando há diferenças, nem sempre há o entendimento. Muitas vezes, a diferença é social e econômica, como no caso do Brasil, em que alguns sulistas querem separar a região Sul do restante do País, inclusive há um mote para a campanha: "O Sul é meu país."

16.5 Migrações internacionais

Os maiores e principais fluxos migratórios continuam sendo de países subdesenvolvidos para países desenvolvidos, ou então, de países subdesenvolvidos para países que apresentam economias emergentes (caso de populações do **chifre** da África para países do Golfo ou populações da África Central e Austral para a África do Sul). Mesmo com um nível de informação mais acentuado e divulgado, ainda assim, em muitos países receptores de população (principalmente na Europa Ocidental), os imigrantes sofrem com a xenofobia (aversão ao estrangeiro).

A ONU procura fazer o seu papel, nos casos em que populações mais fragilizadas precisam obrigatoriamente se deslocar. A falta de estrutura faz com que a ONU monte acampamentos provisórios (muitas vezes, esses acampamentos perduram por anos) tentando minimizar as dificuldades que essas populações sofrem. O organismo da ONU responsável por esse tipo de prática é o Alto Comissariado das Nações Unidas para Refugiados, mais conhecido pela sigla ACNUR.

Melhores possibilidades de emprego e um nível de renda melhor que em seus países de origem continuam sendo os principais motivos que levam populações a emigrar. Outros motivos são conflitos (os mais diversos), guerras, catástrofes naturais.

17. BRASIL: ASPECTOS DEMOGRÁFICOS

Um país populoso, mas pouco povoado.

Quando dizemos que um país é populoso, estamos levando em conta a população total, também chamada população absoluta. Já o termo povoado se refere à população relativa, ou seja, o número de habitantes por quilômetro quadrado. A esse resultado dá-se o nome de densidade demográfica.

Apesar de ser o quinto país mais populoso do mundo, o Brasil é pouco povoado se comparado a outros países, devido à sua extensa área territorial.

17.1 A Distribuição da População

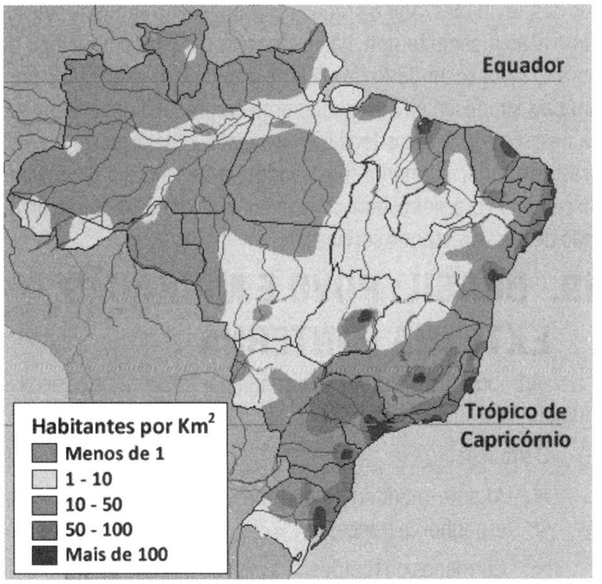

A população brasileira está distribuída de maneira desigual pelo território brasileiro: há regiões onde se aglomeram muitas pessoas; em outras regiões, o número de habitantes é muito pequeno.

A atual distribuição da população reflete a desigualdade econômica entre as regiões. As maiores e melhores oportunidades de trabalho são fatores que contribuem para a concentração populacional, pois as pessoas procuram se estabelecer em regiões que possam lhes oferecer boas condições de vida.

O Sudeste, com cerca de 924.511 quilômetros quadrados, é a região mais povoada, isto é, que apresenta a maior densidade demográfica: são aproximadamente 78 hab./km².

Já a Região Norte é a menos povoada, com uma densidade demográfica em torno de 3 hab./km².

17.2 O Crescimento da População

A taxa de fecundidade indica o número médio de filhos por mulher, considerando mulheres entre 15 a 49 anos. Na década de 1960, essa média era de seis filhos por mulher; na década de 1980, a taxa já havia caído para quatro filhos e tendia a continuar diminuindo. No decorrer dos últimos sete anos, a taxa de fertilidade caiu de 2,3 para 2, nível abaixo da taxa considerada ideal para reposição populacional, que é de 2,1 filhos por mulher – essa taxa resultou num crescimento populacional de apenas 1,21% ao ano, em média, nesse período.

O Brasil passou de 147 milhões de habitantes, em 1991, para 185 milhões de habitantes, em 2007. No caso do Brasil, o crescimento natural, ou vegetativo, da população constitui o elemento principal do incremento demográfico. As taxas desses dois processos são quase coincidentes. As taxas de mortalidade vêm diminuindo no Brasil desde os anos de 1940. Esse decréscimo foi anterior a diminuição das taxas de natalidade, o que é comum em todo o mundo. Sempre ocorre primeiro uma queda na mortalidade e, somente depois de uma ou duas décadas, é que se verifica uma queda semelhante na natalidade, o que origina um período denominado de transição demográfica, no qual o crescimento natural, ou vegetativo, da população se acentua muito.

A queda nas taxas de mortalidade no Brasil se deu por meio da melhoria nas condições sanitárias e higiênicas, com o processo de urbanização. A vacinação e a evolução da Medicina também colaboraram para a baixa taxa de mortalidade do Brasil.

As taxas de natalidade também vêm diminuindo no Brasil. Esse declínio está associado a meios contraceptivos, à maior participação da mulher no mercado de trabalho e à busca por um melhor padrão de vida.

Apesar de diminuírem bastante nas últimas décadas, os índices de natalidade do Brasil são ainda relativamente altos, comparados aos dos países desenvolvidos.

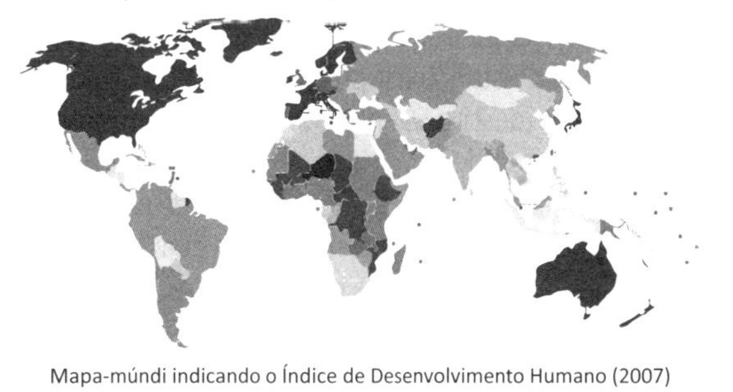

Mapa-múndi indicando o Índice de Desenvolvimento Humano (2007)

Acima de 0,950	0,700 - 0,749	0,450 - 0,499
0,900 - 0,949	0,650 - 0,699	0,400 - 0,449
0,850 - 0,899	0,600 - 0,649	0,350 - 0,399
0,800 - 0,849	0,550 - 0,599	abaixo de 0,350
0,750 - 0,799	0,500 - 0,549	não disponível

Em 2007, o Brasil entrou para o clube das nações que apresentavam alto Índice de Desenvolvimento Humano (IDH). O índice, divulgado anualmente pelo programa das Nações Unidas para o Desenvolvimento (Pnud), avalia o desempenho das nações em três aspectos: saúde, educação e renda levando em conta os indicadores da expectativa de vida, mortalidade infantil, alfabetização, grau de escolaridade, produto interno bruto e o PIB *per capita*. Os últimos dados pontuaram o Brasil com o índice 0.800, numa escala que vai de 0 a 1, colocando o Brasil em 70º lugar no *ranking*.

18. BRASIL: PIRÂMIDE ETÁRIA

A pirâmide etária é um gráfico que representa os dados sobre a população masculina e feminina, por idades. Por isso, também é denominada pirâmide de idades.

PIRÂMIDE ETÁRIA DO BRASIL - 2000

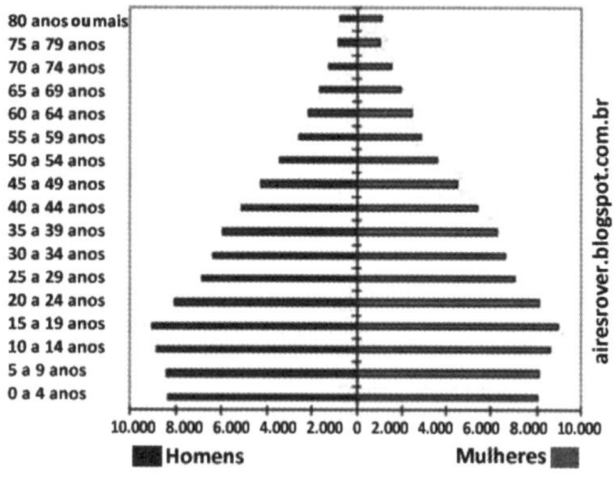

O formato de uma pirâmide de idades pode nos revelar alguns aspectos sobre a população de um país. Quando a base é larga, há um número elevado de jovens na população, assim como o topo estreito indica pequena quantidade de idosos.

A pirâmide etária de 1980 tem base larga, revelando um grande número de jovens, o que indica elevada natalidade. O topo estreito da pirâmide mostra o pequeno número de idosos, uma vez que as precárias condições de higiene e de saúde diminuíam a expectativa de vida da população. Essa pirâmide etária retrata um país jovem, isto é, um país que apresenta a maior parte da sua população na faixa etária dos jovens (até 19 anos).

O formato dessa pirâmide é típico de país menos desenvolvido, onde as taxas de natalidade são elevadas e a expectativa de vida é baixa.

Já a pirâmide etária atual (2006) aponta para uma tendência a um país "maduro", isto é, com o predomínio da população na faixa etária dos adultos (de 20 a 59 anos). Os países maduros são aqueles considerados mais desenvolvidos. A base da pirâmide começa a sofrer estreitamento, devido à queda na taxa de natalidade, e o topo fica mais largo, sinais de uma melhora na qualidade de vida e na expectativa de vida. O Brasil já dá sinais desse envelhecimento populacional.

18.1 População Economicamente Ativa

A população economicamente ativa (PEA) compreende a parcela da população entre 10 a 65 anos que está trabalhando ou procurando trabalho. Segundo o IBGE, em 2005 a PEA brasileira era composta por 96 milhões de habitantes. Desse total, cerca de 54 milhões correspondiam a homens, e mais de 40 milhões, a mulheres.

A participação feminina no mercado de trabalho vem crescendo a cada ano, fazendo com que o número de mulheres na PEA esteja próximo ao número de homens. A situação de trabalho, no entanto, ainda é bastante desigual entre homens e mulheres. Geralmente, as mulheres recebem salários menores que os homens e os cargos de chefia são ocupados, na sua maioria, por homens.

→ **A população economicamente ativa costuma ser dividida pelos três setores econômicos :**

> Primário: agricultura, pecuária e extrativismo.

> Secundário: indústria.

> Terciário: comércio e prestação de serviços.

18.2 Brasil: População Economicamente Ativa (PEA) por Nível de Instrução, 1992/2005

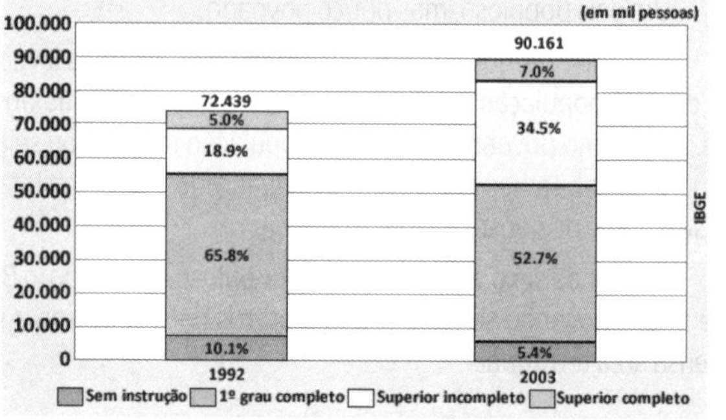

No Brasil, no setor primário, há uma progressiva mecanização das atividades, pois a produção agropecuária aumenta seu volume e, ao mesmo tempo, há uma necessidade menor de mão de obra. O setor secundário revela uma grande industrialização para um país subdesenvolvido, tendo uma empregabilidade expressiva nesse setor. O setor terciário concentra a maior parte da PEA brasileira, principalmente mostrando a expansão e o dinamismo do comércio brasileiro, bem como o aumento na especialização da mão de obra prestando serviços.

19. BRASIL: POVO E MIGRAÇÃO EXTERNA E INTERNA

A população brasileira é formada por três grupos básicos: o indígena, o branco e o negro.

→ **O Branco:**

> Atlanto-mediterrâneo: representado pelos italianos, espanhóis e franceses.

> Germanos ou teutões: são alemães, autríacos, holandeses, suíços, ingleses e escandinavos.

> Eslavos: representados pelos russos, poloneses, tchecos, eslovacos e iugoslavos.

> Asiáticos: são os judeus e os sírio – libaneses.

→ **O Indígena: quando os portugueses chegaram, cinco milhões de índios constituíam muitas nações no atual território brasileiro. Os principais grupos eram: Tupi-Guarani, Jê, Aruaque, Caribe, Tucano e Charrua.**

→ **O Negro: calcula-se que mais de cinco milhões de negros foram trazidos como escravos ao Brasil, de 1532 até 1850. Os dois grandes grupos trazidos foram os sudaneses e os bantos.**

19.1 Migrações Externas no Brasil

Destino dos Emigrantes Europeus - 1800/1920

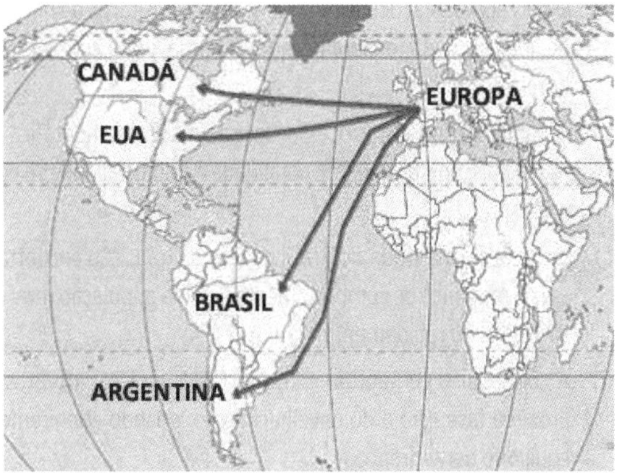

O período de maior imigração externa (entrada de estrangeiros) no Brasil se deu nos séculos XIX e início do século XX, quando nosso país recebeu um grande número de europeus e asiáticos. Os imigrantes em maior número em nosso território são os portugueses, italianos, espanhóis, japoneses e alemães.

Dos estrangeiros que vivem no Brasil, também há aqueles que fugiram de conflitos em seus países, como os angolanos, dos quais muitos se fixaram no Estado do Rio de Janeiro.

Nos últimos anos, muitos imigrantes dos países vizinhos, principalmente Bolívia, Peru e Colômbia, vêm fixando moradia no Brasil, especialmente na cidade de São Paulo.

O Brasil, principalmente a partir da década de 30, tornou-se um país emigrante, devido às ditaduras (Vargas e Militar) e à crise econômica da década de 80. Os Estados Unidos é o país com maior número de imigrantes brasileiros, seguido pelo Paraguai e pelo Japão.

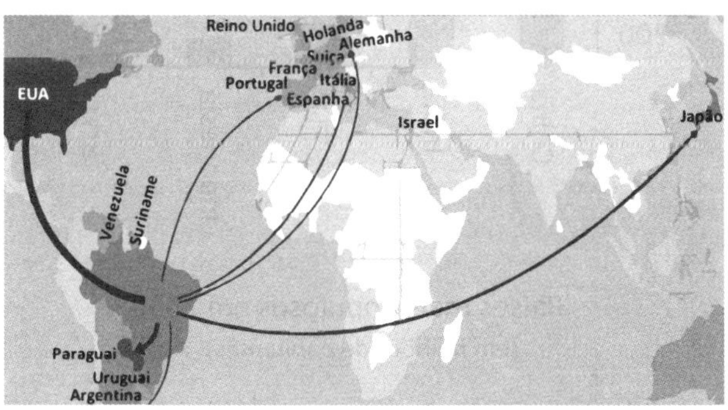

19.2 Migrações Internas no Brasil

Eles vêm ocorrendo desde o período colonial, embora tenham se intensificado a partir do início do século XX. As migrações internas sempre contribuíram para o processo de povoamento, ampliação do território, expansão das fronteiras econômicas, urbanização e miscigenação da população brasileira.

Como a economia brasileira foi caracterizada até 1930 por ciclos econômicos, o período auge de exploração de cada produto atraía, para cada região, grande número de mão de obra que se deslocava de outras regiões do País. Assim, tivemos, inicialmente, a concentração populacional no litoral nordestino com a economia da açucareira no século XVI, seguida da ocupação das áreas de criação no Agreste, Sertão e vale do Rio São Francisco.

Durante o século XVIII, o ciclo da mineração provocou o deslocamento da população para Minas Gerais, Mato Grosso e Goiás. A rota da expansão cafeeira no século XIX e primeiras décadas do século XX motivou a ocupação do Vale do Rio Paraíba do Sul, oeste e norte de São Paulo e norte do Paraná. Entre 1870 e 1912, houve grande deslocamento, principalmente de nordestinos, para a Amazônia, em virtude do ciclo da borracha.

A Marcha para Oeste, como ficou conhecida a ocupação das regiões Centro-Oeste e Norte pelas frentes pioneiras, iniciou-se na década de 40, por meio de projetos de colonização e intensificou-se a partir de 1950, com a implantação de projetos agropecuários e minerais, associados à construção de Brasília e, posteriormente, à abertura de grandes rodovias, que levou para essas regiões um grande número de nordestinos e sulistas. No início dos anos 70, a venda de lotes pelo Incra, deslocou grande quantidade de paranaenses e gaúchos para o Estado de Rondônia.

Os maiores fluxos migratórios que sempre foram para o Sudeste, em virtude de sua industrialização, especialmente para as cidades de São Paulo e Rio de Janeiro, passaram a ocorrer cada vez mais em direção às regiões Norte e Centro-oeste, caracterizando essas regiões como as de maior crescimento populacional, no período de 1960 a 1980.

Questões

01. A capacidade de crescimento da população é infinitamente maior do que a capacidade de produção de alimentos na Terra. Esse é o enunciado básico da doutrina de Malthus, que consiste no seguinte princípio:

a) Progressão geométrica da população e progressão aritmética dos alimentos.

b) Progressão geométrica da população e baixa taxa de natalidade.

c) Progressão aritmética da população e baixa taxa de mortalidade.

d) Progressão aritmética da população e progressão geométrica dos alimentos.

e) Progressão geométrica da população e alta taxa de natalidade.

02. Os mecanismos regentes da dinâmica populacional são objetos de discussões teórico-ideológicas que orientam as ações adotadas para controlá-la. Sobre as teorias demográficas e a dinâmica populacional, é possível afirmar, de forma correta, que:

a) Os seguidores da teoria de Malthus, sobre a população, consideram o grande crescimento populacional um obstáculo ao desenvolvimento socioeconômico da humanidade, defendendo políticas de controle radical da natalidade entre as classes sociais mais pobres.

b) O aumento da expectativa de vida da população mundial decorreu dos avanços da Medicina, da higiene sanitária, da tecnologia alimentar e da alfabetização em massa, que elevou as taxas de natalidade e o crescimento vegetativo nos países em desenvolvimento.

c) Os métodos anticoncepcionais, difundidos em todo o mundo, eliminaram o risco de explosão demográfica e asseguraram taxas de natalidade e de crescimento vegetativo uniforme e equilibrado, nos diversos continentes e países entre as diferentes classes sociais que os habitam.

d) O desenvolvimento técnico-científico permitiu a ocupação de áreas antes consideradas anecúmenas, como o norte da Ásia e a África Equatorial, que passaram a ser povoadas e populosas, devido ao grande crescimento demográfico nelas ocorrido no século XX.

e) Os movimentos migratórios são responsáveis pela difusão da população na Terra e pela existência de equilíbrio nas estruturas, por sexo, por idade e por ocupação, nos continentes, países ou regiões e lugares onde ocorrem mais intensamente.

03. (FAFIPA) Assinale a alternativa correta sobre o crescimento vegetativo e a teoria da transição demográfica (em países desenvolvidos ou subdesenvolvidos).

a) A fase final da transição corresponde a um momento em que tanto as taxas de natalidade como as de mortalidade são baixas, resultando em um relativo equilíbrio demográfico, isto é, em uma condição na qual a população não cresce e nem decresce significativamente, a cada ano ou período de análise.

b) Na fase inicial da transição demográfica, o país apresenta elevada taxa de mortalidade, mas baixa taxa de natalidade.

c) Na fase intermediária da transição demográfica, a taxa de natalidade tende a diminuir, mas a taxa de mortalidade aumenta, devido às piores condições de vida, tanto no campo como na cidade.

d) O crescimento vegetativo expressa a relação entre a natalidade, a mortalidade e a esperança de vida ao nascer. Assim, se as condições de vida são boas, tanto a natalidade como a esperança de vida ao nascer tendem a apresentar taxas elevadas, resultando em baixo crescimento vegetativo.

e) O processo de urbanização, em nível mundial, provocou um aumento no crescimento vegetativo das populações. Isso ocorreu porque a vida urbana oferece mais oportunidade para os jovens, pressionando as taxas de fecundidade para cima.

04. A teoria da transição demográfica foi formulada em 1949 para explicar o processo de comportamento demográfico das populações. Aplicada ao Brasil, caracteriza-se por, exceto:

a) O país apresenta, desde 1970, uma queda das taxas de natalidade, indicativo da terceira fase desta teoria, junto com México e Coreia do Sul.

b) Atualmente, há um processo de estagnação demográfica em nosso país, pois as taxas de natalidade e de mortalidade se equivalem.

c) As razões da entrada do Brasil na fase da transição encontram-se na mudança de comportamento de uma população rural que se urbanizou rapidamente.

d) A continuar o comportamento atual da população do Brasil, a próxima fase será a do envelhecimento, quando atingiremos o equilíbrio demográfico.

e) A fase da explosão demográfica ocorreu porque os efeitos da revolução médica foram mais imediatos nos países do Terceiro Mundo.

05. Nos últimos anos, ocorreu redução gradativa da taxa de crescimento populacional em quase todos os continentes. A seguir, são apresentados dados relativos aos países mais populosos em 2000 e também as projeções para 2050.

Países mais populosos em 2000
(em milhões de habitantes)

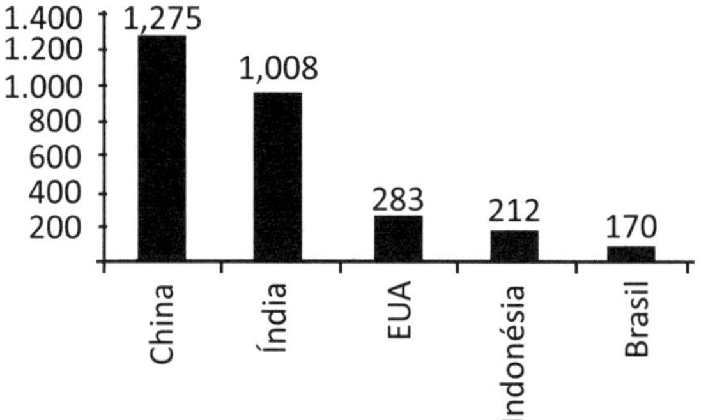

Países mais populosos em 2050
(em milhões de habitantes)

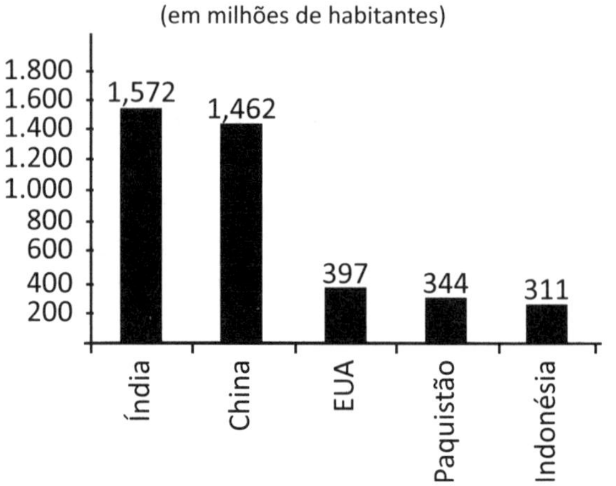

Com base nas informações, é correto afirmar que, no período de 2000 a 2050:

a) A taxa de crescimento populacional da China será negativa.

b) A população do Brasil duplicará.

c) A taxa de crescimento da população da Indonésia será menor que a dos EUA.

d) A população do Paquistão crescerá mais de 100%.

e) A China será o país com a maior taxa de crescimento populacional do mundo.

06. A respeito de questões demográficas, assinale C para o que for correto e E para o que for errado.

( ) A ideia de que um alto índice de jovens na população de um determinado país é um peso para os adultos, que terão de sustentá-los com gastos na educação, saúde, alimentação e outros itens, é predominante em países como a França, a Inglaterra e a Suécia, onde a população é bastante jovem e os índices de natalidade são significativamente elevados.

( ) Algumas instituições e alguns governos, principalmente do Terceiro Mundo, começaram nas últimas décadas a colocar em prática medidas para diminuir os índices de natalidade, como o planejamento familiar, para limitar o número de membros das famílias, especialmente das mais carentes, por meio de métodos como distribuição gratuita de pílulas anticoncepcionais e de preservativos, abortos em massa, ligadura de trompas na mulher e vasectomia nos homens.

( ) As áreas mais povoadas da Terra, ou seja, as de maior concentração demográfica, são as que apresentam os maiores índices de carência de alimentos, pobreza e taxas de mortalidade.

( ) Após a Segunda Guerra Mundial, a preocupação com o "excesso de gente" na Terra renasceu com os neomalthusianos, favoráveis a uma política de controle de natalidade, em especial para os países subdesenvolvidos, a partir dos argumentos de que um rápido crescimento populacional é um obstáculo ao desenvolvimento econômico e que existem áreas superpovoadas nas quais os problemas de fome, miséria e pobreza estão ligados diretamente às elevadas taxas de natalidade.

( ) Conforme a previsão de Thomas Malthus, em todos os países do mundo, hoje, o crescimento da população é mais rápido do que a produção de alimentos.

Assinale a alternativa correta:

a) C,C,C,E,E

b) E,E,C,E,C

c) C,C,E,C,C

d) E,C,E,C,E

07. (UDESC) A sociedade brasileira tem se caracterizado pela ampla diversidade étnica e cultural. Contudo, quando há referência à sua formação, três culturas se destacam. São elas:

a) Indígena, negra, europeia.

b) Nativa, italiana, alemã.

c) Nativa, japonesa, italiana.

d) Brasileira, negra, branca.

e) Indígena, italiana, alemã.

08. Assinale a alternativa correta sobre a distribuição da População Economicamente Ativa nos setores da economia.

a) Aumentando a participação da indústria na economia, aumenta-se a população empregada no primário.

b) Geralmente, países agrícolas apresentam grande número de trabalhadores nos setores secundário e terciário.

c) Nos países desenvolvidos, o aumento da população empregada no terciário associa-se ao intenso êxodo rural.

d) Em um país desenvolvido, normalmente ocorre grande desenvolvimento do setor terciário ou de serviços.

e) Em países em que o setor secundário é a principal força motriz da economia, o setor que mais emprega é o primário.

09. (UFMS) Observando as pirâmides etárias a seguir, consideraríamos que:

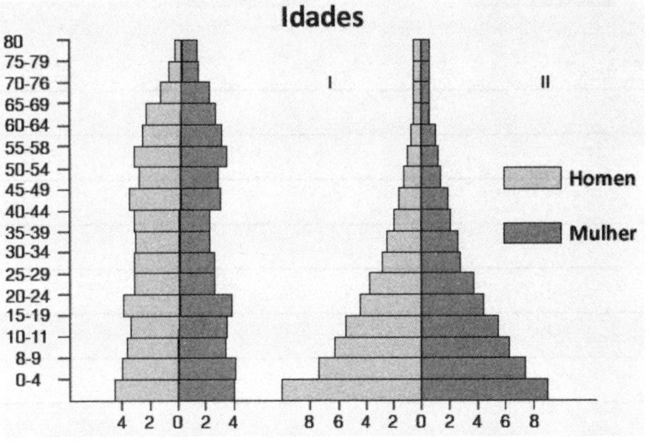

a) A estrutura etária e de sexo da pirâmide I é típica de países europeus que no período colonial exploraram os países latino-americanos, africanos e parte do continente asiático.

b) A pirâmide II é típica de países pobres como os países africanos, sul-americanos e do Oriente Médio.

c) As duas pirâmides representam estruturas de países com populações mais adultas do que de jovens de até 20 anos.

d) A pirâmide I, é típica de países desenvolvidos que têm investido numa política de expansão demográfica.

e) A pirâmide I é de país socialista, e a II é de país capitalista desenvolvido.

10. Sobre a migração brasileira é Incorreto afirmar:

a) No Brasil os fluxos de caráter rural-urbano da população tornaram-se significativos nas décadas de 50 e 60 devido à crescente concentração fundiária e à industrialização concentrada nos grandes centros urbanos do Sudeste Brasileiro.

b) Na década de 70 as migrações interestaduais de nordestinos para o eixo Rio de Janeiro – São Paulo e a de sulistas para áreas do Centro-Oeste e Amazônia consolidaram o mercado de trabalho brasileiro.

c) As migrações de assalariados rurais temporários (volantes, boias-frias), ocasionados pela modernização capitalista do campo, atenuaram o subemprego sazonal e as relações de trabalho informais.

d) A mobilidade rural-urbana ou rural-rural brasileira é decorrência da progressiva concentração da terra que leva à eclosão de movimentos sociais de resistência, do que são exemplos o Movimento dos Sem-Terra (MST) e o das populações extrativistas da Amazônia.

e) Os movimentos pendulares intrametropolitanos para o trabalho e/ou estudo, realizado hoje nas metrópoles, assim como os deslocamentos intra-urbanos de caráter residencial podem estar relacionados com a pobreza e a violência e, muitas vezes, ocorrem em condições sub-humanas modernas.

Gabaritos

01	A	06	D
02	A	07	A
03	A	08	D
04	B	09	A
05	D	10	C

20. URBANIZAÇÃO BRASILEIRA

As mudanças econômicas, sociais e políticas pelas quais o Brasil passou ao longo do século XVIII (particularmente com o desenvolvimento da economia mineradora) levaram ao surgimento de um grande número de vilas e povoações como São João Del Rey, Vila Rica, Mariana, Sabará, entre outras.

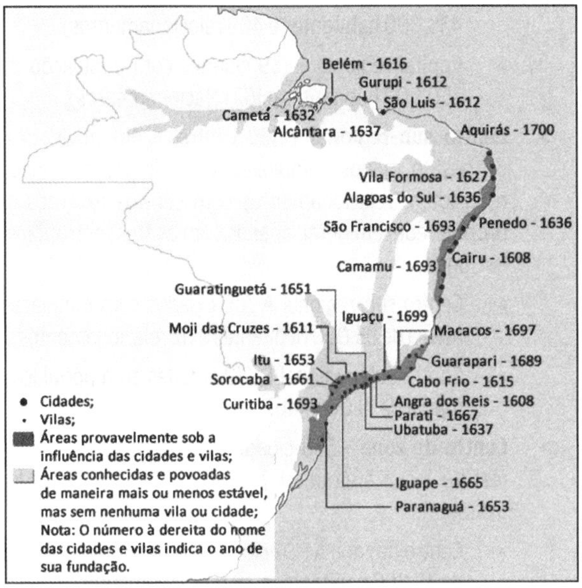

→ **No entanto, foi no século XIX que ocorreu um intenso movimento de fundação de novas vilas e cidades, no interior das diferentes regiões brasileiras. Veja, a seguir, alguns fatores que contribuíram para esse processo:**

> A construção de ferrovias ligada à economia cafeeira.

> A intensificação da ocupação do território por meio do avanço da lavoura de café, da exploração da borracha na Amazônia, da colonização europeia no Sul e da expansão do comercio de gado no Nordeste.

> O fim da escravidão e a introdução do trabalho livre assalariado, que tornaram mais do que nunca, a cidade um local de moradia, de trabalho e de acesso ao mercado.

Com o desenvolvimento da industrialização, a partir da década de 1940, lançaram-se as bases do processo de urbanização do País.

Como em outros países, a urbanização brasileira ocorreu como resultado da modernização da economia: instalação de indústrias , expansão do trabalho assalariado e ampliação do mercado consumidor.

No Brasil, o processo de urbanização foi muito rápido. Em 1950, cerca de 64% da população ainda vivia no campo. Apenas vinte anos depois, a população urbana já era a maioria no total do País, alcançando a cifra de 56% da população. Várias foram as consequências do modelo adotado pelo Brasil, e a maior parte delas foi decorrente do contínuo crescimento das regiões metropolitanas. Tais regiões originaram-se do processo de expansão da mancha urbana em volta de determinadas cidades que, por sua importância econômica, foram denominadas metrópoles.

As metrópoles acabaram absorvendo a área rural em volta da cidade e também de outras cidades. Em geral, essa expansão trouxe como resultado o fenômeno da conurbação.

20.1 Regiões Metropolitanas

No Brasil, o grande crescimento das regiões metropolitanas ocorreu na década de 1970, quando sua população cresceu muito mais do que a população das cidades médias e pequenas. Nas metrópoles brasileiras, concentraram-se as grandes indústrias nacionais e multinacionais, as principais instituições do Estado-universidade, centros de pesquisa e outros órgãos públicos, além de um diversificado e moderno setor terciário: bancos, hotéis, empresas comerciais, de comunicação etc.

No Brasil, como exemplos de regiões metropolitanas, podemos citar a Grande São Paulo, o Grande Rio de Janeiro, a Grande Belo Horizonte, a Grande Salvador, a Grande Porto Alegre, o Grande Recife, a Grande Belém, a Grande Fortaleza, a Grande Curitiba e etc.

Hoje, os brasileiros concentram-se principalmente, nas cidades médias e pequenas, que, a partir de 1980, apresentaram índices de crescimento maiores que os das grandes capitais. A desconcentração da economia, ou seja, o processo de transferência de atividades econômicas, sobretudo industriais, para outras regiões como a Norte, a Nordeste e a Centro-oeste e para as cidades médias e pequenas da região Sul explicam essa forte desmetropolização.

20.2 A Hierarquia Urbana

GRANDES CIDADES

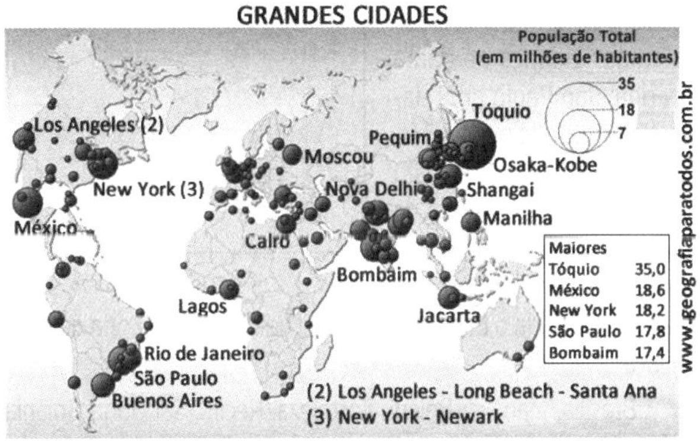

Todas as cidades, e não apenas as metrópoles obedecem a uma certa ordem de importância, de acordo com as funções que exercem. Quanto maior a importância de uma cidade, maior será a área atingida por suas funções.

Em algumas cidades, a função principal é o comércio; em outras, a atividade industrial. Há também cidades que desempenham função portuária, religiosa, turística ou político-administrativa. Quanto mais funções a cidade apresentar, mais importante e maior será sua influência sobre a zona rural e sobre as outras cidades.

→ **Na ordem de importância, ou hierarquia, uma cidade pode ser:**

> Metrópole global.

> Metrópole nacional.

> Metrópole regional.

> Centro regional.
> Centro local.

20.3 Redes Urbanas

O crescimento da economia através de atividades urbanas e industriais provocou uma divisão territorial do trabalho, subordinando o campo à cidade, ou seja, o meio rural produz de acordo com o que a cidade dita. Essa divisão fez com que cidades menores ficassem subordinadas às cidades maiores, ocasionando uma verdadeira hierarquia urbana.

Essa hierarquia urbana faz com que hoje, no País, haja doze grandes redes de influência que, além de interligarem cidades a outras no mesmo Estado, causam influência de uma cidade de um Estado em relação a outras cidades de outro Estado. Exemplo disso é o que acontece com Curitiba em relação a algumas cidades de Santa Catarina; São Paulo em relação a parte de Minas Gerais, do Mato Grosso do Sul, Mato Grosso, Rondônia e Acre; ou então, ao Rio de Janeiro que além de influenciar o próprio Estado, influencia o Espírito Santo, sul da Bahia e na Zona da Mata mineira.

O modelo de urbanização pautado na metropolização trouxe graves consequências sociais e ambientais para o Brasil e o mundo. A urbanização brasileira foi anômala, gerando vários problemas como:

**O desemprego e pobreza.*

Ano	Taxa de desocupação (%)
2002	12,67
2003	12,32
2004	11,47
2005	9,82
2006	9,97
2007	9,39
2008	8,08 (est.)

**Precariedades das estruturas físicas das habitações, surgindo favelas e cortiços.*

**Violência e criminalidade.*

**Congestionamentos e poluição.*

Brasília, Manaus, Belém, Fortaleza, Recife, Salvador, Goiânia, Belo Horizonte e Porto Alegre são as outras capitais que formam redes de influência no Brasil.

Atividades governamentais federais e estaduais (Executivo, Legislativo e Judiciário) com sedes em algumas cidades, serviços de saúde com clínicas, hospitais, laboratórios, redes de farmácias, universidades e faculdades, sedes de empresas, comércio, equipamentos e serviços são os principais elementos que definem a hierarquia urbana de uma cidade.

A hierarquia urbana, segundo o IBGE, no Brasil, se apresenta da seguinte forma:

> **Grande metrópole nacional** – São Paulo
> **Metrópoles nacionais** – Rio de Janeiro e Brasília
> **Metrópoles** – Manaus, Belém, Fortaleza, Recife, Salvador, Belo Horizonte, Curitiba, Goiânia e Porto Alegre
> **Capitais regionais** – são 70 centros que, como as metrópoles, exercem influência de acordo com a sua localização geográfica, muito embora num nível imediatamente inferior. As capitais regionais apresentam três subdivisões:
» Capital regional A (11 cidades com população entre 955.000 habitantes e 487 relacionamentos).
» Capital regional B (20 cidades com população de 435.000 habitantes e 406 relacionamentos).
» Capital regional C (39 cidades com população de 250.000 habitantes e 162 relacionamentos).
> **Centro sub-regional** - 169 centros, com atividades de gestão menos complexas, área de atuação mais reduzida, e relacionamentos com centros externos à própria rede, em geral, apenas com as três metrópoles nacionais.
» Centro sub-regional A (85 cidades com população média de 95.000 habitantes e 112 relacionamentos).
» Centro sub-regional B (79 cidades com população média de 71.000 habitantes e 71 relacionamentos).
> **Centro de zona** - 556 cidades, menor porte, atuação restrita à sua área imediata, funções elementares de gestão.
» Centro de zona A (192 cidades com população média de 45.000 habitantes e 49 relacionamentos).
» Centro de zona B (364 cidades com população média de 23.000 habitantes e 16 relacionamentos).
> **Centro local:** demais 4.473 cidades, cuja centralidade e atuação não extrapolam os limites do seu Município, servindo apenas aos seus habitantes (média de 8.133 habitantes).

Questões

01. Uma rede urbana é um espaço que surge do crescimento do número de cidades e da população que nelas vive e que, com o tempo, vai se hierarquizando, em função da influência que as cidades maiores exercem sobre as menores. A este respeito, analise as afirmações a seguir:

I. A existência de uma rede urbana completa parte do princípio de que não é necessária uma intensa urbanização acompanhada por uma industrialização.

II. Países de economia principalmente agrícola apresentam redes urbanas fracas e incompletas, sendo, portanto, a rede urbana característica de países mais desenvolvidos.

III. Nos países emergentes como Brasil e Coreia, nota-se a presença de uma rede urbana mais hierarquizada, pois apresentam maiores índices de urbanização.

IV. Existe uma regra geral para a hierarquização das cidades e a formação da rede urbana: para milhares de pequenas delas existem centenas de cidades médias e algumas poucas metrópoles.

Estão corretas:

a) Apenas II, III e IV.
b) Apenas I, II e III.

c) Apenas II e III.

d) Apenas III e IV.

e) Todas as afirmações.

02. Um conjunto de municípios contíguos e integrados socioeconomicamente a uma cidade central, com serviços públicos e infraestrutura comuns, define a:

a) Metropolização.

b) Área metropolitana.

c) Rede urbana.

d) Megalópole.

e) Hierarquia urbana.

03. Em 1940, segundo o IBGE, viviam no campo aproximadamente 69 pessoas de cada 100. Sessenta anos depois, uma inversão se processou: cerca de 81% da população vive nas cidades. A respeito do processo de urbanização da sociedade brasileira, analise as afirmativas:

I. A velocidade com que se deu a transferência de população do meio rural para o urbano não foi acompanhada de igual ritmo na geração de emprego, razão pela qual há tantos empregos precários nas cidades.

II. O conceito de urbano no Brasil (toda a sede de município) é o mesmo que aquele seguido pela maioria dos países europeus, o que não deve significar que o processo de urbanização experimentado pelas sociedades europeias se assemelhe ao nosso.

III. Os hábitos de consumo não mudaram em razão da urbanização em nosso país e a grande maioria da população continua sem ter acesso a bens como geladeira e televisão e, muito menos ainda, ao automóvel.

IV. A urbanização ampliou a expectativa de vida do brasileiro, sobretudo pela grande cobertura da rede de esgoto e do abastecimento de água, que atingiu cerca de 90% dos domicílios em todas as cidades do País.

Está correta ou estão corretas:

a) Apenas I.

b) Apenas I e III.

c) Todas.

d) Apenas I, III e IV.

e) Nenhuma.

Analise o gráfico a seguir a respeito da evolução da urbanização brasileira:

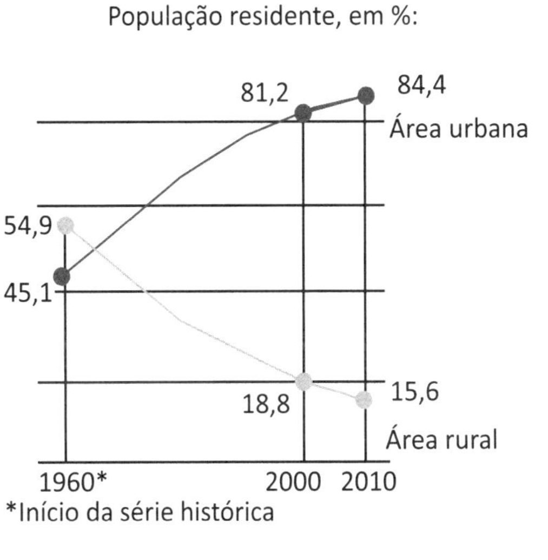

04. A partir dos dados observados no gráfico e mais seus conhecimentos sobre a evolução dos índices de urbanização no Brasil, você pode constatar corretamente que:

I. O Brasil é um país urbano, pois possui uma população superior a 80% vivendo nas cidades.

II. O ritmo de crescimento da taxa de urbanização tende a diminuir no Brasil atual, pois a população rural já é pouco expressiva, não havendo grandes contingentes para migrar para as cidades.

III. O Censo 2010 apresenta uma população mais urbanizada que há uma década atrás.

IV. As regiões brasileiras com as maiores taxas de urbanização são, pela ordem, Sudeste (92,9%), Centro-Oeste (88,8%) e Sul (84,9%).

V. Segundo o Censo 2010, a população residente no campo apresenta uma taxa inferior a 20%, demonstrando que o êxodo rural vem perdendo força no País.

Estão corretas as alternativas:

a) I e II, apenas.

b) Todas.

c) III e IV, apenas.

d) I, III e V, apenas.

e) II, IV e V, apenas.

05. Sobre os fatores relacionados ao processo de urbanização nas regiões brasileiras, assinale a alternativa correta:

a) A urbanização é mais lenta nas regiões onde predomina a agricultura de alta intensidade técnica.

b) Na Região Norte, o processo de urbanização é a principal causa do desmatamento.

c) Na Região Centro-Oeste, a urbanização é alimentada pelo êxodo rural, resultante da crise do setor agrícola.

d) No Sudeste, o elevado grau de urbanização é um reflexo da baixa produtividade do setor agrícola.

e) No Sul, a urbanização foi impulsionada pela concentração da propriedade fundiária e pela modernização técnica da agricultura.

06. (FGV) No Brasil, entre 1940 e 1980, ocorre uma verdadeira inversão quanto ao local de residência da população, e a taxa de urbanização do País passa de 26%, em 1940, para quase 70%, em 1980.

Sobre os estágios do processo de urbanização do País, analise as afirmativas a seguir:

I. A urbanização aglomerada caracterizou-se pelo aumento do número e da população dos núcleos com mais de 20 mil habitantes.

II. A urbanização concentrada foi marcada pela diminuição do número de cidades de tamanho médio, entre 100 e 500 mil habitantes.

III. O estágio da metropolização significou o aumento do número de cidades com mais de um milhão de habitantes e de grandes cidades médias.

Assinale:

a) Se somente a afirmativa I estiver correta.

b) Se somente a afirmativa II estiver correta.

c) Se somente as afirmativas I e II estiverem corretas.

d) Se somente as afirmativas I e III estiverem corretas.

e) Se todas as afirmativas estiverem corretas.

07. (UPENETE) Sobre a urbanização brasileira, analise as afirmativas a seguir.

I. No Brasil, desenvolveu-se uma urbanização concentradora, isto é, com a formação de grandes cidades e metrópoles. O censo de 2000 mostra grande concentração da população nas grandes cidades e metrópoles. No entanto, a população das capitais estaduais vem crescendo mais lentamente do que a do País.

II. A industrialização, a oferta de empregos, o crescimento das cidades e as mudanças que repercutiram no meio rural explicam o crescente esvaziamento populacional do campo, no Brasil.

III. A atividade mineradora foi responsável pelo primeiro surto de urbanização, o que contribuiu para a transferência da capital da colônia, de Salvador para o Rio de Janeiro, assim como o deslocamento do eixo produtivo do Nordeste açucareiro para o Sudeste aurífero, promovendo a interiorização do crescimento econômico do País.

IV. A área central do município de São Paulo urbanizou-se, principalmente, graças às atividades ligadas ao extrativismo vegetal: agências bancárias, casas de vendas e de importação.

V. A partir da segunda metade da década de 1990, a população rural se estabilizou ou sofreu um grande aumento em todas as regiões. Isso se deve, em parte, ao programa de reforma agrária, à diminuição da oferta de empregos rurais não agrícola em hotéis-fazenda, *spas*, pesqueiros, pousadas e reservas ecológicas.

Estão INCORRETAS:

a) I e II, apenas.
b) III e IV, apenas.
c) IV e V, apenas.
d) II, III e IV, apenas.
e) I e IV, apenas.

08. (CONPASS) Integração espacial e socioeconômica das metrópoles com outros municípios, por meio de uma infraestrutura comum:

a) Conurbação.
b) Urbanização.
c) Hierarquia urbana.
d) Megalópole.
e) Região metropolitana.

09. (UFPR) Os dois trechos a seguir dizem respeito a importantes processos observados em determinadas cidades do Brasil:

> Processo que concentra de modo crescente os homens, as atividades e as riquezas em aglomerações de grande contingente populacional e que se apresentam multifuncionais e fortemente integradas à economia internacional.

> No contexto brasileiro, é o processo entendido como de fusão de áreas urbanas, mais ou menos contíguas, pertencentes a municípios diferentes.

Assinale a alternativa que apresenta, respectivamente, a definição dos processos 1 e 2:

a) Densificação e periferização.
b) Urbanização e conurbação.
c) Internacionalização e metropolização.
d) Centralização e periferização.
e) Metropolização e conurbação.

10. (UFPR) A respeito das características da conformação regional contemporânea do Paraná, assinale a alternativa correta:

a) Atualmente, no Paraná, estão instituídas quatro regiões metropolitanas: Curitiba, Londrina, Maringá e Umuarama.

b) No Paraná, há três espacialidades principais com concentração e densidade econômica e técnico-científica: Curitiba-Ponta Grossa-Paranaguá; Londrina-Maringá; Umuarama.

c) Destacam-se no Estado duas regiões socialmente críticas, com os piores indicadores sociais: o Vale do Ribeira e o sul do litoral paranaense.

d) As atividades econômicas de grande porte encontram-se regionalmente distribuídas, sendo que se destacam as indústrias, em Curitiba, e a agropecuária, em Londrina e Maringá.

e) Na perspectiva da rede urbana, há quatro cidades de maior hierarquia e que polarizam os demais centros: Curitiba, Londrina, Maringá e Umuarama.

Gabaritos

01	A	06	D
02	B	07	C
03	A	08	E
04	B	09	E
05	E	10	A

21. AGROPECUÁRIA BRASILEIRA

A agropecuária sempre foi um fator econômico importante na configuração do território brasileiro. Inicialmente, a agricultura da cana-de-açúcar, principal produto econômico do Brasil Colônia, ajudou a organizar o espaço do litoral nordestino. A pecuária contribuiu na ocupação do interior do Nordeste, seguindo o Vale do Rio São Francisco.

21.1 Engenhos de Cana-de-Açúcar

No século XIX e durante os trinta primeiros anos do século XX, foi o café que levou à ocupação de novos espaços, especialmente a Região Sudeste e se constituiu, nesse período, o principal produto econômico brasileiro.

Com a industrialização brasileira, a partir da década de 50, passou a ocorrer a modernização da agricultura brasileira, novas relações de trabalho, o aumento da produtividade em menor área de cultivo. A produção passou a ser feita, principalmente, para atender as agroindústrias. Nesse período, o Brasil viveu a 'Revolução Verde".

A partir da década de 70, foi incentivada, por meio, da agropecuária, a ocupação das duas últimas fronteiras agrícolas: as regiões Centro-Oeste e Norte, onde se observa a ocorrência de latifúndios monocultores.

Na década de 90, o Brasil começa a viver a influência da III Revolução Industrial, no campo, por meio dos setores da biotecnologia e informatização.

21.2 Estrutura Fundiária

Desde a colonização até hoje, a distribuição das terras no Brasil sempre foi injusta e desigual. Há uma grande concentração de terras nas mãos de um pequeno número de proprietários, que possuem os melhores solos. Essa concentração dá origem aos grandes latifúndios que ocupam a maior parte da área rural brasileira, enquanto os minifúndios predominam em maior número de estabelecimentos, mas ocupam uma parcela muito pequena da área total.

→ **Classificação dos imóveis rurais:**

- Minifúndio.
- Latifúndio por dimensão.
- Latifúndio por exploração.
- Empresa rural.

21.3 As Lutas Pela Posse da Terra

Nos conflitos pela posse de terra, estão, principalmente, os posseiros que são trabalhadores rurais que ocupam áreas de terras, sem o título de propriedade; os grileiros (fazendeiros ou empresas) que invadem, sob ameaça, terras de posseiros ou terras devolutas. Também envolvidos nesse cenário de disputa de terras, frequentemente, estão os indígenas e os seringueiros que veem as suas reservas invadidas e desmatadas por empresas ou madeireiras e pequenos proprietários que querem ampliar suas áreas de domínios.

A reforma agrária, que visa a resolver o problema dos trabalhadores rurais sem-terra e da pobreza do campo, a cargo do **Incra**, caminha lentamente, diante de dificuldades que enfrenta para a desapropriação das terras, e diante da falta de recursos e assistência, que devem ser oferecidos aos assentandos.

→ **As principais áreas de conflitos, atualmente, são:**

- Acre.
- Sul do Pará e norte de Tocantins, região denominada de Bico do Papagaio.

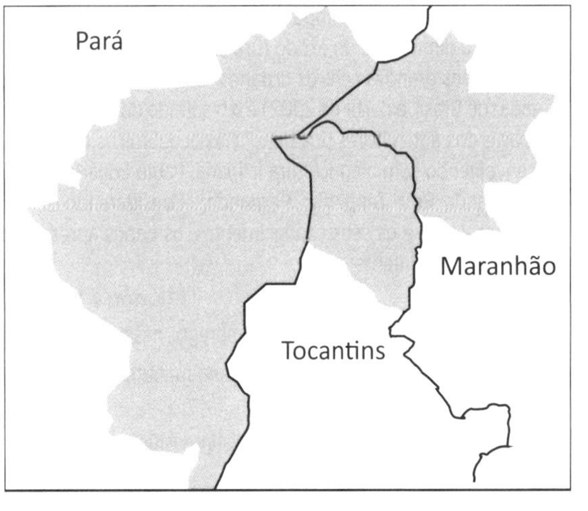

- Paraná e Rio Grande do Sul.
- Pontal do Paranapanema, no Estado de São Paulo.
- Principais produtos da agricultura brasileira

Os produtos do agrobusiness em que o País é líder mundial	
Açúcar	Soja em Grão
Vender 29% de todo o açúcar consumido no mundo	Detém 38,4% do mercado mundial
Café	Suco de Laranja

Vender 28,5% do café em grão consumido no planeta e 43,6% do café solúvel	Vender 81,9% do suco distribuído no planeta
Carne Bovina	**Carne de Frango**
Assumiu a liderança em 2003, com 19% de participação no mercado mundial	É o primeiro em vendas, com exportações de 1,9 bilhão de dólares
Tabaco	
Vender 23,1% do tabaco consumido no mundo	

Os produtos para exportação são cultivados em latifúndios, como, por exemplo, a cana-de-açúcar, a laranja, o cacau, o café, o algodão e a soja, produto que mais cresceu em produção e área cultiva nos últimos anos. Aqueles alimentos geralmente voltados para o mercado interno são produzidos em pequenas e médias propriedades.

21.4 Principais Rebanhos Brasileiros

O rebanho de bovinos brasileiro é o segundo do mundo, perdendo para a Índia, e o terceiro maior rebanho de suínos e aves, colocando-se apenas depois da China e EUA. A maior parte da produção destina-se ao mercado interno, mas a exportação de carne tem crescido nos últimos anos, especialmente a de suínos.

Questões

01. Estudos mostram que um hectare irrigado gera de 0,8 a 1,2 emprego direto e 1,0 a 1,2 indireto, de forma consistente e estável, contra 0,22 emprego direto na agricultura não irrigada, permitindo uma elevação dos níveis de renda e a conquista de melhorias para a população rural, sendo fator importante para manutenção do homem no campo, a diminuição do êxodo rural e dos problemas sociais que causariam nos grandes centros urbanos. A expansão da agricultura irrigada (no Brasil, a partir de 2002) é o resultado da conscientização por parte dos agricultores dos benefícios econômicos que ela traz. (Desenvolvendo com a agricultura irrigada. Paulo Eduardo Gargantini, Fernando Braz Tangerino Hernandez. Considerando as informações do texto e os seus conhecimentos, os dados apresentados refletem, principalmente:

Disponível em: http://www.agr.feis.unesp.br)

a) A necessidade de se investir em empregos nas grandes cidades.
b) A agricultura irrigada não interfere na manutenção da rede hidrográfica.
c) A expansão do agronegócio com a intensificação da produção agrária.
d) A extensificação do processo agrário, aumentando as áreas cultivadas.
e) A necessidade de uma reforma agrária para o sucesso do agronegócio.

02. Considere as assertivas sobre a agricultura brasileira:

I. A modernização do campo brasileiro possibilitou o crescimento da agricultura familiar comercial, ampliando a produção e a produtividade.

II. Nestas últimas décadas, a agricultura camponesa tornou-se antieconômica, porque não conseguiu incorporar mudanças estruturais e, praticamente, desapareceu do campo brasileiro.

III. Nas últimas décadas, a industrialização da agricultura contou com o apoio do Estado que, oferecendo financiamentos e infraestrutura, priorizou os produtos destinados à exportação.

Está correto somente o que se afirma em:

a) I.
b) II.
c) I e II.
d) I e III.
e) II e III.

03. Na segunda metade do século XX, teve início, no Brasil, o processo de expansão do capitalismo no campo, que promoveu inúmeras transformações na agropecuária brasileira. Marque C para certo e E para errado:

( ) A correção da estrutura fundiária que foi marcada até o início do século XX pela forte concentração de terras.
( ) O aumento da produtividade da mão de obra empregada no setor, ampliando a disponibilidade de produtos vegetais e animais.
( ) O crescente consumo de máquinas, tratores e insumos agrícolas que expressam uma forte articulação entre cidade e campo.
( ) A redução da influência dos fatores naturais, tais como acidez do solo, declividade do terreno ou fraco índice de pluviosidade.
( ) A expansão das lavouras destinadas ao consumo interno da população, fortemente incentivadas pelo Governo e pelos altos preços de mercado.

Qual alternativa está correta?

a) E, E, E, E, E
b) C, C, C, C, E
c) E, C, E, C, E
d) C, E, C, E, C

04. A partir da década de 70 do século XX, a agricultura brasileira conhece um intenso e dinâmico processo de desenvolvimento de caráter empresarial ou capitalista, identificado com a industrialização no campo. Com relação a esse processo, assinale C para o que for certo e E para o que for errado.

a) Verificou-se um aumento do trabalho assalariado, mesmo que temporário – como no caso dos boias-frias –, em detrimento do trabalho familiar, da parceria e do colonato.
b) Ocorreu uma significativa expansão das fronteiras agrícolas, envolvendo, sobretudo, as regiões Norte e Centro-Oeste do Brasil.
c) Verificou-se com a intensificação da agroindustrialização, uma maior integração agricultura-indústria, com a subordinação da primeira à segunda.
d) Concorreu para intensificar a urbanização da população brasileira.
e) Aumentou, acentuadamente, a presença da carne bovina brasileira nos mercados norte-americano e europeu.

Qual alternativa está correta?

a) C,C,C,C,E
b) E,E,C,C,E
c) E,C,E,C,E
d) E,C,E,E,E

05. O termo *plantation* é utilizado para definir um certo tipo de agricultura introduzido pelos europeus em suas colônias, a partir do século XVI. Suas características gerais são:

a) Grandes propriedades com produção destinada ao mercado interno.

b) Grandes latifúndios monocultores agroindustriais, voltados ao mercado externo.

c) Pequenas propriedades monocultoras de subsistência ao redor das grandes cidades.

d) Propriedades onde predomina a agricultura caracterizada como jardinagem.

e) Grandes propriedades com rotação de culturas e uso intensivo do solo.

06. (FAFIPA) Acerca das TERRAS DEVOLUTAS, assinale a alternativa CORRETA:

a) São terras públicas sem destinação pelo Poder Público e que, em nenhum momento, integraram o patrimônio de um particular, ainda que estejam irregularmente sob sua posse.

b) São terras férteis ocupadas apenas pela pecuária.

c) São terras indígenas ocupadas ilegalmente.

d) São terras particulares improdutivas, destinadas à agricultura, que se encontram em estado de abandono.

07. (UFPR) Desenvolver a temática do rural e do urbano, sem considerar sua interdependência em todos os momentos da prática pedagógica, pode ser tomado como um equívoco de caráter metodológico com repercussões na construção da visão de mundo do educando.

A respeito do assunto, identifique as afirmativas a seguir como verdadeiras (V) ou falsas (F):

( ) O campo brasileiro, atualmente, não pode mais ser pensado como há 60 anos, quando o Brasil era agrário (economia agroexportadora) e rural (população vivendo predominantemente no campo).

( ) Mudanças sociais e econômicas ocorridas nas últimas décadas apontam que a ocupação e o uso do solo e dos recursos do espaço rural sejam regulados, isto é, que haja um verdadeiro planejamento do território rural.

( ) A expansão de atividades não agrícolas no campo, a exemplo daquelas desenvolvidas pelos hotéis-fazenda, pesque-pague e mesmo condomínios residenciais fora do perímetro urbano, revelam que esse espaço também se urbanizou.

( ) O avanço tecnológico na área rural, decorrente da necessidade de produção intensiva e maciça de matérias-primas industriais, demonstra que o campo brasileiro não pode mais ser reduzido tão somente a um espaço no qual são praticadas atividades diretamente ligadas à terra.

Assinale a alternativa que apresenta a sequência correta, de cima para baixo.

a) F - V - F - V.

b) F - F - V - F.

c) V - V - V - V.

d) V - V - F - V.

e) V - V - V - F.

08. (UFPR) Considere a figura a seguir:

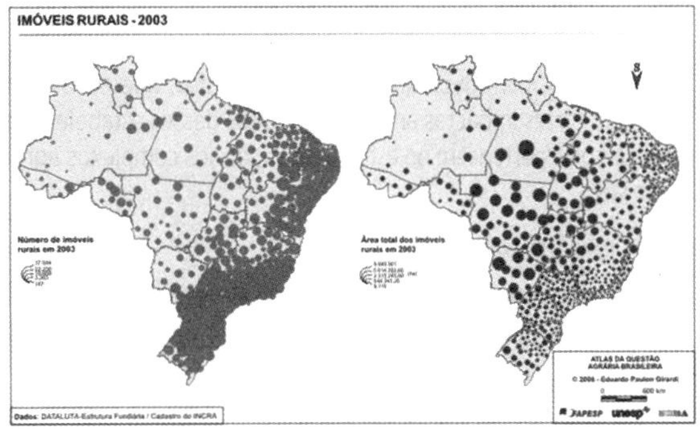

Fonte: Girardi (2008) http://www2.fct.unesp.br/nera/atlas/estrutura_fundiaria.htm#estrutura_fundiaria

09. Com base na figura e nos conhecimentos sobre as atividades agropecuárias e a estrutura fundiária brasileira, assinale a alternativa **INCORRETA**:

a) Os aspectos históricos de ocupação do território explicam a atual estrutura fundiária. Nesse sentido, por exemplo, o modo como foi realizada a colonização no Sul do Brasil explica a grande quantidade de pequenos estabelecimentos rurais existentes nessa região.

b) A expansão da fronteira agrícola no Centro-Oeste organizou-se, principalmente, em torno da produção para exportação. Tal situação evidencia a atual estrutura fundiária dessa região, caracterizada por grandes propriedades rurais e mão de obra assalariada.

c) A expansão da pecuária para a região amazônica teve como resultados a implantação de grandes estabelecimentos voltados à produção de gado na região Norte. Atualmente, essa região configura-se como a que detém a maior área destinada à produção pecuária.

d) A estrutura fundiária existente no Nordeste resulta tanto das heranças provenientes do período colonial, pequenas propriedades, quanto da expansão da agricultura comercial, pautada em grandes imóveis rurais.

e) Nordeste, Sudeste e Sul são as regiões em que há maior quantidade de pessoas ocupadas em estabelecimentos agropecuários, pois é nessas áreas do País que predominam os pequenos imóveis rurais.

10. (ISAE/) "Na segunda metade do século XX, a agricultura brasileira, especialmente no Centro-Sul do País, passou por um acelerado processo de modernização. Houve investimentos em equipamentos modernos e introdução de novas técnicas."

Assinale a afirmativa que estabelece uma relação correta com o texto anterior.

a) A economia agrícola comportou-se como fonte de força de trabalho para a economia urbana.

b) A economia rural incorporou maior contingente de trabalhadores, alargando o mercado de consumo de

c) Bens industriais.

d) A economia agrícola passou a produzir os serviços que modernizaram o setor urbano-industrial.

e) A economia agropecuária tornou-se produtora de bens primários, em lugar do setor industrial.

11. (VUNESP) Nesta região brasileira ocorre, atualmente, a maior expansão agrícola do País, com o predomínio das grandes propriedades que desenvolvem extensas monoculturas e o uso intensivo de máquinas, corretivos químicos e fertilizantes, que acabam por provocar fortes impactos ambientais. Muitos desses estabelecimentos agrícolas pertencem ou estão associados aos complexos agroindustriais.

O texto faz referência à região:

a) Sul, que desenvolve grandes cultivos de milho e de trigo.
b) Nordeste, que tem ampliado o cultivo de frutas.
c) Norte, que tem aumentado as áreas canavieiras.
d) Sudeste, que introduziu, recentemente, o cultivo de laranja.
e) Centro-Oeste, que abriga grandes plantações de soja.

Gabaritos

01	C	06	A
02	D	07	C
03	C	08	C
04	A	09	A
05	B	10	E

22. RECURSOS MINERAIS NO BRASIL

O extrativismo mineral consiste na exploração de minerais. Todo e qualquer mineral explorado é um recurso natural não renovável. Desse modo o extrativismo mineral é a atividade econômica mais predatória que existe.

No Brasil, 36% da nossa estrutura geológica são escudos cristalinos, sendo que em 4% dessas áreas encontramos os minerais metálicos como ferro, manganês, bauxita, cassiterita, ouro, nióbio, cobre etc. As bacias sedimentares são responsáveis por 64% da cobertura geológica do Brasil, onde aparecem as jazidas de minerais não metálicos como o sal-marinho, calcário, fosfato, entre outros.

→ **Serra dos Carajás no Pará**

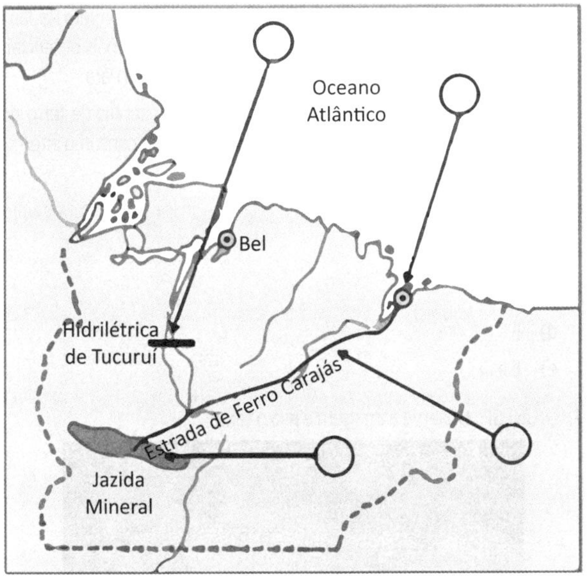

Ferro: É o nome genérico de rochas como a hematita, limonita e magnetita. É um recurso fundamental para a elaboração de ferro fundido e para o aço.

Minas Gerais é o maior extrator de minério de ferro do País.

O Brasil apresenta varias jazidas de minério de ferro no Estado do Pará (Serra dos Carajás), Estado de Minas Gerais (Serra do Espinhaço) e Estado de Mato Grosso do Sul (Maciço de Urucum).

Manganês: é o nome genérico de uma rocha denominada de pirolusita. É o minério fundamental para a fabricação de aço, pois é o manganês que dá a maleabilidade e impede a oxidação.

O Brasil apresenta várias jazidas de minério de manganês; Estado do Pará (Serra dos Carajás), Estado de Minas Gerais (Serra do Espinhaço) e Estado de Mato Grosso do Sul (Maciço de Urucum).

A Serra do Navio no Estado do Amapá já foi uma das maiores áreas de exploração do Brasil, mas, nos dias atuais, está em esgotamento.

→ **Bauxita: da bauxita é extraído o alumínio, metal muito importante por ser utilizado na fabricação de carros, aviões, portas, janelas, panelas etc. É um grande condutor de eletricidade e anticorrosivo.**

No Brasil, as maiores reservas de bauxita se localizam no Vale do Rio Trombetas (Oriximiná), no Estado do Pará e em Poços de Caldas, em Minas Gerais.

Cassiteria: do minério da cassiterita é extraído o estanho que é muito utilizado, na liga com chumbo, como solda nas áreas de eletrônica e de decoração, por ser resistente à oxidação.

As maiores extrações são realizadas na Serra dos Carajás.

As maiores jazidas se encontram na região Norte, destacando os Estados do Amazonas, Rondônia e Pará.

Ouro: o Brasil não está entre os maiores produtores mundiais, mas está entre os países que possuem as maiores reservas. O ouro é utilizado em joias, em tratamentos dentários e em muitos setores industriais.

As reservas brasileiras se localizam em vários Estados como em Roraima (Reserva dos Yanomamis), Pará (Serra Pelada e Serra do Leste), Mato Grosso, Rondônia e Minas Gerais.

Nióbio: é um mineral utilizado na composição de ligas metálicas empregadas na fabricação de fios supercondutores, turbinas de aviões, entre outros usos (tubulações de água e petróleo).

O Brasil possui as maiores reservas de nióbio do mundo, O nosso país é responsável por quase 90% da produção mundial. As maiores reservas estão em Minas Gerais , próximo à cidade de Araxá.

22.1 Outros Minerais

O Brasil ainda produz chumbo (Minas Gerais e Tocantins), cobre (Bahia e Rio Grande do Sul) e Tungstênio (Rio Grande do Norte).

Minerais Não Metálicos

→ **Sal: os Estados do Rio Grande Norte, Ceará, Piauí e Rio de Janeiro são, respectivamente, os maiores produtores nacionais de sal. O sal é utilizado na indústria do vidro, na pecuária e na alimentação, como sal de cozinha.**

→ **Calcário: é uma rocha sedimentar constituída, principalmente, de carbonato de cálcio. É usado na fabricação de cimento, cal, vidro e também como mármore (processo de matamorfismo). O Brasil possui calcário em abundância. Mato Grosso do Sul, Minas Gerais e Bahia são seus maiores produtores.**

→ **Fosfato: é um minério utilizado na fabricação de fertilizantes e sua principais jazidas no Brasil encontram-se em Araxá (MG), Jacupiranga (SP), Olinda (PE) e Monteiro (PB).**

Questões

01. Verifica-se a presença de riquíssimas jazidas mineralógicas metálicas nos escudos cristalinos de formação arqueoproterozoica (Arqueozoico – Proterozoico), no Brasil, que datam de cerca de 3,5 a 3,9 bilhões de anos. A única alternativa correta que indica os minerais metálicos mais abundantes no Brasil é:

a) Ferro, platina e manganês.

b) Ferro, ouro e prata.

c) Chumbo, ferro e ouro.

d) Ferro, manganês e bauxita.

e) Manganês, ouro e prata.

02. No conjunto da economia, as indústrias mineradoras extrativas e de transformação ocupam lugar de destaque na economia do Brasil. Das alternativas a seguir, identifique a que está correta em relação à exploração mineral no País.

a) O projeto Trombetas ou Oriximiná, no vale do rio Trombetas, no Pará, tem como objetivo principal a exploração do minério de bauxita, do qual é extraído o alumínio.

b) A exploração mineral da Serra do Navio no Acre, pelas empresas Icomi e a multinacional estadunidense Bethlehem Steel Corp, realizada no período de 1957 a 2003, é um exemplo de projeto bem sucedido de exploração mineral com multinacional, pois trouxe grandes benefícios sociais e econômicos para o País e para a população local.

c) A Serra de Carajás, situada na porção sudeste do Pará, é a principal área extrativa de minério de ferro no Brasil. Dela se extraem também manganês, bauxita e ouro.

d) O Maciço de Urucum localiza-se no Mato Grosso e produz minérios de ferro e manganês que abastecem, principalmente, o Paraguai, a Argentina e a Bolívia, sendo escoados especialmente pelo rio Paraguai.

e) A exploração de minerais a céu aberto, embora necessite decapear a jazida e gere dejetos na exploração, não provoca problemas ambientais, pois são atividades pontuais e, no Brasil, esses processos são efetuados de forma que não agridem o meio ambiente.

03. No Vale do Rio Trombetas , no município de Oriximiná (PA), situam-se grandes jazidas de :

a) Manganês.

b) Ferro.

c) Bauxitta.

d) Cassiterita.

e) Estanho.

04. Entre as alternativas a seguir, assinale aquela que apresenta uma associação correta:

a) Serra do Espinhaço (MG) – Petróleo.

b) Maciço de Urucum (MS) – Carvão.

c) Serra dos Carajás (PA) – Gás natural.

d) Itaiacoca (PR) – Talco.

e) Serra Pelada (PA) – Estanho.

05. (UEMS) O Brasil apresenta 64% do seu território formado por bacias sedimentares e 36%, por escudos cristalinos. Dos escudos , 32% pertencem ao período Arqueozoico e 4%, ao período Proterozoico . Apesar de reduzidos em área , os escudos cristalinos são importantíssimos porque possuem :

a) Minérios , como ferro e manganês.

b) Minérios usados na fabricação de cimento.

c) Calcário usado na fabricação do cobre.

d) Petróleo e carvão.

e) Minérios apenas nas áreas de formações cenozoicas.

06. (VUNESP) Considere as afirmações sobre as reservas de minérios no Brasil.

I. As principais concentrações minerais estão associadas aos terrenos arqueozoicos e proterozoicos do escudo brasileiro ou do escudo das Guianas.

II. Desde os levantamentos realizados por radar pelo projeto Radam, nas décadas de 1970 e 1980, sabe-se que os principais potenciais de minérios estão na Amazônia, especialmente no Pará.

III. A província de Carajás detém as principais reservas de ferro do Brasil e destina a maior parte da produção para o consumo interno.

Está correto apenas o que se afirma em:

a) I.

b) I e II.

c) I e III.

d) II.

e) II e III.

07. (VUNESP) Observe a imagem e leia o texto:

A Calcário Cuiabá fornece Calcário Dolomítico de alta qualidade, atendendo as mais altas exigências e necessidades do setor agrícola e, assim, destacando-se no mercado.

Calcário é a denominação dada ao carbonato de cálcio e/ou magnésio, extraído de jazidas e largamente utilizado na agricultura para neutralizar a acidez do solo.

(http://calcariocuiaba.com.br/produtos/calcariodolomitico)

O professor de Geografia utilizou a imagem e o texto como ponto de partida para iniciar a discussão, com seus alunos, sobre a importância do estudo dos diferentes tipos de rochas, afinal, elas estão presentes em vários momentos de nosso cotidiano. No exemplo escolhido, destaca-se um produto originado da exploração de rochas:

a) Vulcânicas.

b) Intrusivas.

c) Sedimentares.

d) Extrusivas.

e) Magmáticas.

08. (UFRJ) O crescente processo de industrialização, de urbanização, a modernização da agricultura, a expansão do comércio e dos serviços e o próprio crescimento da população, vêm provocando alterações no perfil da produção e do consumo de energia no Brasil.

Com relação à produção e ao consumo de energia, no Brasil, podemos afirmar que:

a) O aumento da exploração de petróleo em águas profundas refletiu-se no abandono do álcool como combustível de uso alternativo.

b) A expansão cada vez maior do uso da energia hidrelétrica provém da garantia da preservação do meio ambiente nas áreas em que são construídas as usinas.

c) A hidroeletricidade e os combustíveis fósseis continuam sendo a base da matriz energética.

d) A destruição da Mata Atlântica impossibilita o uso da lenha como fonte de energia nas áreas onde essa formação vegetal está presente.

e) A ausência de tecnologias de enriquecimento de urânio impossibilitam a expansão do uso de energia nuclear.

09. (CETRO) A distribuição dos *royalties* do petróleo entre União, Estados e Municípios brasileiros voltou a ser amplamente debatida pela sociedade, sobretudo, após a descoberta de imensas jazidas do produto na camada pré-sal, localizadas no litoral do País. O assunto é importante, pois os recursos financeiros que virão com as explorações podem ou não significar o avanço econômico e social de nossa população. Sobre este assunto, analise as assertivas:

I. *Royalty* é uma palavra de origem inglesa que se refere a uma importância cobrada pelo proprietário de uma patente de produto, processo de produção, marca, entre outros. No caso do petróleo, os *royalties* são cobrados da Petrobras, que explora a matéria-prima de acordo com sua quantidade.

II. Estados como Rio de Janeiro, Espírito Santo e São Paulo são contrários à distribuição igual dos *royalties* entre todos os Estados do País, pois alegam que perderão muita receita.

III. Governadores de Estados não produtores afirmam que as riquezas petrolíferas do País devem beneficiar toda a nação, e não apenas as Unidades Federativas que exploram o produto, já que os campos do pré-sal encontram-se à grande distância da costa.

É correto o que se afirma em:

a) I e II, apenas.

b) I e III, apenas.

c) II e III, apenas.

d) III, apenas.

e) I, II e III.

10. (AJURI) Com relação à energia nuclear e ao lixo atômico, analise as proposições, a seguir, classificando-as com (V) quando verdadeiras e com (F) quando falsas:

( ) A queima do urânio nos reatores nucleares dá origem ao plutônio, material, extremamente, tóxico e perigoso.

( ) O lixo atômico é colocado em caixas de concreto fechadas, que são enterradas ou jogadas no mar.

( ) Nos mares, existe o problema da corrosão das caixas que, com o tempo, poderão abrir, provocando grande contaminação das águas.

( ) O uso da energia nuclear para o Brasil é de extrema importância, graças ao sucesso e pleno funcionamento das Usinas Angra I e Angra II, com moderna tecnologia para evitar qualquer tipo de acidente.

A sequência correta, de cima para baixo, é:

a) F - V - V.

b) V - V - F.

c) V - F - F.

d) F - F - V.

e) V - V - V.

Gabaritos

01	D	06	B
02	A	07	C
03	C	08	C
04	D	09	C
05	A	10	B

23. ENERGIA NO BRASIL

23.1 As Fontes de Energia no Brasil

As fontes de energia, assim como todos os recursos naturais que o homem utiliza, podem ser de dois tipos: as renováveis, isto é, que podem ser aproveitadas indefinidamente, tais como a biomassa, a energia hidráulica, a solar, os ventos etc; e as não renováveis, constituídas pelos recursos que existem em quantidade limitada no planeta e tendem a esgotar-se, como é o caso do petróleo, do carvão mineral, do urânio e do xisto betuminoso.

As fontes de energia não renováveis, portanto, apresentam o problema de se esgotarem completamente, daqui a algumas décadas ou séculos. Além disso, normalmente, elas provocam maior poluição que as fontes renováveis. Os combustíveis fósseis, tais como o petróleo e o carvão, são os mais poluentes de todos, tendo uma grande parte de responsabilidade pela poluição atual dos oceanos, da atmosfera, dos solos e dos rios.

23.2 Energia e Indústria

A industrialização de uma sociedade sempre provoca um notável aumento do consumo energético. As fontes de energia constituem um dos pré-requisitos básicos para o desenvolvimento da atividade industrial, pois, para haver fábricas, é necessário que existam petróleo, carvão, além de matérias-primas – minérios, madeiras etc.

No Brasil, notamos que o setor que mais gasta energia é o industrial, com mais de 40% do total. Em segundo lugar, vêm os transportes, com mais de 20%. Depois, aparecem, como maiores consumidores de energia, o setor residencial, o comércio e o setor público.

23.3 Energia Hidroelétrica

Ela apresenta uma série de vantagens em relação à energia produzida em usinas termelétricas e atômicas. Uma delas é que a água não se esgota; outra, que seu custo operacional é menor que o das usinas nucleares e termelétricas. Mais uma vantagem é o fato de ser menos poluente que essas outras formas de obtenção de eletricidade. A grande desvantagem das usinas hidrelétricas é o espaço que ocupa com o lago artificial imposto pela construção da usina: com o represamento do rio e a formação do lago, sempre há perda de bons solos agricultáveis e a necessidade de remoção de populações.

As hidrelétricas são responsáveis por cerca de 14,7% da energia no Brasil, em 2007.

Hidrelétrica de Itaipu

Itaipu, construída no Rio Paraná, gera 25% da energia consumida no País. É uma das maiores do mundo.

As usinas do Rio São Francisco integraram o plano de desenvolvimento regional do Governo Federal da década de 60.

Bacias do Amazonas e Tocantins abrigam um potencial estimado de mais do que o dobro de toda a capacidade do País.

Tucuruí é a segunda maior geradora de energia do País. Começou a funcionar em 1984 para dar vida à produção de minério de ferro em Carajás, além do alumínio do sistema Albrás – Alunorte.

Balbina foi projetada para suprir a cidade de Manaus. Porém, sua capacidade geradora já foi superada.

Balbina e Tucuruí causaram a inundação de enormes áreas de florestas. Uma grande quantidade de madeiras nobres e de matéria-prima farmacêutica foi destruída ou inutilizada. A decomposição da biomassa chega a comprometer a própria geração de energia, além dos custos adicionais com manutenção.

> Bacia do Espírito Santo.
> Áreas da Plataforma Continental. Essas áreas vão da Bahia até o Rio de Janeiro, onde se destaca a Bacia de Campos.

No segundo semestre de 2007, o Brasil anunciou a descoberta do megacampo de petróleo de Tupi, na Bacia de Santos. O petróleo, cuja quantidade ainda está em avaliação, está localizada na camada do pré-sal, a cerca de 5 km abaixo do solo do oceano, na plataforma continental brasileira.

23.5 O Carvão Mineral

As maiores reservas nacionais de carvão mineral encontram-se no Sul do País, em formações sedimentares do Paleozoico, e vão do Rio Grande do Sul ao Paraná. As jazidas de melhor qualidade encontram-se em Santa Catarina, de onde se extrai a maior parte de carvão utilizado no País.

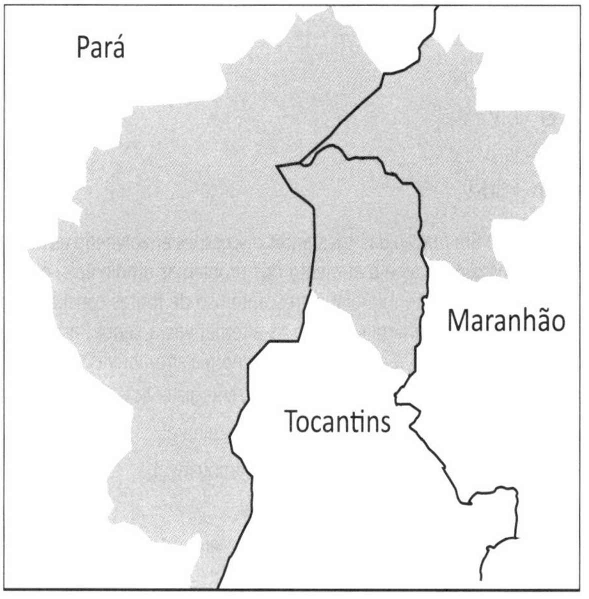

O Brasil é um país importador de carvão mineral, não tanto devido à carência desse produto e, sim, pelo fato de os alto-fornos das siderúrgicas necessitarem de carvão de boa qualidade, que não deixa resíduo.

23.6 Gás natural

O gás natural é responsável por 9,3 % da energia brasileira. Mais barato do que o petróleo e bem menos poluente, o gás natural é uma das nossas principais fontes de energia. É utilizado em fogões industriais e residenciais, altos-fornos, motores à explosão, entre outros. O mercado do gás natural tem crescido ultimamente. A maior parte das reservas encontram-se nos estados do Rio de Janeiro , do Amazonas e da Bahia. Entre as reservas descobertas recentemente, podemos citar a de Urucum, na Amazônia e a Bacia de Santos, em São Paulo.

O gasoduto Brasil – Bolívia possui 3150 km de extensão. O projeto Gásbol alavancou a demanda de gás natural do país, abrindo as perspectiva de novos projetos que possibilitam a integração energética e o desenvolvimento do Mercosul.

23.7 O Álcool

O Programa Nacional do Álcool (Proálcool) foi criado em 1975 como uma tentativa brasileira de desenvolver fontes alternativas de energia que substituíssem, pelo menos parcialmente, o petróleo.

Apesar de o Proálcool ter sido um dos elementos (juntamente com os grandes aumentos do preço do petróleo) que contribuíram para a desaceleração das importações de petróleo, ele apresenta uma série de aspectos negativos, que são:

→ **O cultivo da cana-de-açúcar expandiu-se muito nos últimos anos, ocupando terras que produziam gêneros alimentícios. Isso trouxe consequências para a alimentação do povo e contribuiu para a elevação de preços dos gêneros agrícolas básicos.**

→ **O uso do álcool como combustível em substituição à gasolina não alterou o modelo de desenvolvimento e de transportes do Brasil, onde os beneficiários são sempre uma minoria da população.**

Assim, continua-se a dar prioridade ao automóvel particular, em detrimento dos transportes coletivos.

Hoje, o álcool vem se tornando como a "menina dos olhos" dos governos internacionais. Não só pelos motivos políticos, mas também pelo fator ambiental. Especialistas creem que o Brasil tornar-se-á a nova "Árabia" devido ao seu avanço em pesquisas sobre o etanol e também devido as suas condições físicas e ambientais.

23.8 A Energia Nuclear

No final da década de 60, o Governo brasileiro começou a definir o Programa Nuclear Brasileiro, em especial o acordo nuclear com a Alemanha, que vem sendo objeto de inúmeras críticas, por vários motivos:

→ **Em primeiro lugar, foi uma decisão tomada de "cima para baixo", isto é, sem consulta à população e nem a associações científicas do País.**

→ **Em segundo lugar, porque se percebeu que o argumento usado para a assinatura do Acordo Nuclear era falso, pois o potencial hidráulico do País não estava se esgotando (como foi dito).**

Devemos lembrar, ainda, que os custos de construção e operação das usinas nucleares são bastante altos, cerca de 3 vezes mais que os de uma usina hidrelétrica equivalente. Além disso, os riscos que a energia nuclear envolve são enormes.

O programa brasileiro de geração de energia de eletricidade por meio da energia nuclear, administrado pela Eletronuclear, atualmente, está restrito a Angra I, a Angra II, a qual entrou em operação em 2000, e a Angra III, que poderá entrar em funcionamento. Essas três usinas formam a Central Nuclear Almirante Álvaro Alberto (CNAA).

23.9 Outras Fontes

Além das fontes de energia anteriores, oferecem alguma importância, para o Brasil, outras fontes que são:

→ **Xisto betuminoso: o Brasil é um dos países que possuem grandes reservas de xisto, localizadas principalmente na área da formação Irati, que vai de São Paulo até o Rio Grande do Sul.**

O aproveitamento desse minério ainda é muito pequeno devido a inúmeras dificuldades técnicas e ocorrências de poluição a serem superadas.

A única usina de processamento desses minerais no país é mantida pela Petrobras (petrosix) em São Mateus do Sul , no Paraná, cuja a produção é insignificante, quando comparada à produção e consumo diário de petróleo pelo Brasil.

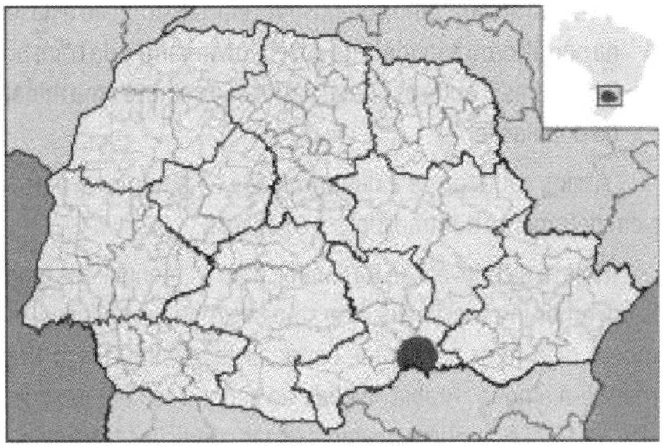

Lenha e Carvão Vegetal

A lenha e o carvão vegetal sempre desempenharam um papel importante para a industrialização brasileira, tendo sido fonte básica para um grande número de indústrias. Mas sua importância foi decaindo com o tempo.

Seu uso implica um desmatamento muito grande, e o reflorestamento da área desmatada torna a exploração dessa fonte inviável economicamente.

Energia Solar

Essa fonte de energia mostra um futuro promissor no País, porém, a tecnologia para uso dessa fonte encontra-se ainda em estágio incipiente. Seu uso mais comum, no Brasil, é para aquecimento de água em residências e hotéis.

Entretanto, a tecnologia existente, ainda rudimentar, aproveita muito pouco da enorme quantidade de energia proveniente dos raios solares, além de ainda não dominar perfeitamente a técnica de armazenamento.

Questões

01. Considerada uma das 15 maiores empresas de petróleo do mundo, a Petrobras é líder mundial de exploração em águas profundas (plataforma continental) e atua, hoje, em mais de 30 países. Sobre a realidade da produção de gás natural e petróleo no Brasil, são feitas as seguintes afirmações:

I. Hoje, o Estado do Rio de Janeiro e o Estado do Amazonas lideram a produção de gás natural do País.

II. A Petrobras processa 78% de petróleo bruto importado, e 25% do petróleo processado é nacional.

III. 85% do petróleo bruto extraído pela Petrobras, no Brasil, procede da plataforma continental sob as águas do Oceano Atlântico.

IV. A maioria das plataformas de petróleo, instaladas no Brasil para extração de petróleo bruto, estão instaladas em terra.

V. A maior parte da produção de petróleo bruto, no Brasil, procede da plataforma continental, da Bacia de Campos – RJ.

Estão corretas apenas as afirmações:

a) I, II e V.
b) II, III e IV.
c) I, IV e V.
d) III, IV e V.
e) I, III e V.

02. (UTFPR) Em função das constantes discussões envolvendo as modificações climáticas e o aumento dos problemas ambientais, observa-se no contexto mundial o crescente uso de fontes consideradas alternativas de energia. Dentre as alternativas a seguir, assinale a única que contém somente fontes de energia alternativas.

a) Energia geotérmica, energia solar, energia eólica.
b) Energia solar, energia eólica, carvão mineral.
c) Energia nuclear, petróleo, álcool combustível.
d) Bagaço de cana, lenha, gás natural.
e) Carvão mineral, energia hidráulica e lenha.

03. (UFRS) Assinale a alternativa correta com relação aos recursos energéticos:

a) Os combustíveis fósseis, recursos finitos e não renováveis, têm os custos econômicos de sua exploração encarecidos, quando a sua localização ocorre em consideráveis profundidades.

b) São chamadas de combustíveis fósseis as fontes energéticas geradas pela fossilização de material orgânico. Os mais importantes combustíveis fósseis são o carvão, o petróleo e os derivados do álcool.

c) A queima de combustíveis fósseis provoca a liberação de gás carbônico na atmosfera, o que ocasiona o resfriamento das temperaturas globais.

d) Os maiores responsáveis pela poluição atmosférica, causada pelo queima dos combustíveis fósseis, são os países periféricos, uma vez que as indústrias dos países tecnologicamente mais avançados já operam, em sua maioria, com a chamada "tecnologia limpa".

e) A Organização dos Países Exportadores de Petróleo (OPEP) congrega, exclusivamente, países árabes, constituindo-se numa organização essencialmente política, baseada no poder econômico possibilitado pelo domínio da exploração do mais importante dos combustíveis fósseis.

04. Assinale C para as alternativas certas e E para as erradas:

( ) A maior parte da matriz elétrica do Brasil vem das hidrelétricas, enquanto a principal fonte de energia elétrica mundial vem das termelétricas.

( ) Quanto à capacidade de geração de energia elétrica, a Bacia Amazônica é a de maior potencial instalado, principalmente utilizando seus afluentes do Planalto das Guianas e do Planalto Central .

( ) Balbina é uma das importantes usinas hidrelétricas da bacia Amazônica, importante para o abastecimento elétrico do parque industrial da Zona Franca de Manaus.

( ) A produção hidrelétrica no Rio São Francisco tem seu aproveitamento considerado no limite. Destacamos a Usina de Xingó, que está entre as 10 maiores do Brasil.

( ) A Usina de Tucuruí é a 2º maior do Brasil, localiza-se na Bacia do Rio Paraná . Esta usina tornou-se importante para a construção de eclusas que possibilitam a navegação em rios de planalto.

( ) A Bacia do Paraná possui o maior potencial hidrelétrico instalado, destacamos a Usina de Itaipu, no Rio Paraná, e a Usina de Foz do Areia, no Rio Iguaçú.

Qual alternativa está correta?

a) E,E,C,C,E,C
b) C,C,C,E,C,E
c) C,E,C,E,C,E
d) C,E,C,C,E,C

05. Termelétricas são usinas que geram energia através:

a) da queima do carvão mineral , do petróleo e do gás natural;
b) da reação química do átomo;
c) da força da água;
d) da queima de materiais orgânicos;
e) da queima somente do petróleo.

06. (UFPR) Sobre a energia hidrelétrica, no Brasil, é correto afirmar:

a) A matriz energética brasileira tem como base a energia hidráulica, alcançando valores acima de 95%, seguida de outras fontes, como o petróleo.
b) O maior potencial hidrelétrico do País está localizado na Bacia do Paraná.
c) A energia de fonte hidráulica da Bacia do Rio São Francisco atende a todas as regiões do País, porque as usinas estão situadas em uma área estratégica, do ponto de vista de distribuição.
d) A eletricidade consumida no País pelas indústrias e por outras atividades produtivas utiliza a energia gerada pelas hidrelétricas, o gás natural e a energia termelétrica.
e) As hidrelétricas brasileiras, por uma questão estratégica, estão localizadas nas proximidades das áreas de consumo, incluindo grandes metrópoles e áreas industriais.

07. (FGV) *O Brasil figura entre os países mais bem dotados do ponto de vista dos recursos hídricos (...). Dispões de densa rede hidrográfica, formada por grandes bacias que cobrem o essencial do território, e de pequenas bacias costeiras.*

(THÉRY, Hervée MELO, Neli Aparecida. Atlas do Brasil: disparidades e dinâmicas do território. São Paulo: Edusp, 2005: 76-7)

Com relação ao potencial e à utilização das bacias hidrográficas brasileiras, analise as afirmativas a seguir:

I. Uma alta proporção do potencial hidráulico da Bacia do Paraná já está aproveitada.
II. A construção de hidrelétricas na Bacia do Araguaia-Tocantins é facilitada pela topografia acidentada da região.
III. Nas décadas de 1970 e 1980, o aproveitamento hidrelétrico da Bacia Amazônica causou inundação de grandes áreas florestais.

Assinale:

a) Se somente a afirmativa I estiver correta.
b) Se somente as afirmativas I e II estiverem corretas.
c) Se somente as afirmativas I e III estiverem corretas.
d) Se somente as afirmativas II e III estiverem corretas.
e) Se todas as afirmativas estiverem corretas.

08. (IESES) A Hidrelétrica de Itaipu, maior hidrelétrica do mundo, foi construída na fronteira entre:

a) Brasil e Uruguai.
b) Brasil e Bolívia.
c) Brasil e Argentina.
d) Brasil e Paraguai.

09. (CESGRANRIO)

ESTÃO SUJANDO NOSSA

MATRIZ ENERGÉTICA

O Brasil, sem lugar a dúvida, é o país que oferece maiores opções para diversificar as suas fontes de geração, renováveis e limpas. No que se refere à energia eólica, existem empreendimentos que dão um total de 2.381 MW; para o setor da hidroeletricidade, o total é de 15.693 MW; e quanto às termelétricas, poluentes e caras, o total é 19.400 MW.

Assim, esperamos que as autoridades, em vez de sujarem a nossa matriz energética, incentivem cada vez mais, as fontes limpas e renováveis.

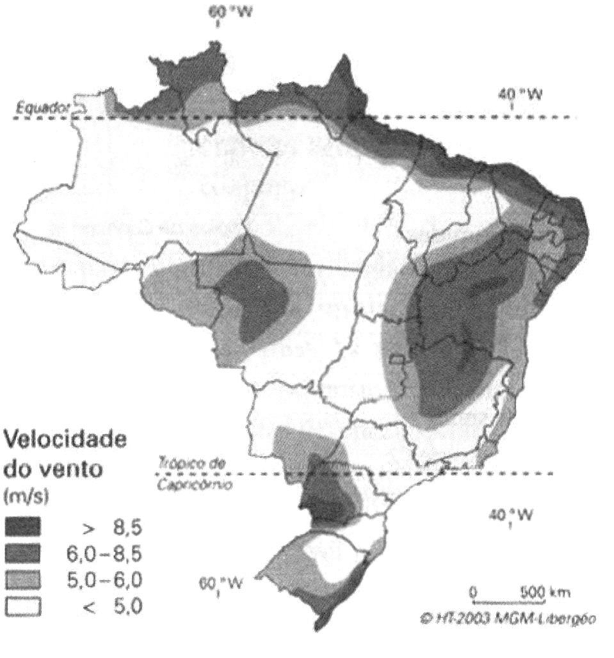

(Adaptado de GUIMARÃES, H. **Jornal do Brasil**, 08 jan. 2010.). Fonte: THÉRY, H. e MELLO, N. Atlas do Brasil. São Paulo: EDUSP, 2008, pg. 66.)

Considerando a perspectiva da matéria jornalística e as informações do mapa, o incentivo à produção de energia eólica deveria voltar-se, fundamentalmente, para os Estados da região:

a) Sul.
b) Norte.
c) Nordeste.
d) Sudeste.
e) Centro-Oeste.

10. (VUNESP) Analise as afirmações sobre a hidroeletricidade.

I. Os grandes lagos das usinas hidrelétricas, por questões de segurança, não podem ser utilizados para outras finalidades, como transporte, abastecimento ou lazer.

II. Quanto mais plano for o relevo, melhores as condições para a instalação de usinas hidrelétricas.

III. A energia gerada por usinas hidrelétricas é considerada renovável.

IV. Um dos principais impactos causados pela hidroeletricidade é a inundação de grandes áreas para a formação do lago da usina.

Está correto apenas o que se afirma em:

a) I e II.
b) I e III.
c) II e III.
d) II e IV.
e) III e IV.

Gabaritos

01	E	06	D
02	A	07	E
03	A	08	D
04	D	09	C
05	A	10	E

24. INDUSTRIALIZAÇÃO BRASILEIRA

A industrialização brasileira pode ser caracterizada como um processo:

> **Tardio ou retardatário**: porque ocorreu cerca de duzentos anos após a Revolução Industrial, iniciada na Inglaterra no final do século XVIII.

> **Substitutivo de importações**: porque os produtos importados pelo Brasil começaram a ser fabricados internamente e foram bem recebidos pelo mercado consumidor.

> **Dependente**: porque precisou importar, de países já industrializados e mais desenvolvidos economicamente, máquinas e equipamentos para indústrias nacionais.

A industrialização brasileira não era muito significativa até o século XIX. Foi somente no século XX, especialmente durante a década de 1930, que atividade industrial assumiu uma importância crescente na economia nacional. Antes de o Brasil passar pelo processo de industrialização, o principal produto da nossa economia era o café. A cafeicultura proporcionou condições favoráveis à industrialização, tais como:

> Acumulação monetária.

> Desenvolvimento de infraestrutura.

> Mão de obra do imigrante.

No período compreendido entre a Segunda Guerra Mundial e 1956, destacamos a Era Vargas, na qual houve forte participação do Estado na implantação de indústrias de base, criando a CSN, a Petrobras, a CVRD e a CBA, adquirindo, dessa forma, condições de exportar para os países aliados produtos da metalurgia, derivados da borracha e minerais.

Getúlio Vargas visita a FNM. Guedes Muniz, com a farda branca, dá explicações sobre o motor em construção:

Em 1956, o Governo de Juscelino Kubitschek, por meio do Plano de Metas, que objetivava um rápido crescimento econômico do País com bases industriais, fez grandes investimentos em infraestrutura nos setores de energia e de transportes. O Brasil passou a atrair expressivo número de empresas estrangeiras (transnacionais).

Em janeiro de 1961, no fim da era JK, a Exposição da Indústria Automobilística-veículos e auto peças, realizada no Museu de Arte Moderna (RJ), mostra que as metas de nacionalização estão praticamente atingidas.

O Golpe Militar em 1964 internacionalizou ainda mais a economia brasileira, apoiando, protegendo e importando capitais e tecnologias estrangeiras. O Estado passou a ocupar os setores básicos da economia (transporte, comunicação, energia, exploração mineral e outros). A produção industrial cresceu consolidada no que se chamou "tripé" da indústria brasileira.

A economia brasileira desenvolveu-se rapidamente entre 1967 e 1973, período que ficou conhecido como "milagre econômico". As crises petrolíferas da década de 70 fizeram com que a economia brasileira entrasse em recessão, perdurando por toda a década de 80 (chamada de década perdida) e início da década de 90 acompanhada de uma hiperinflação.

A partir de 1990, com a globalização e Fernando Collor de Melo na Presidência, iniciou-se a abertura da economia brasileira para a importação de industrializados e o fim das barreiras alfandegárias protecionistas. Esse processo continuou com o Governo de Fernando Henrique Cardoso, que adotou a política neoliberal, cuja essência se resume em "fim do intervencionismo estatal na economia". O Governo deixou a economia do País a cargo da iniciativa particular e, assim, iniciou-se o processo de privatizaçoes .

A indústria, nos últimos anos, vem crescendo de forma mais lenta e ocorrendo a descentralização industrial, ou seja, está ocorrendo uma fuga das empresas da região Sudeste para as outras regiões brasileiras.

A região metropolitana de São Paulo é a área mais industrializada do País, com imenso parque industrial, e se caracteriza por possuir o maior número de empresas, o maior valor de produção e o maior número de pessoas empregadas nessa atividade, abrangendo todos os ramos industriais.

Atualmente, os padrões mais caros nas principais vias industrializadas do País (Sudeste) e os incentivos fiscais praticados pelas outras regiões estão favorecendo o surgimento de novos polos industriais principalmente:

> Curitiba e Porto Alegre, no Sul do País.

> Salvador , Recife e Fortaleza, no Nordeste.

> Manaus e Belém, no Norte.

Questões

01. Sobre os tipos de indústrias, é incorreto afirmar que :

a) Considera-se como indústria de base é aquela que prepara a matéria-prima para ser utilizada por outras indústrias.

b) Define-se como indústria de bens duráveis aquela que produz bens que não se esgotam imediatamente, como as dos eletrônicos e de máquinas agrícolas.

c) Entende-se como indústria de alta tecnologia aquela que produz bens com altos investimentos em pesquisas científicas, a exemplo da robótica e da microeletrônica.

d) Compreende-se como indústria de bens intermediários aquela que produz equipamentos, peças para outras indústrias, como os setores de tornos mecânicos.

e) As indústrias alimentícias são consideradas de bens de consumo duráveis.

02. A chamada Terceira Revolução Industrial fez surgir novos processos de produção e grandes mudanças nas relações de trabalho, dentro das empresas capitalistas. A esse respeito , marque a alternativa correta:

a) As novas tecnologias favorecem a geração de emprego nas classes sociais menos qualificadas.

b) Surgiu o fordismo: conjunto de métodos para a produção em série , com os quais o operário produz mais em menos tempo.

c) O sistema de trabalho repetitivo foi ampliado e a especialização do operário torna-se fundamental.

d) Um método mais ágil e flexível foi desenvolvido , adaptado ao mercado , que prioriza o controle de qualidade , conhecido por *just-in-time*.

e) A habilidade do trabalhador está restrita a uma única tarefa , favorecendo o aumento da produtividade , método conhecido como taylorismo.

03. Sobre a industrialização brasileira é correto afirmar que:

a) A crise de 1929 levou o Brasil a buscar uma substituição de importações, isto é, produzir dentro do território produtos que até então eram importados, surgindo, desta forma, através do capital do café, indústrias de alimentos e tecidos.

b) Na década de 30, tivemos a vinda das multinacionais do ramo automobilístico para o Brasil , possibilitando a formação de um grande parque industrial na região Sudeste do País;

c) O Brasil, desde o início de sua industrialização, tornou-se plataforma de exportação, principalmente através do capital japonês.

d) A década de 30 também foi marcada pelo desenvolvimento rodoviário no Brasil, principalmente, como forma de escoar a produção de café até os portos. Desta forma, a política de transporte vigente no momento, que era o rodoviário, ficou no esquecimento, tendo uma importância pequena para o desenvolvimento industrial no Brasil.

e) A década de 50, industrialmente, é considerada como a "década perdida".

04. Juscelino Kubitschek destacou-se na industrialização do Brasil porque:

a) investiu em empresas estatais;

b) investiu no empresariado brasileiro, reduzindo impostos e possibilitando uma maior geração de emprego;

c) criou o plano de metas que buscava investir em infraestrutura no Brasil para atrair as multinacionais;

d) a produção foi tão significativa para o PIB brasileiro, que este período foi chamado de "Milagre Econômico";

e) privatizou a maioria das empresas estatais criadas no governo de Getúlio Vargas.

05. Marque a alternativa sobre a localização industrial no Brasil.

a) A maior parte das indústrias está localizada no Sul do País , principalmente, na região metropolitana de Curitiba.

b) A cidade de Cubatão está localizada na Via-Dutra e é considerada o 1º polo calçadista do País.

c) O Vale dos Sinos, no Rio Grande do Sul, é o maior polo petroquímico nacional.

d) A Zona Franca de Manaus desenvolveu-se pela cobrança de impostos das empresas que se instalassem na região.

e) A região metropolitana de Curitiba destaca-se pelas indústrias automobilísticas, em São José dos Pinhais; pela Refinaria da Petrobras, em Araucária; e pela indústria das louças, em Campo Largo.

06. (UFPR) A atividade industrial pode ser classificada segundo diferentes critérios: tecnologia, produção e matéria-prima utilizada, dentre outros. A partir disso, relacione o tipo de indústria e sua definição, numerando a coluna da direita de acordo com sua correspondência com a coluna da esquerda.

I. Indústria extrativista.

II. Indústria de base.

III. Indústria de bens de capital.

IV. Indústria de bens de consumo.

V. Indústria dinâmica.

( ) Setor industrial que produz bens diretamente para o mercado consumidor.

( ) Indústria que opera na extração de minérios, transformando-os em matéria-prima para outros setores industriais.

( ) Indústria que se caracteriza pela aplicação de capital e tecnologia intensivos.

( ) Setor industrial que produz os equipamentos necessários para o funcionamento de outros tipos de indústria.

( ) Indústria que realiza a exploração de recursos não renováveis, não realizando a transformação da matéria-prima.

Assinale a alternativa que apresenta a numeração correta da coluna da direita, de cima para baixo:

a) 4 - 1 - 3 - 5 - 2.
b) 3 - 1 - 5 - 2 - 4.
c) 4 - 2 - 5 - 3 - 1.
d) 1 - 4 - 3 - 5 - 2.
e) 4 - 2 - 3 - 5 - 1.

07. (FADESP) O processo de industrialização ocorrido no Brasil provocou significativas alterações na organização do espaço geográfico do País, como o(a):

a) Emergência de uma nova divisão espacial do trabalho que, resultou na formação das regiões geoeconômicas brasileiras.
b) Perda total da importância do campo e a sua consequente estagnação, fato que tem motivado o intenso fluxo migratório do campo para a cidade.
c) Eliminação das desigualdades regionais, resultado da adoção de uma política governamental de descentralização do parque industrial brasileiro, com isenção de impostos para as indústrias instaladas no Norte e no Nordeste do País.
d) Processo de urbanização, que transformou a cidade em um centro de decisões políticas, econômicas e culturais, bem como em um ponto de atração para os migrantes oriundos do campo.

08. (PUC) Indústria é a transformação de matéria-prima em bens intermediários e bens destinados ao consumo. Na economia moderna há uma grande diversidade industrial.

Em relação à indústria, assinale a alternativa CORRETA:

a) As indústrias siderúrgica e petroquímica classificam-se como indústrias de bens de consumo duráveis.
b) No Governo de Juscelino Kubitschek (1956-1960), houve, no Brasil, um incentivo à implantação de indústrias de base com capital nacional.
c) Na década de 1970, o governo brasileiro privatizou empresas como a Companhia Vale do Rio Doce.
d) Apesar do incentivo à descentralização industrial ocorrida a partir da década de 1990, a indústria brasileira concentra-se em sua maioria na região setentrional do País.
e) As indústrias de base ou de bens de produção constituem a sustentação da industrialização, pois fornecem bens para gerar o funcionamento de outras indústrias.

09. (COPESE) "A evolução das técnicas na indústria significou novas formas de relações entre os homens e deste com o território. A luta pelo domínio da técnica e sua apropriação pelas empresas e Estados, em alguns momentos com interesses convergentes, em outros divergentes, acabou gerando sérios conflitos."

SCARLATO, F. C. O espaço industrial brasileiro. In: ROSS, J. L. S. (org.) Geografia do Brasil. 4 ed. São Paulo: EdUSP, 2003 (p. 332)

Sobre a industrialização brasileira, é **CORRETO** afirmar:

a) A indústria automobilística exerceu papel preponderante na expansão do setor secundário no Brasil.
b) Com os avanços da indústria, passou a haver uma autonomia econômica nas regiões brasileiras.
c) Atualmente, o grande dilema brasileiro das indústrias é a disponibilidade de matéria-prima e mão de obra barata.
d) Por volta de 1970, começou a ocorrer uma concentração industrial no Brasil, em especial no Estado de São Paulo.

10. (VUNESP) Observe a imagem: Inauguração da Fábrica da Volkswagen em São Bernardo do Campo, em 1959.

(http://carplace.virgula.uol.com.br/wp-content/uploads/2009/11/fabrica-da-volkswagen-brasil-03-g.jpg)

De acordo com Carlos Walter e Rogério Haesbaert (2006), esse episódio está relacionado:

a) ao surgimento de grupos industriais nacionais em países periféricos, a partir da adoção do neoliberalismo, na década de 1950;
b) à expansão das multinacionais para países periféricos, principalmente a partir dos anos de 1950, criando uma nova divisão internacional do trabalho;
c) aos efeitos da Guerra Fria sobre as empresas norte--americanas e europeias, que passaram a se transferir para países pacíficos;
d) à entrada do Brasil, na década de 1950, no grupo dos países subdesenvolvidos, que apoiava a industrialização nacional;
e) ao fim da economia socialista no Brasil, que predominou no Governo de Vargas e terminou com a abertura econômica do Governo JK.

Gabaritos

01	E	06	C
02	D	07	D
03	A	08	E
04	C	09	A
05	E	10	B

25. SISTEMA CAPITALISTA

O Capitalismo teve origem na Europa, nos séculos XV e XVI, e se expandiu para outros lugares do mundo que estavam se inserindo no contexto mundial. O Capitalismo se caracteriza por:

→ **Ter como principal objetivo o lucro.**

> Basear-se na propriedade privada dos meios de produção.

> Ter no dinheiro em seus similares (cartões de crédito, cheques) o seu principal meio de troca.

> Funcionar conforme a lei da oferta e da procura-economia de mercado.

> Nas relações de trabalho, predominar o trabalho assalariado. O trabalhador vende seu trabalho para os donos dos meios de produção.

> No sistema capitalista, a sociedade é baseada na divisão de classes.

> Para entender melhor a evolução do capitalismo, temos que considerar três principais etapas:

25.1 Capitalismo Comercial

→ **Ocorreu durante o século XVI até o fim do século XVIII. Teve por base:**

> As grandes navegações.

> Mercantilismo.

> Poder do estado baseado no acúmulo de riquezas por meio do comércio.

> Sistema escravista.

> Conquista de novas terras.

> Pacto colonial.

> Países de destaque: Portugal, Espanha, Inglaterra, Holanda e França.

25.2 Capitalismo Industrial

→ **Ocorreu do final do século XVIII até o fim do século XIX. Teve por base:**

> Revolução Industrial.

> Novas formas de produção.

> Trabalho assalariado.

> Divisão internacional do trabalho.

> Liberalismo econômico.

> Imperialismo europeu na África e na Ásia.

> Bases da organização do espaço atual.

25.3 Capitalismo Financeiro

→ **Do final do século XIX, início do século XX e até os dias atuais. Tem por base:**

> Concentração de capitais.

> Formação de grandes empresas transnacionais.

> Competição acirrada.

> Aumento no fluxo de trocas.

> Maior complexidade na produção de novas tecnologias.

> Maiores investimentos.

> Keynesianismo-intervenção estatal na economia após a crise de 1929 até o início da década de 80.

> Formação de monopólios, oligopólios, cartéis, trustes, conglomerados, holding e Joint Venture;

> Internacionalização dos capitais.

> Aumento do poder econômico e político das empresas.

> Neoliberalismo.

> Globalização da economia , do consumo e de alguns padrões culturais.

26. SISTEMA SOCIALISTA

Durante o século XIX, surgiram os chamados socialistas científicos ou materialistas históricos, que propuseram um modo de produção totalmente diferente do sistema capitalista. Entre eles, destacam-se Karl Marx e Friedrich Engels.

Segundo a teoria marxista, deveria promover a luta entre classes que formam a estrutura capitalista, ou seja, os proprietários dos meios de produção (burguesia) contra a força de trabalho (proletariado), com a vitória dos proletariados.

Numa primeira fase, teríamos o Socialismo, baseado num Estado controlado pelo proletariado para organizar o funcionamento da sociedade. A propriedade dos meios de produção seria estatal e coletiva. Cada um receberia de acordo com o seu trabalho, ainda existindo uma desigualdade social.

Numa segunda fase, teríamos o Comunismo, no qual o Estado seria extinto, por não ser necessário, e cada um seria remunerado de acordo com as suas necessidades. Nessa sociedade, valores como consumismo e o desejo de acumular dinheiro ou propriedades e ostentar símbolos de riqueza não existiriam.

26.1 Socialismo Real

A Rússia foi o primeiro país a implantar o sistema socialista, em 1917. Em 1922, formou-se a URSS, com a anexação de 15 repúblicas. O sistema socialista implantado na URSS teve poucas características do Socialismo Científico, instalou-se um governo autoritário, uma ditadura de partido único, autodenominado Partido Comunista, e uma economia em que o Estado ditava as leis do mercado: a economia planificada.

→ **O Governo soviético exercia um rígido controle sobre a sociedade:**

> Censurava os meios de comunicação.

> Vetava o direito de as pessoas entrarem e saírem livremente do país.

O Estado era dono das terras, das minas de ouro, carvão mineral etc., de todos os meios de produção. Não havia propriedade privada, nem livre concorrência de mercado e muito menos lei da oferta e da procura.

→ **A economia planificada tinha por base:**

> Planejamento da produção e do consumo.

> Garantia das necessidades básicas.

> Planos quinquenais.

26.2 O mundo Socialista

O Socialismo não ficou restrito à URSS. Outras nações adotaram esse sistema para dirigir seus destinos. É bom destacar que nem todos os países que adotaram o Socialismo nasceram ou permaneceram aliados à URSS. A Iugoslávia e a Albânia, na Europa, e China, na Ásia, são exemplos de países socialistas que romperam com a URSS e passaram a seguir orientações próprias.

Observe o mapa dos países que, em algum momento, adotaram a forma socialista.

Há controvérsias em como considerar os casos do Socialismo de Cuba, China, Coreia do Norte e Vietnã, por exemplo. É preciso uma análise cuidadosa de cada um deles, por terem características próprias. Em Cuba, há indícios econômicos capitalistas – como a indústria do turismo –, mas o controle do Estado ainda está presente na saúde, na educação e no planejamento.

A China, que desde a implantação do Socialismo (1949) não seguiu os passos soviéticos, é outro caso. Há estudiosos que a qualificam como um país de sistema político socialista e sistema econômico capitalista, por se manter fiel a alguns princípios socialistas (a propriedade pública, a participação dos trabalhadores na administração de empresas, o planejamento) e utilizar mecanismos próprios do Capitalismo (propriedade privada, lucro).

Depois das duas Revoluções Industriais (1ª e 2ª) que mudaram parte do mundo como conhecemos hoje, aconteceu outro grande evento que tem reflexos nos dias atuais, que é a 3ª Revolução Industrial ou denominada Revolução Técnico-Científico-Informacional.

A 3ª Revolução Industrial acontece quando o mundo está dividido pela Guerra Fria, mas em ambos os lados esse processo de industrialização foi acontecendo. Tanto que as duas grandes disputas pela tecnologia no período da Guerra Fria foram a corrida espacial e a questão nuclear, duas situações que dependiam sobremaneira de equipamentos mais modernos, matéria prima diferenciada e com mais qualidade, mão de obra especializada, além de investimentos em capital maciços.

Tanta mudança provocou novos arranjos no espaço da produção industrial, deixando bem claro quem iria deter a tecnologia, cobrar por essa tecnologia e quem iria simplesmente produzir.

Com o Fordismo (que marcou a 2ª Revolução Industrial) entrando em decadência, algumas partes do mundo irão sofrer consequências irreversíveis. Exemplo disso é o Manufacturing Belt, que hoje possui pouquíssimas atividades industriais. Do outro lado surgem novos polos produtivos como é o caso do Sun Belt, nos Estados Unidos que possui indústrias emergentes na porção sul e oeste do território americano. Desemprego de um lado, oportunidades de trabalho em outros lugares.

O avanço das telecomunicações, com equipamentos cada vez mais modernos e rápidos, realizou uma verdadeira integração com a informática, proporcionando uma velocidade na transmissão de dados entre empresas, em qualquer parte do mundo.

Termos como microeletrônica, robótica, produtos modificados geneticamente, hardware, software, sistemas de informação, sistemas operacionais foram surgindo e sendo incorporados no cotidiano das empresas e das pessoas.

No Japão, surgiu o Toyotismo (just in time e kanban) que, literalmente, revolucionou as atividades industriais e esse modelo se espalhou pelas indústrias. A palavra de ordem passou a ser competitividade, com processos mais flexíveis, mas com muito mais rendimento, menores preços, prazos mais rápidos. A logística se tornou um dos elementos fundamentais com as redes no espaço mundial.

O padrão da 3ª Revolução Industrial aperfeiçoou funções, desempregou pessoas e concentrou o capital. Os NPIs (Novos Países Industrializados) se caracterizaram por ter uma pauta de exportação muito alicerçada em produtos da atividade industrial. Exemplo desse tipo de atividade são os Tigres Asiáticos, tanto os primeiros como os atuais. Os países emergentes também ganharam espaço no mercado da nova indústria. Mão de obra mais barata, potencial para crescimento, mercado consumidor, que ainda necessita de muitos produtos, são alguns dos fatores que atraíram investimentos nesses países.

Questões

01. Sobre o sistema capitalista, analise as alternativas a seguir, destacando a alternativa correta:

a) A propriedade pertence ao Estado.

b) Só existe um partido – monopartidarismo.

c) Só existe uma classe social, em que todos ganham em média os mesmos salários.

d) Fechado para a participação política, ou seja, ninguém possui o direito de votar.

e) Visa ao lucro, e a propriedade é privada, pertence a uma pessoa ou a um grupo de pessoas.

02. Se considerarmos o processo de desenvolvimento do Capitalismo, podemos dizer que ele foi respectivamente:

a) Industrial, financeiro e comercial.

b) Comercial, industrial e financeiro.

c) Liberal, industrial e comercial.

d) Financeiro, imperialista e comercial.

03. (FGV) Com relação à mundialização do capitalismo, a partir da segunda metade do século XX, analise as afirmativas a seguir:

I. As multinacionais expressam um capitalismo globalizado e a expansão dessas empresas envolve maior circulação de capital, a internacionalização da produção e a existência de ações de governos em nível internacional.

II. A produção capitalista internacional derivou da incorporação de mão de obra de muitos países em uma estrutura produtiva mundialmente integrada e, em razão disso, grande parte da força de trabalho empregada pelas multinacionais está fora de seus países de origem.

III. Os organismos internacionais, como o Banco Mundial e o FMI (Fundo Monetário Internacional) e os blocos econômicos, formados por Estados nacionais empenhados numa economia internacionalizada, têm forte presença na economia globalizada.

Assinale:

a) Se somente a afirmativa I estiver correta.
b) Se somente a afirmativa III estiver correta.
c) Se somente as afirmativas I e II estiverem corretas.
d) Se somente as afirmativas II e III estiverem corretas.
e) Se todas as afirmativas estiverem corretas.

04. (CONPASS) Sobre os países emergentes é correto afirmar:

a) São os menos desenvolvidos, mas vêm se destacando na melhoria de sua qualidade de vida em função dos investimentos de países desenvolvidos na educação e na saúde.
b) São os que apresentam nível de industrialização mais baixo, por isso são assim classificados, porque estão em estado de emergência e precisam de investimentos para se desenvolver.
c) Apresentam os mais graves problemas socioeconômicos e os mais baixos Índices de Desenvolvimento Humano, ou seja, são os países mais pobres do mundo contemporâneo.
d) Possuem um nível de industrialização muito baixo com uma economia predominantemente no setor primário, dependentes financeiramente e tecnologicamente dos países ricos.
e) Suas economias estão em rápido processo de crescimento e industrialização. Pode-se dizer que estão entre os países desenvolvidos e os países em desenvolvimento.

05. (FGV) A partir da década de 1970, o termo globalização tornou-se representativo da atual etapa expansionista do sistema socioeconômico capitalista.

Assinale a opção que apresenta uma característica desse expansionismo.

a) Surgimento das grandes corporações transnacionais.
b) Introdução de novas fontes de energia como o petróleo.
c) Aumento do poder das fronteiras dos Estados nacionais.
d) Criação dos setores industriais petroquímico e metalmecânico.
e) Aceleração dos fluxos de capitais, de mercadorias e de informações.

06. (CONPASS) As transnacionais possuem um enorme poder de influência na economia global, de acordo com os próprios interesses. Essas empresas:

a) São atraídas pelas grandes oportunidades oferecidas pelos governos dos países subdesenvolvidos, favorecendo a sua lucratividade.
b) Realizam elevados investimentos apenas nos países subdesenvolvidos, sendo atraídas por diversas vantagens, como disponibilidade de matéria-prima e mão de obra barata.
c) Instalam-se principalmente nos países subdesenvolvidos, porque a mão de obra é bem mais qualificada e as leis de fiscalização são mais rígidas.
d) Têm sua origem principalmente nos países subdesenvolvidos, pois são eles que necessitam de mais renda para solucionar seus problemas econômicos.
e) Atuam em países desenvolvidos, principalmente nos que possuem maior avanço tecnológico, científico e industrial, com maior crescimento econômico.

07. (FAFIPA) A doutrina que prega o domínio do livre mercado sobre a economia, defendendo a diminuição do papel do Estado na vida econômica é conhecida por:

a) Comunismo.
b) Neoliberalismo.
c) Bolivarianismo
d) Socialismo
e) Globalização

"Os proletários nada têm a perder com ela [a revolução], a não ser as próprias cadeias. E têm um mundo a ganhar. Proletários de todo os países, uni-vos."

(Karl Marx e Friedrich Engels)

08. Neste trecho do Manifesto Comunista, escrito há 150 anos, estão expressos alguns dos fundamentos do socialismo científico, cujos princípios são:

a) Internacionalismo e dialética idealista.
b) Ditadura do proletariado e organização dos soviéticos.
c) Corporativismo e materialismo dialético.
d) Comunismo e nacional-socialismo.
e) Materialismo histórico e luta de classes.

09. As duas grandes marcas do século XX foram as Guerras Mundiais e o Socialismo, ocasiões que geraram um terceiro grande fenômeno: a Guerra Fria, em que a moldura de uma ordem mundial bipolar se baseava na rivalidade entre os EUA e a União Soviética. Analise as proposições seguintes sobre as grandes transformações do século XX:

I. A partir de 1945, o mundo esteve dividido, predominantemente, em blocos de países sob influência dos EUA e da União Soviética, que entraram em confronto de forma direta, o que levou o mundo a temer o deflagrar de uma guerra nuclear iminente.

II. No Plano Marshall, encontra-se a origem da Guerra Fria. Esse Plano representou a resposta americana à crise europeia, por meio do financiamento americano da reconstrução da Europa.

III. O zênite da Guerra Fria aconteceu no momento em que duas graves crises colocaram à prova a resolução das duas superpotências e comprovaram o perigo de uma guerra total. Trata-se da crise de Berlim, em 1961, e a crise dos mísseis em Cuba, em 1962.

IV. Por consequência do fim da Guerra Fria e da queda o Muro de Berlim, o Socialismo definitivamente deixou de existir e de orientar a política de diversos países.

V. Pode-se concluir que, para o quadro histórico do final do século XX e início deste século, tanto o Socialismo quanto o Capitalismo conseguiram consolidar diretrizes para os graves problemas socioeconômicos e políticos que afligem a humanidade.

Após a análise das proposições, assinale a alternativa verdadeira:

a) Apenas o item III é correto.
b) Os itens II e III estão errados.
c) Apenas o item V é correto
d) Os itens II e III estão corretos.

10. O Socialismo Real, implantado na Rússia, teve como característica:

a) A eliminação do Estado.
b) O domínio das empresas particulares.
c) A economia de mercado.
d) A economia planificada.
e) A formação de blocos econômicos.

Gabaritos

01	E	06	A
02	B	07	B
03	E	08	E
04	E	09	D
05	E	10	D

27. PARANÁ

Localizado na região Sul do Brasil, de acordo com a classificação oficial do IBGE, e no complexo Centro-Sul, conforme a classificação do geógrafo Pedro Geiger, o Estado do Paraná tem uma área pequena, quando comparada à de outros Estados. Não ultrapassa 2,4% do território nacional. Porém, do ponto de vista estratégico, é um importante Estado, no que refere ao MERCOSUL.

A posição geográfica do Paraná é 22º29'30" S ao norte do Estado, na divisa com São Paulo, no rio Paranapanema; 26º42'59" S ao sul nas nascentes do rio Jangada (município de General Carneiro) próximo da divisa de Santa Catarina; 48º02'24 O na localidade de Arapira (município de Guaraqueçaba, litoral norte do Paraná); e 54º37'38" O na margem esquerda do rio Paraná, no município de Foz do Iguaçu.

Os limites do Paraná são ao norte com o Estado de São Paulo, a noroeste com o Estado do Mato Grosso do Sul, a oeste com o Paraguai, à sudoeste com a Argentina, ao sul com o Estado de Santa Catarina e a leste com o Oceano Atlântico.

Além da importância estratégica em relação ao MERCOSUL, o Paraná é um Estado relevante no que se refere à Geopolítica. A Ponte da Amizade, localizada sobre o rio Paraná, na fronteira entre Brasil e Paraguai, completando uma das rodovias mais importantes do Estado, a BR-277 (Foz do Iguaçu-Paranaguá), a ponte Tancredo Neves ou, como muitos a denominam, da "Fraternidade" sobre o Rio Iguaçu entre o Brasil e a Argentina e as cidades trigêmeas Barracão (PR), Dionísio Cerqueira (SC) e Bernardo de Irigoyen (Argentina) são elementos que com o limite do Paraná com o Mato Grosso do Sul através do rio Paraná (a ligação também favorece o movimento de Salto del Guairá no Paraguai para o Brasil através da BR-272 e depois a PR-323) situam o Estado ao mesmo tempo estratégico, mas também perigoso (rota de tráfico de drogas, de armas, descaminho, etc.).

Fonte: Leni Kadamos

A ponte da "Fraternidade" sobre o Rio Iguaçu.

27.1 Relevo

O Estado do Paraná, em sua maior parte, forma-se de um vasto planalto suavemente inclinado em direção noroeste, oeste e sudoeste. Compreende os terrenos arenítico-basálticos do Planalto Meridional Brasileiro e os terrenos cristalinos paralelos ao oceano Atlântico. Segundo Reinhard Maack, as terras paranaenses podem ser agrupadas em cinco regiões distintas:

PERFIL DO ESTADO DO PARANÁ

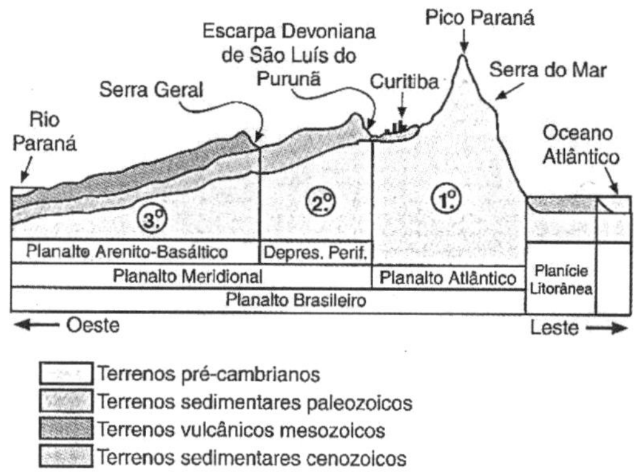

27.2 Litoral

Forma uma pequena planície, onde predominam areias e argilas. Sua largura varia entre 10 e 20 km, tornando-se um pouco mais larga nas proximidades da baía de Paranaguá. As altitudes situam-se entre 0 e 10 metros e, nos pontos mais distantes do mar, chegam a ter 20 metros. As baías de Paranaguá e Guaratuba dividem a costa paranaense em três setores:

- **Praia Deserta**: localizada ao norte de Paranaguá, desde Inácio Dias até a foz do Rio Ararapira, nos limites com o Estado de São Paulo.
- **Praia de Leste**: compreende a faixa de praias que se estende de Pontal do Paraná até Caiobá.
- **Praia do Sul**: abrange a faixa de praias localizadas ao sul da Baía de Guaratuba até a Ilha do Saí, nos limites com o Estado de Santa Catarina.

27.3 Serra do Mar

Faz parte da vasta barreira que acompanha o litoral oriental e meridional do Brasil. Pertence ao "Complexo Cristalino Brasileiro" sendo constituída, em sua maioria, por granitos e gnaisses. As formas atuais da Serra do Mar derivam de vários fatores: diferença de resistência das rochas, falhamento do relevo e sucessivas trocas climáticas.

Em alguns trechos, a Serra do Mar se apresenta como escarpa (Graciosa e Farinha Seca), em outros, é formada por serras marginais que se elevam de 500 a 1.000 metros sobre o planalto. São blocos que recebem diversas denominações: Capivari Grande, Virgem Maria, Órgãos (Ibitiraquire), Marumbi, entre outras formas de relevo. Na Serra dos Órgãos, encontram-se as maiores altitudes do Estado do Paraná, destacando-se os seguintes picos: Paraná (1.922 metros), Caratuba (1.898 metros), Ferraria (1.835 metros), Taipabuçu (1.817 metros) e Ciririca (1.781 metros).

27.4 Primeiro Planalto Paranaense

Localizado entre a Escarpa Devoniana e a Serra do Mar, apresentando terrenos do Paleozoico, na bacia de Curitiba, terrenos do Cenozoico e entre os limites voltados para o litoral terrenos do Pré-Cambriano. Neste planalto, está situada a Região Metropolitana de Curitiba, partes do município de Ponta Grossa (local de extração de talco), partes do município de Castro (extração de calcário), assim como Campo Largo, a capital da louça, uma vez que rochas e minerais da região são utilizados na fabricação de louças, revestimentos cerâmicos e cimento. Nessa área, está localizado o município de Rio Branco do Sul, onde, entre outras características econômicas, há exploração industrial de cimento. Apesar de uma presença significativa de rochas sedimentares, o predomínio são as rochas metamórficas.

27.5 Segundo Planalto Paranaense

O segundo planalto paranaense, denominado Planalto de Ponta Grossa, compreende a região ocupada pelos Campos Gerais. Seus limites naturais são dados: a leste pela escarpa devoniana; a oeste pela escarpa da Esperança (Serra Geral). As maiores altitudes do segundo planalto (1.100 a 1.200 metros) estão na escarpa devoniana, declinado para sudoeste, oeste e noroeste. Os pontos mais baixos (350 a 560 metros) estão situados na parte norte, no encontro do segundo (Planalto de Ponta Grossa) com o terceiro planalto (Planalto de Guarapuava).

Em sua formação geológica, predominam os terrenos sedimentares antigos da era Paleozoica, reunidos nos grupos: Paraná ou Campos Gerais (Devoniano); Itararé (Carbonífero) e Passa Dois (Permiano). Quanto às rochas mais comuns, temos: arenitos (Vila Velha e Furnas), folhelhos (Ponta Grossa e os betuminosos), carvão mineral, varvitos, siltitos e tilitos. Em pequenas regiões, aparecem rochas ígneas intrusivas.

27.6 Terceiro Planalto Paranaense

As terras situadas a oeste da escarpa da Esperança formam o terceiro planalto paranaense, denominado Planalto de Guarapuava, que ocupa 2/3 de superfície do Estado do Paraná. Geologicamente, corresponde ao vasto derrame de rochas eruptivas (basaltos, diabásios e meláfiros) e aos depósitos de arenitos (Botucatu e Caiuá) da era Mesozoica, onde aconteceu o maior derrame de lavas vulcânicas do mundo, conhecido como Derrame de Trapp, que mais tarde originou a famosa *terra roxa*, que se faz presente no norte e oeste do Estado.

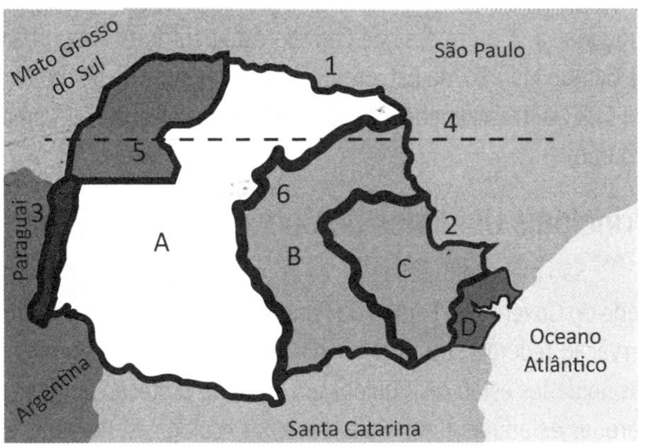

A. 3º Planalto Paranaense
B. 2º Planalto Paranaense
C. 1º Planalto Paranaense
D. Planície Litorânea
1. Rio Paranapanema
2. Escarpa Devoniana
3. Lago de Itaipu
4. Trópico de Capricórnio
5. Domínio do Arenito Caiuá
6. Serra Geral
7. Serra do Mar

27.7 Clima

A maior parte da área territorial do Estado do Paraná localiza-se na região subtropical, onde dominam temperaturas amenas, e uma pequena parte encontra-se na região de clima tropical. De acordo com a classificação de Köppen, no Paraná, domina o clima do tipo C (mesotérmico) e, em segundo plano, o clima do tipo A (tropical chuvoso), subdivididos da seguinte maneira:

Af – Clima tropical superúmido, com média do mês mais quente superior a 22ºC e do mês mais frio superior a 18ºC, sem estação seca e isento de geadas. Encontra-se em todo o litoral paranaense.

Cfb – Clima subtropical úmido (mesotérmico), com média do mês mais quente superior a 22ºC e do mês mais frio inferior a 18ºC, sem estação seca, verão brando e geadas severas desmasiadamente frequentes. Distribui pelas terras mais altas dos planaltos e das superfícies serranas (Planalto de Curitiba, Planalto dos Campos Gerais, Planalto de Guarapuava, Planalto de Palmas etc.).

Cfa – Clima subtropical úmido (mesotérmico), com média do mês superior a 22ºC e do mês mais frio inferior a 18ºC, sem estação seca definida, verão quente e geadas menos frequentes. Distribui-se por todo o norte, oeste e sudoeste do Estado, pelo vale do rio Ribeira e pela vertente oriental da Serra do Mar.

A massa Polar atlântica (mPa), fria, durante o inverno atinge frequentemente o Estado, provocando quedas de temperatura, ocorrência de geadas e, não raro, conforme a região do Estado, precipitação de neve.

As outras três massas de ar que atuam no Estado são a Tropical Atlântica (mTa), quente e úmida, a Tropical Continental (mTc), quente e seca e a Equatorial Continental (mEc), quente e úmida.

Foto: Leni Kadamos

Placa às margens da rodovia PR-317 em Maringá

A foto identifica o Paraná em duas zonas de iluminação ou climáticas: ano norte do Trópico de Capricórnio, zona Intertropical e, ao sul da linha imaginária, zona Temperada do Sul.

Vegetação

O Paraná sempre foi conhecido, na História, pela exuberância e pela riqueza de suas florestas, particularmente pelo pinheiro, seu tradicional símbolo. Porém, a devastação desenfreada, ora devida ao extrativismo vegetal, ora devida às atividades agrícolas, trouxe prejuízos irrecuperáveis ao Paraná. Com base na vegetação original, as matas paranaenses podem ser agrupadas em: Mata de Araucária, Mata Atlântica, Mata Tropical e a Mata Pluvial Subtropical.

Mata de Araucária

As Florestas de Araucárias são típicas do Paraná. Compreendem a Mata subtropical de coníferas, também conhecida como Mata dos Pinhais, onde o pinheiro-do-paraná (*Araucaria angustifolia*) aparece como principal vegetal, associado, frequentemente, à imbuia e à erva-mate. O domínio geográfico da Mata de Araucária coincide com as regiões de altitudes superiores a 500 metros e de temperaturas médias anuais abaixo de 20ºC. Os últimos vestígios importantes da Mata de Araucária se encontram no sudoeste paranaense.

Mata Atlântica

E também conhecida como mata tropical de encosta, pois se localiza junto à Serra do Mar e no Litoral. Pertence ao tipo de mata higrófila latifoliada, que se estende ao longo da fachada leste do Planalto Oriental Brasileiro, onde a alta precipitação pluviométrica a torna mais úmida. A Mata Atlântica possui muitas espécies de madeira como cedro, ipê, figueira, peroba, além de outros vegetais como palmito, embaúba, aleluia, epífitas, lianas e musgos. Ao penetrar no Primeiro Planalto paranaense, a mata confunde-se com a vegetação subtropical, formando uma verdadeira zona de transição. A criação do Parque Estadual do Marumbi, na região da Serra do Mar, foi de grande importância para a preservação da fauna e da flora da região, que vinha sofrendo com a degradação levada a cabo pela exploração da madeira, em especial. Atualmente, é a maior reserva de Mata Atlântica existente em território contínuo no Brasil

Mata Tropical

O quadro original foi substituído, em sua maior parte, pela agricultura e pelos pastos. Poucos vestígios de sua existência podem ser assinalados em áreas de preservação, como o Parque Estadual do Ingá e o Horto Florestal, ambos na cidade de Maringá, ou então a Reserva do Iguaçu, no sudoeste do Estado. Primitivamente, esta mata apresentava dois aspectos distintos. O primeiro, mais rico em espécies vegetais (peroba, pau d'alho, figueira branca e palmito), ocupava a região de "terra roxa", situada entre os rios Itararé, Paranapanema, Pirapó e Ivaí. O segundo, mais pobre em espécies vegetais, ocupava a região arenosa do arenito Cauiá, entre os Rios Pirapó, Paranapanema, baixo Ivaí e foz do Piquiri.

Mata Pluvial Subtropical

Diferencia-se da Mata de Araucária por ocupar terras inferiores e 500 metros de altitudes e pela ausência do pinheiro. Primitivamente era encontrada ao longo do Rio Paraná desde a foz do Rio Piquiri até a foz do Rio Iguaçu, pelas quais penetravam em seus vales. O Parque Nacional do Iguaçu é a principal área preservada como tipo de mata, onde se encontram vegetais e animais da fauna local.

Campos Limpos

Nos campos limpos, predominam as gramíneas que, geralmente, refletem solos mais pobres. Apresentam-se entremeados com matas ciliares e capões isolados. Aparecem em vários pontos do Paraná, como nos Campos Gerais, Campos de Guarapuava, Campos de Palmas, Campos de Curitiba, Campos de Castro e outras áreas menores. Os campos limpos ocorrem no sul do Brasil, principalmente no Rio Grande do Sul, estendendo-se pelo Uruguai até o nordeste da Argentina. Apresentam vegetação herbácea, composta, principalmente, de gramíneas, muito utilizadas como pastagens para a criação de gado. O clima é subtropical, com temperaturas amenas e chuvas constantes com pouca alteração, durante todo o ano. O solo em geral é bom, sua utilização na agricultura é grande, mas o forte da região é a pecuária, tanto a leiteira quanto a de corte.

Vegetação Litorânea

Ocupa uma área aproximada de 729 km^2 da costa Paranaense, sendo representada pelos vegetais dos mangues, pela vegetação das praias e pela vegetação das restingas. A vegetação característica dos mangues sofre influência das marés, podendo ser encontrada nas Baías de Paranaguá e Guaratuba. A vegetação de praias é muito pobre, sendo característica das áreas arenosas. A vegetação das restingas ocupa os solos consolidados de antigas praias. Apresenta agrupamentos densos de vegetais, muitas vezes com árvores de 6 a 8 metros de altura.

Cerrado

Apesar de a vegetação do Cerrado ser predominante na região Centro-Oeste do País, no Paraná também existe esse tipo de vegetação. O Cerrado no Paraná tem duas áreas de destaque, sendo uma localizada no Segundo Planalto, região de Jaguariaíva, onde está instalado desde 1992 o Parque Estadual do Cerrado, com uma área de aproximadamente 420 hectares no município de Jaguariaíva. A outra área de Cerrado está dentro da área urbana de Campo Mourão, na Estação Ecológica do Cerrado mantida pela FECILCAM (Faculdade Estadual de Ciências e Letras de Campo Mourão).

Principais Unidades de Conservação do Paraná

São mais de 61 unidades de conservação sob responsabilidade do Governo do Estado do Paraná, além de unidades de conservação federais sob responsabilidade do Governo Federal. Essas unidades estão distribuídas em áreas de proteção ambiental, parques estaduais e nacionais, estações ecológicas, florestas estaduais e federais, reservas florestais e hortos florestais. Os mais importantes corredores de proteção são:

Corredor Araucária

Unidade de conservação localizada no sul do Estado para preservação da árvore símbolo do Paraná, o pinheiro, e outras espécies dessa formação florestal.

Corredor Caiuá-Ilha Grande

Localizado desde as proximidades da foz do Rio Paranapanema no Rio Paraná até a área central do Rio Paraná, em território paranaense, protegendo áreas de vegetação, ilhas fluviais na região e reservas biológicas.

Corredor Iguaçu-Paraná

Importante corredor na porção oeste do estado no entorno de trechos dos rios Iguaçu e Paraná para proteção do Parque Nacional do Iguaçu.

Hidrografia

A hidrografia paranaense está intimamente ligada ao seu relevo, ou seja, rios de planaltos com potencial hidroenergético, mas também alguns aproveitados para navegação e até para irrigação.

O Estado do Paraná está localizado em duas bacias hidrográficas: a Bacia do Paraná e a Bacia do Sudeste-Sul (vertente do Atlântico).

Os principais rios da Bacia do Paraná (bacia principal) são:

Paraná

No Estado do Paraná, o Rio Paraná banha toda a porção oeste do Estado, fazendo limites com o Estado do Mato Grosso do Sul e com o Paraguai. No seu curso, havia as Sete Quedas que hoje, estão inundadas, em função do surgimento do Lago de Itaipu, que originou a hidrelétrica de mesmo nome.

Paranapanema

Rio localizado na porção norte do Estado, que faz limite com o Estado de São Paulo, com grande potencial hidroenergético. Fazem parte da Bacia do Paranapanema rios como o Rio Itararé (que também faz divisa com o Estado de São Paulo) e que é um dos formadores da represa de Chavantes, no nordeste do Estado.

Outro rio importante que é afluente do Paranapanema é rio Tibagi , que nasce nos Campos Gerais, corta o segundo e o terceiro planalto, banhando municípios como Ponta Grossa, Telêmaco Borba e Londrina (o Tibagi é rio que abastece Londrina) entre outros, desaguando na represa de Capivara no norte do Estado. Na Bacia do Tibagi está o Rio Iapó que corta o cânyon do Guartelá, entre os municípios de Castro e Tibagi. No Rio Tibagi está instalada a Usina Mauá, localizada entre os municípios de Telêmaco Borba e Ortigueira.

O Rio Pirapó (responsável pelo abastecimento de água da cidade de Maringá) é outro afluente importante do Paranapanema nascendo na região de Apucarana e desaguando na represa de Taquaruçu no norte do Estado.

Iguaçu

O mais importante rio que banha terras paranaenses, não só no sentido histórico, uma vez que foi um dos responsáveis pelo processo de interiorização, mas como hoje o mais aproveitado como recurso hidroenergético no Estado. Em outros tempos, já foi navegável, sendo responsável pelo escoamento de madeiras e erva-mate e no abastecimento de gêneros alimentícios e equipamentos além do transporte de pessoas.

As principais hidrelétricas instaladas na bacia do Rio Iguaçu são:

> Bento Munhoz da Rocha Neto (Foz do Areia).
> Ney Braga (Salto Segredo).
> Salto Santiago (não aparece no mapa, pois é uma usina da Tractebel e não da Copel).
> Salto Osório (mesma situação da Usina Salto Santiago).
> Salto Caxias (Usina José Richa).

Ivaí

É o mais extenso rio genuinamente paranaense, pois banha somente o território paranaense. Nasce no segundo planalto, tendo um traçado no sentido sudeste-noroeste, cortando também o terceiro planalto e desaguando no Rio Paraná na porção noroeste do Estado.

Piquiri

Rio importante da região noroeste do Estado, banhando o Terceiro Planalto e sendo afluente do Rio Paraná. No Rio Piquiri tem usina hidrelétrica chamada Melissa.

Bacia do Sudeste-Sul (vertente do Atlântico)

Esta bacia é secundária e tem rios que nascem, tanto no Primeiro Planalto como na Serra do Mar.

Os mais importantes rios são:

> Ribeira (rio que nasce no Primeiro Planalto e deságua no Estado de São Paulo, que caracteriza o Vale do Ribeira).
> Nhundiaquara (o rio do boia-cross, canoagem; banha a cidade de Morretes).
> Capivari.
> Cachoeira.
> São João.

27.8 Aspectos Humanos e Urbanos

A busca pelo ouro, transporte de gado bovino, madeira, erva-mate, as chamadas frentes pioneiras para o café, a soja, construção de Itaipu e, mais recentemente, a industrialização da região metropolitana de Curitiba, entre outros fatores, foram elementos importantes de atração de população em direção ao Estado do Paraná.

O processo de ocupação do Paraná tem seu início por volta da segunda metade do século XVI, quando foi estabelecida a Ciudad Real Del Gauyra, em Guairá. Outros grupos chegam ao Paraná, no século XVII, na busca de ouro na região de Paranaguá.

As tropas de gado que eram conduzidas do Rio Grande do Sul em direção ao mercado de Sorocaba foram outro elemento de ocupação, principalmente no Segundo Planalto, fazendo surgir pequenos núcleos urbanos que, em seguida, transformaram-se em cidades, como foi o caso de Ponta Grossa, Palmeira, Castro, Piraí do Sul, Lapa, tanto assim que esses municípios são bastante antigos, se comparados com outros no Estado.

No século XIX, muitos imigrantes chegaram ao Paraná oriundos da Europa, atraídos por agenciadores brasileiros e pela crise que assolava o "velho mundo". Um dos mais importantes grupos de estrangeiros foi o de eslavos (ucranianos, poloneses e russos) que se instalaram principalmente no sul do Estado. Atividades ligadas à exploração madeireira e à agricultura são traços que caracterizam o imigrante eslavo.

Fonte: Leni Kadamos

Igreja ucraniana em Mallet – PR

Grupos de alemães e de italianos também chegaram, nessa época no Paraná, instalando-se nas cercanias de Curitiba, Rio Negro, Campo Largo, Araucária, Palmeira (Witmarsum), Ponta Grossa; outros imigrantes como portugueses, espanhóis, franceses e sírio-libaneses, instalaram-se no litoral e em outras áreas do estado.

Já no século XX, a região norte do Estado além de atrair imigrantes que já estavam no País, atraiu o interesse de japoneses que fizeram de nosso Estado a segunda maior colônia do Brasil (a primeira é São Paulo).

O norte do Estado foi responsável também por atrair muitos brasileiros de outras regiões para o cultivo do café, principalmente de paulistas, mineiros e nordestinos, grandes responsáveis, juntamente com os imigrantes, pela formação de cidades como Londrina, Maringá, Apucarana, Assaí, entre outras.

A porção oeste e noroeste teve forte influência do avanço provocado pelos espanhóis, através do Caminho do Peabiru. O Caminho do Peabiru, na verdade, era uma trilha indígena milenar que unia o Atlântico ao Pacífico, passando pelos Estados do Paraná, Santa Catarina, Mato Grosso do Sul e países como Paraguai, Bolívia e Peru.

Nessa porção oeste e sudoeste, outra enorme contribuição foi a migração interna de gaúchos e catarinenses, que se deslocaram em direção ao Paraná na busca de novas oportunidades na agricultura e na pecuária, tanto assim que essas regiões até hoje se destacam economicamente na produção de soja, leite e suínos e apresentam fortes traços, principalmente da tradição gaúcha, no falar, na gastronomia, enfim no modo de viver. Cidades como Pato Branco, Francisco Beltrão, Cascavel, Toledo, Medianeira são marcadas pela presença desses sulistas que também trazem na "bagagem" aspectos do imigrante alemão e italiano.

Com a crise no final dos anos 1970 e início dos 1980, muitos paranaenses emigraram para outros países, como aconteceu com os brasiguaios (o represamento de Itaipu contribui muito) para plantar soja no vizinho Paraguai; os *dekasseguis* que foram trabalhar no Japão, alguns se deslocando aos Estados Unidos e, em menor escala, à Europa.

Dentro do Brasil, muitos migraram em direção às regiões Centro-Oeste e Norte do País, atraídos por incentivos à época dos governos militares, nas décadas de 1970 e 1980, para a prática, principalmente, da agricultura emergente de soja nessas regiões e extração de madeira e minérios.

A população paranaense é predominantemente urbana (ultrapassa os 80%), apesar de ainda ser bastante representativa na economia a atividade agropecuária, mostrando que no nosso Estado, além da produção propriamente dita, também há o beneficiamento dos produtos, através da agroindústria, que é uma das mais fortes no Brasil, tanto com empresas locais como multinacionais.

De acordo com dados do IBGE, a população absoluta do Paraná ultrapassa pouco mais de 11 milhões de habitantes, atingindo níveis mais para a estabilização, em termos de crescimento vegetativo, diminuindo sensivelmente as taxas de natalidade, nas últimas décadas.

A densidade demográfica ou população relativa é de aproximadamente, 52,4 hab./km^2, portanto mais do que o dobro da brasileira como média.

No Paraná, há quatro regiões metropolitanas: Curitiba, Londrina, Maringá e Umuarama. Outros municípios importantes do Paraná são: Ponta Grossa, Cascavel, Foz do Iguaçu, São José dos Pinhais (integra a Região Metropolitana de Curitiba), Colombo (integra a Região Metropolitana de Curitiba), Guarapuava e Paranaguá.

Economia

A economia paranaense é bastante diversificada, apresentando quase todos os aspectos dos setores das atividades econômicas.

O Paraná é destaque na produção de grãos, feijão, carnes (suína, frango, bovina), batata, algodão, cana-de-açúcar, rami (um tipo de fibra natural), café, sericicultura (criação do bicho-da-seda), leite.

A atividade agropecuária se destaca não só na produção e produtividade, mas também no avanço da pesquisa dos genéticos animal e vegetal. Há, no Paraná, centros avançados de pesquisa em instituições públicas estaduais e federais (Universidades, Institutos, como IAPAR, EMBRAPA) e privados, buscando o melhoramento genético.

As cooperativas paranaenses também representam uma importância ímpar na agricultura e na pecuária nacional, uma vez que muitas delas são referências para o País na organização, administração e pesquisa como é o caso da COCAMAR (Maringá), COAMO (Campo Mourão), COOPAVEL (Cascavel), BATAVO (Carambeí), CASTROLANDA (Castro), entre outras. Algumas dessas cooperativas são também "marcas" dos próprios produtos como atividades agroindustriais.

Foto: Leni Kadamos

A "contradição" no campo entre a pequena e a grande propriedade (Foto da esquerda:região de Laranjeiras do Sul; direita: Campo Mourão)

Nas atividades extrativas minerais, a produção paranaense é de: carvão mineral, na região de Figueira (Norte Velho), xisto, na região de São Mateus do Sul (a Petrobras montou uma usina de processamento desse recurso na cidade), talco, na região de Ponta Grossa, calcário no Primeiro Planalto, e rocha para transformar em cimento, na região de Rio Branco do Sul e Campo Largo.

A exploração extrativa vegetal da erva-mate aparece no sul do Estado, como uma das áreas mais importantes do Estado; o município de Fernandes Pinheiro é o destaque na região.

A indústria no Paraná tem sua história ligada à exploração madeireira, tanto na extração como na fabricação de equipamentos. Hoje, bem menos, é verdade, mas algumas cidades, inclusive tiveram seu surgimento e crescimento através dessa atividade, que já representou muito na economia do Estado.

A Região Metropolitana de Curitiba continua sendo a mais importante área industrial do Estado, com indústrias automobilísticas no município de São José dos Pinhais e Curitiba (Cidade Industrial de Curitiba), refinaria de petróleo (REPAR ou Refinaria Getúlio Vargas) no município de Araucária, cimento em Rio Branco do Sul e Campo Largo, cerâmica em Campo Largo.

O Paraná, por sinal, é um dos Estados mais importantes na produção de papel e celulose do Brasil, nos municípios de Telêmaco Borba, Jaguariaíva, Arapoti, Piraí do Sul, Palmeira, Guarapuava, Mallet.

Outra cidade importante como polo diversificado de indústria no Estado é Ponta Grossa, com produção de bebidas, equipamentos industriais e para madeireiras, embalagens longa-vida, autopeças, agroindústria, metalurgia.

A cidade de Cianorte, no noroeste, é um polo de confecções das mais importantes do sul do Brasil, atraindo empregos e investimentos na indústria e na própria especialização da atividade.

Londrina, Maringá, Cascavel, Campo Mourão, entre outras cidades do interior, são as que mais se destacam em atividades industriais no Estado, principalmente na agroindústria.

Outra observação importante é no que diz respeito à questão energética, já que o Paraná é um dos principais Estados geradores de energia no Brasil. Além das já citadas usinas hidrelétricas, vale salientar que o Paraná possui, ainda, duas usinas termoelétricas, sendo uma movida a carvão mineral, na região nordeste do Estado, no município de Figueira. Esta usina pertence à Copel, que passou sua concessão à Companhia Carbonífera do Cambuí que, além de gerar a energia, também é responsável pela extração de carvão mineral para abastecê-la.

A outra termelétrica é a usina de Araucária, que é abastecida com gás boliviano e que esteve envolvida numa polêmica de privatização, sendo que hoje ela pertence à Copel que a transferiu, em forma de concessão (geração), à Petrobras.

No município de Palmas está a Usina Eólio-elétrica, pioneira no sul do Brasil na transmissão de energia eólica. Esta usina também integra o sistema Copel.

Transportes Terrestres, Aéreo e Oceânico

Na áreaestratégia que envolve o MERCOSUL, o Paraná é um dos Estados mais importantes, pela sua ligação com outras regiões brasileiras (Sudeste e Centro-Oeste) como o próprio Sul (Santa Catarina e Rio Grande do Sul) e também com os países que integram o mercado comum.

O Paraná é servido por rodovias federais e estaduais, além de portos marítimos (Paranaguá e Antonina) e fluviais (Foz do Iguaçu, Guaíra, Santa Helena, entre outros que integram a hidrovia Tietê-Paraná, a espinha dorsal do MERCOSUL), assim como hoje apresenta uma razoável infraestrutura de transporte aéreo, principalmente com o Aeroporto Internacional Afonso Pena, no município de São José dos Pinhais, além de aeroportos menores, mas com regularidade de voos como os de Foz de Iguaçu (internacional também), Londrina, Maringá e Cascavel.

As principais e mais importantes rodovias paranaenses são:

> BR-116 (liga São Paulo a Curitiba e a Santa Catarina; corta a Região Metropolitana de Curitiba).

> BR-277 (corredor de exportação; integra a rodovia Pan-Americana, interligando Assunção no Paraguai ao porto de Paranaguá).

> BR-376 (a Rodovia do Café; liga a divisa do Paraná com Mato Grosso do Sul, no noroeste do Estado, até a interligação com a BR-277, próximo da praça de pedágio de São Luiz do Purunã, onde as duas rodovias seguem até a entrada de Curitiba).

> BR-153 (a Transbrasiliana; corta o Estado de norte a sul, com trechos intercalados e até alguns bastante precários).

> BR-369 + PR-317 (essas duas rodovias ligam a região oeste e sudoeste à região noroeste e norte do Estado).

> BR-373 (rodovia que liga Ponta Grossa à BR-277 e depois ao sudoeste do Estado, interligando-se com a BR-277).

> BR-476 (rodovia do xisto, recentemente recebendo praças de pedágio).

> PR-151 (rodovia estadual que cruza o território paranaense de norte a sul).

> PR-090 (Estrada do Cerne; histórica rodovia que liga a Região Metropolitana de Curitiba ao norte do Estado, com trechos sinuosos, parte em asfalto e parte em rodovia não pavimentada).

> PR-508 (Alexandra-Matinhos).

> PR-182 (liga Cascavel ao sudoeste do Estado).

A malha ferroviária paranaense já foi maior, mas, nos últimos anos, tem sofrido uma diminuição. Ainda assim, o Paraná possui ferrovias interligando os principais pontos do Estado.

As ferrovias passam pelo norte do Estado, tanto na porção central, como na porção nordeste, chegando até Ponta Grossa. Assim como ferrovias que vêm de Cascavel a Guarapuava (Ferroeste) e daí até Ponta Grossa que, por sinal, é o principal entroncamento rodoferroviário do Sul do País. Todas essas ferrovias acabam convergindo até os portos de Antonina e de Paranaguá.

Recentemente, através de ações na Justiça, o Governo do Estado reverteu a concessão da Ferropar (que operava o trecho Cascavel-Guarapuava), sendo que o trecho voltou às mãos do Governo paranaense. Os outros trechos estão sob concessão da ALL (América Latina Logística).

As cidades paranaenses estão ligadas entre si e com o mundo através de um moderno sistema de telecomunicações, que permite a agilização na obtenção, processamento e transmissão de dados, através do uso da Telemática; são as infovias.

A Ponte Ayrton Senna é a maior ponte fluvial do Brasil, ligando o Município de Guaíra (PR) ao município de Mundo Novo (MS). Ela faz a transposição do Rio Paraná, tendo 3.598,6 metros de extensão, mais 400 metros de aterro, sendo um prolongamento da rodovia BR-163 e, no território paranaense, tem início a BR-272.

Os dois portos do Paraná são Paranaguá (corredor de exportação) e Antonina, ambos localizados na baía de Paranaguá.

Questões

01. As denominações para as principais unidades de relevo do Estado do Paraná são Primeiro Planalto, Segundo Planalto e Terceiro Planalto, as quais também recebem nomes regionais, de acordo com sua localização geográfica. Sobre a localização, a divisão e denominações regionais e as características morfoestruturais do relevo paranaense, assinale a alternativa correta:

a) O Primeiro Planalto Paranaense ou Planalto Cristalino Atlântico Paranaense estende-se da Serra do Mar, para o ocidente, até a Escarpa Devoniana (Serrinha). Sua estrutura é formada, principalmente, por rochas sedimentares. A cidade de Londrina localiza-se nesse Planalto.

b) O Segundo Planalto Paranaense ou Planalto dos Campos Gerais paranaense é limitado a leste pela Escarpa Arenítico-Basáltica (Serra da Esperança) e a oeste, pela Escarpa Devoniana (Serrinha).

c) As camadas sedimentares que formam o Segundo Planalto distinguem-se pela heterogeneidade de sua composição. A cidade de Ponta Grossa localiza-se nesse Planalto.

d) O Terceiro Planalto Paranaense ou Planalto de Guarapuava localiza-se a oeste da escarpa do Segundo Planalto e tem sua estrutura formada, exclusivamente, por camadas de rochas vulcânicas, suavemente inclinadas na direção do Rio Paraná.

e) O Terceiro Planalto Paranaense ou Planalto de Ponta Grossa é a região fisiográfica mais complexa quanto às suas formas e estruturas. Rochas sedimentares, metamórficas, plutônicas e vulcânicas fazem parte da estrutura geológica desse Planalto.

02. O Paraná recebeu importantes levas de imigrantes da Europa Central e da Europa Oriental, desde a segunda metade do século XIX até a terceira década do século XX.

Assinale a alternativa correta sobre a imigração europeia no Estado:

a) Os poloneses se instalaram principalmente no Oeste do Paraná,- dedicando-se à cultura do fumo.

b) Mallet, União da Vitória, Irati e São Mateus do Sul são cidades com forte influência alemã, visível na sua arquitetura gótica.

c) No Sudoeste, os imigrantes europeus dedicaram-se, originalmente, à pecuária de corte, em sistema extensivo de invernadas, em grandes latifúndios.

d) Os alemães ocuparam a região de Castro, onde instalaram cooperativas que concentraram importante produção de laticínios.

e) A cidade de Prudentópolis sediou importante contingente de imigrantes ucranianos.

03. Sobre a localização industrial no Estado do Paraná, é incorreto afirmar:

a) No interior do Estado predominam indústrias de beneficiamento de grãos, as agroindústrias, gerenciadas por grandes cooperativas.

b) As indústrias de papel e celulose paranaenses concentram-se junto ao centro consumidor, em municípios circunvizinhos de Curitiba, devido à presença da Mata de Araucária.

c) Ponta Grossa é um dos centros industriais do Sul do País, com destaque na agroindústria e no beneficiamento de madeira.

d) As indústrias localizadas em São José dos Pinhais são menos poluentes do que as indústrias localizadas no município de Araucária.

e) Campo Largo se destaca pela indústria cerâmica e de cimento.

04. (COPS) Leia o texto a seguir:

No segundo lustro da década de 1990, a economia paranaense passou por grandes transformações em sua estrutura produtiva após atração, através de mecanismo governamental, de grandes montadoras de automóveis multinacionais e, consequentemente, de um grande número de fornecedores que colocaram o Paraná em uma posição de destaque na economia nacional. Em consequência da ascendência de setores com maior conteúdo tecnológico, que possuem maior dinamismo econômico (especialmente da indústria de material de transporte e eletromecânica), consolida-se o declínio tendencial das atividades industriais tradicionais.

No entanto, a agroindústria paranaense continua como fator de sustentação de grande parte das atividades econômicas no interior do Estado.

(MIGLIORINI, S. M. dos S. Indústria paranaense: formação, transformação econômica a partir da década de 1960 e distribuição espacial da indústria no início do século XXI. Revista Eletrônica Geografar, Curitiba, v.1, n.1, p. 62-80, jul./dez. 2006.

Disponível em: <http://www.diaadiaeducacao.pr.gov.br/diaadia/diadia/arquivos/File/conteudo/artigos_teses/GEOGRAFIA/Artigos/artigo.pdf) Acesso em 10 março 2010.

De acordo com o texto e com os conhecimentos sobre o tema é correto afirmar:

a) A transferência, para o Paraná, de indústrias de maior conteúdo tecnológico se deve à crise geral da economia brasileira dos anos 1990.

b) O desenvolvimento industrial das últimas décadas no Estado do Paraná se processou de modo diferenciado nas várias regiões.

c) O surgimento do parque industrial paranaense está vinculado à dinâmica de exportações agrícolas que permitiu a expansão do mercado interno estadual.

d) As atividades industriais tradicionais foram substituídas por setores econômicos mais dinâmicos, devido à dinâmica do mercado nacional.

e) O declínio de atividades industriais tradicionais, especialmente da agricultura faxinal, estimulou a implantação de grandes indústrias no Estado.

05. (UFPR) Apesar das inúmeras diferenças, os movimentos de Canudos–Bahia, e do Contestado–Paraná e Santa Catarina, possuem algumas semelhanças. Entre as semelhanças estão:

a) A presença de apoio à ordem republicana presidencialista.

b) A ausência de elementos religiosos.

c) O apoio à República parlamentarista.

d) O questionamento da ordem fundiária.

e) O apoio ao Socialismo.

06. (PUC) Leia a seguinte notícia:

Paraná terá maior área de (***) da história

Faltando 12 dias para o início da safra de verão 2012/13, o Paraná deve registrar área recorde destinada ao plantio de (***). De acordo com o levantamento da Secretaria Estadual da Agricultura e do Abastecimento

(Seab) divulgado na tarde desta segunda-feira (3), a oleaginosa deve ocupar 4,57 milhões de hectares, área 3,9% maior em relação à temporada passada - 4,4 milhões de hectares. A explicação para o crescimento está na cotação recorde de R$ 75 por saca do grão.

"A opção por este produto é quase que natural em função da liquidez e da perspectiva do preço se manter firme", explica a Secretário Norberto Ortigara.

Com o crescimento da área, a produção estadual tem potencial para 14,99 milhões de toneladas - 38,5% a mais que em 2011/12. O recorde paranaense é a safra 2010/11, quando chegou a 15,3 milhões de toneladas. "Se o clima for favorável, podemos alcançar a produção de dois anos atrás", complementa Ortigara.

Ainda segundo o executivo, os agricultores paranaenses já comercializaram de forma antecipada 20% da safra para aproveitar os bons preços.

Números da consultoria Safras e Mercado apontam que 26% da produção do estado estão negociadas no mercado futuro.

Gazeta do Povo, 03/09/2012.

O nome do produto a que a notícia se refere foi retirado do texto e substituído por parênteses com asteriscos. Com base nas informações contidas no texto e nos seus conhecimentos sobre a agricultura paranaense, assinale a única assertiva que apresenta **CORRETAMENTE** o nome do produto em questão:

a) Arroz.
b) Café.
c) Milho.
d) Batata.
e) Soja.

07. (PREFEITURA MUNICIPAL DE MARINGÁ) Assinale o que for **INCORRETO** sobre a urbanização e a economia paranaense.

a) No Paraná, o deslocamento da população rural para Curitiba e cidades de médio porte como Londrina, e Maringá, foi causado pelo processo de mecanização agrícola e pelo fim do colonato, na segunda metade do século XX.
b) No norte do Estado do Paraná a modernização da agricultura levou à fragmentação das propriedades rurais, pois as antigas fazendas de café foram divididas em pequenas propriedades que passaram a desenvolver uma agricultura intensiva de grãos e altamente mecanizada.
c) A cafeicultura com o emprego de numerosa mão de obra foi, no passado, a atividade mais importante do norte do Paraná, marcando um intenso processo de colonização. A estrutura fundiária calcada na grande propriedade, e na instalação de centros urbanos de apoio, em locais estrategicamente definidos, foram planejados em vistas das necessidades dessa cultura.
d) As alternativas B e C estão incorretas.

08. (FAFIPA) Com relação à economia paranaense, assinale a alternativa **INCORRETA**.

a) O setor de serviços é, proporcionalmente, o principal responsável pelo Produto Interno Bruto (PIB) do Estado, seguindo-se o setor industrial e, por último, o setor agropecuário.
b) Outras fontes que também são geradoras de renda, no Estado, são os setores de transporte, as hidrelétricas, o turismo, a área mineradora e a extração da madeira.
c) Embora tenha menor importância, quando relacionada com outros ramos de atividade, a agropecuária paranaense é representativa em termos econômicos, atingindo participação superior à registrada pelo setor primário, em nível nacional.
d) As maiores vendas externas são de soja, material de transportes e carne.
e) A indústria automobilística tem destaque nos municípios de Curitiba, Londrina e Foz do Iguaçu.

09. (UFPR) A respeito dos aspectos físico-naturais do Estado do Paraná, considere as seguintes afirmativas:

I. No Estado do Paraná, distinguem-se cinco grandes regiões de paisagens naturais: o Litoral, a Serra do Mar, o Primeiro Planalto (ou Planalto de Curitiba), o Segundo Planalto (ou Planalto de Ponta Grossa) e o Terceiro Planalto (ou Planalto dos Campos Gerais).
II. Entre as diversas formações vegetais que recobriam originalmente o Estado do Paraná, destacam-se como principais grupos florestais a Floresta Ombrófila Densa, a Floresta Ombrófila Mista e a Floresta Estacional Semidecidual.
III. Em razão das características geológicas e geomorfológicas, a hidrografia subdivide-se em dois complexos hidrográficos, o da Bacia do rio Paraná e o da Bacia dos rios do Atlântico, sendo que os principais rios do Estado são Paraná, Paranapanema, Iguaçu, Tibagi, Ivaí e Piquiri.
IV. Embora existam várias classificações climáticas, a mais utilizada é a baseada no sistema de Köppen, a qual divide o Estado do Paraná em três tipos climáticos: o Cfa (zona subtropical úmida), o Cfb (zona temperada sempre úmida) e o Cwa (zona tropical marginal).

Assinale a alternativa correta.

a) Somente a afirmativa 4 é verdadeira.
b) Somente as afirmativas 1 e 2 são verdadeiras.
c) Somente as afirmativas 2 e 3 são verdadeiras.
d) Somente as afirmativas 1, 3 e 4 são verdadeiras.
e) As afirmativas 1, 2, 3 e 4 são verdadeiras.

10. (UFPR) "De acordo com o Simepar, a frente quente se desloca para o Estado de São Paulo e há o avanço de uma frente fria, tornando o dia de hoje nublado. Há risco de chuva forte, no final da tarde. As temperaturas oscilam entre 10 °C, durante a maior parte do dia, e caem para 3 °C, podendo chegar a 0 °C, depois das 23h". **A partir desse informativo, transmitido pela Rádio Educativa, do Governo do Estado do Paraná, e sobre o tema, é correto afirmar:**

a) A situação apresentada traduz o tempo atmosférico em cidades como Curitiba e Palmas, no Paraná.
b) As condições atmosféricas momentâneas, conforme descreve o informativo, são conhecidas como o clima do lugar.
c) Tempo nublado quer dizer presença de nuvens, as quais são um dos elementos do clima.
d) As temperaturas variáveis entre 10 °C e 3 °C indicam que essa situação é típica de um dia de inverno no litoral paranaense.
e) As frentes são fenômenos atmosféricos típicos de áreas de climas temperados.

Gabaritos

01	C	06	E
02	B	07	B
03	E	08	E
04	B	09	C
05	D	10	A

História

Sumário

1. BRASIL COLÔNIA E IMPÉRIO

1.1 Período Pré-Colonial (1500-1530)

O período pré-colonial no Brasil refere-se a um contexto de 30 anos, entre a chegada de Pedro Álvares Cabral, em 1500, e a chegada de Martin Afonso de Souza, em 1530. Nesse contexto, não houve um projeto de ocupação efetiva da terra por colonos portugueses. Algumas expedições e a busca pelo escambo (troca) por produtos da terra (por exemplo, o pau-brasil) foram as interações mais marcantes. Portugueses degredados eram deixados na costa brasileira. Aqueles que sobreviviam aos indígenas e conseguiam estabelecer relações construíam feitorias, armazéns para produtos de interesse para o escambo. A ausência de uma ocupação efetiva, nesse contexto, deu-se por conta do lucrativo comércio com as regiões orientais fornecedoras das especiarias. As investidas francesas no litoral brasileiro também foram preocupantes, pois o Tratado de Tordesilhas era bilateral, ou seja, outras nações não o reconheciam. Nesse sentido, "expedições guarda-costas" foram enviadas para afugentar os estrangeiros.

> Desinteresse de Portugal
> Expedições: Reconhecimento, Defesa e Exploração.
> Ciclo do Pau-brasil: Extrativista, itinerante, mão de obra livre e indígena, obtida pelo Escambo (troca de trabalho por presentes).

1.2 Período Colonial (1530 – 1808)

Expedição Colonizadora: Martim Afonso de Sousa – 1530. Fundação de São Vicente em 1532.

Aspecto colonizador: CAPITANIAS HEREDITÁRIAS (1534) - Colonização Sistemática.

Aspecto político: GOVERNOS GERAIS (1548) – Reflexo do Absolutismo português.

1.3 Economia Colonial

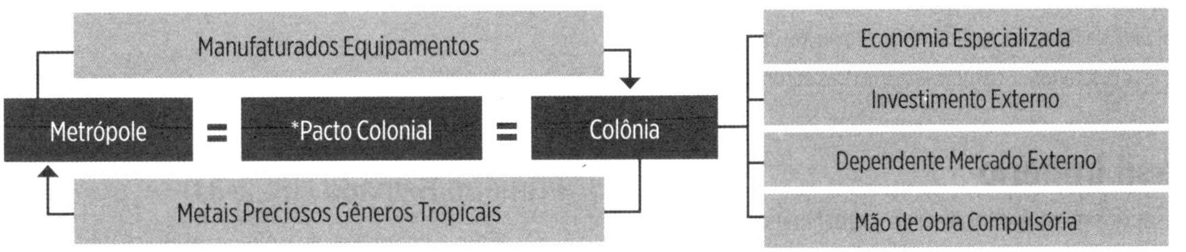

* Pacto Colonial: elemento que define a política colonial dos estados mercantilistas.

Ciclo	Açúcar	Mineração
Século	XVI-XVII	XVII
Local	Nordeste	Sudeste
Consequências	> Sociedade: > Patriarcal > Escravista > Miscigenada (ou híbrida) > Ruralizada – economia agrícola e organizada a partir do meio rural.	> Surgimento de uma classe média urbana; > Desenvolvimento de um mercado interno na colônia; > Aumento da agricultura e pecuária em outras regiões (abastecimento das minas); > Formação de cidades e desenvolvimento do artesanato; > Deslocamento do polo econômico do nordeste para o sudeste; > Transferência da capital para o Rio de Janeiro (1763);

1.4 Invasões Estrangeiras

FRANÇA	HOLANDA
1555-1567 – Invasão do Rio de Janeiro – Nicolau Durand de Villegagnon – "França Antártica" (Confederação dos Tamoios – aliança com tribos locais).	1624-1625 - Bahia - Bloqueou e conquistou a cidade de Salvador. Expedição comandada por Joahan van Dorth.
1612-1615 – Invasão do Maranhão – Daniel de La Touche – "França Equinocial" – Fundação do Forte de São Luís.	1630-1654 - Pernambuco - Desembarque na Praia do Pau Amarelo, conquista do vilarejo de Recife e a Vila de Olinda (Recife, nesse contexto, estava submetido politicamente a Olinda).

Crises

Revoltas	Nativistas	Pré-Independência
Século	XVII-XVIII	XVIII
Separatista	NÃO	SIM
Principais	-Aclamação de Amador Bueno (SP - 1641) -Revolta dos Beckman (MA - 1684) -Guerra dos Emboabas (MG - 1709) -Guerra dos Mascates (PE - 1710) -Revolta de Vila Rica ou de Felipe dos Santos (MG - 1720)	-Inconfidência Mineira (1789) -Conjuração Baiana ou Revolta dos Alfaiates (1798) -Insurreição Pernambucana (1817)

1.5 Período Joanino (1808-1821)

Política Interna	Política Externa
> Alvará de Abertura dos Portos às Nações Amigas – Fim do Pacto Colonial > Revogação do Alvará de 1785 – Permite a produção de manufaturas na colônia. > Construção de estradas, pontes e praçasBiblioteca Real, do Teatro Real e do Museu Nacional; > Banco do Brasil; > Academia Real Militar e Academia da Marinha; > Jardim Botânico; > Imprensa Régia; > Academia de Belas Artes; > Faculdade de Medicina na Bahia e Direito no Rio de Janeiro; > Missões exploradoras, científicas e artísticas europeias	> Tomada da Guiana Francesa > Ascensão do Brasil à condição de Reino Unido de Portugal e Algarves em 1815 Intervenção militar na Cisplatina

1.6 Brasil Império

Apesar dos movimentos de revolta em Minas Gerais, Bahia e Rio de Janeiro, foram acontecimentos na Europa que precipitaram a Independência do Brasil. A partir da ascensão de Napoleão Bonaparte ao governo francês, as disputas econômicas entre os países europeus, especialmente a Inglaterra e a França, geraram vários conflitos no continente. Nesse contexto, Napoleão Bonaparte declarou o bloqueio continental contra a Inglaterra, proibindo que qualquer nação do continente europeu fizesse comércio com os ingleses. A pressão francesa sobre Portugal levou o príncipe regente a optar por uma antiga ideia: transferir a sede do Império Português para o Brasil.

O Processo de Independência

Fatores da Independência:

> A vinda da Corte Portuguesa para o Brasil;
> As ideias iluministas;
> As pressões inglesas;
> As independências americanas;
> A Revolução Liberal do Porto e a ameaça de Recolonização;
> As ambições de D. Pedro.

Reconhecimento da Independência:

> EUA (1824)
> Inglaterra (1825)
> Portugal (1825)

Primeiro Reinado (1822-31)

Com a emancipação política do Brasil, tem-se a necessidade de organizar a vida e a política do novo país, agora autônomo, porém com vínculos e dívidas com outros países, bem como com grupos interessados em orbitar em torno do poder.

Constituição de 1824:

> Primeira Constituição do Brasil;
> Outorgada;
> Divisão em 4 PODERES: Executivo, Legislativo (bicameral), Judiciário e Moderador (exclusivo do Imperador);

Crise e abdicação de D. Pedro

> Autoritarismo do Imperador;
> Repressão violenta à Confederação do Equador;
> Guerra da Cisplatina;
> Sucessão ao trono português;
> Privilégios dados aos portugueses;
> Suspeita de envolvimento da morte do jornalista Líbero Badaró (opositor de D. Pedro);
> Comprometimento das finanças nacionais;
> Revolta de militares brasileiros;
> Noite das Garrafadas.

1.7 Período Regencial

Chamamos de Período Regencial o espaço de tempo entre o Primeiro e o Segundo Reinado.

Rebeliões Regenciais

> Péssimas condições de vida da população mais pobre;
> A falta de autonomia das províncias, devido à centralização do governo imperial;
> O excesso de impostos cobrados pelo governo central;
> A luta pelo poder entre partidos e grupos políticos.

Rebelião	Período	Estado	Classe Social
Cabanagem	1835-1840	Pará	Popular
Rev. dos Malês	1835	Bahia	Escravos
Farroupilha	1835-1845	Rio Grande do Sul	Elite - Estancieiros
Sabinada	1837-1838	Bahia	Classe média
Balaiada	1838-1841	Maranhão	Popular

1.8 Segundo Reinado (1840-1889)

O Segundo Reinado (1840-89) corresponde ao período no qual D. Pedro II esteve à frente do governo brasileiro.

1ª fase (1840-50): Contenção dos resquícios das Rebeliões Regenciais e Política Interna;

2ª fase (1850-70): Política Externa: Questão Christie, Conflitos Platinos e Guerra do Paraguai; Economia nacional;

3ª fase (1870-89): Leis abolicionistas e Movimentos Republicanos;

Economia

> **Açúcar**: sofria concorrência da produção das Antilhas e do açúcar de beterraba na Europa (europeu tem cada gosto!);
> **Tabaco:** usado no tráfico de escravos africanos, sofria uma queda na produção sob a pressão inglesa para que o Brasil eliminasse tal prática;
> **Algodão**: perdia mercado para a concorrência do algodão produzido no sul dos Estados Unidos;
> **Charque e Couro**: representavam muito pouco nas exportações brasileiras, não concorrendo com similares produzidos em outras regiões (Argentina e Uruguai).

Indústria

Vemos despontar, após meados do século XIX, a figura de Irineu Evangelista de Sousa, o Barão (1854) e Visconde (1874) de Mauá. É o período que chamamos de **ERA MAUÁ.**

Leis Abolicionistas:

> **Lei Eusébio de Queirós (1850):** extinção do tráfico negreiro;
> **Lei do Ventre Livre (1871):** liberdade para os filhos de escravos nascidos a partir desta data, devendo os proprietários criá-los até os 08 anos;
> **Lei dos Sexagenários (1885):** liberdade para o escravo que completasse 65 anos;
> **Lei Áurea (1888):** assinada em 13 de maio, concedeu a liberdade a todos os escravos. O documento assinado pela Princesa Isabel – que na ocasião substituía provisoriamente o Imperador – atingiu aproximadamente 5% da população negra do país, fato este que mostra que na prática a escravidão já havia praticamente acabado, sendo a Lei apenas uma forma de legitimar este fato.

Questões que contribuíram para o fim do Império:

> Questão Abolicionista
> Questão Militar
> Questão Religiosa
> Questão Positivista

Proclamação da República (15/11/1889)

Questões

01. Torna-se claro que quem descobriu a África no Brasil, muito antes dos europeus, foram os próprios africanos trazidos como escravos. E esta descoberta não se restringia apenas ao reino linguístico, estendia-se também a outras áreas culturais, inclusive à da religião. Há razões para pensar que os africanos, quando misturados e transportados ao Brasil, não demoraram em perceber a existência entre si de elos culturais mais profundos.

SLENES, R. Malungu, ngoma vem! África coberta e descoberta do Brasil. Revista USP, n. 12, dez./jan./fev. 1991-92 (adaptado).

Com base no texto, ao favorecer o contato de indivíduos de diferentes partes da África, a experiência da escravidão no Brasil tornou possível a

a) formação de uma identidade cultural afro-brasileira.
b) superação de aspectos culturais africanos por antigas tradições europeias.
c) reprodução de conflitos entre grupos étnicos africanos.
d) manutenção das características culturais específicas de cada etnia.
e) resistência à incorporação de elementos culturais indígenas.

02. Fui a terra fazer compras (...). Há muitas coisas inglesas, tais como seleiros e armazéns, não diferentes do que chamamos na Inglaterra um armazém italiano, de secos e molhados, mas, em geral, os ingleses aqui vendem suas mercadorias em grosso a retalhistas nativos ou franceses. Quanto aos alfaiates, penso que há mais ingleses do que franceses, mas poucos de uns e outros. Há padarias de ambas as nações e abundantes tavernas inglesas, cujas insígnias com a bandeira da União, leões vermelhos, marinheiros alegres e tabuletas inglesas, competem com as de Greenwich ou Deptford.

O cotidiano descrito no texto de Maria Graham, em sua visita ao Rio de Janeiro em 1822, era consequência

a) da Abertura dos Portos de 1808.
b) da Independência do Brasil em 1822.
c) do Tratado de Methuen de 1703.
d) da elevação do Brasil a Reino Unido de Portugal em 1815.
e) da conquista da Guiana Francesa em 1809.

03. "A fundação de uma cidade não era problema novo para os portugueses; eles viram nascer cidades nas ilhas e na África, ao redor de fortes ou ao pé das feitorias; aqui na América, dar-se-ia o mesmo e as cidades surgiriam..." (João Ribeiro, História do Brasil.)

Baseando-se no texto, é correto afirmar que as cidades e as vilas, durante o período colonial brasileiro:

a) foram uma adaptação dos portugueses ao modelo africano de aldeias junto aos fortes para proteção contra ataques das tribos inimigas.

b) surgiram a partir de missões indígenas, de feiras do sertão, pousos de passagem, de travessia dos grandes rios e próximas aos fortes do litoral.

c) situavam-se nas áreas de fronteiras para facilitar a demarcação dos territórios também disputados por espanhóis e holandeses.

d) foram núcleos originários de engenhos construídos perto dos grandes rios para facilitar as comunicações e o transporte do açúcar.Responder às questões com base nas afirmativas a seguir, sobre o movimento abolicionista no Brasil, na segunda metade do século XIX.

04. A resistência à escravidão no Brasil da década de 1880 ocorreu por diversas estratégias e espalhou-se por diferentes classes do país. Entre as estratégias utilizadas na luta pela abolição da escravatura, NÃO está correta

a) a fuga de escravos.

b) a formação de quilombos.

c) a atuação de advogados na defesa dos escravos.

d) a panfletagem para divulgar a causa.

e) a busca por financiamento internacional

Gabaritos

01	A	03	B
02	A	04	E

2. HISTÓRIA DO BRASIL

→ Período Joanino (1808 - 1821)

→ Bloqueio Continental (21 de novembro de 1806)

→ Vinda da Família Real

→ Política Interna durante o Período Joanino

1º ATO OFICIAL – Abertura dos Portos às nações amigas.

Tarifas Alfandegárias

País	Taxa ad valorem (sobre o valor)
Países em geral	24%
Portugal	16%
Inglaterra	15%

2.1 Política Externa

> Tomada da Guiana Francesa e sua ocupação entre 1809 e 1817, por uma expedição anglo-portuguesa partida do Pará.

> Ascensão do Brasil à condição de Reino Unido de Portugal e Algarves em 1815.

> Intervenção militar na Cisplatina (futuro Uruguai) em 1817, dando início a uma luta longa e inglória que seria herdada depois por D. Pedro I e pelo Brasil independente.

2.2 Revolução Liberal do Porto

A saber, suas exigências eram:

> Retorno imediato da Família Real para Portugal.

> Implantação de uma Monarquia Constitucional (logo, a proposta do fim da monarquia absolutista – não confundir com o fim da monarquia que se dá apenas em 1910).

> Restabelecimento do Exclusivo Comercial de Portugal em relação ao Brasil (ou seja, retomada do Pacto Colonial e, automaticamente, retorno do Brasil à condição de colônia).

2.3 Primeiro Reinado (1822 - 1831)

Em 09 de janeiro de 1822, proferiu a famosa frase: "Se é para o bem de todos e felicidade geral da nação, está declarado: diga ao povo que eu fico". E o dia 09 de janeiro ficaria conhecido como o **Dia do Fico**.

Acontecimentos até a Independência:

> Maio de 1822 - Decretado o **CUMPRA-SE,** estabelecendo que nenhuma lei aprovada em Lisboa entraria em vigor no Brasil sem a aprovação de D. Pedro.

> Nomeação de um Ministério de Brasileiros, tendo como figura central José Bonifácio de Andrada e Silva (nome central na representação das elites brasileiras, grande idealizador do projeto, que previa a criação de um Estado centralizado sobre todos os domínios portugueses na América do Sul).

> Junho de 1822 – Convocação da Assembleia Constituinte Brasileira (este ato, mais até do que o 7 de setembro, consolida a ruptura com Portugal).

> 07 de setembro de 1822 - Declaração da Independência do Brasil.

> 12 de outubro de 1822 – Pedro de Alcântara Francisco António João Carlos Xavier de Paula Miguel Rafael Joaquim José Gonzaga Pascoal Cipriano Serafim de Bragança e Bourbon foi aclamado Imperador D. Pedro I.

Guerras de Independência

Reconhecimento da Independência

Estados Unidos da América – baseados na Doutrina Monroe "América para os americanos".

Inglaterra – o reconhecimento foi trocado pela ratificação dos lesivos acordos de 1810 e revalidação por mais 15 anos.

Portugal – exige o pagamento de uma pesada indenização de 2 milhões de libras (para pagar o Brasil precisou fazer empréstimos da Inglaterra) e o reconhecimento do título de "Imperador do Brasil" a D. João VI.

Opção pela Monarquia

> Manutenção da unidade territorial.

> Manutenção do latifúndio e dos privilégios das elites.

> Manutenção da mão de obra escrava.

> 1824 - 1ª Constituição - Brasil Império.

> Outorgada.

> Governo monárquico hereditário, constitucional e representativo.

> Estado unitário dividido em províncias.

> Religião oficial: católica.

> Estabelecimento de 4 **poderes**: Executivo, Legislativo (bicameral), Judiciário e Moderador (este de uso **exclusivo** do Imperador).

> Senado vitalício.

> Voto censitário (eleitores divididos em: eleitores da paróquia e eleitores da província).

> Reação direta: Confederação do Equador.

> Crises do 1º Reinado e Abdicação.

Período Regencial (1831 - 1840) - Uma Monarquia sem Rei

Chamamos de Período Regencial o espaço de tempo entre o Primeiro e o Segundo Reinado. Durante esses anos, D. Pedro de Alcântara estava impossibilitado de assumir, devido sua idade. O Brasil foi então governado por regentes. Algumas considerações gerais sobre o Período Regencial são importantes:

> Presença de três grupos políticos: Restauradores, Liberais Moderados e Liberais Exaltados.

> Os três grupos políticos formaram posteriormente os dois partidos que definiram a vida política durante o II Reinado: Liberal e Conservador. Importante lembrar que os dois partidos divergiam apenas quanto à maneira de estabelecimento da monarquia.

> O Período Regencial foi marcado por três períodos: Regência Trina Provisória, Regência Trina Permanente e Regência Una.

> O período foi de grande instabilidade, marcado por revoltas que ameaçaram a unidade territorial do Brasil.

> Apesar dar revoltas, nenhum regente fez uso do Poder Moderador, já que o mesmo era de uso exclusivo do Imperador.

Rebeliões Regenciais

> Péssimas condições de vida da população mais pobre.

> A falta de autonomia das províncias, devido à centralização do governo imperial.

> O excesso de impostos, cobrados pelo governo central.

> A luta pelo poder entre partidos e grupos políticos.

Rebelião	Período	Estado	Classe Social
Cabanagem	1835-1840	Pará	Popular
Rev. dos Malês	1835	Bahia	Escravos
Farroupilha	1835-1838	Rio Grande do Sul	Elite-Estancieiros
Sabinada	1837-1838	Bahia	Classe Média
Balaiada	1838-1841	Maranhão	Popular

2.4 Segundo Reinado (1840 - 1889)

Para facilitar nosso estudo sobre o II Reinado, vamos dividi-lo em três fases. Isso nos ajudará a posicionar nossas ideias diante dos acontecimentos desse período, que se apresenta com suma importância para a História do Brasil.

> 1ª Fase – 1840-1850 – Contenção dos últimos focos das rebeliões regenciais e ênfase na política interna;

> 2ª Fase – 1850-1870 – Política externa: Questão Christie, Questões Platinas, Guerra do Paraguai e Economia;

> 3ª Fase – 1870-1889 – Movimentos Republicanos e Leis Abolicionistas.

2.5 A República da Espada

> Marechal Deodoro da Fonseca (1891) – "o Velho Marechal".

> Marechal Floriano Peixoto (1891 – 1894) - "o Marechal de Ferro".

2.6 República das Oligarquias

Também conhecida como República Velha, República do café com leite ou Primeira República. Para entendermos o processo de como se davam as eleições, temos que entender como funcionavam as estruturas políticas desse período.

Coronelismo – base do sistema oligárquico, consistia no poder de chefes políticos locais que controlavam o processo eleitoral através de suas influências. Assim se criava os chamados "currais eleitorais", "voto do cabresto", "eleições bico de pena", por meio de um sistema de clientelismo político (trocas de favores com seu eleitorado). O voto nessa época era aberto, o que favorecia o controle eleitoral.

Política dos Governadores – compromisso firmado entre o Governo Federal e os governos estaduais, representados por grupos oligárquicos regionais. Também uma espécie de troca de favores entre o Governo Federal e as oligarquias. Assim seriam empossados apenas os parlamentares eleitos pelo grupo situacionista de cada estado. Os candidatos da oposição que fossem eleitos, seriam simplesmente cortados das listas de votação pela própria Comissão Verificadora dos Poderes do Congresso Nacional. Por isso, as eleições ficaram conhecidas como Eleições da Degola.

Política do Café com Leite – alternância de poder entre São Paulo e Minas Gerais, visando ao controle da sucessão presidencial.

2.7 Era Vargas (1930 - 1945)

Governo Provisório (1930 – 1934)

Nomeação de interventores.

Queima do excedente de café.

→ **Reforma eleitoral**

Voto secreto e Universal.

Voto feminino.

Justiça eleitoral.

Criação dos Ministérios da Educação, Saúde, Trabalho, Indústria e Comércio.

Revolução Constitucionalista de 1932.

Votação da Constituição de 1934 com os novos direitos trabalhistas.

Constituição de 1934

Mulheres conquistam o direito do voto.

Consequência da Revolução Constitucionalista de 1932.

Instituiu o voto secreto.

Estabeleceu o voto obrigatório para maiores de 18 anos.

Propiciou o voto feminino, direito há muito reivindicado, que já havia sido instituído em 1932 pelo Código Eleitoral do mesmo ano.

Previu a criação da Justiça do Trabalho.

Previu a criação da Justiça Eleitoral.

Nacionalizou as riquezas do subsolo e quedas d'água no país.

Prevê a nacionalização dos bancos e das empresas de seguros.

Confirma a Lei Eleitoral de 1932, com Justiça Eleitoral, voto feminino, voto aos 18 anos (antes era aos 21) e deputados classistas (representantes de classes sindicais).

Criou a Justiça do Trabalho.

Proibiu o trabalho infantil, determinou jornada de trabalho de oito horas, repouso semanal obrigatório, férias remuneradas, indenização para trabalhadores demitidos sem justa causa, assistência médica e dentária, assistência remunerada a trabalhadoras grávidas.

Proibiu a diferença de salário para um mesmo trabalho, por motivo de idade, sexo, nacionalidade ou estado civil.

Previu uma lei especial para regulamentar o trabalho agrícola e as relações no campo (que não chegou a ser feita) e reduz o prazo de aplicação de usucapião a um terço dos originais 30 anos.

Vargas foi eleito indiretamente via Congresso.

Direitos trabalhistas como 13º salário, FGTS, INPS, PIS/PASEP não são conquistas da Constituição Trabalhista.

Governo Constitucional (1934 – 1937)

Durante esse período, vale lembrar que o Governo de Vargas era Constitucional, mas não havia sido democrático o processo pelo qual ele foi eleito.

Visitas ao Uruguai e à Argentina

Em 22 de julho de 1935, foi criado um programa oficial de rádio, com notícias do Governo, a "Hora do Brasil", depois denominada "Voz do Brasil", existente ainda hoje.

Destaque para os políticos:

AIB Ação Integralista Brasileira	ANL Aliança Nacional Libertadora
De inspiração fascista, sob a chefia de Plínio Salgado, o grupo, na verdade, já existia. Havia se tornado oficialmente público, em 1932, com o lançamento de Manifesto de Outubro. Em 23 de abril de 1933, Plínio Salgado, à frente dos Camisas Verdes, realizou a primeira Marcha Integralista em São Paulo. Eles usavam uniformes paramilitares estampando a letra grega sigma e saudavam-se bradando ANAUÊ.	De inspiração socialista, pró-soviética, sob a chefia de Luis Carlos Prestes (ele já estava casado com a marionete de Stálin, Olga Benário Prestes), que havia se convertido ao Comunismo e retornara de Moscou ansioso para fazer revolução no Brasil.

E os comunistas tentaram tomar o poder.

27 de novembro de 1935 - Intentona Comunista – Tentativa frustrada de tomada do poder pelos comunistas no Brasil. Em janeiro de 1936, a maioria já se encontrava atrás das grades. Algo irônico que notamos aqui é que os comunistas abriram todos os caminhos para a instalação da contra-ofensiva varguista, e, por consequência, da Ditadura Vargas no Brasil.

Vargas decreta estado de sítio. A direita e a burguesia nacional, temendo um avanço comunista mais contundente, apoiam Vargas.

Plano Cohen - Um suposto plano comunista para tomada do poder. Foi escrito pelo capitão Olimpio Mourão Filho simulando uma revolução comunista. O General aliado de Vargas, Góis Monteiro, apresentou o suposto plano a Vargas, que aceitou usá-lo como pretexto para o Golpe. O Plano foi divulgado no programa "A Hora do Brasil". A população ficou horrorizada, pois ainda se recordava do acontecido em 1935. Desta maneira, foi fácil para Geúlio Vargas, em 10 de novembro de 1937, dar o golpe que possibilitou o início do Estado Novo.

Estado Novo / Ditadura Vargas (1937 - 1945)

Constituição de 1937

> Constituição de 1937 - Polaca
> Fundamentação na Constituição polonesa de 1935.
> Elaboração de Francisco Campos (Ministro da Justiça).
> Outorgada.
> Hipertrofia do Poder Executivo.
> Eleições indiretas para Presidente, com mandato de 6 (seis) anos.
> Governo nos Estados exercido por interventores.
> Abolição do direito de greve.
> Instituição da pena de morte.
> Instituição da censura.
> Restrição das garantias individuais.
> Direito do Executivo de dissolver o Congresso Nacional.
> Direito do Executivo de governar através de decreto-lei.
> Revogada pelo Ato Adicional de 1945, que determinou a realização de eleições diretas para todos os cargos do governo.

Outros pontos do Estado Novo

> Criação do **DIP** - Departamento de Imprensa e Propaganda, com o objetivo de divulgar as ações do Governo e impor a censura.
> Polícia Secreta - perseguição e prisão de supostos responsáveis por subversão da ordem.
> Criação do Conselho Nacional do Petróleo.
> Criação do Departamento: Administrativo do Serviço Público (DASP) e do Instituto Brasileiro de Geografia e Estatística (IBGE).
> Nacionalismo econômico expresso através da criação das estatais: Companhia Siderúrgica Nacional (CSN), Companhia Vale do Rio Doce, Companhia Hidrelétrica de São Francisco e Fábrica Nacional de Motores (FNM).
> Criação de uma nova moeda nacional – Cruzeiro.
> Em 28 de julho de 1938, o Cangaço (movimento que aconteceu, principalmente, no interior do Nordeste brasileiro e era uma expressão nítida das incoerências sociais que ocorriam) sofreu um golpe do qual não iria se recuperar, foram as mortes de Virgolino Ferreira da Silva, o "Lampião", e de Maria Gomes de Oliveira, a "Maria Bonita". Eles foram assassinados na Grota de Angicos, em Poço Redondo (SE), durante uma emboscada montada pela volante (polícia) da época. Os dois se tornaram mitos da historiografia brasileira.

1º de maio de 1943 – CLT - Consolidação das Leis Trabalhistas: descanso semanal remunerado, férias, salário mínimo e carteira de trabalho.

- Ainda, em 1943, foram criados territórios federais nas fronteiras para o desenvolvimento do interior do Brasil, ainda praticamente despovoado. Criaram-se, então, os territórios federais do Amapá, do Rio Branco, hoje Roraima, do Guaporé, hoje Rondônia, de Ponta Porã e do Iguassú. Estes dois últimos não prosperaram.

Brasil na 2ª Guerra Mundial

O Brasil tentou manter sua neutralidade até 1941, lembrando que o conflito começou oficialmente em 1939.

O cenário da Guerra foi interessante em seu início. Hitler rapidamente domina boa parte da Europa com sua inovadora tática da Blitzkrieg (Guerra Relâmpago). Ele conseguiu avançar pela frente ocidental, porque mantinha com a União Soviética um tratado de não-agressão. Mas, em 1941, Hitler rompe o tratado e invade a URSS. Com isso, abre a segunda frente de batalha, também conhecida como frente oriental. Mas, por enquanto, as forças ainda estão controladas. O problema é que, em 07 de dezembro do mesmo ano, os japoneses atacam Pearl Harbor e forçam a entrada dos EUA no conflito. A partir de então, a configuração da guerra é a seguinte: Eixo - Alemanha, Itália e Japão; Aliados - Estados Unidos, União Soviética e Inglaterra.

No início de 1942, durante a conferência dos países sul-americanos no Rio de Janeiro, estes países, a contragosto de Getúlio, decidiram condenar os ataques japoneses aos Estados Unidos da América e romper relações diplomáticas com os países do Eixo, em 21 de janeiro de 1942. Dessa maneira, o Brasil luta ao lado dos aliados.

Foi então formada a FEB, Força Expedicionária Brasileira, com o lema "A cobra vai fumar". O Brasil participou de várias campanhas militares importantes lutando, ao lado dos Aliados.

Uma situação que merece grande destaque foi a Batalha de Monte Castelo, na Itália. A batalha arrastou-se por três meses, de 24 de novembro de 1944 a 21 de fevereiro de 1945, durante os quais se efetuaram seis ataques, com grande número de baixas, devido a vários fatores, entre os quais as temperaturas extremamente baixas. Quatro dos ataques não tiveram êxito, o que aconteceu apenas à quinta tentativa.

Fim do Estado Novo

À medida que a Segunda Guerra terminava com a vantagem para os Aliados, Getúlio Vargas percebendo que sua política não estava em sincronia com os pensamentos democráticos, lentamente foi implantando, no Brasil, a redemocratização. Em outubro de 1943, os levantes pró-democracia já se manifestavam, de maneira discreta, no Brasil. Um grupo de intelectuais e políticos de Minas Gerais escreveram um manifesto, que ficou conhecido como o Manifesto dos Mineiros, pedindo a redemocratização do Brasil. O próprio desenrolar da Segunda Guerra favorecia o retorno aos ares democráticos. Havia uma incoerência pairando na política interna brasileira, ditatorial, e os soldados brasileiros nos campos de batalha que lutavam justamente contra a ditadura.

Medidas tomadas por Vargas visando a uma "abertura" política:

- Fixação de uma data para as eleições - 02 de dezembro de 1945.
- Libertação de presos políticos.
- Pluripartidarismo, dando origem à União Democrática Nacional (UDN), Partido Democrata Cristão (PDC), Partido Social Progressista (PSP), Partido Social Democrático (PSD), Partido Trabalhista Brasileiro (PTB) e a legalização do Partido Comunista Brasileiro (PCB).

Mas, mesmo com essas medidas, Vargas ainda mantinha uma posição intrigante. Muitos achavam que ele conseguiria criar um mecanismo de permanência no poder. Adeptos de Vargas começaram um movimento que contou com o apoio inclusive do PCB e de Luis Carlos Prestes. O movimento queria a permanência de Vargas no poder, por isso foi chamado de **Queremismo**. Para evitar qualquer revés no aparente processo democrático, o general Góis Monteiro, Ministro da Guerra, mobilizou o Exército contra Vargas, destituindo-o do poder em 19 de outubro de 1945. Assim terminava o Estado Novo. As eleições aconteceram na data prevista e o candidato eleito foi Eurico Gaspar Dutra.

O Queremismo contou com o apoio do PCB. Não foi um movimento liderado pelo exército.

Liderados por Dutra, os militares propõem eleições em 1945, provocando o fim da ditadura varguista.

A cultura na Era Vargas

Após a Revolução de 1930, o Brasil passou a refletir sobre si e seus destinos, de uma forma inovadora e surpreendente, destacando-se na área literária. Em 1933, surgiram dois livros-chave para a interpretação do país: **Casa Grande & Senzala**, de Gilberto Freyre e **Evolução Política do Brasil**, de Caio Prado Júnior. A eles se juntaria, em 1936, **Raízes do Brasil**, de Sérgio Buarque de Holanda. Essas três obras clássicas tornariam evidente uma nação multicultural e mestiça, litorânea e predatória, dividida constantemente entre a cordialidade e a crueza, cominada pelas elites vegetais, adaptada aos hábitos indígenas, construída pelo braço negro e pela mão operária. Um Brasil épico e trágico.

Poesia - Também tem nos anos 30, a marca gloriosa. Surgiram os primeiros livros de Carlos Drummond de Andrade, Manuel Bandeira, Murilo Mendes e Augusto Frederico Schmidt. No ano anterior, surgira Cecília Meireles e no seguinte Raul Bopp. Em 1931, Vargas convidaria Manuel Bandeira para presidir o Salão Nacional de Belas-Artes. Mas sempre houve atrito entre o regime e os artistas chamados dissidentes. O caso mais rumoroso foi o de Graciliano Ramos. Estreou na literatura em 1933 com o pungente **Caetés**, logo seguido pelo clássico **São Bernardo** (1934). Em março de 1936, sob suspeita de ter participado da ANL, Graciliano foi preso pela polícia de Vargas, e solto em 1937. Um ano depois lançou, **Vidas Secas**. A experiência na prisão foi relatada em **Memórias do Cárcere**.

Questões

"Foi regulamentada a atividade dos jogadores estrangeiros no Brasil, não pelas entidades do futebol e sim pelo DIP. De fato. Segundo a imprensa carioca, 'os jogadores estrangeiros só poderão ingressar no futebol brasileiro desde que tenham contrato firmado com um clube nacional, sendo o documento visado pelo consulado, no país de origem'. Assim, o controle pelo Departamento será perfeito, pois ele ficará de posse da 2ª via do contrato, ao mesmo tempo, a do documento de entrada em nosso país, exigido pela lei, o que provará a situação legal do profissional. O que se deprende é que os profissionais estrangeiros continuarão a ser equiparados aos artistas contratados. Findo o prazo de permanência, estipulado em contrato, são obrigados a retornar aos seus países.

("A Gazeta", 03.12.1940)

01. Além do apresentado, esse departamento tinha ainda como funções:

a) Centralizar a censura e popularizar a imagem do presidente Vargas.

b) Controlar a ação dos sindicatos e estabelecer metas para a educação básica.

c) Definir programas de assistência social e organizar a Juventude Brasileira.

d) Gerir o imposto sindical e garantir a autonomia e a liberdade dos sindicatos.

e) Reprimir os opositores do regime ditatorial e assessorar os interventores estaduais.

02. Em muitos aspectos, a Era Vargas (1930-1945) implementou mudanças no país em relação à Primeira República (1889 - 1930), pois:

a) Promoveu as bases da industrialização, ao empreender uma política econômica intervencionista e protecionista, além de orientar sua política externa na busca de recursos para implantar empresas nacionais.

b) Passou a tratar a questão social como "caso de polícia", reprimindo as organizações da classe operária com o fechamento de jornais, associações e sindicatos, embora permitisse sua representação no Congresso.

c) Estabeleceu um Estado federativo, conferindo aos estados bastante autonomia, ao permitir que contraíssem empréstimos no exterior e estabelecessem impostos, sem necessidade de consulta ao governo federal.

d) Desenvolveu uma nova política de valorização do café, por meio da compra e estocagem dos excedentes pelos governos estaduais e por constantes desvalorizações cambiais para favorecer os exportadores.

e) Autorizou a pluralidade sindical, porém os sindicatos ficaram atrelados ao Ministério do Trabalho, graças ao imposto de seus associados, e reuniam patrões e empregados, à semelhança do corporativismo fascista.

Em 21 de dezembro de 1941, Getúlio Vargas recebeu Osvaldo Aranha, seu Ministro das Relações Exteriores, para uma reunião. Leia alguns trechos do diário do presidente:

"À noite, recebi o Osvaldo. Disse-me que o governo americano não nos daria auxílio, porque não confiava em elementos do meu governo, que eu deveria substituir. Respondi que não tinha motivos para desconfiar dos meus auxiliares, que as facilidades que estávamos dando aos americanos não autorizavam essas desconfianças, e que eu não substituiria esses auxiliares por imposições estranhas."

VARGAS, Getúlio, Diário. São Paulo/Rio de Janeiro, Siciliano/ Fundação Getúlio Vargas, 1995, vol. II, p. 443.

03. A respeito desse período, podemos afirmar:

a) As desconfianças norte-americanas eram completamente infundadas porque não havia nenhum simpatizante do nazi-fascismo entre os integrantes do governo brasileiro.

b) Com sua política pragmática, Vargas negociou vantagens econômicas com o governo americano e manteve em seu governo simpatizantes dos regimes nazi-fascistas.

c) Apesar das semelhanças entre o Estado Novo e os regimes fascistas, Vargas não permitiu nenhum tipo de relacionamento diplomático entre o Brasil e os países do Eixo.

d) No alto escalão do governo Vargas, havia uma série de simpatizantes do regime comunista da União Soviética e de seu líder Joseph Stalin.

e) As pressões do governo norte-americano levaram Vargas a demitir seu ministro da Guerra, o general Eurico Gaspar Outra, admirador dos regimes nazi-fascistas.

04. Sobre a política externa, desenvolvida pelo governo brasileiro, durante o Estado Novo (1937-1945), é CORRETO afirmar:

a) Um dos objetivos centrais da política externa do período foi a procura de recursos, em forma de capital e tecnologia, para promover a industrialização do país. A estratégia adotada foi a da barganha com Estados Unidos e Alemanha.

b) A prioridade da política externa do período foi a de encontrar mercados para os produtos brasileiros de exportação, especialmente o café, de forma a contornar os efeitos da crise econômica deflagrada em 1929. A estratégia adotada foi a do alinhamento incondicional com a Alemanha.

c) Para atender ao seu principal objetivo - a obtenção de recursos externos para promover a industrialização do país - Vargas optou, desde 1939, pelo alinhamento incondicional aos Estados Unidos, então maior potência ocidental.

d) O alinhamento incondicional aos Estados Unidos foi a estratégia adotada para garantir um novo mercado consumidor para o café brasileiro. Em troca do apoio às proposições norte-americanas nos organismos internacionais, o Brasil obteve isenção de taxas alfandegárias para o café exportado para os Estados Unidos.

e) As relações diplomáticas, nesse período, caracterizaram-se pelo alinhamento incondicional à Alemanha, em função da convergência ideológica que aproximava a ditadura varguista do nazismo alemão.

05. Foram características do populismo no Brasil:

a) Hegemonia das massas populares, no Governo Federal, em associação aos industriais, promovendo o aparecimento de lideranças populistas.

b) Soberania plena e completa autonomia do Estado brasileiro frente todos os setores sociais.

c) Inclusão de setores populares no processo político e a aparente identificação entre Estado e Presidente da República.

d) Atuação do Estado nacional brasileiro como árbitro dos conflitos internacionais.

e) Ausência de laços entre o chefe do Estado e os interesses particulares dos diversos setores sociais.

O general Góis Monteiro, Ministro da Guerra de Getúlio Vargas, afirmava, em uma carta dirigida ao Presidente, em 1934: "O desenvolvimento das ideias sociais preponderantemente nacionalistas e o combate ao estadualismo (provincialismo, regionalismo, nativismo) exagerado não devem ser desprezados, assim como a organização racional e sindical do trabalho e da produção, o desenvolvimento das comunicações, a formação das reservas territoriais e milícias cívicas, etc. Para conseguir-se a disciplina intelectual desejada e fazer desaparecer a luta de classes, pela unidade de vistas e a convergência de forças para a cooperação geral, a fim de alcançar o ideal comum à nacionalidade".

06. No trecho dessa carta, estão expressos pontos centrais do regime instalado após a Revolução de 1930, entre elas:

a) Organização de milícias estaduais, regulamentação das relações trabalhistas e educação.

b) Estímulo à autonomia dos Estados, organização de milícias estaduais e nacionalismo.

c) Organização de milícias estaduais, centralização política e educação.

d) Centralização política, regulamentação das relações trabalhistas e nacionalismo.

e) Estímulo à autonomia dos Estados, regulamentação das relações trabalhistas e educação.

"Em plena Avenida Rio Branco, nas tardes de Sábado, pegávamos à força alguns atrevidos integralistas que se apresentavam fantasiados de camisa verde e os despojávamos das calças, largando-os depois, em plena via pública, apenas em fraldas de camisas. Não queriam eles andar de camisas verdes? Nós lhe fazíamos a vontade..." (Agildo Barata)

07. A cena descrita refere-se aos:

a) Enfrentamentos durante os comícios entre os integrantes da frente tenentista com a militância da Aliança Nacional Libertadora (ANL).

b) Confrontos de rua entre os integralistas e os tenentistas.

c) Enfrentamentos públicos entre os integrantes da Aliança Nacional Libertadora (ANL) e os integralistas.

d) Enfrentamentos entre os militantes da Aliança Libertadora Nacional (ALN), dirigida por Agildo Barata, e os integralistas de Plínio Salgado.

e) Confrontos públicos entre militares tenentistas e os comunistas da Aliança Libertadora Nacional (ALN).

"Pensávamos estar fazendo uma revolução liberal, quando, na verdade, estávamos iniciando uma revolução social."

08. Essa frase de Afrânio de Mello Franco refere-se a que acontecimento da História brasileira?

a) Ao golpe do "Estado Novo".

b) À Revolução de 1964.

c) À derrubada do Estado Novo em 1945.

d) À Revolução Constitucionalista de 1932.

e) À Revolução de 1930.

"Mais uma vez, as forças e os interesses contra o povo coordenaram-se novamente e se desencadeiam sobre mim. Não me acusam, insultam; não me combatem, caluniam e não me dão o direito de defesa. Precisam sufocar a minha voz e impedir a minha ação, para que eu não continue a defender, como sempre defendi, o povo e principalmente os humildes. Sigo o destino que me é imposto. Depois de decênios de domínio e espoliação dos grupos econômicos e financeiros internacionais, fiz-me chefe de uma revolução e venci. Iniciei o trabalho de libertação e instaurei o regime de liberdade...".

09. Trecho extraído do(a):

a) Carta Testamento de Varga.

b) Documento Renúncia de Jânio Quadros.

c) Discurso de João Goulart já no exílio.

d) Documento Renúncia de Fernando Collor.

e) Documento Renúncia de Marechal Deodoro.

10. Durante a Segunda Guerra Mundial, o Brasil foi governado por:

a) Washington Luís.

b) Getúlio Vargas.

c) Manuel Eurico Gaspar Dutra.

d) Café Filho.

e) João Goulart.

Gabaritos

01	A	06	D
02	A	07	C
03	B	08	E
04	A	09	A
05	C	10	B

3. BRASIL REPÚBLICA POPULISMO (1945 - 1964)

Retornando o país à normalidade constitucional (a nova Carta foi promulgada em 1946), o populismo iria relevar sua eficiência eleitoral.

A eleição do Presidente Eurico Gaspar Dutra contara com o decisivo apoio de Vargas, que a seguir candidatou-se à sucessão. Em 1950 era mais uma vez eleito para a presidência da República. Simultaneamente, organizava-se um partido populista (o Partido Trabalhista Brasileiro - PTB), que conseguiria dominar até 1964, com pequenas interrupções, o Ministério do Trabalho e, por intermédio dele, os sindicatos.

3.1 Eurico Gaspar Dutra (1946 - 1951)

Resultado das eleições de 1945:

Candidato	Partido	Percentagem
Eurico Gaspar Dutra	PTB/PSD	55,93%
Eduardo Gomes	UDN	43,74%
Yedo Fiúza	PCB	9,70%
Mario Rolim Teles	Outros	0,17%

Em função da nova ordem estabelecida na política brasileira, houve a necessidade de uma nova Constituição para o Brasil. Em 18 de setembro de 1946, foi promulgada a 5ª Constituição brasileira, 4ª Constituição Republicana.

É importante observarmos que o contexto político do governo Dutra está inserido no período conhecido como Guerra Fria e, consequentemente, no Mundo Bipolar. Era necessário o Brasil se alinhar com alguma grande potência. Seguindo a ordem natural até então da política brasileira, alinhamo-nos com os Estados Unidos da América. Em consequência disso, promovemos a cassação do Partido Comunista Brasileiro e seus parlamentares, rompimento com a URSS, além do fechamento da CGTB - Central Geral dos Trabalhadores do Brasil.

Realizações:

> Plano SALTE - Investimentos nas áreas de Saúde, Alimentação, Transporte e Energia.

> Início da rodovia ligando o Rio de Janeiro a São Paulo (Via Dutra).

> Construção do Maracanã (Copa de 1950).

> Instalação da primeira emissora de Televisão do Brasil - TV Tupi.

> Fechamento dos Cassinos e proibição do jogo no Brasil.

3.2 Getúlio Dorneles Vargas (1951 - 1954)

Getúlio Vargas, que de 1946 a 1950 havia sido eleito Senador da República, retornava, agora, triunfante e eleito pelo povo. Sua vitória foi sobre as forças da UDN, que apresentara novamente como candidato Eduardo Gomes.

Esse retorno de Vargas à Presidência foi marcado por muitas polêmicas:

Lei nº 1.521, *de 1951, sobre crimes contra a economia popular, ainda em vigor;*

Lei nº 1.522, *de 1951, que autoriza o governo federal a intervir no domínio econômico para assegurar a livre distribuição de produtos necessários ao consumo do povo. Esta lei foi substituída pela lei delegada n.º 4, em 1962;*

O decreto nº 30.363, de 1952, que dispõe sobre o retorno de capital estrangeiro, limitando-o a 8% do total dos lucros das empresas estrangeiras para seu país de origem, revogado em 1991.

Lei nº 2004*, de 1953, sobre o monopólio estatal da exploração e produção de petróleo, revogada em 1997;*

Lei sobre a liberdade de imprensa, de 1953, que vigorou até 1967;

Lei nº 1.802, *de 1953, que define os crimes contra o Estado e à Ordem Política e Social, substituida em 1967, pela Lei de Segurança Nacional.*

Foi dado continuidade também ao nacionalismo econômico que Vargas iniciara durante o Estado Novo, e foram criadas a Petrobrás, através da campanha "O Petróleo é Nosso", BNDE (Banco Nacional de Desenvolvimento Econômico) e a Usina Hidrelétrica de Paulo Afonso.

Em fevereiro de 1954, um reajuste salarial de 100%, medida posta pelo Ministro do Trabalho João Goulart, fez aumentar a oposição contra Vargas. O principal setor oposicionista era a UDN, e também Carlos Lacerda. Não podemos esquecer que, nesse momento, políticas que se aproximam do povo são vistas com maus olhos pelas elites. Políticas populares, por vezes, são associadas com esquerda, por isso a oposição à Vargas aumentava. Sem contar que ele já havia demonstrado, em outras épocas, sinais de que gostava muito do poder.

O Caso Larcerda

Atentado contra Lacerda - Na madrugada de 5 de agosto de 1954, um atentado a tiros de revólver, em frente ao edifício onde residia Carlos Lacerda, na rua Tonelero, em Copacabana, no Rio de Janeiro, mata o major Rubens Florentino Vaz, da Força Aérea Brasileira (FAB), e fere, no pé, Carlos Lacerda, jornalista e ex-deputado federal da UDN, que fazia forte oposição a Getúlio. O atentado foi atribuído a Alcino João Nascimento e seu auxiliar Climério Euribes de Almeida, membros da guarda pessoal de Getúlio, chamada pelo povo de "Guarda Negra".

O Suicídio

A oposição contra Vargas aumenta. Forças tentam obrigar o Presidente a renunciar ou licenciar-se da presidência, mas o mesmo mantém-se firme e irredutível. Essa crise levou Vargas a cometer suicídio em 24 de agosto de 1954. Até hoje perguntamo-nos se Vargas cometeu suicídio ou não.

Período Turbulento da História do Brasil

Café Filho e Nereu Ramos - Crise (1945 - 1956)

Com a morte de Vargas, assume a presidência o vice Café Filho, que convocou as eleições. A vitória foi conquistada por Juscelino Kubitschek (PSD/PTB). A UDN, mais uma vez derrotada, tentou uma manobra para impedir a posse dos eleitos. Carlos Lacerda estimulava conservadores e militares a reagirem contra a ameaça comunista, pelo jornal Tribuna da Imprensa. Café Filho afastou-se do poder para tratamento de saúde. Assumiu o presidente da Câmara dos Deputados, Carlos Luz, simpatizante da ideia do Golpe para impedir a posse de Juscelino. O então Ministro da Guerra, General Henrique Teixeira Lott, num golpe legalista (11/11/1955), derrubou Carlos Luz, garantindo, desta maneira, a posse do presidente eleito. Assumiu, então, o Presidente do Senado, Nereu Ramos, até a posse de Juscelino, em janeiro de 1956.

3.3 Juscelino Kubitschek (1956 - 1961)

Política desenvolvimentista - Plano de Metas:

> "50 anos de desenvolvimento em 5 anos de governo".

Na década de 50, o termo **Modernização** estava associado à **Industrialização**, e Juscelino trabalhou intensamente nessa questão, visando a promover a industrialização efetiva do Brasil.

O principal investimento se deu na Indústria Automobilística. A Volkswagen produziu, em 1959, o primeiro Fusca no Brasil.

Como consequência da industrialização, também observamos um intenso êxodo rural e um inchaço urbano, decorrente das novas frentes de trabalho oferecidas.

Anos Dourados

Parecia que nesse instante tudo brindava o desenvolvimento. Apareceram (como decorrência da ampliação do mercado americano) os eletrodomésticos, que prometiam facilitar a vida em casa. Eram de todos os tipos, desde enceradeiras a aspiradores de pó. Em se tratando de política, foi criado o que se chamou de "American Way of Life" (Estilo de vida americano), por conta da influência norte-americana pós-guerra e do alinhamento do Brasil com os Estados Unidos. Havia um forte jogo ideológico para demonstrar que a América era a terra das oportunidades, em oposição à URSS. Enquanto tudo isso se consolidava, os meios de comunicação ampliavam. Eram rádios, revistas, jornais, radionovelas, programas musicais e de humor. Foram criadas as chanchadas, filmes surgidos na década de 1940, que tinham música e comédia e duraram até a década de 1950. Os teatros, telenovelas e telejornais tinham mais audiência que nunca. Em 1958, a música fora consolidada, com sucessos como "Chega de saudade", de João Gilberto. Criara-se, também, a Bossa-Nova.

Em 21 de abril de 1960 - Inauguração de Brasília para ser a nova capital federal - um projeto do urbanista Lúcio Costa Filho e do arquiteto Oscar Nyemeyer.

Criação da SUDENE - Superintendência do Desenvolvimento do Nordeste; internacionalização da economia brasileira; aumento da dívida externa.

O Brasil da Bossa Nova

Uma mistura de samba e jazz, um dos poucos estilos da música brasileira internacionalmente conhecido. Movimento que ficou associado ao crescimento urbano brasileiro - impulsionado pela fase desenvolvimentista da presidência de Juscelino Kubitschek (1955-1960)-, a Bossa Nova iniciou-se para muitos críticos quando foi lançado, em agosto de 1958, um compacto simples do violonista baiano João Gilberto (considerado o "papa" do movimento), contendo as canções Chega de Saudade (Tom Jobim e Vinicius de Moraes) e Bim Bom (do próprio cantor).

A palavra bossa apareceu pela primeira vez na década de 1930, em Coisas Nossas, samba do popular cantor Noel Rosa: "O samba, a prontidão / e outras bossas, / são nossas coisas (...)". A expressão Bossa Nova passou a ser utilizada também na década seguinte para aqueles sambas de breque, baseado no talento de improvisar paradas súbitas durante a música, para encaixar falas. Um dos maiores expoentes da Bossa Nova comporia um dos marcos do fim do movimento. Em 1965, Vinícius de Moraes compôs, com Edu Lobo, Arrastão. A canção seria defendida por Elis Regina no I Festival de Música Popular Brasileira. (da extinta TV Excelsior), realizado no Guarujá, naquele mesmo ano. Era o fim da Bossa Nova e o início do que se rotularia MPB, gênero difuso que abarcaria diversas tendências da música brasileira até o início da década de 1980 - época em que surgiu um pop/rock nacional renovado.

3.4 Jânio Quadros (1961) – O Homem da Vassoura

Eleita em 1960, a dobradinha Jan-Jan (Jânio Quadros e João Goulart) obteve a maior votação até então jamais obtida no Brasil, 5.604.000 votos (48%), apoiada pela UDN, enquanto seu principal concorrente, o Marechal Lott obteve 3.810.000 votos (28%), pelo PTB. A posse de Jânio foi a primeira na nova capital federal Brasília. Lembrando que inicialmente o vice de Jânio era Miltom Campos, já que Presidente e Vice eram independentes nas eleições.

Embora conservador, o programa do governo de Jânio Quadros foi bastante audacioso e considerado por muitos com um ar revolucionário. Decretos polêmicos em época de Guerra Fria não são muito bem aceitos.

Política externa independente (PEI);

Defesa da política de autodeterminação dos povos, condenando as intervenções estrangeiras.

Criação do Parque Nacional do Xingu.

Envio ao Congresso de projetos de lei *antitruste*, a lei de limitação e regulamentação da remessa de lucros e *royalties*, e a pioneira proposta de lei de reforma agrária. Naturalmente, nenhum desses projetos jamais foi posto em votação pelo Congresso – hostil a seu governo – que os engavetou, uma vez que Jânio se recusava a contribuir com o que chamava de espórtulas constrangedoras, que os congressistas estavam acostumados a exigir para aprovar Leis de interesse da nação (prática essa similar ao chamado Mensalão, que ocorreu no primeiro governo Lula).

"Desrespeito" à bipolaridade mundial do mundo Guerra Fria. Na verdade, a ideia de Jânio era buscar uma política externa independente que pudesse favorecer o Brasil, não importando se para isso fosse necessário comercializar com a China, ou com algum outro país não alinhado aos EUA (lembrando que a China passara por uma Revolução de cunho socialista em 1949 e estava então sendo governada pelo Grande Timoneiro Mao Tsé Tung).

Decretos polêmicos – proibição do uso de biquínis, proibição das rinhas de galo, proibição do uso de lança perfume, tentativa de regulamentar o carteado.

19 de agosto de 1961 – Condecoração de Ernesto Guevara de la Serna "Che", com a Ordem do Cruzeiro do Sul, o que irritou demais seus aliados da UDN.

Em 24 de agosto, Carlos Lacerda, "o derrubador de presidentes", em entrevista, faz uma suposta denúncia sobre um pretenso golpe que Jânio estaria armando. Para o espanto de todos, em 25 de agosto, Jânio Quadros apresenta sua carta de renúncia, que foi prontamente aceita pelo Congresso Nacional.

Este gesto de Jânio nunca foi totalmente esclarecido. E a política brasileira beirava agora um caos. O vice, João Goulart, não se encontrava no Brasil no momento da renúncia, o mesmo estava visitando a República Popular da China, por isso assume a Presidência o presidente da Câmara dos Deputados, Ranieri Mazzili.

Após a renúncia do presidente, as Forças Armadas julgaram inconveniente à Segurança Nacional o regresso do vice-presidente, acusado como simpatizante dos comunistas. Um grande opositor dos ministros militares, nesse momento, foi Leonel Brizola, defendendo a legalidade.

Para tentar regulamentar a situação, sem contudo desestabilizar a política interna, o Congresso aprovou a Emenda Constitucional n.º 4 à Carta de 1946, que instaurava o regime parlamentarista no Brasil.

3.5 João Goulart - Jango (1961 - 1964)

Com o Ato Adicional de 1961, João Goulart era o presidente, mas não governava. Estava submetido ao regime parlamentarista. Os primeiros-ministros que se sucederam, Tancredo Neves, Hermes Lima e Brochado da Rocha, não conseguiram exercer o governo de modo conciliatório. Em virtude disso, em 1963, tivemos um plebiscito em que foi escolhida a forma presidencialista de governo. João Goulart assumia, então, como Presidente da República.

O povo brasileiro, ao votar no presidencialismo, não estava necessariamente se identificando com João Goulart, mas com o sistema presidencialista. Talvez a opção feita pelos brasileiros tenha levado o presidente a acreditar que era ele a peça principal nesse jogo.

Os anos de 1963 e 1964 foram marcados pela radicalização política, alternada entre direita e esquerda.

→ **Plano Trienal – Formalizado pelo então ministro do Planejamento Celso Furtado, propunha:**

- > Redução da dívida externa.
- > Estatização das refinarias particulares de petróleo.
- > Reforma agrária sobre latifúndios improdutivos;
- > Diminuição da inflação sem sacrifício da classe operária.
- > Melhor distribuição da riqueza nacional.

O presidente também propunha as chamadas Reformas de Base – agrária, tributária, administrativa, bancária e educacional.

Jango manteve uma política externa independente: reatou relações diplomáticas com a União Soviética e se recusou a apoiar uma invasão a Cuba, proposta pelo presidente estadunidense John Kennedy. Essas medidas estavam azedando a relação com a direita. E um golpe era preparado por trás das cortinas do poder.

Operação Brother Sam (os gringos influenciando no processo golpista)

Em janeiro de 1964, o governo norte-americano destacou um general para conversar com o brigadeiro Eduardo Gomes e os generais Castelo Branco e Jair Dantas Ribeiro, ministro da Guerra de João Goulart. Era a semente do apoio norte-americano ao golpe no Brasil. Mas qual o interesse dos Estados Unidos em apoiar um golpe no Brasil? Na verdade, o interesse era a manutenção do equilíbrio geopolítico nas Américas. Após a revolução cubana, em 1959, e a declaração oficial feita por Fidel Castro, em 1961, de que Cuba seguiria uma ideologia socialista, os Estados Unidos passaram a apoiar regimes ditatoriais no continente americano, como forma de manter sua hegemonia política.

A Operação Brother Sam ficou conhecida em 1977, quando foram liberados alguns documentos da Biblioteca Lyndon Johnson (Texas). Seu objetivo básico consistia no deslocamento para o Brasil de uma força-tarefa liderada pelo porta-aviões Florestal, incluindo-se quatro petroleiros e naves de guerra, uma delas munida com mísseis teleguiados. Para agilizar a operação, sete aviões C-135, com 110 toneladas de armas e pequenos caças de combate comporiam a ligação entre as bases norte-americanas e as brasileiras, para as necessidades urgentes.

O Derradeiro Comício Pré-golpe

No comício da Central do Brasil, em 13 de março de 1964, Goulart expôs suas reformas e conclamou o povo a apoiá-las. O Congresso Nacional se opôs, o Exército se mobilizou e a sociedade conservadora, inclusive a Igreja Católica, movimentou-se na famosa Marcha da Família com Deus pela Liberdade, alertando sobre a necessidade de salvar o Brasil da ameaça comunista. Os fatos conduziram ao golpe militar de 31 de março de 1964, que depôs João Goulart, pondo fim à era do populismo e instaurando o regime militar no país, que se arrastaria por cerca de 20 anos.

A República Militar no Brasil, também chamada de Ditadura Militar, NÃO É UM FATO ISOLADO na América. Simultaneamente à Ditadura no Brasil, outros regimes antidemocráticos estavam acontecendo ao nosso lado. Podemos afirmar que o reflexo da Guerra Fria, na América, foi o apoio dos Estados Unidos a regimes ditatoriais!

Questões

01. No período imediatamente posterior à Revolução de 1930, a "ideologia" comunista e fascista eram representadas no Brasil, respectivamente, por:

a) Aliança Liberal e Partido Nacional Socialista.

b) Aliança Nacional Libertadora e Ação Integralista Brasileira.

c) Partido Comunista Brasileiro e Frente Unida Patriótica.

d) Movimento Revolucionário Nacional e Partido Fascista Brasileiro.

e) Partido Socialista Brasileiro e Aliança Patriótica Nacional.

"Construiremos uma pátria nova onde grandes e pequenos tenham vez, onde todos os seus filhos participem igualmente! A revolução que fizemos foi fruto da vontade do povo, que agora é o senhor do seu destino (".) Não haverá lugar para corruptos que roubam o dinheiro do povo, não haverá lugar para o desrespeito à lei, para favores políticos, para a injustiça e a farsa" (Getúlio Vargas).

02. Analise as alternativas a seguir e marque V para VERDADEIRO e F para FALSO:

( ) O texto se refere à Revolução de 1964, liderada por Getúlio Vargas, cujos objetivos eram acabar com a corrupção, o desrespeito à lei e com os desmandos do projeto de implantação de uma República Sindicalista.

( ) A Revolução a que Getúlio se refere é a Revolução de 1930. Apesar da promessa, o povo pouco se beneficiou do resultado dos acontecimentos, porque o movimento revolucionário apenas promoveu uma alternância dos grupos dominantes no poder.

( ) A Revolução de 1930 abriu a possibilidade da participação do povo pelo voto direto e universal, garantido pela Constituição de 1930.

( ) A promessa de participação não passou do discurso, pois, ao assumir o poder em 30 de novembro de 1930, o que ocorreu foi a nomeação de interventores, em sua maioria oriundos do movimento tenentista, para governar os Estados da República.

( ) Ao longo da década de 30, os fatos desmentiram o discurso de Vargas. Apesar das tentativas de participação tanto de associações e clubes quanto de movimentos revolucionários, Getúlio, gradativamente, foi centralizando o poder, processo que culminou com o Golpe de Estado de 1937, dando início ao período conhecido como Estado Novo.

a) V - V - F - V - V

b) F - V - V - F - V

c) F - V - V - V - V

d) F - V - F - V - V

03. Considere os seguintes itens:

I. A Revolução Constitucionalista de 1932, apesar de derrotada pelas forças do governo federal, viu um de seus projetos realizar-se em 1934, com a aprovação da nova Constituição brasileira.

II. O ano de 1933 foi marcado pela instituição de um novo Código Eleitoral que entre suas inovações trazia o voto secreto, o voto feminino e a Justiça Eleitoral.

III. A nova Constituição pouco divergia da anterior, isto é, da de 1891, pois mantinha a dominação dos proprietários de terras; enfim, era uma Constituição burguesa liberal.

IV. A Constituição de 1934 apontava nitidamente o caráter nacionalista de Getúlio Vargas, sobretudo, nos itens que criavam a possibilidade de nacionalização de empresas estrangeiras e o estabelecimento do monopólio estatal sobre determinadas indústrias.

Assinale a alternativa que reúne corretamente as idéias acerca da Constituição brasileira de 1934:

a) Somente I, II e III.

b) Somente I, II e IV.

c) Somente II, III e IV.

d) Somente I, III e IV.

e) I, II, III e IV.

04. Em 1937, com o golpe de estado, Vargas implantou no Brasil um regime político denominado Estado Novo. A denominação "Pai dos Pobres", conferida a ele, deve-se ao(s) seguinte(s) fator(es): Analise as alternativas a seguir e marque V para VERDADEIRO e F para FALSO:

( ) Supressão dos partidos políticos existentes.

( ) Instituição do Cruzeiro como unidade monetária nacional.

( ) Sua política populista.

( ) Nomeação de interventores estaduais.

( ) Mentalidade patriarcal de certos setores da população brasileira.

a) V - V - F - V - V

b) F - V - V - V - F

c) F - V - V - V - V

d) F - V - V - F - V

05. Aos 10 dias de novembro de 1937, através de golpe de Estado, o Brasil "mergulhava no Estado Novo: o ruído dos comícios seria substituído pelo silêncio das prisões e da censura, pelas torturas e pelo terror policial."

(MENDES JR, A.; MARANHÃO, R. Brasil História. Era de Vargas. São Paulo: Hucitec, 1989, p. 157.)

Analise as alternativas a seguir e marque V para VERDADEIRO e F para FALSO:

( ) A Constituição de 1937 estabeleceu a ditadura, na teoria e na prática, concentrando o poder nas mãos do Presidente da República.

( ) Após o golpe de Estado, os poderes executivos estaduais passaram a ser ocupados por interventores.

( ) Durante a vigência do Estado Novo, vigoraram leis que aboliram a liberdade de imprensa e instituíram a pena de morte.

( ) O Departamento de Imprensa e Propaganda (DIP) teve uma dupla função no período. Por um lado, exercia uma censura total aos meios de comunicação - imprensa, rádio e cinema - face a qualquer orientação contrária ao regime; por outro lado, orientava a opinião pública em favor de uma imagem positiva do Presidente Getúlio Vargas.

( ) Uma das primeiras medidas adotadas, ao iniciar-se o Estado Novo, foi a criação do Tribunal de Segurança Nacional, para julgar os crimes das pessoas acusadas como comunistas.

a) V - V - V - V - F

b) V - V - V - F - V

c) F - V - V - V - V

d) F - V - V - F - V

06. Entre 1930 e 1945, o Brasil apresentou rápida transformação política, revelando reflexos que sofria da conjuntura mundial e, evidenciando fragilidade econômico-institucional.

Sobre o mencionado período, é correto afirmar:

a) A Revolução de 1930 foi decorrente da contestação interna às "Oligarquias e também da crise econômico-financeira originária do crack da Bolsa de Nova Iorque, que atingiu a economia cafeeira nacional.

b) Em 1930, ocorreu uma revolução que instaurou no Brasil o Estado Novo e o modelo político fascista, conhecido por Estado Novo.

c) As forças políticas da esquerda estruturaram-se em torno da AIB - Ação Integralista Brasileira. Entre outras metas, pretendiam efetuar uma reforma agrária.

d) As oligarquias paulistas conseguiram retomar o poder com a Revolução de 1932 (Nove de Julho), do qual tinham sido desalojadas pela Revolução de 1930.

e) O desfecho da Segunda Guerra Mundial determinou progressos do modelo político totalitário de direita no Brasil.

07. O Estado Novo no Brasil (1937-1945) marcou um período de progresso econômico e repressão política. Assinale a alternativa correta relativamente a este período:

a) Adquiriu, na Inglaterra, numerosos navios de guerra, incluindo encouraçados, cruzadores e porta-aviões, marcando o reaparelhamento da Marinha.

b) Plantou obras de infra-estrutura, sendo destaques a Companhia Siderúrgica Nacional e a Companhia Vale do Rio Doce.

c) Realizou uma reforma agrária, maneira encontrada para fazer cessar a agitação no campo.

d) Prestigiou partidos políticos liberais, como a UDN (União Democrática Nacional) e PSD (Partido Social Democrático).

e) Concedeu grande liberdade sindical, podendo esses órgãos de classe reivindicar melhores salários, deflagrando greves, se necessário.

08. Assinale a alternativa INCORRETA:

a) A Constituição assinada por Getúlio Vargas, em 1937, foi inspirada na Constituição Polonesa e influenciada pelas ideias comunistas.

b) Durante o Estado Novo, Getúlio Vargas tomou medidas importantes no campo econômico, tais como: incentivo à agricultura, à indústria e ao comércio.

c) Em 1937, Getúlio Vargas deu um golpe de Estado, iniciando o período ditatorial denominado Estado Novo.

d) O movimento armado, denominado Intentona Comunista contribuiu para a decretação do Estado Novo.

e) Durante o período do governo de Getúlio Vargas, foi criada, no Brasil, a Consolidação das Leis Trabalhistas (CLT).

09. Destaque as proposições que identificavam a primeira fase do governo de Getúlio Vargas (1930-45):

( ) Governo denominado "populista".

( ) Compreende um período de governo conhecido como "Estado Novo".

( ) Governo que instituiu a legislação trabalhista e o voto secreto.

( ) Período de governo em que ocorreu a Revolta do Forte de Copacabana, movimento conhecido como "os 18 do Forte".

( ) Período de transição de uma economia agro-exportadora para uma economia industrial e urbana.

a) V - F - V - V - F

b) V - V - F - V - F

c) F - V - V - V - F

d) V - V - V - F - V

10. Sobre o período da História do Brasil, conhecido como Estado Novo (1937-1945), é correto afirmar:

a) O regime instaurado abarcou uma série de mudanças no eixo político brasileiro, em particular transferindo o poder central do Nordeste para o Rio Grande do Sul, terra do então presidente Vargas.

b) Mediante o apoio do PCB (Partido Comunista Brasileiro) e de seu principal líder, Luiz Carlos Prestes, o Governo Vargas implantou uma ferrenha ditadura, apesar da oposição dos trabalhadores descontentes com a criação da CLT (Consolidação das Leis do Trabalho).

c) Apesar de seu cunho autoritário, o regime de Vargas apoiou, desde o início da Segunda Guerra Mundial, a luta dos Aliados (Alemanha, Itália e Japão) contra os países do Eixo (França, Inglaterra, Rússia e EUA).

d) Este período foi caracterizado por uma visível transição de uma economia de base industrial para uma economia agrário-exportadora.

e) Com a intenção de barrar as críticas ao regime e de veicular propaganda a favor do Governo de Getúlio Vargas, em 1939, foi criado o DIP (Departamento de Imprensa e Propaganda).

Gabaritos

01	B	06	A
02	D	07	B
03	E	08	A
04	D	09	D
05	A	10	E

4. REPÚBLICA MILITAR E REDEMOCRATIZAÇÃO

4.1 Introdução

Ditaduras Militares, na América Latina, foram o reflexo da Guerra Fria no continente americano. Costuma-se chamar o período que vai de 1964 a 1985 de Ditadura Militar. Nós, porém, vamos chamar este período de **Governo Militar** ou **República Militar**.

Quando falamos em ditadura no Paraguai, rapidamente o nome de Stroessner se apresenta; ditadura no Chile lembramo-nos de Pinochet; ditadura na Argentina, nos lembramos de Videla, e assim acontece em vários países em que encontramos uma relação entre o ditador e o regime ditatorial. No Brasil, contudo, isso não ocorre. Se falarmos em ditadura no Brasil, cada um há de se lembrar do nome de um governante. Isso se dá pelo fato de que, no Brasil, a ditadura foi institucional e não pessoal.

A instituição República adentrou ao regime das eleições por voto indireto, mas, mesmo assim, tivemos uma alternância de poder entre os militares. Num primeiro momento, o plano não foi apresentado como uma ditadura militar. Foi, na verdade, um golpe que objetivava a defesa da integridade e de segurança nacionais, paz social, preservação da democracia, afirmação da soberania nacional. Em virtude disso, o golpe de 31 de março, consolidado em 1º de abril, contou com apoio dos amplos setores da sociedade. Ele se vestiu de ares democráticos para defender as instituições brasileiras.

Dentro dessa configuração política, temos os governantes (militares) governando, muitas vezes, por meio dos Atos Institucionais (AI como ficaram conhecidos). Os principais foram:

AI - 1	1964	Aumento do poder do Executivo; suspensão das imunidades parlamentares; cassação de mandatos de Deputados pelo Executivo.
AI - 2	1965	Eleições indiretas para Presidente; decretação do Estado de sítio sem autorização do congresso; extinção do pluripartidarismo; instituição do bipartidarismo ARENA - Aliança Renovadora Nacional - situação, e MDB - Movimento Democrático Brasileiro - oposição.
AI - 3	1966	Eleições indiretas para Governadores dos Estados.
AI - 4	1966	Revogava a Constituição de 1946.
AI - 5	1968	Executivo pode cassar mandatos e direitos políticos, além de aposentar juízes; suspensão da garantia de habeas corpus; intervenção federal nos Estados e Municípios; Congresso colocado em recesso pelo Executivo.

4.2 Presidentes

Humberto de Alencar Castelo Branco (1964-1967)

Realizações durante seu governo:

- Eleição indireta.
- Edição dos AI-1, AI-2 e AI-3.
- Implantação do **PAEG** - Plano de Ação Econômica do Governo.
- **SNI** - Serviço Nacional de Informações, uma espécie de CIA, para a manutenção do controle sobre as informações.
- Criação do Banco Central do Brasil e Banco Nacional de Habitação (BNH).
- Implantação do Cruzeiro Novo como Unidade Monetária.
- A economia brasileira ficou a cargo dos ministros Otávio Gouveia de Bulhões e Roberto Campos, que deram prioridade ao combate à inflação e à modernização do estado e da economia.
- Criação da Lei da Imprensa (início da censura).
- Criação do INPS - Instituto Nacional de Previdência Social.
- Rodovia Castelo Branco.

Eleições indiretas elegeriam Arthur Costa e Silva, resultando numa série de protestos que culminariam com a repressão, durante o regime.

Artur da Costa e Silva (1967-1969)

Realizações durante seu governo:

- Reação ao governo por meio da Frente Ampla de setores, liderada por Carlos Lacerda e Juscelino Kubitschek.
- Criação da FUNAI - Fundação Nacional do Índio, em substituição ao SPI - Serviço de Proteção ao Índio de 1910.
- Maior concentração de poder.
- 1968 - Morte do secundarista Edson Luis - Movimentos contra a ditadura - Passeata dos 100 mil no Rio de Janeiro.
- Militares invadem um sítio em Ibiúna, cidadezinha no interior do estado de São Paulo, e prendem um grande número de jovens que participavam do XXX Congresso da UNE (União Nacional dos Estudantes).
- Crítica ao regime por parte do Deputado Marcio Moreira Alves (cassado).
- Edição do AI-5.
- Afastamento do Presidente por motivos de saúde
- **Apelo da oposição para a luta armada.**

Luta armada contra o Governo: em 1969, o caso mais grave ocorreu quando Diógenes José Carvalho de Oliveira, Pedro Lobo de Oliveira e José Ronaldo Tavares de Lira e Silva, integrando um grupo de onze terroristas da Vanguarda Popular Revolucionária (VPR, um dos vários grupos de esquerda que pretendiam o poder), em 26 de junho de 1969, realizaram um atentado a bomba ao Quartel General do II Exército, em São Paulo. Um carro-bomba foi lançado, sem motorista, de encontro ao portão. A guarda disparou contra o veículo, que bateu na parede externa do Quartel General. Mário Kozel Filho, sentinela naquele momento, saiu do seu posto, correndo em direção ao carro. Uma carga com 50 quilos de dinamite explodiu, em seguida, atingindo uma área de raio de 300 metros. O corpo do soldado Mário Kozel Filho foi despedaçado e saíram feridos gravemente outros seis militares. Diante da violência do ataque terrorista, o governo intensificou a repressão à subversão.

→ Transição do governo:

> Junta Governativa Provisória (31 de agosto a 30 de outubro de 1969).

> Emenda Constitucional de 1969.

> Governo exercido por uma Junta Militar.

> Aurélio de Lira Tavares, Ministro do Exército; Augusto Rademaker, Ministro da Marinha, e Márcio Melo, Ministro da Aeronáutica.

Emílio Garrastazu Médici(1969 - 1974)

"Os anos de chumbo da Ditadura"

Realizações durante seu governo:

> Reação dos setores civis e alguns militares por meio da luta armada (Vanguarda Popular Revolucionária (VPR), Vanguarda Armada Revolucionária - Palmares (VAR-Palmares), Movimento Revolucionário 8 de outubro (MR- 8) dentre outros).

> Combate aos atos considerados terroristas.

> Auge da repressão militar.

> Destacamento de Operações de Informações **(DOI)**, Centro de Operações de Defesa Interna **(CODI)**.

> Departamento de Ordem Política e Social **(DOPS)** - adquire maior autonomia e atuação.

> **I PND - Plano Nacional de Desenvolvimento:** dar continuidade à expansão da economia, elevando o desempenho nacional em setores considerados estratégicos; estabelecer medidas para ampliar as exportações, principalmente de produtos manufaturados; obter níveis mais elevados de reservas em divisas; e revitalizar o mercado de capitais.

> **Milagre Econômico:** Falsa ideia de desenvolvimento.

> Conclusão do acordo com o Paraguai para a construção da Usina Hidrelétrica Itaipu Bi-nacional;.

> **Plano de Integração Nacional:** Construção de rodovias - Transamazônica, Cuiabá-Santarém, Manaus-Porto Velho, Ponte Rio-Niterói.

O Milagre Econômico trouxe, sim, desenvolvimento para o Brasil. Quando afirmamos que foi uma falsa ideia de crescimento, é pelo fato de que não foram criadas estruturas para o desenvolvimento econômico do Brasil. O crescimento se deu por meio de um aparente progresso.

Campo Social: foi criado o Plano de Integração Social (PIS) e o Programa de Assistência Rural (PRORURAL), ligado ao FUNRURAL, que previa benefícios de aposentadoria e o aumento dos serviços de saúde até então concedidos aos trabalhadores rurais. Foi feita uma grande campanha de alfabetização de adultos, por meio do MOBRAL, e uma campanha para melhoria das condições de vida na Amazônia, com a participação de jovens chamada "Projeto Rondon".

Ufanismo

Vitória do Brasil na Copa de 1970 - Impulsiona uma ampla propaganda pró-governo e o ufanismo nacional, com frases tipo "Brasil: ame-o ou deixe-o", "O Brasil é o país do futuro", "Ninguém segura esse país", "A Copa do Mundo é nossa", "Ninguém segura a juventude do Brasil" etc.

Ernesto Geisel (1974 - 1979)

II PND - Plano Nacional de Desenvolvimento:

> Enfatizou o investimento em indústrias de base e a busca da autonomia em insumos básicos. A preocupação com o problema energético era evidente, houve o estímulo à pesquisa do petróleo, o programa nuclear **(ANGRA 1 e ANGRA 2)**, o programa do álcool (Pró-álcool) e a construção de Hidrelétricas. Em 1979, o segundo choque do petróleo leva ao declínio do desenvolvimento econômico e a economia brasileira apresenta índices elevados de inflação, que tentam ser sanados com outros planos posteriores.

> Em 25 de outubro de 1975 - morte do jornalista Wladimir Herzog - Escândalos contra a ditadura começam a se tornar públicos.

> Reatamento das relações diplomáticas com a China.

Lei Falcão - Determinava que, na propaganda eleitoral, os partidos se limitassem a mencionar a legenda, o currículo e o número do registro do candidato na Justiça Eleitoral, bem assim a divulgar, pela televisão, sua fotografia, podendo ainda mencionar o horário e o local dos comícios. O objetivo desta lei era, entre outros, o de evitar que o horário eleitoral gratuito viesse a ser utilizado como uma forma de criticar o Regime Militar daquela época, além de tentar diminuir a simpatia do eleitor pelo partido oposicionista da época, o então MDB - Movimento Democrático Brasileiro.

Pacotes de abril de 1977 - série de leis impostas à sociedade, que alteravam as futuras eleições. Um terço dos senadores não mais seriam eleitos por voto direto, mas sim indicado pelo Presidente da República. Esta medida visava, na época, garantir ao Regime Militar uma maior base de apoio no Congresso Nacional. O "pacote" também estabelecia a extensão do mandato presidencial de cinco para seis anos, a manutenção de eleições indiretas para governador e a diminuição da representação dos estados mais populosos no Congresso Nacional.

> Início da crise do Milagre Econômico, recessão;

> Revogação do AI-5;

> Greves de 1979, fazendo emergir várias lideranças sindicais.

João Baptista de Oliveira Figueiredo (1979-1985)

> Mandato de seis anos.

> Concessão de anistia ampla, geral e irrestrita aos políticos cassados com base em atos institucionais. Voltaram ao Brasil os exilados do regime militar.

> Em 1982 - Primeiras eleições diretas para governador desde 1965.
> Implantação do Programa de incentivo à agricultura, com o slogan: "Plante que João garante", por Antônio Delfim Netto, Ministro do Planejamento.
> Vários atentados acontecem e são atribuídos à Direita. O mais conhecido foi o "episódio da bomba Riocentro". No local, era realizado um show musical popular, com a participação de milhares de jovens. Não se sabe se por acidente ou imperícia, uma bomba de alto poder explodiu dentro do carro de agentes do governo, matando um sargento e ferindo gravemente um capitão, ambos do exército.
> Fim do AI-2 e retorno do pluripartidarismo.
> Processo de abertura política.
> **Campanha Diretas-Já:** Movimento de ampla participação popular, que exigia eleições diretas para Presidência da República (Emenda Dante de Oliveira, que não foi aceita).

A Emenda Dante de Oliveira que propunha as eleições diretas para Presidente NÃO FOI ACEITA, portanto, em 1985, eleições INDIRETAS elegeram Tancredo Neves. O primeiro Presidente eleito, diretamente, desde Jânio Quadros foi Fernando Collor de Mello.

→ **Frases clássicas do Presidente João Figueiredo:**

> "Um povo que não sabe nem escovar os dentes não está preparado para votar".
> "Prefiro cheiro de cavalo do que cheiro de povo".
> "Sei que o país é essencialmente agrícola, afinal posso ser ignorante, mas nem tanto".
> "Durante muito tempo o gaúcho foi gigolô de vaca".
> "Todo povo é uma besta que se deixa levar pelo cabresto".
> "É pra abrir mesmo. Quem quiser que não abra, eu prendo e arrebento" (Confirmando a abertura política).
> "Não posso obrigar o povo a gostar de mim. Sou o que sou, não vou mudar para que o povo goste".
> "Me envaideço de ser grosso".
> "Se ganhasse salário mínimo, eu dava um tiro no coco".
> "O que eu gosto mesmo é de clarim e de quartel".

Cultura Brasileira nos Anos 60 e 70

Cinema Novo

O Cinema Novo nasceu na virada da década de 50, sobre as cinzas dos estúdios **Vera Cruz** (empresa paulista que faliu em 1957 depois de produzir 18 filmes), sob a tirania da "chanchada" (gênero humorístico chulo que, ao contrário do que muitas pessoas pensam, não só existiu no Brasil, como teve uma certa força) e por inspiração do neorrealismo italiano e dos textos dos críticos e cineastas Paulo Emílio Sales Gomes, Gustavo Dahl, Jean-Claude Bernardet e, sobretudo, **Glauber Rocha**.

Todos faziam parte de um grupo que, inconformado com a ausência de nossa produção cinematográfica, tentava achar um rumo para o cinema brasileiro. Os objetivos do Cinema Novo, de acordo com seu maior expoente, o baiano Glauber Rocha, eram produzir filmes anti-industriais, fazer filmes de autor, somente nesse caso, acreditava ele, o cineasta passa a ser um artista comprometido com os grandes problemas do seu tempo.

Um filme de grande repercussão desse movimento, foi Deus e o Diabo na Terra do Sol, inclusive em Cannes em 1965. Ele abordou, de forma interessante, dois fenômenos sociais do Brasil, típicos da caatinga - o messianismo (estilo Antônio Conselheiro) e o cangaço (à la Lampião – Corisco), e pôs em xeque a tradicional narrativa dramática do cinema "ideológico". Dois anos depois, outro marco teria grande importância também. Ainda mergulhado em sua estética alegórica e profética, Glauber lançou Terra em Transe, filme que, ao discutir a "crise da consciência" das esquerdas e do populismo, talvez tenha marcado o auge do Cinema Novo, além de ter sido uma das fontes de inspiração do Tropicalismo.

Jovem Guarda

A década de 1960 foi marcada mundialmente por um novo fenômeno: a *beatlemania* desembarcaria também no Brasil e acabaria gerando, a partir de 1965, o fenômeno chamado de Jovem Guarda. A expressão Jovem Guarda começou a ser usada com a estreia do programa de auditório que tinha esse nome, na TV Record, em 1965. Foi tirada de um discurso de Marx, onde dizia "O futuro está nas mãos da Jovem Guarda".

Como o primeiro movimento genuinamente *pop* a chegar no país, o "iê-iê-iê" da Jovem Guarda (versão tupiniquim do "*yeah, yeah yeah*" dos Beatles) foi uma manifestação típica da cultura de massas. Desde o início, sua explosão não foi por acaso, antes, porém, esteve ligada a um amplo projeto de *marketing* e publicidade. A Jovem Guarda foi influenciada diretamente pela música americana e muitos de seus sucessos são apenas traduções de sucessos que emplacavam na terra dos *yankees* ou na da Rainha Elisabeth.

O movimento tinha como características ser de certa forma engraçado, descompromissado e moderno. Gostava de calhambeques, botinhas sem meia, cabelos na testa, anéis brucutu e queria que tudo o mais fosse para o inferno. Com sua alegria contagiante, arrombou a festa da Bossa Nova, do Samba e da MPB. Os dois nomes que mais se destacaram, apesar dos muitos que participaram do programa e fizeram seus sucessos de uma música só, foram Roberto e Erasmo Carlos.

Tropicalismo

As mudanças continuavam acontecendo, motivadas por uma intelectualidade que despontou com a Bossa Nova, e que agora via com insatisfação os rumos políticos tomados pelo Brasil. O povo, que unido poderia transformar o cenário nacional, estava dividido por questões regionais e sociais. Nesse cenário de caos, surge o Tropicalismo. Sincrético e inovador, aberto e incorporador, o movimento misturou rock mais Bossa Nova, mais Samba, mais Rumba, mais Bolero, mais Baião.

Sua atuação quebrou as rígidas barreiras que permaneciam no país. Pop x folclore. Alta cultura x cultura de massa. Tradição x vanguarda. Essa ruptura estratégica aprofundou o contato com formas populares, ao mesmo tempo em que assumiu atitudes experimentais para a época. O Tropicalismo foi um movimento de ruptura, que sacudiu o ambiente da música popular e da cultura brasileira, entre 1967 e 1968. Seus participantes formaram um grande coletivo, cujos destaques foram os cantores-compositores Caetano Veloso e Gilberto Gil, além das participações da cantora Gal Costa e do cantor-compositor Tom Zé, da banda Mutantes, e do maestro Rogério Duprat. A cantora Nara Leão e os letristas José Carlos Capinan e Torquato Neto completaram o grupo, que teve também o artista gráfico, compositor e poeta Rogério Duarte como um de seus principais mentores intelectuais.

Em 1968, mundialmente consagrado como um dos pais-fundadores da Bossa Nova, Tom Jobim pediu para o cantor e compositor Chico Buarque colocar letra numa canção chamada "Gávea". Chico a transformou em "Sabiá" e os dois a inscreveram no 3º FIC (Festival Internacional da Canção). Em 29 de setembro de 1968, anunciada como vencedora do Festival, "Sabiá" mal pôde ser ouvida. A massa de 25 mil pessoas, concentrada no Maracanãzinho, exigia que o primeiro lugar ficasse com "Caminhando (Pra Não dizer que Não Falei de Flores)" de Geraldo Vandré.

A vaia foi tamanha que o próprio Geraldo subiu ao palco e tentou reorganizar a ordem, afirmando que "a vida não se resumia a festivais". Embora classificada em segundo lugar, "Caminhando" se tornou canção símbolo da luta contra a Ditadura. Fazia referência às passeatas de protesto (Caminhando e cantando / e seguindo a canção / somos todos iguais / braços dados ou não...) e aos soldados (quase todos perdidos / de armas na mão / nos quartéis lhes ensinam uma antiga lição / de morrer pela pátria / E viver sem razão). A música, evidentemente, foi proibida, os militares se ergueram contra ela (acusados talvez pela própria consciência que reconhecia a canção como verdadeira). Vandré partiu para o exílio.

Tomates e vaias, ovos e uivos. Dissonância no palco, dissonância na plateia. A plateia está de costas para o palco. Os artistas estão de costas para a plateia. Só o cantor, um baiano franzino, abre o peito e solta a voz: "Mas é essa a juventude que quer tomar o poder? Vocês têm coragem de aplaudir, este ano, uma música que não teriam coragem de aplaudir no ano passado. São a mesma juventude que vai sempre matar amanhã o velhote inimigo que morreu ontem. Vocês não estão entendendo nada, nada, absolutamente nada...".

As vaias viram urros e os urros se tornam ofensas. O poeta segue berrando, sob os riffs alucinados da guitarra: "Vocês estão por fora".

"Mas que juventude é essa? Vocês são iguais sabem a quem? Sabem a quem? Àqueles que foram na Roda Viva e espancaram os atores, (referência ao episódio em que os membros do CCC Comando de Caça aos Comunistas, invadiram os camarins do Teatro Galpão e espancaram os atores, músicos, contra-regras, participantes da peça Roda Viva e destruíram o teatro todo), não diferem em nada deles. O dia? 12 de setembro. O ano? 1968.

O poeta baiano franzino? Caetano Veloso. As guitarras alucinadas? Os Mutantes. Caetano estava tentando apresentar a canção "É Proibido Proibir". Exatos três meses após essa apresentação o General Artur Costa e Silva decretou o AI - 5 , o ato que permitiria à censura submeter a cultura nacional a uma espécie de lavagem cerebral.

5. REDEMOCRATIZAÇÃO

5.1 Fim da Ditadura

A saída de João Figueiredo marca o fim do governo dos militares, porém, as eleições ainda foram indiretas, por isso não podemos afirmar que o fim da Ditadura também marca o retorno à democracia. Nas eleições indiretas que aconteceram em 1985, elegeram-se pela Frente Liberal, **Tancredo Neves para presidente, que não assumiu**, devido ao seu falecimento, e José Sarney para vice-presidente. Sarney assumiu como primeiro Presidente Civil da Nova República.

5.2 Brasil República - Nova República e Redemocratização (1985)

O fim da Ditadura Militar no Brasil também está relacionado com os rumos que o mundo tomava. A Guerra Fria dava sinais de fraqueza e os Estados Unidos davam todos os sinais de vitória no conflito. A União Soviética se mostrava enfraquecida por uma série de acontecimentos internos. Em virtude disso, o apoio dos Estados Unidos aos regimes ditatoriais sofreu uma drástica diminuição. O Brasil caminhava, em meados dos anos 80, para uma nova ideologia econômica e política, vigente no mundo americano.

5.3 Presidentes

José Sarney (1985-1990)

- → Mandato de cinco anos.
- → Crise econômica.
- → Estruturação do **Mercosul**.
- → Hiperinflação.
- → Dia 22 de Fevereiro de 1989 pela Lei 7.735, foi criado o IBAMA – Instituto Brasileiro do Meio Ambiente e dos Recursos Naturais Renováveis. É o órgão responsável pela preservação da fauna e da flora brasileira, possibilitando ao Brasil o controle e a fiscalização de seus recursos naturais em busca do crescimento sustentável.
    - > Plano Cruzado em 1986 - extinção do Cruzeiro.
    - > Plano Bresser em 1987.
    - > Plano Verão - 1989, que contou com a adoção da nova moeda - Cruzado Novo.
    - > Convocação da Assembleia Nacional Constituinte.
- → Convocação da Assembleia Nacional Constituinte
    - > Promulgada.
    - > Direito de igualdade a todos perante a lei.
    - > Direito de voto aos 16 anos, tornando-se obrigatório após os 18.
    - > Reorganização e harmonização dos três poderes;
    - > Fim da censura.
    - > Correspondência inviolável.
    - > Permissão para reuniões pacíficas.
    - > Direito de propriedade.

> O consumidor tem seus direitos estabelecidos pelo Código de Defesa do Consumidor.
> Racismo e tortura como crimes inafiançáveis.
> Direito de *habeas corpus*.

Direitos Sociais

A Constituição garante ao trabalhador:

> 13º salário.
> Descanso semanal remunerado.
> Fundo de Garantia por Tempo de Seviço (FGTS).
> Salário mínimo.
> Irredutibilidade do salário.
> Licença paternidade de 5 dias.
> Direito de greve irrestrito.

Meio ambiente

Art. 225. *Todos têm direito ao meio ambiente ecologicamente equilibrado, bem de uso comum do povo e essencial à sadia qualidade de vida, impondo-se ao poder público e à coletividade o dever de defendê-lo e preservá-lo para as presentes e futuras gerações.*

Fernando Collor de Mello (1990-1992)

→ Primeiro presidente eleito por voto direto após o regime militar, em eleições de dois turnos;
→ Assumia com o *slogan* de ser o "Caçador de Marajás";
→ Tentativa de controle inflacionário;
→ Introdução do Brasil na nova ótica econômica mundial (Neoliberalismo), e preparação do Brasil para a Nova Ordem Mundial ou Globalização;
→ **Consolidação do Mercosul - Tratado de Assunção;**
→ **Eco-92 -** realizada entre 3 e 14 de junho de 1992, no Rio de Janeiro. O seu objetivo principal era buscar meios de conciliar o desenvolvimento sócio-econômico com a conservação e proteção dos ecossistemas da Terra.
→ Plano Collor - confisco do dinheiro;
→ Denúncia de corrupção eleitoral e de governo;
→ Ação dos **Caras Pintadas**, jovens que protestavam contra o Governo, com uma ampla e tendenciosa cobertura da Rede Globo;
→ Declaração de ***Impeachment*** do Presidente, pela primeira vez na história brasileira.

Ficou conhecido no Brasil inteiro, durante o início da década de 90, o movimento dos "Caras Pintadas", que consistiu em multidões de jovens, adolescentes em sua maioria, que saíram às ruas de todo o país com os rostos pintados em protesto, devido aos acontecimentos dramáticos que vinham abalando o governo do então Presidente Fernando Collor de Mello.

Itamar Franco (1992-1994)

→ Vice de Collor, assume após a saída oficial deste.
→ **Plebiscito de 1993 -** Em abril, cumprindo com o previsto na Constituição de 1988, o governo realiza um plebiscito para a escolha da forma e do sistema de governo no Brasil. Quase 30% dos votantes não compareceram ao plebiscito ou anularam o voto. Dos que comparecem às urnas, 66% votaram a favor da República, contra 10%, favoráveis à Monarquia. O presidencialismo recebeu cerca de 55% dos votos, ao passo que o Parlamentarismo obteve 25% dos votos. Em função dos resultados, foi mantido o Regime Republicano e Presidencialista.
→ **Edição do Plano Real pelo então Ministro Fernando Henrique Cardoso.**
→ Controle do processo inflacionário.
→ Real como nova moeda valendo mais do que o dólar.
→ Ufanismo - Brasil TETRACAMPEÃO mundial de futebol.
→ Continuidade nos programas do Mercosul.

O contraste de 1994: a tristeza pela morte de Ayrton Senna e a felicidade pela conquista do Tetra Campeonato Mundial de Futebol.

O Plano Real foi um plano econômico, desenvolvido e aplicado no Brasil durante o governo de Itamar Franco. Desenvolvido em 30 de junho de 1994, tinha como principal objetivo à redução e o controle da inflação.

Elaborado pelo ministro da Fazenda Fernando Henrique Cardoso, o plano de estabilização da economia contou com a participação dos seguintes economistas: Gustavo Franco, Pérsio Arida, Pedro Malan, Edmar Bacha, André Lara Rezende, entre outros.

Fernando Henrique Cardoso (1995-2002)

→ Eleito sob a bandeira de dar continuidade ao desenvolvimento econômico e à estabilidade econômica que o Brasil apresentava.
→ Continuidade no processo de privatizações, objetivando a diminuição da atuação do Estado brasileiro no setor econômico. As privatizações foram alvo de protestos de movimentos estudantis, como a UNE (União Nacional dos Estudantes), UBES (União Brasileira dos Estudantes Secundaristas), UJS (União da Juventude Socialista) e vários outros grupos.
→ Entendimento com o Congresso e aprovação da PEC (proposta de emenda constitucional) da reeleição, que permitia reeleição imediata para representantes do Executivo (Presidente, Governadores e Prefeitos).
→ Reforma da Previdência; Lei de Responsabilidade Fiscal - entrou em vigor, em 2000, a Lei de Responsabilidade fiscal (LRF), que se caracteriza pelo rigor exigido na execução do orçamento público. A lei limita o endividamento dos estados e municípios e os gastos com funcionalismo público.
→ PETI - Programa de Erradicação do Trabalho Infantil.
→ Bolsa Escola, Bolsa Alimentação, Vale Gás.
→ Aumentam os conflitos com os trabalhadores rurais sem-terra, que chegam a invadir uma fazenda que pertencia ao Presidente.
→ Nas eleições de 2002, o grupo liderado pelo PSDB não consegue fazer o sucessor.

O governo FHC foi marcado por inúmeros movimentos sociais que o acusavam de Neoliberal. Entre os movimentos podemos apontar o MST e o Movimento Estudantil.

Luiz Inácio Lula da Silva (2002 - 2010)

Vamos começar fazendo uma rápida análise sobre a eleição que garantiu a vitória ao Lula. Contrariando todas possibilidades políticas, a aliança feita em 2002 conquistou o posto mais alto da nação brasileira. A Aliança política à qual me refiro é PT (Partido dos Trabalhadores) e PL (Partido Liberal). Interessante perceber que qualquer analista político ficaria louco tentando entender essa junção partidária. Mas foi esse um dos grandes segredos da vitória de 2002.

O PT conquistou, ao longo de sua marcha, uma série de fiéis eleitores e partidários. Isso transformou o Partido dos Trabalhadores num partido "bom de voto". Porém, havia quanto à figura de Lula uma incerteza no mercado internacional. Simplesmente, parecia impossível que o Lula de 2002 fosse tão diferente do Lula de 1989. Mas a verdade é que a diferença existia sim! Mas o nome proposto, há tantos anos, pelo PT não oferecia a segurança que o mercado tanto esperava.

O Partido Liberal, por sua vez, oferecia a segurança e a tranquilidade para o mercado financeiro, mas não conseguia angariar votos numa quantidade significativa. A união dos dois partidos, então, possibilitou a dobradinha da vitória. A presidência ficaria com o PT e a vice-presidência com o PL. Mas o que há de tão absurdo nessa união? É que, teoricamente, o Partido dos Trabalhadores representaria a massa operária, enquanto o Partido Liberal, o capitalista patrão. Por isso, essa união é, praticamente,algo exclusivo do Brasil.

Programas Sociais e Economia

- → Fome Zero.
- → **Bolsa Família:** Decreto nº 5.209, de 17 de Setembro de 2004 - a finalidade do Programa era a transferência direta de renda, do governo para famílias pobres (renda mensal por pessoa entre R$ 60,01 e R$ 120,00) e em extrema miséria (renda mensal por pessoa de até R$ 60,00).
- → Estabilidade econômica, balança comercial superavitária.
- → Geração de Empregos: segundo o IBGE, de 2003 a 2006, a taxa de desemprego caiu e o número de pessoas contratadas com carteira assinada cresceu mais de 985 mil, enquanto o total de empregos, sem carteira assinada, diminuiu 3,1%. Já o total de pessoas ocupadas cresceu 8,6%, no período de 2003 a 2006.
- → O Banco Central goza de autonomia prática, embora não garantida por lei, para buscar ativamente a meta de inflação determinada pelo governo.

Educação: no campo da educação, houve um avanço apresentando fortes níveis de escolarização em todas as faixas etárias. A parcela da população que não frequentava a escola foi reduzida de 29% para 18% em apenas 36 meses, considerando o grupo de 5 a 17 anos de idade.

Criação do **FUNDEB** - Fundo de Manutenção e Desenvolvimento da Educação Básica.

PROUNI - Programa Universidade Para Todos.

Juros: críticos apontam também que a condução da política de juros - os maiores do mundo - pelo governo é conservadora. Analistas financeiros apontam que a taxa de juros SELIC saiu de 25 % ao ano em 2003, para 11,25 % ao ano em 2008. O que deslocou muitos investimentos em títulos da dívida pública para o setor produtivo, fazendo com que o Índice BOVESPA saltasse de 40.000 pontos no início de seu mandato para mais de 60.000 pontos em 2007, aquecendo o mercado acionário e o capital social das empresas brasileiras.

Algo interessante a ser observado, na política econômica, ainda, é a questão do aumento das linhas de crédito. O povo brasileiro está comprando mais. Mas claro, isso não significa que o poder de compra aumentou, o que aumentou foram as possibilidades de compra. Os programas do governo Lula visam atender à camada alta e à camada baixa da sociedade, ficando a chamada classe média à mercê de si mesma. A "classe alta" é privilegiada através do aumento dos juros, que permite um ganho maior nas vendas a prazo, e a "classe baixa" parcela suas compras a perder de vista, adquirindo, assim, o seu tão desejado produto, e pagando mais por ele.

PDE (Plano de Desenvolvimento da Educação) - Estabelece o objetivo de nivelar a educação brasileira com a dos países desenvolvidos até 2021 e prevê medidas até 2010 (entre elas, a criação de um índice para medir a qualidade do ensino e de um piso salarial para os professores de escolas públicas).

Incentivo às exportações e à diversificação dos investimentos feitos pelo BNDES (Banco Nacional de Desenvolvimento Econômico e Social).

PRONAF (Programa Nacional de Agricultura Familiar) - estimulou o micro crédito e ampliou os investimentos na agricultura familiar.

PAC (Programa de Aceleração de Crescimento) - Engloba um conjunto de políticas econômicas, planejadas para os próximos anos do governo Lula, e que têm como objetivo acelerar o crescimento econômico do Brasil, prevendo investimentos totais de 503 bilhões de reais até 2010, sendo uma de suas prioridades a infra-estrutura, como portos e rodovias.

Criação da **Secretaria Nacional dos Portos**.

Plataforma P-50 - Autonomia no setor petrolífero.

Brasil ganha o Grau de Investimento.

Política Externa

- → Fortalecimento da economia brasileira frente ao Cone Sul.
- → Projeto de criação da União Sul-Americana de Nações.
- → Reconhecimento da China como economia de mercado, o que derrubou diversas barreiras comerciais impostas aos produtos chineses, facilitando sua entrada no Brasil (para alguns, prejudicando a economia nacional). Há que se considerar, também que a China é um atraente mercado consumidor.
- → Integração de uma Missão de Paz da ONU no Haiti.

Crises

Waldomiro Diniz

Foi Subchefe de Assuntos Parlamentares da Presidência da República (2002-2004) e homem de confiança do Ministro da Casa Civil, José Dirceu, durante o governo do Presidente do Brasil, Luiz Inácio Lula da Silva. Também foi presidente da Loterj, autarquia do governo do Rio, responsável pela administração, gerenciamento e fiscalização do jogo no Estado. Ganhou notoriedade após a divulgação de uma fita gravada pelo empresário e bicheiro Carlos Augusto Ramos, o Carlinhos Cachoeira. Na gravação, Waldomiro Diniz aparece extorquindo Augusto Ramos para arrecadar fundos para a campanha eleitoral do Partido dos Trabalhadores e do Partido Socialista Brasileiro, no Rio de Janeiro. Em troca, Waldomiro prometia ajudar Augusto Ramos numa concorrência pública.

Mensalão ou "Esquema de compra de votos de parlamentares"

Maior crise política sofrida pelo governo brasileiro do Presidente Luiz Inácio Lula da Silva (PT) em 2005/2006. O termo **mensalão**, popularizado pelo então Deputado Federal Roberto Jefferson em entrevista que deu ressonância nacional ao escândalo, é uma variante da palavra "mensalidade", usada para se referir a uma suposta "mesada" paga a deputados para votarem a favor de projetos de interesse do Poder Executivo. Segundo o deputado, o termo já era comum nos bastidores da política entre os parlamentares para designar essa prática ilegal.

Descobriu-se em julho de 2008, durante uma investigação sobre o banqueiro Daniel Dantas, que o Banco Opportunity foi uma das principais fontes de recursos do mensalão. Através do Banco Opportunity, Daniel Dantas era o gestor da Brasil Telecom, controladora da Telemig e da Amazônia Telecom. As investigações apontaram que essas empresas de telefonia injetaram R$ 127 milhões nas contas da DNA Propaganda, administrada por Marcos Valério, o que, segundo a PF, alimentava o "Valerioduto", esquema de pagamento ilegal a parlamentares. A Polícia Federal pôde chegar a essa conclusão, após a Justiça ter autorizado a quebra de sigilo do computador central do Banco Opportunity;

Mensalinho

Nome dado às denúncias de propinas recebidas por Severino Cavalcanti, em 2003, para deixar o empresário Sebastião Buani instalar seus restaurantes na Câmara dos Deputados.

Quebra do sigilo bancário do caseiro Francenildo

Antonio Palloci, em 27 de março de 2006 foi demitido pelo Presidente Lula do cargo de Ministro da Fazenda. Sua situação ficou insustentável a partir da quebra ilegal do sigilo bancário do caseiro Francenildo Santos Costa, testemunha de acusação contra Palocci, no caso da ***casa do lobby*** ou República de Ribeirão Preto, na CPI dos Bingos. Francenildo divulgou ter visto o então ministro frequentando a mansão, para reuniões de lobistas acusados de interferir em negócios de seu interesse no governo Lula e para partilhar dinheiro e abrigar festas animadas por garotas de programa. Seu depoimento na CPI foi silenciado por uma liminar expedida pelo STF, a pedido do Senador Tião Viana (PT-AC).

Esquema das Sanguessugas

Em ofício encaminhado em 30 de novembro de 2004, a Controladoria Geral da União (CGU) alertou o Ministro da Saúde Humberto Costa sobre a existência de uma "quadrilha operando em âmbito nacional", para desviar dinheiro público destinado à compra de ambulâncias. As fraudes em processos licitatórios haviam sido detectadas em Municípios fiscalizados pela Controladoria, por meio de sorteios. A Controladoria Geral da União (CGU) apontava "fragilidade" no controle e pedia providências.

Crise dos Cartões Corporativos

Em 2001, os cartões foram instituídos mas só entraram em funcionamento no ano seguinte, para uma maior transparência e rapidez em gastos emergenciais. O problema dos cartões corporativos é estrutural, pois o sistema, que deveria ser usado para despesas pequenas e urgentes, vem sendo usado para dispensar licitações e dar "mimos" aos governistas;

Operação Satiagraha

Operação da Polícia Federal contra o desvio de verbas públicas, a corrupção e a lavagem de dinheiro, desencadeada em princípios de 2004 e que resultou na prisão, determinada pela 6ª Vara da Justiça Federal em São Paulo, de vários banqueiros, diretores de banco e investidores, em 8 de julho de 2008.

Em oito anos no governo, Lula se consolidou como um fenômeno político graças ao seu apelo junto às camadas mais pobres da população. Porém, sua sucessora na Presidência herdou problemas que, se não forem resolvidos, podem comprometer o progresso do país.

Na Educação, 14 milhões de brasileiros com idade acima de 15 anos são analfabetos. Na Saúde, faltam leitos hospitalares, médicos e o país enfrenta uma epidemia de dengue que contaminou, somente nessa época, quase 1 milhão de pessoas. Em pleno século 21, 56% dos domicílios não possuem rede de esgoto, e a infraestrutura deficitária (estradas, ferrovias, portos e aeroportos) ainda é um entrave para o desenvolvimento.

Lula também deixou de fazer reformas importantes, como a da previdência, a agrária e a tributária. O legado contabiliza ainda um Estado mais caro em razão de contratações feitas para atender interesses políticos e partidários. Em resumo, Lula continuou o projeto de um país socialmente mais justo e de moeda estável. Mas, ao mesmo tempo, manteve o que há de pior na política brasileira.

Em 2010 conseguiu eleger sua sucessora, a primeira presidenta do Brasil: Dilma Roussef.

Dilma Rousseff (2010-2014)

Dilma Vana Rousseff tomou posse da presidência em 1º de janeiro de 2011. Após derrotar o candidato do PSDB, José Serra, com 56,05% dos votos válidos no segundo turno. No governo Lula, Dilma atuou como Ministra de Minas e Energia e depois, Ministra-Chefe da Casa Civil.

Inflação

Apesar de ter ficado dentro da meta do CMN (Conselho Monetário Nacional), que é de 4,5% com tolerância de dois pontos para cima ou para baixo, o IPCA (Índice Nacional de Preços ao Consumidor Amplo) de 2010 (do governo Lula), registrou alta acumulada de 5,91% (o maior desde 2004). Isso pode ser apontado como um reflexo da crise internacional, a qual o Brasil tem conseguido driblar com uma certa habilidade.

Em janeiro de 2011 - que foi o primeiro mês do Governo Dilma, o índice de inflação registrou taxa de 0,83% mensal e, foi o maior resultado desde abril de 2005 - que registrou 0,87%, que levou a taxa acumulada em um ano para 5,99%.

O IPCA foi mantido elevado no mês de março de 2011, com forte pressão e motivação dos grupos de Transporte e Alimentação. O nível foi de 0,79% - que espelhou a maior taxa para o mês, desde 2003. O resultado mensal levou a taxa de um ano para 6,30%.

Isso fez com que ficasse um nível bem próximo do teto da meta "perseguida" pelo Banco Central. Uma vez que a interferência pode levar a uma estabilidade para a economia. Isso gerou dor de cabeça para alguns economistas do mercado financeiro. Logo, tomaram novas medidas de advertências ao crédito para controlar o aquecimento da economia.

Houve uma desaceleração, no mês de abril, para uma taxa de 0,77% (mostra o IBGE). Todavia, nada impediu que o resultado acumulado em um ano ultrapassasse o teto da meta da inflação. Atingiu 6,51%. Foi o primeiro rompimento do nível perseguido pelo Banco Central, desde o ano de 2005.

O governo promoveu o aumento da taxa de juros. Esse mecanismo é sempre apontado como uma medida para evitar que a inflação chegasse a níveis ruins, para cumprir a meta de 2011 - justificada pelo CMN. A economia trata com o fator humano e isso, as vezes, causa um certo "entrave" nos planos de ação econômica. O COPOM (Comitê de Política Monetária) se reuniu para tratar a questão.

A diretoria do Banco Central decidiu elevar a taxa Selic em 0,50 ponto percentual para 11,52% - que representa a maior colocação desde 2009. Depois, os juros foram elevados novamente, após uma segunda reunião do comitê do BC. Porém dessa vez, em 0,50% para 11,75% a cada 12 meses: o maior desde janeiro de 2009 (12,75%). Sendo assim, o Brasil seguiu em um dos postos mais altos nas taxas e juros - no ranking mundial. Depois, houve mais dois aumentos de 0,25 p.p. - fazendo com que a Selic ficasse em 12,50%.

O mercado financeiro acabou absorvendo as medidas e sentiu os efeitos. Um susto com a diretoria do Banco Central, devido um corte de 0,50 p.p na taxa Selic para 12% ao ano, enquanto economistas, em unanimidade, trabalhavam com 12,50%.

Salário Mínimo

Ainda no início do governo Dilma, o CN aprovou a proposta de aumento do salário mínimo de 510 reais para 545, mesmo com a oposição querendo 560 e 600 reais. O reajuste foi superior à inflação acumulada de 2010 - quando o INPC foi de 6,47%. Obviamente as reclamações foram gerais. Especialistas disseram que se as projeções para o INPC - estivessem confirmadas para o primeiro bimestre, o salário de 545 reais teria no terceiro mês - poder de compra de 1,3% inferior ao de 2010. Para repor, então, a inflação de um ano e dois meses, precisaria aumentar para 552 reais. Foi o primeiro reajuste anual do mínimo, desde 97.

Decreto nº 7.655, de 23 de dezembro de 2011

Regulamenta a Lei nº 12.382, de 25 de fevereiro de 2011, que dispõe sobre o valor do salário mínimo e a sua política de valorização de longo prazo.

Art. 1º. *A partir de 1º de janeiro de 2012, o salário mínimo será de R$ 622,00 (seiscentos e vinte e dois reais).*

Parágrafo único. *Em virtude do disposto no caput, o valor diário do salário mínimo corresponderá a R$ 20,73 (vinte reais e setenta e três centavos) e o valor horário, a R$ 2,83 (dois reais e oitenta e três centavos).*

Art. 2º. *Este Decreto entra em vigor no dia 1º de janeiro de 2012.*

Corte no Orçamento

Em fevereiro de 2011, houve um corte de 50 bilhões no orçamento federal - o que corresponde a 1,2% do PIB. A explicação dada é que tal media servia para combater os imprevistos inflacionários - fazendo, então, uma política mais leve para a taxa básica de juros. Segundo Mantega - isso evitaria os efeitos negativos da crise internacional. O interessante é que nos meses que antecederam as eleições, tanto Dilma quanto Serra negaram que fariam reajustes desta magnitude. O programa 'Minha Casa, Minha Vida' recebeu um contentamento de 5 bilhões com o corte do orçamento, apesar de o governo afirmar que investimentos sociais, tais como o PAC - seriam mantidos, nivelados, contínuos.

6. CULTURA MUSICAL BRASILEIRA NOS ANOS 80 E 90

Depois do "envelhecimento" da Jovem Guarda, a MPB acabou virando a principal voz musical da nação brasileira da década de 1970. Somente o Rock conseguiu voltar às paradas em 1980, com o humor descompromissado e carioca da Gang 90, que foi precursora da nova onda nacional. Fundada por Júlio Barroso, poeta ligado ao movimento "udigrude" dos anos 70. Outra banda, a Blitz, aproveitou a mesma onda e a propagou em escala muito maior, com o sucesso "Você Não Soube me Amar". Mas foi com sotaque anglo-saxão e letras politizadas que o Rock se estabeleceu de vez entre a moçada *tupiniquim* e se tornou o fato cultural mais significativo dos anos 1980 no Brasil. Tudo começou com roqueiros que moravam em Brasília. Foi nas proximidades do Planalto que o grupo Aborto Elétrico, tendo no vocal Renato Russo, fez seu primeiro show em 1980.

O Aborto Elétrico, após seu fim, daria origem a duas bandas importantes do cenário musical nacional: Legião Urbana e Capital Inicial. O grupo Legião Urbana se destacou ao longo de sua carreira por letras que abordavam temas relacionados à política (Que País é Esse?, Conexão Amazônica), homossexualidade (Daniel na Cova dos Leões, Meninos e Meninas), amor (Monte Castelo, Quando o Sol Bater na Janela do teu Quarto, Maurício, 7 cidades), drogas (Só por Hoje), enfim, temas com os quais a juventude se identificava bastante. Renato Russo foi o mais carismático letrista e vocalista de seu tempo.

Divide o posto de tal glória com o carioca Agenor de Miranda Araújo Neto, o Cazuza, líder da banda Barão Vermelho. Ambos (Renato e Cazuza) injetaram poesia no Rock; ambos fizeram o Brasil mostrar a sua cara com questões simples e diretas, os dois morreram no auge da fama, vitimados pela Aids, o mal do fim do século.

Outro líder dos jovens dos anos 1980 foi Raul Varela Seixas, o Raul Seixas. Apesar de sua ausência do cenário musical durante os anos 80 (ficou praticamente afastado dos palcos entre 1983 - 1988) sua influência, que vinha dos LPs gravados nos anos 70, motivava a moçada interessada em mudanças. Outras Bandas e cantores se detacaram: Ultraje a Rigor, RPM, Paralamas do Sucesso, Abóboras Selvagens, Kid Abelha, Plebe Rude, Inimigos do Rei, Titãs, Engenheiros do Hawaii, Nenhum de Nós, Lulu Santos, Camisa de Vênus, Biquíni Cavadão, IRA, Lobão.

Rock in Rio (1985)

Evento que, sem dúvida, colocou o Brasil no trajeto do Rock internacional. Uma grande iniciativa do empresário brasileiro Roberto Medina que viu, na propagação da cultura jovem, uma possibilidade de expandir esse mercado no Brasil. O Rock in Rio foi realizado, pela primeira vez, na cidade do Rio de Janeiro, entre 11 e 20 de janeiro de 1985, em área especialmente construída para receber o evento. O local, um terreno de 250 mil metros quadrados, que fica no bairro de Jacarepaguá, ficou conhecido como "Cidade do Rock" e contava com o maior palco do mundo já construído até então: com 5 mil metros quadrados de área, além de dois imensos *fast foods*, dois *shopping centers* com 50 lojas, dois centros de atendimento médico e uma grande infra-estrutura para atender a quase 1,5 milhão de pessoas que frequentaram o evento.

Infelizmente, há pouco a se falar sobre a cultura dos anos 90. As *boy bands* começaram a tomar conta do cenário nacional e a consistência do Rock foi, aos poucos, perdendo espaço. Há ainda bandas alternativas que tantam se manter num contexto de música globalizada.

Questões

01. Em 1967 foi posta em circulação a versão definitiva daquele que viria a ser um dos mais influentes trabalhos teóricos sobre o processo de desenvolvimento capitalista em nosso subcontinente: "Dependência e desenvolvimento na América Latina". Este trabalho, escrito em parceria com Enzo Faletto, é visto por inúmeros analistas como um dos marcos da "Teoria da dependência". Entretanto, o outro coautor veio a se tornar um importante político brasileiro e, no poder, disse: "Esqueçam o que eu escrevi", quando foi cobrado pelo seu passado de postura crítica. Estamos falando de:

a) Luís Inácio Lula da Silva.
b) Itamar Franco.
c) Fernando Collor de Mello.
d) Fernando Henrique Cardoso.
e) José Serra.

02. A partir da redemocratização do Brasil (1985), é possível observar mudanças econômicas significativas no país. Entre elas, a:

a) Exclusão de produtos agrícolas do rol das principais exportações brasileiras.
b) Privatização de empresas estatais em diversos setores como os de comunicação e de mineração.
c) Ampliação das tarifas alfandegárias de importação, protegendo a indústria nacional.
d) Implementação da reforma agrária, sem pagamento de indenização aos proprietários.
e) Continuidade do comércio internacional, voltado prioritariamente, aos mercados africanos e asiáticos.

03. Em vigor há 19 anos e considerado o mais exitoso plano econômico executado no Brasil nas últimas décadas, o Plano Real foi uma iniciativa.

a) Do governo Fernando Henrique Cardoso, objetivando a sua reeleição.
b) Da administração Fernando Collor de Melo, após o fracasso do confisco da poupança.
c) Da administração Itamar Franco, no breve período em que sucedeu Collor no poder.
d) Dos setores estatais da economia, com destaque para a Petrobras, preocupados com o processo inflacionário.
e) Do FMI, pressionando o Brasil por mudanças radicais em nossa estrutura econômica.

04. A gestão de Collor de Mello foi marcada pelos anúncios de processos de modernização da sociedade brasileira em amplos setores. No seu governo, Collor:

a) Utilizou-se de um forte esquema de propaganda para convencer a sociedade que um novo país surgia.
b) Adotou um plano econômico que conseguiu extinguir com a inflação galopante da época.
c) Bloqueou valores das contas correntes bancárias e não teve planos de privatizar as empresas públicas.
d) Contou com apoio de partidos conservadores, embora houvesse críticas a sua postura democrática.
e) Foi favorável à entrada do capital internacional, criando uma forte fiscalização nos órgãos ameaçados de corrupção.

05. Em 1985 inicia-se a Nova República no Brasil, tendo como um dos pontos de sua agenda o 1º Plano Nacional de Reforma Agrária (PNRA). Este visava, primeiramente, ao cadastro das propriedades no país, de modo a mapear os chamados latifúndios improdutivos. Tal iniciativa, no entanto, foi frustrada no próprio nascedouro, sobretudo devido à atuação de nova entidade de grandes proprietários, fundada neste mesmo ano e denominada:

a) União Democrático-Ruralista (UDR).
b) Organização das Cooperativas Brasileiras (OCB).
c) Instituto Nacional de Reforma Agrária (INCRA).
d) Ligas Camponesas.
e) Instituto Brasileiro do Meio Ambiente e dos Recursos Naturais Renováveis (IBAMA).

06. No dia 15 de novembro de 2008, o Brasil completou 129 (cento e vinte e nove) anos de República. Ao longo de mais de um século de Regime Republicano, o país vivenciou diversas experiências, através de períodos políticos, com diferentes características. Sobre esse processo político do Brasil, assinale a alternativa incorreta.

a) Durante o Estado Novo (1937-1945), Getúlio Vargas exerceu, de forma autoritária, o poder.
b) O período político delimitado entre 1889 e 1930 ficou caracterizado como um regime de natureza oligárquica.
c) Apesar de oriundos das forças militares, Deodoro da Fonseca e seu sucessor Floriano Peixoto foram eleitos pelo voto direto e universal.
d) A experiência democrática entre 1945 e 1964 foi interrompida com o golpe que destituiu do poder o Presidente João Goulart.
e) Após a interrupção de eleições diretas para Presidente em 1964, o Brasil volta a eleger o representante para o Executivo federal através do voto universal em 1989.

07. A soberania nacional brasileira sempre foi tema recorrente das discussões políticas ao longo da história nacional. Em relação a esse tema, pode-se afirmar:

a) Os anos JK foram marcados pelo desenvolvimento industrial brasileiro, caracterizado pela ruptura com a dependência econômica e financeira com o capital estrangeiro.

b) Os governos populistas defenderam o controle das riquezas naturais pelo Estado, como mecanismo de garantia do desenvolvimento econômico nacional.

c) O governo Jânio Quadros defendeu uma política externa independente, como mecanismo de autonomia em relação aos Estados Unidos e de supressão do capitalismo.

d) O regime militar, ao ampliar a atuação das empresas estatais na economia, chocou-se contra os interesses norte-americanos, forçando a aproximação do Brasil com a URSS, para garantir a soberania nacional.

e) O governo Fernando Collor de Mello, ao desenvolver uma política de cunho nacionalista, com a ampliação da participação estatal na economia, contribuiu para a diminuição da dependência externa.

08. A vitória de Fernando Collor conseguiu abrir espaços para a modernização da economia e criar expectativas de mudanças em outras áreas. No entanto, o seu governo fracassou, pois:

a) Ficou ligado aos sindicatos e, assim, não teve apoio da burguesia.

b) Foi impopular desde o início, por centralizar as decisões do poder.

c) Mudou mais de uma vez sua opção de partido político, o que fragilizou sua liderança.

d) Era defensor do socialismo, embora tivesse um discurso capitalista.

e) Envolveu-se com desmandos administrativos e políticos.

Leia os documentos do debate de 1993 sobre Formas e Sistemas de governo:

Não à República.

Nem Ditadura, nem anarquia.

O povo brasileiro quer de volta a monarquia.

Não fique parado. Cabe ao povo se mobilizar para pôr fim a todas as mentiras republicanas, restituindo a única forma de governo que garantiu dignidade, prosperidade, paz, liberdade e estabilidade ao povo brasileiro. Isto não é uma utopia.

A monarquia parlamentar garantirá ao Brasil como garantiu no passado e garante atualmente aos países mais ricos e livres do mundo – Japão, Inglaterra, Suécia, Nova Zelândia, Dinamarca, Noruega, Bélgica, Canadá, Holanda, Austrália, Espanha – a verdadeira representação popular e a dignidade do Parlamento.

Panfleto do Movimento Parlamentarista Monárquico. [Adapt.]

"[...] Os republicanos revidam – não era bem assim.

Não havia representação verdadeira da sociedade. O sistema do voto censitário só admitia como eleitores aqueles que comprovassem determinado nível de renda.

A maioria da população, de resto, não tinha direito nenhum – vivia submetida ao hediondo regime da escravidão, só (sic) o qual repousava o Império.

Suplemento especial da Editora Abril.

09. Essa polêmica entre monarquistas e republicanos, em 1993, foi decidida através do (de):

a) Plebiscito.

b) Referendo.

c) Projeto de lei.

d) Emenda constitucional.

e) Medida provisória

10. Ao assumir a presidência da República (1985), José Sarney encontrou o quadro econômico brasileiro com altos índices inflacionários. Na tentativa de combater estes índices, adotou vários planos econômicos, entre os quais:

a) o Plano de bloqueio das contas poupanças por dezoito meses para os valores acima de 50 mil cruzados.

b) O Plano Real, criado pelo então ministro Fernando Henrique Cardoso, pelo qual se convertia a unidade monetária brasileira de Cruzeiro para Real.

c) O Plano Cruzado, lançado por Dílson Funaro, que transformava a unidade monetária brasileira de Cruzeiro para Cruzado e depois para Cruzado Novo.

d) O Plano de Privatização, que extinguiu vários órgãos governamentais como o Instituto do Açúcar e do Álcool (IAA) e o Departamento Nacional de Obras contra a Seca.

e) O Plano Bolsa Família, que instituía o pagamento pelo governo de um salário- -mínimo para cada família pobre.

11. O Brasil, a partir de 1985, retomou o processo democrático. A Abertura política controlada pelos militares culminou na eleição indireta dos civis Tancredo Neves e José Sarney para o comando da Nova República. Sobre os governos da Nova República, todas as alternativas abaixo estão corretas, EXCETO.

a) Os planos de estabilização econômica, criados no governo José Sarney, eliminaram momentaneamente a inflação, mas seus resultados foram de curta duração.

b) Fernando Collor foi transformado pela mídia em herói, no jovem capaz de livrar o Brasil do atraso produzido pela política neoliberal até então vigente.

c) No governo de Itamar Franco, foi criado o Plano Real, que teve o mérito de conter a inflação sem congelamento de preços e nem confiscos.

d) Nos governos de Fernando Henrique Cardoso, o Estado reduziu sua interferência na economia, ampliando as privatizações e abrindo o mercado.

e) No 1º governo de Luís Inácio Lula da Silva, o principal programa social foi o "Fome Zero", com grande repercussão na mídia, acompanhado do Bolsa-Família.

12. Entre as décadas de 1970 e 1980 aconteceu uma série de questões que marcaram a história do passado recente brasileiro. Assinale a alternativa incorreta em relação ao conjunto de questões e acontecimentos que caracterizaram esse período.

a) É possível observar a existência de dois processos de redemocratização no Brasil neste período: um a partir do próprio governo militar, que passou a prever a impossibilidade de manter o autoritarismo e as leis de exceção no longo prazo; e outro com foco na sociedade civil, que reuniu diferentes atores e organizações na luta pela democracia.

b) Em 1985 Fernando Collor de Mello venceu a eleição para presidente da República e foi o primeiro presidente civil depois de 21 anos de Regime Militar.

c) A Lei de Anistia (1979), embora sancionada pelo regime militar, foi sobretudo resultado da campanha pela Anistia promovida por diversos setores da sociedade civil brasileira que se opunham ao governo militar, ocorrida no período conhecido como de redemocratização.

d) A campanha Diretas Já marcou o período de redemocratização no Brasil, mas a eleição para presidente de 1985 ainda seria decidida pelo Colégio Eleitoral e não pelo voto popular.

e) A Constituição de 1988, ao expressar a organização de uma sociedade democrática, marcaria definitivamente o fim do autoritarismo do regime militar brasileiro.

Gabaritos

01	D	07	B
02	B	08	E
03	C	09	A
04	A	10	C
05	A	11	B
06	C	12	D

7. FORÇAS ARMADAS - PROCESSO DE FORMAÇÃO

7.1 Brasil

Desde os primeiros tempos da colonização portuguesa na América, desenvolveu-se em terras brasileiras uma sociedade marcada pela intensa miscigenação. O sentimento nativista aflorou na gente brasileira, a partir do século XVII, quando brancos, índios e negros, em Guararapes, expulsaram o invasor estrangeiro. O Exército, sempre integrado por elementos de todos os matizes sociais, nasceu com a própria Nação e, desde então, participa ativamente da história brasileira.

Nas décadas posteriores ao descobrimento do Brasil, a Força Terrestre foi representada pelo povo em armas nas lutas pela sobrevivência, conquista e manutenção do território.

Em verdadeira simbiose da organização tática portuguesa com operações irregulares, índios, brancos e negros formaram a primeira força que lutou e expulsou os invasores do nosso litoral. Portanto, a partir da memorável europeia de Guararapes (1648), não havia apenas homens reunidos em torno de um simples ideal de libertação, mas sim, as bases do Exército Nacional de uma Pátria que se confirmaria em 7 de setembro de 1822.

A união entre a coroa lusa e a espanhola, em 1580, que tornou as terras da América pertencentes a um só rei e senhor, permitiu o alargamento da base física da colônia portuguesa, pela extraordinária ação exploradora empreendida pelas Entradas e Bandeiras. Naquela época, os portugueses, estimulados por notável visão estratégica, buscaram fixar os limites da colônia em acidentes geográficos bem nítidos e o mais possível a Oeste. Assim, no interior da Amazônia, nos pampas sulinos e nos confins dos sertões, à medida que avançava a marcha desbravadora dos bandeirantes, surgiam fortes e fortins – sentinelas de pedra a bradar: "esta terra tem dono!".

Após a Independência, em 1822, a atuação do Exército Brasileiro, internamente, foi decisiva para derrotar todas as tentativas de fragmentação territorial e social do País. A manutenção da unidade nacional, penosamente legada por nossos antepassados, é decorrente das suas ações, em particular, da atuação do Duque de Caxias. Desse modo, prevaleceu a necessidade de segurança e integração nacionais, reflexo da vontade soberana do povo, expressa, como ideal intangível, nas Constituições brasileiras de todos os tempos.

Já no âmbito internacional, participou vitoriosamente do conflito que, na segunda metade do século XIX, ocorreu no Cone Sul do continente sul-americano: a Guerra da Tríplice Aliança.

Em decorrência da sintonia permanente que o Exército sempre teve com a sociedade brasileira, seu papel foi decisivo na Proclamação e na Consolidação da República. Naquele período particularmente conturbado, os militares desempenharam papel de moderação, idêntico ao exercido pelo Imperador na monarquia, garantindo a sobrevivência das instituições.

Após a I Guerra Mundial, o Exército experimentou um período de soerguimento profissional, que iria completar-se com a contratação, em 1920, da Missão Militar Francesa. Porém, foi a obra ciclópica de Rondon, interligando os sertões interiores aos grandes centros, reconhecida internacionalmente como conquista da humanidade, o que mais marcou esse início de século.

A II Guerra Mundial trouxe modificações significativas na evolução do Exército Brasileiro. Em 1942, em resposta ao torpedeamento de vários de seus navios mercantes, o Brasil declarou guerra às potências do Eixo.

Em 1944, o País enviou para o teatro de operações europeu uma força expedicionária organizada em curto espaço de tempo, sob o comando do General Mascarenhas de Moraes. Designada para operar na Itália, durante o tempo em que esteve em combate, compondo o V Exército dos Estados Unidos da América, a Divisão brasileira sofreu mais de 400 baixas por morte em ação. Antes que o conflito terminasse, havia feito mais de 15.000 prisioneiros de guerra e capturado duas divisões inimigas.

Na Itália, a Força Expedicionária Brasileira (FEB) cobriu-se de glórias, combatendo tropas aguerridas, ao lado de soldados calejados por anos de campanha. Nada ficaria a dever a uns e outros. As glórias colhidas em Monte Castello, Montese e Fornovo, e em tantas outras ações, estão gravadas com letras de sangue na História Militar brasileira. Aos nossos pracinhas devemos, em difícil hora, a garantia da dignidade de nossa Pátria.

A partir dos anos 60, o Exército passou por importantes transformações. Acompanhando o acelerado desenvolvimento econômico e industrial do País, realizou consideráveis investimentos em Ciência e Tecnologia, o que permitiu fornecer à tropa equipamentos e armamentos projetados e fabricados pelas indústrias nacionais, particularmente viaturas blindadas. Além dessa evolução tecnológica, foi renovado o sistema de instrução e foram estruturadas as atuais divisões de exército e brigadas, combinações de tropas mais leves e flexíveis, consentâneas com as peculiaridades do ambiente operacional brasileiro.

Honrando compromissos internacionais assumidos, o Brasil já se fez ou está presente em inúmeras operações de manutenção da paz em diversas partes do mundo.

Na atualidade, o Exército Brasileiro consolida sua individualidade. Exercita e desenvolve uma doutrina militar genuinamente nacional, gerada com base em perspectivas de emprego realistas, e tem procurado evoluir sua concepção estratégica de maneira compatível com as demandas do futuro.

O Exército honra no presente os exemplos legados por Caxias – seu Patrono –, cultiva suas mais caras tradições e cumpre, diuturnamente, seu sagrado dever de preservar a soberania e a integridade do Brasil.

7.2 Polícia Militar do Paraná

A Polícia Militar do Paraná (PMPR) tem por função primordial o policiamento ostensivo e a preservação da ordem pública no Estado do Paraná. Ela é Força Auxiliar e Reserva do Exército Brasileiro, e integra o Sistema de Segurança Pública e Defesa Social do Brasil. Seus integrantes são denominados Militares dos Estados, assim como os membros do Corpo de Bombeiros.

A Polícia Militar do Paraná foi criada como uma unidade de Caçadores, em 10 de agosto de 1854, com a denominação de Companhia de Força Policial. A história da polícia militar paranaense mostra uma honrosa participação em episódios que marcaram a vida nacional.

Guerra do Paraguai

A Corporação ainda não se encontrava complemente organizada quando teve de ceder parte do efetivo para a composição dos Corpos de Voluntários da Pátria. De imediato foi formada uma companhia na qual incluíram os primeiros policiais. Essa unidade seguiu para o Rio de Janeiro e foi incorporada ao 4º Corpo de Voluntários. A seguir os oficiais saíram em diligência para interior do Estado, para recrutar e formar um novo Corpo; sendo reunido um efetivo apenas suficiente para completar três companhias. Essas companhias foram enviadas à cidade de Desterro (atual Florianópolis, SC) e reunidas a outras duas organizadas em Santa Catarina, compondo o 25º Corpo de Voluntários. Em Uruguaiana, RS, as tropas brasileiras foram reorganizadas; sendo o 25º CVP incorporado ao 31º CVP (organizado com o Corpo Policial da Capital Federal). Esse Corpo destacou-se como uma das melhores unidades na Guerra do Paraguai, e foi uma das últimas a ser desmobilizada.

Revolução Federalista

Para fazer frente ao avanço dos federalistas, o Regimento de Segurança (PMPR) foi colocado à disposição do Ministério da Guerra, e reunido ao 8º Regimento de Cavalaria e o 17º Batalhão de Infantaria do Exército, sob o comando do General Francisco de Paula Argolo.

Essa tropa deveria avançar sobre a cidade de Desterro, onde se concentravam os federalistas e os marinheiros sublevados da Revolta da Armada. Devido o iminente cerco por outras colunas móveis, o General Argolo decidiu recuar as tropas para Rio Negro, PR. Esse procedimento desagradou o Marechal Floriano Peixoto, levando-o a repassar o comando das tropas para o Coronel Antônio Ernesto Gomes Carneiro.

Nesse momento o Paraná já se encontrava sob ataque por diversas frentes. O Coronel Carneiro optou por criar uma linha de defesa concentrado na cidade da Lapa, até receber reforços de São Paulo. Esse reforço nunca chegou, e as tropas resistiram por vinte e seis dias a efetivos numericamente superiores. No dia 7 de fevereiro de 1894, ocorreu o mais violento combate, onde foram mortos o Coronel Carneiro, e o Coronel Dulcídio, Comandante do Regimento de Segurança. Em 11 de fevereiro a praça de guerra capitulou, mas a resistência não foi vã. Ela retardou os revoltosos, permitindo a concentração das forças legalistas, o que contribuiu para a manutenção do governo.

Guerra do Contestado

A complexa abrangência do Conflito do Contestado ainda está por ser escrita de forma completa e imparcial.

A guerra civil deflagrou-se quando um movimento messiânico adentrou na região do Irani, área de litígio entre os Estados de Santa Catarina e Paraná. Com o intuito de afastar uma intervenção da União, o governo estadual enviou o Regimento de Segurança para resolver a situação de forma imediata e incisiva. O confronto violento foi desastroso para ambos os lados, e desencadeou justamente o que se procurava evitar, uma intervenção federal.

As operações perduraram de 1912 a 1916. Em 1914, o efetivo da polícia militar que havia sido retirado do local sob o controle dos revoltosos, foi reunido e reforçado, constituindo um Batalhão Tático. Nessa fase a força estadual permaneceu sob o comando do Exército, intervindo apenas em apoio às operações.

Revolta de 1924

As operações nesse conflito desenvolveram-se em duas fases:

→ **Primeira fase**

A Força Militar do Estado foi mobilizada e incorporada ao Exército. Foi transportada por trem para o Estado de São Paulo, onde participou dos confrontos na cidade de Itu (27 de julho), Botucatu (1 de agosto), e Ourinhos (12 de agosto).

→ **Segunda fase**

Os amotinados da cidade de São Paulo retiraram-se para o oeste do Paraná (Coluna Paulista - 3.000 homens e 14 canhões), procurando se unirem aos do Estado do Rio Grande do Sul (Coluna Gaúcha - 1.500 homens). A FM retornou ao Paraná (14 de setembro) até a cidade de Irati, onde foi reequipada; partindo então em direção oeste. Atuando ativamente nos combates da Serra dos Medeiros (novembro de 1924) e Catanduvas (janeiro de 1925), dentre outros.

Em março de 1925, quatrocentos rebeldes se renderam em Catanduvas. Os sobreviventes das colunas rebeldes (1.500 homens) se uniram em Santa Helena (abril de 1925), e através do Paraguai (Porto Adela), deslocaram-se para o Estado do Mato Grosso; dando início à conhecida Coluna Prestes.

Em maio de 1925 o Governo Federal desmobilizou as tropas, dando as operações por encerradas, porém, para a PMPR os combates estenderam-se até 1927, desbaratando bandos armados independentes que permaneceram agindo na região.

Revolução de 1930

No Paraná a adesão à revolta foi espontânea. O governo estadual foi assumido por uma Junta Militar, chefiada pelo General Mário Alves Monteiro Tourinho (ex-comandante da PMPR).

As tropas revolucionárias vindas do Rio Grande do Sul reuniram-se às do Paraná, e postaram-se diante da cidade de Itararé, SP. Quando a ofensiva estava pronta a se iniciar, o Governo Federal foi deposto no Rio de Janeiro, evitando dessa forma o confronto. [4] O 1º Batalhão da PMPR foi incorporado como 3º Batalhão do 13º Regimento de Infantaria do Exército (atual 13º BIB); e seguiu para Rio de Janeiro (1 de novembro), para garantir a posse do governo revolucionário.

Revolução de 1932

A PMPR foi incorporada ao Exército Sul, constituindo a chamada Coluna Plaisant; destacando-se na tomada da Capela da Ribeira (31 de julho), Apiaí (4 de agosto), Rio das Almas (15 de agosto), Batatal (17 de agosto), e Capão Bonito (7 de setembro).

Polícia Cidadã

Com o fim do Estado Novo foi dado um novo direcionamento de emprego para a Polícia Militar. A Corporação até então voltada para a proteção do Estado, passou a ser prioritariamente orientada para a segurança do cidadão. Foram diversificadas suas atividades e criados novos serviços especializados; progressivamente, desenvolvendo a configuração que possui nos dias atuais. A Polícia Militar do Paraná cresceu e evoluiu, e hoje está voltada aos anseios da comunidade paranaense, garantindo a paz e a proteção da sociedade, fazendo-se presente em todos os Municípios do Estado. Os batalhões tem sede nos principais centro urbanos, e suas companhias e pelotões estão distribuídos pelas localidades circunvizinhas.

→ **Denominações Históricas**

1854 - Companhia de Força Policial da Província do Paraná.

1874 - Corpo Policial da Província do Paraná.

1891 - Corpo Militar de Polícia do Estado do Paraná.

1892 - Regimento de Segurança do Estado do Paraná.

1917 - Força Militar do Estado do Paraná.

1932 - Força Pública do Estado do Paraná.

1939 - Força Policial do Estado do Paraná.

1946 - Polícia Militar do Estado do Paraná.

Uniformes

Historicamente as forças armadas brasileiras herdaram as tradições militares portuguesas. Da criação em 1854 até os primeiros anos da República, a PMPR usou a cor azul ferrete em seus uniformes. Em 1912 foi adotada a cor cáqui, a qual por tradição identifica o policial militar no Paraná, e permanece em uso até os dias atuais. Os bombeiros sempre usaram os mesmos uniformes da PMPR, acrescentando-se apenas seus respectivos distintivos.

Admissão

Existem somente duas formas de ingressar na PMPR: como Soldado ou como Oficial.

Soldado

O candidato presta concurso público, e após aprovado, frequenta o Curso de Formação de Soldados com a duração de nove meses. Ao término do curso é classificado como Soldado de 1ª Classe. As demais promoções dependem de concurso interno, estando o policial obrigado a prestar um tempo mínimo de serviço em determinadas graduações (um ano como Soldado; um ano como Cabo; e cinco anos como Terceiro Sargento). A promoção para Primeiro Sargento depende do Curso de Aperfeiçoamento de Sargentos. A promoção para Segundo Sargento e para Subtenente é por merecimento e antiguidade.

O Soldado pode chegar ao posto de Coronel, desde que aprovado no Curso Especial de Oficiais, permitido ao Subtenente e ao Primeiro Sargento; no Curso de Aperfeiçoamento de Oficiais, como Capitão; e no Curso Superior de Polícia, como Tenente-coronel.

Oficial

O candidato presta concurso público, e após aprovado, frequenta o Curso de Formação de Oficiais por três anos na Academia Policial Militar do Guatupê. Ao término do curso é classificado como Aspirante a Oficial. O Aspirante a Oficial pode chegar ao posto de Coronel, desde que aprovado no Curso de Aperfeiçoamento de Oficiais, como Capitão; e no Curso Superior de Polícia, como Tenente-coronel.

(fonte: http://www.policiamilitar.pr.gov.br/ modules/conteudo/conteudo.php?conteudo=3)

8. ASPECTOS GEOGRÁFICOS E HISTÓRICOS DO PARANÁ

É impossível estudarmos a História do Paraná sem entendermos aspectos da sua geografia, uma vez que a sua povoação e até mesmo a construção da sua identidade histórica estão intimamente ligadas aos aspectos do seu território.

Os concursos cobram relações bem específicas entre povoamento, região povoada, época da povoação e ciclo econômico responsável por estimular a ocupação do território. Assim o estudo da História do Paraná voltado para concursos se torna mais fácil e prático.

8.1 Aspectos Geográficos para Entender a História do Paraná

A palavra "*paranã*" tem sua origem no guarani, que significa "pa'ra" mar e "nã", semelhante, ou seja, a descrição do mar na visão dos índios como um rio grande. Também utilizavam o termo para descrever o lugar de onde se avista o mar. A palavra sofreu influência portuguesa e passou a ser utilizada a grafia Paraná. O nome do nosso atual estado é consequência do nome do rio que a partir de 1750 (Tratado de Madrid) passou a representar oficialmente os limites portugueses a oeste.

Em 19 de dezembro de 1853, o Paraná teve sua independência de São Paulo assinada pelo Imperador Dom Pedro II e passou a ser uma das unidades políticas do Brasil. Seu período provincial durou de 1853, ano da sua emancipação, até 1889, ano da proclamação da República.

Atualmente possui população de 10 milhões de habitantes que vivem numa área com cerca de 199.727.274 km^2, aproximadamente 2,34% do território nacional, distribuídos em 399 municípios, sendo sua Capital a cidade de Curitiba. A superfície territorial do Paraná é pouco superior a do Uruguai e o dobro do tamanho de Portugal.

Árvore Símbolo - Araucária (ARAUCARIA angustifolia)

Também conhecida como Pinheiro do Paraná, é a árvore símbolo dos paranaenses. Resta menos de 1% da cobertura natural de Araucária nos limites do Estado do Paraná. Na língua Tupi, esta árvore recebe o nome de *curi*, daí o nome da Capital do Estado do Paraná, Curitiba, isto é, terra de muito pinhão. É uma árvore que pode medir até trinta metros de altura.

Ave símbolo - Gralha Azul (CYANACORAX caeruleus)

Ave símbolo do Paraná, seu principal alimento no inverno é o pinhão, semente da Araucária, que é a árvore símbolo do Paraná. Como a ave – de quase 40 centímetros, do bico à cauda – tem por hábito espalhar as sementes que não come, ela vai "plantando" novos pinheiros por onde passa.

A Lei Estadual nº 7957, de 12 de novembro de 1984 prevê que a Secretaria de Educação deve promover, na semana do meio ambiente, campanha que mostre como a Gralha Azul tem importância para preservar a floresta e garantir seu equilíbrio ecológico.

Bandeira

É formada por um quadrilátero verde cortado, do canto superior esquerdo ao inferior direito por uma larga faixa branca. Nesta faixa está inserida uma esfera azul, que simboliza o céu e as cinco estrelas do Cruzeiro do Sul ordenadas pela posição em que se encontravam no dia 29 de agosto de 1853, data em que o imperador D. Pedro II assinou a Lei de criação da Província do Paraná. Cada uma das estrelas recebeu um nome na constelação: Alfa (Magalhães), Beta (Mimosa), Gama (Rubídea), Delta (Pálida) e Epsilon (Intrometida). Cortando a esfera, abaixo da estrela superior, há uma faixa branca com a inscrição "Paraná" em letras verdes. Ao redor da esfera cruzam-se dois ramos verdes, um de pinheiro do Paraná (Araucária) à direita e um de erva-mate (*ILEX paraguariensis*) à esquerda.

Brasão de Armas

Formam o Brasão de Armas paranaense um escudo português apresentando um campo em que a figura de um lavrador cultiva o solo. Acima deste um sol nascente (amarelo ouro) e três picos (montanhas) simbolizando a grandeza, a sabedoria e a nobreza do povo, bem como, os três planaltos paranaenses: 1º de Curitiba; 2º dos Campos Gerais; 3º de Guarapuava. Servindo como suporte para o brasão, estão dois ramos verdes, assim como na bandeira: à direita o pinheiro do Paraná e à esquerda erva mate, isto observando-se o escudo à frente. O desenho do brasão do Estado do Paraná foi realizado pelo artista Alfredo Emílio Andersen. Apesar da ave símbolo do estado ser a gralha azul, no brasão aparece como timbre a figura de uma águia (*HARPIA harpyja*) que encontrou no estado condições para se reproduzir naturalmente, estando hoje em extinção.

Localização Geográfica

O Estado do Paraná está localizado entre 22º30'58" e 26º43'00" de latitude Sul e 48º05'37" e 54º37'08" de longitude Oeste, encontra-se no Planalto Meridional e na Região Sul do Brasil, na transição entre os climas tropical e subtropical. Cerca de 25% do seu território fica na Zona Equatorial (ao norte do Trópico de Capricórnio) e 75% na Zona Temperada do Sul. Sua localização demonstra ser uma área de contatos e transição em termos físicos e naturais, com diversas ocorrências de clima, solo e cobertura vegetal, bem como uma variada geologia e formas de relevo.

Limites do Estado

Faz divisa ao norte e nordeste com o Estado de São Paulo (940 km), quase todos demarcados pelo curso dos rios Paranapanema, Ribeira do Iguape e Ararapira. A oeste limita-se com a República do Paraguai (208 km), e o Estado do Mato Grosso do Sul (219 km), fronteira essa banhada pelo Rio Paraná.

Ao sul, faz divisa com o Estado de Santa Catarina (754 km), desde a foz do Rio SaíGuaçu, no litoral, até as nascentes do Rio Jangada, no Morro do Capão Doce, na região sudoeste do Estado. A sudoeste, com a República da Argentina (239 km), desde as nascentes do Rio Santo Antônio até a foz do Rio Iguaçu no Rio Paraná. A leste, após a formação da Serra do Mar, o limite com o Oceano Atlântico (98 km). A costa real, todavia, supera 150 quilômetros, se computados aqueles de reentrâncias e baías. Entre estas, destaca-se a baía de Paranaguá que avança 40 quilômetros dentro do continente, com área de 667 km^2. É a segunda maior do Brasil, e forma três baías secundárias: Antonina, Laranjeiras e Pinheiros.

População

O Paraná contabilizou 10.439.601 habitantes, 9,16% maior que em 2000. Curitiba tem 1.746.896, sendo a oitava cidade mais populosa do país. Há dez anos, Curitiba era a sétima. A capital paranaense perdeu espaço para Manaus, que passou de 1.405 mi para 1.802 mi.

Relevo

O Estado do Paraná apresenta uma grande variedade nas formas de relevo. No conjunto, apresenta uma sucessão mais ou menos harmoniosa de planaltos, cada qual com características bem típicas. Tais diferenciações são de ordem topográfica, climática e geológica. De leste para oeste, logo após a Planície Litorânea, temos a Serra do Mar, onde temos a área ambiental mais preservada do território estadual, com a exuberante flora subtropical, dominante nos estados sulinos. O ponto mais elevado não só do estado, mas de toda a porção meridional do Brasil, é o pico Paraná com 1.962 metros de altitude.

A partir das encostas ocidentais da Serra do Mar, começa o Primeiro Planalto ou Planalto de Curitiba, cuja altitude varia entre 850 e 950 metros, Estende-se até a Serra de São Luís do Purunã. Surge aí o Segundo Planalto ou Planalto de Ponta Grossa, formando a região dos Campos Gerais. Em sua porção oriental, vento e chuva esculpiram por milhões de anos as famosas formações de arenito de Vila Velha. A altitude média deste planalto, 1.188 metros, baixa em seu extremo, às margens do Rio Ivaí, para 484 metros.

Na faixa mais oeste do Estado, aproximadamente dois terços do território, situa-se o Terceiro Planalto, ou de Guarapuava, que vai terminar nas margens do Rio Paraná, onde sua altitude média se reduz a 170 metros. Todo ele é percorrido por extensos rios, o Ivaí, o Piquiri, o Iguaçu, constituídos por diversas cachoeiras, destacando-se as famosas Cataratas do Iguaçu.

Sistema Viário

O sistema viário do Estado do Paraná encontra-se bem integrado nos seus diferentes meios de transporte. A facilidade de deslocamento, através de ligação entre aeroportos, ferrovias, hidrovias, portos e rodovias aumenta a competitividade do Paraná na região do Mercosul e torna-o bem competitivo e de fácil acesso, facilitando o fluxo de mercadorias e o deslocamento das pessoas.

Aeroportos

O estado tem dois aeroportos internacionais, o Afonso Pena, localizado no município de São José dos Pinhais na Região Metropolitana de Curitiba (RMC) e o de Foz do Iguaçu Cataratas, ambos realizam importante ligação com os países do Mercosul. Possui também três aeroportos domésticos, nos municípios de Londrina, Maringá e Cascavel, além de Curitiba contar com o Aeroporto do Bacacheri.

Portos

O porto de Paranaguá é um dos mais importantes e modernos do país. Além do porto de Paranaguá, merece destaque o porto de Antonina.

Ferrovias

O Sistema Ferroviário Paranaense tem importante participação na vida econômica do estado. Na porção sul, o estado é servido pelas linhas da Ferroeste, a ferrovia da soja, no trecho entre Guarapuava e Cascavel, com uma extensão até Guaíra e Foz do Iguaçu. Uma outra estrada de ferro faz as ligações de Paranaguá com Curitiba e Guarapuava. No sentido norte-sul, encontram-se as linhas da ferrovia Sul Atlântico, correspondente à malha sul da antiga Rede Ferroviária Federal, privatizada na década de 1990, que faz a ligação do Paraná com os estados de Santa Catarina e Rio Grande do Sul.

Hidrovias

O Estado do Paraná liga-se ao Brasil e ao exterior pelos portos de Paranaguá e Antonina. Serviços de barcos servem os habitantes das vilas e povoados que se encontram nas ilhas e às margens da baía de Paranaguá. Uns partem para a Ilha do Mel, outros para Guaraqueçaba, outros ainda para Cananeia e Iguape no estado de São Paulo, utilizando-se do canal do Varadouro.

Serviços de ferryboat são feitos na baía de Guaratuba, ligando a cidade do mesmo nome (Porto Damião de Souza) à Caiobá (Porto da Passagem).

O transporte fluvial é feito em maior escala no rio Paraná, ligando a cidade de Guaíra com o Estado de São Paulo e, por meio de ferryboat, com o Estado do Mato Grosso do Sul. A navegação fluvial também existe em Foz do Iguaçu, na ligação Brasil e Argentina.

Rodovias

A rede de rodovias pavimentadas compreende duas estradas no sentido leste-oeste: as BRs 369 e 376 ligam as cidades de Ourinho/SP, Londrina, Apucarana, Maringá e Paranavaí; e a BR 277 liga as cidades de Paranaguá, Cascavel e Foz do Iguaçu.

Outro trecho importante da BR 376 é o que liga Sorocaba, Curitiba e São Paulo e Curitiba a Rio Negro. Este último prolonga-se até o extremo sul do Rio grande do Sul, incluindo parte da BR 116.

Regiões Turísticas

O Estado é dividido em cinco zonas de paisagens naturais: a Planície Litorânea, a Serra do Mar, o Primeiro Planalto ou Planalto de Curitiba, o Segundo Planalto ou Planalto de Ponta Grossa e o Terceiro Planalto ou Planalto de Guarapuava. O território paranaense possui uma diversidade de atrações turísticas, onde destacamos alguns pontos interessantes para compreendermos uma pequena parte do conjunto de paisagens que formam o Paraná. A Planície Litorânea é formada por cinco municípios: Antonina, Guaraqueçaba, Guaratuba, Morretes e Paranaguá. Possui 98 quilômetros de costa, banhada pelo Oceano Atlântico. A região é histórica, foi a partir do litoral no século 16 que os portugueses iniciaram a ocupação do Paraná. No litoral encontra-se o Porto de Paranaguá, um dos mais importantes e modernos do país.

Serra do Mar

No sentido leste-oeste temos a Serra do Mar, um grande sistema montanhoso que ocorre ao longo da costa brasileira, desde o Estado do Espírito Santo até o sul do Estado de Santa Catarina. No Estado do Paraná a Serra do Mar divide a Planície Litorânea do Primeiro Planalto. Apresenta belas paisagens naturais, formadas pela área florestal mais preservada do estado. O passeio pela Estrada da Graciosa e a estrada de ferro entre Curitiba e Paranaguá construídas no século 19, mostram toda a riqueza natural, formada por uma das regiões de maior biodiversidade do planeta.

A Rota dos Tropeiros, no período colonial, ocorreu no sul com expedições dos bandeirantes para escravização de índios e à busca pelo ouro.

A partir do século XVIII, para a exploração das minas gerais de ouro no centro do país precisava-se de mulas e gado, que eram abundantes nos campos gaúchos.

O comércio intenso de animais no sentido sul-norte por duzentos anos, veio assegurar ao Brasil esse imenso espaço, onde o caminho das tropas possibilitou esse avanço, além de assegurar a unidade dos Estados do Rio Grande do Sul, Santa Catarina, Paraná e São Paulo.

Os tropeiros saiam dos pampas, passavam pelos campos catarinenses e entravam no território paranaense pelo município de Rio Negro, passando por Campo do Tenente, Lapa, Palmeira, Porto Amazonas, Campo Largo, Balsa Nova, Ponta Grossa, Carambeí, Castro, Tibagi, Telêmaco Borba, Piraí do Sul, Jaguariaíva, Arapoti, entrando no Estado de São Paulo, por meio de Sengés, até atingir a feira de Sorocaba.

O Parque Estadual de Vila Velha possui uma área de 18 km^2 e está situado há cerca de 80 quilômetros a oeste de Curitiba. O governo estadual criou um parque para proteger formações rochosas de arenito, que levaram mais de 300 milhões de anos para serem esculpidas pela natureza. Observando-se sob diversos pontos de vista, facilmente se identificam na paisagem as diversas figuras, sendo mais conhecidas a "Taça", a "Cabeça de camelo" e a "Esfinge". O Museu de Geologia e Paleontologia promove um turismo científico para a compreensao da evolução geológica do território paranaense. O Parque Estadual do Guartelá pertence ao Segundo Planalto, região também conhecida como dos Campos Gerais, primitivamente chamado Campos de São João ou Passagem de São João. Situado entre os rios Iapó e Tibagi até alcançar a região do Rio Pitangui.

Está encravada na escarpa que separa o Primeiro do Segundo Planalto paranaense, na região denominada "escarpa devoniana". O Canyon do Guartelá tem aproximadamente 30 Km de extensão, abertura máxima de um quilômetro e as escarpas tem entre 100 e 130 metros de abertura, sendo considerado o sexto maior canyon do mundo em extensão e o maior do Brasil.

O Roteiro dos Imigrantes destaca a colonização europeia ocorrida no Estado do Paraná, inicialmente com a promoção de dois roteiros no Segundo Planalto, região dos Campos Gerais. A rota eslavo-germânica abrange a Colônia Entre Rios (alemães), a Colônia Witmarsum (alemães-russos), e o município de Prudentópolis (ucranianos), onde ocorrem mais de 100 cachoeiras catalogadas, com destaque para o Salto São Francisco (196 metros de altura).

O Roteiro das Missões compreende regiões argentinas, brasileiras e paraguaias é apontado como espaço de integração do Mercosul. Além de contar com as Cataratas do Iguaçu, um dos principais pontos do turismo para os mercados nacional e internacional, as Missões dos Jesuítas, construídas nos séculos 17 e 18, formam uma imensa riqueza cultural da região, que abrange um conjunto de atrativos reunindo nove locais tombados como Patrimônio Mundial da Humanidade. Da Argentina são: o Parque Nacional Iguazú, Redução de San Ignácio Mini, Redução de Santa Ana, Santa Maria La Mayor e a Redução de Nuestra Señora de Loreto. Do Brasil: Parque Nacional do Iguaçu e Sítio Arqueológico São Miguel das Missões, no Rio Grande do Sul. E do Paraguai: Redução la Santísima Trinidad del Paraná e Jesus de Tavarangüe.

Estrada da Graciosa

Ligando Curitiba a Paranaguá, a Estrada da Graciosa foi aberta em 1873, durante o ciclo do tropeirismo.Ela é, hoje, uma das principais atrações turísticas do Paraná, por cortar a Serra do Mar, apresentando uma paisagem belíssima. Viajar por ela é fazer um verdadeiro passeio pelo tempo.

Estrada de Ferro

Viajar de Trem pela estrada de ferro que liga Curitiba a Paranaguá é um passeio quase que obrigatório para quem vai à capital do Estado. A ferrovia foi construída na época do Império, em 1880. Seu percurso é através da Serra do Mar, atravessando vários túneis e paisagens pitorescas.

A Usina Hidrelétrica de Itaipu é uma binacional localizada no Rio Paraná, na fronteira entre Brasil e Paraguai. Construída por ambos os países no período de 1975 e 1982. Itaipu é hoje a maior usina geradora de energia do mundo. Seu nome, que na língua guarani significa "a pedra que canta", faz referência à pequena ilha que havia ali, antes da obra.

Com seu lago perfazendo uma área de 1350 km^2, indo de Foz do Iguaçu, no Brasil, e Ciudad del Este, no Paraguai, até Guaíra e Salto del Guairá, 150 km ao norte, além de suas 20 unidades geradoras de 700 MW cada, Itaipu tem uma potência de geração de 14.000 MW. No ano de 2008, a usina atingiu seu recorde de produção, com 94,68 bilhões de quilowatts/hora (kWh), fornecendo 90% da energia consumida pelo Paraguai e 19% da energia consumida pelo Brasil.

O Parque Nacional do Iguaçu, criado em 1939 com uma área de 185 mil hectares, é constituído pela maior e mais importante formação de floresta tropical da Região Sul do país, como também as mais belas quedas d'água do mundo, as Cataratas do Iguaçu, Patrimônio Natural da Humanidade. A maior usina para geração de energia elétrica com o uso da força das águas do planeta é a Usina Hidrelétrica de Itaipu, construída no curso do Rio Paraná, com capacidade para gerar 20% da energia consumida pelo Brasil, apresenta uma ação estratégica no crescimento do país, além de promover projetos de preservação do meio ambiente e receber mais de 500 mil visitantes por ano.

Contando a História do Paraná

Quando falamos em História do Paraná, devemos considerar que nossos primeiros moradores sequer registraram aspectos da sua história da maneira que estamos acostumados. Os nativos, ameríndios ou índios, como são chamados, estavam aqui muito antes dos portugueses ou espanhóis, mas por pertencerem a um tipo de sociedade mais simples, ainda não haviam aprendido ou desenvolvido uma técnica de registro histórico, estando, como chamamos, ainda no período pré-histórico por não conhecerem a escrita.

Os primeiros e mais autênticos paranaenses então são os índios, dos quais ainda restam algumas reservas em algumas regiões do Estado.

A povoação europeia no atual estado do Paraná começou no século XVI por espanhóis, no interior do território, área que pertencia oficialmente a Espanha de acordo com o Tratado de Tordesilhas (1494). Pelo mesmo Tratado, somente o Litoral e o 1º Planalto pertenciam aos domínios portugueses.

A povoação sistemática de origem portuguesa (partindo de dois núcleos: Rio de Janeiro e São Paulo) começou no Litoral e 1º Planalto no século XVII e, assim, até o Século XIX, a população paranaense era indígena, portuguesa e africana, devido a presença dos negros trazidos como escravos.

Tratado de Madrid, assinado na capital espanhola a 13 de janeiro de 1750, entre os reis de Portugal e da Espanha.

Este tratado tornou-se responsável por determinar os limites entre as duas colônias sul-americanas, acabando definitivamente com as contendas.

O Tratado de Madrid foi preparado cuidadosamente a partir do Mapa das Cortes, favorecendo as colônias portuguesas em prejuízo aos direitos dos espanhóis. Os diplomatas portugueses eram muito espertos e basearam-se no princípio do Uti Possidetis – direito de posse – para definir como se daria a divisão territorial, trabalhando também para a vitória portuguesa. Pelo Uti Possidetis a terra deveria ser ocupada por aqueles já se encontravam estabelecidos nela, com residência fixa e trabalho nas redondezas. Desta forma os portugueses se firmaram no grande território que hoje forma o Brasil.

O Tratado de Madrid estabeleceu que o limite da fronteira entre os domínios espanhóis e portugueses se daria a partir do ponto mediano entre a embocadura do Rio Madeira e a foz do Rio Mamoré, sempre seguindo em linha reta até visualizar a margem do Rio Javari. Surgia uma linha imaginária que futuramente geraria muitas discórdias.

Por este tratado, Portugal foi obrigado a ceder a Colônia do Sacramento ao estuário da Prata, mas em compensação recebeu os atuais estados de Santa Catarina e Rio Grande do Sul, o atual Mato Grosso do Sul, a gigantesca área que ficava no alto Paraguai e mais algumas extensões de terras abandonadas, também adquiridas por meio de negociações.

O Paraná e a Independência do Brasil

Nesta época, as terras do Paraná faziam parte da capitania de São Paulo, a qual devido a sua extensão, foi dividida em duas comarcas. A comarca do sul teve sede em Paranaguá até 1812, quando esta foi transferida para Curitiba.

Em 1811, desejando um governo próprio, o governo de Paranaguá enviou uma representação a D. João. O líder desse movimento emancipacionista foi Pedro Joaquim Correia de Sá. Foram feitas várias tentativas junto à Corte, no Rio de Janeiro, mas o movimento fracassou. Em 1821, houve uma nova tentativa de obter a emancipação da comarca, que então se chamava comarca de Curitiba e Paranaguá. Os defensores da emancipação iniciaram um movimento que ficou conhecido como Conjura Separatista. Mais uma vez, o movimento não trouxe resultado positivo, embora o ideal da emancipação não tivesse desaparecido. Nessa luta destacaram-se o tropeiro Francisco de Paula e Silva Gomes e o Coronel Manuel Francisco Correia Júnior.

Como pode-se observar, o 7 de setembro não alterou a situação política do Paraná.

Emancipação Política

No período regencial, duas rebeliões que ocorreram no sul do Brasil tiveram influências na história do Paraná. Uma delas foi a Revolução Farroupilha, que se estendeu de 1835 a 1845, no Rio Grande do Sul. Esse movimento inicialmente defendia a autonomia das províncias que constituíam a Monarquia. Depois adquiriu um caráter separatista, ou seja, propunha a separação do território gaúcho do resto do Brasil. O segundo movimento rebelde estourou em São Paulo em 1842. Era a Revolução Liberal, que pretendia a volta do Partido Liberal ao poder central.

O governo temia que os paranaenses, apoiando os revolucionários gaúchos, que já atingiam Santa Catarina, ocasionassem a união dos dois movimentos e, consequentemente, a soma das duas forças. Foi prometido a emancipação da comarca de Curitiba e Paranaguá, em troca de sua neutralidade. A proposta foi aceita.

Finalmente a história oficial do Paraná começa em 29 de agosto de 1853 com a lei assinada pelo Imperador Dom Pedro II, que desmembrou a região da Província de São Paulo. Logo após ser conquistada sua autonomia, teve início um programa oficial de imigração européia para a região, principalmente de poloneses, alemães e italianos que vieram em busca de riquezas. O progresso, elevação de nível econômico, cultural e social do povo do Paraná foram os principais motivos para a transformação da região em província.

Separada de São Paulo em 19 de Dezembro de 1853, criou-se a Província do Paraná com o estabelecimento de aproximadamente 40 núcleos coloniais, núcleos estes originados por imigrantes italianos, alemães, poloneses, franceses, ingleses e suíços que, dedicaram-se às culturas de erva-mate, café e exploração de madeira impulsionando a economia local na época. O primeiro presidente da província foi Zacarias de Góes e Vasconselos.

A Evolução da Província

Entre a instalação da província do Paraná e a proclamação da República (1889), vários presidentes se sucederam no governo do Paraná. Dentre eles podemos destacar:

> Francisco Liberato de Matos (1857 ± 59), que incentivou a imigração europeia e criou uma linha de navegação entre Antonina e Paranaguá.

> André de Pádua Fleury (1864-66), que forneceu água potável à população de Curitiba e fez estudos para uma ligação fluvial entre o Paraná e a província de Mato Grosso.

> João José Pedrosa (1880-81), que ordenou a construção do Teatro São Teodoro, depois chamado de Teatro Guaira, e incentivou a cultura de trigo, café e algodão.

Em 1880 houve a abertura de estradas e rodovias, o que acelerou a ocupação. Daí em diante aconteceu o grande fluxo de migrantes mineiros e de outros estados pelo baixo valor das terras e sua grande fertilidade. O Paraná, se torna Estado em 1889 com a Proclamação da República que transformou as antigas províncias em Unidades Federativas da República.

No século XX, a história do Paraná foi marcada pela opulência das moradas e do viver dos "barões da erva-mate", donos de engenhos. A madeira farta atraía os ingleses, que povoaram os vazios das florestas derrubadas. Nesse mesmo século, chegaram os imigrantes não europeus, como os japoneses na segunda década. O Paraná viveu o ciclo do ouro, da madeira, da erva-mate e do café, até finalmente diversificar sua economia.

O Estado é conhecido como o maior e mais ativo celeiro do País. Seu parque industrial não para de crescer e diversificar-se. O aproveitamento do extraordinário potencial energético de uma privilegiada bacia hidrográfica, formada principalmente pelos rios Paraná e Iguaçu, é um dos responsáveis por esse grande crescimento. Os últimos anos foram marcados por grandes transformações e pela sua consolidação como um dos mais importantes estados brasileiros, ocupando o seu lugar em importância econômica.

A capital, Curitiba, foi fundada em 1693, como Vila de Nossa Senhora da Luz dos Pinhais. Curitiba se tornou a capital do Estado em 1853. A ocupação do seu território foi lenta até 1870, quando foi iniciado o processo de colonização por imigrantes europeus. Os imigrantes se estabeleceram nos arredores da cidade, se dedicando a atividades agrícolas e artesanais. Além desses grupos majoritários, também vieram para a região imigrantes japoneses, franceses, ingleses e suíços. A cidade de Curitiba tem sido modelo de planejamento urbano e qualidade de vida para seus habitantes.

Paraná Pré-Colombiano – Paraná Indígena

No Paraná, habitavam inúmeros povos indígenas que falavam línguas e tinham costumes diferentes entre si: Xetá e os Guarani, que pertenciam ao grupo lingüístico Tupi, e os Kaingang, ao grupo Jê.

Cabe ressaltar que entre os Jê destacaram-se, também, os Xokleng (botocudos), que constituem o ramo meridional da família Jê. A história do nome dos Xokleng tem provocado muitos debates. Alguns etnógrafos afirmam que os Xokleng se originaram dos Kaingang e tal separação se deu a fissões de suas patri-metades.

Existe uma proximidade linguístico-cultural entre os Xokleng e os Kaingang. Atualmente, a localização dos Xokleng, em maior número, encontra-se em Santa Catarina.

No Paraná, existem hoje, aproximadamente, 30 índios Xokleng. Os Xetá habitavam a Serra dos Dourados, entre os rios Paraná e Ivaí, no noroeste do Estado e, segundo os estudiosos, foram os únicos povos encontrados somente no Estado do Paraná.

Os Kaingang espalhavam-se do Estado do Rio Grande do Sul à região de São Paulo. Aqui no Paraná, habitavam as regiões de Palmas e Guarapuava, próximo aos rios Tibagi e Ivaí. Viviam nas áreas centrais do Estado.

Os Guarani povoavam o litoral sul do Brasil, entre Cananéia em São Paulo e o Rio Grande do Sul, ao longo das margens do Rio Paraná, espalhando-se pelo Paraguai, Argentina, Uruguai e Bolívia.

Hoje, existem no Paraná, aproximadamente 9 mil índios, predominando os Kaingang sobre os Guarani.

Os Xetá foram vitimados pelo processo de colonização branca, ao longo dos Séculos XVI ao XX. Atualmente, existem apenas sete índios sobreviventes e parentes entre si, o que levará à completa extinção dessa cultura indígena. É o genocídio de um povo!

→ Fatores que contribuíram para o extermínio:

- doenças adquiridas dos brancos, como gripe, tifo, sarampo, para as quais os indígenas não tinham resistência porque nunca tinham contraído;
- enfrentamentos com os colonizadores, tanto espanhóis como portugueses, que nos Séculos XVI (1501-1600) e XVII (1601- 1700) organizaram inúmeras expedições de caça aos índios para serem vendidos como escravos nas fazendas e nas cidades;
- expansão das fazendas de criação de gado, nos Séculos XVIII e XIX, utilizadas pelos tropeiros curitibanos para o descanso e a engorda (invernada)
- do gado trazido do Rio Grande do Sul para o mercado de Sorocaba, no atual Estado de São Paulo;
- grande interesse dos fazendeiros de café e das companhias de colonização, no Século XX, nas terras férteis e extensas habitadas pelos Xetá. O extermínio do povo Xetá, ao longo de cinco Séculos, pelos fatores acima mencionados, demonstra que de certa forma eles resistiram como puderam à dominação e à invasão de suas terras.

Influência do Povo Indígena

É imensa a influência que o paranaense recebeu do indígena, quer em sua diária ou em seus usos e costumes:

- Influência étnica: os milhares de índios que habitavam o Paraná foram em sua maior parte eliminados definitivamente ou incorporados à sociedade pela miscigenação.
- Vocabulário: os termos de origem tupi-guarani ou gêno linguajar diário são muitos, como por exemplo: Paraná, Curitiba, Paranapanema, Paranaguá, Iguaçu, Tibagi, Marumbi, canjica, butiá, vossoroca, guri, etc. Sua contribuição lingüística ocorre, sobretudo, nos nomes de acidentes geográficos, como rios, serras, picos, etc.
- Alimentação: a farinha de mandioca é de uso muito difundido entre a população.
- A importância desta farinha para o índio era como a da farinha de trigo para o homem branco. A eliminação do ácido venenoso que a mandioca brava possui proporcionou uma grande fonte de alimento para os índios.
- Seu uso é hoje conhecido em todas as camadas sociais.
- Também o uso do mingau, canjica, paçoca, alimentos feitos do milho ou aipim, como cuscuz, as pamonhas e os bijus, tem origem entre os índios.
- O uso da eni (rede), hoje generalizado: os índios a usavam para dormir em suas ocas, porque não conheciam a cama.
- A erva mate: foram os índios da família tupi-guarani que ensinaram ao homem europeu a utilização desta erva: o chá feito do mate e o tererê. Hoje seu uso é definitivo nas tradições sulinas, sob a forma de chá quente, gelado ou do tradicional chimarrão.
- O uso de raízes medicinais.
- O costume de se alimentar de carne de moquecada e assada em buracos aquecidos no chão.
- O fumo: Os europeus não conheciam o fumo. Vieram conhecê-lo na América. Os índios utilizavam-se desse vegetal, fumando cachimbos de barro. Hoje é usado universalmente sob a forma de cigarro ou charuto.
- O costume do banho diário e do cabelo cheio de loção: são elementos aprendidos com os índios.
- As cestarias, redes e armadilhas indígenas foram de extrema utilidade para a sobrevivência dos colonizadores brancos nas matas do Paraná.
- Produção artesanal: os Guarani desenvolveram uma adiantada técnica em cerâmica, fabricando inúmeros recipientes e vasilhas de barro cozido. Do algodão que cultivavam, produziam fios com os quais faziam trabalhos de tecelagem, como rede e tecidos.
- Caminho do Peabiru: uma "estrada" milenar, transcontinental que ligava o oceano Atlântico ao Pacífico, atravessando a América do Sul, unindo quatro países. No Brasil, passava por Santa Catarina, Paraná, São Paulo, Mato Grosso do Sul e depois seguia para Paraguai, Bolívia e Peru, cortando mata, rios, cataratas, pântanos e cordilheiras.

Os Guarani – Povo das Águas, foram um povo de canoeiros, navegadores de rios e mares, que habitavam o litoral paranaense e a região ao longo do rio Paraná. Com a chegada dos colonizadores portugueses, na atual região de Guaraqueçaba e Paranaguá, a partir de 1540, mais ou menos, Século XVI, eles foram aos poucos obrigados a se refugiarem cada vez mais para o interior, mas buscaram sempre se instalar próximos a rios e riachos.

Assim foram desenvolvendo técnicas de construção de canoas e transformaram-se em habilidosos pescadores, muitos mais que outros povos como os Kaingang e os Xetá. Até hoje, pescadores descendentes dos Guarani, como na região entre Cananéia e Superagüí, próximo à Paranaguá, constroem suas canoas num só tronco de árvore, demonstrando uma magnífica técnica de trabalho artesanal.

Os Kaingang– viviam da caça, da pesca e da coleta da agricultura, de raízes e frutos. Fixavam-se na terra. No que se refere a usos e costumes, gostavam de usar colares de sementes pretas com presas de animais. Produziam e utilizavam objetos de cerâmica feitos de argila, tanto de uso doméstico como religioso, como por exemplo, urnas funerárias. Eram grandes artesãos da cerâmica e desenvolveram técnicas inteligentes de resistência do material produzido.

Fonte arqueológica para estudo: SAMBAQUIS

Os vestígios arqueológicos encontrados em várias regiões do Brasil - sambaquis ou concheiros, objetos de barro e de pedra, pinturas em cavernas etc. - constituem ricas fontes de informação sobre a vida dos grupos humanos que aqui viveram antes da chegada dos portugueses, em 1500.

Durante muito tempo se pensou que os casqueiros do litoral eram apenas um amontoado de conchas trazidas à costa pelas marés. Com a destruição de alguns deles para fins industriais e até para construção de estradas, descobriu-se que eram lugares arqueológicos, onde habitavam povos nômades que ali viveram em várias épocas.

Com a elevação do nível do mar, ao nível que conhecemos hoje, há cerca de 6 mil anos, o litoral que se estende do atual estado do Espírito Santo ao Rio Grande do Sul passou a ser ocupado por povos que se alimentavam de frutos do mar. Embora também caçassem pequenos animais (macacos, antas, gambás, tartarugas, por exemplo) e coletassem frutos silvestres, esses povos comiam principalmente peixes e moluscos (ostras, mexilhões, berbigões etc.). Como essa fonte de alimentos nunca se esgotava, permaneciam durante milênios no mesmo lugar, perto da praia e, de preferência, próximo de algum rio.

Os Europeus no Paraná

A presença espanhola no Paraná

Como já foi dito, pelo Tratado de Tordesilhas (1494), somente o Litoral e o 1° Planalto do atual estado do Paraná pertenciam aos domínios portugueses estando submetidos as Capitanias de Martim Afonso de Sousa e Pero Lopes de Sousa. A porção portuguesa do atual estado estava submetida a Capitania de São Vicente, transformada depois em Capitania de São Paulo, e após a Independência do Brasil, Província de São Paulo.

A maior parte do território então era, por direito, um domínio espanhol.

Embora os espanhóis se mostrassem muito mais interessados nas jazidas de ouro e prata do México e Peru, ocorreram também inúmeros exemplos de presença espanhola no território paranaense, uma vez que o interesse na exploração de riquezas alimentava a imaginação do colonizador.

Ainda no século XVI os espanhóis fundaram no interior do atual estado do Paraná vilas, Missões e Reduções Jesuíticas.

Em 1541, o "adelantado" Dom Álvãrez Nuñez Cabeza de Vaca, governador da província do Paraguay, partiu do litoral catarinense e cortou o território do Paraná até alcançar Assunção. Seu objetivo era tomar posse da porção sul da América Espanhola.

Um dos principais objetivos dos espanhóis em terras paranaenses era tomar posse do caminho de Peabiru (Caminho de Grama Amassada), uma importante via que ligava o oceano Atlântico ao Oceano Pacífico, partindo de São Vicente, passando por todo o interior do estado do Paraná, Paraguai, Cordilheira dos Andes, etc.

Utilizando-se do Peabiru, os Espanhóis atingem a região de Guaíra e fundam a Ciudad Real de Guayrá, que tinha como função diminuir o ímpeto colonizador dos portugueses na região.

Além de Guayrá, os espanhóis fundam também, às margens do Rio Paraná, Vila Rica do Espírito Santo, após a União Ibérica em 1580, Vila Rica é transferida para a margem do Rio Ivaí, atualmente município de Fênix.

Com o surgimento da União Ibérica, Portugal e Espanha passam a ter um só monarca, e o tratado de Tordesilhas perde sua função, possibilitando assim novas incursões de Bandeirantes em busca de riquezas e índios no território do atual Paraná.

Destruição das Missões

A 18 de setembro de 1628 deixou São, Paulo a maior de todas as bandeiras que já haviam atacado o Guairá: 2 000 índios e novecentos mamelucos, dirigidos por 69 paulistas. No comando estava o mestre-de-campo Manuel Preto; seu imediato era Antônio Raposo Taváres.

Atingindo a região pelo sudeste, os sertanistas atacaram sucessivamente as reduções de San Miguel, Santo Antônio, Jesus María, Encamación, San Xavier e San José.

Diante do massacre, os padres reuniram em Santo Inácio e Loreto os índios sobreviventes e refugiaram-se nas missões estabelecidas entre os rios Paraná e Uruguai; os paulistas aproveitaram-se da retirada para destruir as povoações de Vila Rica e Ciudad Real, situadas respectivamente na margem esquerda do rio Ivaí e junto à foz do rio Piquiri; permitindo entretanto que seus habitantes fossem para o Paraguai, onde fundaram nova povoação às margens do rio Jejuí. Em 1632, não existia mais a província jesuítica do Guairá.

Foi uma destruição sem intenção de povoar, o que gerou um vazio demográfico no interior, e posteriores disputas de territórios entre Espanha e Portugal.

8.2 O Paraná Português Migrante e Imigrante

PARANÁ DO GARIMPO (Séc. XVII – Povoação do Litoral e 1° Planalto)

Quando espanhóis e portugueses invadiram o continente americano, logo foram informados da existência de regiões com muito ouro e prata. Os portugueses procuravam riquezas nas costas do Brasil e descobriram que na região, onde hoje é Paranaguá, Morretes e Antonina, na serra do Mar, e nos campos de Curitiba, havia ouro.

A primeira riqueza que os portugueses encontraram no Paraná foi ouro e os povos indígenas que eles aprisionavam afim de trabalhar para eles ou para vendê-los como escravos.

Foram os garimpeiros portugueses que fundaram Paranaguá, o núcleo de povoação mais antig do Paraná. Aos poucos, os garimpeiros de ouro do litoral foram sendo informados de que, nos rios Atuba, Belém, Barigui, Passaúna, Iraí, etc, todos na região que hoje é a grande Curitiba, havia bastante ouro. Então solicitaram autorização das autoridades portuguesas para subir a serra e garimpar ouro nessa região que constitui o primeiro planalto paranaense.

A vila de Paranaguá criada por uma carta régia de 1648 formou com o seu sertão - os chamados campos de Curitiba, a quase mil metros de altitude - uma só comunidade. E, assim começou a surgir um novo povoado que receberia, mais tarde, o nome de Nossa Senhora da Luz dos Campos dos Pinhais, e que depois se chamou Curitiba.

Pouco a pouco, Curitiba, elevada a vila em 1693 transformou-se no principal núcleo da comunidade paranaense Podemos afirmar que a garimpagem de ouro foi o primeiro período de riqueza do Paraná.

A presença portuguesa, devido à mineração, já havia ocorrido no século XVI no litoral paranaense (Guaraqueçaba – 1545). A COLONIZAÇÃO portuguesa é que ocorre no século XVII.

8.3 Paraná Tropeiro (Séc. XVIII-XIX – Povoação dos Campos Gerais)

O tropeirismo foi uma atividade econômica desenvolvida no sul do Brasil. Com a descoberta de grandes jazidas de ouro nas regiões de Minas Gerais, no Século XVIII, o gado muar, encontrado nos campos sulinos, passou a suprir a necessidade de meio de transporte.

O tropeiro era a pessoa que comercializava o gado, conduzindo-o através do caminho das tropas do Rio Grande do Sul à feira anual em Sorocaba /SP. Esse era conduzido às regiões auríferas.

Com o percurso longo e cansativo, os tropeiros faziam várias paradas e muitas transformaram-se em locais de "pouso tropeiro" e abrindo-se um armazém, uma ferraria, uma selaria, comércio de roupas, etc e assim se formaram pequenos povoados e vilas, que hoje se constituem em cidades, como Ponta Grossa, Lapa, Palmeira, Castro, Rio Negro, Campo do Tenente, Porto Amazonas, Piraí do Sul, Jaguariaíva e Sengés. Essas cidades, somadas com as do litoral, constituem o grupo populacional mais antigo do Paraná, denominado por alguns historiadores de "Paraná Tradicional".

Esse período do tropeirismo na região sul brasileira pode ser considerado em três etapas:

> Começa em 1632, quando padre Cristóbal de Mendoza Orelhano e os índios guarani, levaram a primeira tropa para a região dos Sete Povos das Missões, no Rio Grande do Sul;

> Quase cem anos depois, teve início o ciclo do tropeirismo dos campos de Curitiba;

> Com a grande tropa de Cristóvão Pereira de Abreu, em 1732, esse ciclo do tropeirismo se consolidou em toda a região sul e também na região sudeste, e durou mais de 200 anos. O caminho de Graciosa é mais importante caminho de tropas, no Paraná. Passando pelos municípios de Curitiba, Piraquara, Quatro Barras e Morretes, fez por muitos e muitos anos a ligação entre portos de Paranaguá, Antonina e o resto do Estado. O caminho de Palmas a Palmira fez a integração, no Paraná, entre o caminho das missões e o caminho de via mão. Por mais de cem anos, passaram por esse caminho tropas de mulas vindas do sul e muitas tropas de bois criados nos campos de Palmas. Essa atividade se tornou o mais importante fator para o desenvolvimento econômico e social da região sul.

Destaca-se, também, o tropeirismo na suinocultura. A prática da suinocultura ocorria nas antigas colônias de imigrantes ou em áreas desmatadas, especialmente, para fazer safras.

8.4 Memória Histórica das Cidades

Com o crescimento das cidades surgidas em função do tropeirismo, ainda hoje elas mantêm características arquitetônicas próprias daquele período. Como exemplo, o casario encontrado na Lapa.

Nas cidades de Ponta Grossa, Lapa e Castro também é mantida a antiga denominação RUA DAS TROPAS, como forma de preservar a história local.

"(...) Castro é composta de centenas de casas que se enfileiravam ao longo de três ruas compridas. A população era constituída por alguns comerciantes,(...) e alguns artesãos. Dentre os últimos, os mais numerosos eram seleiros, o que não é de admirar numa região onde os homens passam a maior parte do tempo em cima de um cavalo... os habitantes de terras vizinhas se dedicavam... à criação de bois e cavalos"

(Saint Hilaire, 73 – 1820).

Oeste e Sudoeste

As regiões Oeste e Sudoeste do Estado do Paraná passaram por dois ciclos de povoamento. O primeiro é Século XIX e XX e foi marcado pela erva-mate e pela madeira. As industrias ervateiras e as madeireiras foram presenças constantes na região. Depois, temos nos anos 30 e 40 a importância da agricultura na região, contando com a presença de migrantes gaúchos e imigrantes europeus, que para cá vieram, atraídos pela possibilidade de trabalhar num pedaço de terra de onde poderiam tirar o sustento seu e também da família.

Paraná Ervateiro

Os primeiros a fazer uso da erva-mate foram os índios Guarani, que habitavam a região definida pelas bacias dos rios Paraná, Paraguai e Uruguai, na época da chegada dos colonizadores espanhóis. Da metade do Século XVI até 1632, a extração de erva mate era a atividade econômica mais importante da província Del Guairá, território que abrangia praticamente o Paraná, e no qual foram fundado três cidades espanholas e 15 reduções jesuíticas.

O consumo da erva-mate se faz de duas maneiras distintas: sob forma de chimarrão ou chá. Para consumo do chimarrão, utiliza-se cuia (purungo), bomba e chaleira com água quente. O chá é a bebida feita da infusão da folha do mate e pode ser consumido quente ou frio.

A erva-mate manteve-se como principal produto paranaense durante o período entre a emancipação política do Paraná (1853) e a Grande Crise (1929), chegando a representar 85% da economia paranaense. As mudanças que ocorreram nos meios de transporte se intensificaram com o desenvolvimento da economia ervateria, a partir do Século XIX.

Em 1885, com a inauguração da ferrovia, ligando Curitiba a Paranaguá, esta tornou-se a principal via para o escoamento da erva-mate que se destinava à exportação.

Os trens substituíram os carroções puxados por animais e, posteriormente, os caminhões tornaram-se o principal meio de transporte do produto. Em Curitiba, os bondes de tração animal e as charretes conduziam a erva-mate do engenho à estação ferroviária.

O Paraná foi, é, e continua sendo um Estado ervateiro: as regiões oeste, sudeste e centro sul, contam com muitas indústrias ervateiras, modernas, atualizadas, produzindo erva mate de excelente qualidade.

8.5 Paraná Madeireiro

Toda a região sul do Brasil se caracterizava por grandes áreas de campos ,ou seja, de pastagens, e outras regiões grandes povoadas de mata densa, com árvores de grande e médio porte.

A região norte, noroeste, oeste, sudoeste e parte da região sul, eram cobertas por matas densas, que passaram a ser chamadas de Sertões Desconhecidos.

Nesses sertões, haviam muitas árvores que produziam várias madeiras, como a imbuía, a peroba e a mais bela e rica floresta do mundo, as matas de Pinheiro do Paraná.

Durante o Século XIX vieram para o Brasil muitas famílias de imigrantes europeus, vieram alemães, italianos, poloneses, ucranianos, holandeses, etc.

Eles foram entrando nas matas e precisavam derrubar, cortar as árvores para poderem fazer suas casas e plantar suas roças. Aos poucos foram surgindo colônias de imigrantes, que transformavam os troncos em tábuas, esteios, caibros, forros e serrarias, para a fabricação de casas e móveis.

Durante o Século XX, aconteceram os grandes desmatamentos e o comércio da madeira no Paraná.

Muito dinheiro veio para o Paraná, proveniente da venda de madeiras, e nessas regiões de onde saia a madeira, surgiram e cresceram rapidamente muitas cidades que servem até hoje de modelo de crescimento.

O período da madeira ajudou o Paraná a se desenvolver economicamente em população, mas deixou como consequência a destruição quase total de um tesouro que a natureza criou em milhares de anos.

Esse período da madeira ocorreu quase paralelamente a outra atividade econômica que foi a mais importante de todas para o crescimento e desenvolvimento do Paraná: o período do Café.

Norte Velho, Norte Novo e Norte Novíssimo: O Paraná Cafeeiro

Norte Velho (Nordeste do estado) – Século XIX extensão da lavoura cafeeira do oeste paulista. Área entre os rios Paranapanema e Tibagi.

Norte Novo (Norte do estado) – Século XX (anos 30 e 40) – Companhias Colonizadoras e o auge da produção cafeeira. Área entre os Rios Tibagi e Ivaí.

Norte Novíssimo (Noroeste do estado) - Século XX (pós década de 50) – Companhias Colonizadoras, café, cana-de-açúcar e polo da moda. Entre os rios Ivaí e Piquiri.

O período do café foi o que mais riquezas proporcionou ao Paraná, e assim surgiram cidades importantes como Londrina, Maringá, Paranavaí, Mandaguari, Cianorte, Bandeirantes, Apucarana e outras.

É preciso lembrar que a maior parte dessa região era coberta por matas densas, com muitas árvores que produzem madeiras de lei como peroba, cedro, imbuía, cambará, e sendo que, para formar as lavouras de café e outros produtos agrícolas era preciso cortar árvores e até arrancar as raízes.

O povoamento organizado: o norte do Paraná

O café aparece timidamente no norte do Paraná por volta de 1860, em algumas grandes fazendas e constitui uma primeira frente pioneira que se estende lentamente. Este tipo de povoamento é diferente daquele do Sudoeste e do Oeste, estendendo-se de maneira regular e uniforme durante as duas primeiras décadas do século XX. A proximidade com São Paulo cria condições de mercado propícias a quebrar o isolamento, a despeito das dificuldades de transporte; a ação colonizadora do governo do Paraná e sobretudo das companhias privadas cria, entretanto, uma infra-estrutura favorável à instalação de pequenos e médios proprietários.

As concessões mais importantes feitas pelo governo a companhias privadas são: "Primeiro de Maio", fundada por Corain e Cia., dotada de 50.000 há, cujos primeiros habitantes chegam em 1923; "Sertanópolis", criada por Leopoldo de Paula Vieira em 1924, também com uma superfície de 50.000 há.

Estas duas companhias fundam os centros dinâmicos do povoamento da região antes da crise de 1929. Outras concessões criam núcleos coloniais, sem alcançar, entretanto, uma ocupação imediata. Mas esta colonização dirigida nunca exclui a ocupação precária das terras.

A companhia privada que teve o papel mais importante para a ocupação do território foi a "Paraná Plantations Ltda.", que comprara do governo do Estado 515.000 ha. É estabelecido um plano de colonização muito detalhado, o qual comporta a realização de uma infra-estrutura organizada para o comércio e o transporte, e prevê também uma estrada de ferro que acompanharia o avanço do povoamento.

A sede social desta companhia, de origem inglesa (nacionalizada na Segunda Guerra), é instalada em Londrina, cidade que propaga seu dinamismo para a ocupação do território. A divisão das terras é feita em loteamentos de pequena e média extensão, cuja compra podia ser financiada em 4 anos.

O governo regional retoma também sua atividade colonizadora a fim de evitar os conflitos agrários sempre prestes a explodir nas zonas pioneiras. Os projetos de colonização pública preveem então o povoamento de 300.000 há na região Norte/Nordeste, sobre lotes de menos de 100 há.

O processo de colonização organizada irá influenciar diretamente a expansão das atividades econômicas, criando condições favoráveis para o pequeno campesinato. Como resultado deste processo, as pequenas e médias propriedades de menos de 100 há constituem, em 1940,84% do total das explorações agrícolas do Paraná.

Geada de 1975

Foi no amanhecer de 18 de junho de 1975 que uma das geadas mais intensas do século passado reduziu a zero a área cultivada com café no Estado do Paraná. Em escala maior, o próprio Paraná nunca mais foi o mesmo. Aquela manhã fria, aliada a outros fatos ocorridos na mesma época, disparou uma série de transformações econômicas e demográficas que fizeram do Estado o que ele é hoje.

As estatísticas dão uma dimensão grandiosa dos eventos daquele dia. Na safra de 1975, cuja colheita já havia sido encerrada antes da geada, o Paraná havia colhido 10,2 milhões de sacas de café, 48% da produção brasileira. Era o maior centro mundial nessa cultura e tinha uma produtividade superior à média nacional. No ano seguinte, a produção foi de 3,8 mil sacas. Nenhum grão de café chegou a ser exportado e a participação paranaense na produção brasileira caiu para 0,1%.

Nos dias seguintes já começava a consolidar-se uma idéia de que o estrago seria duradouro. O governador Jayme Canet Júnior anunciava que o orçamento do Estado seria reduzido em 20% no ano seguinte.

O prognóstico dos especialistas era de que o prejuízo chegaria a Cr$ 600 milhões (o equivalente, pela cotação da época, a US$ 75 milhões), apenas nas lavouras de café. Outras culturas, como o trigo, também sofreram perdas importantes, de mais de 50%. Mas era o café que sustentava a economia do Paraná naquela época – uma situação que mudaria logo em seguida, já que os cafeicultores nunca mais se recuperariam desse impacto.

A partir de então a produção de soja, trigo, milho e amendoim se tornou uma boa opção.

8.6 Paraná em Desenvolvimento

O Paraná atual é resultado de tudo o que aconteceu em seu território e com sua gente, desde os primeiros indígenas, passando pelos períodos do ouro, da criação de gado e do tropeirismo, da cultura da erva mate, da madeira, do aproveitamento do pinheiro, da produção de café e soja, assim como da industrialização.

E ainda hoje é um grande produtor agrícola. A produção do café voltou a ser incentivada, prometendo grande produtividade através da tecnologia do café adensado. A Região Oeste, uma vez concluída sua ocupação, acabou emergindo como região especializada em culturas de exportação, particularmente a soja. Já o Sudoeste de ocupação mais antiga, mantém-se como região produtora de alimentos.

Também considerado o maior produtor de trigo do Brasil pois ocupa 74% da área estimada com as culturas de inverno. É o segundo maior Estado produtor de soja no País, sendo responsável por 21,3% da produção nacional. Também, o Paraná costuma plantar três safras de feijão, sendo responsável por 23% da produção nacional, o que lhe confere a liderança na produção.

É apontado como o terceiro colocado no ranking de maior produtor nacional de cana-de-açúcar, atrás de São Paulo e Alagoas, entretanto, é o segundo colocado na produção de álcool.

A formação do Mercado Comum do Sul (MERCOSUL), bloco econômico com países do cone sul, inseriu o Paraná no sistema de globalização econômica. O Paraná ficou numa posição privilegiada: é um porto na rota de passagem das mercadorias que vem da Argentina, Chile, Paraguai e Uruguai, para o restante do país. O inverso também é verdadeiro, gerando receitas e atraindo grandes negócios em decorrência de sua localização estratégica.

O Paraná reúne todas as condições para ser um Estado eco-turístico-cultural por excelência: tem lugares históricos, belezas naturais, culinária diversificada clima bom e variado, gente culta e hospitaleira, espaços culturais e culturas de todo mundo. Os paranaenses só têm a se orgulhar do seu território, da sua gente e da sua história.

Economia Paranaense

(Fonte: IPARDES – Instituto Paranaense de Desenvolvimento Econômico e Social)

"O Paraná passou por diversos ciclos econômicos durante seu processo de formação. No século XVII o ouro foi responsável pela colonização do litoral e primeiro planalto. Nos séculos XVIII e XIX o tropeirismo influenciou na colonização da região conhecida como Campos Gerais, ou então o segundo planalto paranaense. Ainda no século XIX até meados do século XX o café foi o principal produto cultivado responsável pela colonização do norte. A região oeste e sudoeste foi colonizada em dois momentos: Primeiramente no final do século XIX e início do século XX com a madeira e a erva-mate e depois nos anos 30 e 40 do século XX com a agricultura.

Atualmente, a economia do Paraná ocupa o quinto lugar em desenvolvimento no país, ficando atrás dos estados do Rio de Janeiro, São Paulo, Minas Gerais e Rio Grande do Sul, além de participar com cerca de 6% do PIB nacional e basear-se principalmente na agricultura e na indústria. Embora ainda tenha uma economia eminentemente agrícola, o estado continua atraindo investimentos externos que alavancam cada vez mais o setor industrial, principalmente no polo automotivo.

Outras fontes que também são geradoras de renda no estado são os setores de transporte, as hidrelétricas, o turismo, a área mineradora, e a extração da madeira, que contribui de forma significativa na economia paranaense.

O setor de serviços exerce grande influência na economia do Paraná. Ele é responsável por 62,7% do PIB do Estado. Logo depois, aparecem o setor industrial, com 29,1%, e o setor de agropecuária, responsável por 8,2%. Embora tenha menor importância, quando relacionada com outros ramos de atividade, a agropecuária paranaense é representativa em termos econômicos, atingindo participação superior a registrada pelo setor primário em nível nacional.

Comparando-se aos municípios do estado, a região metropolitana de Curitiba ganha destaque. Curitiba, Araucária e São José dos Pinhais respondem por, respectivamente, 23,5%, 6,2% e 5,1% do PIB estadual, seguidas por Londrina, Foz do Iguaçu, Maringá, Ponta Grossa, Paranaguá, Cascavel e Guarapuava. Juntos, todos os outros municípios do estado somam um PIB de 42,5%.

As exportações paranaenses também apresentam-se em expansão. As maiores vendas externas são de soja, material de transportes e carne, entretanto, os principais produtos estrangeiros adquiridos pelo Estado também são os materiais de transporte, os produtos químicos e derivados de petróleo. Argentina e China, com cerca de 10% das exportações cada, e Alemanha, com 8,5%, são os países que mais adquirem produtos paranaenses. Já os países que mais exportam para o Paraná são a Nigéria, com 19,7% de participação, a China, com 9,7%, e a Argentina, com 9,5%.

Os principais indicadores econômicos e sociais do Estado mostram um grau de urbanização de 81,4%, uma taxa de crescimento populacional de 1,4% ao ano, PIB per capita de 10.724, e balança comercial de 77.127 milhões de dólares em 2009. A população economicamente ativa do Paraná (PEA) é de 5,8 milhões, e o índice de desenvolvimento humano apresenta uma evolução positiva, com 0,711, ocupando a 6° posição nacional."

Questões

01. (FAFIPA) Assinale a alternativa que apresenta um conflito no qual a Polícia do Estado do Paraná NÃO esteve em atuação.

a) Epopeia da Lapa.
b) Revolta da Vacina.
c) Guerra do Paraguai.
d) Guerra do Contestado.
e) Revolução de 1930.

02. (FAFIPA) Assinale a alternativa que apresenta corretamente as características da Guerra do Contestado.

a) Conflito ocorrido em uma região de economia agrícola ervateira e cafeeira, no ano de 1916, que envolveu os estados de Santa Catarina e Paraná. O confronto aconteceu entre aos produtores de erva mate e o governo estadual.
b) Conflito armado entre os representantes do poder federal e estadual, com participação da população cabocla produtora de erva mate e café, na região que se localiza entre os estados de Santa Catarina e Paraná.
c) Conflito armado entre os representantes dos poderes federal e estadual e a população cabocla. Ocorreu entre 1912 e 1916 e envolveu os estados de Santa Catarina e Paraná, região de economia ervateira e madeireira.
d) Conflito armado, por questões salariais, ocorrido entre a população cabocla e produtores de erva mate e madeira, ano de 1912, na região do Contestado, envolveu, também, o governo federal e os governos estaduais.
e) Conflito armado entre os representantes do poder federal e a população cabocla. Ocorreu entre 1912 e 1914 e envolveu os estados do Rio Grande do Sul e Paraná, região de economia ervateira e madeireira.

03. (FAFIPA) Nas primeiras décadas do século XX algumas batalhas foram empreendidas em nome da luta pela democracia dentro do território brasileiro. A respeito destas batalhas, assinale a alternativa INCORRETA.

a) A Revolução de 1924, ocorrida em São Paulo, também é conhecida como "revolução esquecida" e foi a tentativa comunista de derrubar o poder e instaurar um regime socialista sob o comando de Luiz Carlos Prestes.
b) A Revolução de 1930 foi aquela que elevou Getúlio Vargas ao posto de chefe do Governo Provisório, após longa batalha empreendida contra as oligarquias agrária e fundiária que dominavam o país.
c) A Revolução de 1930 ficou conhecida como revolução liberal, pois combateu a política do café com leite que imperava no país sob o comando dos plantadores de café e criadores de gado dos estados de Minas Gerais e de São Paulo.
d) A Revolução Constitucionalista foi deflagrada em 9 de julho de 1932, pelos paulistas, com o intuito de derrubar o Governo Provisório de Getúlio Vargas e em prol de uma nova Constituição para o país.
e) A Constituição de 1934 é resultado da luta empreendida pelo estado de São Paulo, que se organizou e realizou a Revolução de 1932, conhecida como Revolução Constitucionalista, ou seja, em prol da constituição.

04. (AlfaCon) Assinale a alternativa em que há o nome do militar que recebeu o título de "patrono do Exército brasileiro" e comandou as forças dos três países contra o Paraguai.

a) General Osório.
b) Almirante Barroso.
c) Duque de Caxias.
d) Bartolomeu Mitre.
e) Marquês de Tamandaré.

Gabaritos

01	B	03	A
02	C	04	C

9. NOVA ORDEM MUNDIAL: MUNDO MULTIPOLAR

Com a crise do mundo socialista e o surgimento de novas potências econômicas, a bipolaridade mundial, liderada pelos Estados Unidos e pela URSS, começou a dar espaço para uma nova hierarquização.

Nesse período de desestabilização da bipolaridade, o Produto Nacional Bruto (PNB) de muitos países foi se alterando, devido à instabilidade política e econômica mundial, fato que possibilitou a Nova Ordem Mundial. No auge da ordem bipolar, nos anos entre 1950 e 1960 , o PNB dos EUA era maior que os PNBs de todos os países da Europa ocidental, somados ao PNB do Japão. E o da URSS era maior que a soma de todas as demais economias planificadas. Durante as décadas de 70/80, esse quadro foi se modificando pelo crescimento de outros polos como a França, Alemanha e Japão. O Japão , a partir da década de 90, passou a ser a segunda economia mundial , enquanto a URSS passou para nono lugar.

A nova organização do cenário mundial está caracterizada pela presença de mais centros ou polos de poder geopolítico, econômico e militar, ou seja, por um mundo multipolar.

9.1 Poder Militar

Os EUA e a Federação Russa continuam sendo superpotências. A grande diferença que os EUA continuam atuantes em todos os continentes, enquanto a Federação Russa perdeu espaço militar, devido à crise econômica que enfrentou durante a transição do Socialismo para a economia de mercado.

9.2 Poder Econômico e Tecnológico

Na nova ordem mundial surgiram outros centros mundiais de poder, como a União Europeia, os EUA e o Japão.

Os EUA continuam sendo a maior potência econômica, a Europa está se firmando como potência com a consolidação da União Europeia como bloco econômico. E o Japão tornou-se uma das grandes potências na fabricação de tecnologia de ponta, principalmente robótica, que tem alto valor agregado no comércio mundial.

Com a nova ordem mundial, o planeta ficou divido em países do norte e do sul. Nessa nova divisão, segundo critérios econômicos, podemos reconhecer algumas características.

A maior parte das antigas colônias americanas, asiáticas e africanas formaram os países do sul, esses países de economias tradicionais apresentam profundas diferenças e desigualdades sociais.

Alguns países subdesenvolvidos se destacam por apresentar oportunidades de investimentos e por atraírem grandes transnacionais para o seus territórios. Oferecem grandes vantagens fiscais e apresentam grandes mercados consumidores. São chamados de países emergentes. Nos dias atuais, ganhou notoriedade o grupo de países denominados de BRICS. A China, possui uma economia que apresenta um alto crescimento, uma estrutura militar considerada a segunda do mundo atualmente, além de apresentar o maior mercado consumidor potencial do planeta, pois tem a maior população mundial.

Os antigos países socialistas são denominados de economias de transição, pois passam por uma fase de adaptação à economia de mercado.

A África Subsaariana, na nova ordem mundial, não apresenta interesse por parte das grandes nações industrializadas do planeta, nem como consumidora, nem como opção de investimento de capital.

10. GLOBALIZAÇÃO

10.1 Origens da Globalização e suas Características

Muitos historiadores afirmam que este processo teve início nos séculos XV e XVI com as Grandes Navegações e Descobertas Marítimas. Neste contexto histórico, o homem europeu entrou em contato com povos de outros continentes, estabelecendo relações comerciais e culturais. Porém, a globalização efetivou-se no final do século XX, logo após a queda do Socialismo no leste europeu e na União Soviética. O Neoliberalismo, que ganhou força na década de 1970, impulsionou o processo de globalização econômica.

Com os mercados internos saturados, muitas empresas multinacionais buscaram conquistar novos mercados consumidores, principalmente dos países recém saídos do socialismo. A concorrência fez com que as empresas utilizassem cada vez mais recursos tecnológicos para baratear os preços e também para estabelecerem contatos comerciais e financeiros de forma rápida e eficiente. Neste contexto, entra a utilização da Internet, das redes de computadores, dos meios de comunicação via satélite etc.

Outra característica importante da globalização é a busca pelo barateamento do processo produtivo pelas indústrias. Muitas delas produzem suas mercadorias em vários países, com o objetivo de reduzir os custos.

Optam por países onde a mão de obra, a matéria-prima e a energia são mais baratas. Um tênis, por exemplo, pode ser projetado nos Estados Unidos, produzido na China, com matéria-prima do Brasil, e comercializado em diversos países do mundo.

Para facilitar as relações econômicas, as instituições financeiras (bancos, casas de câmbio, financeiras) criaram um sistema rápido e eficiente para favorecer a transferência de capital e comercialização de ações em nível mundial. Investimentos, pagamentos e transferências bancárias podem ser feitos em questão de segundos através da Internet ou de telefone celular.

Os Tigres Asiáticos (Hong Kong, Taiwan, Cingapura e Coreia do Sul) são países que souberam usufruir dos benefícios da globalização. Investiram muito em tecnologia e educação, nas décadas de 1980 e 1990. Como resultado, conseguiram baratear custos de produção e agregar tecnologias aos produtos. Atualmente, são grandes exportadores e apresentam ótimos índices de desenvolvimento econômico e social.

Neste período de globalização, o pensamento econômico predominante em escala mundial é conhecido por consenso de Washington, também batizado de Neoliberalismo. Suas diretrizes são a desregulamentação da economia, livre circulação de capitais, as privatizações e a diminuição da ação estatal na vida econômica.

10.2 Internet, Aldeia Global e a Língua Inglesa

A globalização extrapola as relações comerciais e financeiras. As pessoas estão cada vez mais descobrindo na Internet uma maneira rápida e eficiente de entrar em contato com pessoas de outros países ou, até mesmo, de conhecer aspectos culturais e sociais de várias partes do planeta. Junto com a televisão, a rede mundial de computadores quebra barreiras e vai, cada vez mais, ligando as pessoas e espalhando as ideias, formando, assim, uma Grande Aldeia Global.

Saber ler, falar e entender a língua inglesa torna-se fundamental, dentro deste contexto, pois é o idioma universal e o instrumento pelo qual as pessoas podem se comunicar.

10.3 Blocos Econômicos e Globalização

Dentro deste processo econômico, muitos países se juntaram e formaram blocos econômicos, cujo objetivo principal é aumentar as relações comerciais entre os membros.

A integração dos blocos regionais é feita por etapas, avançando gradativamente em cada objetivo almejado pelos países, tanto no aspecto econômico como político, ambiental, de defesa, sociocultural etc. Essas etapas podem ser assim definidas:

> Zona de livre comércio: nessa etapa, há livre circulação das mercadorias entre os países do bloco e as tarifas alfandegárias vão diminuindo gradativamente, até a sua total eliminação.

> União aduaneira: etapa em que as mercadorias circulam livremente pelo bloco e há a adoção de tarifas alfandegárias comuns para a realização de comércio com outros países não membros.

> Mercado comum: esse estágio envolve as etapas anteriores e mais a livre circulação de pessoas, serviços e capitais, completando a fase de integração econômica.

> União monetária: engloba todas as fases anteriores, padroniza as leis econômicas, fiscais e trabalhistas, entre outras, e acrescenta a utilização de uma moeda única entre os países membros, emitida por um Banco Central.

> União política: é a fase final da integração, envolvendo todas as anteriores e unificando as políticas de relações exteriores, de segurança interna e externa e de defesa dos países membros.

Neste contexto, surgiram a União Europeia, o Mercosul, a Comecom, o NAFTA, o Pacto Andino e a Apec. Estes blocos se fortalecem cada vez mais e já se relacionam entre si. Desta forma, cada país, ao fazer parte de um bloco econômico, consegue mais força nas relações comerciais internacionais.

10.4 Principais Blocos Econômicos

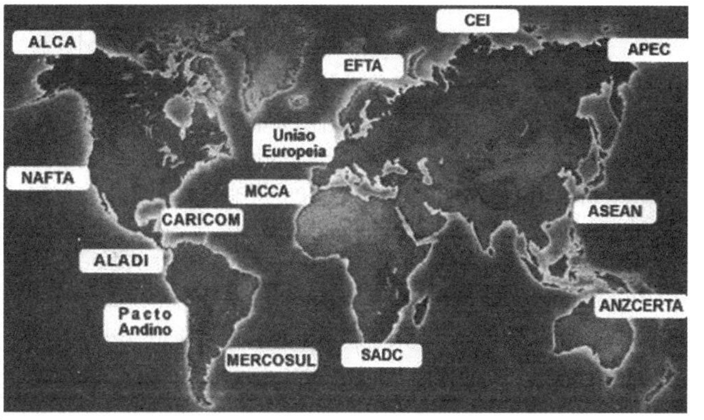

10.5 Desigualdades

As questões sociais são muitas vezes esquecidas, dando-se importância somente à produção industrial e a ações especulativas no mercado financeiro. Nesse sistema, a insegurança (econômica e financeira) acompanha constantemente as nações, pois como os mercados mantêm relação com as famosas bolsas de valores, elas estão sujeitas a sofrerem alterações das mais diversas possíveis, pois estão interligadas em todo o mundo, podendo concentrar um crescimento espetacular ou um declínio/recessão por muitos anos. O mundo é posto como uma grande mercadoria, que pode ser comprada ou ser descartada do mercado mundial, ocasionando uma exclusão econômica, social e política.

A globalização acenou com perspectivas que não se concretizaram. Imaginou-se um mundo plenamente integrado, sem fronteiras. Novas tecnologias e métodos gerenciais levariam ao bem-estar dos indivíduos e à redução das desigualdades. Na realidade, nos últimos anos, registrou-se aumento das desigualdades no cenário mundial.

11. TERRORISMO GLOBALIZADO

No início do século XXI, o cenário internacional privilegiava os grandes acontecimentos econômicos estadunidenses no mundo, as relações eram no âmbito mais geoeconômico do que geopolítico. Porém, os acontecimentos de 11 de setembro de 2001 expuseram ao mundo amplas consequências dos atos terroristas.

11.1 O que é Terrorismo?

O terrorismo envolve ações violentas, tanto físicas quanto psicológicas, desencadeadas contra uma situação específica, relacionada a questões políticas, raciais, religiosas, entre outras. Podemos, também definir como o uso sistemático da violência contra uma população para criar um ambiente de medo e, assim, alcançar um objetivo político.

As ações terroristas podem ser aleatórias, quando não visam a um agente específico, isto é, não existe um alvo previamente escolhido. A intenção maior é espalhar o medo, instalando um período de instabilidade. Como exemplo, podem ser citadas as bombas em metrôs, cafés, parques etc.

As ações terroristas seletivas escolhem um alvo mais específico e conhecido, visando à chantagem, à vingança ou à eliminação do alvo. Essas ações estão mais relacionadas às questões políticas.

A seguir, os principais grupos terroristas e onde estão localizados, no espaço geográfico mundial.

Al Qaeda: grupo fundamentalista islâmico que possui financiadores para o desenvolvimento de ataques em diferentes pontos do planeta. Além disso, detém ramificações da organização, configurando, assim, uma atitude globalizada. Esse grupo surgiu no Oriente Médio, porém, os ataques ocorrem nessa região e em outros pontos do planeta.

Hamas (Movimento de Resistência Islâmica): grupo que atua em locais próximos à fronteira entre a Palestina e Israel, que busca a formação do Estado Palestino por meio de atentados com homens-bomba e outras modalidades.

Jihad Islâmico da Palestina: desenvolve suas práticas em Israel, em áreas ocupadas pela Jordânia e Líbano.

Hizbollah (Partido de Deus): desenvolve-se no Líbano, com participantes nos Estados Unidos, Europa, Ásia, África e América do Sul.

Al Jihad: age no Egito, busca implantar um Estado Islâmico, possui ligação no Afeganistão, Paquistão, Iêmen, Sudão, Líbano e Reino Unido.

Organização Abu Nidal: age principalmente no Iraque, Líbano, Líbia e Egito.

Frente Popular para a Libertação da Palestina: atua na Síria, Líbano, Israel e na Palestina.

Frente popular de Libertação da Palestina: Comando Geral: representa um grupo terrorista que surgiu na Palestina, atua na faixa de Gaza, Síria e Líbano.

Brigada dos Mártires do Al-Aqsa: grupo palestino terrorista que atua com ataques, atentados, rebeliões contra Israel.

Grupo Abu Sayyaf: age especialmente no sul das Filipinas e Malásia.

Grupo Islâmico Armado (GIA): age na Argélia. Esse grupo terrorista se formou em 1992.

Kach e Kahane Chai: grupo terrorista israelense que busca a implantação do território conforme está expresso na Bíblia. Dessa forma, seu maior inimigo é a Palestina.

Grupo Islâmico (GI): grupo terrorista que atua no Egito, além do Afeganistão, Sudão, Reino Unido, Iêmen e Áustria.

HUM (Harakat ul-Mujahidin): grupo extremista que age em função do Islamismo em países como o Paquistão e Índia, na região da Caxemira.

Movimento Islâmico do Usbequistão: tem suas atuações, sobretudo, no Usbequistão, além do Afeganistão, Tajiquistão e Quirguízia.

Partido dos Trabalhadores do Curdistão: corresponde a um grupo que aspira a território e independência, representa o povo curdo. Age na Turquia, Iraque, Síria e Europa Ocidental.

Exército de Libertação Nacional do Irã: grupo que busca a expansão do Islamismo.

Tigres Tâmeis: grupo separatista que busca a independência entre o norte e o sul do Sri Lanka.

ETA (Pátria Basca e Liberdade): busca a independência territorial da França e Espanha.

Ira (Exército Republicano Irlandês): luta pela saída das forças britânicas do território da Irlanda. Atua em partes da Europa, especialmente na Irlanda do Norte. Esse é um grupo católico.

Ensinamentos da Verdade Suprema: grupo com base religiosa que acredita que o fim do mundo está próximo e esse será decorrente da Terceira Guerra Mundial entre Estados Unidos e Japão.

Farc (Forças Armadas Revolucionárias da Colômbia): corresponde a um grupo guerrilheiro que desenvolve um Estado paralelo na Colômbia, sua atuação é mais evidenciada na Venezuela, Panamá e Equador, além dos ataques, atentados e sequestros ocorridos internamente.

Exército de Libertação Nacional – Colômbia: esse grupo tem sua atuação na Colômbia e tem ideais semelhantes aos praticados em Cuba, promove uma grande quantidade de sequestros no país, principalmente de estrangeiros.

Autodefesas Unidas da Colômbia: grupo vinculado ao narcotráfico que visa a proteger seus negócios contra as ações da Farc, além de garantir o plantio da coca e o mercado de cocaína.

Sendero Luminoso: grupo guerrilheiro que age no Peru em busca da implantação de um Estado comunista.

Movimento Revolucionário Tupac Amaru: grupo que atua no Peru e visa à instauração do regime socialista no país.

Frente Revolucionária de Libertação Popular: grupo com ideais marxistas que age na Turquia e contra os Estados Unidos.

Organização Revolucionária 17 de Novembro: atua na Grécia contra Estados Unidos, OTAN e União Europeia.

Luta Revolucionária do Povo: grupo que foi criado para confrontar o governo militar e a ditadura que vigorou na Grécia, na década de 70.

Grupos separatistas chechenos: grupos terroristas que buscam a independência da Chechênia em relação à Rússia. Cometem uma série de atentados.

Independente do tipo de ação terrorista, ela envolve o uso sistemático do medo e da violência imprevisível para alcançar objetivos políticos, religiosos ou ideológicos.

As conquistas do meio técnico-científico–informacional também repercutiram na evolução das ações terroristas tanto nas comunicações quanto na sofisticação e precisão dos equipamentos: uso de armas químicas, biológicas ou bacteriológicas.

11.2 Doutrina Bush

A resposta dos EUA aos atentados de 11 de setembro não se limitou à guerra no Afeganistão. O governo Bush (2001 – 2008) considerou o terrorismo a principal ameaça à segurança mundial e inaugurou um novo cenário geopolítico.

A Doutrina Bush considerou as relações internacionais como um embate entre as forças do bem (sociedades livres) e as forças do mal (organizações e países que patrocinam o terrorismo). Na lista de inimigos divulgada e redefinida pelos EUA, existiam vários países e organizações muçulmanas. A doutrina de Bush criou uma disputa entre o mundo ocidental o e o mundo islâmico.

A Doutrina Defendia:

> O unilateralismo, a possibilidade de os EUA agirem no mundo de forma unilateral, ou seja, sem a preocupação de receber o aval das organizações multilaterais como a ONU, a OTAN, entre outros;

> Os ataques preventivos: o uso da força de forma preventiva, ou seja, antes do inimigo e contra qualquer país que os EUA considerassem ameaçador contra à sua segurança.

Com base nessas ideias, os EUA fortalecem seu contingente militar em todos os continentes, ampliaram seu orçamento militar e partem numa guerra com o Iraque, em 2003.

Um dos grandes momentos atuais foi a ação militar norte americana que levou à morte o terrorista Osama Bin Laden.

Questões

01. A passagem da década de 1980 para a de 1990 ficou marcada como um momento histórico no qual se esgotou um arranjo geopolítico e teve início uma nova ordem política internacional, cuja configuração mais clara ainda está em andamento. Conforme se observa na notícia, essa nova geopolítica possui a seguinte característica marcante:

a) Diminuição dos fluxos internacionais de capital.

b) Aumento do número de polos de poder mundial.

c) Redução das desigualdades sociais entre o Norte e o Sul.

d) Crescimento da probabilidade de conflitos entre países centrais e periféricos.

02. O fim da Guerra Fria entre os EUA e a URSS e o novo avanço do Capitalismo com a globalização mundial estabeleceram uma nova ordem geopolítica. Sobre esse assunto, é correto afirmar que:

a) Houve a eliminação das fronteiras nacionais com a fusão de países em blocos econômicos regionais e o surgimento do domínio das tecnologias de ponta pelos novos países industrializados e subdesenvolvidos.

b) Surgiram áreas de livre comércio como reservas de mercado para multinacionais, disputas entre Capitalismo e Socialismo representadas por EUA e pela União Europeia.

c) Houve a divisão do mundo em Primeiro Mundo (países capitalistas desenvolvidos), Segundo Mundo (países socialistas) e Terceiro Mundo (países capitalistas subdesenvolvidos e os de economia em transição do socialismo para o capitalismo).

d) Surgiram blocos econômicos regionais; novos centros de poder – como o Japão e a União Europeia – e tensões entre interesses políticos e econômicos dos países desenvolvidos do Norte e subdesenvolvidos do Sul.

03. Existem controvérsias a respeito da nova ordem mundial. Para uns, ela seria uni ou monopolar; para outros, ela seria multipolar. Considere o exposto e assinale a alternativa que é indiscutivelmente correta.

a) O poderio militar norte-americano, sem competidores, é um argumento a favor de definição da nova ordem como multipolar.

b) A unificação europeia, a recuperação econômica do Japão e a enorme expansão da China são fatores que pesam a favor do argumento da monopolaridade da nova ordem mundial.

c) O avanço da globalização fortalece a ideia de um mundo unipolar.

d) O sucesso da primeira guerra do Golfo, de 1991, sugeriu momentaneamente que os Estados Unidos poderiam desempenhar o papel de superpotência solitária e com uma estratégia unilateral.

e) O fato de alguns países – Japão, Índia, Brasil e África do Sul – pleitearem uma vaga permanente no Conselho de Segurança da ONU é mais um indicador da monopolaridade no sistema internacional.

Observe o mapa:

REGIÕES GEOPOLÍTICAS DO GLOBO

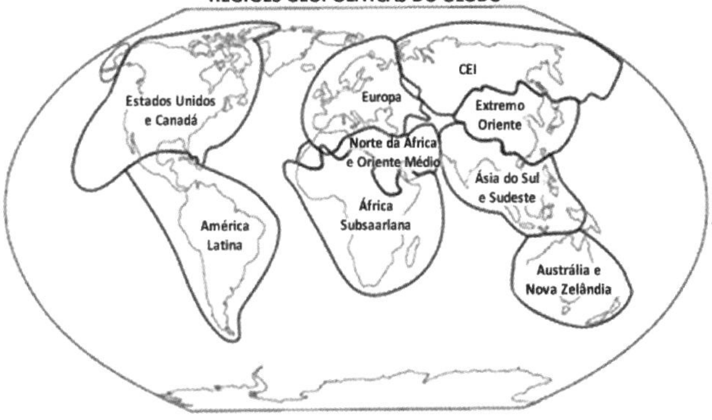

www.geografiaparatodos.com.br

04. A regionalização do mundo, adotada nesse mapa, corresponde a:

a) Um espaço descontínuo baseado inteiramente nos fluxos econômicos e político-militares.

b) Um espaço contínuo baseado nos traços fisiográficos de cada área (relevo e clima, principalmente).

c) Um espaço descontínuo fundamentado nas relações de poder entre Estados.

d) Um espaço contínuo fundamentado em traços histórico-culturais e econômicos comuns a cada área.

e) Um espaço contínuo-descontínuo alicerçado na inovação tecnológica e nos recursos humanos de cada área.

05. Analisada sobre várias perspectivas, a estrutura supranacional criada no pós-guerra, que reuniu a gênese da Comunidade Europeia para ampliar o espaço geoeconômico do mercado comum, parece arruinada, apesar de a União Europeia (UE) constituir, hoje, um bloco comunitário de relevância no cenário internacional. Considerando seus conhecimentos sobre a gênese da Comunidade Europeia que se transformou na atual União Europeia (UE), associado ao atual processo de crise que atinge a Zona do Euro, são feitas as seguintes observações:

I. A integração econômica surgiu no pós-guerra como elemento-chave para a reconstrução da Europa Ocidental, envolvendo França, Alemanha Ocidental, Itália, Bélgica, Holanda e Luxemburgo, com a criação da Comunidade Econômica do Carvão e do Aço (CECA) em 1952.

II. Em 1957, o Tratado de Roma estabeleceu a Comunidade Econômica Europeia (CEE) e a Comunidade Europeia de Energia Atômica (Euratom).

III. Posteriormente, em 1967, CECA, CEE e Euratom se fundem, constituindo a Comunidade Europeia e iniciando a trajetória que eliminaria as restrições relacionadas à circulação de pessoas, capitais, mercadorias e serviços como prioridades à oficialização do mercado comum supranacional.

IV. O Tratado de Maastricht, assinado em 1992, oficializou a criação da União Europeia (UE), sucessora da Comunidade Econômica Europeia e determinou a restrição à entrada de novos países-membros, iniciando o processo de retração do bloco, quanto a futuras adesões.

V. A crise europeia envolve, entre outras razões, a baixa sincronia existente entre os elementos político-institucional e econômico-financeiro na estrutura do bloco, associados ao descontrole das contas públicas de algumas nações da Zona do Euro.

VI. Portugal, Irlanda, Itália, Grécia e Espanha – que formam o chamado grupo dos PIIGS – são países que se encontram em posição delicada dentro da Zona do Euro, pois atuaram de forma mais indisciplinada nos gastos públicos e se endividaram excessivamente.

Estão corretas:

a) Todas.

b) I, II e III, apenas.

c) II, III, IV e V, apenas.

d) I, II, III, V e VI, apenas.

e) I, III, IV e VI, apenas.

Após a Segunda Guerra Mundial, além de se formarem os grandes blocos, diversos países se reuniram em organizações geopolíticas e econômicas, constituindo blocos econômicos regionais de diversos tipos.

Fonte: TERRA, L. e COELHO, M. de A. Geografia Geral e Geografia do Brasil: O espaço natural e socioeconômico. São Paulo: Moderna, 2005.

06. No mundo economicamente globalizado do século XXI, os países formam grupos diferenciados, de acordo com seus interesses e possibilidades de inclusão. Numa visão desse mundo, avalie as assertivas a seguir:

I. Reino Unido e Suécia são países que fazem parte da União Europeia, mesmo não aderindo ao Euro como moeda única, por receio de perder a sua soberania.

II. Para ser país-membro da União Europeia, é preciso seguir metas de controle de inflação e orçamentos, além de ser um Estado democrático e estabelecer políticas migratórias comuns aos outros membros do bloco.

III. Os países que integram o BRIC apresentam como características comuns: nações com grande potencial de desenvolvimento econômico, grande população e extensão territorial. No grupo, estão Brasil, Rússia, Índia e Chile.

IV. A economia da China está entre as que mais crescem no mundo de hoje. Entre os seus parceiros, estão os Estados Unidos, que instalaram grandes fábricas de empresas americanas no território chinês, nas chamadas zonas especiais, criadas pelo Governo Chinês.

Assinale a alternativa correta:

a) Apenas a alternativa I está correta.

b) Apenas as alternativas I e III estão corretas.

c) Apenas as alternativas III e IV estão corretas.

d) Apenas as alternativas I, II e III estão corretas.

e) Apenas as alternativas I, II e IV estão corretas.

07. São características da Globalização:

a) A adoção do Toyotismo como modelo para a reorganização da produção, a restrição dos mercados e a valorização tecnológica.

b) O estabelecimento de redes comerciais, com valorização do capital mercantil e o aumento do controle estatal na economia.

c) A adoção de políticas neoliberais, a desregulamentação da economia e diminuição dos índices de robotização na indústria.

d) A dinamização tecnológica com a garantia da ampliação de políticas sociais e direitos trabalhistas.

e) A formação de blocos econômicos, a integração dos mercados e o avanço do capital financeiro.

08. O ano de 2011, além de completar dez anos do atentado terrorista aos Estados Unidos, tem visto vários conflitos no mundo árabe: a queda dos regimes tunisiano e egípcio e, em seguida, a derrubada de Muammar Gaddafi, na Líbia, e a insurreição na Síria. Sobre os atuais conflitos no mundo árabe, é correto afirmar-se que:

a) As revoltas da Tunísia e do Egito foram geradas pela indignação diante da riqueza e da corrupção da elite governante.

b) Reivindicam a política de bem-estar social que garante educação, segurança e saúde gratuitas, bem como uma renda digna para todos.

c) Foram gerados pela queda do preço do petróleo e pela indignação com a falta de oportunidades para os jovens.

d) Os casos sírio e líbio decorrem da aceitação da desigualdade como preço a ser pago em troca do crescimento econômico.

09. "No próximo domingo, o atentado terrorista às torres gêmeas do World Trade Center, em Nova York, e a outros alvos nos Estados Unidos completa 10 anos. O ataque mudou a história do país e marcou o mundo todo. Em 11 de setembro de 2001, dois aviões sequestrados por terroristas da Al Qaeda foram jogados contra as torres gêmeas. Outra aeronave caiu no prédio do Pentágono, em Washington DC. Um quarto avião foi derrubado em uma cidade do Estado da Pensilvânia. Ele ia em direção a Washington, mas caiu quando os passageiros e a tripulação tentaram dominar os terroristas e retomar o controle. Quase três mil pessoas morreram nos ataques. Quem tinha idade suficiente para se dar conta do impacto daquele acontecimento ainda hoje consegue se lembrar de onde estava quando recebeu a notícia. Com a ajuda da cobertura ao vivo da imprensa internacional, as cenas da tragédia ganharam o mundo e chocaram até os que não eram exatamente fãs dos EUA."

O terrorismo, assim, é uma ação desesperada e violenta, feita por grupos (ou eventualmente por um indivíduo) que almejam determinados ideais. De acordo com as alternativas a seguir, assinale qual não corresponde aos ideais terroristas.

a) Mudar alguma coisa na vida política e social, derrubar um regime, lutar contra uma potência colonialista ou imperialista.

b) Lutar pela união dos povos, com objetivos de liberdade mundial, evitando atingir inocentes.

c) Alterar radicalmente os valores de uma sociedade.

d) Alcançar uma independência nacional ou controlar um território.

e) Semear o pânico, desestabilizar as instituições e, com isso, suscitar mudanças radicais.

10. (UFPR/NC – PMPR – 2005) "O cenário contemporâneo global não comporta mais a dicotomia que prevaleceu durante a Guerra Fria, que dividia o mundo entre Ocidente e Oriente. Buscou-se então a divisão entre norte e sul, ou mesmo entre centro e periferia." (DUARTE, F. Global e Local no mundo contemporâneo: integração e conflito em escala global. São Paulo: Moderna, 1998. p. 34.)

Com base na citação acima e em seus conhecimentos sobre o mundo contemporâneo, assinale a alternativa correta.

a) Em tempos de globalização, a divisão entre países centrais e periféricos expressa, principalmente, as diferenças de poder econômico e bélico entre os diversos Estados Nacionais.

b) Especialmente a partir da década de 1990, assistiu-se a uma reorganização do poder mundial, que passou a contar com um equilíbrio maior, não havendo mais uma superpotência que se sobreponha às demais nações.

c) Intimamente ligada ao processo de globalização, uma prática político-econômica conhecida como neoliberalismo passou a pregar uma ação maior do Estado na resolução dos problemas sociais.

d) A globalização, com o estabelecimento de empresas transnacionais, empregando tecnologia de ponta, é responsável pela política de pleno emprego para a população de diversos países.

e) Os efeitos da globalização atingem somente os chamados "países centrais" da Europa e da América do Norte.

Gabaritos

01	B	06	E
02	D	07	E
03	D	08	A
04	D	09	B
05	D	10	E

INFORMÁTICA

SUMÁRIO

1. SOFTWARE

Cerca de 90% das questões de Informática abordam conceitos relacionados aos softwares, na forma de definições e de modos de operação, tanto em provas de nível médio como de nível superior. Por esse motivo, ele será abordado em nosso primeiro tópico.

O software é a parte **abstrata** de um computador, também conhecido como a parte **lógica**. É um programa instalado em um dispositivo, que pode ser um computador ou mesmo um celular.

Os Programas são a aplicação de regras de maneira digital, para que, dada uma situação, ocorra uma reação pré-programada. Assim, temos que um programa é uma representação de tarefas manuais; com eles podemos automatizar processos, o que torna as tarefas mais dinâmicas.

1.1 Licenças de Software

Uma licença de software define o que um usuário pode ou não fazer com ele, ela se baseia essencialmente no direito autoral. Existem vários tipos de licenças de software, mas, no que tange ao concurso público, apenas duas são de valor significativo: a licença de software livre e a licença de software proprietário.

Software Proprietário

A licença de software proprietário procura reservar o direito de autor do programa.

Um software proprietário é também conhecido como software não livre, pois uma de suas principais características é manter o **Código Fonte[1] fechado.**

Há vários softwares proprietários gratuitos. Por outro lado, existem aqueles que, para o usuário adquirir o direito de uso, exigem a compra de uma licença de uso, a qual não lhe dá direito de propriedade sobre o programa, apenas concede a ele o direito de utilizá-lo, além de impor algumas regras quanto ao seu uso.

São exemplos de softwares proprietários: Windows, Microsoft Office, Mac OS, aplicativos da Adobe, Corel Draw, WinRAR, WinZip, MSN entre outros tantos.

Software Livre

Em contrapartida ao software proprietário, um grupo criou o software livre. Como princípio atribuem-se às leis que regem a definição de **liberdades** como forma de protesto em relação ao software proprietário.

O software livre tem como primordial característica o **Código Fonte Aberto.**

A principal organização que mantém e promove o software livre é a Free Software Foundation (FSF).

Para que um software seja classificado como Software Livre, ele deve obedecer a quatro **liberdades de software** do projeto **GNU** - *General Public License* (Licença Pública Geral) - idealizado por Richard Matthew Stallman, ativista e fundador do movimento software livre:

1 Código Fonte: conjunto de instruções feitas em uma linguagem de programação, que definem o funcionamento e o comportamento do programa.

Liberdade 0: a liberdade para executar o programa, para qualquer propósito;

Liberdade 1: a liberdade de estudar como o programa funciona e adaptá-lo às suas necessidades;

Liberdade 2: a liberdade de redistribuir cópias do programa de modo que você possa ajudar ao seu próximo;

Liberdade 3: a liberdade de modificar o programa e distribuir essas modificações, de modo que toda a comunidade se beneficie.

A GPL (*CopyLeft*) é um reforço a essas quatro liberdades, garantindo que o código fonte de um programa software livre não possa ser apropriado por outra pessoa ou empresa, principalmente para que não seja transformado em software proprietário.

A GPL só possui versão em inglês devido a possíveis erros de tradução que possam vir a ser inseridos em sua descrição.

> São exemplos de softwares livres: Apache, Linux, BrOffice, LibreOffice, Mozilla Firefox, Mozilla Thunderbird, entre outros.

O Linux é um dos principais projetos desenvolvidos sob a licença de software livre, assim como o BrOffice, mas o principal responsável por alavancar o software livre, assim como o próprio Linux, foi o projeto Apache[2] que no início só rodava em servidores Linux e hoje é multiplataforma.

Shareware

A Licença do tipo Shareware é comumente usada quando se deseja permitir ao usuário uma degustação do programa, é uma licença que oferece funcionalidades reduzidas ou mesmo em sua totalidade, porém, com um prazo para esse uso que, depois de encerrado, o programa limita as funcionalidades ou pode deixar de funcionar.

Um exemplo de software popular que utiliza essa licença é o WinRAR, que, após os 40 dias, começa a exibir uma mensagem toda vez que é aberto, contudo, continua funcionando mesmo que o usuário não adquira a licença.

Esta permite a cópia e redistribuição do software, porém, não permite a alteração, pois o código fonte não é público.

1.2 Tipos de Software

Existem diversos tipos de software, mas somente alguns nos interessam durante a prova. Dessa forma, iremos focar o estudo no que nos é pertinente.

Podemos classificar os softwares de acordo com os itens a seguir:

> **Firmwares;**
> **Sistemas Operacionais;**
> **Escritório;**
> **Utilitários;**
> **Entretenimento;**
> **Malwares.**

2 Apache: servidor responsável pelo processamento da maior parte das páginas disponibilizadas atualmente na Internet, cerca de 51%..

Firmwares

Um Firmware é normalmente um software embarcado, ou seja, ele é um software desenvolvido para operar sobre um hardware específico. De forma geral, um Firmware é incorporado ao hardware já no momento de sua fabricação, mas, dependendo do tipo de memória em que é armazenado, ele pode ser atualizado ou não. O software do tipo Firmware que interessa ao nosso estudo é o BIOS.

BIOS (Basic Input/Output System)

O Sistema Básico de Entrada e Saída é um software embarcado em uma **memória do tipo ROM**, nos computadores atuais é mais comum em memórias do tipo **Flash ROM.**

O BIOS é o primeiro programa que roda quando ligamos o computador. Ele é composto pelo **SETUP,** que são suas configurações, e pelo **POST,** responsável por realizar os testes de hardware.

Durante o processo de boot[3], o BIOS aciona a memória CMOS[4], onde ficam armazenadas as últimas informações sobre o hardware do computador e sobre a posição de início do sistema operacional no disco. Em posse dessas informações, o BIOS executa o POST, a etapa que verifica se todos os dispositivos necessários estão conectados e operantes.

Após as verificações de compatibilidade, o BIOS inicia o processo de leitura do disco indicado como primário a partir do ponto onde se encontra o sistema operacional, que é carregado para a memória principal do computador.

Em um mesmo computador podem ser instalados dois ou mais sistemas operacionais diferentes, ou mesmo versões diferentes do mesmo sistema.

Quando há apenas um sistema operacional instalado no computador, este é iniciado diretamente pelo BIOS, porém, se houver dois ou mais se faz necessário optar por qual dos sistemas se deseja utilizar.

Em uma situação em que existem dois sistemas operacionais atribui-se a caracterização de Dual boot.

Um computador que possua uma distribuição Linux instalada e uma versão Windows, por exemplo, ao ser concluído o processo do BIOS, inicia um gerenciador de boot. Em geral é citado nas provas ou o **GRUB** ou o **LILO**, que são associados ao Linux.

Sistemas Operacionais (SO)

O conteúdo de sistemas operacionais é cobrado de duas formas nas provas: prática e conceitual. Questões de caráter conceitual são colocadas de forma comparativa entre os sistemas, enquanto que as práticas estão associadas às ferramentas e modos de operação de cada sistema. O conteúdo referente à parte prática é abordado em específico nos tópicos Windows e Linux.

O sistema operacional é o **principal programa do computador**. Ele é o responsável por facilitar a interação do usuário com a máquina, além de ter sido criado para realizar as tarefas de controle do hardware, livrando assim os aplicativos de conhecer o funcionamento de cada peça existente no mundo.

3 boot: processo de inicialização do sistema operacional.

4 CMOS: uma pequena memória RAM alimentada por uma pilha de 9V.

As tarefas de responsabilidade do SO são, principalmente, de níveis gerenciais. O sistema operacional é o responsável por administrar a Entrada e a Saída de dados de forma que, quando um usuário seleciona uma janela, ele está trazendo-a para o primeiro plano de execução. Assim, sempre que o usuário digita um texto, por exemplo, o SO tem de gerenciar qual a janela, ou seja, qual aplicativo irá receber as informações entradas pelo teclado, mas ao mesmo tempo o SO irá receber uma solicitação do aplicativo para que exiba na tela as informações recebidas.

É de responsabilidade do SO gerenciar o uso da memória RAM e do processador. O controle estabelecido pelo sistema operacional dita que programa será executado naquele instante e quais espaços de memória estão sendo usados por ele e pelos demais aplicativos em execução.

Para que o sistema operacional consiga se comunicar com cada dispositivo, aquele precisa saber antes como estes funcionam, para tanto, é necessário instalar o **driver**[5] do dispositivo. Atualmente, a maioria dos drivers são identificados automaticamente pelo SO, mas o sistema nem sempre possui as informações sobre hardwares recém-lançados. Nesse caso, o sistema, ao não conseguir o driver específico, solicita ao usuário que informe o local onde ele possa encontrar o driver necessário.

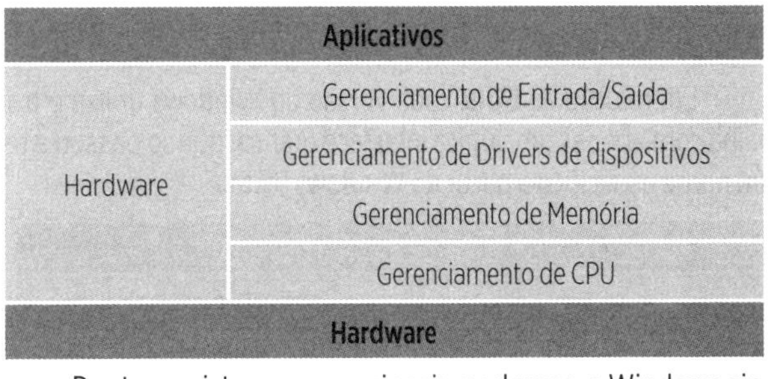

Dentre os sistemas operacionais modernos, o Windows ainda é o que mais se destaca em termos de número de usuários em computadores pessoais. Por outro lado, quando se questiona em relação ao universo de servidores na Internet, nos deparamos com o Linux como mais utilizado; o principal motivo relaciona-se à segurança mais robusta oferecida pelo Linux.

Os exemplos de SO para computadores pessoais (PC) que podem ser citados em provas são:

- Windows;
- Linux;
- Mac OS;
- Chrome OS;
- Solaris.

Porém, esses sistemas derivaram de duas vertentes principais o **DOS** e o **UNIX**. É de interesse da prova saber que o DOS foi o precursor do Windows e que a plataforma UNIX foi a base do Linux e também do Mac OS.

Contudo, não encontramos SO apenas em PCs. Celulares, smartphones e tablets também utilizam sistemas operacionais. Atualmente, fala-se muito no sistema do Google para esses dispositivos, o Google Android, no entanto, a Microsoft lançou em 2012 o Windows 8, inclusive para o mercado de dispositivos móveis.

5 Driver: Conjunto de informações sobre como funciona um dispositivo de hardware.

Os Sistemas Operacionais podem ser divididos em duas partes principais: Núcleo e Interface.

O **Núcleo de um Sistema Operacional** é chamado de **Kernel**. Ele é a parte responsável pelo gerenciamento do hardware, como já explanado, enquanto que a **interface** é parte de interação com o usuário, seja ela uma interface apenas textual ou uma interface com recursos gráficos.

O Kernel é a principal parte do Sistema Operacional.

A interface com recursos gráficos é comumente chamada de **GUI (Graphic User Interface)**, Interface Gráfica do Usuário, também citada como gerenciador de interface gráfica. O nome Windows foi baseado, justamente, nessa característica de trabalhar com janelas gráficas como forma de comunicação com o usuário.

Sistema Operacional	Kernel
Windows XP	NT 5.2
Windows Vista	NT 6.0
Windows 7	NT 6.1
Windows 8	NT 6.2
Linux	Linux 3.10

Em relação às **GUIs**, cada versão do Windows utiliza e trabalha com apenas uma única interface gráfica, que só passou a ter um nome específico a partir do Windows Vista.

Windows	GUI
XP	Sem nomenclatura
Vista	Aero
7	Aero
8	Metro

Por outro lado, existem diversas GUIs para o Linux, algumas Distribuições Linux[6] trabalham com apenas um gerenciador de interface gráfica, enquanto que outras trabalham com múltiplas. As principais GUIs do Linux são:

Ao contrário do Windows, o Linux tem suporte a várias Interfaces Gráficas.

- Gnome;
- KDE;
- Unity;
- XFCE;
- FluxBox;
- BlackBox;
- Mate;
- Cinnamon.

Características de um Sistema Operacional

Os Sistemas Operacionais podem ser classificados de acordo com suas características comportamentais.

6 Distribuição Linux: uma cópia do Linux desenvolvida, geralmente, com base em outra cópia, mas com algumas adaptações.

Multitarefa

Um Sistema Operacional é dito multitarefa quando consegue executar mais de uma tarefa simultânea, como: tocar uma música enquanto o usuário navega na Internet e escreve um texto no Word.

Contudo, há duas formas de multitarefa empregadas pelos SO modernos: Multitarefa Preemptiva e Multitarefa Real.

Windows, Linux e Mac OS.

Monotarefa

Sistema Monotarefa é o sistema que, para executar uma tarefa, deve aguardar a que está em execução terminar ou mesmo forçar o seu término para que possa executar. Trabalha com um item de cada vez.

DOS e algumas versões UNIX.

Multiusuário

É quando o Sistema Operacional permite mais de uma **sessão** de usuário ativa simultaneamente.

Se dois ou mais usuários estiverem com sessões iniciadas, elas são de certa maneira tratadas independentemente, ou seja, um usuário não vê o que o outro estava fazendo, como também, em um uso normal, não interfere nas atividades que estavam sendo executadas pelo outro usuário.

O sistema multiusuário geralmente possui a opção trocar de usuário, que permite bloquear a sessão ativa e iniciar outra sessão simultânea.

Monousuário

Em um Sistema Monousuário, para que outro usuário inicie sessão, é necessário finalizar a do usuário ativo, também conhecido como efetuar *Logoff*.

Softwares de Escritório

São aplicativos com utilização mais genérica, de forma a possibilitarem as diversas demandas de um escritório como também suprirem muitas necessidades acadêmicas em relação à criação de trabalhos.

Nesta seção apenas é apresentado um comparativo entre as suítes de escritório que são cobradas na prova.

Editor	Microsoft Office	BrOffice
Texto	Word	Writer
Planilha	Excel	Calc
Apresentação de Slides	PowerPoint	Impress
Desenho	Publisher	Draw
Banco de Dados	Access	Base
Fórmula	Equation	Math

Os editores de Texto, Planilha e Apresentação são os mais cobrados em provas de concursos. Sobre esses programas podem aparecer perguntas a respeito do seu funcionamento, ainda que sobre editores de apresentação sejam bem menos frequentes.

Outro ponto importante a se ressaltar é que o **Microsoft Outlook** é componente da suíte de aplicativos Microsoft Office. Não foi destacado na tabela acima por não existir programa equivalente no BrOffice.

Por vezes o concursando pode se deparar na prova com o nome **LibreOffice**, o que está correto, pois o BrOffice é utilizado no Brasil apenas, mas ele é baseado no Libre Office. Até a versão 3.2, o BrOffice era fundamentado no OpenOffice e, após a compra da Sun pela Oracle a comunidade decidiu mudar para o Libre por questões burocráticas.

Softwares Utilitários

Alguns programas ganharam tamanho espaço no dia a dia do usuário que, sem eles, podemos por vezes ficar sem acesso às informações contidas em arquivo, por exemplo.

São classificados como utilitários os programas compactadores de arquivos e leitores de PDF. Esses programas assumiram tal patamar por consolidarem seus formatos de arquivos. Entre os compactadores temos os responsáveis pelo formato de arquivos ZIP, apesar de que, desde sua versão XP, o Windows já dispunha de recurso nativo para compactar e descompactar arquivos nesse formato, muitos aplicativos se destacavam por oferecer o serviço de forma mais eficiente ou prática. Os compactadores mais conhecidos são: WinZip, BraZip e 7-Zip. Outro compactador que ganhou espaço no mercado foi o WinRar com o formato .RAR, que permite uma maior compactação do que o ZIP.

Softwares de Entretenimento

Nesta categoria, entram os aplicativos multimídias como players de áudio e vídeo, como o Windows Media Player, o Winamp, o iTunes, VLC player e BS player, dentre inúmeros outros, assim como também os jogos como Campo Minado, Paciência, Pinball e outros tantos de mais alto nível.

Malwares (Malicious Softwares)

Os Malwares são programas que têm finalidade mal intencionada, na maioria das vezes ilícita. Grande parte das bancas cita-os como pragas cibernéticas que infectam o computador do usuário e trazem algum prejuízo; por outro lado, há bancas que especulam sobre os diferentes tipos de malwares. A seguir são destacados os principais tipos de malwares.

> Para ser um malware tem que ser um software, do contrário pode ser uma prática maliciosa, mas não um malware.

Vírus

O Vírus é apenas um dos tipos de malware, ou seja, ao contrário do que a maioria das pessoas fala, nem tudo que ataca o computador é um vírus. As questões que tangem ao que é um vírus, em geral, são cobradas em prova como forma de saber se o concursando conhece as diferenças entre os malwares.

Um vírus tem por características:

- **Infectar** os arquivos do computador do usuário, principalmente arquivos do sistema.
- **Depender de ação do usuário,** como executar o arquivo ou programa que está contaminado com o vírus.
- Ter finalidades diversas, dentre as quais **danificar** tanto arquivos e o sistema operacional, como também as peças.

Vírus mutante

É um vírus mais evoluído, que tem a capacidade de alterar algumas de suas características a fim de burlar o antivírus.

Vírus de Macro

O Vírus de Macro explora falhas de segurança das suítes de escritório, principalmente da Microsoft. Uma macro, ao ser criada de certa forma, anexa ao documento uma programação (comandos geralmente em Visual Basic[7]), ele pode inserir seu código dentro deste código em VB.

O Vírus de Macro geralmente danifica a suíte de escritório, inutilizando-a, além de poder apagar documentos do computador.

Para que seja executado esse vírus, é necessário que o usuário execute o arquivo contaminado.

Worm

O Worm é por vezes citado nas provas em português, verme, como forma de confundir o concursando. Ao contrário do vírus, ele **não depende de ação do usuário** para executar; ele executa automaticamente: no momento em que um pendrive é conectado a um computador, ele é contaminado ou contamina este.

Um Worm tem como finalidade se replicar, porém, não infecta outros arquivos, apenas **cria cópias de si** em vários locais, o que pode encher o HD do usuário. Outra forma utilizada de se replicar é através da exploração de falhas dos programas, principalmente os clientes de e-mail, enviando por correio eletrônico cópias de si para os contatos do usuário armazenados no cliente de e-mail.

Um Worm, muitas vezes, instala no computador do usuário um bot, transformando aquele em um robô controlado à distância. Os indivíduos que criam um Worm fazem-no com a finalidade de infectar o maior número possível de computadores, para que possam utilizá-los em um ataque de DDoS[8], ou como forma de elevar a estatística de acessos a determinados sites. Também pode ser utilizado para realizar um ataque a algum computador ou servidor na Internet a partir do computador infectado.

Trojan Horse (Cavalo de Troia)

O Cavalo de Troia foi batizado com esse nome, pois suas características se assemelham muito às da guerra da Grécia com Troia. Na História, os gregos deram aos troianos um grande cavalo feito de madeira e coberto de palha para disfarçar que era oco, dentro do cavalo foram colocados vários soldados gregos que deveriam abrir os gigantes e fortes portões da cidade de Troia para que o exército grego pudesse invadir a fortaleza.

Um Cavalo de Troia é recebido pelo usuário como um **presente**, presente de grego, de forma a levar o usuário a abri-lo, ou seja, ele **depende de ação do usuário**. Os presentes geralmente podem parecer um cartão virtual, uma mensagem, álbuns de

7 Visual Basic (VB): é uma linguagem de programação criada pela Microsoft.

8 DDoS: Ataque de negação de serviço distribuído, veja mais no tópico segurança desse material.

fotos, e-mails com indicações de prêmios, falsas respostas de orçamentos, folhas de pagamento, sempre alguma forma de chamar a atenção do usuário para que ele abra o Trojan.

Podemos tratá-lo em essência como um **meio** para que outro malware seja instalado no computador. Da mesma forma como o cavalo da história serviu como meio para infiltrar soldados e como os soldados abriram os portões da cidade, o malware também pode abrir as portas do computador para que outros malwares o infectem, o que acontece na maioria dos casos, portanto, pode trazer em seu interior qualquer tipo de malware.

Esse malware executa as ações para as quais, aparentemente, fora criado; como exibir uma mensagem, ou crackear[9] um programa. Essa tarefa é realizada com o intuito de distrair o usuário enquanto que os malwares são instalados.

Spyware

Também conhecido como **software espião,** o Spyware tem por finalidade capturar dados do usuário e enviá-los para terceiros: nº de cartões de crédito, CPF, RG, nomes, data de nascimento e tudo mais que for pertinente para que transações eletrônicas possam ser feitas utilizando seus dados.

Existem dois tipos de spywares: os **KeyLoggers** e os **ScreenLoggers**.

KeyLogger

Key = chave, Log = registro de ações.

O KeyLogger é um spyware cuja característica é capturar os dados digitados pelo usuário. Na maioria das situações o KeyLogger não captura o que é digitado a todo instante, mas o que é teclado após alguma ação prévia do usuário, como por exemplo abrir uma página de um banco ou de uma mídia social - alguns keyloggers são desenvolvidos para capturar conversas em programas de *messenger*.

ScreenLogger

Screen = Tela

O ScreenLogger é uma evolução do KeyLogger na tentativa de capturar, principalmente, as senhas de bancos, pois o ScreenLogger captura fotos avançadas da tela do computador a cada clique do mouse. Essa foto avançada, na verdade, é uma foto de uma pequena área que circunda o mouse, mas grande o suficiente para que seja possível ver em que número o usuário clicou.

Muitos serviços de Internet Banking[10] utilizam um **teclado virtual,** no qual o usuário clica nos dígitos de sua senha ao invés de digitar. Assim, ao forçar que o usuário não utilize o teclado, essa ferramenta de segurança ajuda a evitar roubos de senhas por KeyLoggers. Por outro lado, foi criado o ScreenLogger, que captura imagens; então, como forma de oferecer segurança maior, alguns bancos utilizam um dispositivo chamado de **Token**.

O Token é um dispositivo que gera uma chave de segurança aleatória, a qual uma vez utilizada para acessar a conta, se torna inválida para novos acessos. Assim, mesmo sendo capturada, ela se torna inútil ao invasor.

9 Crackear: é uma quebra de licença de um software para que não seja necessário adquirir a licença de uso, caracterizando pirataria.

10 Internet Banking: acesso à conta bancária pela Internet, para realizar algumas movimentações e consultas.

Cuidado para não confundir: Teclado Virtual em uma página de Internet Banking é um recurso de segurança, enquanto o teclado virtual que faz parte do Windows é um recurso de acessibilidade.

Hijacker

O Hijacker é um malware que tem por finalidade **capturar** o **navegador** do usuário, principalmente o Internet Explorer. Esse programa **fixa uma página inicial** no navegador, que pode ser uma página de propaganda ou um site de venda de produtos, ou mesmo um site de pornografia, como os mais perigosos que fixam páginas falsas de bancos (veja mais na seção Segurança no tópico ataques).

As alterações realizadas por ele no navegador dificilmente são reversíveis. Na maioria dos casos, é necessário reinstalar o navegador várias vezes até formatar o computador. Existem, no mercado, alguns programas que tentam restaurar as configurações padrões dos navegadores, são conhecidos por Hijacker This, porém, esses programas não são ferramentas de segurança, mas apenas uma tentativa de consertar o estrago feito.

Adware

Adware (Advertising Software) é um software especializado em apresentar propagandas.

O Adware é tratado como malware, quando apresenta algumas características de spywares, além de, na maioria dos casos, se instalar no computador explorando falhas do usuário, por exemplo, durante a instalação de um programa em que o indivíduo não nota que em uma das etapas estava instalando outro programa diferente do desejado.

Um exemplo clássico é o Nero gratuito, que é patrocinado pelo ASK[11]. Durante a instalação, uma das telas apresenta algumas opções: deseja instalar a barra de ferramenta do ASK; deseja tornar o motor de busca do ASK como seu buscador padrão; deseja tornar a página do ASK como sua página inicial, que, por padrão, aparecem marcadas esperando que o usuário clique indiscriminadamente na opção "avançar".

Muitos Adwares monitoram o comportamento do usuário durante a navegação na Internet e vendem essas informações para as empresas interessadas.

Backdoors

Backdoor, basicamente, é uma **porta dos fundos** para um ataque futuro ao computador do usuário.

Um Backdoor pode ser inserido no computador por meio de Trojan Horse, como também pode ser um programa adulterado recebido de fonte pouco confiável. Por exemplo, um usuário baixa em um site qualquer, diferente do oficial, o BrOffice, nada impede que o programa tenha sido ligeiramente alterado com a inserção de brechas para ataques futuros.

Rootkits

RootKit vem de Root = administrador do ambiente Linux. Kit = conjunto de ferramentas e ações.

Um Rootkit altera aplicativos do Sistema, como gerenciadores de arquivos, com o intuito de **esconder arquivos maliciosos** que estejam presentes no computador. Por meio dele também o invasor pode criar Backdoors no computador, para que possa voltar a atacar o micro sem se preocupar em ter de contaminá-lo novamente.

11 Ask: Motor de buscas na Internet.

Questões

01. (FCC) De acordo com a Free Software Foundation, um programa de computador que se qualifica como software livre NÃO fornece a liberdade para:

a) revogar ou adicionar restrições retroativas às regras de uso do programa.
b) executar o programa para qualquer propósito.
c) estudar como o programa funciona e adaptá-lo às suas necessidades.
d) redistribuir cópias do programa.
e) distribuir cópias de versões modificadas do programa.

02. (FCC) Para que um programa de computador seja considerado software livre, esse programa:

a) pode ser utilizado para fins lucrativos, mas não pode ser, ele próprio, comercializado.
b) deve ter seu código fonte colocado em domínio público.
c) não pode ser utilizado para fins lucrativos.
d) deve ter seu código fonte disponível para seus usuários.
e) não pode ter seu código fonte modificado.

03. (FGV) A respeito das características do software livre, analise as afirmativas a seguir.

I. É disponibilizado com a permissão para qualquer um usá-lo, copiá-lo e distribuí-lo, seja na sua forma original ou com modificações, seja gratuitamente ou com custo.
II. É gratuito com a permissão para qualquer um usá-lo ou copiá-lo, exclusivamente na sua forma original, não podendo ser modificado.
III. É freeware disponível com a permissão para qualquer pessoa usá-lo e modificá-lo, não podendo ser copiado ou distribuído.

Assinale:

a) se somente a afirmativa I estiver correta.
b) se somente as afirmativas I e II estiverem corretas.
c) se somente as afirmativas I e III estiverem corretas.
d) se somente as afirmativas II e III estiverem corretas.
e) se todas as afirmativas estiverem corretas.

04. (Cesgranrio) O Math é um aplicativo que pode ser usado como um(a):

a) apresentador de objetos multimídia em 3D.
b) digital reader de textos e imagens gráficas.
c) editor de equações para documentos de texto.
d) manipulador de bancos de dados descomplicados.
e) ferramenta de comunicação por meio de gráficos e diagramas.

05. (FCC) O Sistema Operacional:

a) é o software responsável pelo gerenciamento, funcionamento e execução de todos os programas.
b) é um software da categoria dos aplicativos, utilizado para a criação de textos, planilhas de cálculo, desenhos, etc.
c) apesar de gerenciar a leitura e a gravação de arquivos, delega a função de localização de programas nas unidades de discos a softwares utilitários de terceiros.
d) Linux é um software proprietário, já o Windows é o software livre mais utilizado nos computadores pessoais atualmente.
e) não está relacionado à evolução das CPUs, pois independem de componentes de hardware, já que são executados em um computador virtual (virtual machine).

06. (FCC) O sistema operacional de um computador consiste em um:

a) conjunto de procedimentos programados, armazenados na CMOS, que é ativado tão logo o computador seja ligado.
b) conjunto de procedimentos programados, armazenados na BIOS, que é ativado tão logo o computador seja ligado.
c) conjunto de dispositivos de hardware para prover gerenciamento e controle de uso dos componentes de hardware, software e firmware.
d) hardware de gerenciamento que serve de interface entre os recursos disponíveis para uso do computador e o usuário, sem que este tenha que se preocupar com aspectos técnicos do software.
e) software de gerenciamento, que serve de interface entre os recursos disponíveis para uso do computador e o usuário, sem que este tenha que se preocupar com aspectos técnicos do hardware.

07. (Inst. cidades) Com relação aos Vírus de computadores, é correto afirmar que:

a) é um programa ou parte de um programa de computador, normalmente malicioso, que se propaga infectando, isto é, inserindo cópias de si mesmo e se tornando parte de outros programas e arquivos de um computador.
b) é um tipo de software especificamente projetado para apresentar propagandas através do browser ou algum outro programa instalado em um computador.
c) é o termo utilizado para se referir a uma grande categoria de software que tem o objetivo de monitorar atividades de um sistema e enviar as informações coletadas para terceiros.
d) são programas que permitem o retorno de um invasor a um computador comprometido, utilizando serviços criados ou modificados para esse fim.
e) normalmente, consistem em um único arquivo que precisa ser explicitamente executado, não infectam outros arquivos, nem propagam cópias de si mesmo automaticamente.

08. (FCC) Existem vários tipos de vírus de computadores, dentre eles, um dos mais comuns são vírus de macros, que:

a) são programas binários executáveis que são baixados de sites infectados na Internet.
b) podem infectar qualquer programa executável do computador, permitindo que eles possam apagar arquivos e outras ações nocivas.
c) são programas interpretados embutidos em documentos do MS Office que podem infectar outros documentos, apagar arquivos e outras ações nocivas.
d) são propagados apenas pela Internet, normalmente em sites com software pirata.
e) podem ser evitados pelo uso exclusivo de software legal, em um computador com acesso apenas a sites da Internet com boa reputação.

Gabaritos

01	A	05	A
02	D	06	E
03	A	07	A
04	C	08	C

2. LINUX

Linux é um Sistema Operacional criado por Linus Torvald, com base na plataforma UNIX. Muitas bancas de concurso apenas o citam no edital de conteúdo programático. Uma parte dos conceitos cobrados relacionados ao Linux já foram vistos na seção Sistemas Operacionais, onde são apontadas características baseadas no seu funcionamento.

2.1 Conceitos Básicos

Nesta seção são abordados os demais conceitos relacionados diretamente a algumas funcionalidades e definições do Linux.

Dual Boot

É possível instalar em um mesmo computador múltiplos sistemas operacionais, de forma que, ao ligar o computador, o usuário escolhe qual sistema deseja utilizar. A etapa de escolha do sistema é controlada por gerenciadores de boot; quando se instala o Linux, ele instala automaticamente um gerenciador de boot. Os gerenciadores de boot mais populares são o GRUB e o LILO.

Distribuições

Uma Distribuição é uma cópia modificada e compartilhada com a comunidade; o Linux possui várias distribuições diferentes. Isso se deve ao fato de ele ser um software livre e, assim, é permitido alterar uma distribuição e repassar a outras pessoas que, por sua vez, também podem efetuar as suas alterações.

No site da dristrowatch existem mais de 300 distribuições Linux registradas. As principais são:

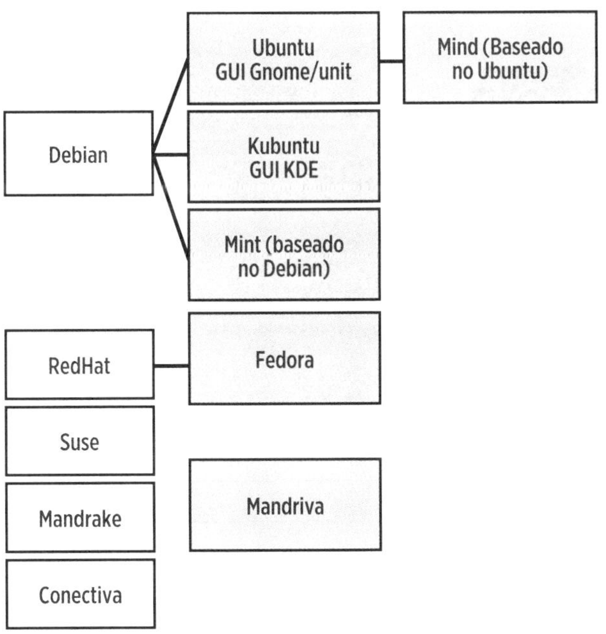

Estrutura de Diretórios

A estrutura de diretórios define quais são as pastas do Sistema e quais as suas finalidades perante os programas e o próprio sistema operacional.

As questões sobre a estrutura de diretórios do Linux assumem um formato relacional, cabendo ao concursando associar as pastas às suas finalidades.

A estrutura de diretório do Linux, assim como a do Windows, possui caráter hierárquico que toma como partida a raiz do Sistema - no caso do Linux, a raiz do SO é o diretório / (barra). O termo raiz é atribuído, pois a estrutura de diretórios observada de forma inversa apresenta características de uma árvore que, a partir da Raiz, possui seus galhos, as pastas e por fim, suas folhas, os arquivos.

/dev	(devices): Armazena os drivers /dev dos dispositivos.
/bin	(binaries): Armazena os binários essenciais para o funcionamento do sistema. Como também comandos básicos do SO como: rm, pwd, su, tar entre outros.
/ Sbin	(binaries): Armazena os binários essenciais para o funcionamento do sistema que sejam vinculados ao Super Usuário (administrador).
/mnt	(Mount): Conhecido como ponto de montagem padrão, é o local através do qual se tem acesso às unidades de armazenamento, CD-Roms e Pendrives conectados no computador.
/ etc	Armazena os arquivos de configuração do Sistema /etc Operacional.
/boot	Arquivos necessários para o boot do Sistema.
/tmp	Arquivos Temporários
/home	Armazena as pastas dos Usuários.
/root	Diretório do Administrador

Gerenciadores de Arquivos

Gerenciador de Arquivo é o programa que permite navegar entre as pastas do computador, como também realizar tarefas do tipo copiar, recortar, colar, renomear e mover arquivos e pastas.

O Nautilus é o gerenciador de arquivos utilizado nas distribuições Linux que trabalham com a interface gráfica Gnome, enquanto que as distribuições que utilizam o KDE têm como gerenciador de arquivos o Konqueror. O Konqueror também pode ser utilizado como navegador de Internet, já no Nautilus essa opção foi desabilitada por segurança.

Terminal Linux

O Shell é o aplicativo que permite operar com o Sistema Operacional Linux através de linhas de comandos, ou seja, é o responsável por ler e interpretar um comando do usuário. Ele é similar ao Prompt de comandos no Windows (DOS).

Comandos Linux

Embora o Linux possua várias interfaces gráficas que podem ser utilizadas, a boa e velha linha de comando ainda é o caminho mais prático e rápido para a execução de muitas tarefas.

Os comandos são cobrados no concurso justamente porque é a parte similar entre as diversas distribuições Linux. Mas você não precisa se desesperar, pois o que é pedido são apenas os comandos básicos e para que servem, ou seja, não é pedido a linha de comando e suas opções, mas apenas o comando. Assim, vejamos os principais comandos cobrados e suas ações:

cd	Permite navegar entre as pastas.
ls	Listar arquivos e pastas do diretório atual.
clear	Limpa a Tela.
exit	Sair do terminal.
cp	Copiar um arquivo ou pasta especificado.
rm	Remover um arquivo ou pasta especificado.
init 0	Desliga o Computador (é necessário ser administrador para executar este comando).
init 6	Reinicia o Computador (é necessário ser administrador para executar este comando)
chmod	Permite alterar as permissões de arquivos e pastas
mv	Mover arquivos e pastas. Também pode ser utilizado para renomear um arquivo ou pasta
pwd	Mostra o diretório em que você está
mkdir	Criar um diretório
reboot	Reinicia o Sistema Operacional
tar	Empacota os arquivos e pastas em um único arquivo. (Não compacta)
gzip	Compacta os arquivos e/ou pastas em um mesmo arquivo

Questões

01. (Cetap) Nos últimos anos, o sistema Linux tem sido cada vez mais adotado tanto para uso pessoal quanto para uso corporativo. Com relação ao sistema Linux, indique a alternativa CORRETA.

a) O Linux é um sistema operacional, portanto deve funcionar em conjunto com o sistema Microsoft Windows.

b) O acesso às funções do sistema Linux é feito somente através de linhas de comandos.

c) O Linux oferece funcionalidades para gerenciamento e acesso a arquivos, pastas e programas.

d) O Linux é um sistema utilitário para compactação de arquivos no formato ZIP.

e) O Linux é um software proprietário utilizado como alternativa ao Microsoft Word, Excel e Power Point.

02. (Cespe) Com relação ao sistema operacional Linux, assinale a opção correta.

a) Em uma distribuição do sistema Linux, é possível encontrar softwares destinados a diversas finalidades, como para prover serviço de acesso à Internet. No ambiente Linux, também se dispõe de uma área de trabalho (GUI) para uso do sistema operacional a partir de uma interface gráfica.

b) Pelo fato de ser um software proprietário, qualquer usuário pode fazer alterações no ambiente e colaborar para a melhoria do sistema Linux.

c) O código fonte do sistema operacional Linux não pode ser alterado; por essa razão ele não é distribuído sob a licença GPL ou GNU, que é pública e permite modificações no código.

d) KDE Control Center é a área de trabalho do Linux pela qual se faz acesso a aplicativos instalados no computador, como o BrOffice e outros.

e) O Linux não permite que sejam instalados outros sistemas operacionais na mesma máquina, pois isso afetaria o desempenho do computador, tornando-o lento.

03. (Cespe) A respeito do sistema operacional Linux, assinale a opção correta:

a) Kernel é a interface gráfica do Linux, que tem visual muito similar à interface do sistema operacional Windows XP.

b) O Linux funciona em dezenas de plataformas, desde mainframes até relógios de pulso, passando por várias arquiteturas e dispositivos.

c) O KDE é o navegador nativo do Linux que permite acesso à Internet e envio de e-mail.

d) O Linux adota a GPL, uma licença que permite aos interessados usá-lo, mas sem a possibilidade de redistribuí-lo.

04. (FGV) Nas distribuições Linux, as principais bibliotecas de sistema e os arquivos de configuração e scripts de inicialização ficam armazenados nos seguintes diretórios:

a) /bib e /cfg

b) /bib e /etc

c) /lib e /scr

d) /lib e /etc

e) /lib e /cfg

05. (FCC) Remove arquivos no Linux o comando:

a) pwd

b) mkdir

c) cd

d) rm

e) tar

Gabaritos

01	C
02	A
03	B
04	D
05	D

3. WINDOWS

O Windows é o sistema operacional mais cobrado sobre ações e tarefas executadas pelo usuário. Nesta seção, serão abordadas algumas de suas ferramentas e características.

3.1 Componentes

Neste tópico, são apresentadas as principais opções do Windows que são cobradas nas provas dos concursos.

Área de Trabalho

A Área de Trabalho do Windows é composta pela Barra de Tarefas, Menu ou Botão Iniciar, ícones e papel de parede. A figura acima ilustra a área de trabalho do Windows 7.

Meu Computador

Na janela Computador são disponibilizadas informações sobre as unidades de disco e armazenamento que estão conectadas ao computador. Por meio dessa janela podemos obter a informação do tamanho das unidades e o quanto estão ocupadas.

A cada novo dispositivo que conectamos, observamos que uma nova letra é usada, por exemplo, a figura a seguir ilustrando a janela Computador do Windows 7. Ela indica a presença do HD primário C: e de uma unidade de CD no D:; se um pendrive for conectado a esse computador, então será atribuída a ele a letra E:.

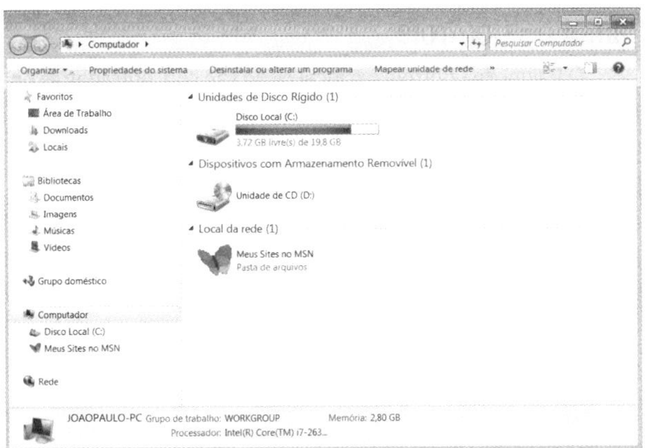

A opção Computador ou Meu Computador usa a janela do Windows Explorer.

Mapear Unidade de Rede

O recurso Mapear Unidade de Rede auxilia o acesso a uma pasta compartilhada na rede, criando uma espécie de atalho para ela na janela Computador, como se fosse mais uma unidade.

Para realizar esse procedimento, basta clicar com o botão direito do mouse sobre a opção Computador ou sobre a opção Rede e escolher a opção Mapear Unidade de Rede, como ilustra a figura a seguir:

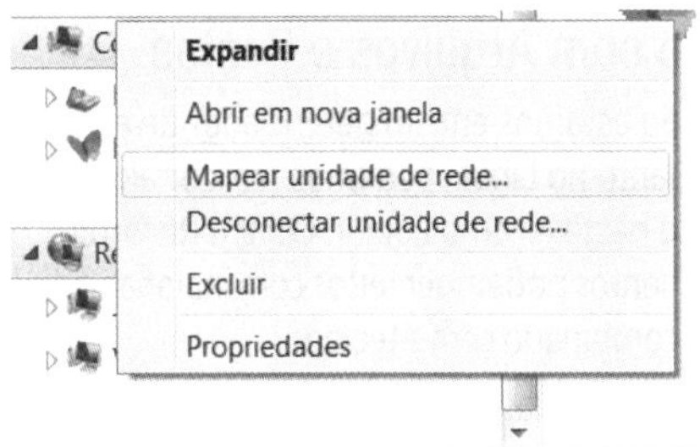

Após realizado esse passo, uma janela será aberta como a ilustrada a seguir, na qual o usuário pode navegar pela rede e escolher a pasta que deseja mapear e a letra que quer atribuir a esta unidade que será criada. Letras em uso não podem ser usadas, como o C:.

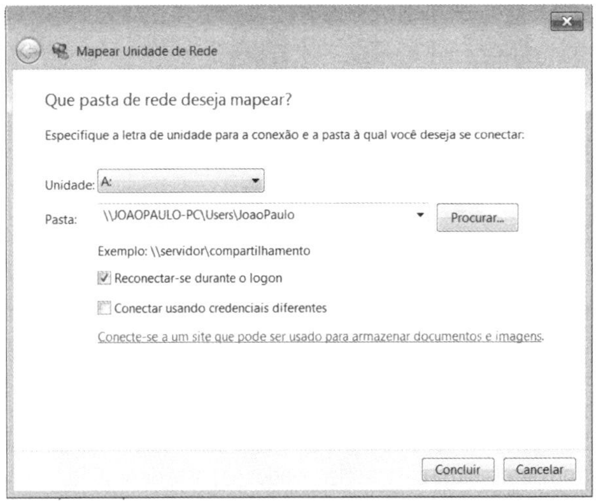

Findos esses passos, na janela Computador encontrar-se-á a pasta da rede mapeada para um acesso mais rápido a ela.

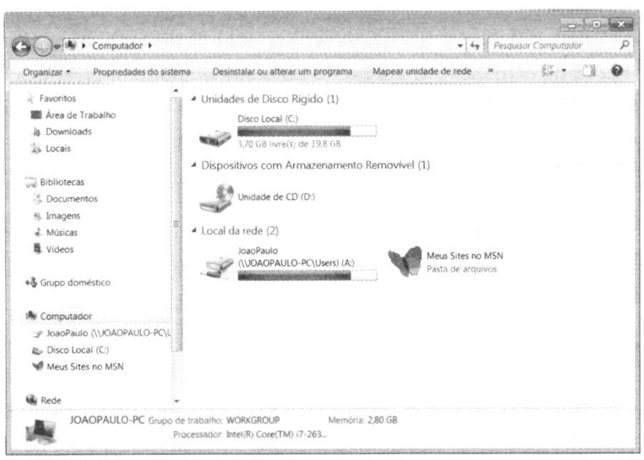

Windows Explorer

O Windows Explorer é um programa responsável por possibilitar a navegação entre as pastas e arquivos armazenados no computador. Por definição, ele é um Gerenciador de arquivos, mas por meio dele é possível acessar páginas na Internet, basta digitar o endereço desejado na barra de endereços do programa. Ao detectar que é o endereço de um site, ele abre o navegador com o site digitado.

Para abrir a janela Windows Explorer, podemos ir por meio do botão iniciar - Todos os Programas - Acessórios - e, por fim, Windows Explorer, ou podemos lançar mão do conjunto de teclas de atalho Windows + E.

Operação com Arquivos e Pastas

Quando estamos em um gerenciador de arquivos, tanto no Windows quanto no Linux, podemos realizar algumas ações com os arquivos e pastas, como Copiar, Colar e Recortar. Contudo, esses procedimentos podem ser feitos com maior agilidade, utilizando o mouse combinado com o teclado.

Vamos tratar das situações em que o usuário clica, mantém clicado e arrasta um arquivo ou pasta.

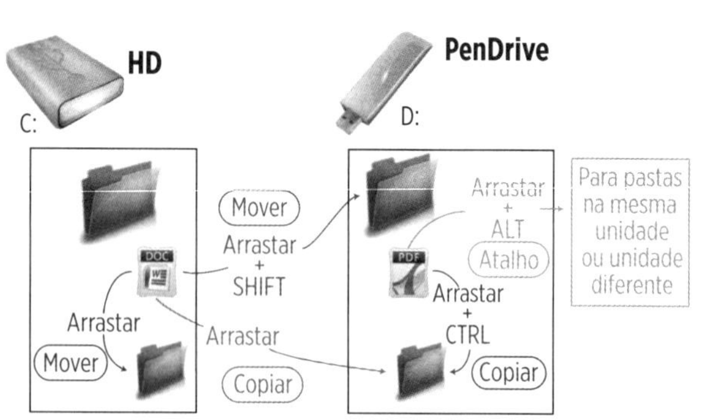

Na figura anterior temos duas unidades: **C: (HD) e D: (pendrive)**. Quando tratamos de clicar e arrastar, a regra é de acordo com as unidades. Se for clicado e arrastado um arquivo ou pasta de uma pasta para outra da mesma unidade, os arquivos ou pastas selecionados serão movidos. Porém, se a ação tivesse como destino outra unidade de armazenamento, então a ação padrão seria criar uma cópia dos arquivos ou pastas selecionados na pasta de destino.

Por outro lado, podemos inverter essas ações com o uso simultâneo de teclas de atalho. Quando formos arrastar um arquivo ou pasta dentro da mesma unidade com o intuito de criar apenas uma cópia, em vez de mover, devemos segurar pressionada a tecla CTRL. Já ao arrastarmos para uma pasta de unidade diferente sem que seja criada uma cópia, mas seja movido para a pasta de destino, devemos realizar o procedimento com a tecla SHIFT pressionada.

Outra situação é quando arrastamos com a tecla ALT pressionada. Neste caso, independentemente se for para uma pasta da mesma unidade ou de unidade diferente, o resultado será o mesmo: será criado um atalho.

Modos de Exibição

Por meio da janela do Windows Explorer também podemos optar entre alguns modos de exibição diferentes para visualizar os arquivos e pastas dispostos em uma pasta.

Para alterar entre os modos de exibição, podemos usar a tecla CTRL pressionada enquanto rolamos o Scrool do mouse (rodinha); e a barra à esquerda da figura abaixo é alterada de acordo com o zoom.

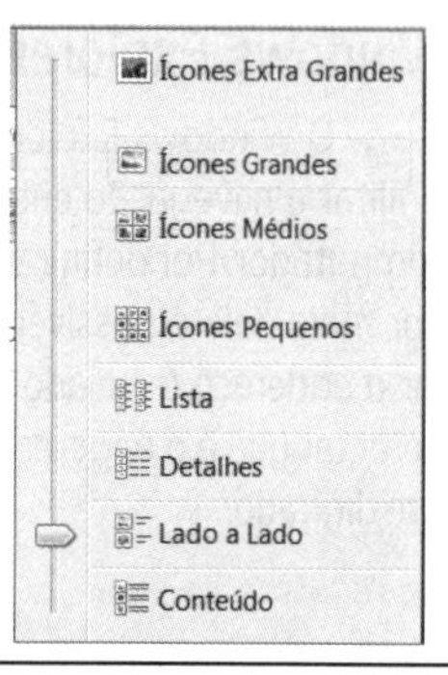

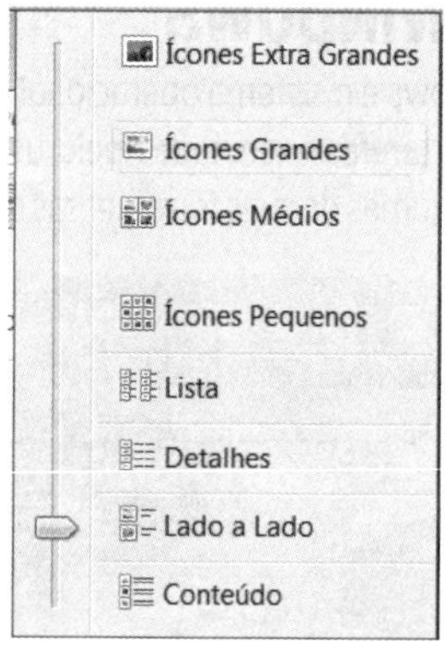

Ou podemos clicar no botão Modos de Exibição, que pode assumir a forma de qualquer um dos botões ilustrados nesta seção de acordo com o modo que estiver em exibição.

No Windows 7, está disponível o modo de exibição Conteúdo, que não existia no Windows XP.

O modo de exibição mais importante é o modo Detalhes, pois, por meio dele, podemos visualizar diversas informações sobre um arquivo sem abri-lo, além de permitir a organização dos dados por diversos critérios.

Lixeira

Por padrão, a Lixeira no Windows pode ocupar até 10% da capacidade da unidade, mas é possível alterar esse tamanho por meio das propriedades dela.

Nem todo arquivo que é deletado é enviado para a lixeira. Por exemplo, um arquivo apagado de um disquete ou pendrive não são enviados para a lixeira do computador, no caso dos pendrives é criado uma espécie de lixeira dentro do próprio pendrive, mas isto depende do driver do dispositivo.

Por outro lado, toda forma de remoção de um arquivo, quando combinada com a tecla SHIFT pressionada, remove o arquivo ou pasta sem enviar para a lixeira, ou seja, é uma remoção permanente.

Painel de Controle

O Painel de Controle é o local onde são concentradas as opções de configuração do sistema Windows.

Acessórios

O Windows conta com um conjunto de acessórios que são programas de uso geral que auxiliam tarefas do usuário. São os acessórios do Windows:

Ferramentas de Sistema

As Ferramentas de Sistema do Windows 7 têm sido muito cobradas nas últimas provas de concursos, por fornecerem um conjunto de opções e conceitos diferentes.

Nesta seção, faremos breves comentários sobre essas ferramentas e suas finalidades.

Monitor de Recursos

O Monitor de Recursos é uma ferramenta que nos permite verificar o desempenho do computador, visualizando o uso da memória e do processador, a banda de rede e o espaço em disco. A figura a seguir ilustra a visão do consumo do processador do meu computador no momento em que estava escrevendo este material. Na imagem são ilustrados até o CPU7, porque se trata de um processador i7 com 8 núcleos.

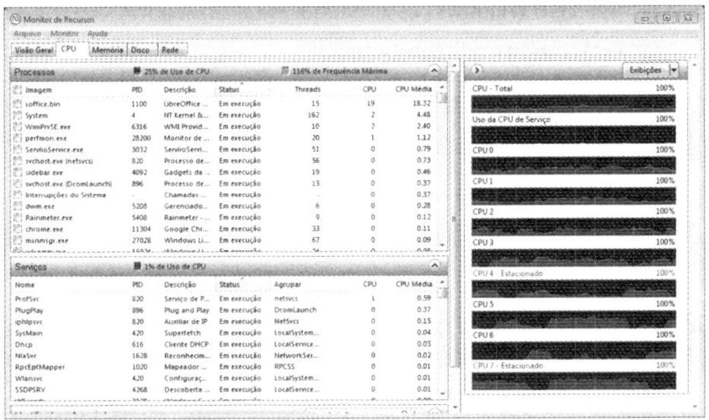

Limpeza de Disco

A Limpeza de Disco é uma ferramenta que permite limpar (apagar) os arquivos temporários do computador como forma de obter mais espaço livre. A figura a seguir ilustra a janela da Limpeza de Disco.

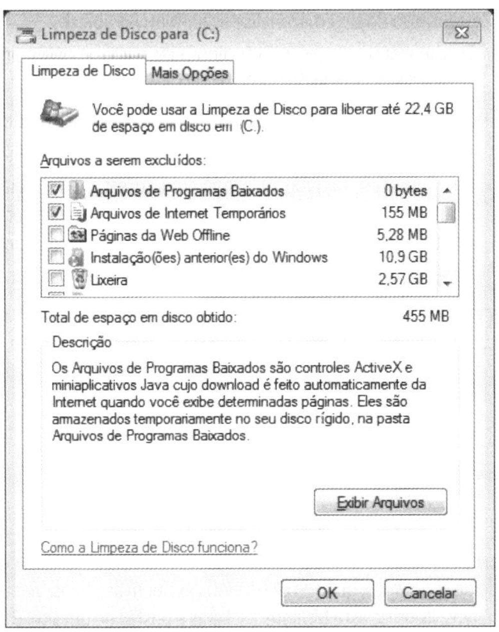

No Windows 7, além de se poder esvaziar a lixeira e apagar os arquivos temporários de navegação da Internet, existe a opção de apagar as miniaturas criadas quando arquivos de imagem são visualizados no Windows Explorer no modo de miniaturas (ícones grandes).

Desfragmentador

O Desfragmentador de Disco é a ferramenta de Sistema responsável por organizar os arquivos no disco, pois, com o tempo, usando o computador, copiamos, colamos, recortamos e movemos muitos arquivos criando fragmentos no HD. Um HD muito fragmentado se torna mais lento para ser lido.

O processo de Desfragmentação, por realizar uma leitura e escrita intensa no disco, torna-se um processo lento, portanto não se recomenda seu uso muito frequentemente. Deve-se obedecer a uma regularidade, mas nada exagerado.

Para que o desfragmentador seja executado, é necessário possuir espaço em disco. Caso não haja, será sugerido ao usuário que realize uma Limpeza de Disco a fim de liberar mais espaço.

> O Desfragmentador não corrige falhas de disco muito menos a Limpeza de Disco, essa tarefa é responsabilidade do ScanDisk.

Ao final do processo, os dados estarão organizados, a maioria, de maneira contígua para serem acessados mais rapidamente, bem como será organizado o espaço livre em disco de forma que fique contínuo também para minimizar futuras fragmentações.

Informações do Sistema

O recurso Informações do Sistema também pode ser acessado por meio das teclas de atalho (Windows) + Pause.

A janela de Informações do Sistema exibe dados sobre o usuário e sobre a chave de ativação do Windows. No caso do Windows 7, também é exibida uma avaliação do hardware por parte do sistema, além de informação do tamanho da memória RAM e do nome do processador. A figura a seguir mostra a janela das Informações sobre o Sistema.

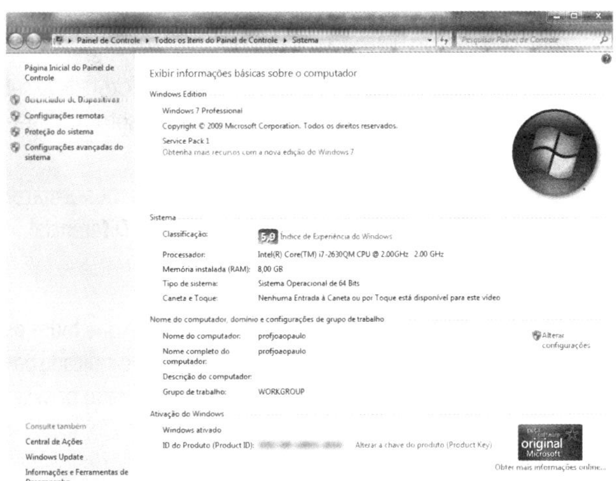

Agendador de Tarefas

O Agendador de Tarefas permite que você agende tarefas automatizadas para que realizem ações em um horário específico ou quando um determinado evento ocorrer.

Transferência Fácil do Windows

O recurso de Transferência Fácil do Windows é uma ferramenta criada para copiar as configurações e preferências de um usuário em um computador e passá-las para outro, não necessitando ao usuário reconfigurar todas suas preferências novamente quando trocar de computador.

Restauração do Sistema

A Restauração do Sistema permite retornar o estado do sistema a um ponto anterior no tempo, chamado de ponto de restauração, que é criado automaticamente pelo Windows quando um novo programa é instalado no sistema. Ele também pode ser criado manualmente pelo usuário.

A ferramenta restaura somente o sistema e a instalação dos programas. Os arquivos criados, alterados ou excluídos entre os pontos de restauração não são afetados, ou seja, a restauração do Sistema não recupera arquivos.

Tipos de Backup

Um backup, algumas vezes descrito como becape, nada mais é do que uma **cópia de segurança** dos dados. Essa cópia tem por finalidade manter os dados mais atuais salvos, de maneira que se porventura os dados originais sejam perdidos por falha ou exclusão, a perda não tenha um grande impacto, pois é possível restaurar a partir das versões salvas, minimizando assim a perda. Um backup não impede que os dados sejam acessados por terceiros.

Em um backup devem ser salvos os **dados do usuário**, ou seja, não é necessário, muito menos indicado, salvar os arquivos dos sistemas, como os que ficam na pasta Arquivos de Programas. Os dados devem ser salvos, preferencialmente, em outras unidades de armazenamento, diferentes de onde estão os dados originais como CD, DVD, BluRay, Pendrive, outro HD, disquetes e até mesmo fitas magnéticas.

A **frequência** de realização de uma cópia de segurança depende da importância dos dados, bem como da sua alteração, ou melhor, se os dados sofrem constante alteração, o backup deve ser realizado com maior regularidade. Já, se raramente sofrem alteração, a frequência de backup também cai.

Existem diversos tipos de backup, dos quais podemos destacar o **Backup Completo, o Backup Incremental e o Backup Diferencial.**

Backup Completo

Também chamado de Backup Total, é aquele em que todos os dados são salvos em uma única cópia de segurança. Ele é indicado para ser feito com menor frequência, pois é o mais demorado para ser processado como também para ser recuperado. Contudo, localizar um arquivo fica mais fácil, já que se tem apenas uma cópia dos dados.

Backup Incremental

Neste tipo de backup, são salvos apenas os dados que foram alterados após a última cópia de segurança realizada. Esse procedimento é mais rápido de ser processado, porém, leva mais tempo para ser restaurado, pois envolve restaurar todos os backups anteriores. Os arquivos criados são menores do que os gerados pelo backup diferencial.

Backup Diferencial

Este procedimento de backup grava os dados alterados desde o último backup completo; assim, no próximo backup diferencial, somente são salvos os dados modificados desde o último backup completo. No entanto, esse becape é mais lento de ser processado do que o incremental, porém é mais rápido de ser restaurado, pois é necessário apenas restaurar o último backup completo e o último backup diferencial.

Questões

01. (FCC) Considere:

I. Windows é software proprietário e Linux é software livre.
II. Windows é alvo de milhares de vírus e parasitas virtuais, enquanto que Linux é praticamente imune a vírus.
III. Apenas o Windows possui interface gráfica intuitiva.

Está correto o que consta em:

a) I, apenas.
b) II, apenas.
c) I e II, apenas.
d) II e III, apenas.
e) I, II e III.

02. Assinale a alternativa que apresenta corretamente a ferramenta do Windows que possui as configurações para controlar quase toda a aparência e o funcionamento do Windows, sendo capaz de configurá-lo da maneira ideal para o usuário.

a) HD
b) Office
c) CPU
d) Painel de Controle

03. Sobre o mecanismo do Windows de restaurar a partir de um ponto de restauração do sistema, analise as afirmativas abaixo.

I. Esse mecanismo reverte o computador para um ponto anterior no tempo, chamado de ponto de restauração do sistema.
II. Os pontos de restauração são gerados, apenas, quando você instala um novo aplicativo, driver ou atualização do Windows.
III. A restauração, quando realizada com sucesso, não afeta seus arquivos pessoais, mas remove os aplicativos, os drivers e as atualizações instaladas após a criação do ponto de restauração.
IV. A restauração do sistema é um processo irreversível.

Está CORRETO o que se afirma, apenas, em

a) II.
b) III.
c) IV.
d) I e III
e) I, III e IV

04. A Lixeira, no sistema operacional Microsoft Windows, oferece uma rede de segurança, quando os usuários excluem arquivos, versões de arquivos, itens de lista,bibliotecas, listas e pastas de um site. Quando os usuários excluem esses itens de um site, os itens são colocados na Lixeira. Com relação à Lixeira, analise as sentenças a seguir.

I. É onde se encontram os arquivos apagados.
II. É possível restaurar qualquer arquivo que esteja na Lixeira.

III. É possível aumentar o espaço livre do disco rígido ao enviar arquivos para a Lixeira.

IV. Clicando com o botão direito do mouse no ícone da Lixeira, é possível acessar uma opção que a esvazia de uma só vez.

Estão corretas as afirmativas:

a) I e II, apenas

b) I, II e III, apenas

c) I, II e IV, apenas

d) I, II, III e IV, apenas

e) I, II, III e IV

05. No Windows, podemos utilizar um atalho para abrir o iniciar do Windows sem utilizar a tecla "Win". Marque a alternativa CORRETA que corresponde a este atalho.

a) ALT + HOME

b) CTRL + ALT + HOME

c) CTRL + ESC

d) CRT + SHIFT

e) Nenhuma das alternativas

Gabaritos

01	C
02	D
03	E
04	E
05	C

4. SISTEMA WINDOWS 10

O Windows 10 é um sistema operacional da Microsoft lançado em 29 de julho de 2015. Essa versão trouxe inúmeras novidades, principalmente, por conta da sua portabilidade para celulares e também tablets.

4.1 Requisitos Mínimos

Para instalar o Windows 10, o computador deve possuir no mínimo 1 GB de memória RAM para computadores com processador 32 bits de 1GHz, e 2GB de RAM para processadores de 32bits de 1GHz. Todavia, recomenda-se um mínimo de 4GB.

A versão 32 bits do Windows necessita, inicialmente, de 16GB de espaço livre em disco, enquanto o Windows 64 bits utiliza 20GB. A resolução mínima recomendada para o monitor é de 1024 x 768.

4.2 Novidades

O Windows 10 nasce com a promessa de ser o último Windows lançado pela Microsoft. Isso não significa que não será atualizado. A proposta da Microsoft é não lançar mais versões, a fim de tornar as atualizações mais constantes, sem a necessidade de aguardar para atualizar junto de uma versão enumerada. Com isso, ao passar dos anos, a empresa espera não usar mais a referência Windows 10, mas apenas Windows.

O novo sistema trouxe inúmeras novidades como também alguns retrocessos.

O objetivo do projeto do novo Windows foi baseado na interoperabilidade entre os diversos dispositivos como tablets, smartphones e computadores, de modo que a integração seja transparente, sem que o usuário precise, a cada momento, indicar o que deseja sincronizar.

A barra Charms, presente no Windows 8 e 8.1, foi removida, e a tela inicial foi fundida ao botão (menu) Iniciar.

Algumas outras novidades apresentadas pela Microsoft são:

> Xbox Live e o novo Xbox app que proporcionam novas experiências de jogo no Windows 10. O Xbox, no Windows 10, permite que jogadores e desenvolvedores acessem à rede de jogos do Xbox Live, tanto nos computadores Windows 10 quanto no Xbox One. Os jogadores podem capturar, editar e compartilhar seus melhores momentos no jogo com Game DVR, e disputar novos jogos com os amigos nos dispositivos, conectando a outros usuários do mundo todo. Os jogadores também podem disputar jogos no seu computador, transmitidos por stream diretamente do console Xbox One para o tablet ou computador Windows 10, dentro de casa.

> Sequential Mode: em dispositivos 2 em 1, o Windows 10 alterna facilmente entre teclado, mouse, toque e tablet. À medida que detecta a transição, muda convenientemente para o novo modo.

> Novos apps universais: o Windows 10 oferece novos aplicativos de experiência, consistentes na sequência de dispositivos, para fotos, vídeos, música, mapas, pessoas e mensagens, correspondência e calendário. Esses apps integrados têm design atualizado e uniformidade de app para app e de dispositivo para dispositivo. O conteúdo é armazenado e sincronizado por meio do OneDrive, e isso permite iniciar uma tarefa em um dispositivo e continuá-la em outro.

Área de Trabalho

A barra de tarefas do Windows 10 apresenta como novidade a busca integrada.

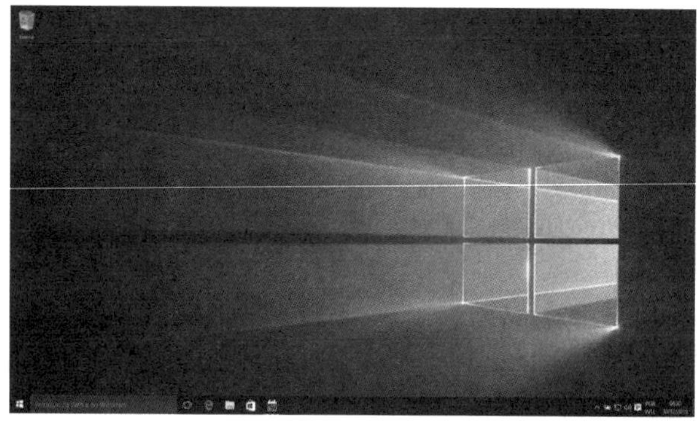

Cortana

Tal recurso opera junto ao campo de pesquisa localizado na barra de tarefas do Windows.

Está é uma ferramenta de execução de comandos por voz. Porém, ainda não conta com versão para o Português do Brasil. Outro ponto importante é a privacidade, pois tal ferramenta guarda os dados.

Continue de onde Parou

Tal característica, presente no Windows 10, permite uma troca entre computador – tablet – celular, sem que o usuário tenha de salvar os arquivos e os enviar para os aparelhos; o próprio Windows se encarrega da sincronização.

Ao abrir um arquivo, por exemplo, em um computador e editá-lo, basta abri-lo em outro dispositivo, de modo que as alterações já estarão acessíveis (a velocidade e disponibilidade dependem da velocidade da conexão à Internet).

Desbloqueio Imediato de Usuário

Trata-se de um recurso disponível, após a atualização do Windows, que permite ao usuário que possua *webcam*, devidamente instalada, usar uma forma de reconhecimento facial para *logar* no sistema, sem a necessidade de digitar senha.

Múltiplas Áreas de Trabalho

Uma das novidades do Windows 10 é a possibilidade de manipular "múltiplas Áreas de Trabalho", uma característica que já estava há tempos presente no Linux e no MacOS. Ao usar o atalho Windows + Tab, é possível criar uma nova Área de Trabalho e arrastar as janelas desejadas para ela.

Botão Iniciar

Com essa opção em exibição, ao arrastar o mouse ligeiramente para baixo, são listados os programas abertos pela tela inicial. Programas abertos dentro do desktop não aparecem na lista, conforme ilustrado a seguir:

Aplicativos

Os aplicativos podem ser listados clicando-se no botão presente na parte inferior do Botão Iniciar, mais à esquerda.

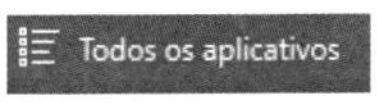

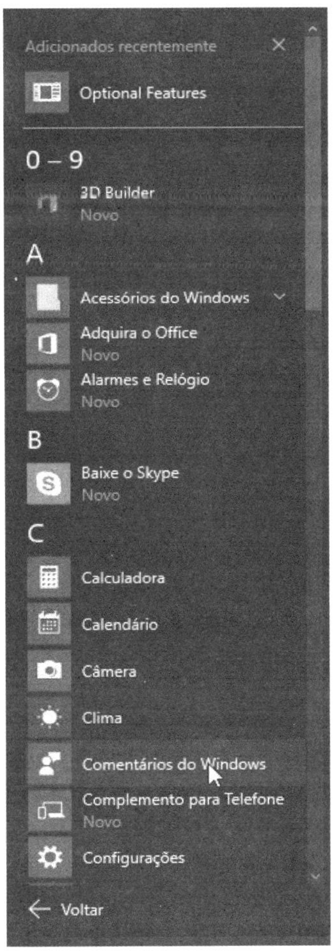

Acessórios

O Windows 10 reorganizou seus acessórios ao remover algumas aplicações para outro grupo (sistema do Windows).

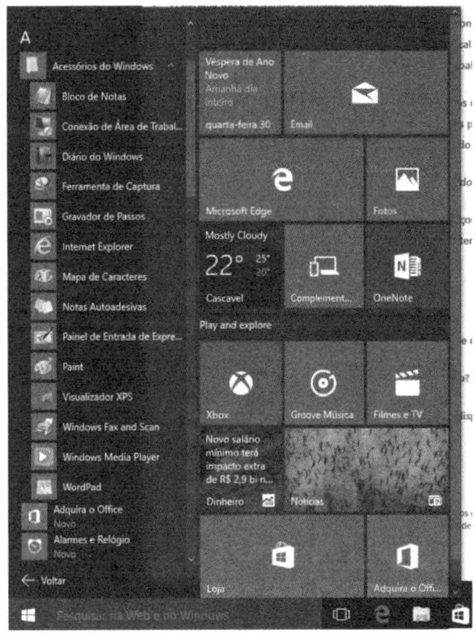

Os aplicativos listados como acessórios são, efetivamente:

> Bloco de Notas
> Conexão de Área de Trabalho Remota
> Diário do Windows
> Ferramenta de Captura
> Gravador de Passos
> Internet Explorer
> Mapa de Caracteres
> Notas Autoadesivas
> Painel de Entrada de Expressões Matemática
> Paint
> Visualizador XPS
> Windows Fax and Scan
> Windows Media Player
> Wordpad

Bloco de Notas

O Bloco de Notas é um editor de texto simples, e apenas texto, ou seja, não aceita imagens ou formatações muito avançadas. A imagem a seguir ilustra a janela do programa.

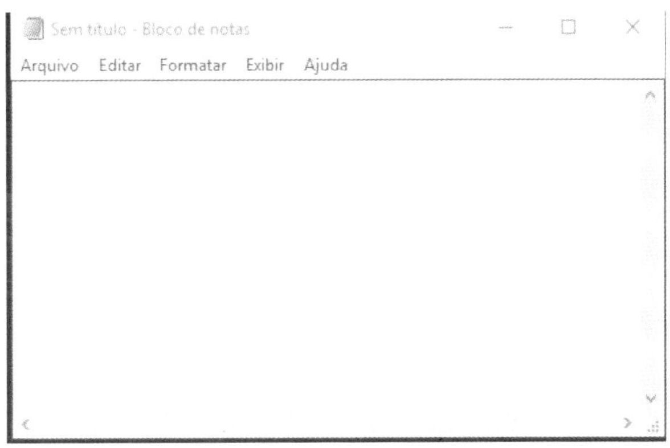

Contudo, são possíveis algumas formatações de fonte:

> Tipo/nome da fonte;
> Estilo de fonte (Negrito Itálico);
> Tamanho da fonte.

Atenção, pois a cor da fonte não é uma opção de formatação presente. A janela a seguir ilustra as opções.

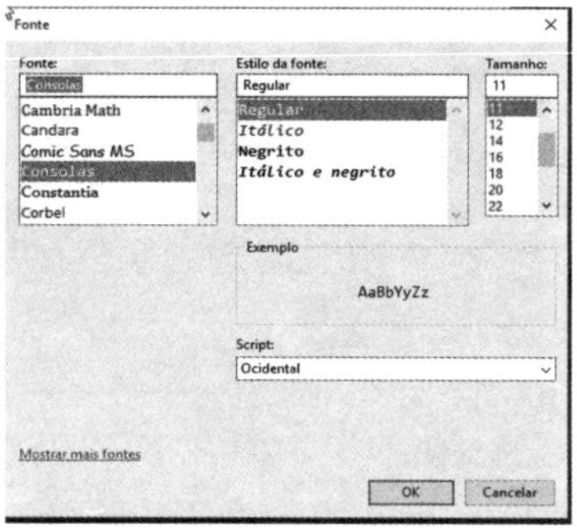

Conexão de Área de Trabalho Remota

A conexão remota do Windows não fica ativa por padrão, por questões de segurança.

Para habilitar a conexão, é necessário abrir a janela de configuração das Propriedades do Sistema, ilustrada a seguir. Tal opção é acessível pela janela Sistema do Windows.

A conexão pode ser limitada à rede por restrição de autenticação em nível de rede, ou pela Internet usando contas de e-mail da Microsoft.

A figura a seguir ilustra a janela da Conexão de Área de Trabalho Remota.

Diário do Windows

A ferramenta Diário do Windows é uma novidade no Windows 8. Ela permite que o usuário realize anotações como em um caderno.

Os recursos de formatação são limitados, de modo que o usuário pode escrever manuscritamente ou por meio de caixas de texto.

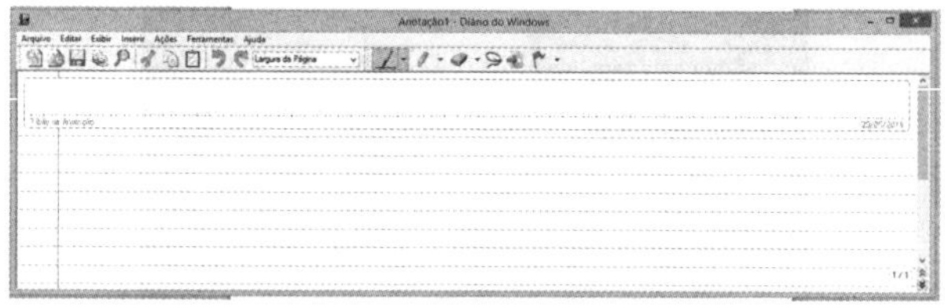

Ferramenta de Captura

A ferramenta de captura, presente desde o Windows 7, permite a captura de partes da tela do computador. Para tanto, basta selecionar a parte desejada usando o aplicativo.

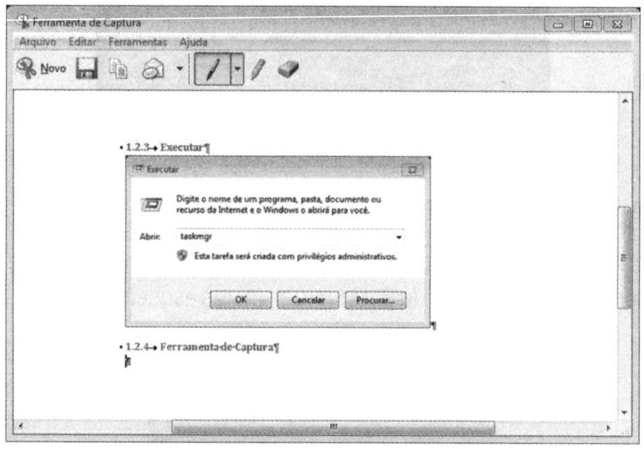

Gravador de Passos

O Gravador de Passos é um recurso novo do Windows 8, muito útil para atendentes de suporte que precisam apresentar o passo a passo das ações que um usuário precisa executar para obter o resultado esperado.

A figura a seguir ilustra a ferramenta com um passo gravado para exemplificação.

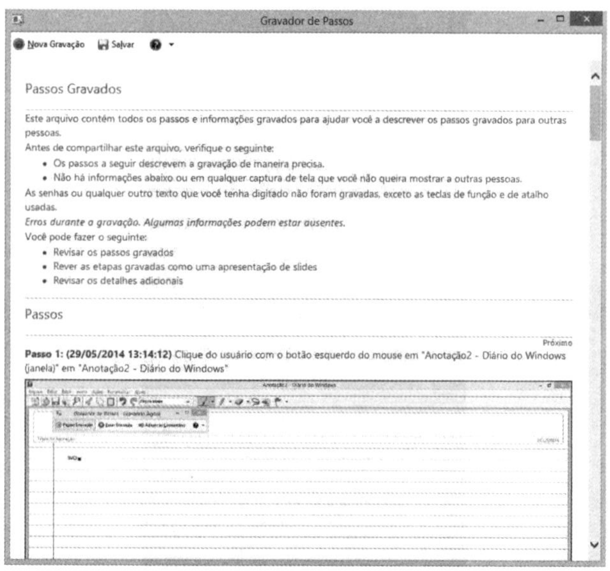

Mapa de Caracteres

Frequentemente, faz-se necessário utilizar alguns símbolos diferenciados. Esses símbolos são chamados de caracteres especiais. O Mapa de Caracteres permite listar os caracteres não presentes no teclado para cada fonte instalada no computador e copiá-los para a área de transferência do Windows.

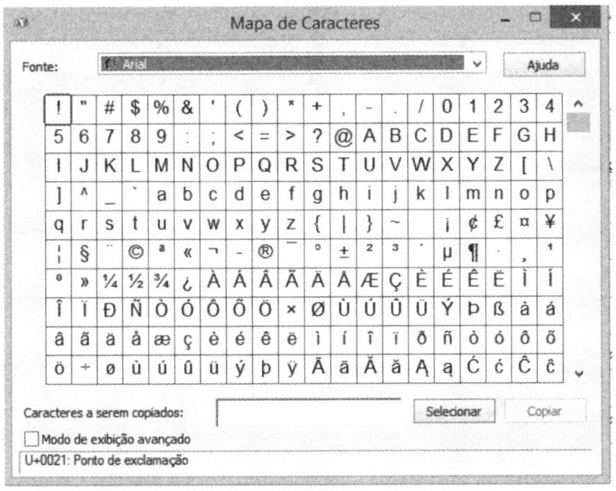

Notas Autoadesivas

Por padrão, as notas autoadesivas são visíveis na Área de Trabalho, elas se parecem com Post its.

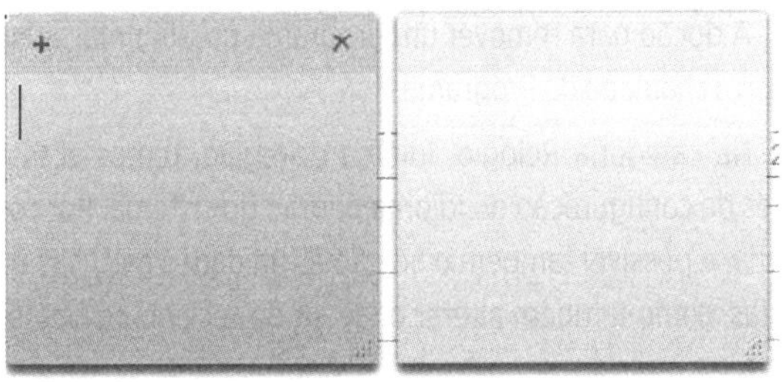

Painel de Entrada de Expressões Matemáticas

Esta ferramenta possibilita o usuário de desenhar, utilizando o mouse ou outro dispositivo de inserção como *tablet canetas*, fórmulas matemáticas como integrais e somatórios, e ainda colar o resultado produzido em documentos.

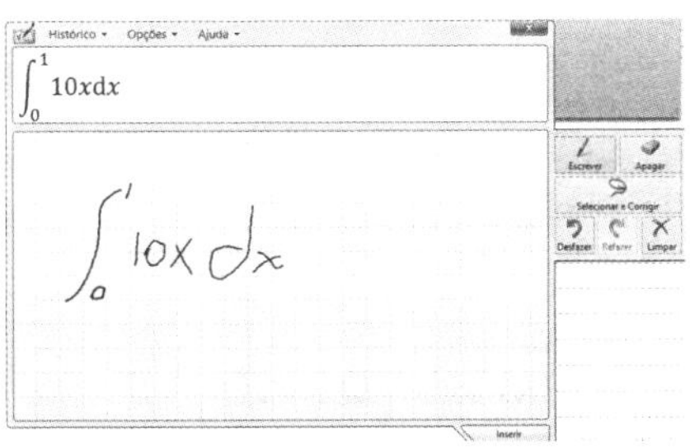

Paint

O tradicional editor de desenho do Windows, que salva seus arquivos no formato PNG, JPEG, JPG, GIF, TIFF e BMP (Bitmap), não sofreu mudanças em comparação com a versão presente no Windows 7.

WordPad

É um editor de texto que faz parte do Windows, ao contrário do MS Word, com mais recursos que o Bloco de Notas.

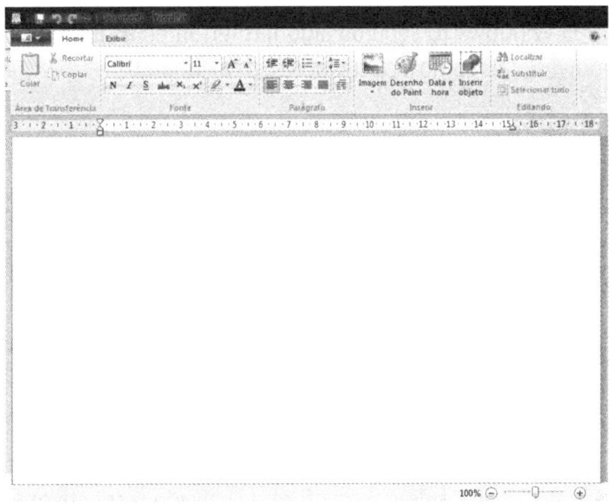

Facilidade de Acesso

Anteriormente conhecida como ferramentas de acessibilidade, são recursos que têm por finalidade auxiliar pessoas com dificuldades para utilizar os métodos tradicionais de interação com o computador.

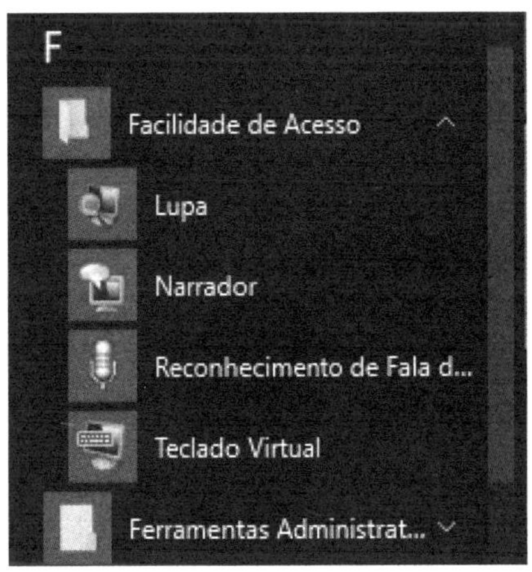

Lupa

Ao utilizar a lupa, pode-se ampliar a tela ao redor do ponteiro do mouse, como também é possível usar metade da tela do computador exibindo a imagem ampliada da área próxima ao ponteiro.

Narrador

O narrador é uma forma de leitor de tela que lê o texto das áreas selecionadas com o mouse.

Teclado Virtual

É preciso ter muito cuidado para não confundir o teclado virtual do Windows com o teclado virtual usado nas páginas de Internet Banking.

Outras Ferramentas

O Windows 10 separou algumas ferramentas a mais que o Windows 8, tais como a calculadora e o calendário.

Calculadora

A calculadora do Windows 10 deixa de ser associada aos acessórios. Outra grande mudança é o fato de que sua janela pode ser redimensionada, bem como perde um modo de exibição, sendo eles:

- Padrão;
- Científica;
- Programador;

A calculadora do Windows 10 apresenta inúmeras opções de conversões de medidas, conforme ilustrado respectivamente ilustradas a seguir.

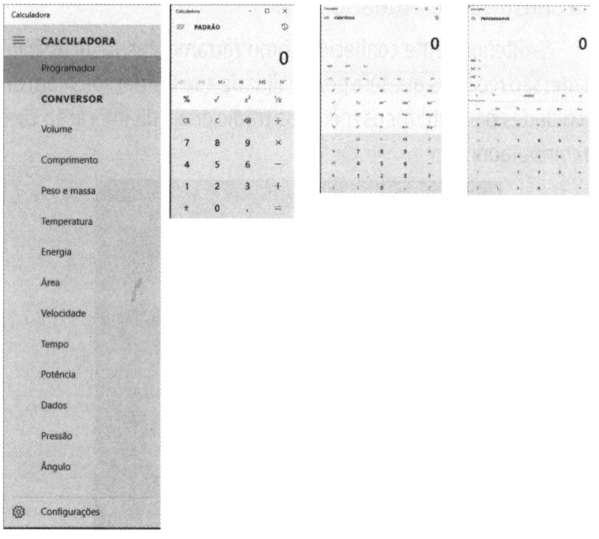

Painel de Controle

O Painel de Controle do Windows é o local onde se encontram as configurações do sistema operacional Windows.

Ele pode ser visualizado em dois modos: ícones ou categorias. As imagens a seguir representam, respectivamente, o modo ícones e o modo categorias.

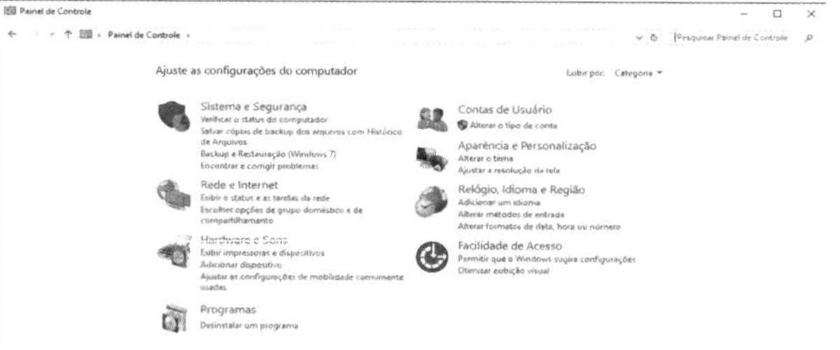

No modo Categorias, as ferramentas são agrupadas de acordo com sua similaridade, como na categoria Sistema e Segurança, que envolve o Histórico de Arquivos e a opção Corrigir Problemas.

A opção para remover um programa possui uma categoria exclusiva chamada de Programas.

Na categoria Relógio, Idioma e Região, temos acesso às opções de configuração do idioma padrão do sistema. Por consequência, é possível também o acesso às unidades métricas e monetárias, como também alterar o layout do teclado ou botões do mouse.

Algumas das configurações também podem ser realizadas pela janela de configurações acessível pelo botão Iniciar.

Segurança e Manutenção

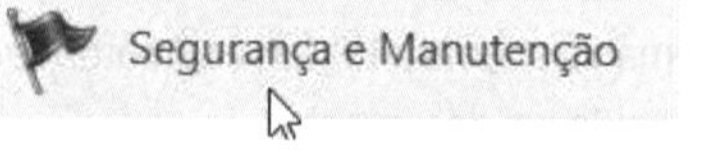

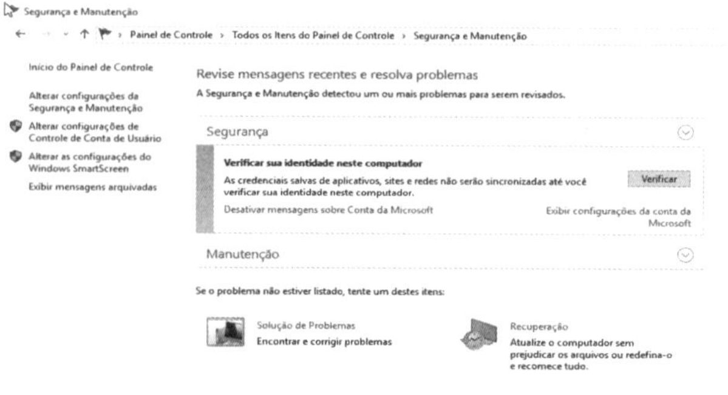

Dispositivos e Impressoras

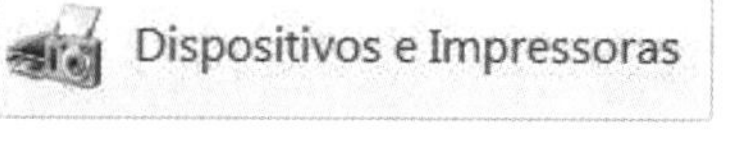

Firewall do Windows

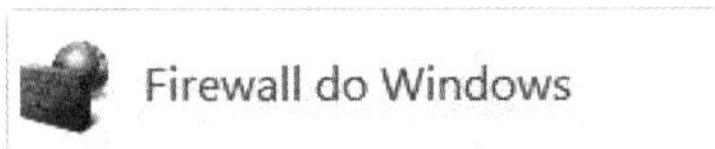

Data e Hora

Contas de Usuário

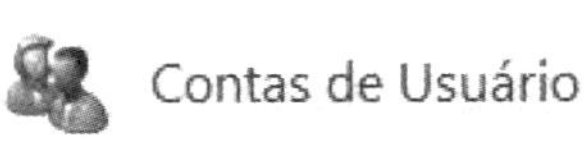

Opções de Energia

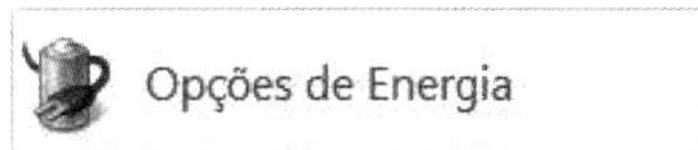

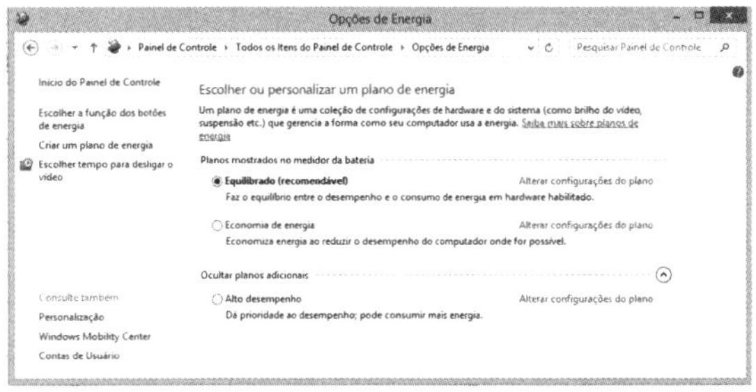

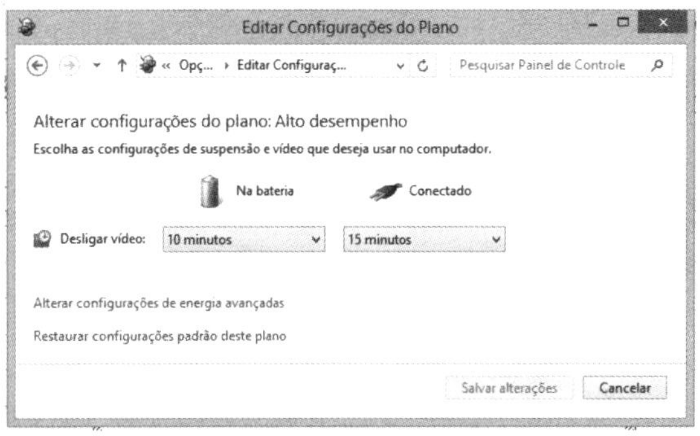

Opções do Explorador de Arquivos

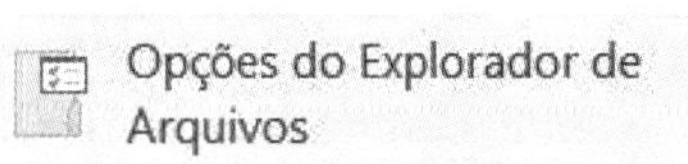

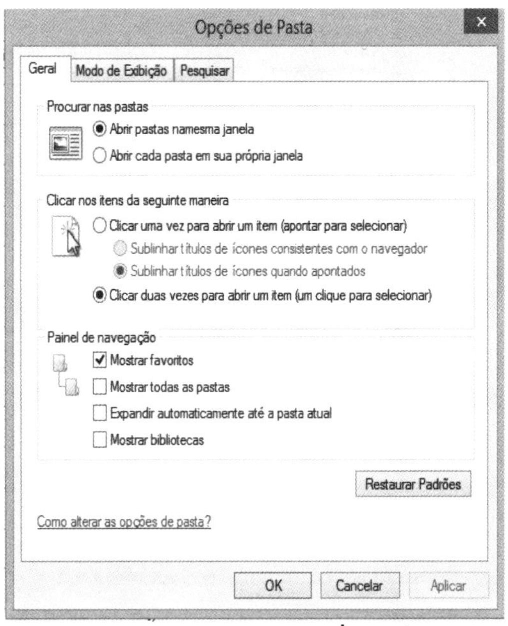

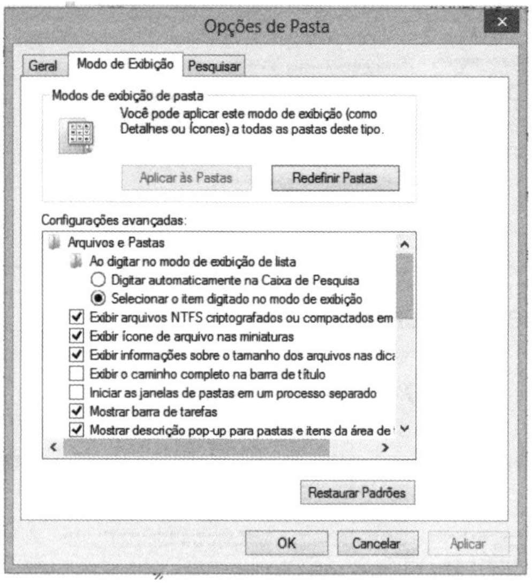

Programas e Recursos

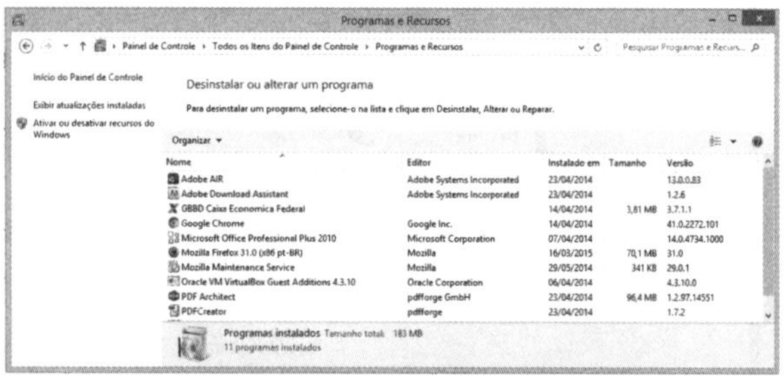

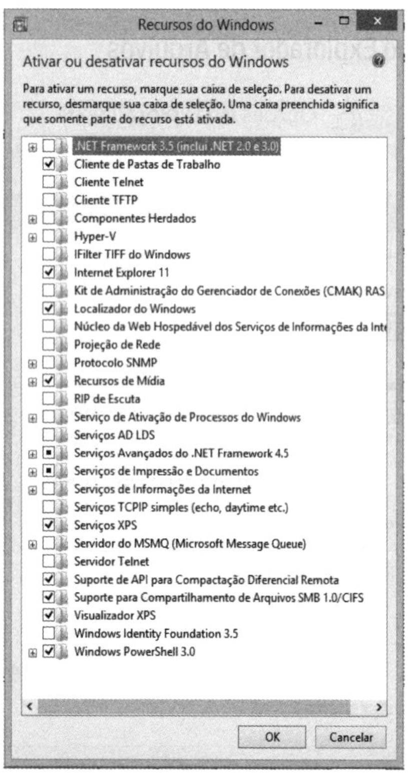

Programas Padrão

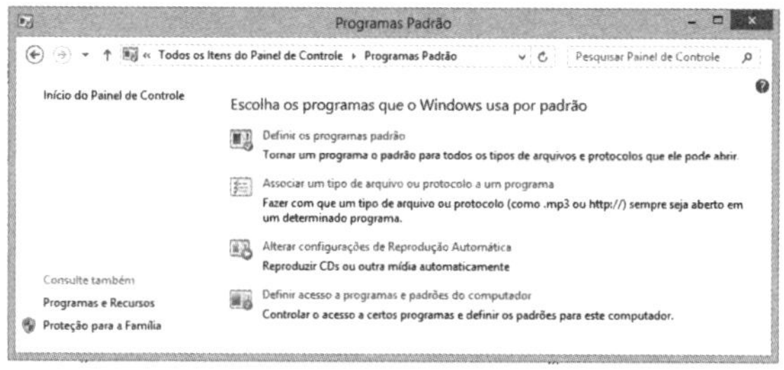

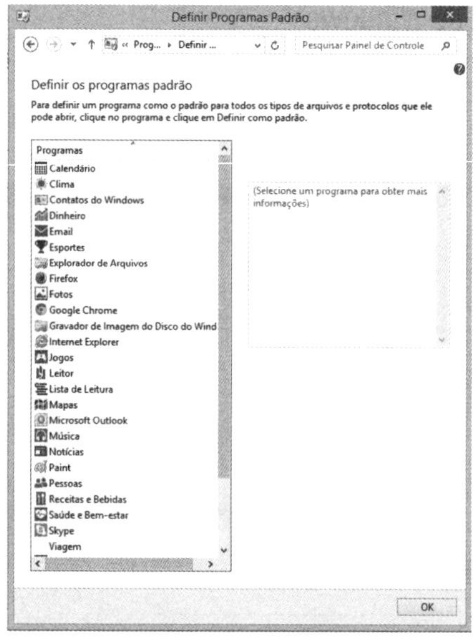

Sistema

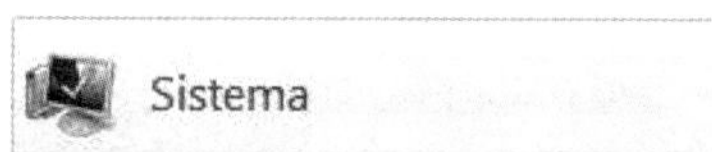

Windows Defender

No Windows 10, o Windows Defender passou a ser também antivírus além de ser antispyware.

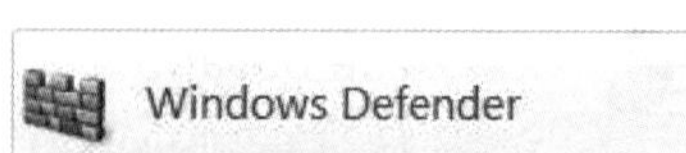

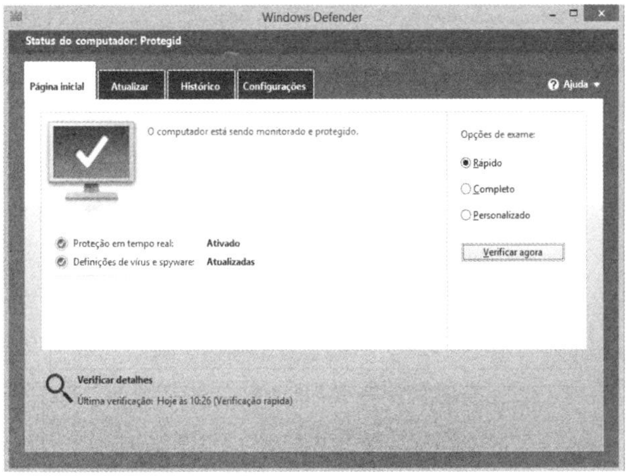

Estrutura de Diretórios

Uma estrutura de diretórios é como o Sistema Operacional organiza os arquivos, separando-os de acordo com sua finalidade.

O termo diretório é um sinônimo para pasta, que se diferencia apenas por ser utilizado, em geral, quando se cita alguma pasta Raiz de um dispositivo de armazenamento ou partição.

Quando citamos o termo Raiz, estamos fazendo uma alusão a uma estrutura que se parece com uma árvore que parte de uma raiz e cria vários ganhos, que são as pastas, e as folhas dessa árvore são os arquivos.

Dessa maneira, observamos que o **diretório Raiz do Windows** é o diretório **C:** ou **C:** enquanto que o **diretório Raiz do Linux** é o **/**.

Podemos ser questionados com relação à equivalência dos diretórios do Windows em relação ao Linux.

Principais Diretórios Windows

C:\windows	**Armazena os arquivos do Sistema Operacional Windows.**
C:\Arquivos de Programas	**Armazena os arquivos dos programas instalados no Computador.**
C:\Usuários	**Armazena as configurações, arquivos e pastas de cada usuário do sistema.**

Ferramentas Administrativas

Limpeza de Disco

Apaga os arquivos temporários, como, por exemplo, arquivos da Lixeira, da pasta Temporários da Internet e, no caso do Windows, a partir da versão Vista, as miniaturas.

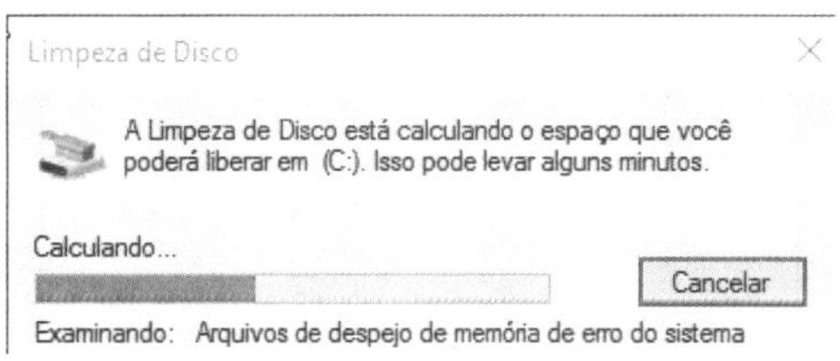

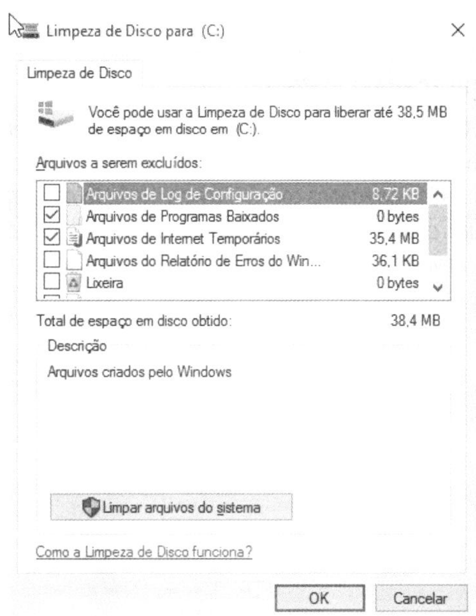

Lixeira

A capacidade da Lixeira do Windows é calculada. Assim, para HDs de até 40GB, a capacidade é de 10%. Todavia, para discos rígidos maiores que 40GB, o cálculo não é tão direto. Vamos a um exemplo: caso um HD possua o tamanho de 200GB, então é necessário descontar 40GB, pois até 40GB a lixeira possui capacidade de 10%; assim, sobram 160GB. A partir desse valor, deve-se calcular mais 5%, ou seja, 8GB. Com isso, a capacidade total da lixeira do HD de 200GB fica com 4GB + 8GB = 12GB.

É importante, ainda, destacar que a capacidade da lixeira é calculada para cada unidade de armazenamento. Desse modo, se um HD físico de 500GB estiver particionado, é necessário calcular separadamente a capacidade da lixeira para cada unidade.

A Lixeira é um local, e não uma pasta. Ela lista os arquivos que foram excluídos, porém nem todos arquivos excluídos vão para a Lixeira. Vejamos a lista de situações em que um arquivo não será movido para a lixeira:

> Arquivos maiores do que a capacidade da Lixeira;

> Arquivos que estão compartilhados na rede;

> Arquivos de unidades removíveis;

> Arquivos que foram removidos de forma permanente pelo usuário.

Desfragmentar e Otimizar Unidades

É responsabilidade do Desfragmentador organizar os dados dentro do HD de forma contínua/contígua para que o acesso às informações em disco seja realizado mais rapidamente.

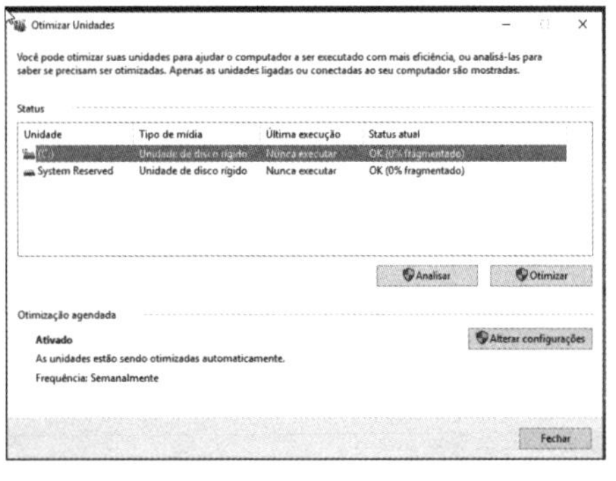

Configuração do Sistema

A Configuração do Sistema é também acessível ao ser digitado o comando msconfig na janela Executar. Permite configurar quais serviços serão carregados com o Sistema. No entanto, para configurar quais programas serão carregados junto com o sistema operacional, deve-se proceder ao acesso pelo Gerenciador de Tarefas.

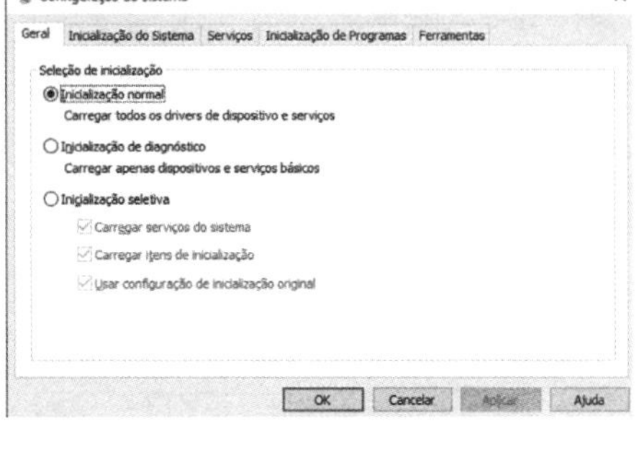

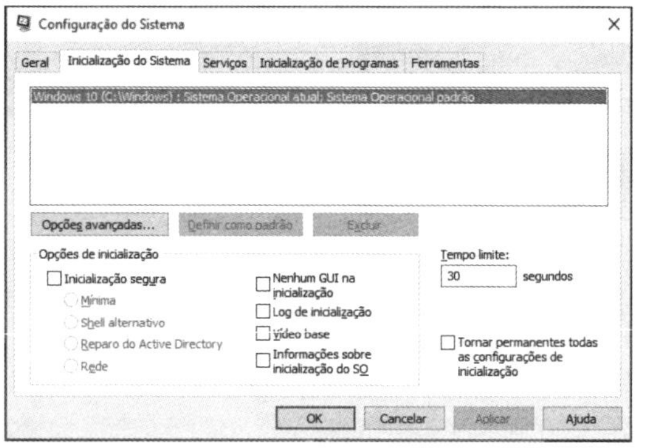

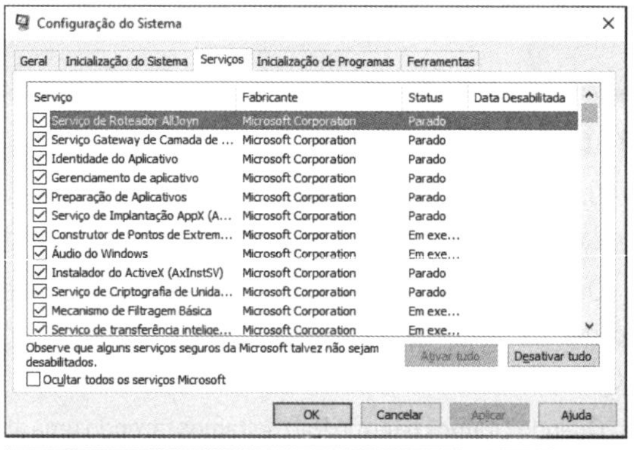

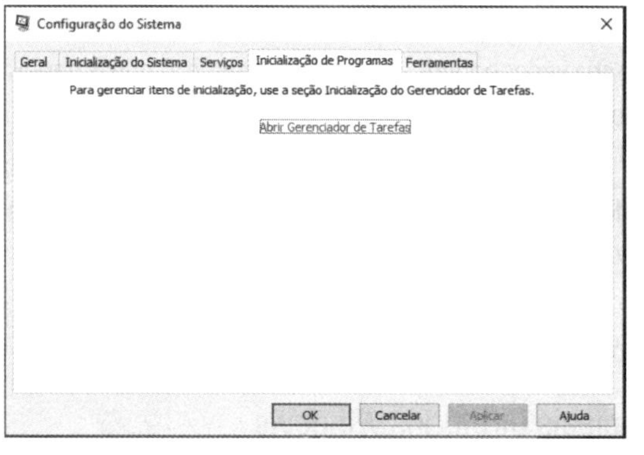

Monitor de Recursos

Permite monitorar os recursos do computador e qual o uso que está sendo realizado.

ScanDisk

O ScankDisk é o responsável por verificar o HD em busca de falhas de disco. Às vezes, ele consegue corrigi-las.

Configurações

Uma novidade do Windows 10 é a opção Configurações, presente no Botão Iniciar, que apresenta uma estrutura similar ao Painel de Controle, inclusive realizando a separação por categorias de ferramentas, conforme ilustra a figura a seguir.

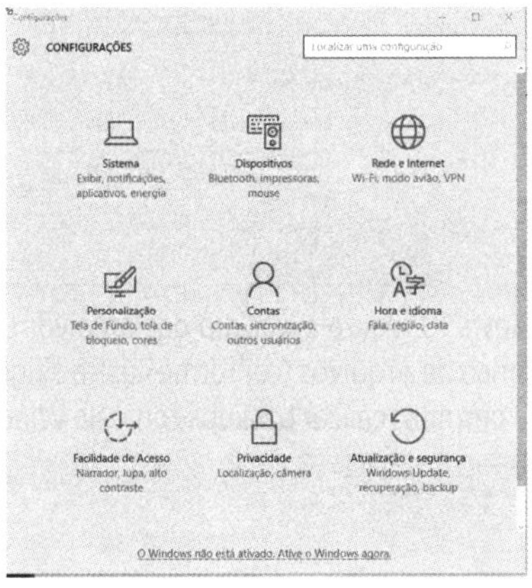

Opção Sistema

Nesta opção, são apresentadas as ferramentas de configuração de resolução de tela, definição de monitor principal (caso possua mais de um), modos de gestão de energia (mais utilizados em notebooks).

Também é possível encontrar a opção Mapas Offline, que permite o download de mapas para a pesquisa e o uso por GPS, principalmente usado em dispositivos móveis ou dotados de GPS.

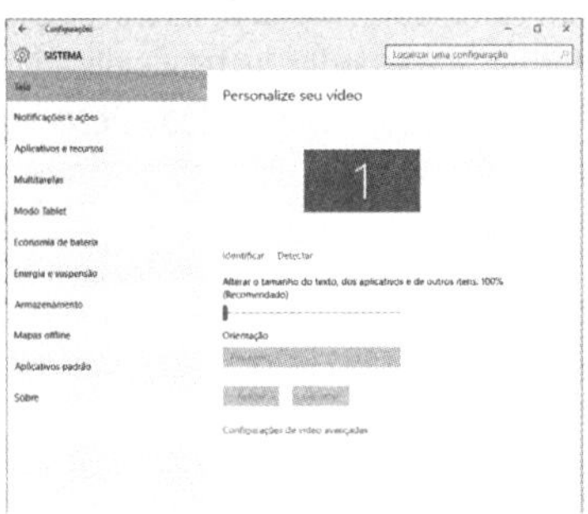

Opção Dispositivos

A opção Dispositivos lista os dispositivos que foram instalados em algum momento no sistema, como as impressoras.

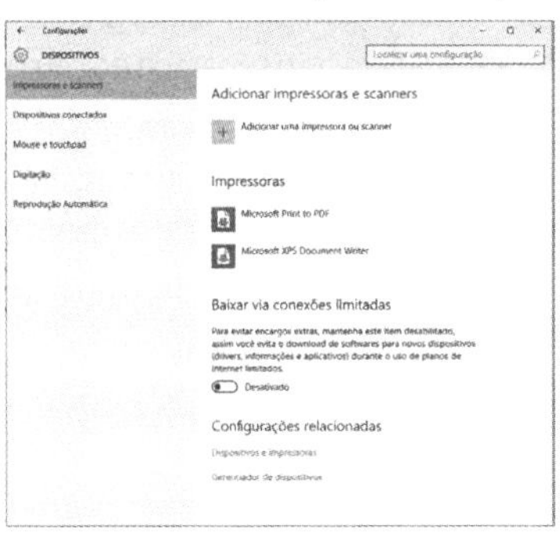

Opção Rede e Internet

Para configurar rapidamente o proxy de uma rede, ou ativar/desativar a wi-fi, a opção Rede e Internet oferece tais opções com facilidade, inclusive a opção para configurar uma VPN.

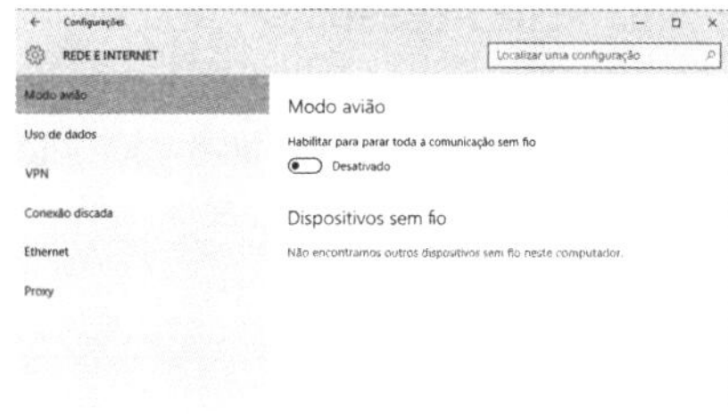

Opção Personalização

Para personalizar os temas de cores da Área de Trabalho do Windows e os papéis de parede, a opção de personalização pode ser acessada pelas Configurações. Também é possível clicar com o botão direito do mouse sobre uma área vazia da Área de Trabalho e selecionar a opção Personalizar.

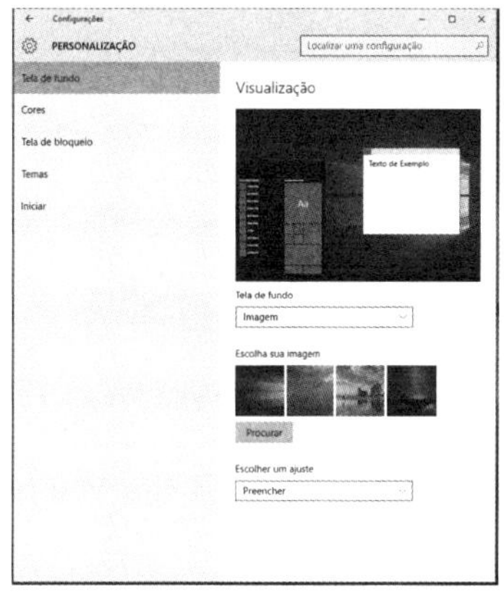

Opção Contas

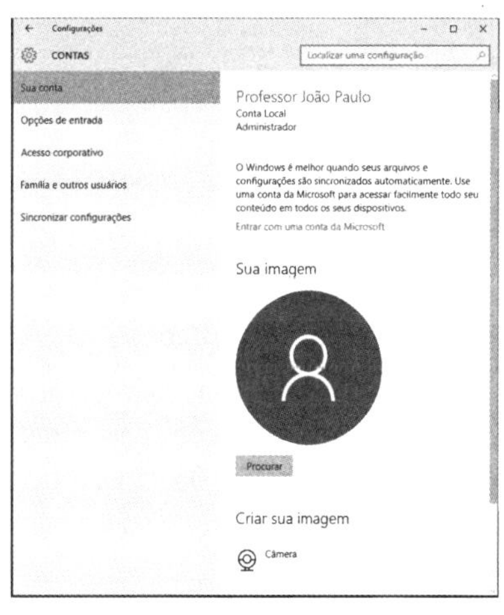

Opção Hora e Idioma

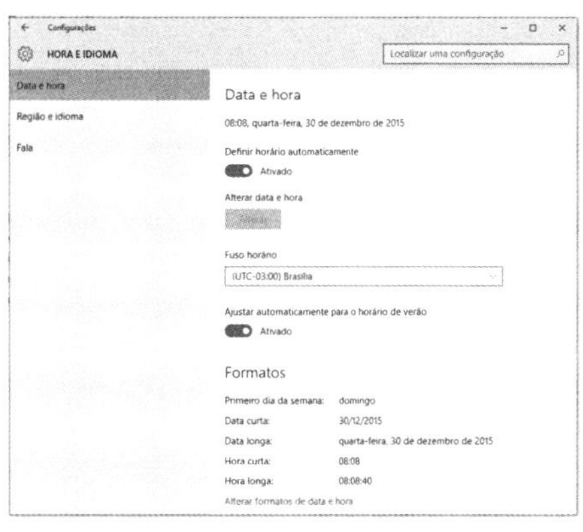

Opção Facilidade de Acesso

Além de contar com as ferramentas para acessibilidade, é possível configurar algumas características com Alto Contraste para melhorar o acesso ao uso do computador.

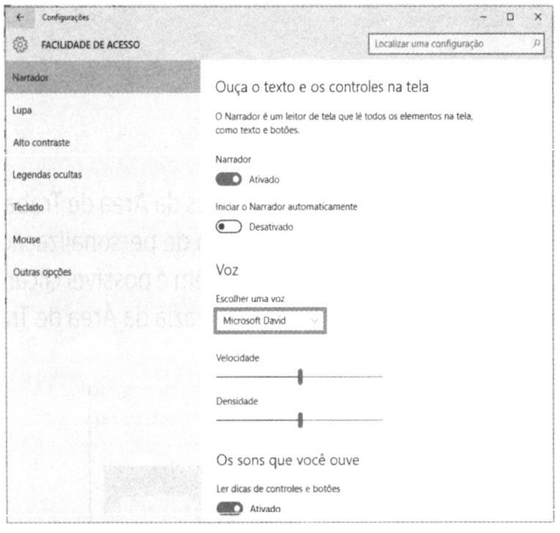

Opção Privacidade

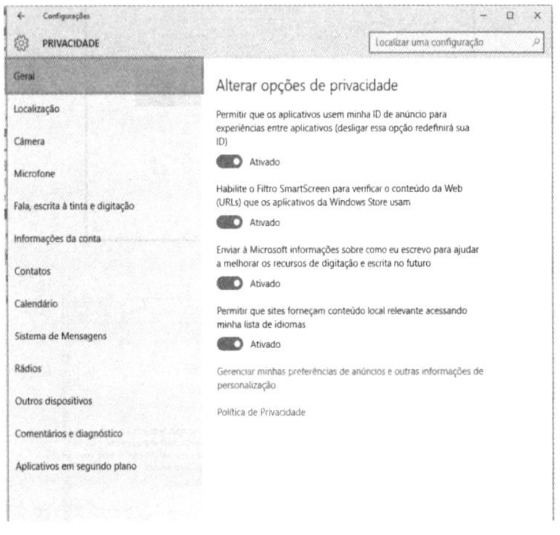

Opção Atualização e Segurança

A opção Atualização e Segurança talvez seja uma das principais opções da janela de configurações, pois, como necessidade mínima para a segurança, o Sistema Operacional deve estar sempre atualizado, assim como precisa possuir um programa antivírus que também esteja atualizado.

Vale lembrar que a realização periódica de backups também é considerada como um procedimento de segurança.

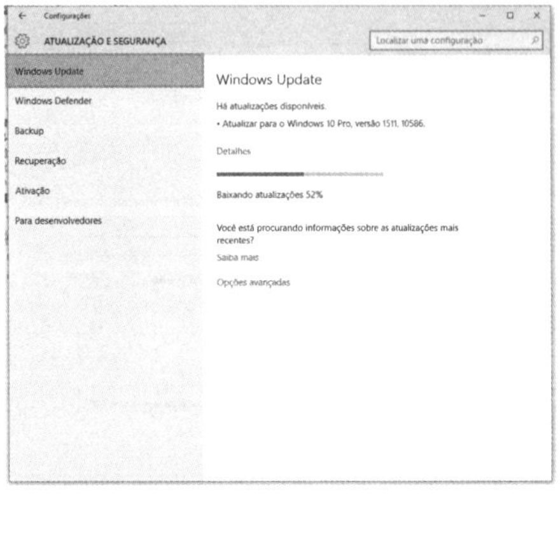

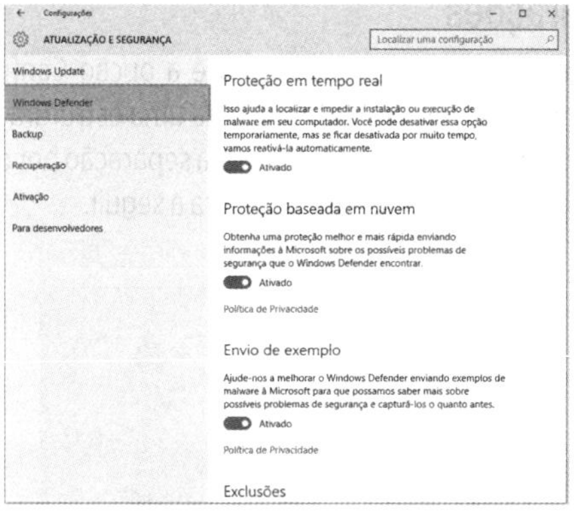

O Windows 10 realiza o backup dos arquivos usando a ferramenta Histórico de Arquivos (conforme ilustra a figura a seguir), embora ainda permita realizar backups como no Windows 7.

A opção Para desenvolvedores é uma novidade do Windows que assusta alguns usuários desavisados, pois, ao tentarem instalar algum aplicativo que não seja originário da Loja da Microsoft, não logram êxito. Esse impedimento ocorre por segurança. De qualquer forma, para poder instalar aplicativos "externos", basta selecionar a opção Sideload ou Modo Desenvolvedor.

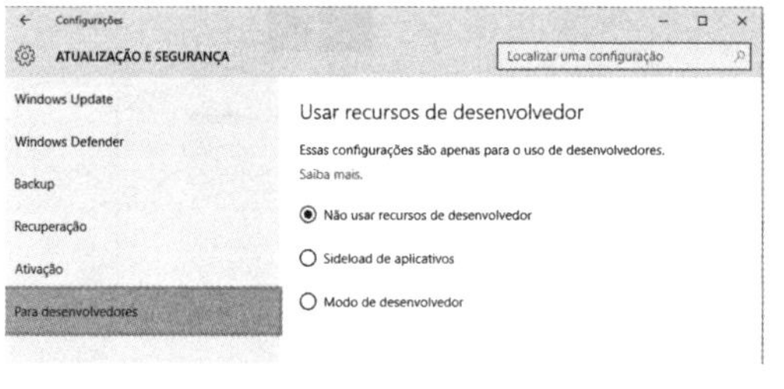

Backup no Windows 10

Um backup consiste em uma cópia de segurança dos Arquivos, que deve ser feita periodicamente, preferencialmente em uma unidade de armazenamento separada do computador.

Apesar do nome cópia de segurança, um backup não impede que os dados sejam acessados por outros usuários. Ele é apenas uma salvaguarda dos dados para amenizar os danos de uma perda.

No Windows 8 e Windows 10, o backup é gerenciado pelo Histórico de Arquivos, ilustrado a seguir.

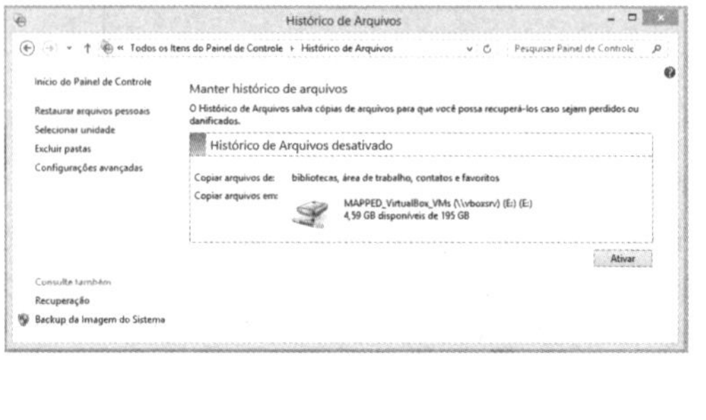

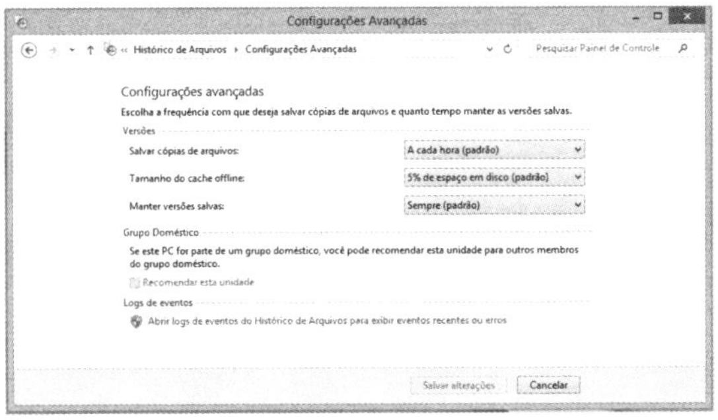

Backup e Restauração (Windows 7)

Esta ferramenta existe para manter a compatibilidade com a versão anterior de backup do Windows.

Na sequência, são citados os tipos de backup e ferramentas de backup.

Backup da Imagem do Sistema

O Backup do Windows oferece a capacidade de criar uma imagem do sistema, que é uma imagem exata de uma unidade. Uma imagem do sistema inclui o Windows e as configurações do sistema, os programas e os arquivos. É possível usar uma imagem do sistema para restaurar o conteúdo do computador, se em algum momento o disco rígido ou o computador pararem de funcionar. Quando se restaura o computador a partir de uma imagem do sistema, trata-se de uma restauração completa; não é possível escolher itens individuais para a restauração, e todos os atuais programas, as configurações do sistema e os arquivos serão substituídos. Embora esse tipo de backup inclua arquivos pessoais, é recomendável fazer backup dos arquivos regularmente, usando o Backup do Windows, a fim de que seja possível restaurar arquivos e pastas individuais conforme a necessidade. Quando for configurado um backup de arquivos agendado, o usuário poderá escolher se deseja incluir uma imagem do sistema. Essa imagem do sistema inclui apenas as unidades necessárias à execução do Windows. É possível criar manualmente uma imagem do sistema, caso o usuário queira incluir unidades de dados adicionais.

Disco de Restauração

O disco de restauração armazena os dados mais importantes do sistema operacional Windows, em geral, o que é essencial para seu funcionamento. Esse disco pode ser utilizado quando o sistema vier a apresentar problemas, por vezes decorrentes de atualizações.

Tipos de Backup

Completo/Normal

Também chamado de Backup Total, é aquele em que todos os dados são salvos em uma única cópia de segurança. Ele é indicado para ser feito com menor frequência, pois é o mais demorado para ser processado, como também para ser recuperado. Contudo, localizar um arquivo fica mais fácil, pois se tem apenas uma cópia dos dados.

Diferencial

Este procedimento de backup grava os dados alterados desde o último backup completo. Assim, no próximo backup diferencial, somente serão salvos os dados modificados desde o último backup completo. No entanto, esse backup é mais lento de ser processado do que o backup incremental, porém é mais rápido de ser restaurado do que o incremental, pois é necessário apenas restaurar o último backup completo e o último backup diferencial.

Incremental

Neste tipo de backup, são salvos apenas os dados que foram alterados após a última cópia de segurança realizada. Este procedimento é mais rápido de ser processado, porém leva mais tempo para ser restaurado, pois envolve restaurar todos os backups anteriores. Os arquivos gerados são menores do que os gerados pelo backup diferencial.

Backup Diário

Um backup diário copia todos os arquivos selecionados que foram modificados no dia de execução do backup diário. Os arquivos não são marcados como arquivos que passaram por backup (o atributo de arquivo não é desmarcado).

Backup de Cópia

Um backup de cópia copia todos os arquivos selecionados, mas não os marca como arquivos que passaram por backup (ou seja, o atributo de arquivo não é desmarcado). A cópia é útil caso o usuário queira fazer backup de arquivos entre os backups normal e incremental, pois ela não afeta essas outras operações de backup.

Explorador de Arquivos

Conhecido até o Windows 7 como Windows Explorer, o gerenciador de arquivos do Windows usa a chamada Interface Ribbon (por faixas) no Windows 8 e 10. Com isso, torna mais acessíveis algumas ferramentas como a opção para exibir as pastas e os arquivos ocultos.

A figura a seguir ilustra a janela Este Computador que apresenta os dispositivos e unidades de armazenamento locais como HDs e Drives de mídias ópticas, bem como as mídias removíveis.

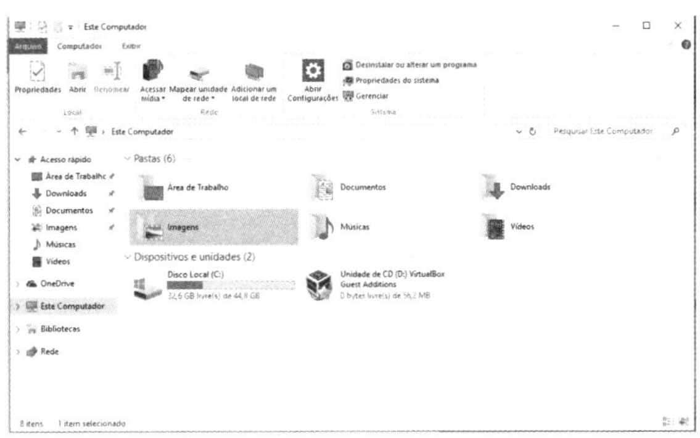

Um detalhe interessante sobre o Windows 10 é que as bibliotecas, ilustradas na figura, não estão visíveis por padrão; o usuário precisa ativar sua exibição.

Na figura a seguir, é ilustrada a guia Exibir da janela Este Computador.

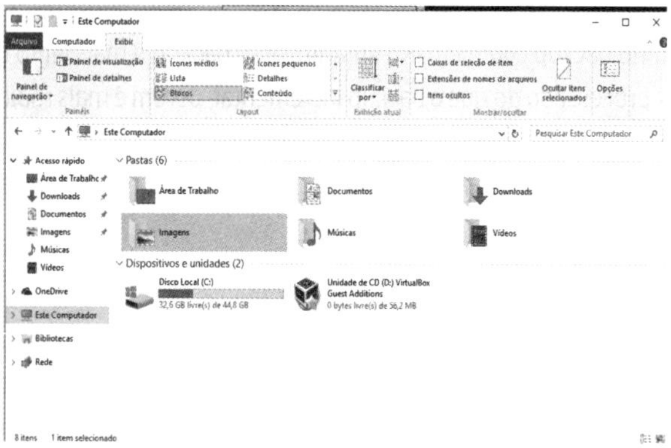

Ao selecionar arquivos ou pastas de determinados tipos, como imagens, algumas guias são exibidas como ilustra a série de figuras a seguir.

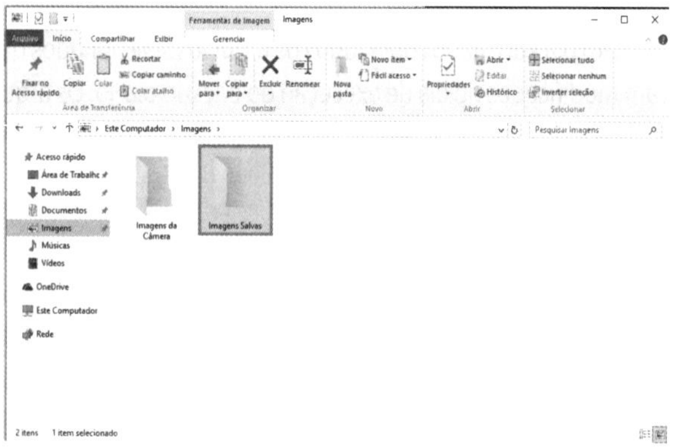

É possível notar que há opções específicas para facilitar o compartilhamento dos arquivos e pastas.

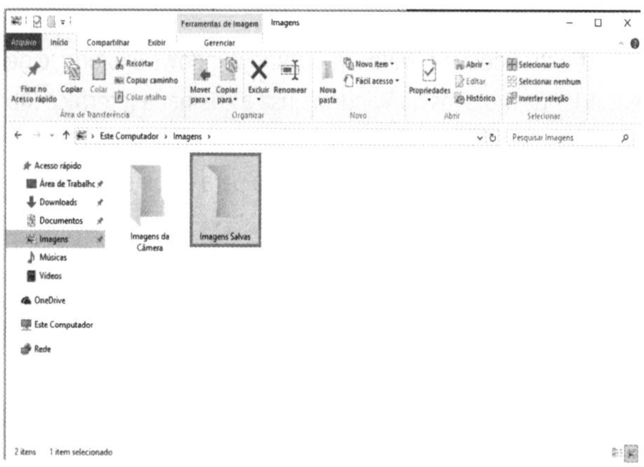

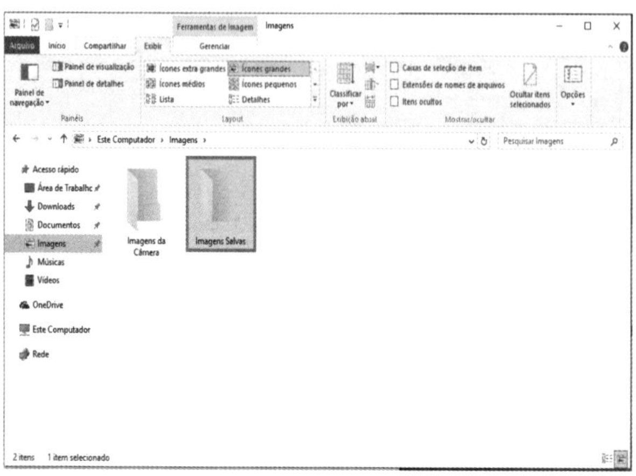

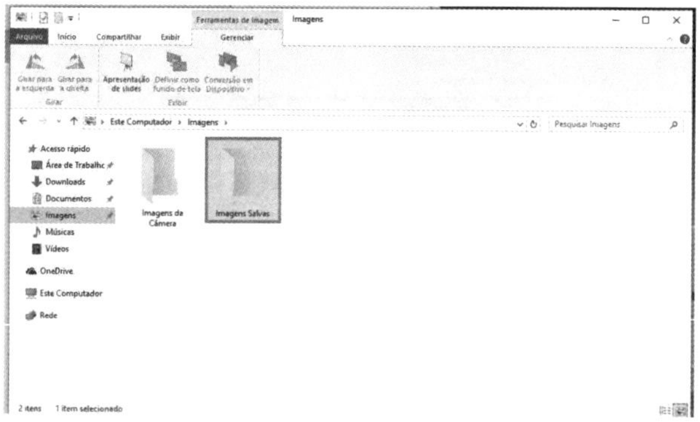

Questões

01. (Ieses) Assinale a alternativa que diz respeito à seguinte definição:

Este tipo de backup fornece um backup dos arquivos modificados desde que foi realizado um backup completo. Normalmente, salva somente os arquivos que são diferentes ou novos, desde o último backup completo, mas isso pode variar em diferentes programas de backup. Juntos, um backup completo e um backup desse tipo incluem todos os arquivos no computador, alterados e inalterados.

a) Backup incremental.

b) Backup de referência.

c) Backup normal.

d) Backup diferencial.

02. (AlfaCon) O Windows 10 trouxe inúmeras novidades, bem como deixou de possuir outras. Assinale a alternativa que corresponda a recursos que não estão presentes no Windows 10.

a) Bibliotecas.

b) Botão Iniciar.

c) Calculadora.

d) Barra Charms.

e) Gerenciador de Arquivos.

03. (FMP/RS) O Sistema Operacional Windows possui um painel de controle que permite que se controlem dispositivos que ajudam na segurança do sistema, especialmente no acesso pela Internet. Entre esses dispositivos, estão o Firewall, atualizações automáticas e proteção contra vírus. Tal painel de controle é:

a) Ferramentas administrativas.

b) Opções de Internet.

c) Central de Ações.

d) Conexões de rede.

e) Opções de acessibilidade.

04. (TJ/SC) O Windows Defender é:

a) um software que verifica se a cópia do Windows instalada no computador é legítima.

b) uma versão do Windows.

c) um dispositivo de hardware que, instalado no computador, evita seu uso por pessoas não autorizadas.

d) um software antispyware incluído no Windows.

e) uma campanha de marketing da Microsoft incentivando os usuários a adquirirem cópias legítimas do Windows.

05. (FCC) Em uma repartição pública os funcionários necessitam conhecer as ferramentas disponíveis para realizar tarefas e ajustes em seus computadores pessoais.

Dentre estes trabalhos, tarefas e ajustes estão:

I. Utilizar ferramentas de colaboração on-line para melhoria do clima interno da repartição e disseminação do conhecimento.

II. Aplicar os conceitos de organização e de gerenciamento de informações, arquivos, pastas e programas a fim de possibilitar a rápida e precisa obtenção das informações, quando necessário.

III. Conhecer e realizar operações de inserção de elementos nos slides do PowerPoint, dentre outras.

IV. Conhecer as formas utilizadas pelo Excel para realizar cálculos e também operações de arrastar valores de uma célula para a outra.

V. Realizar pesquisas na Internet usando os sites de busca mais conhecidos.

Para atender ao item II, uma recomendação prática e geralmente aceita, é organizar as pastas de arquivos por tipo. Isso significa que os arquivos comuns dentro de uma mesma pasta possuirão

a) a mesma extensão.
b) a mesma data.
c) o mesmo tamanho.
d) o mesmo título.
e) o mesmo autor.

06. (Fafipa) Browser é um programa de computador que habilita seus usuários a interagirem com documentos virtuais da Internet. Assinale a alternativa que NÃO apresenta um browser.

a) Windows Explorer
b) Mozilla Firefox
c) Safari
d) Flock
e) GoogleChrome

07. (Fafipa) Sobre atalhos no Windows Explorer, assinale a alternativa INCORRETA.

a) A tecla F2 renomeia um arquivo selecionado.
b) A tecla F5 atualiza exibição.
c) A tecla Delete move um arquivo selecionado para a Lixeira.
d) As teclas Ctrl+T selecionam todo conteúdo do diretório atual.
e) As teclas Shift+Delete exclui permanentemente um arquivo selecionado.

08. (FAURGS) Assinale a alternativa correta a respeito da ferramenta de sistema identificada como Restauração do Sistema no Windows 10.

a) Não é possível desfazer as alterações que a restauração do sistema faz no Registro do sistema.
b) A operação padrão de restauração não atua sobre arquivos pessoais, não servindo para recuperar a última versão de um arquivo pessoal excluído.
c) A operação de restauração sempre retorna à configuração da primeira instalação do Windows 7.
d) Na instalação padrão do Windows 10, os pontos de restauração são criados apenas quando novos dispositivos, como impressoras e discos, são instalados no sistema.
e) Os pontos de restauração são sempre criados automaticamente pelo sistema, não sendo possível criar um ponto de restauração manualmente.

Gabaritos

01	D	05	A
02	D	06	A
03	C	07	D
04	D	08	B

5. REDES DE COMPUTADORES

Dois computadores conectados entre si já caracterizam uma rede. Contudo, ela normalmente é composta por diversificados dispositivos como: celulares, smartphones, tablets, computadores, servidores, impressoras, roteadores, switches, hubs, modens, etc. Devido a essa grande variedade de dispositivos, o nome genérico HOST é atribuído aos dispositivos conectados na rede.

Todo Host possui um endereço que o identifica na rede, o qual é o endereço IP. Mas também cada peça possui um número único de fábrica que o identifica, o MAC Address.

5.1 Paradigma de Comunicação

Paradigma é um padrão a ser seguido e, no caso das redes, é o modelo Cliente/Servidor. Nesse modelo, o usuário é o cliente que envia uma solicitação ao servidor; ao receber a solicitação, o servidor a analisa e, se é de sua competência, provê a informação/dado.

5.2 Dispositivos de Rede

Os Dispositivos de Rede são citados até mesmo em provas cujo conteúdo programático não cita a matéria de Hardware. E na maioria das vezes em que aparecem questões sobre o assunto, se questiona em relação à finalidade de cada dispositivo na rede, portanto, nesta seção são descritos alguns dos principais dispositivos de rede:

Modem	Modulador/Demulador Responsável por converter o sinal analógico da linha telefônica em um sinal digital para o computador e vice-versa.
Hub	Conecta vários dispositivos em rede, mas não oferece muita segurança, pois envia as informações para todos na rede.
Switch	É um dispositivo que permite interligar vários dispositivos de forma mais inteligente que o Hub, pois no switch os dados são direcionados aos destinos corretos.
Roteador	Um roteador já trabalha no nível de rede; em um mesmo roteador podemos definir várias redes diferentes. Ele também cria uma rota para os dados.
Access Point	Um Ponto de Acesso opera de forma similar a um Switch, só que em redes sem fio.
Backbone	É a estrutura principal dentro de uma rede, na Internet é a espinha dorsal que a suporta, ou seja, as principais ligações internacionais.

5.3 Topologia de Rede

Topologia diz respeito à estrutura de organização dos dispositivos em uma rede.

Barramento

Na Topologia de Barramento, todos os dispositivos estão conectados no mesmo canal de comunicação, o que torna o tráfego de dados mais lento e, se o barramento se rompe, pode isolar parte da rede.

Anel

A estrutura em Anel conecta um dispositivo no outro; para que todos os computadores estejam conectados, é necessário que estejam ligados. Se o anel for simples, ou seja, de única via de dados, um computador desligado já é suficiente para tornar a rede inoperante para algum outro computador; o problema pode ser resolvido em partes, utilizando o anel duplo, trafegando dados em duas direções da rede, porém, se dois pontos forem desconectados, pode-se chegar à situação de duas redes isoladas.

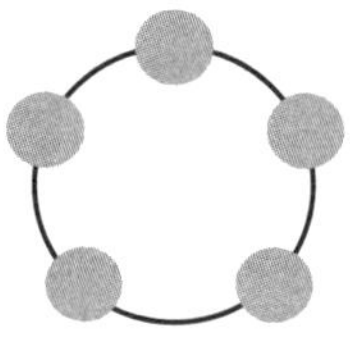

Estrela

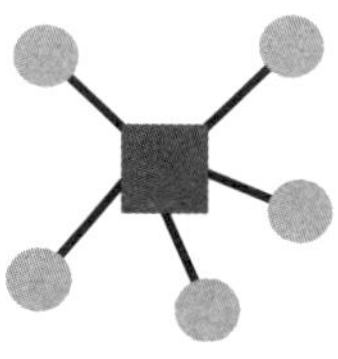

Uma rede organizada em forma de estrela possui um nó centralizador. Esse modelo é um dos mais utilizados, pois um nó pode estar desconectado sem interferir no resto da rede, porém, o centro é o ponto crítico.

Estrela Estendida

A Estrela Estendida é utilizada em situações como, por exemplo, em uma universidade multicampi, em que um nó central é a conexão principal, a partir da qual se conecta com a Internet, enquanto que os outros campi possuem centrais secundárias como conexão entre seus computadores. A estrutura entre o nó principal e as centrais secundárias é o que chamamos de Backbone dessa rede.

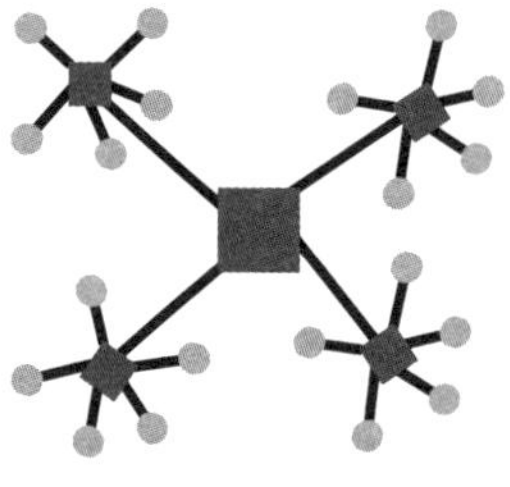

Malha

A conexão em malha é o modelo da Internet, em que encontramos vários nós principais, mas também várias ligações entre diversos nós.

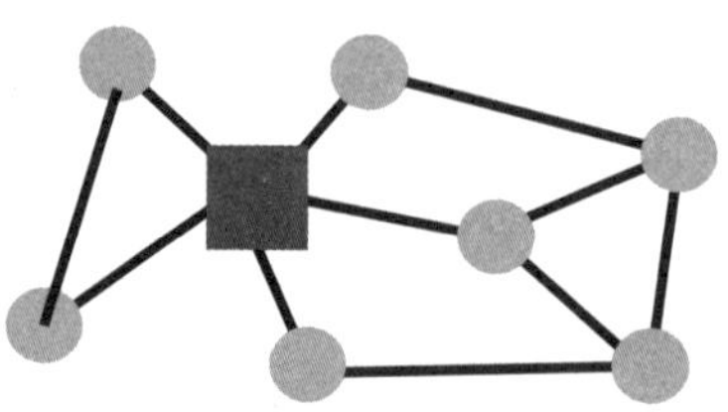

Pilhas de Protocolos

Também colocadas pelas bancas examinadoras como modelos, as pilhas de protocolos definem um conjunto de protocolos e em quais camadas de rede devem operar.

Neste tópico temos dois tipos de questões que podem ser associados na prova. Questões que fazem relação com os tipos de redes e questões que tratam da finalidade dos principais protocolos utilizados em uma navegação na Internet.

As pilhas de protocolos são:

TCP/IP	OSI

O modelo TCP/IP é o **padrão utilizado nas redes.** Mas, em redes privadas, mesmo o TCP/IP sendo padrão, pode ser implantado o modelo OSI.

Como o modelo TCP/IP é o padrão na seção seguinte são destacados os principais protocolos de navegação.

Principais Protocolos

Um protocolo é uma regra de comunicação em redes, portanto, a transferência de arquivos, mesmo entre computadores de uma mesma rede, utiliza um protocolo como forma de padronizar o entendimento entre os dois.

HTTP

HTTP (Hyper Text Transport Protocol) é o protocolo de transferência de hipertexto. É o mais utilizado pelo usuário em uma navegação pela Internet. Hipertexto **consiste em um arquivo no formato HTML** (HyperText Markup Language) - Linguagem de Marcação de Hipertexto.

HTML é um arquivo que pode ser gerado por qualquer editor de texto, pois, quando é aberto no bloco de notas ou wordpad, ele apresenta apenas informações de texto. No entanto, quando é aberto pelo navegador, este interpreta o código em HTML e monta o conteúdo **Multimídia** na página. Entende-se por conteúdo multimídia: textos, áudio, vídeos e imagens.

HTTPS

HTTPS (Hyper Text Transport Protocol Secure), também conhecido como HTTP Seguro, é um protocolo que tem como diferença entre o HTTP apenas a segurança que oferece, pois, assim como o HTTP, serve para visualizar o conteúdo multimídia.

O que se questiona em relação a sua segurança é como ela é feita. O protocolo HTTPS utiliza o processo de **Criptografia** para manter sigilo sobre os dados transferidos entre o usuário e o servidor, para isso, são utilizados os protocolos **TLS** ou **SSL**.

Um detalhe muito importante é o de saber identificar se a navegação está sendo realizada por meio do protocolo HTTP ou pelo protocolo HTTPS. A forma mais confiável é observar a barra de endereços do navegador:

Firefox 10.02

IE 9

Google Chrome

Logo no início da barra, observamos a indicação do protocolo HTTPS, que, sempre que estiver em uso, deverá aparecer. Porém, deve-se ter muita atenção, pois, quando é utilizado o HTTP, alguns navegadores atuais têm omitido a informação no começo da barra de endereços.

Outra informação que nos ajuda a verificar se o acesso é por meio de uma conexão segura é o símbolo do cadeado fechado.

FTP

FTP (File Transport Protocol) é o protocolo de transferência de arquivos utilizado quando um usuário realiza download ou upload de um arquivo na rede.

O protocolo FTP tem como diferencial o fato de operar sobre duas portas: uma para tráfego dos dados e outra para autenticação e controle.

5.4 Firewall

O Firewall pode ser Software, Hardware, ou ambos. Ele é o responsável por **monitorar as portas da rede/computador,** permitindo ou negando a passagem dos dados na rede, seja na entrada ou saída.

O Firewall é o monitor que fica na porta olhando para uma lista na qual contém as regras que um dado tem de cumprir para passar por ela. Essa lista são os protocolos, por exemplo, o Firewall monitorando a porta 80, relativa ao protocolo HTTP, o qual só trabalha com conteúdo multimídia. Então, se um arquivo .EXE tentar passar pela porta 80, ele deve ser barrado; essa é a função do Firewall.

5.5 Tipos de Redes

Podemos classificar as redes de acordo com sua finalidade; neste tópico expõe-se a diferença entre as redes: Internet vs Intranet vs Extranet.

Internet

É a rede das redes, também conhecida como rede mundial de computadores.

Muitas provas citam o sinônimo WWW (World Wide Web) para internet, ou por vezes apenas Web. Ela é definida como uma rede **Pública** a qual todos com computador e servidor de acesso podem conectar-se.

Intranet

É uma rede empresarial, também chamada de rede corporativa. Tem como principal característica ser uma rede **Privada**, portanto, possui controle de acesso, o qual é restrito somente a pessoas autorizadas.

Uma Intranet geralmente é constituída com o intuito de compartilhar recursos entre os funcionários de uma empresa, de maneira que pessoas externas não tenham acesso a eles. Os recursos compartilhados podem ser: impressoras, arquivos, sistemas, entre outros.

Extranet

É quando parte de uma Intranet é disponibilizada por meio da Internet.

Também dizemos que Extranet é quando duas empresas com suas distintas Intranets possuem um sistema comum que acessam apenas parte de cada uma das Intranets.

VPN

VPN é uma forma de criar uma Intranet entre localizações geograficamente distantes, com um custo mais baixo do que ligar cabos entre os pontos. Para isso, emprega-se o processo de criptografia nos dados antes de enviá-los por meio da Internet e, quando o dado chega na outra sede, passa pelo processo de descriptografia. Dessa maneira, quem está navegando na Internet não tem acesso às informações da empresa, que continuam restritas; esse processo também é chamado de tunelamento.

5.6 Padrões de Infraestrutura

São padrões que definem como deve ser organizada e quais critérios precisam ser seguidos para montar uma estrutura de rede de acordo com os padrões estabelecidos pelo IEEE (Instituto de Engenheiros Eletricistas e Eletrônicos).

O padrão Ethernet define as regras para uma infraestrutura cabeada, como tipos de cabos que devem ser utilizados, distância máxima, tipos e quantidade de dispositivos, entre outras. Já o padrão 802.11 define as regras para uma estrutura Wi-Fi, ou seja, para a rede sem fio.

5.7 Correio Eletrônico

O serviço de e-mail é outro ponto bastante cobrado nos concursos públicos. Em essência, o que se pede é se o concursando sabe sobre as diferentes formas de se trabalhar com ele.

O e-mail é uma forma de comunicação assíncrona, ou seja, no momento do envio apenas o emissor precisa estar conectado.

Formas de Acesso

Podemos ler e escrever e-mail utilizando duas formas diferentes. Na última década, o webmail ganhou mais espaço no mercado e se tornou majoritário no ramo de e-mails, mas muitas empresas utilizam ainda os clientes de e-mail:

Webmail

O Webmail é uma interface de acesso para o e-mail via Browser (navegador de Internet), ou seja, uma forma de visualizar o e-mail via uma página de web. Diante disso, é possível destacar que usamos os protocolos HTTP ou HTTPS para visualizar páginas da Internet. Dessa forma, ao acessar sites de e-mail como gmail.com, hotmail.com, yahoo.com.br e outlook.com, fazemos uso desses protocolos, sendo o HTTPS o mais usado atualmente pelos grandes serviços de e-mail, pois confere ao usuário maior segurança no acesso.

Dizemos que o webmail é uma forma de ler e escrever e-mails, dificilmente citado como forma de enviar e receber, uma vez que quem realmente envia é o servidor e não o computador do usuário.

Quando um e-mail é enviado, ele parte diretamente do servidor no qual o remetente possui conta para o servidor do serviço de e-mail do destinatário.

Cliente de E-mail

Um Cliente de E-mail é um programa específico para enviar e receber mensagens de e-mail e que é, necessariamente, instalado no computador do usuário.

Exs.:

Outlook;

Mozilla Thunderbird;

Eudora;

IncredMail;

Outlook Express;

Windows Live Mail.

Os programas clientes de e-mail usam protocolos específicos para envio e recebimento das mensagens de e-mail.

Protocolos utilizados pelos Clientes de E-mail

Para o envio, um cliente de e-mail utiliza o protocolo SMTP (Simple Mail Transport Protocol – Protocolo de transporte de mensagens simples). Como todo protocolo, o SMTP também opera sobre uma porta específica, que pode ser citada como sendo a porta 25, correspondente ao padrão, mas atualmente ela foi bloqueada para uso dos usuários, vindo a ser substituída pela 587.

Com isso, em questões de Certo e Errado, apenas a 587 é a correta, quando abordado sobre o usuário, pois entre servidores a 25 ainda é utilizada. Já nas questões de múltipla escolha, vale o princípio da menos errada, ou seja, se não tiver a 587, a 25 responde a questão.

Mesmo que a mensagem de e-mail possua arquivos anexos a ela, envia-se por SMTP; assim o protocolo FTP não é utilizado.

Já para o recebimento, o usuário pode optar em utilizar o protocolo POP ou o protocolo IMAP, contudo, deve ser observada a diferença entre os dois, pois essa diferença é ponto para muitas questões.

O protocolo POP tem por característica baixar as mensagens de e-mail para o computador do usuário, mas por padrão, ao baixá-las, elas são apagadas do servidor. Portanto, as mensagens que um usuário está lendo estão, necessariamente, em seu computador.

Por outro lado, se o usuário desejar, ele pode configurar o protocolo de forma que sejam mantidas cópias das mensagens no servidor, no entanto, a que o usuário está lendo, efetivamente, está em seu computador. Sobre essa característica são citadas questões relacionando à configuração a uma espécie de backup das mensagens de e-mail.

Atualmente o protocolo POP encontra-se na versão 3; dessa forma ele pode aparecer nos textos de questão como POP3, não afetando a compreensão da mesma. Uma vez que o usuário necessita conectar na internet apenas para baixar as mensagens, é possível que ele desconecte-se da internet e mesmo assim leia seus e-mails. E, uma vez configurado o SMTP, também é possível redigir as respostas off-line, sendo necessário, no entanto, conectar-se novamente para que as mensagens possam ser enviadas.

Ao invés de utilizar o POP, o usuário pode optar em fazer uso do protocolo IMAP, que é para acesso a mensagens de e-mail, as quais, por sua vez, residem no servidor de e-mails. Portanto, se faz necessário estar conectado à internet para poder ler o e-mail por meio do protocolo IMAP.

Spam

Spam é uma prática que tem como finalidade divulgar propagandas por e-mail, ou mesmo utilizar-se de e-mails que chamem a atenção do usuário e o incentivem a encaminhar para inúmeros outros contatos, para que, com isso, levantem uma lista de contatos que pode ser vendida na Internet ou mesmo utilizada para encaminhar mais propagandas.

Geralmente um spammer utiliza-se de e-mail com temas como: filantropia, hoax (boatos), lendas urbanas, ou mesmo assuntos polêmicos.

5.8 URL (Uniform Resource Locator)

É um endereço que identifica um site, um serviço, ou mesmo um endereço de e-mail. Abaixo temos um exemplo de URL; observe que podemos dividi-la em várias partes.

Domínio

É o nome registrado de um site para que possa ser acessado por meio da Internet. Assim como a URL, um Domínio também pode ser dividido em três partes, como ilustra a figura abaixo.

O .br indica que esse site está registrado no conjunto de domínios do Brasil, que é administrado e regulamentado pelo Registro.Br, componente do CGI (Comitê Gestor de Internet no Brasil).

O Registro.Br define várias normas em relação à criação de um domínio, como por exemplo o tamanho máximo de 26 caracteres, a limitação para apenas letras e números e recentemente a opção de criar domínios com letras acentuadas e o caractere **ç**.

Também compete ao Registro.Br a normatização da segunda parte do domínio, representado na figura pelo **.com**. Essa informação diz respeito ao ramo de atividade a que se destina o domínio, mas não nos garante qual a real finalidade do site. A última parte, por fim, é o próprio nome do site que se deseja registrar.

Protocolo IP

Cada equipamento na rede ganha o nome genérico de Host, o qual deve possuir um endereço para que seja localizado na rede. Esse é o endereço IP.

O protocolo IP é o responsável por trabalhar com essa informação, para tanto, um endereço IP possui versões: IPv4 e IPv6.

Um IP também é um endereço, portanto, pode ser inserido diretamente na barra de endereços de um navegador.

O IPv4 é composto por até quatro grupos de três dígitos que atingem valor máximo de 255 cada grupo, suportando, no máximo, cerca de 4 bilhões (4.294.967.296) de endereços.

200.201.88.30 endereço IP da Unioeste[1].

O IPv6 é uma proposta que está gradativamente substituindo o IPv4, justamente pela pouca quantidade de endereço que ele oferece. O IPv6 é organizado em 8 grupos de 4 dígitos hexadecimais, suportando cerca de 3,4 x 1038, aproximadamente 3,6 undecilhões de endereços IP.

0123:4567:89AB:CDEF:1011:1314:5B6C:88CC[2]

DNS (Domain Name System)

O Sistema de Nomes de Domínios é o responsável por traduzir (resolver por meio de consultas aos servidores Raiz da Internet) um Domínio para o endereço IP do servidor que hospeda (armazena) o site desejado. Esse processo ocorre em questão de segundos e obedece uma estrutura hierárquica.

5.9 Navegadores

Navegadores são programas que permitem acesso às páginas da Internet, são muitas vezes citados em provas pelo termo em inglês Browser.

Internet Explorer

Mozilla Firefox

Opera

Google Chrome

Safari

Também são cobrados os conceitos dos tipos de dados de navegação que estão relacionados aos navegadores.

Cache

É um armazenamento temporário. No caso dos navegadores, trata-se de uma pasta onde são armazenados os conteúdos multimídias como imagens, vídeos, áudio e inclusive textos, para que, no segundo momento em que o mesmo conteúdo for acessado, ele possa ser mostrado ao usuário mais rapidamente.

Cookies

São pequenas informações que alguns sites armazenam no computador do usuário. Exemplos de informações armazenadas nos Cookies: Senhas, obviamente que são armazenadas criptografadas; também são muito utilizados em sites de compras, para armazenar o carrinho de compras.

Dados de Formulários

Quando preenchemos um formulário, os navegadores oferecem opção para armazenar os dados digitados em cada campo, assim, quando necessário preencher o mesmo formulário ou ainda outro formulário com campos de mesmo nome, o navegador sugere os dados já usados a fim de autocompletar o preenchimento do campo.

1 Universidade Estadual do Oeste do Paraná
2 IP fictício.

5.10 Conceitos Relacionados à Internet

Nesta seção são apresentados alguns conceitos, tecnologias e ferramentas relacionadas à Internet que são cobrados nas provas dos concursos.

Motores de Busca

Os Motores de Busca são normalmente conhecidos por buscadores e têm como representante mor o Google. Dentre os principais estão:

> Google;
> Yahoo;
> Cadê? - O primeiro buscador nacional (comprado pelo Yahoo), pode ser chamado de Yahoo! Cadê?;
> Aonde;
> Altavista;
> MSN transformado em Bing.

É importante observar que, nos navegadores atuais, os motores de busca são integrados, com isso podemos definir qual se deseja utilizar, por exemplo: o Google Chrome e o Mozilla Firefox utilizam como motor de busca padrão o Google, já o Internet Explorer utiliza o Bing. Essa informação é relevante, pois é possível nesses navegadores digitar os termos buscados diretamente na barra de endereços, ao invés de acessar previamente o site do motor de busca.

Busca Avançada

Os motores de busca oferecem alguns recursos para otimizar a busca, como operadores lógicos, também conhecidos como operadores booleanos3. Dentre eles podemos destacar a negação (-). Ao realizar uma busca na qual se deseja encontrar resultados que sejam relacionados a determinado assunto, porém os termos usados são comuns a outro, podemos utilizar o sinal de menos precedendo o termo do assunto irrelevante, como o exemplo de uma questão que já caiu em prova: realizar a busca por leite e cão, contudo, se for inserido apenas estes termos na busca, muitos resultados serão relacionados a gatos e leite. Para que as páginas que contenham a palavra gato não sejam exibidas na lista de páginas encontradas, basta digitar o sinal de menos (-) antes da palavra gato (sem espaço entre o sinal e a palavra), assim a pesquisa a ser inserida no buscador fica **Cão Leite -Gato**.

Também é possível realizar a busca por uma frase exata, assim, somente serão listados os sites que contenham exatamente a mesma expressão. Para isso, basta digitar a frase desejada entre aspas duplas.

Busca por/em Domínio Específico: para buscar sites que possuam determinado termo em seu nome de domínio, basta inserir o texto site: seguido da palavra desejada, lembrando que não deve haver espaço entre site: e o termo desejado. De forma similar, também pode-se utilizar **inurl: termo** para buscar sites que possuam o termo na URL.

Quando o domínio já é conhecido, é possível realizar a busca por determinado termo apenas nas páginas do domínio. Para tanto, deve-se digitar **site:Dominiodosite termo.**

3 Em referência à lógica de Boole, ou seja, a lógica que você estuda para o concurso.

Calculadora: é possível, ainda, utilizar o Google como uma calculadora, bastando digitar a expressão algébrica que se deseja resolver como 2+2 e, como resultado da "pesquisa", é apresentado o resultado da operação.

Operador: quando não se sabe exatamente qual é a palavra para completar uma expressão, pode-se completar a lacuna com um asterisco, assim o motor de busca irá entender que naquele espaço pode ser qualquer palavra.

Busca por tipo de arquivo: podemos refinar as buscas a resultados que consistam apenas em determinado formato de arquivo. Para tanto, podemos utilizar o operador filetype: assim, para buscar determinado tema, mas que seja em PDF, por exemplo, pode-se digitar **filetype: pdf tema.**

Tipos de Busca

Os principais motores de busca permitem realizar as buscas de forma orientada a conteúdos gerais da web, como refinar a busca para exibir apenas imagens, vídeos ou mapas relacionados aos termos digitados.

Chat

Um chat é normalmente citado como um bate-papo em tempo real; é a forma de comunicação em que ambos os interlocutores estão conectados (on-line) simultaneamente. Muitos chats operam com salas de bate-papo. Um chat pode ser em um site específico como o chat do Uol. Conversas pelo MSN ou Facebook podem ser consideradas como Chat, desde que ambos interlocutores estejam conectados.

Fórum

Também conhecidos como Listas de Discussão, os fóruns funcionam como debates sobre determinados assuntos. Em um fórum não é necessário que os envolvidos estejam conectados para receberem os comentários, pois estes ficam disponíveis para acesso futuro pelo usuário ou mesmo por pessoas que não estejam cadastradas no fórum, contudo, existem muitos fóruns fechados, nos quais só se entra por convite ou mediante aquisição. A maioria deles vincula o e-mail dos envolvidos a uma discussão, alertando-os assim, caso um novo comentário seja acrescentado.

Moodle

O Moodle é uma ferramenta fortemente utilizada pelo setor público, e também privado, para dar suporte ao Ensino a Distância (EAD).

Questões

01. (Cespe) Existem diversos dispositivos que protegem tanto o acesso a um computador quanto a toda uma rede. Caso um usuário pretenda impedir que o tráfego com origem na Internet faça conexão com seu computador pessoal, a tecnologia adequada a ser utilizada nessa situação será o
   a) multicast.
   b) instant message.
   c) miniDim.
   d) firewall.
   e) IPv6.

02. (Cesgranrio) O objetivo do firewall é:

a) possibilitar a conexão com a Internet.

b) configurar uma rede privada.

c) visualizar diversos tipos de arquivos.

d) permitir a edição de imagens.

e) realizar a segurança de redes privadas.

03. (FCC) É oferecida a um usuário de correio eletrônico a opção de acessar as suas mensagens por meio de um servidor POP3 ou um servidor IMAP. Ele deve configurar o seu programa leitor de correio para usar o servidor:

a) POP3, se precisar buscar mensagens de acordo com um critério de busca.

b) IMAP, caso esse programa suporte apenas o post office protocol.

c) POP3, se quiser acessar suas mensagens em vários servidores sem risco de perder ou duplicar mensagens.

d) POP3, se precisar criar e manter pastas de mensagens no servidor.

e) IMAP, se precisar criar e manter pastas de mensagens no servidor.

04. (Cespe) Com relação a conceitos, tecnologias e serviços associados à Internet, assinale a opção correta.

a) O Mozilla Firefox é um navegador web que permite o acesso a conteúdo disponibilizado em páginas e sítios da Internet.

b) O Microsoft Office Access é um tipo de firewall que impede que redes de computadores que façam parte da Internet sejam invadidas.

c) Serviços de webmail consistem no uso compartilhado de software de grupo de discussão instalado em computador pertencente a uma rede local (LAN) para uso exclusivo, e em segurança, dos computadores pertencentes a essa LAN.

d) Na conexão denominada banda larga, para que usuários residenciais tenham acesso a recursos da Internet, exige-se o uso de cabos ópticos entre as residências dos usuários e seus provedores de Internet.

e) O protocolo TCP/IP é utilizado na Internet para operações de transferência de arquivos quando se deseja garantir segurança sem o uso de software antivírus.

05. (FCC) A disponibilização de arquivos para a Intranet ou Internet é possível por meio de servidores especiais que implementam protocolos desenvolvidos para essa finalidade. Tais servidores possibilitam tanto o download (recebimento) quanto o upload (envio) de arquivos, que podem ser efetuados de forma anônima ou controlados por senha, que determinam, por exemplo, quais os diretórios o usuário pode acessar. Esses servidores, nomeados de forma homônima ao protocolo utilizado, são chamados de servidores

a) DNS

b) TCP/IP

c) FTP

d) Web Service

e) Proxy

Gabaritos

01	D
02	E
03	E
04	A
05	C

6. BROFFICE WRITER – EDITOR DE TEXTO

6.1 Formatos de Arquivos

Quando se fala nos editores do BrOffice (Libre Office), devemos conhecer seus formatos de arquivos padrões, ou seja, o formato com o qual será salvo um arquivo ao acionar a opção **Salvar Como.**

A suíte de aplicativos como um todo possui um formato genérico ODF (Open Document File – Formato de Documento Aberto). Assim, é, possível no editor de texto, salvar neste formato, bem como no Calc e Impress.

No entanto, o formato específico do Writer é o ODT (Open Document Text). As provas costumam relacionar os formatos com as versões dos editores. Então, vale lembrar que o Word2003 não consegue trabalhar com esse formato de arquivo. Mas, pelo Writer, é possível salvar um documento de modo que ele possa ser aberto pelo Word 2003, ou seja, é possível salvar nos formatos DOC e DOCX. Em relação ao Word 2007 e 2010, por padrão, esses programas conseguem abrir e salvar arquivos no formato ODT.

6.2 Formatação de Texto

A principal finalidade do Writer é editar textos. Portanto, suas principais ferramentas são para a formatação de documentos. Podemos encontrar essas opções de formatação por meio de quatro caminhos:

Barra de Ferramentas de Formatação

Menu Formatar

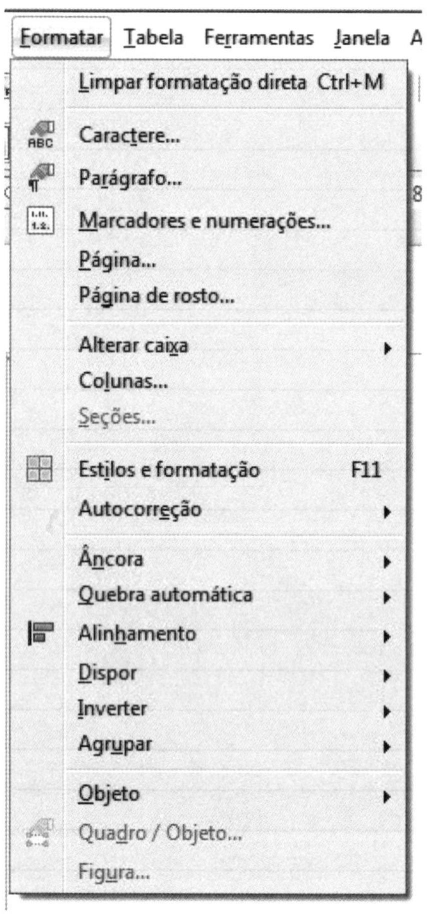

Atalhos

Botão Direito do Mouse

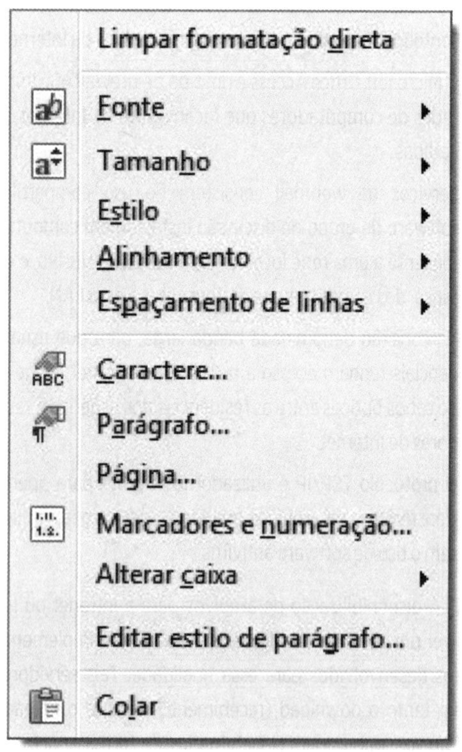

Menu Formatar

Caractere

Ao acionar esta opção, será aberta a janela ilustrada a seguir, por meio da qual podemos formatar as propriedades de fonte, como tipo/nome, estilo e tamanho e, pela aba Efeitos de Fonte, alterar a cor da fonte.

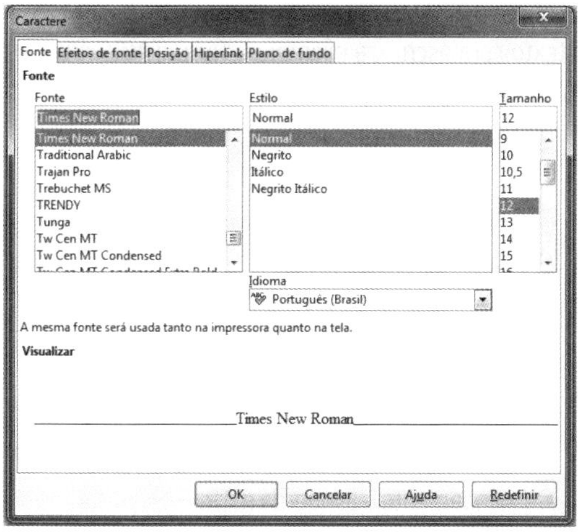

Parágrafo

As propriedades de Parágrafo englobam opções como recuos, espaçamento e alinhamentos, conforme ilustrado nas figuras na sequência:

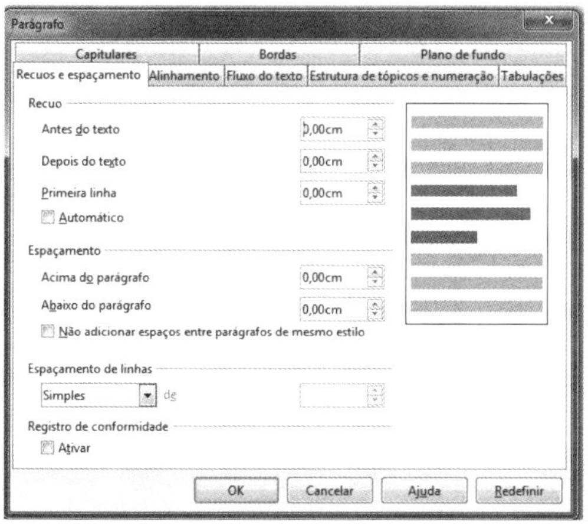

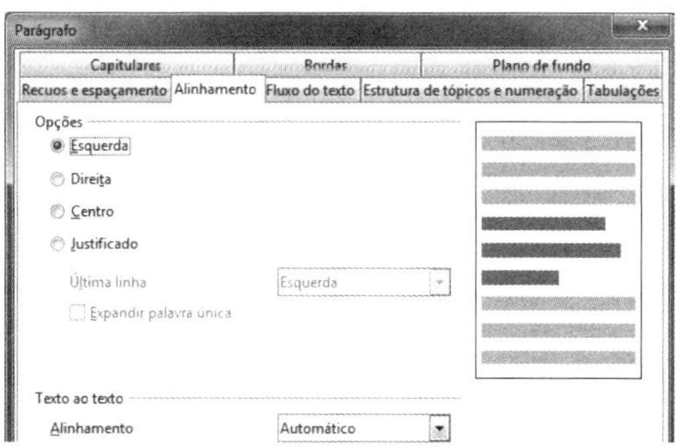

Marcadores e Numeração

Fique atento à identificação de uso deste recurso, pois, pelo menu Formatar, elas estão descritas em conjunto. Porém, na barra de Ferramentas padrão elas são apresentadas em dois botões separados.

Ao acionar a opção pelo menu Formatar, a janela aberta apresenta os Marcadores em uma guia e a numeração em outra, conforme ilustram as duas figuras da sequência:

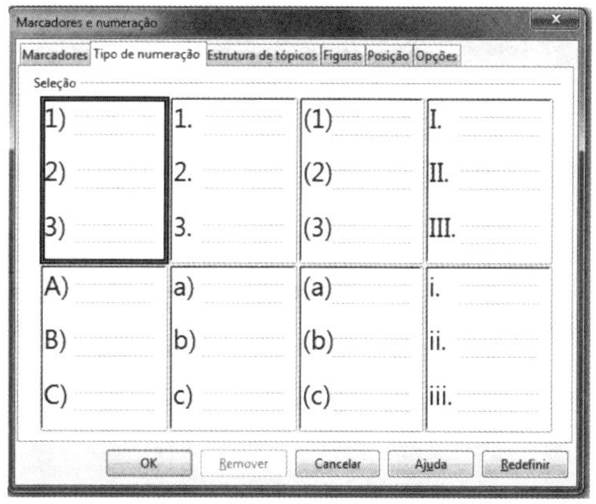

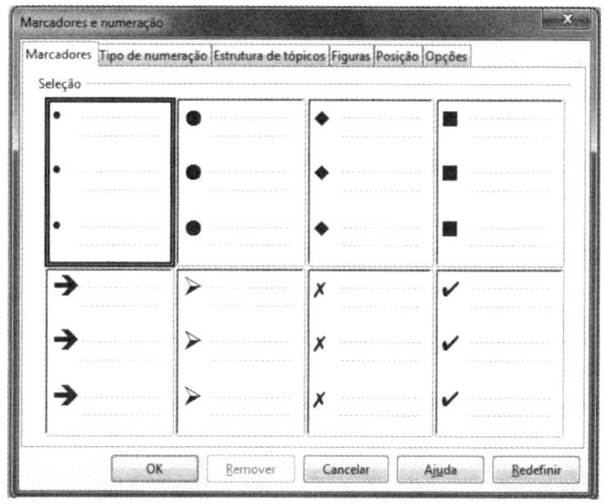

Página

Nesta opção, encontramos os recursos equivalentes aos encontrados na opção Configurar Página do Word, como dimensões das margens, dimensões de cabeçalho e rodapé, tamanho do papel e orientação da página. A imagem a seguir ilustra parte dessa janela:

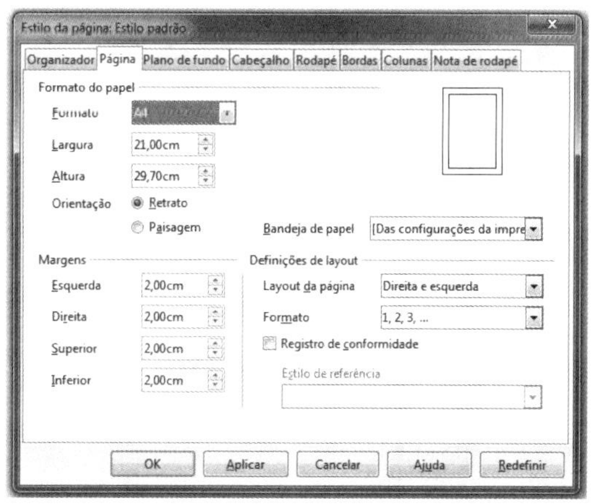

Página de Rosto

Por meio deste recurso, é possível inserir páginas em uma seção separada, para que, de uma forma mais simples, sejam trabalhadas com cabeçalhos e rodapés diferentes em um mesmo documento, mais especificamente, no que tange à numeração de páginas.

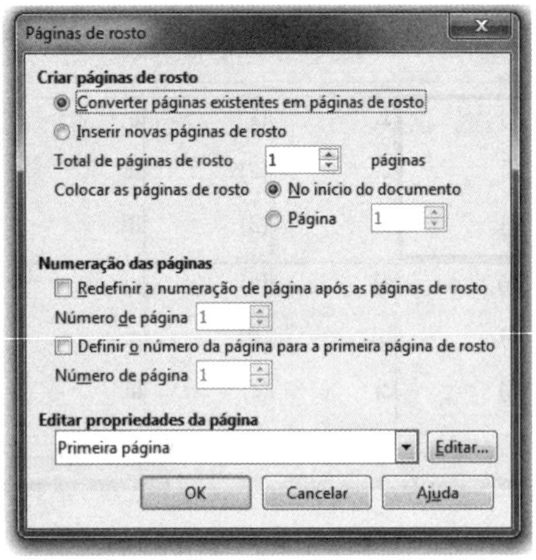

Alterar Caixa ►

Equivalente à opção Maiúsculas e Minúsculas do Word, essa opção permite alterar a forma do caractere de texto. É importante conhecer as cinco opções desse recurso, conforme ilustrado a seguir:

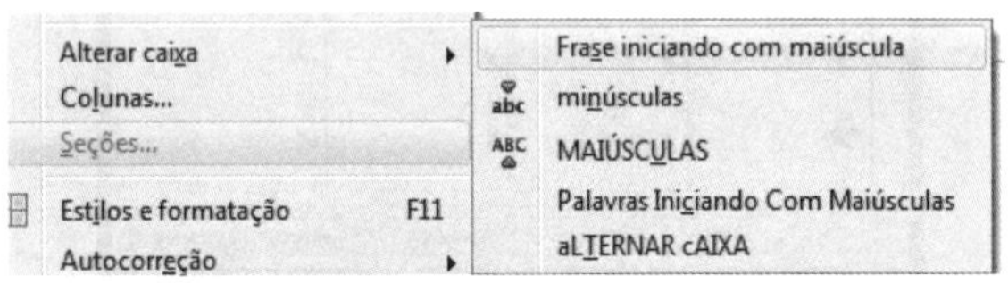

Estilos de Formatação (F11)

Por essa opção, podemos definir estilos de formatação para o texto selecionado, como título 1, título 2, título 3, entre outros, para que a edição do documento seja mais prática, além de favorecer a padronização.

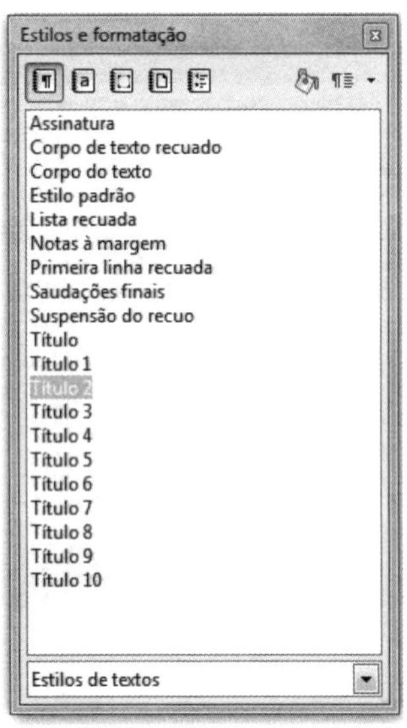

Ferramentas de Formatação

Caractere

O campo descrito por Times New Roman define a grafia com que o texto será escrito, a exemplo: ARIAL, TIMES, Vivaldi . Este campo também é conhecido como Tipo/Nome da Fonte.

Negrito (CTRL + B)

Itálico (CTRL + I)

Sublinhado (CTRL + U)

Cor da Fonte

Realçar (exemplo do efeito)

Parágrafo

Alinhamento à Esquerda (CTRL + L)

Alinhamento Centralizado (CTRL + E)

Alinhamento à Direita (CTRL + R)

Alinhamento Justificado (CTRL + J)

Ativar/Desativar Numeração (F12)

Ativar/Desativar Marcadores (Shift + F12)

Diminuir o Recuo

Aumentar o Recuo

Tabulações

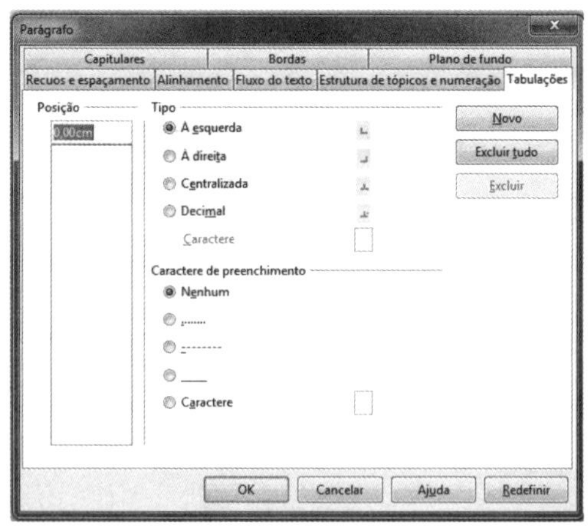

Caracteres não imprimíveis (CTRL + F10)

Exibe as marcas de edição, que, como o próprio nome já informa, não aparecem na impressão. Essas marcações são úteis para um maior controle do documento em edição, como ilustrado a seguir. Os pontos à meia altura da linha representam um espaço e o mesmo símbolo do botão indica o final de um parágrafo. Assim, no exemplo a seguir, existem dois parágrafos.

Cor do Plano de Fundo

Atenção para não confundir a cor do fundo do parágrafo com a ferramenta Realçar, pois a função Realçar aplica uma cor ao fundo do texto selecionado, enquanto que a opção do Plano de Fundo aplica ao parágrafo, mesmo que tenha sido selecionada apenas uma palavra.

Estilos e Formatação (F11)

Por meio deste botão ou pela tecla de atalho, é exibido o painel de estilos que oferece diversos estilos para a formatação do texto, por exemplo: Título 1, título 2, título 3, entre outros. A imagem a seguir ilustra o painel:

Além desse painel, também é possível escolher e aplicar um estilo por meio do Campo Estilos, ilustrado a seguir, presente na barra de ferramentas de formatação logo à esquerda do campo do tipo da fonte.

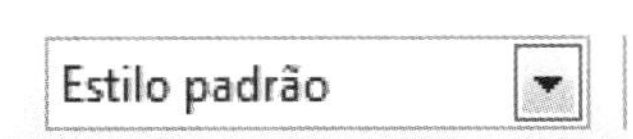

Os estilos de formatação são importantes estruturas na edição de um texto, principalmente se for necessário trabalhar com sumário, pois para utilizar o recurso de sumário, de forma que ele seja automático, é necessário utilizar os estilos de título.

Pincel de Estilo

A ferramenta de Pincel de Estilo serve para copiar apenas a formatação. Ela não copia textos, apenas as suas características, como cor da fonte, tamanho, tipo de fonte entre outras, com o intuito de aplicar em outro trecho de texto.

O funcionamento da ferramenta parte de uma seleção prévia do trecho de texto que possui a formatação desejada, clicar no botão pincel de estilo, na sequência selecionar o trecho de texto ao qual se deseja aplicar as mesmas formatações, como que pintando a formatação. Ao terminar a seleção o texto selecionado já estará formatado tal qual o selecionado inicialmente, e o mouse volta ao normal para a edição.

6.3 Ferramentas

Exportar Diretamente como PDF

O BrOffice como um todo possui este recurso que permite gerar um arquivo PDF a partir do documento em edição. A janela aberta por este botão é muito similar à janela de Salvar Como, em que se deve apontar o local onde o arquivo será salvo e com qual nome se deseja salvá-lo.

Imprimir Arquivo Diretamente

Este é um recurso diferente da impressão habitual pelo atalho CTRL+P. Essa ferramenta de impressão direta manda o arquivo diretamente para a impressora que estiver definida, pelo painel de controle, como padrão, usando as propriedades padrão de impressão.

Visualizar Página

Este é simplesmente o recurso de visualizar o que será impresso, útil para ter uma maior noção de como ficarão distribuídas as informações no papel.

Ortografia e Gramática (F7)

Essa ferramenta exibe uma janela, ilustrada a seguir, por meio da qual é possível corrigir as palavras "erradas" no texto. Erradas porque na verdade, são indicadas as palavras não conhecidas pelo dicionário do programa. Uma vez que ela esteja correta, é possível acrescentá-la ao dicionário.

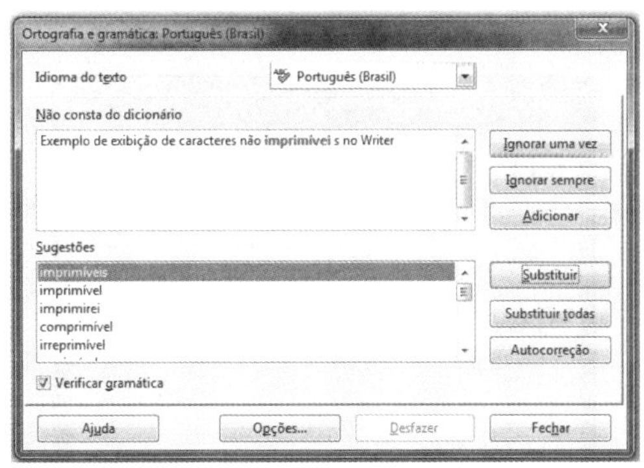

Autoverificação Ortográfica

A Autoverificação é uma ferramenta presente apenas no BrOffice, cuja finalidade é apenas habilitar ou desabilitar a exibição do sublinhado vermelho das palavras desconhecidas.

Navegador (F5)

O Navegador tem aparecido nas provas apenas a título de conhecimento de seu nome, associado ao símbolo e atalho. Essa ferramenta é um recurso para navegar no texto, a partir das suas estruturas, como títulos, tabelas, figuras e outros itens que podem ser visualizados na figura a seguir:

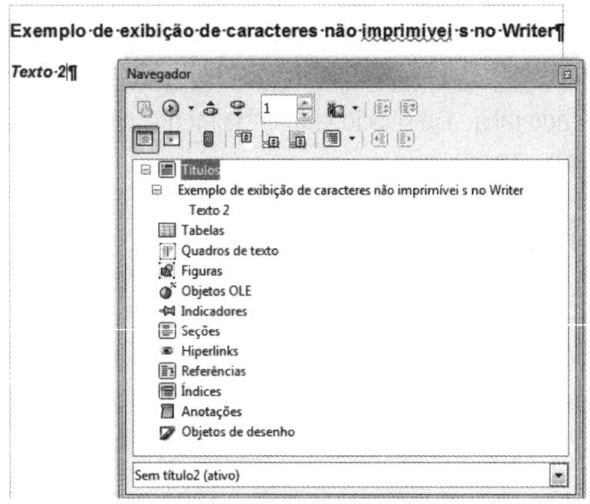

Galeria

O recurso Galeria tem peso similar ao Navegador nas provas. Acionar essa ferramenta resulta na exibição do painel ilustrado a seguir, por meio do qual é possível inserir, em meio ao documento, estruturas de navegação Web, como botões, sons e outros itens.

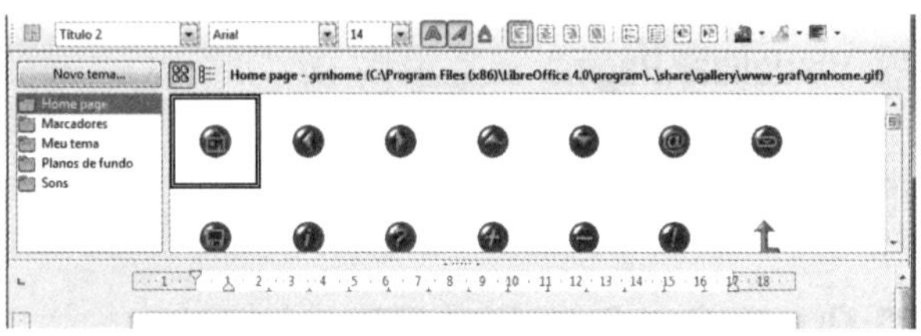

Tabela (CTRL + F12)

O botão Tabela pode ser usado de duas maneiras. Clicando no desenho da tabela, é aberta a janela ilustrada a seguir. Caso seja clicado na flecha, é exibido um reticulado, pelo qual é possível selecionar a quantidade de células que se deseja criar numa tabela.

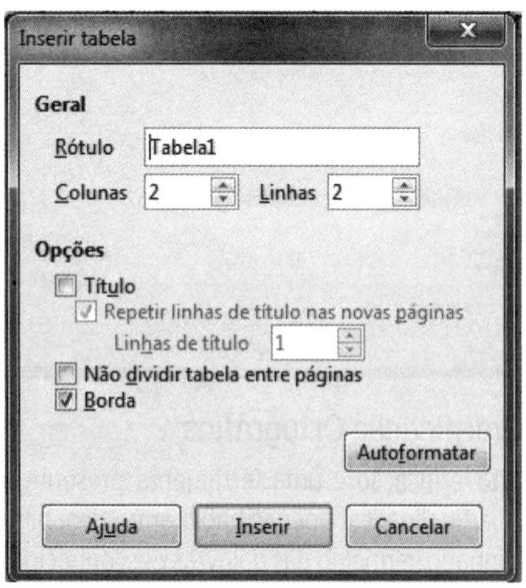

Formatar → Página

Aba Página

A aba Página é a principal da janela de formatação de página. A figura a seguir ilustra essa aba. Observe que as margens estão definidas por padrão em 2cm, e que o tamanho do papel padrão é o A4.

Também é possível determinar a orientação da página. Vale lembrar que, em um mesmo documento, é possível intercalar páginas com orientações diferentes. Para isso, devem ser utilizadas seções.

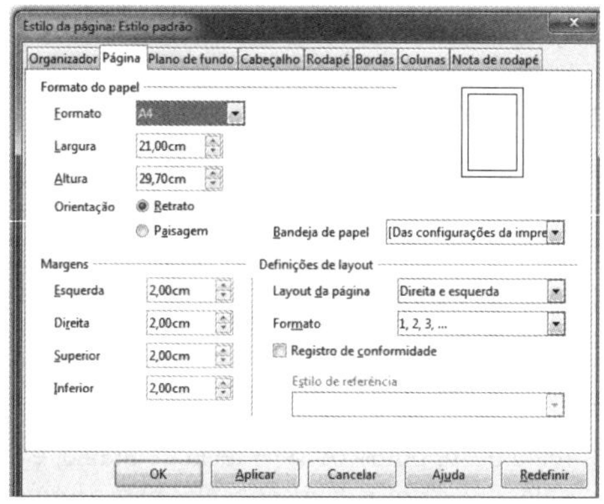

6.4 Barra de Menus

A seguir, é ilustrada a Barra de Menus e, por meio dela, temos acesso a quase todas as funcionalidades do programa. Observe que cada menu possui uma letra sublinhada. Por exemplo, o menu Arquivo possui a letra A sublinhada, essa letra sublinhada é a letra que pode ser utilizada após pressionar a tecla ALT, com o intuito de abrir o devido menu. Não é uma combinação necessariamente simultânea. Ela pode ser sequencial, ou seja, teclar ALT soltar e então pressionar a letra.

Menu Arquivo

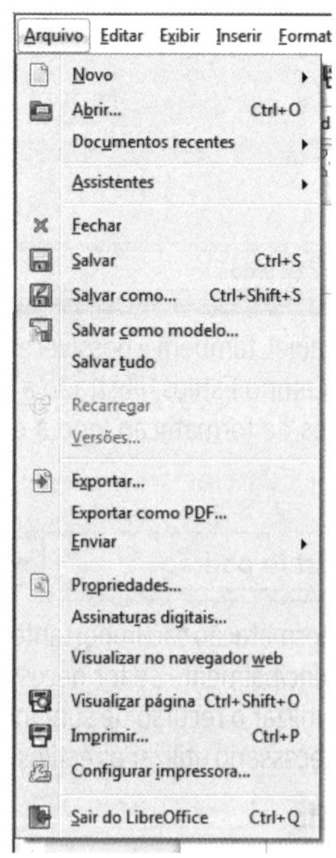

Novo ►

Dentre as opções do menu Arquivo, damos destaque para a opção **Novo. Ela aponta a característica do BrOffice de ser uma suíte de aplicativos integrada, pois, mesmo estando no Writer, é possível criar uma planilha do Calc. No entanto, ao escolher na**

opção Novo, uma planilha será criada no Calc. Porém, ao realizar o acesso por meio deste caminho, o Calc é carregado mais rapidamente do que se o BrOffice estivesse fechado.

Para criar um Novo Documento em Branco podemos também utilizar a opção do atalho CTRL + N.

Abrir (Ctrl + O)

Permite abrir um arquivo existente em uma unidade de armazenamento, navegando entre os arquivos e pastas.

Documentos Recentes ▶

Exibe a lista com os últimos documentos abertos, como também aqueles salvos, no Writer, com o intuito de fornecer um acesso mais rápido a eles.

Assistentes ▶

Conforme ilustrado a seguir, existem vários assistentes no BrOffice. Eles são nada mais do que procedimentos realizados em etapas, a fim de auxiliar na criação ou estruturação de informações.

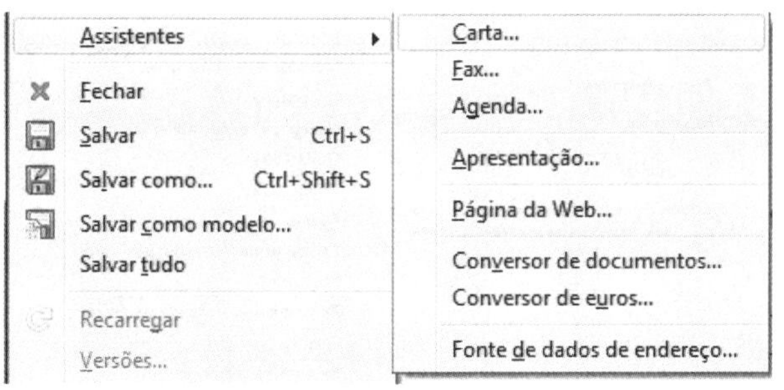

Fechar

A opção Fechar serve para fechar apenas o documento em edição, mantendo o programa aberto. Tem como teclas de atalho CTRL+W ou CTRL + F4.

Salvar

A opção Salvar apenas se preocupa em salvar as últimas alterações realizadas em um documento em edição. Seu atalho é CTRL + S no Writer. Mas essa opção possui uma situação de exceção, quando o arquivo em edição é novo, ou seja, que nunca tenha sido salvo. Essa opção salvar corresponde à opção Salvar Como.

Salvar Como

Esse recurso tem como princípio gerar um novo arquivo. Assim, se um arquivo for aberto e sejam realizadas várias alterações, sem salvar, e utilizar o comando Salvar Como, será aberta uma janela em que se solicita o local desejado e o nome do arquivo. Também é possível alterar o tipo de documento, após salvá-lo. O documento que fica em edição é o que acabou de ser salvo. O arquivo aberto inicialmente é apenas fechado, sem nenhuma alteração.

Salvar como Modelo

Podemos criar um documento-base para outros documentos, utilizando formatações específicas. Assim, essa opção é a utilizada para salvar este arquivo, de modo que possa ser utilizado para esse fim.

Salvar Tudo

Essa ferramenta aplica o comando salvar todos os documentos em edição no BrOffice, até mesmo os que estiverem em edição no Calc.

Recarregar

Ao acionar essa opção, a última versão salva do documento é restaurada. Com isso, as alterações não salvas serão perdidas.

Exportar

É possível pelo BrOffice exportar o documento de texto para outros formatos utilizados por outros programas como: XML, HTML, HTM, ou mesmo o PDF.

Exportar como PDF

A opção Exportar como PDF é basicamente um caminho mais curto e explícito para gerar um arquivo PDF, a partir do documento em edição.

Assinaturas Digitais

Assim como o Microsoft Office no BrOffice, é possível assinar um documento digitalmente. Claro que, para utilizar a funcionalidade por completo, é necessário possuir um certificado digital. Contudo, mesmo não possuindo um, é possível utilizar esse recurso para assinar um documento. Porém, apenas será garantida a integridade do mesmo e apenas no próprio computador do usuário.

Visualizar no Navegador Web

Já que podemos criar páginas da Internet, é interessante que, no mínimo, possamos visualizar como ela ficaria no navegador. Diante disso, ao acionar essa ferramenta, será aberto o navegador de Internet (Browser) padrão exibindo como página o documento em edição.

Sair

Em comparação com a opção Fechar, a opção Sair fecha o programa inteiro, podendo utilizar, para isso, os atalhos ALT+F4 ou CTRL + Q.

Menu Editar

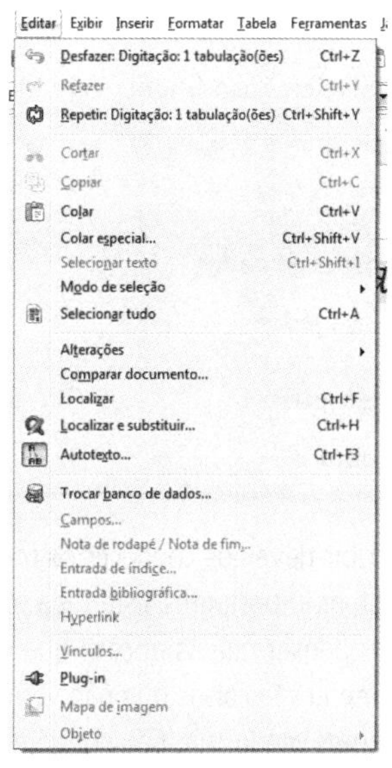

Do menu Editar anteriormente ilustrado, podemos destacar duas opções principais:

Colar Especial

Esse recurso permite colar um determinado dado de acordo com a necessidade de formatação, ou seja, é possível manter a formatação igual à do local de onde foi copiado ou não utilizar formatação.

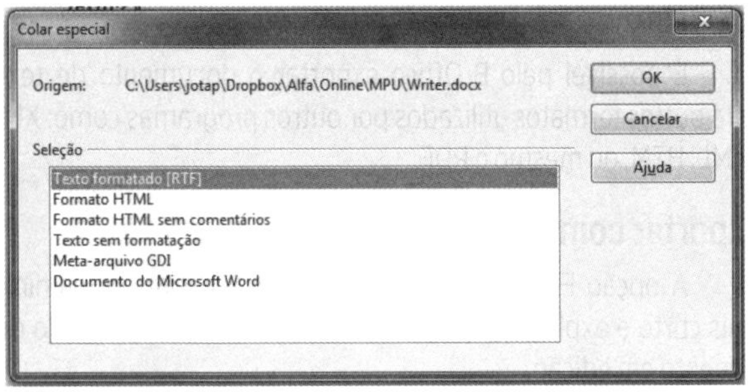

Selecionar Tudo

A opção Selecionar Tudo tem como observação a sua tecla de atalho CTRL + A, que é a mesma utilizada para selecionar todos os arquivos e pastas de um diretório por meio dos gerenciadores de arquivos.

Menu Exibir

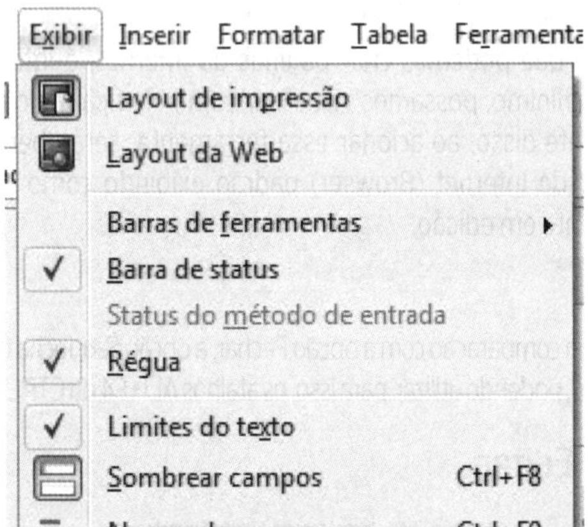

Do menu Exibir devemos conhecer os modos de exibição, bem como alguns itens importantes, listados a seguir. Mas, de modo geral, podemos pensar que as opções que normalmente encontramos nesse menu são coisas que não vemos e gostaríamos de ver, ou que estamos vendo, mas não desejamos mais ver.

Modos de Exibição

São dois os Modos de Exibição: Layout de Impressão (Padrão) e Layout da Web. Contudo, poderíamos até considerar, dependendo da situação, a opção Tela Inteira como um modo de exibição.

Barra de Ferramentas

A principal Barra de Ferramentas questionada nas provas é a barra de Desenho, que existe também no Writer e Calc, mas que é exibida por padrão apenas no Impress. A figura a seguir ilustra as barras disponíveis:

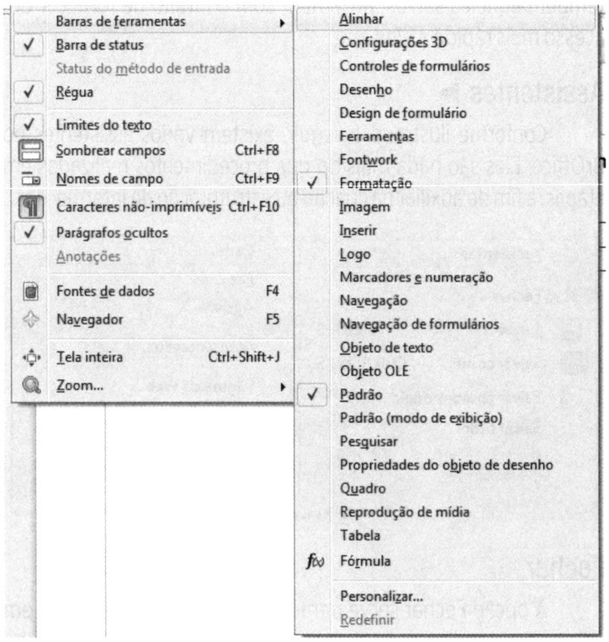

Barra de *Status*

Essa é a barra que aparece por padrão nos editores. Ela fica localizada no fim da janela, ou seja, é a última barra dentro do programa. Nela encontramos informações como número da página atual e total de páginas do documento, idioma em uso e a ferramenta de zoom à direita.

Régua

Para ocultar a régua, basta desabilitar essa opção.

Limites de Texto

Os Limites de Texto que são exibidos por padrão são, na verdade, as linhas que indicam as margens da página, ou seja, a área útil do documento.

Caracteres Não Imprimíveis (CTRL + F10)

Os caracteres não imprimíveis também podem ser ativados pelo menu Exibir, como pelas teclas de atalho.

Navegador (F5)

O Navegador, anteriormente citado, também é encontrado no menu Exibir.

Tela Inteira (CTRL + SHIFT + J)

Modo de exibição que oculta as barras e ferramentas, objetivando a leitura do documento.

Zoom

Também podemos alterar o zoom utilizando o scroll do mouse, combinado com a tecla CTRL.

Menu Inserir

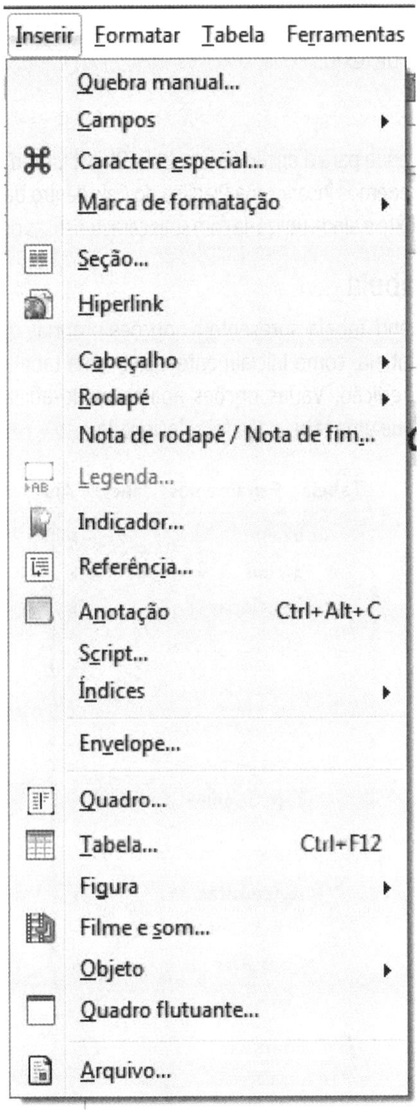

Quebra Manual

Este recurso permite utilizar estruturas que sejam auto-organizadas, como as quebras de página. Existem três quebras de texto possíveis, além das quebras de seção.

Quebra de Linha (SHIFT + ENTER)

Faz com que o conteúdo, após a quebra, seja iniciado na próxima linha.

Quebra de Coluna (CTRL + SHIFT + ENTER)

Faz com que o conteúdo, após a quebra, seja iniciado na próxima coluna.

Quebra de Página (CTRL + ENTER)

Faz com que o conteúdo, após a quebra, seja iniciado na próxima página.

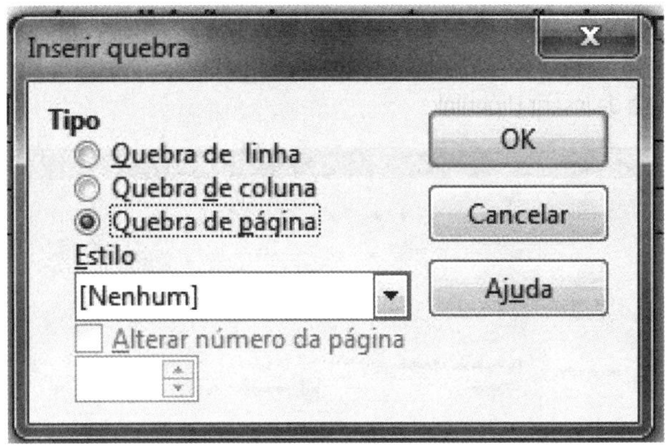

Campos ►

Os Campos são estruturas de dados que utilizam propriedades do arquivo como nome do autor, título, dentre outras como Data e Hora do sistema.

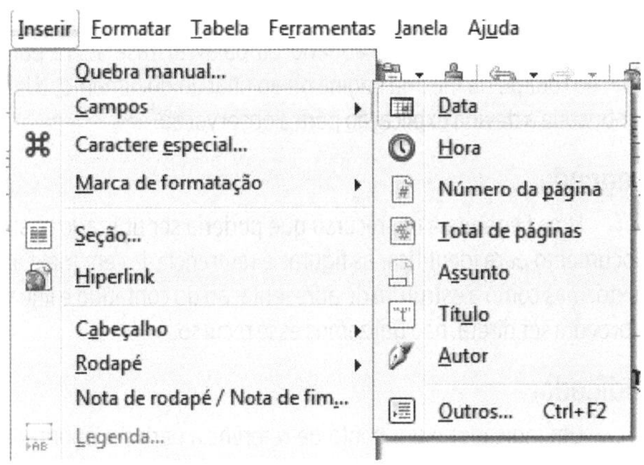

Caractere Especial

A opção Caractere Especial pode ser utilizada para inserir símbolos como este ► entre inúmeros outros possíveis.

Seção

Uma Seção é o recurso-base para poder, em um mesmo documento, trabalhar com páginas com cabeçalhos e rodapés distintos, ou mesmo configurações de páginas distintas, como intercalar páginas em retrato e paisagem.

Cabeçalho ►

Rodapé ►

As estruturas de cabeçalhos e rodapés têm por princípio poupar trabalho durante a edição, de modo que o que for inserido nestas estruturas se repete nas demais páginas, não necessariamente do documento como um todo, mas em todas as páginas da mesma Seção.

Hiperlink

Um link nada mais é do que um caminho, um atalho para algum lugar. Esse lugar pode ser uma página na Internet, ou computador, como um arquivo que esteja na Internet ou mesmo no computador local. Também é possível fazer com que um link aponte para algum ponto do mesmo documento, criando uma espécie de navegação. Contudo, para realizar esse procedimento, deve-se antes inserir Indicadores. A imagem a seguir ilustra a janela de inserir Hiperlink:

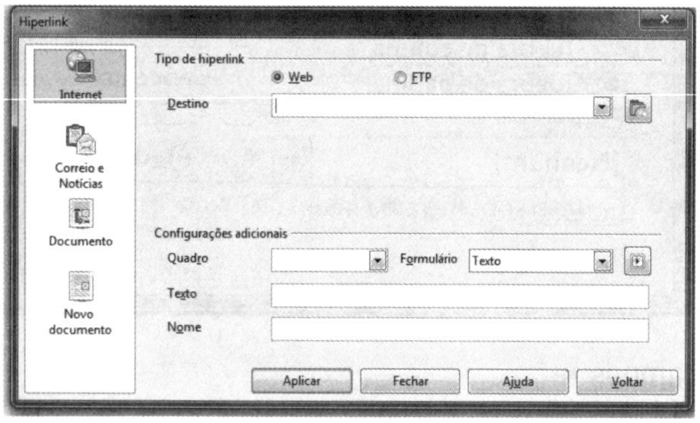

Nota de Rodapé/Nota de Fim

Notas de Rodapé e Notas de Fim são observações que, por vezes, utilizamos para explicar algo que fugiria ao contexto de uma frase[1]. A identificação ao lado da palavra/frase serve para que, no rodapé da mesma página ou ao final do documento, o leitor busque a devida explicação para a observação.

Legenda

Uma Legenda é um recurso que poderia ser utilizado neste documento para identificar as figuras e referenciá-las em meio ao texto, mas como a estrutura de apresentação do conteúdo é linear e procura ser direta, não utilizamos esse recurso.

Indicador

Um Indicador é um ponto de referência para ser apontado por um hiperlink.

Referência

Uma Referência é uma citação pela qual utilizamos a ideia de informar algo do tipo, "conforme **Figura 1". Em vez de escrever a palavra figura 1, estaria utilizando uma referência a ela, para que caso seja inserida uma nova figura antes da 1 no documento, os locais em que havia sido citado como figura 1 sejam refatorados para 2.**

Anotação

É o recurso de comentário que pode ser inserido em um documento como uma anotação do que deve ser feito.

Índices ►

Os Índices são os sumários e listas automáticas que podem ser inseridas em um documento, desde que se tenha utilizado os estilos de título e o recurso de legenda.

Quadro

Um quadro, basicamente, é uma caixa de texto para que seja inserido em seu interior uma estrutura qualquer.

1 Por exemplo, aqui falaria sobre o que é uma frase.

Tabela

É mais um caminho possível para inserir uma tabela dentro do editor, dentre as quatro formas possíveis, como o atalho CTRL + F12.

Figura ►

O recurso Figura permite inserir imagens de diferentes formatos (PNG, GIF, JPG) em um documento.

Filme e Som

É possível inserir uma música ou um vídeo em meio a um documento de texto.

Objeto ►

Destaque para a opção Objeto OLE (Object Linked Embeded) pela qual podemos inserir uma Planilha do Calc dentro de um documento de texto e ainda utilizá-la com suas características de planilha.

Menu Tabela

O menu Tabela apresenta as opções próprias de trabalho com uma tabela, como inicialmente inserir uma tabela no documento em edição. Várias opções aparecem desabilitadas, isso ocorre porque uma tabela não foi selecionada.

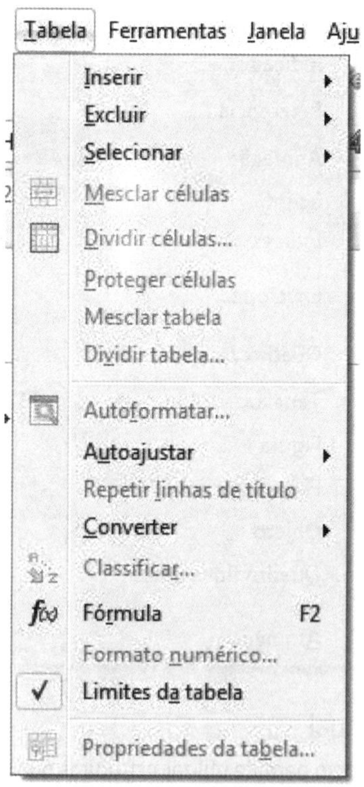

Outro caminho para se inserir uma tabela, além do menu Inserir e do atalho, dá-se por meio do menu Tabela opção Inserir e somente depois a opção Tabela.

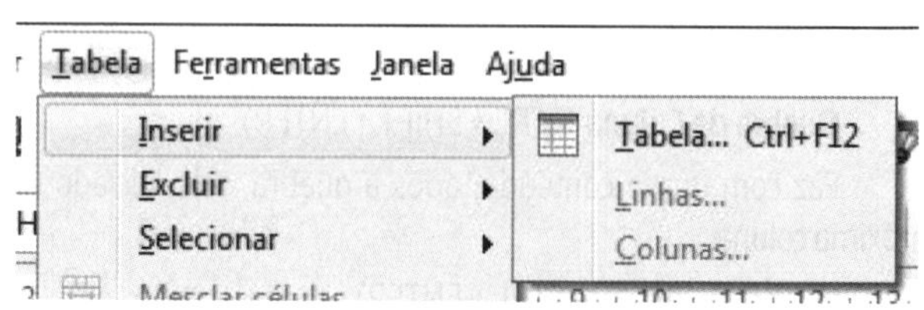

Mesclar Células

Essa ferramenta só fica habilitada quando duas ou mais células de uma tabela estão selecionadas. Ao acioná-las, as células se tornam uma, ou seja, são mescladas.

Dividir Células

Atente-se para esse recurso, pois somente em uma tabela é possível dividir células, ou seja, esse recurso não existe para planilhas.

Proteger Células

É um recurso que pode ser utilizado para bloquear as alterações em uma determinada célula e em uma tabela.

Dividir Tabela

Assim como é possível dividir uma célula, também podemos dividir uma tabela em duas ou mais, mas apenas tabelas.

Repetir Linhas de Título

Quando se trabalha com tabelas muito extensas, que se distribuem em várias páginas, é difícil manter a relação do que se tem em cada coluna e linha. Para não ter que copiar manualmente os títulos, podemos utilizar o recurso repetir linhas de título.

Converter ►

É possível converter tanto um texto em tabela como uma tabela em texto, utilizando, para isso, alguns critérios como espaços entre palavras ou tabulações, entre outros.

Menu Ferramentas

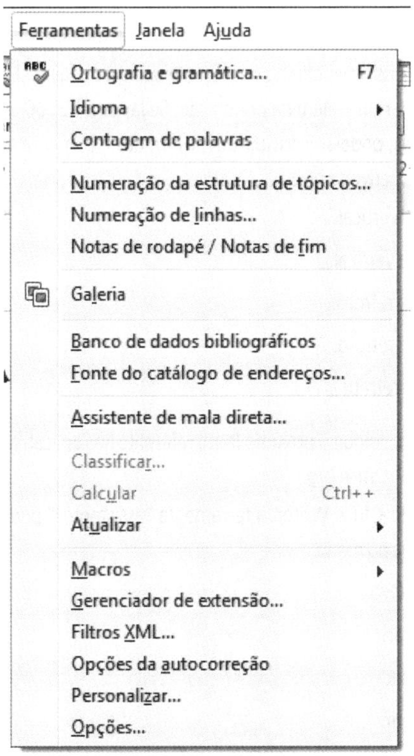

Ortografia e Gramática (F7)

Abre uma janela para verificar o documento em busca de palavras desconhecidas ao dicionário do programa.

Idioma ►

No BrOffice Writer, podemos definir o idioma que está sendo trabalhado no texto selecionado, como no parágrafo e até para o documento de modo geral.

Contagem de Palavras

O Writer também possui recurso de contabilização de total de palavras que compõem o texto.

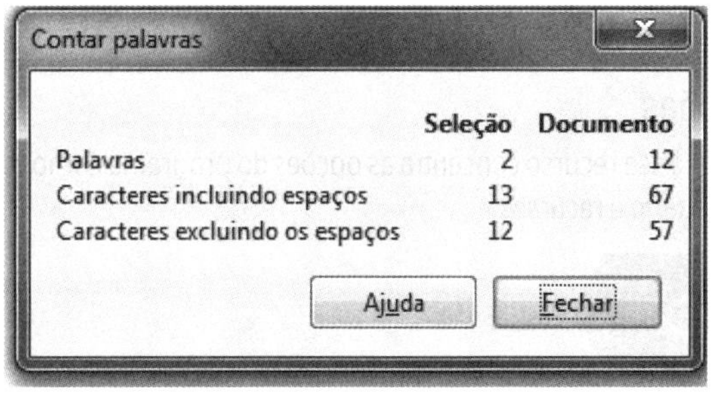

Numeração de Linhas

Este recurso é bastante utilizado nas provas de Língua Portuguesa, em que ao lado das linhas, nos textos apresentados, aparece uma numeração, que não necessita ser exibida em todas as linhas. Atenção às questões que o comparam com o recurso Numeração, usado para numerar parágrafos.

Uma forma de identificar a diferença é pela presença dos indicadores de fim de parágrafo, visíveis quando a ferramenta "caracteres não imprimíveis" está ativa.

Notas de Rodapé/Notas de Fim

Já vimos esse nome no menu Inserir. No entanto, são ferramentas distintas, mas relacionadas, pois esse recurso do menu Ferramentas abre a janela de configuração das notas, conforme ilustrado a seguir:

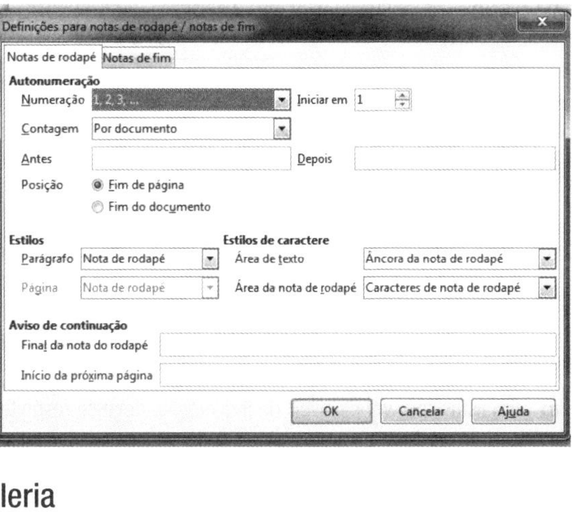

Galeria

A ferramenta que exibe a galeria também é encontrada no menu Ferramentas, além da barra de ferramentas padrão.

Assistente de Mala Direta

Uma ferramenta interessante para quem quer começar a entender o recurso de mala direta. Por meio dela, é possível criar uma mala direta passo a passo.

Macros ►

De uma forma geral, as Macros são regras criadas para automatizar tarefas repetitivas. Por meio dessa ferramenta é possível executar as macros existentes.

Opções de Autocorreção

O recurso de Autocorreção é o responsável por corrigir palavras logo após a sua inserção, como colocar acento na palavra, caso digitada sem.

Opções

Esse recurso concentra as opções do programa como dados do usuário e recursos.

Questões

01. (FCC) Dentre três opções do BrOffice.org Writer 2.4, uma tabela pode ser inserida em um documento por meio da opção:

a) Tabela do menu Inserir ou Inserir do menu Tabela, apenas.
b) Inserir do menu Tabela, Tabela do menu Inserir ou Colunas do menu Formatar.
c) Inserir do menu Tabela, apenas.
d) Inserir do menu Tabela ou Colunas do menu Formatar, apenas.
e) Tabela do menu Inserir ou Colunas do menu Formatar, apenas.

02. (FCC) A barra de fórmulas permite criar e inserir cálculos em um documento de texto do BrOffice.org Writer 3.0. A barra Fórmula pode ser ativada:

a) selecionando-a apenas pelo menu Exibir;
b) selecionando-a apenas pelo menu Inserir;
c) pressionando-se a tecla F2;
d) pressionando-se a tecla F3;
e) pressionando-se a tecla F5.

03. (Cespe) Acerca de edição de textos, planilhas e apresentações nos ambientes Microsoft Office 2010 e BrOffice 3.0, julgue o item a seguir:

As caixas de seleção 

, presentes na barra de ferramentas do BrOffice Writer 3.0, exibem e permitem alterar, respectivamente, o tipo e o tamanho da fonte.

Certo ( ) Errado ( )

04. (UEG) No LibreOffice Writer, versão 3.6.3.2, configuração padrão em português, o usuário pode adicionar com rapidez marcadores ou números às linhas de texto existentes, ou o editor pode, automaticamente, criar listas à medida que o usuário digita. Sobre esse recurso, nota-se o seguinte:

a) Em listas com vários níveis de indentação, deve-se respeitar o padrão adotado para o maior nível, ou seja, os subitens de um item numerado também deverão ser do tipo numérico.
b) Para ativar ou desativar o recurso de marcadores, o usuário pode fazer uso do ícone 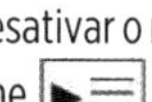 disponível na barra de ferramentas ou mesmo utilizar a tecla de atalho F11.
c) Para se criar mais de uma lista enumerada em um mesmo documento e reiniciar a numeração automaticamente, é necessário inserir uma quebra de seção.
d) Para ativar ou desativar o recurso de numeração automática, o usuário pode fazer uso do ícone 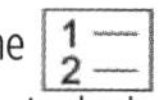 disponível na barra de ferramentas ou mesmo utilizar a tecla de atalho F12.

05. (PC-RJ) Um usuário do processador de textos BROffice.org 2.3.1 Writer digitou um trabalho no software e, ao final, realizou os ajustes de rotina e salvou-o na pasta Meus Documentos, existente no disco rígido C: do microcomputador. Para isso, ele dispõe de duas alternativas: Salvar e Salvar Como..., atividades executadas por meio do uso de dois atalhos de teclado.

Esses atalhos são, respectivamente:

a) Ctrl + B e Ctrl + Shift + B.
b) Ctrl + S e Ctrl + Alt + S.
c) Ctrl + S e Ctrl + Shift + B.
d) Ctrl + B e Ctrl + Alt + B.
e) Ctrl + S e Ctrl + Shift + S.

06. (FCC) No BrOffice.org Writer, versão 3.2, o botão que mostra ou oculta os caracteres não imprimíveis no texto é exibido normalmente na barra de ferramentas

a) padrão;
b) de formatação;
c) de objeto de texto;
d) de controles de formulários;
e) de marcadores e numeração.

07. (Ceperj) O Writer do pacote BROffice.org 3 oferece o recurso Formatar – Página que, ao ser acionado, abre uma janela. Nessa janela é possível definir o formato do papel na página, dimensões de altura e largura, além da orientação. Se largura = 21,00 cm e altura = 29,70 cm, pode-se concluir que o formato e a orientação do papel são, respectivamente:

a) A1 e vertical.
b) A4 e vertical.
c) A0 e retrato.
d) A4 e retrato.
e) A1 e retrato.

08. (AlfaCon) Julgue o próximo item, referente aos aplicativos Microsoft Office e BrOffice.org.

No Br Office Writer, a ferramenta "assistentes" pode ser encontrada no menu:

a) Arquivo.
b) Editar.
c) Exibir.
d) Inserir.
e) Ferramentas.

Gabaritos

01	A	05	A
02	C	06	D
03	D	07	A
04	E		

7. BROFFICE CALC – EDITOR DE PLANILHAS

O BrOffice Calc é um editor de planilhas eletrônicas pelo qual pode-se estruturar um controle de livro-caixa ou estoque, dentre inúmeras outras estruturas para atender a necessidades básicas de um escritório, por exemplo, que deseja controlar suas atividades. A figura a seguir ilustra a janela principal desse programa.

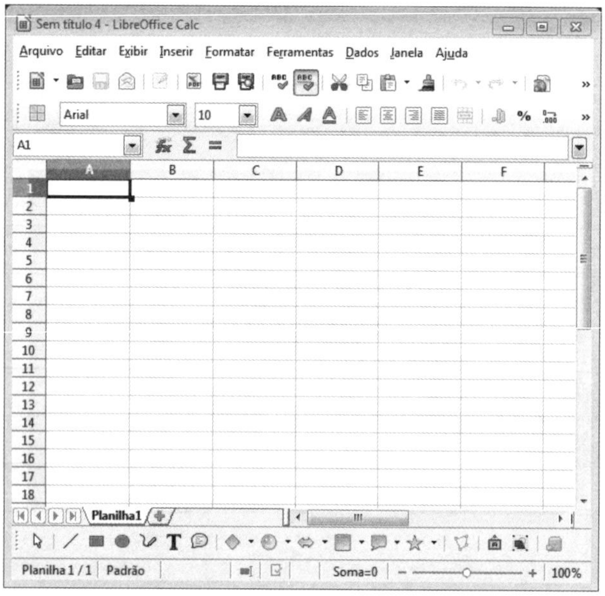

Para utilizar adequadamente esse programa, devemos entender as suas estruturas, com as quais iremos operar, como o formato de arquivo gerado.

Por padrão, um arquivo salvo no Calc é salvo no formato ODS (*Open Document Spreadsheet*), no entanto é possível por meio deste editor também salvar nos formatos padrões do Microsoft Office Excel, XLS (2003) e XLSX (2007 e 2010).

Vale lembrar que o formato ODF é o formato genérico do BrOffice, conhecido como *Open Document Format*, ou seja, Formato de Documento Aberto. Fique atento, pois o PDF (Formato de Documento Portátil) também e possível de ser gerado pelo Calc, porém por meio da opção Exportar como PDF.

7.1 Planilha

Uma planilha nada mais é do que um reticulado de linhas e colunas, as quais são preenchidas com dados e fórmulas com o intuito de se obter algum resultado ou estruturar alguma informação.

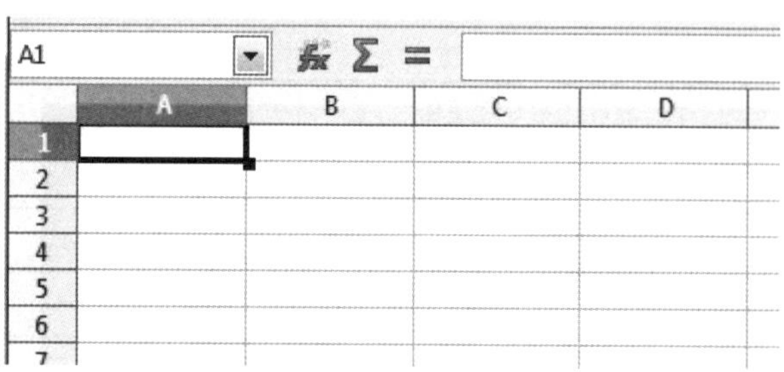

Por padrão, as linhas são identificadas por números enquanto que as colunas são identificadas por letras, conforme ilustrado na figura acima. Vale lembrar que, uma vez que existe um padrão, que existe também outra forma de se trabalhar, neste caso, é possível utilizar números para as colunas, mas é necessário alterar as opções do programa.

Uma planilha já possui um total de 1.048.576 linhas por 1024 colunas, contudo, como o alfabeto vai apenas até a letra Z, a próxima coluna é dada pela combinação AA, seguida por AB até chegar a AZ, seguida por BA, BB e assim por diante até completar as 1024 colunas, sendo a última representada pela combinação AMJ.

O mais importante a ser observado sobre essa característica é que esses valores são fixos, ou seja, uma planilha sempre terá essa estrutura, mas quando usado o recurso inserir Linhas ou Colunas, ocorre um deslocamento de conteúdo para baixo, no caso de linhas, e para a direita, no caso de colunas.

7.2 Célula

Uma célula é a menor unidade estrutural de um editor de planilhas, elas são dadas pelo encontro de uma coluna com uma linha. Assim são identificadas pelos títulos das colunas e das linhas que são exibidas.

A célula A1 é a primeira célula de uma planilha, ou seja, é a célula que se encontra na coluna A e na linha 1.

Células de Absorção

Dentre as características das células podemos citar as de Absorção, também conhecidas como células de resultado. Basicamente são aquelas que apresentam o resultado de algum cálculo.

Os indicadores de Células de Absorção são símbolos usados para identificar para o programa quais células devem ser calculadas. No Calc, são três os indicadores de células de absorção:

=	=5+5	10
+	+5+5	10
-	-5+5	0

Modos de Endereçamento

Os modos de endereçamento são formas de identificar o endereço de uma célula, contudo para fins de identificação os três modos de endereçamento não possuem diferença, sua aplicação é apenas para os procedimentos de copiar e colar uma célula cujo conteúdo é uma fórmula, por vezes citado pelo clicar e arrastar.

Relativo: no modo de endereçamento relativo apenas precisamos indicar a coluna e a linha de uma célula. Como o exemplo: B2, ou seja, a célula que se encontra na junção da linha 2 com a coluna B.

Misto: no modo de endereçamento misto é utilizado o símbolo $ (cifrão) para indicar que o dado que estiver imediatamente à sua direita será sempre o mesmo, ou seja, não poderá ser alterado.

Existem duas formas de endereçamento misto, em uma bloqueamos a coluna, enquanto que na outra a linha é que é bloqueada.

Quando desejamos travar a coluna, escrevemos o endereço da célula, =$B2, assim a linha pode ser alterada quando houver deslocamento, porém a coluna será sempre a coluna B.

Por outro lado, quando desejamos fixar uma linha, devemos escrever o $ antes da linha, exemplo, =B$2, dessa forma, a coluna pode ser alterada quando houver deslocamento em relação à coluna, contudo a linha será sempre a linha 2.

Absoluto: no endereçamento absoluto tanto a coluna quanto a linha são fixadas, assim podemos dizer que a célula será sempre a mesma.

Endereço da Planilha

<nome da Planilha>.<endereço da célula>

=Planilha1.B4+Planilha2.B4

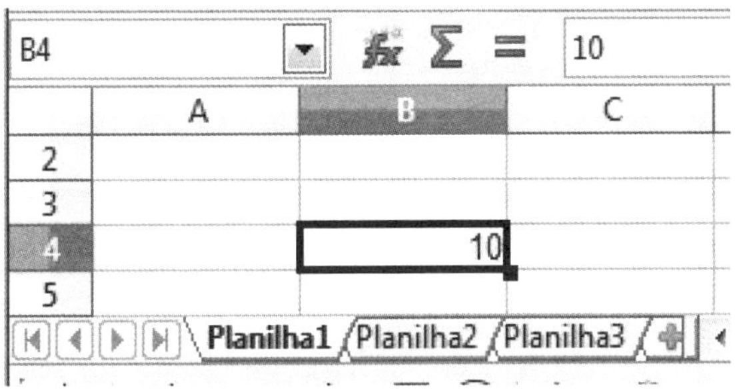

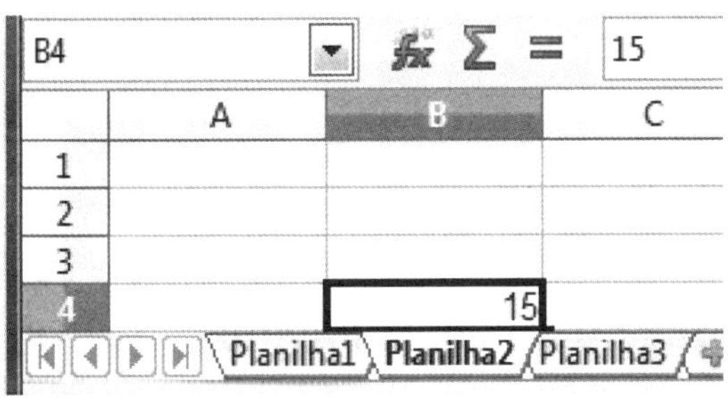

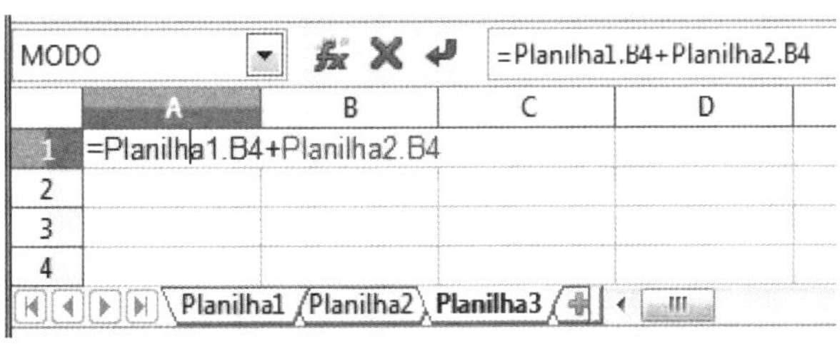

7.3 Operadores

No BrOffice Calc existem quatro tipos de operadores básicos: aritméticos, texto, referência e comparação, cada qual com suas peculiaridades.

Operadores Aritméticos

Sobre Operadores Aritméticos, assim como sobre Células de Absorção, a maioria das perguntas é direta, mas as questões são colocadas na matemática destes operadores, ou seja, as regras de prioridade de operadores devem ser observadas para que não seja realizado um cálculo errado.

Operador	Símbolo	Exemplo de uso	Resultado
Adição	+	=5+5	10
Subtração	-	=5-5	0
Multiplicação	*	=5*5	25
Divisão	/	=5/5	1
Potenciação	^	=5^2	25
Percentagem	%	=200*10%	20

Operador de Texto

Os editores também contam com um operador que permite atuar com texto. O operador de concatenação **&** tem a função de reunir o conteúdo das células na célula resultado. Atenção, nesse caso a ordem dos operadores altera o resultado.

A figura a seguir ilustra as células com operações de concatenação.

	A	B	C	D
1	3	4	=B1&A1	=C1+8
2	ab	cd	=A2&B2	
3	=A1&A2&A4	=CONCATENAR(A1;A2;A4)		
4	=A2&A1			
5				

A figura a seguir mostra os resultados obtidos pelas fórmulas inseridas, atente aos resultados e perceba que a ordem dos fatores muda o resultado. Também observe que, por ter sido utilizado um operador de texto, o resultado por padrão fica alinhado à esquerda.

	A	B	C	D
1	3	4	43	51
2	ab	cd	abcd	
3	3abab3	3abab3		
4	ab3			
5				

Referência

Os operadores de referência são aqueles utilizados para definir o intervalo de dados que uma função deve utilizar.

;	E	União
:	Até	Intervalo
!		Interseção

Considere o seguinte conjunto de dados em uma planilha em edição no Calc:

	A
1	10
2	20
3	30
4	40
5	50
6	
7	
8	

=SOMA(A1 : A4)

A função é lida como Soma de A1 até A4, ou seja, todas as células que estão no intervalo de A1 até A4 inclusive. No caso de exemplo o resultado = 100.

De forma equivalente pode-se escrever a função como se segue:

=SOMA(A1 ; A2 ; A3 ; A4)

A qual se lê Soma de A1 e A2 e A3 e A4, assim é possível especificar células aleatórias de uma planilha para realizar um cálculo.

=SOMA(A1 ; A4)

Neste caso fique atento pois, a leitura é Soma de A4 e A1, ou seja, apenas estão sendo somadas as células A1 com A4 as demais não entram no conjunto especificado. Sendo assim, o resultado seria 50.

=SOMA(A1 : A4 ! A3 : A5)

Já nesta última situação apresentada, deseja-se somar apenas as células que são comuns ao intervalo de A1 até A4 com A3 até A5, que no caso são as células A3 e A4, assim a soma destas células resulta em 70.

7.4 Elemento Fixador

O $ (cifrão) é um símbolo usado para travar alguma informação, via de regra o que estiver vinculado à direita.

As questões normalmente descrevem uma planilha e citam que uma determinada fórmula foi inserida em uma célula. Na sequência, a célula é selecionada, copiada e colada em outra célula, ou mesmo clicado pela alça de preenchimento e arrastado para outra célula.

No caso a seguir, foi inserida na célula C1 a fórmula =A1+$A2+A$2, após foi arrastada pela alça de preenchimento desta célula para a célula C2, assim a fórmula presente em C2 será:

1º de C1 para C2 foi acrescido apenas uma linha, sem alterar a coluna, assim as letras não são alteradas, mas existem modos de endereçamento misto, em que aparece $2 significa que a linha será sempre a linha 2, não podendo modificá-la.

	A	B	C	D
1	10	100	=A1+$A2+A$2	
2	50	200	=A2+$A3+A$2	
3	=$A$1+A1			
4		=$A$1+B2		
5				=B5+$A6+B$2
6				

	A	B	C	D
1	10	100	110	
2	50	200	120	
3	20			
4		210		
5				200
6				

C1	→	C2
Origem		Destino

	Destino		Origem	Deslocamento
Linha	2	-	1	1
Coluna	C 3ª	-	C 3ª	0

C1	→	D5
Origem		Destino

	Destino		Origem	Deslocamento
Linha	5	-	1	4
Coluna	D 4ª	-	C 3ª	1

A3	→	B4
Origem		Destino

	Destino		Origem	Deslocamento
Linha	4	-	3	1
Coluna	B 2ª	-	A 1ª	1

	→	
Origem		Destino

	Destino		Origem	Deslocamento
Linha		-		
Coluna		-		

7.5 Alça de Preenchimento

A Alça de Preenchimento é um dos recursos que mais possui possibilidades de uso e por consequência respostas diferentes.

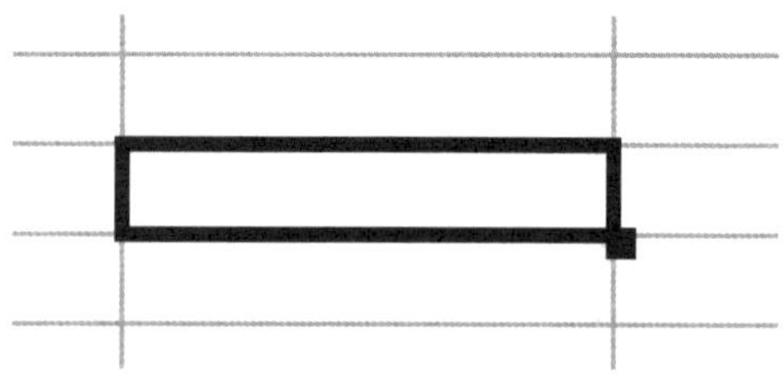

Observe que, quando uma ou mais células estão selecionadas, sempre no canto direito inferior é ilustrado um quadrado um pouco mais destacado, essa é a alça de preenchimento.

Ela possui esse nome porque é utilizada para facilitar o preenchimento de dados que obedeçam a uma regra ou padrão.

Quando uma única célula está selecionada e o seu conteúdo é um valor numérico. Ao clicar sobre a alça de preenchimento e arrastar seja na horizontal ou vertical, em qualquer sentido, exceto diagonal, será preenchido com uma Progressão Aritmética (PA) de razão 1, caso seja arrastado para esquerda ou para cima a razão é -1. A figura a seguir ilustra o comportamento.

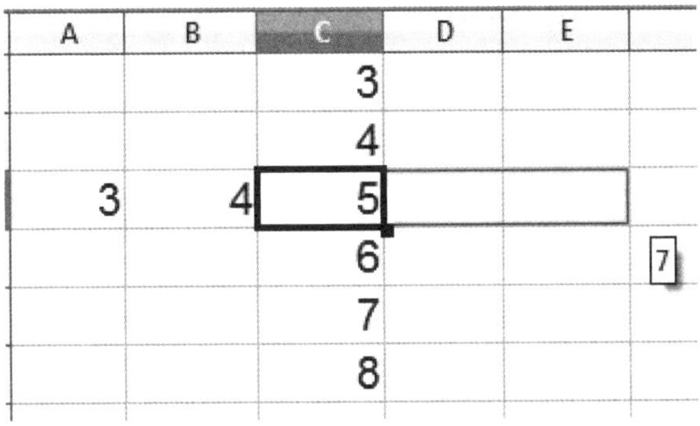

Já na situação em que existem duas células adjacentes selecionadas contendo valores numéricos diferentes entre si, ao se arrastar pela alça de preenchimento as células serão preenchidas com uma PA cuja razão é a diferença entre os dois valores selecionados. A figura a seguir ilustra esse comportamento. Podemos observar que o valor que irá ser exibido na célula B6 será o número 30, com isso a célula B4 receberá o valor 20, enquanto que a B5 receberá 25, conforme vemos na figura da direita.

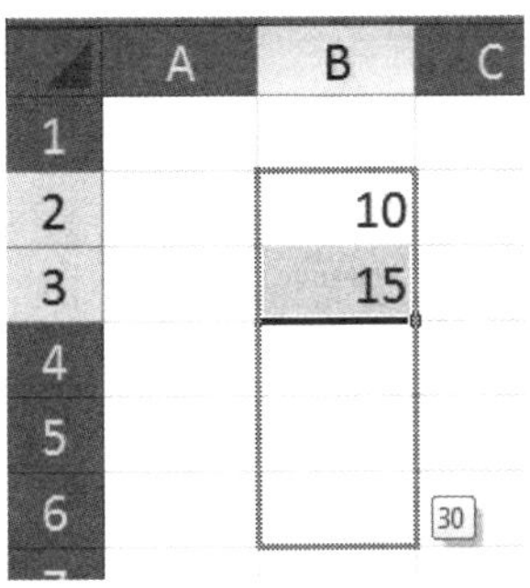

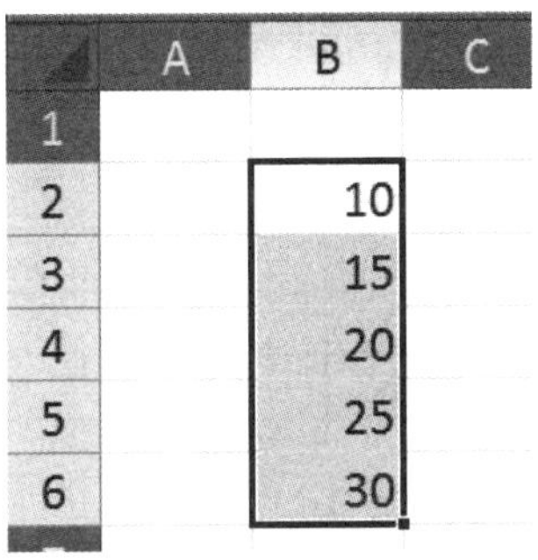

Quando o conteúdo de uma única célula selecionada for um texto esse, será copiado para as demais células. Mas se o conteúdo, mesmo sendo um texto, fizer parte de uma série conhecida pelo programa às células serão preenchidas com o próximo valor da série. Por exemplo, se **Janeiro** for o conteúdo inserido na célula então ao arrastar pela alça de preenchimento para a direita ou para baixo a célula adjacente será preenchida com **Fevereiro**, por outro lado se for arrastado para cima ou para a esquerda a célula adjacente será preenchida com **Dezembro.** O mesmo vale para as sequências Jan, Seg e Segunda-feira. Atenção: A, B, C não são conhecidos como série nos programas, mas o usuário pode criá-las.

Já na situação em que haja duas células que contenham textos diferentes selecionadas, ao arrastar será preenchido com o padrão encontrado, veja o exemplo abaixo.

Quando o conteúdo da célula for uma fórmula ao arrastar pela alça de preenchimento o resultado é o mesmo, ou seja, deverá ser calculada a nova fórmula de acordo com o deslocamento.

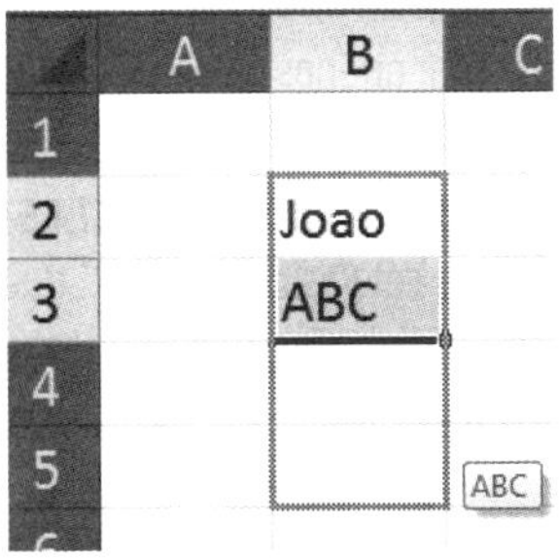

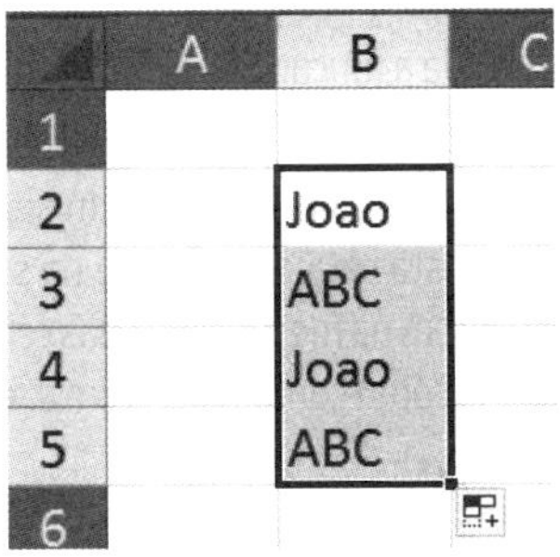

7.6 Funções

As Funções são estruturas prontas criadas para que o usuário não se preocupe em como elas funcionam, mas apenas com que informações devem descrever para obter o resultado. Contudo, para as provas de concurso precisamos saber como elas funcionam.

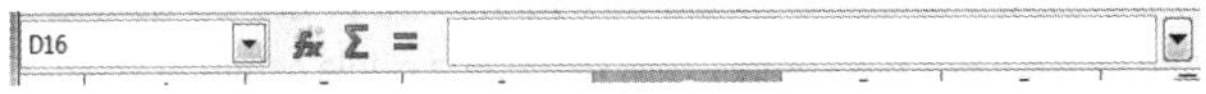

A figura acima ilustra a barra de fórmulas e funções do Calc, por meio dela podemos inserir as funções, além de poder digitá-las diretamente. Essa barra também tem importante informação, pois é nela que é exibido o real conteúdo de uma célula, ou seja, se o que foi inserido foi uma fórmula ou um dado (valor) direto.

Caso ainda não conheça muito bem as funções é possível contar com o assistente de funções, que pode ser acessado pelo ícone *fx* presente nessa mesma barra. À direita dele encontra-se o botão SOMA, que pode ser usado para inserir a função =SOMA( ) já o sinal de igual presente na sequência é o mesmo que digitar o símbolo na célula selecionada a fim de inserir uma fórmula ou função, tanto que seu nome é Função.

Principais Funções

=SOMA( )

=MÉDIA( )

=MED( )

=MÁXIMO( )

=MAIOR(;)

=MÍNIMO( )

=MENOR(;)

=MODO( )

	A	B	C	D
1	3	7	10	
2	7	3	20	
3		7	30	
4	3	3	40	
5	7	5	10	
6				
7				

=MÉDIA(A1:A5)

Calcula-se a Média de A1 até A5. O cálculo da média é a soma de um conjunto de valores dividido pelo total de valores **somados**, assim para o caso apresentado na figura acima o resultado da média de A1 até A5 é 20/4 totalizando 5, ou seja, as células vazias são ignoradas. Caso a célula A3 possua o valor 0, o resultado seria 4, pois 0 (zero) é número.

=MÉDIA(A1;A2;A3;A4;A5)

Nesta segunda forma, apenas se mudou os operadores de referência, mas o resultado será o mesmo, pois o conjunto de dados é o mesmo.

=MÉDIA(B1:B5)

O conjunto apresentado também resulta em 5.

=SOMA(B1:B5)/5

Muito comum de ser usado nas provas as estruturas de funções combinadas com expressões aritméticas como somar o conjunto de B1 até B5 e na sequência dividir o resultado por 5. Atente-se, pois para o caso em questão a expressão acima calcula a média, porém não se pode dizer o mesmo para a frase, **a função =SOMA(B1:B5)/5 calcula a média dos valores de B1 até B5 qualquer que seja o valor nas células**, pois se alguma célula estiver vazia não será dividido por 5 o total somado, a fim de calcular a média.

=B1+B2+B3+B4+B5/5

Cuidado com a expressão acima, porque ela não calcula a média, mas é bastante usada nas provas para induzir o candidato ao erro, lembre-se que os cálculos devem ser realizados respeitando as precedências de operadores. Assim, a expressão para calcular a média seria **=(B1+B2+B3+B4+B5)/5** usando os parênteses para mudar a precedência indicando que o que está entre eles é que deve ser calculado por primeiro.

=MED(B1:B5)

Atenção a essa função, pois as provas induzem o candidato a pensar que se trata da função que calcula a média, contudo o que ela calcula é a **Mediana**, que é o elemento central de um conjunto de elementos. Porém, outra questão recorrente pode ser apresentada: ocorre quando o conjunto de dados é similar ao apresentado, ou seja, com números repetidos e fora de ordem, devemos lembrar que a mediada leva em consideração os valores em ordem e que estes se repetem. Desse modo, na mediana de B1 até B5 devemos observar os valores (3, 3, 5, 7, 7), com base nesse conjunto tem-se que a mediana é 5, pois é o elemento central.

=MED(A1:A5)

Contudo, quando o conjunto possui uma quantidade par de elementos, a mediana é a média dos elementos centrais. Dado do conjunto (3, 3, 7, 7) a mediana é a média de 3 e 7, ou seja, 5.

=MÁXIMO(B1:B5)

Essa função retorna o valor mais alto do conjunto de dados especificado.

=MAIOR(B1:B5;3)

Em comparação com a função Máximo, é comum aparecer a função Maior que permite identificar o enésimo termo de um conjunto.

No exemplo anterior podemos ler como o terceiro maior número do intervalo de B1 a B5.

Neste caso, como se deseja o maior valor o conjunto, deve ser considerado em ordem decrescente (7, 7, 5, 3, 3), assim o terceiro maior número é 5.

=MÍNIMO(B1:B5)

Enquanto que o máximo traz como resposta o valor mais alto, o mínimo retorna o mais baixo.

Para o exemplo acima a resposta é 3.

=MENOR(B1:B5;1)

A função Menor exibe o enésimo menor número de um conjunto, desta forma, no exemplo dado, pede-se o primeiro menor número do intervalo de B1 a B5 (3, 3, 5, 7, 7), na função menor o conjunto de dados deve ser considerado em ordem crescente, assim o primeiro menor é 3, o mesmo que o mínimo de B1 até B5.

=MODO(A1:A5)

Esta função retorna o valor que aparece com maior frequência no conjunto especificado. No caso do exemplo, a resposta é 3.

=MODO(B1:B5)

Observe que o resultado será sempre o valor mais baixo que mais se repete, mesmo que outro valor apareça com a mesma frequência, como no segundo exemplo a resposta também é 3.

Outras Funções Comuns

	A	B	C	D	E
1	3	7	10	A	
2	7	3	20	B	
3		7	30	A	
4	3	3	40	A	
5	7	5	10	B	
6					

=SE(; ;)

A função SE é também conhecida como condicional, por meio dela é possível definir ações a serem executadas diante de determinadas situações (condições).

Sua sintaxe é composta por três campos sendo que no primeiro é colocado um teste lógico, após o ponto e vírgula temos o campo que contém a ação a ser executada, caso o teste lógico seja verdadeiro e na sequência. No último campo, contém a ação caso o teste lógico seja falso.

=CONT.NÚM( )

Esta função exibe o total de células de um intervalo que possui como conteúdo um valor numérico.

=CONT.SE(;)

Enquanto que a função CONT.SE retorna a quantidade de células que atendem ao critério estabelecido no segundo campo.

=SOMASE(; ;)

Já a função SOMASE, permite somar apenas o conteúdo das células de interesse ao montante.

Assim se aplicada a função **=SOMASE(D1:D5;"=A";C1:C5)** a resposta será o montante da soma das células da coluna C que estiverem na mesma linha das células da coluna D que possuírem a letra A como conteúdo. Assim a resposta é 80.

Exs.:

=SE(C1>=10; "maior ou igual"; "Menor")

Se o valor contido na célula C1 for maior ou igual a 10, então será escrito na célula o texto expresso no segundo campo da função. Por ser um texto, a ação desejada ele obrigatoriamente deve ser expresso entre aspas, contudo as aspas não serão exibidas na resposta.

Mas se o valor da célula C1 for menor do que então será escrito como resposta o texto **Menor.**

=CONT.NÚM(A1:A5)

Como a célula A3 está vazia, a resposta desta função é 4, pois existem apenas 4 células cujo conteúdo é um número.

=CONT.SE(D1:D5; "=A")

Ao se aplicar a função acima, ela irá contar quantas células possuem o texto A, neste caso a resposta é 3.

7.7 Formatos de Células

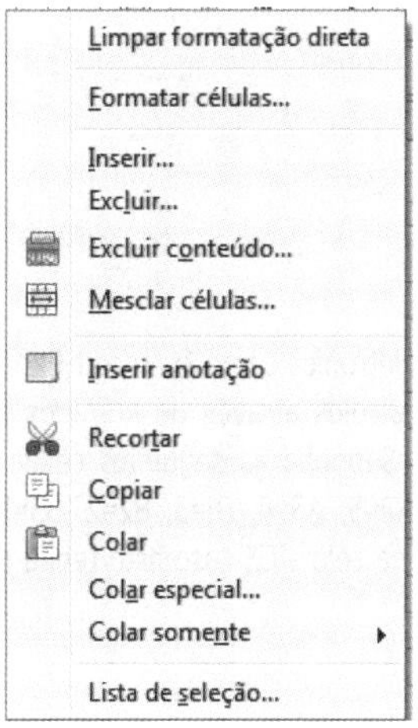

Ao clicar com o botão direito do mouse sobre uma ou mais células selecionadas é aberto o menu suspenso, ilustrado a seguir. Neste momento nos interessa a opção Formatar Células que, ao ser acionada, abre a janela de formatação de células.

Guia Números

A figura a seguir ilustra a janela Formatar Células exibindo as opções da aba Números, as principais abas são as guias Número e Alinhamento.

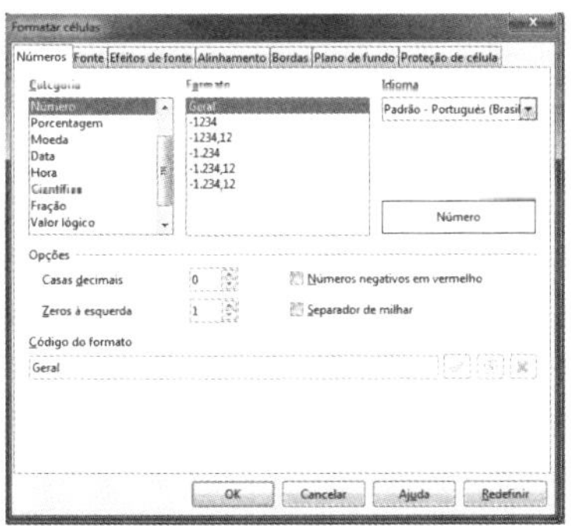

Na figura abaixo estão listados os formatos de células e exibidas as células formatadas.

	A	B
1	Número	5,70
2	Porcentagem	500,00%
3	Moeda	R$ 50,00
4	Data	09/04/13
5	Hora	23:20:00
6	Científico	5,00E+000
7	Fração	3/4
8	Valor Lógico	VERDADEIRO
9	Texto	teste
10		

Os formatos Moeda e Percentagem também podem ser definidos pelas opções da barra de Ferramentas de Formatação. A figura a seguir ilustra parte desta barra com as opções citadas.

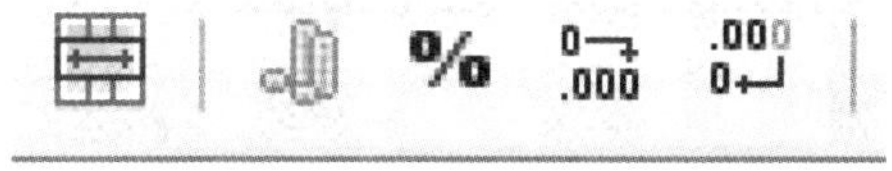

Guia Alinhamento

Por meio desta guia, podemos formatar o alinhamento vertical e/ou horizontal de uma célula bem como a orientação do texto, ou seja, sua direção aplicando um grau de inclinação.

Também encontramos a opção Quebra Automática de texto que permite distribuir o conteúdo de uma célula em várias linhas de texto dentro da mesma célula. A figura a seguir ilustra estas opções.

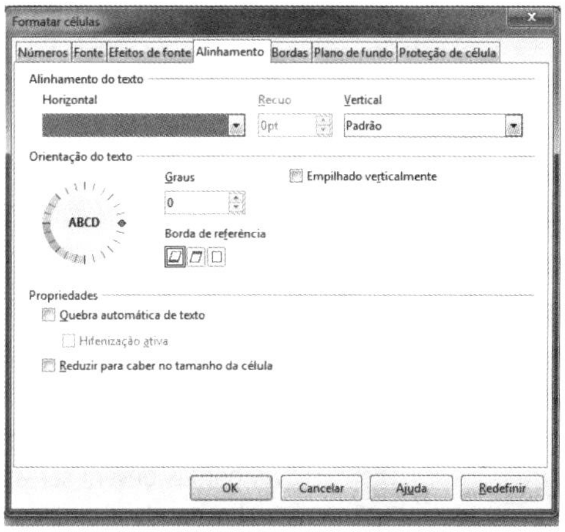

Outras Ferramentas

Mesclar e Centralizar 

A opção Mesclar e Centralizar do Calc centraliza tanto na horizontal como na vertical. Porém, é possível exibir apenas o conteúdo da célula superior esquerda, como também se pode mover o conteúdo das células selecionadas que serão ocultas para a célula superior esquerda.

A sequência de imagens a seguir ilustra a operação de mesclar em que se opta por exibir apenas a célula superior esquerda, observe que as demais células são apenas ocultas, assim seus valores são mantidos e podem ser referenciados.

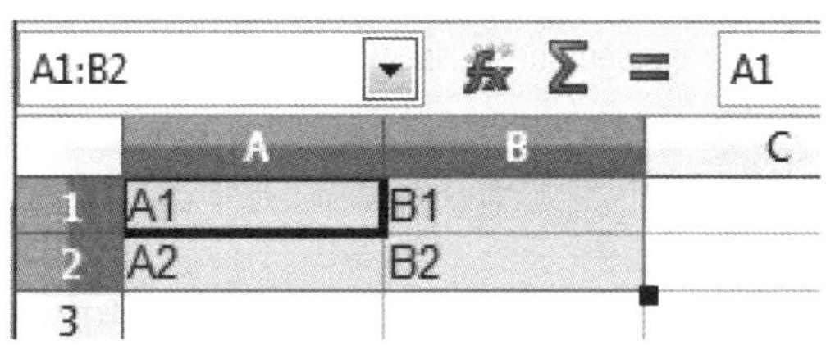

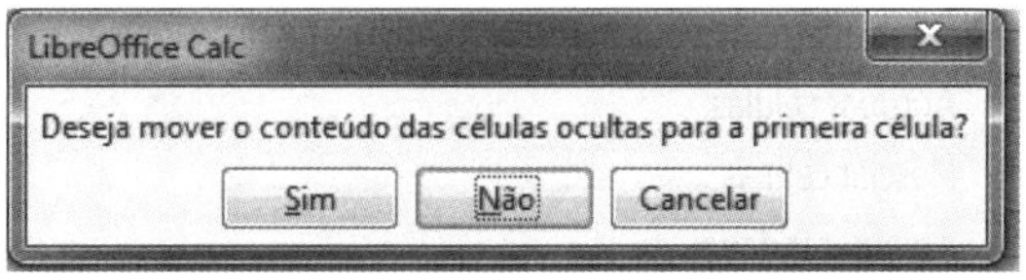

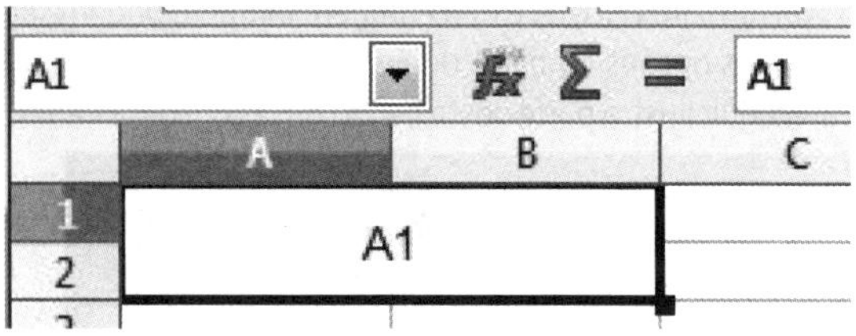

Nessa próxima sequência foi optado por mover o conteúdo para a célula superior esquerda, atente que a ordem dos dados é a mesma de leitura (esquerda para a direita e de cima para baixo).

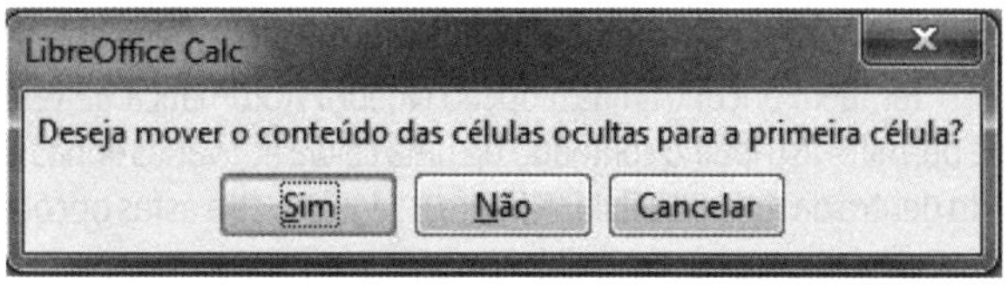

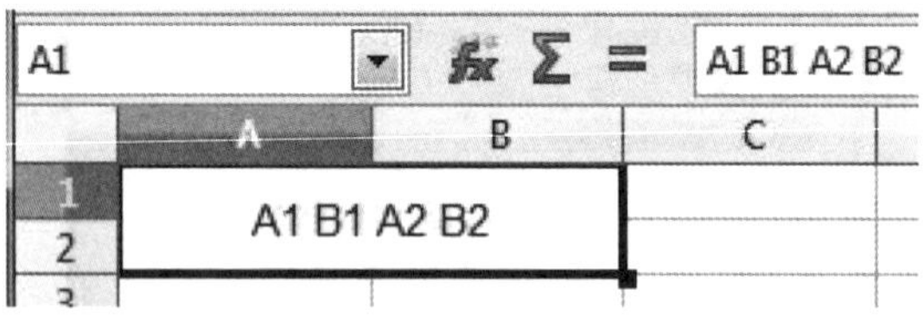

Bordas 

Por padrão, em uma planilha, o que vemos são as linhas de grade e não as bordas das células, tanto que se realizarmos a impressão nenhuma divisão aparece. As bordas devem ser aplicadas manualmente de acordo com a necessidade, para isso, pode-se usar o botão Bordas presente na barra de ferramentas de formatação que, ao ser acionado, exibe as opções de bordas, como: bordas externas, internas, esquerda, direita, dentre as demais que podem ser visualizadas na figura abaixo.

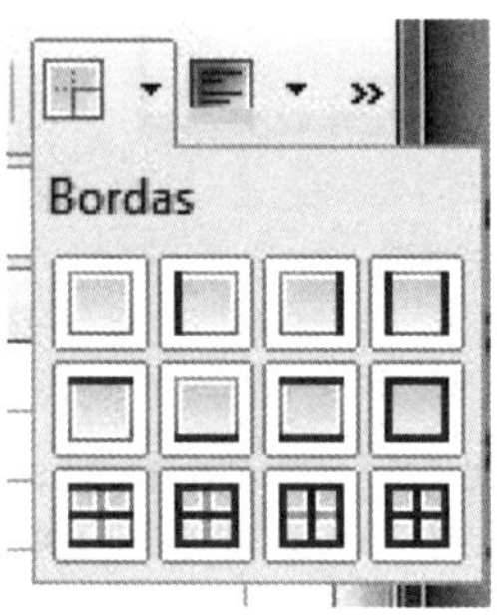

Classificar 

Outra opção que podemos destacar é a de classificação de dados, pela qual podemos ordenar um conjunto de dados selecionados em ordem crescente ou mesmo decrescente, por meio dos ícones acima representados, respectivamente.

Questões

01. (AlfaCon) Duas ou mais células de uma planilha do Microsoft Calc podem ser unidas de tal forma que passam a ser uma só célula. Assinale a alternativa que apresenta o nome desse recurso.

a) Agrupar células.

b) Mesclar células.

c) Aglomerar dados

d) Agrupar dados

e) Consolidar dados

02. (NCE/UFRJ)Ao salvar-se um documento em um aplicativo do BrOffice, esse foi criado com a extensão padrão .ods. Pode-se afirmar que o documento é:

a) uma fotografia editada;

b) um arquivo texto;

c) uma planilha;

d) uma apresentação de slide;

e) um banco de dados.

03. (Esaf) O BrOffice é uma suíte para escritório gratuita e de código aberto. Um dos aplicativos da suíte é o Calc, que é um programa de planilha eletrônica e assemelha-se ao Excel da Microsoft. O Calc é destinado à criação de planilhas e tabelas, permitindo ao usuário a inserção de equações matemáticas e auxiliando na elaboração de gráficos de acordo com os dados presentes na planilha. O Calc utiliza como padrão o formato:

a) XLS.

b) XLSX.

c) ODF.

d) PDF.

e) DOC.

04. (Funrio) Um programa de planilha eletrônica como Microsoft Excel ou BrOffice Calc permite realizar cálculos através de números e fórmulas armazenadas em células. Suponha as seguintes células preenchidas com números: A1=6, A2=5, A3=4, B1=3, B2=2, B3=1. Que valor será calculado e exibido na célula C3 caso esta tenha o conteúdo =SOMA(A2:B3)?

a) 5

b) 6

c) 12

d) 15

e) 21

05. (FCC) As células A1 até A3 de uma planilha BrOffice (Calc) contêm, respectivamente, os números: 2, 22 e 222. A célula A4 contém a fórmula =A$1*$A$2+A3 (resultado = 266) que arrastada pela alça de preenchimento para a célula A5 registrará, nesta última, o resultado (calculado)

a) 510

b) 5150

c) 6074

d) 10736

e) 63936

06. (Ceperj) Observe a planilha abaixo, no Calc do pacote BrOffice.org 3.0.

	A	B	C	D	E	F	G
1			CEDAE – 2012				
2							
3			#	Código	Nome	Leitura	Consumo
4			1	01-5009	Aldair	123	baixo
5			2	02-9876	Jussara	256	médio
6			3	03-4572	Luiz	478	alto
7			4	04-9036	Samuel	371	médio
8							

Nessa planilha foi inserida uma expressão em G4 que mostra uma mensagem, baseada no quadro a seguir.

Leitura	Consumo
Menor que 200	*baixo*
Maior ou igual a 200 e menor que 400	*médio*
Maior ou igual a 400	*alto*

Para finalizar, a expressão inserida na célula G4 foi copiada para G5, G6 e G7. Como consequência, em G7 foi inserida a seguinte expressão:

a) =SE(F7>=400;"alto";SE(F7<200;"baixo";"médio"))
b) =SE(F7>=400;"alto";SE(F7<200;"médio";"baixo"))
c) =SE(F7>=400;"baixo";SE(F7<200;"alto";"médio"))
d) =SE(F7>=400;"médio";SE(F7<200;"alto";"baixo"))
e) =SE(F7>=400;"médio";SE(F7<200;"baixo";"alto"))

Gabaritos

01	B	04	C
02	C	05	B
03	C	06	A

8. HARDWARE

O Hardware consiste da parte física de um computador, ou seja, são as peças que o compõem. As questões comumente cobradas nos concursos relacionam os tipos de periféricos e a sua classificação.

8.1 Classificação dos Dispositivos quanto à Finalidade

Os periféricos do computador são classificados de acordo com sua finalidade e uso. Assim, como classificações principais, temos as que se seguem.

Entrada

Dispositivos de Entrada são aqueles por meio dos quais o usuário entra com alguma informação para o computador. Muito cuidado: para ser classificado como de entrada, os dispositivos têm de ser apenas de entrada. A seguir os exemplos de dispositivos de entrada de dados:

> Teclado;
> Mouse;
> Webcam;
> Microfone;
> Scanner de mesa;
> Scanner de mão;
> Scanner Biométrico;
> Tablets[1];
> Kinect[2].

Saída

Classificamos como dispositivos de saída aqueles que têm por finalidade informar ao usuário o resultado de algum processamento. São exemplos de dispositivos de saída:

> Monitor;
> Impressora;
> Caixa de som.

Entrada/Saída

Os periféricos classificados nesta categoria são os que devemos tomar mais cuidado durante as provas, porque aqui se encaixam aqueles dispositivos que podemos chamar de dispositivos híbridos devido a sua capacidade de realizar tanto a tarefa de entrada como a de saída de dados. São exemplos desses dispositivos:

> Impressoras Multifuncionais;
> Telas sensíveis ao toque (TouchScreen);
> Kits multimídias[3].

1 Tablets: aqueles utilizados para desejar ou digitalizar assinaturas.

2 Kinect: é o dispositivo usado no vídeo game Xbox para entrada de movimentos do usuário, a Microsoft também o disponibilizou para ser utilizado como entrada para o computador.

3 Kit multimídia: é composto em geral por dispositivos de entrada e de saída, por isso é classificado como de Entrada/Saída.

Armazenamento

Os dispositivos de armazenamento são aqueles que nos permitem armazenar os dados e os mantêm armazenados mesmo quando não são alimentados por uma fonte de energia. A seguir temos exemplos de dispositivos de armazenamento:

> Disquete;
> CD-Rom;
> DVD-Rom;
> BD-Rom (BlueRay Disk);
> HD (Hard Disk – Disco Rígido);
> HD Externo;
> PenDrive;
> Fita Magnética;
> HD SSD;
> Cartão de Memória.

8.2 Classificação dos Dispositivos Quanto ao Tipo de Tecnologia

Podemos ainda classificar os dispositivos de acordo com a tecnologia que eles utilizam para ler as informações ou escrevê-las.

Óticos

Um dispositivo ótico é aquele que se utiliza de sinais luminosos para, principalmente, ler informações, como por exemplo:

> Scanner;
> CD;
> DVD;
> BD;
> Webcam;
> Alguns mouses.

Magnéticos

Enquanto outros dispositivos utilizam o magnetismo como forma de operação, tomamos certos cuidados com os disquetes. Atualmente as pessoas se descuidam e esquecem que os computadores usam dispositivos magnéticos como principal forma de armazenamento e acabam passando por portas magnéticas com seus notebooks, o que pode vir a danificar partes do HD.

Assim, vemos que ainda hoje é muito comum, entre os servidores de backup, o uso de fitas magnéticas, como a fita cassete, para armazenar os dados.

Elétricos

Atualmente os dispositivos elétricos são os que mais vêm sendo utilizados, principalmente pela sua velocidade de operação e praticidade de uso, como, por exemplo, o pendrive e os cartões de memória. Ainda é uma tecnologia emergente entre os usuários o HD Sólido (HD SSD), devido ao alto valor aquisitivo, porém, é um dispositivo de altíssima velocidade que resolve o maior gargalo hoje dos computadores, ou seja, substitui os HDs convencionais, que são as peças mais lentas do computador.

8.3 Arquitetura

Podemos dividir as tecnologias de hardware em arquiteturas de x86 de 32bits e a arquitetura de 64bit. Essa divisão se baseia na forma como o sistema processa as informações, quer dizer, a quantidade de informações simultâneas que o processador opera.

8.4 Processador

O termo CPU significa Unidade Central de Processamento; muitas vezes as pessoas chamam o gabinete de CPU, o que está errado, pois o processador é apenas uma das peças que compõe o gabinete. Também podemos comparar a CPU como sendo o cérebro do computador, porque ela é responsável por processar as informações e gerar um resultado.

Um processador é composto por vários registradores que possuem finalidades específicas; os principais são a ULA (Unidade Lógico-Aritmética), responsável pelos cálculos e comparações lógicas; e a UC (Unidade de Controle), que tem como responsabilidade controlar o que está sendo feito no processador.

Também faz parte do processador a memória Cache. Ela é uma pequena memória, em relação à principal, porém muito mais rápida, operando quase na mesma velocidade que o processador; alguns modelos operam na mesma velocidade que o processador.

Em um processador, podemos encontrar vários níveis de cache, nos atuais normalmente encontramos 2 níveis (level), sendo que os mais modernos já possuem 3 níveis. Em alguns modelos a cache de nível 3 é interna ao processador, junto às demais, enquanto que em outros ela fica externa a ele.

A finalidade da cache é fornecer informações mais rapidamente ao processador, a fim de minimizar o tempo em que ele fica ocioso.

Memórias

Existem diversos tipos de memórias, quando tratamos de um computador. Elas podem ser classificadas de diversas formas de acordo com suas características, o que ilustra a tabela a seguir.

Tipo de memória	Categoria	Mecanismo de apagamento	Mecanismo de escrita	Volatilidade
Memória de acesso aleatório (RAM)	Memória de leitura e escrita	Eletricamente, em nível de Bytes	Eletricamente	Volátil
Memória apenas de leitura (ROM)	memória apenas de leitura	Não é possível	Máscaras	Não Volátil
ROM programável (PROM)			Elétrico	
PROM apagável (EPROM)	Memória principalmente de leitura	Luz UV, em nível de pastilha.		
Memória flash		Eletricamente, em níveis de blocos.		
PROM eletricamente apagável (EEPROM)		Eletricamente, em nível de bytes.		

A memória RAM é a Principal do computador, também conhecida como memória de trabalho. É uma memória de leitura e escrita, porém possui natureza volátil, ou seja, quando desconectada da energia, perde todas as informações que estavam nela, por isso que, quando não salvamos um documento e o fornecimento de energia acaba, desligando o computador, perdemos parte desse trabalho. Já o HD pode ser chamado de memória secundária por ser uma memória de armazenamento não volátil.

A memória RAM é expansível, ao contrário da memória ROM.

8.5 Unidades de Medida

Na Informática, a menor unidade de medida é o bit, que consiste em um sinal verdadeiro ou falso para o computador, que, por questões de facilidade, transcreve-se na forma de 0 (zeros) e 1 (uns).

Porém, o bit apenas é uma informação pequena, então foi criado o conceito de "palavra", que passou a ser chamada de Byte. Um Byte é composto por 8 bits.

A partir disso temos as unidades K, M, G, T, P, e assim por diante, para designar tamanhos de arquivos e capacidades de armazenamentos. A cada letra multiplicamos por 1024 a quantidade da anterior. A tabela abaixo ilustra as equivalências de valores.

1 Peta (PB)	1 Tera (TB)	1 Giga (GB)	1 Mega (MB)	1 Kilo (KB)	1 Byte	bit
1024 (TB)	1024 GB	1024 MB	1024 KB	1024 Bytes	8 bits	0 ou 1

Questões

01. (FCC) Para que o computador de uma residência possa se conectar à Internet utilizando a rede telefônica fixa, é indispensável o uso de um hardware chamado:

a) Hub.

b) Modem.

c) acess point.

d) adaptador 3G.

e) switch.

02. (IPAD) O texto abaixo se refere ao anúncio de venda de um microcomputador:

Intel® Core 2 Duo E7400 2.8GHz / 4GB / 750GB|

Nele estão descritas as principais características do equipamento. Assinale a alternativa que apresenta a sequência correta dos componentes cujas propriedades estão relacionadas no anúncio:

a) Gabinete, Memória ROM e Disco rígido.

b) Processador, Memória RAM e Disco rígido.

c) Processador, Memória RAM e Unidade de CD-ROM.

d) Memória RAM, Processador e Disco rígido.

e) Gabinete, Processador e Unidade de CD-ROM.

03. (Cesgranrio) Qual dos hardwares abaixo permite conectar um microcomputador à Internet por meio da linha telefônica?

a) CPU
b) DVD
c) Modem
d) RAM
e) Winchester

04. (FCC) Adquirir um disco magnético (HD) externo de 1 TB (terabyte) significa dizer que a capacidade nominal de armazenamento aumentará em:

a) 10003 bytes ou 109 bytes.
b) 10004 bytes ou 1012 bytes.
c) 10243 bytes ou 230 bytes.
d) 10244 bytes ou 240 bytes.
e) 10243 bytes ou 168 bytes.

05. (UFPR) Sobre os componentes de um computador, considere as afirmativas abaixo:

I. O processador (ou CPU) é a parte principal do hardware do computador e é responsável pelos cálculos, execução de tarefas e processamento de dados. A velocidade com que o computador executa as tarefas ou processa dados está diretamente ligada à velocidade do processador.

II. A unidade lógica e aritmética (ULA) é a unidade central do processador, que realmente executa as operações aritméticas e lógicas entre dois números. Seus parâmetros incluem, além dos números operandos, um resultado, um comando da unidade de controle e o estado do comando após a operação.

III. A CPU contém um conjunto restrito de células de memória chamados registradores, que podem ser lidos e escritos muito mais rapidamente que em outros dispositivos de memória.

IV. A memória secundária ou memória de massa é usada para gravar grande quantidade de dados, que não são perdidos com o desligamento do computador, por um período longo de tempo. Exemplos de memória de massa incluem o disco rígido e mídias removíveis, como CD-ROM, DVD, disquete e pen-drive.

V. Os dispositivos de entrada e saída (E/S) são periféricos usados para a interação homem–máquina.

Assinale a alternativa correta.

a) Todas as afirmativas são verdadeiras.
b) Somente as afirmativas II e V são verdadeiras.
c) Somente as afirmativas I e V são verdadeiras.
d) Somente as afirmativas I, III e IV são verdadeiras.
e) Somente as afirmativas II, III e IV são verdadeiras.

06. (Cespe) O disco rígido ou HD (hard disk) é o dispositivo de armazenamento de dados mais usado nos computadores. Nele, é possível guardar não só os arquivos como também todos os dados do sistema operacional, imprescindíveis para a utilização do computador.

Certo ( ) Errado ( )

07. (Cespe) É responsável pela realização de cálculos matemáticos em um computador o componente de hardware denominado:

a) barramento do sistema.
b) teclado.
c) processador.
d) byte.
e) disquete.

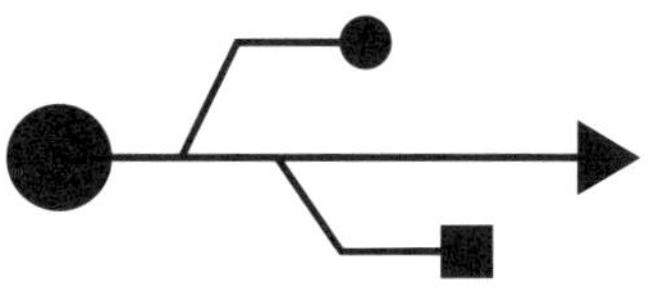

08. (Cespe) A porta padrão que corresponde ao símbolo representado na figura acima — utilizada para a conexão de pendrive em um computador — é denominada:

a) USB
b) PS2
c) DB9
d) DIMM
e) HDMI

09. (Cespe) Entre os componentes periféricos de um computador, constituem, respectivamente, exemplos de dispositivos de entrada e de saída de dados de um computador:

a) o mouse e o teclado.
b) a impressora e o microfone.
c) a impressora e o monitor LCD.
d) o teclado e o microfone.
e) o mouse e o monitor LCD.

10. (Funrio) São exemplos de dispositivos de entrada:

a) scanner e impressora.
b) teclado e mouse.
c) monitor e pen drive.
d) modem e placa de rede.
e) câmera e projetor.

Gabaritos

01	B	06	CERTO
02	B	07	C
03	C	08	A
04	D	09	E
05	A	10	B

1. ESTATUTO DA CRIANÇA E DO ADOLESCENTE

1.1 Conceitos e breve histórico

O Estatuto da Criança e do Adolescente, Lei nº 8.069 de 13 de julho de 1990, versa sobre a proteção dirigida à criança e ao adolescente bem como a aplicação de medidas no caso da prática de ato infracional.

A ideia é a **Proteção Integral** do menor, garantindo seus direitos.

Antes do atual Estatuto, o primeiro instrumento de proteção aos menores foi promulgado em 1927. Tal instrumento cuidava dos menores em situação de abandono ou quando da prática de atos infracionais (havia a denominação delinquente na época).

A Lei 6.697 de 1979 foi uma revisão do primeiro Código de Menores, mantendo as características do primeiro, introduzindo ao conceito de menor em situação irregular.

O que ambos os instrumentos tinham em comum, era a arbitrariedade.

Na década de 80 do século XX, precisamente em 1988, temos a promulgação da nossa atual Constituição, que procurou assegurar a proteção da criança e do adolescente.

Hoje, temos a atual redação do artigo 227 da CF:

> ***Art. 227.*** *É dever da família, da sociedade e do Estado assegurar à criança, ao adolescente e ao jovem, com absoluta prioridade, o direito à vida, à saúde, à alimentação, à educação, ao lazer, à profissionalização, à cultura, à dignidade, ao respeito, à liberdade e à convivência familiar e comunitária, além de colocá-los a salvo de toda forma de negligência, discriminação, exploração, violência, crueldade e opressão.*

Assim, podemos afirmar que o ECA é um microssistema para a proteção integral da criança e do adolescente, ditando normas em matéria civil, penal (aqui teremos uma diferenciação, pelo princípio da especialidade), administrativa, prevendo a responsabilização daqueles que não observem as disposições do Estatuto.

O primeiro aspecto a ser observado quando estudamos o Estatuto da Criança e do Adolescente é o que dispõe o artigo 1° da Lei, que prevê a proteção integral à criança e ao adolescente, reconhecendo a necessidade de direitos específicos para a criança e o adolescente.

O nosso Estatuto é considerado um dos mais evoluídos do mundo, pois protege a criança e o adolescente de uma forma ampla e específica.

1.2 Disposições Preliminares

Quando se fala em Estatuto da Criança e do Adolescente, a primeira diferenciação a se fazer é entre criança e adolescente. Criança é aquele indivíduo tem menos de 12 anos (12 anos incompletos) e adolescente é aquele que tem entre 12 anos e 18 anos (maior que 12 anos e menor que 18 anos).

Em casos excepcionais, o Estatuto poderá ser aplicado ao jovem até 21 anos de idade, principalmente nos casos de ato infracional praticado antes de atingir a maioridade.

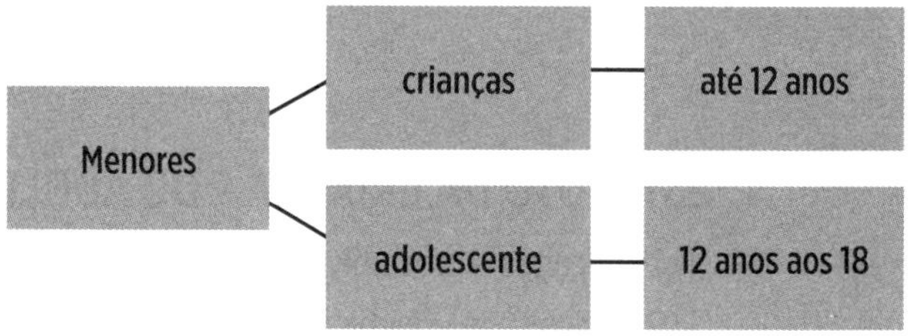

Além do Estatuto, o menor também é objeto de proteção da Constituição Federal e, por isso, goza de todos os direitos fundamentais inerentes à pessoa humana, sem prejuízo da proteção integral de que trata esta Lei, assegurando-se-lhes, por lei ou por outros meios, todas as oportunidades e facilidades, a fim de lhes facultar o desenvolvimento físico, mental, moral, espiritual e social, em condições de liberdade e de dignidade.

Os direitos referentes à vida, à saúde, à alimentação, à educação, ao esporte, ao lazer, à profissionalização, à cultura, à dignidade, ao respeito, à liberdade e à convivência familiar e comunitária devem ser assegurados pela família, comunidade, sociedade em geral e pelo poder público, pois constituem seus deveres.

Os direitos enunciados no Estatuto aplicam-se a todas as crianças e adolescentes, sem discriminação de nascimento, situação familiar, idade, sexo, raça, etnia ou cor, religião ou crença, deficiência, condição pessoal de desenvolvimento e aprendizagem, condição econômica, ambiente social, região e local de moradia ou outra condição que diferencie as pessoas, as famílias ou a comunidade em que vivem.

A garantia de prioridade compreende (artigo 4° do ECA):

- Primazia de receber proteção e socorro em quaisquer circunstâncias: existindo o perigo, os menores terão preferência no atendimento.
- Precedência de atendimento nos serviços públicos ou de relevância pública: um exemplo é o atendimento preferencial para uma gestante.
- Preferência na formulação e na execução das políticas sociais públicas: voltada para o Legislativo e Executivo, na elaboração de leis e execução das políticas.
- Destinação privilegiada de recursos públicos nas áreas relacionadas com a proteção à infância e à juventude.

No ECA, os direitos fundamentais vêm abordados nos artigos 3° e 4°, que vêm aparados na prioridade dada às crianças e aos adolescentes, em sua peculiar condição de pessoas humanas em desenvolvimento.

Nesta parte "introdutória" do Eca, temos princípios que regem o Estatuto. Dois principais princípios que regem as normas do Estatuto: da prioridade absoluta e da proteção integral à criança e ao adolescente.

O princípio da proteção integral visa que deve orientar a atuação de todos, em especial do Poder Público, para defesa e aplicação dos direitos previstos para as crianças e os adolescentes.

Em resumo, podemos afirmar que são princípios aplicados:

- Da Proteção Integral.
- Da Prioridade Absoluta.

- » Da Condição Peculiar como Pessoa em Desenvolvimento.
- » Da Ouvida e Participação Progressiva: leva-se em consideração a opinião da criança e do adolescente progressivamente, ou seja, conforme sua maturidade.
- » Do Melhor Interesse: deve-se aplicar o melhor no caso concreto.
- » Da Autonomia da Família.
- » Da Responsabilidade Parental.
- » Da Proporcionalidade: as medidas aplicadas devem ser proporcionais ao fato.
- » Da Intervenção precoce e mínima.

Na aplicação dos direitos e interpretação de casos que envolvam as crianças e adolescentes, frequentemente trataremos dos princípios da proteção integral e do melhor interesse.

Os direitos enunciados no ECA aplicam-se a todas as crianças e adolescentes, sem discriminação de nascimento, situação familiar, idade, sexo, raça, etnia ou cor, religião ou crença, deficiência, condição pessoal de desenvolvimento e aprendizagem, condição econômica, ambiente social, região e local de moradia ou outra condição que diferencie as pessoas, as famílias ou a comunidade em que vivem.

Ainda nas disposições preliminares, o Estatuto determina que nenhuma criança ou adolescente será objeto de qualquer forma de negligência, discriminação, exploração, violência, crueldade e opressão, punido na forma da lei qualquer atentado, por ação ou omissão, aos seus direitos fundamentais, determinando de forma ampla a proteção destes tutelados.

Por fim, determina o artigo 6º do ECA:

> ***Art. 6º.*** *Na interpretação desta Lei levar-se-ão em conta os fins sociais a que ela se dirige, as exigências do bem comum, os direitos e deveres individuais e coletivos, e a condição peculiar da criança e do adolescente como pessoas em desenvolvimento.*

Este dispositivo trata da hermenêutica do Estatuto, ou seja, orienta como os estudiosos e operadores do direito, como um juiz, por exemplo, devem aplicar a norma menorista. Quando se trata de levar em conta os fins sociais e a exigência do bem comum, o legislador determina que o intérprete busque a finalidade da lei e da justiça, que no caso do ECA é, respectivamente, a busca pela proteção integral da criança e do adolescente e o interesse social.

Portanto, para fins de prova, é importante atentar: o ECA visa à proteção dos menores!

1.3 Direitos Fundamentais

1.3.1 Do direito à vida e à saúde

Como gozam de direitos fundamentais, o ECA elenca a proteção de forma específica quanto à Vida e à Saúde. Trata da proteção à gestante, garantindo o bom desenvolvimento da criança, desde a sua concepção e após o nascimento.

A criança e o adolescente têm direito à proteção à vida e à saúde, mediante a efetivação de políticas sociais públicas que permitam o nascimento e o desenvolvimento sadio e harmonioso, em condições dignas de existência. Ou seja, o Estado Social deve garantir tal direito por meio de políticas sociais públicas, que são ações em esfera federal, estadual e municipal visando ao atendimento do bem coletivo.

O ECA determina ações que devem ser observadas, quais sejam:

- > É assegurado a todas as mulheres o acesso aos programas e às políticas de saúde da mulher e de planejamento reprodutivo e, às gestantes, nutrição adequada, atenção humanizada à gravidez, ao parto e ao puerpério e atendimento pré-natal, perinatal e pós-natal integral no âmbito do Sistema Único de Saúde.
- > O atendimento pré-natal será realizado por profissionais da atenção primária e os profissionais de saúde de referência da gestante garantirão sua vinculação, no último trimestre da gestação, ao estabelecimento em que será realizado o parto, garantido o direito de opção da mulher.
- > Os serviços de saúde nos quais o parto for realizado assegurarão às mulheres e aos seus filhos recém-nascidos alta hospitalar responsável e contrarreferência na atenção primária, bem como o acesso a outros serviços e a grupos de apoio à amamentação.
- > Incumbe ao poder público proporcionar assistência psicológica à gestante e à mãe, no período pré e pós-natal, inclusive como forma de prevenir ou minorar as consequências do estado puerperal. A assistência psicológica deverá ser prestada também a gestantes e mães que manifestem interesse em entregar seus filhos para adoção, bem como a gestantes e mães que se encontrem em situação de privação de liberdade.
- > A gestante e a parturiente têm direito a 1 (um) acompanhante de sua preferência durante o período do pré-natal, do trabalho de parto e do pós-parto imediato.
- > A gestante deverá receber orientação sobre aleitamento materno, alimentação complementar saudável e crescimento e desenvolvimento infantil, bem como sobre formas de favorecer a criação de vínculos afetivos e de estimular o desenvolvimento integral da criança.
- > A gestante tem direito a acompanhamento saudável durante toda a gestação e a parto natural cuidadoso, estabelecendo-se a aplicação de cesariana e outras intervenções cirúrgicas por motivos médicos.
- > A atenção primária à saúde fará a busca ativa da gestante que não iniciar ou que abandonar as consultas de pré-natal, bem como da puérpera que não comparecer às consultas pós-parto.
- > Incumbe ao poder público garantir, à gestante e à mulher com filho na primeira infância que se encontrem sob custódia em unidade de privação de liberdade, ambiência que atenda às normas sanitárias e assistenciais do Sistema Único de Saúde para o acolhimento do filho, em articulação com o sistema de ensino competente, visando ao desenvolvimento integral da criança.

A Lei 13.798/2019 instituiu, dentro dos aspectos da saúde, a Semana Nacional de Prevenção da Gravidez na Adolescência:

> ***Art. 8º-A.*** *Fica instituída a Semana Nacional de Prevenção da Gravidez na Adolescência, a ser realizada anualmente na semana que incluir o dia 1º de fevereiro, com o objetivo de disseminar informações sobre medidas preventivas e educativas que contribuam para a redução da incidência da gravidez na adolescência.*
>
> ***Parágrafo único.*** *As ações destinadas a efetivar o disposto no caput deste artigo ficarão a cargo do poder público, em conjunto com organizações da sociedade civil, e serão dirigidas prioritariamente ao público adolescente*

> O poder público, as instituições e os empregadores propiciarão condições adequadas ao aleitamento materno, inclusive aos filhos de mães submetidas à medida privativa de liberdade.

> Os profissionais das unidades primárias de saúde desenvolverão ações sistemáticas, individuais ou coletivas, visando ao planejamento, à implementação e à avaliação de ações de promoção, proteção e apoio ao aleitamento materno e à alimentação complementar saudável, de forma contínua.

> Os serviços de unidades de terapia intensiva neonatal deverão dispor de banco de leite humano ou unidade de coleta de leite humano.

Ainda, determina artigo 10 do ECA:

> ***Art. 10.*** *Os hospitais e demais estabelecimentos de atenção à saúde de gestantes, públicos e particulares, são obrigados a:*
>
> ***I.*** *manter registro das atividades desenvolvidas, através de prontuários individuais, pelo prazo de dezoito anos;*
>
> ***II.*** *identificar o recém-nascido mediante o registro de sua impressão plantar e digital e da impressão digital da mãe, sem prejuízo de outras formas normatizadas pela autoridade administrativa competente;*
>
> ***III.*** *proceder a exames visando ao diagnóstico e terapêutica de anormalidades no metabolismo do recém-nascido, bem como prestar orientação aos pais;*
>
> ***IV.*** *fornecer declaração de nascimento onde constem necessariamente as intercorrências do parto e do desenvolvimento do neonato;*
>
> ***V.*** *manter alojamento conjunto, possibilitando ao neonato a permanência junto à mãe.*
>
> ***VI.*** *acompanhar a prática do processo de amamentação, prestando orientações quanto à técnica adequada, enquanto a mãe permanecer na unidade hospitalar, utilizando o corpo técnico já existente.*

> É assegurado acesso integral às linhas de cuidado voltadas à saúde da criança e do adolescente, por intermédio do Sistema Único de Saúde, observado o princípio da equidade no acesso a ações e serviços para promoção, proteção e recuperação da saúde.

> A criança e o adolescente com deficiência serão atendidos, sem discriminação ou segregação, em suas necessidades gerais de saúde e específicas de habilitação e reabilitação.

> Incumbe ao poder público fornecer gratuitamente, àqueles que necessitarem, medicamentos, órteses, próteses e outras tecnologias assistivas relativas ao tratamento, habilitação ou reabilitação para crianças e adolescentes, de acordo com as linhas de cuidado voltadas às suas necessidades específicas.

> Os profissionais que atuam no cuidado diário ou frequente de crianças na primeira infância receberão formação específica e permanente para a detecção de sinais de risco para o desenvolvimento psíquico, bem como para o acompanhamento que se fizer necessário.

> Os estabelecimentos de atendimento à saúde, inclusive as unidades neonatais, de terapia intensiva e de cuidados intermediários, deverão proporcionar condições para a permanência em tempo integral de um dos pais ou responsável, nos casos de internação de criança ou adolescente.

> Os casos de suspeita ou confirmação de castigo físico, de tratamento cruel ou degradante e de maus-tratos contra criança ou adolescente serão obrigatoriamente comunicados ao Conselho Tutelar da respectiva localidade, sem prejuízo de outras providências legais.

> As gestantes ou mães que manifestem interesse em entregar seus filhos para adoção serão obrigatoriamente encaminhadas, sem constrangimento, à Justiça da Infância e da Juventude.

> Os serviços de saúde em suas diferentes portas de entrada, os serviços de assistência social em seu componente especializado, o Centro de Referência Especializado de Assistência Social (CREAS) e os demais órgãos do Sistema de Garantia de Direitos da Criança e do Adolescente deverão conferir máxima prioridade ao atendimento das crianças na faixa etária da primeira infância com suspeita ou confirmação de violência de qualquer natureza, formulando projeto terapêutico singular que inclua intervenção em rede e, se necessário, acompanhamento domiciliar.

> O Sistema Único de Saúde promoverá programas de assistência médica e odontológica para a prevenção das enfermidades que ordinariamente afetam a população infantil, e campanhas de educação sanitária para pais, educadores e alunos.

> É obrigatória a vacinação das crianças nos casos recomendados pelas autoridades sanitárias.

> O Sistema Único de Saúde promoverá a atenção à saúde bucal das crianças e das gestantes, de forma transversal, integral e intersetorial com as demais linhas de cuidado direcionadas à mulher e à criança.

> A atenção odontológica à criança terá função educativa protetiva e será prestada, inicialmente, antes de o bebê nascer, por meio de aconselhamento pré-natal, e, posteriormente, no sexto e no décimo segundo anos de vida, com orientações sobre saúde bucal.

> A criança com necessidade de cuidados odontológicos especiais será atendida pelo Sistema Único de Saúde.

1.3.2 Do direito à liberdade, ao respeito e à dignidade

Dentro dos Direitos Fundamentais, também será resguardado o direito à Liberdade, ao Respeito e à Dignidade.

Cada um é conceituado de forma diferenciada no ECA. Vejamos:

→ Direito à liberdade: compreende os seguintes aspectos:

> Ir, vir e estar nos logradouros públicos e espaços comunitários, ressalvadas as restrições legais.

> Opinião e expressão.

> Crença e culto religioso.

> Brincar, praticar esportes e divertir-se.

> Participar da vida familiar e comunitária, sem discriminação.

> Participar da vida política, na forma da lei.

> Buscar refúgio, auxílio e orientação.

→ Direito ao respeito: consiste na inviolabilidade da integridade física, psíquica e moral da criança e do adolescente, abrangendo a preservação da imagem, da identidade, da autonomia, dos valores, ideias e crenças, dos espaços e objetos pessoais.

→ Direito à dignidade: como pessoas humanas em processo de desenvolvimento e como sujeitos de direitos civis, humanos e sociais garantidos na Constituição e nas leis, é dever de todos velar pela dignidade da criança e do adolescente, pondo-os a salvo de qualquer tratamento desumano, violento, aterrorizante, vexatório ou constrangedor.

Com os diversos casos de abusos nos castigos por parte dos pais ou responsáveis, já que em nossa cultura é muito forte a ideia de bater para educar, foi publicada a Lei 13.010/2014, que ficou conhecida como "Lei da Palmada" ou "Menino Bernardo". Ela acrescentou dispositivos sobre a dignidade. Vejamos:

> ***Art. 18-A.*** *A criança e o adolescente têm o direito de ser educados e cuidados sem o uso de castigo físico ou de tratamento cruel ou degradante, como formas de correção, disciplina, educação ou qualquer outro pretexto, pelos pais, pelos integrantes da família ampliada, pelos responsáveis, pelos agentes públicos executores de medidas socioeducativas ou por qualquer pessoa encarregada de cuidar deles, tratá-los, educá-los ou protegê-los.*
>
> ***Parágrafo único.*** *Para os fins desta Lei, considera-se:*
>
> ***I.*** *castigo físico: ação de natureza disciplinar ou punitiva aplicada com o uso da força física sobre a criança ou o adolescente que resulte em:*
>
> ***a)*** *sofrimento físico; ou*
>
> ***b)*** *lesão;*
>
> ***II.*** *tratamento cruel ou degradante: conduta ou forma cruel de tratamento em relação à criança ou ao adolescente que:*
>
> ***a)*** *humilhe; ou*
>
> ***b)*** *ameace gravemente; ou*
>
> ***c)*** *ridicularize.*

O artigo 18-B prevê sanções quando imposto tratamento cruel ou degradante ou castigo físico:

> ***Art. 18-B.*** *Os pais, os integrantes da família ampliada, os responsáveis, os agentes públicos executores de medidas socioeducativas ou qualquer pessoa encarregada de cuidar de crianças e de adolescentes, tratá-los, educá-los ou protegê-los que utilizarem castigo físico ou tratamento cruel ou degradante como formas de correção, disciplina, educação ou qualquer outro pretexto estarão sujeitos, sem prejuízo de outras sanções cabíveis, às seguintes medidas, que serão aplicadas de acordo com a gravidade do caso:*
>
> ***I.*** *encaminhamento a programa oficial ou comunitário de proteção à família;*
>
> ***II.*** *encaminhamento a tratamento psicológico ou psiquiátrico;*
>
> ***III.*** *encaminhamento a cursos ou programas de orientação;*
>
> ***IV.*** *obrigação de encaminhar a criança a tratamento especializado;*
>
> ***V.*** *advertência.*
>
> ***Parágrafo único.*** *As medidas previstas neste artigo serão aplicadas pelo Conselho Tutelar, sem prejuízo de outras providências legais.*

Percebe-se que o parágrafo único prevê aplicação das medidas pelo Conselho Tutelar, sem prejuízo de medidas que possam ser adotadas pelo Poder Judiciário. Inclusive, dependendo da gravidade, os pais podem ser suspensos do poder familiar.

1.3.3 Do direito à convivência familiar

É direito da criança e do adolescente ser criado e educado no seio de sua família e, excepcionalmente, em família substituta, assegurada a convivência familiar e comunitária, em ambiente que garanta seu desenvolvimento integral.

Família natural é aquela formada por pai, mãe, irmãos... ou seja, formada pelos pais (ou qualquer deles) e seus descendentes.

Já a família substituta vem substituir aquela, por meio, por exemplo, da adoção.

Além disso, é importante conceituar que família extensa ou ampliada é aquela formada por parentes próximos com os quais o menor convive e mantém vínculos de afetividade e afinidade. Tal conceito de família vai além da unidade de pais e filhos ou da unidade do casal.

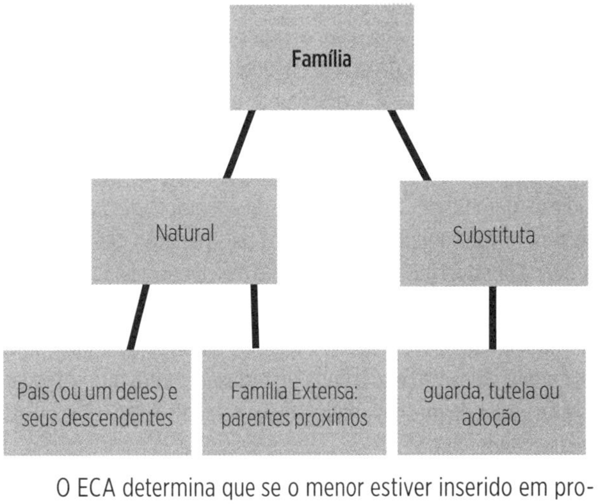

O ECA determina que se o menor estiver inserido em programa de **acolhimento familiar ou institucional**, a sua situação será reavaliada, no máximo a cada **três meses**, devendo a autoridade judiciária fundamentar pela reintegração familiar ou colocação em família substituta.

Mas o que é o acolhimento institucional ou familiar? O acolhimento é realizado em instituições para tal finalidade ou em residências de famílias previamente cadastradas. Tal acolhimento é considerado uma medida protetiva. Assim, o menor passa a viver com outra família ou em uma instituição para regressar à sua família ou destinar-se a uma família substituta.

O acolhimento institucional é a "ultima opção", ocorre de maneira subsidiária.

Devemos ter em mente que as ações articuladas pelo Estado devem respeitar o máximo possível os princípios da autonomia da família e da responsabilidade parental.

O menor permanecerá **acolhido institucionalmente** por, no **máximo, 18 meses, exceto** em situação que atenda a seu próprio interesse.

É importante ressaltar que não haverá diferenciação entre os filhos havidos no casamento e os fora dele, como também não haverá diferenciação em relação aos filhos adotados, o que em tempos remotos ocorreu em nosso país.

Cabe aos pais (pai e mãe), de forma igualitária, exercer o poder familiar (expressão que antes era denominada pátrio poder), que poderá ser perdido caso não cumpram seu dever de sustento, guarda e educação dos filhos menores e as determinações judiciais.

A falta ou a carência de recursos materiais não constituem motivos suficientes para a perda ou a suspensão do poder familiar. Caso seja necessário, a família será incluída em programas oficiais de auxílio. Cuidado: frequentemente aparece nos concursos que a falta de recursos materiais é causa da perda da guarda do menor.

O ECA deixa expresso que a manutenção ou a reintegração de criança ou adolescente à sua família terão preferência em relação a qualquer outra providência, caso em que será esta incluída em serviços e programas de proteção, apoio e promoção.

A ideia do Estatuto é sempre manter o menor em sua família de origem, com seus genitores, excepcionalmente retirá-los.

Portanto, não existindo outro motivo que, por si só, autorize a decretação da medida, a criança ou o adolescente serão mantidos na família de origem, a qual deverá obrigatoriamente ser incluída em serviços e programas oficiais de proteção, apoio e promoção.

A perda do poder familiar ocorre somente por sentença judicial, garantindo-se o contraditório e a ampla defesa, ou seja, correrá processo judicial, no qual os pais poderão defender-se e provar a possível falta de fundamento das denúncias.

A condenação criminal do pai ou da mãe não implicará a destituição do poder familiar, exceto na hipótese de condenação por crime doloso sujeito à pena de reclusão contra outrem igualmente titular do mesmo poder familiar ou contra filho, filha ou outro descendente.

Será garantida a convivência da criança e do adolescente com a mãe ou o pai privado de liberdade, por meio de visitas periódicas promovidas pelo responsável ou, nas hipóteses de acolhimento institucional, pela entidade responsável, independentemente de autorização judicial.

Será garantida a convivência integral da criança com a mãe adolescente que estiver em acolhimento institucional.

A mãe adolescente será assistida por equipe especializada multidisciplinar.

1.3.3.1 Da genitora que deseja entregar filho para adoção

A gestante ou mãe que manifeste interesse em entregar seu filho para adoção, antes ou logo após o nascimento, será encaminhada à Justiça da Infância e da Juventude, sendo devidamente ouvida por equipe interprofissional da Justiça.

Após a oitiva, a equipe apresentará relatório à autoridade judiciária, devendo levar em consideração eventuais efeitos do estado gestacional e puerperal.

Com o relatório em mãos, a autoridade poderá determinar o encaminhamento da gestante ou mãe, quando esta concordar, para recebimento de tratamento especializado em saúde e assistência médica, na rede pública.

Na sequência, busca-se a família extensa para verificar a possibilidade de inserção da criança na própria família, existindo interessados aptos.

A lei determina que a busca à família extensa, conforme definida na lei, respeitará o **prazo máximo de 90 (noventa) dias, prorrogável por igual período.**

Na hipótese de não haver a indicação do genitor e de não existir outro representante da família extensa apto a receber a guarda, a autoridade judiciária competente deverá decretar a extinção do poder familiar e determinar a colocação da criança sob a guarda provisória de quem estiver habilitado a adotá-la ou de entidade que desenvolva programa de acolhimento familiar ou institucional.

Após o nascimento da criança, a vontade da mãe ou de ambos os genitores, se houver pai registral ou pai indicado, deve ser manifestada na audiência (seguindo até mesmo regras da adoção, em que os genitores devem manifestar a concordância com a medida), na qual será acolhida concordância para colocação em família substituta, garantido o sigilo sobre a entrega.

Os detentores da guarda possuem o prazo de 15 (quinze) dias para propor a ação de adoção, contado do dia seguinte à data do término do estágio de convivência. Ou seja, nesse momento se inicia o procedimento de adoção, com a antecedência do prazo de estágio de convivência.

Na hipótese de desistência pelos genitores - manifestada em audiência ou perante a equipe interprofissional - da entrega da criança após o nascimento, a criança será mantida com os genitores, e será determinado pela Justiça da Infância e da Juventude o acompanhamento familiar pelo **prazo de 180 (cento e oitenta) dias.**

É garantido à mãe o direito ao sigilo sobre o nascimento, respeitada a possibilidade de o menor conhecer sua origem biológica.

→ Atenção aos prazos:
  - 90 dias: busca de família extensa;
  - 180 dias: acompanhamento familiar na desistência de entrega da criança.

1.3.3.2 Apadrinhamento

Com a entrada em vigor da lei nº 13.509, de 22 de novembro de 2017, que dispõe sobre adoção o ECA prevê a possibilidade de apadrinhamento, que pode ser de forma afetiva ou financeira, de crianças e adolescentes em acolhimento institucional.

O apadrinhamento, conforme conceitua a lei, consiste em estabelecer e proporcionar à criança e ao adolescente vínculos externos à instituição para fins de convivência familiar e comunitária e colaboração com o seu desenvolvimento nos aspectos social, moral, físico, cognitivo, educacional e financeiro. Existe a possibilidade de pessoas jurídicas poderem apadrinhar criança ou adolescente a fim de colaborar para o seu desenvolvimento.

O perfil da criança ou do adolescente a ser apadrinhado será definido no âmbito de cada programa de apadrinhamento, com prioridade para crianças ou adolescentes com remota possibilidade de reinserção familiar ou colocação em família adotiva. Os programas ou serviços de apadrinhamento apoiados pela Justiça da Infância e da Juventude poderão ser executados por órgãos públicos ou por organizações da sociedade civil.

Se ocorrer violação das regras de apadrinhamento, os responsáveis pelo programa e pelos serviços de acolhimento deverão imediatamente notificar a autoridade judiciária competente, que tomará as medidas necessárias.

1.4 Da Família Natural

Conforme já conceituado, família natural é a comunidade formada pelos pais (ou qualquer deles) e seus descendentes. A família extensa ou ampliada é aquela formada por parentes próximos com os quais o menor convive e mantém vínculos de afetividade e afinidade, que vai além da unidade de pais e filhos ou da unidade do casal.

O reconhecimento de paternidade para os filhos havidos fora do casamento poderá ser feito, conjunta ou separadamente:

→ por próprio termo do nascimento;

→ por testamento;

→ mediante escritura; ou

→ por outro documento público.

O reconhecimento pode preceder o nascimento do filho ou suceder-lhe ao falecimento, se deixar descendentes.

O reconhecimento do estado de filiação é direito personalíssimo, indisponível e imprescritível, podendo ser exercitado contra os pais ou seus herdeiros, sem qualquer restrição.

Além disso, não haverá nenhuma distinção entre os filhos. Aos pais incumbe o dever de sustento, guarda e educação dos filhos menores.

Aos pais também cabe cuidar dos interesses dos seus filhos quanto à obrigação de cumprir e fazer cumprir as determinações judiciais (exemplo: pensão alimentícia, herança).

A mãe e o pai, ou os responsáveis, têm direitos iguais e deveres e responsabilidades compartilhados no cuidado e na educação da criança, devendo ser resguardado o direito de transmissão familiar de suas crenças e culturas.

1.4.1 Da família substituta

1.4.1.1 Primeiras considerações

A colocação em família substituta será feita mediante guarda, tutela ou adoção.

A colocação do adolescente em família substituta dependerá de seu consentimento, porém, sempre que possível, o menor será ouvido por equipe interprofissional, como, por exemplo, psicólogo, buscando sempre o que é melhor para o menor.

Os irmãos serão colocados sob guarda, tutela ou adoção da mesma família substituta, ressalvada a existência de risco de abuso ou outra excepcionalidade, evitando-se o rompimento do vínculo familiar.

Em se tratando de criança ou adolescente indígena ou proveniente de comunidade remanescente de quilombo, é ainda obrigatório:

a) que sejam consideradas e respeitadas sua identidade social e cultural, os seus costumes e tradições, bem como suas instituições, desde que não sejam incompatíveis com os direitos fundamentais reconhecidos pelo ECA e pela Constituição Federal;
b) que a colocação familiar ocorra, prioritariamente, no seio de sua comunidade ou junto a membros da mesma etnia;
c) a intervenção e oitiva de representantes do órgão federal responsável pela política indigenista, no caso de crianças e adolescentes indígenas, e de antropólogos, perante a equipe interprofissional ou multidisciplinar que irá acompanhar o caso.

Caso se revele, por qualquer modo, incompatibilidade com a natureza da medida ou não oferecimento de ambiente familiar adequado, não será deferida a colocação em família substituta.

Não será admitida a transferência de criança ou adolescente (que tenham sido colocados em família substituta) a terceiros ou a entidades governamentais ou não governamentais, sem autorização judicial.

A colocação em família substituta estrangeira constitui medida excepcional, somente admissível na modalidade de adoção.

Aquele que assumir a guarda ou tutela se compromete a desempenhar o encargo bem e fielmente.

A inclusão de criança ou adolescente em programas de acolhimento familiar terá preferência a seu acolhimento institucional, sempre resguardando o caráter temporário e excepcional da medida.

No caso de acolhimento familiar, a pessoa ou casal cadastrado no programa poderá receber a criança ou adolescente mediante guarda, observado o que dispõe a lei sobre a matéria.

A União apoiará a implementação de serviços de acolhimento em família acolhedora como política pública, os quais deverão dispor de equipe que organize o acolhimento temporário de crianças e de adolescentes em residências de famílias selecionadas, capacitadas e acompanhadas que não estejam no cadastro de adoção.

Ainda prevê o ECA que poderão ser utilizados recursos federais, estaduais, distritais e municipais para a manutenção dos serviços de acolhimento em família acolhedora, facultando-se o repasse de recursos para a própria família acolhedora.

1.4.1.2 Da guarda

A guarda destina-se a regularizar a posse de fato, podendo ser deferida, liminar ou incidentalmente, nos procedimentos de tutela e adoção, exceto no de adoção por estrangeiros. Além disso, a guarda obriga a prestação de assistência material, moral e educacional à criança ou ao adolescente, conferindo a seu detentor o direito de opor-se a terceiros, inclusive aos pais.

Ou seja, por meio da guarda, o menor fica sob a responsabilidade e companhia daquele determinado como seu guardião em processo judicial.

Excepcionalmente, poderá ser concedida a guarda fora dos casos de tutela e adoção, para atender a situações peculiares ou suprir a falta eventual dos pais ou responsável.

A guarda confere à criança ou ao adolescente a condição de dependente, para todos os fins e efeitos de direito, inclusive previdenciários.

Já a guarda conferida a terceiros não retira dos pais o direito de visitas e o dever de prestar alimentos, salvo expressa e fundamentada determinação em contrário, da autoridade judiciária.

O poder público estimulará, por meio de assistência jurídica, incentivos fiscais e subsídios, o acolhimento, sob a forma de guarda, de criança ou adolescente afastado do convívio familiar.

A guarda poderá ser revogada a qualquer tempo, mediante ato judicial fundamentado, ouvido o Ministério Público.

1.4.1.3 Da tutela

A tutela será deferida a pessoa de até 18 (dezoito) anos incompletos e seu deferimento pressupõe a prévia decretação da perda ou suspensão do poder familiar e implica necessariamente o dever de guarda.

Determina o Código Civil que o menor será posto sob tutela:

> ***Art. 1.***728. *Os filhos menores são postos em tutela:*
>
> ***I.*** *com o falecimento dos pais, ou sendo estes julgados ausentes;*
>
> ***II.*** *em caso de os pais decaírem do poder familiar.*

O tutor nomeado por testamento ou qualquer documento autêntico, conforme previsto na lei civil, deverá, no prazo de 30 (trinta) dias após a abertura da sucessão, ingressar com pedido destinado ao controle judicial do ato.

Mesmo se os pais nomearem um tutor, este será avaliado se é a melhor opção para o menor e se tem condições de assumir o encargo.

Em falta de tutor nomeado pelos pais, incumbe a tutela aos parentes consanguíneos do menor, por esta ordem:

- aos ascendentes, preferindo o de grau mais próximo ao mais remoto;
- aos colaterais até o terceiro grau, preferindo os mais próximos aos mais remotos, e, no mesmo grau, os mais velhos aos mais moços; em qualquer dos casos, o juiz escolherá entre eles o mais apto a exercer a tutela em benefício do menor.

A tutela será destituída quando o tutor não cumprir com seus deveres e obrigações; dar-se-á por meio de processo judicial, garantido o contraditório e a ampla defesa.

1.4.1.4 Da adoção

A adoção é medida excepcional e irrevogável, não podendo ser feita por procuração.

É possível até mesmo casar por procuração (quando outro realiza ato em seu lugar), mas na adoção, isso é expressamente vedado!

A adoção atribui a condição de filho ao adotado, com os mesmos direitos e deveres dos filhos legítimos, inclusive sucessórios, desligando-o de qualquer vínculo com pais e parentes, salvo impedimentos matrimoniais.

O adotando (quem é adotado) deve contar com, no máximo, dezoito anos à data do pedido, salvo se já estiver sob a guarda ou tutela dos adotantes (quem adota).

Se um dos cônjuges ou concubinos adota o filho do outro, mantêm-se os vínculos de filiação entre o adotado e o cônjuge ou concubino do adotante e os respectivos parentes.

Os maiores de 18 anos podem adotar, exceto se forem ascendentes ou irmãos do adotando, e o adotante precisa ser, pelo menos, dezesseis anos mais velho do que o adotando.

É possível a adoção conjunta, desde que os adotantes sejam casados civilmente ou mantenham união estável, comprovada a estabilidade da família.

Os divorciados, os judicialmente separados e os ex-companheiros podem adotar conjuntamente, contanto que acordem sobre a guarda (que poderá ser compartilhada) e o regime de visitas e desde que o estágio de convivência tenha sido iniciado na constância do período de convivência, restando comprovada a existência de vínculos de afinidade e afetividade com aquele não detentor da guarda, que justifiquem a excepcionalidade da concessão.

A adoção poderá ser deferida ao adotante que, após inequívoca manifestação de vontade, vier a falecer no curso do procedimento, antes de prolatada a sentença também conhecida como adoção póstuma, ou seja, que acontece depois da morte de alguém.

Assim sendo, é importante observar:

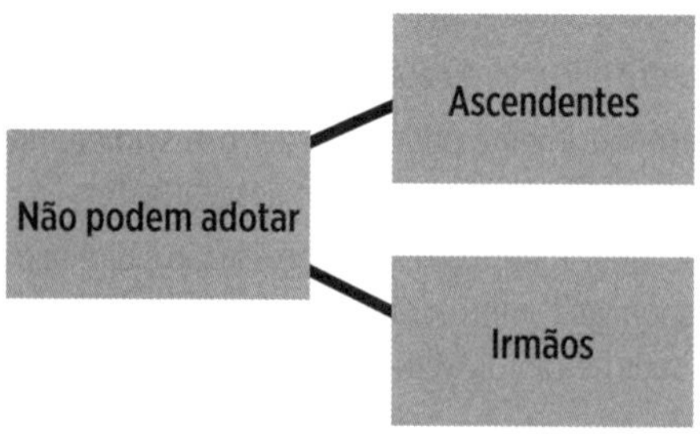

A morte dos adotantes não restabelece o poder familiar dos pais naturais.

O tutor ou o curador somente pode adotar o pupilo ou curatelado depois que der conta de sua administração e saldar o seu alcance.

O Código Civil, em seu art. 1.620, conservou o mesmo princípio: "Enquanto não der contas de sua administração e não saldar o débito, não poderá o tutor ou curador adotar o pupilo ou o curatelado".

A adoção depende do consentimento dos pais ou do representante legal do adotando e, em sendo o caso, do adolescente. Esse consentimento será dispensado no caso de crianças com pais desconhecidos ou sem o poder familiar.

A adoção será precedida de estágio de convivência com a criança ou adolescente, por no máximo 90 dias (podendo o juiz pode prorrogar por igual prazo) observadas as peculiaridades do caso e a idade do menor, podendo ser dispensada caso o adotando já estiver sob a tutela ou guarda legal do adotante durante tempo suficiente para que seja possível avaliar a conveniência da constituição do vínculo, não dispensando, por si só, a guarda de fato.

Em caso de adoção por pessoa ou casal residente ou domiciliado fora do País, o estágio de convivência, cumprido no território nacional, será de, no mínimo, 30 dias e, no máximo, 45 dias, prorrogável por igual período, uma única vez, por decisão judicial fundamentada.

Após este esse período, equipe interprofissional emitirá laudo recomendando ou não a adoção.

O vínculo de adoção constitui-se por sentença judicial que será inscrita no registro civil mediante mandado do qual não se fornecerá certidão. A inscrição consignará o nome dos adotantes como pais, bem como o nome de seus ascendentes e o mandado judicial cancelará o registro original do adotado. Caso deseje, o adotante poderá pedir para que o novo registro seja lavrado no Cartório de Registro Civil do município de sua residência.

A sentença conferirá ao adotado o nome (patronímico) do adotante e poderá ser modificado também o prenome a pedido do adotante ou do adotado, se for do adotante, o adotado deverá ser ouvido e ser for maior de 12 anos, dependerá de seu consentimento.

A adoção produz efeitos a partir do trânsito em julgado da sentença constitutiva, salvo na hipótese de deferimento de adoção à pessoa falecida, e desde que iniciado processo de adoção anteriormente, produzirão efeitos a partir do óbito.

Para não esquecer:

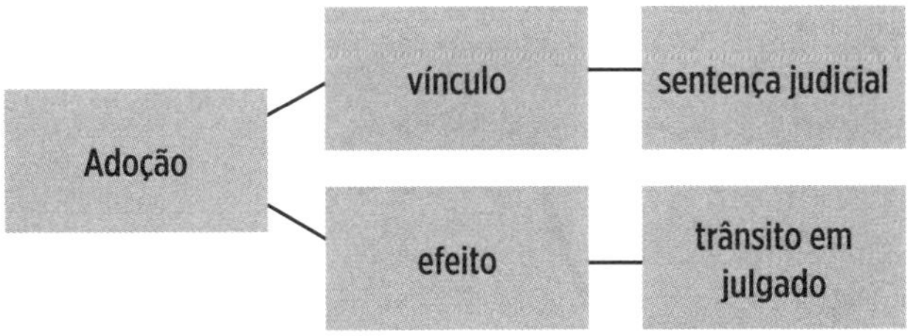

Ao adotado, após completar 18 anos, é assegurado o direito de conhecer sua origem biológica, bem como de obter acesso irrestrito ao processo no qual a medida foi aplicada. Esse acesso também pode ser deferido ao menor de 18 anos, assegurada orientação e assistência jurídica e psicológica.

A autoridade judiciária manterá, em cada comarca ou foro regional, um registro de crianças e adolescentes em condições de serem adotados e outro de pessoas interessadas na adoção.

Para isso, serão criados e implementados cadastros estaduais e o nacional de crianças e adolescentes em condições de serem adotados e de pessoas ou casais habilitados à adoção.

A alimentação do cadastro e a convocação criteriosa dos postulantes à adoção serão fiscalizadas pelo Ministério Público.

1.4.2 Adoção Internacional

Não é tema frequente, porém, fica de complementação o procedimento da adoção internacional, previsto no artigo Art. 52 do ECA:

> ***Art. 52.*** *A adoção internacional observará o procedimento previsto nos arts. 165 a 170 desta Lei, com as seguintes adaptações:*
>
> ***I.*** *a pessoa ou casal estrangeiro, interessado em adotar criança ou adolescente brasileiro, deverá formular pedido de habilitação à adoção perante a Autoridade Central em matéria de adoção internacional no país de acolhida, assim entendido aquele onde está situada sua residência habitual;*
>
> ***II.*** *se a Autoridade Central do país de acolhida considerar que os solicitantes estão habilitados e aptos para adotar, emitirá um relatório que contenha informações sobre a identidade, a capacidade jurídica e adequação dos solicitantes para adotar, sua situação pessoal, familiar e médica, seu meio social, os motivos que os animam e sua aptidão para assumir uma adoção internacional;*
>
> ***III.*** *a Autoridade Central do país de acolhida enviará o relatório à Autoridade Central Estadual, com cópia para a Autoridade Central Federal Brasileira;*
>
> ***IV.*** *o relatório será instruído com toda a documentação necessária, incluindo estudo psicossocial elaborado por equipe interprofissional habilitada e cópia autenticada da legislação pertinente, acompanhada da respectiva prova de vigência;*
>
> ***V.*** *os documentos em língua estrangeira serão devidamente autenticados pela autoridade consular, observados os tratados e convenções internacionais, e acompanhados da respectiva tradução, por tradutor público juramentado;*
>
> ***VI.*** *a Autoridade Central Estadual poderá fazer exigências e solicitar complementação sobre o estudo psicossocial do postulante estrangeiro à adoção, já realizado no país de acolhida;*
>
> ***VII.*** *verificada, após estudo realizado pela Autoridade Central Estadual, a compatibilidade da legislação estrangeira com a nacional, além do preenchimento por parte dos postulantes à medida dos requisitos objetivos e subjetivos necessários ao seu deferimento, tanto à luz do que dispõe esta Lei como da legislação do país de acolhida, será expedido laudo de habilitação à adoção internacional, que terá validade por, no máximo, 1 (um) ano;*
>
> ***VIII.*** *de posse do laudo de habilitação, o interessado será autorizado a formalizar pedido de adoção perante o Juízo da Infância e da Juventude do local em que se encontra a criança ou adolescente, conforme indicação efetuada pela Autoridade Central Estadual.*
>
> ***§ 1º*** *Se a legislação do país de acolhida assim o autorizar, admite-se que os pedidos de habilitação à adoção sejam intermediados por organismos credenciados.*
>
> ***§ 2º*** *Incumbe à Autoridade Central Federal Brasileira o credenciamento de organismos nacionais e estrangeiros encarregados de intermediar pedidos de habilitação à adoção internacional, com posterior comunicação às Autoridades Centrais Estaduais e publicação nos órgãos oficiais de imprensa e em sítio próprio da internet.*
>
> ***§ 3º*** *Somente será admissível o credenciamento de organismos que:*
>
> ***I.*** *sejam oriundos de países que ratificaram a Convenção de Haia e estejam devidamente credenciados pela Autoridade Central do país onde estiverem sediados e no país de acolhida do adotando para atuar em adoção internacional no Brasil;*

II. satisfizerem as condições de integridade moral, competência profissional, experiência e responsabilidade exigidas pelos países respectivos e pela Autoridade Central Federal Brasileira;

III. forem qualificados por seus padrões éticos e sua formação e experiência para atuar na área de adoção internacional;

IV. cumprirem os requisitos exigidos pelo ordenamento jurídico brasileiro e pelas normas estabelecidas pela Autoridade Central Federal Brasileira.

***§ 4º** Os organismos credenciados deverão ainda*

I. perseguir unicamente fins não lucrativos, nas condições e dentro dos limites fixados pelas autoridades competentes do país onde estiverem sediados, do país de acolhida e pela Autoridade Central Federal Brasileira;

II. ser dirigidos e administrados por pessoas qualificadas e de reconhecida idoneidade moral, com comprovada formação ou experiência para atuar na área de adoção internacional, cadastradas pelo Departamento de Polícia Federal e aprovadas pela Autoridade Central Federal Brasileira, mediante publicação de portaria do órgão federal competente;

III. estar submetidos à supervisão das autoridades competentes do país onde estiverem sediados e no país de acolhida, inclusive quanto à sua composição, funcionamento e situação financeira;

IV. apresentar à Autoridade Central Federal Brasileira, a cada ano, relatório geral das atividades desenvolvidas, bem como relatório de acompanhamento das adoções internacionais efetuadas no período, cuja cópia será encaminhada ao Departamento de Polícia Federal;

V. enviar relatório pós-adotivo semestral para a Autoridade Central Estadual, com cópia para a Autoridade Central Federal Brasileira, pelo período mínimo de 2 (dois) anos. O envio do relatório será mantido até a juntada de cópia autenticada do registro civil, estabelecendo a cidadania do país de acolhida para o adotado;

VI. tomar as medidas necessárias para garantir que os adotantes encaminhem à Autoridade Central Federal Brasileira cópia da certidão de registro de nascimento estrangeira e do certificado de nacionalidade tão logo lhes sejam concedidos.

***§ 5º** A não apresentação dos relatórios referidos no § 4º deste artigo pelo organismo credenciado poderá acarretar a suspensão de seu credenciamento.*

***§ 6º** O credenciamento de organismo nacional ou estrangeiro encarregado de intermediar pedidos de adoção internacional terá validade de 2 (dois) anos.*

***§ 7º** A renovação do credenciamento poderá ser concedida mediante requerimento protocolado na Autoridade Central Federal Brasileira nos 60 (sessenta) dias anteriores ao término do respectivo prazo de validade.*

***§ 8º** Antes de transitada em julgado a decisão que concedeu a adoção internacional, não será permitida a saída do adotando do território nacional.*

***§ 9o** Transitada em julgado a decisão, a autoridade judiciária determinará a expedição de alvará com autorização de viagem, bem como para obtenção de passaporte, constando, obrigatoriamente, as características da criança ou adolescente adotado, como idade, cor, sexo, eventuais sinais ou traços peculiares, assim como foto recente e a aposição da impressão digital do seu polegar direito, instruindo o documento com cópia autenticada da decisão e certidão de trânsito em julgado.*

***§ 10.** A Autoridade Central Federal Brasileira poderá, a qualquer momento, solicitar informações sobre a situação das crianças e adolescentes adotados*

***§ 11.** A cobrança de valores por parte dos organismos credenciados, que sejam considerados abusivos pela Autoridade Central Federal Brasileira e que não estejam devidamente comprovados, é causa de seu descredenciamento.*

***§ 12.** Uma mesma pessoa ou seu cônjuge não podem ser representados por mais de uma entidade credenciada para atuar na cooperação em adoção internacional.*

***§ 13.** A habilitação de postulante estrangeiro ou domiciliado fora do Brasil terá validade máxima de 1 (um) ano, podendo ser renovada.*

***§ 14.** É vedado o contato direto de representantes de organismos de adoção, nacionais ou estrangeiros, com dirigentes de programas de acolhimento institucional ou familiar, assim como com crianças e adolescentes em condições de serem adotados, sem a devida autorização judicial.*

§ 15. A Autoridade Central Federal Brasileira poderá limitar ou suspender a concessão de novos credenciamentos sempre que julgar necessário, mediante ato administrativo fundamentado.

Adoção internacional é aquela na qual a pessoa ou casal postulante é residente ou domiciliado fora do Brasil.

A adoção internacional de criança ou adolescente brasileiro ou domiciliado no Brasil somente terá lugar quando restar comprovado:

> que a colocação em família substituta é a solução adequada ao caso concreto;

> que foram esgotadas todas as possibilidades de colocação da criança ou adolescente em família substituta brasileira, após consulta aos cadastros anteriormente mencionados;

> que, em se tratando de adoção de adolescente, este foi consultado, por meios adequados ao seu estágio de desenvolvimento, e que se encontra preparado para a medida, mediante parecer elaborado por equipe interprofissional.

Os brasileiros residentes no exterior terão preferência aos estrangeiros, nos casos de adoção internacional de criança ou adolescente brasileiro.

Resumindo: sobre a família:

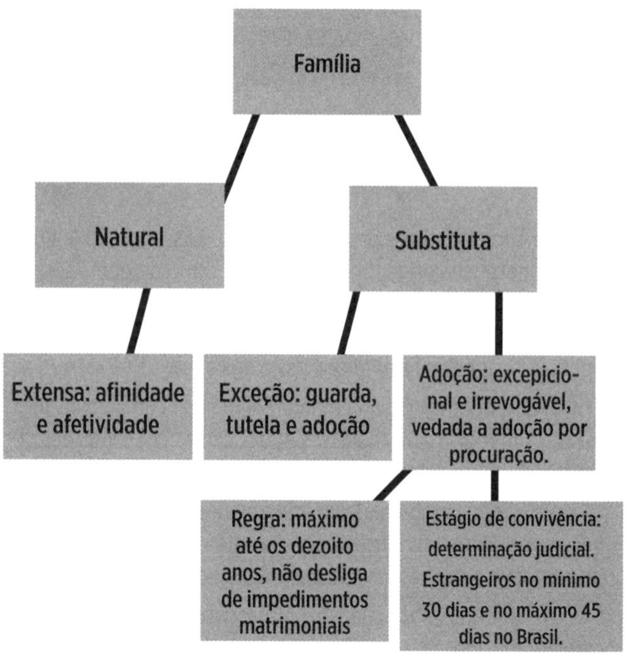

Questões

01. (IBFC) Assinale a alternativa correta, considerando as disposições da Lei Federal nº 8.069, de 13/07/1990, que dispõe sobre o Estatuto da Criança e do Adolescente e dá outras providências.

a) O adotando deve contar com, no máximo, dezoito anos à data do pedido, salvo se já estiver sob a guarda ou tutela dos adotantes.

b) O adotando deve contar com, no máximo, dezoito anos à data do pedido, mesmo se já estiver sob a guarda ou tutela dos adotantes.

c) O adotando deve contar com, no máximo, dezesseis anos à data do pedido, salvo se já estiver sob a guarda ou tutela dos adotantes.

d) O adotando deve contar com, no máximo, dezesseis anos à data do pedido, mesmo se já estiver sob a guarda ou tutela dos adotantes.

02. (FUNRIO) O Estatuto da Criança e do Adolescente (Lei nº 8.069/90), em seu artigo 2º, para efeitos da Lei, considera as idades de criança e adolescente, respectivamente:

a) até doze anos incompletos e entre doze e dezoito anos, podendo estender até 21 anos, excepcionalmente.

b) de zero a doze anos completos e de treze a dezesseis anos, podendo estender até 24 anos, excepcionalmente.

c) até treze anos incompletos e entre quatorze e dezoito anos, podendo estender até 21 anos, excepcionalmente.

d) de um a onze anos completos e entre doze e dezesseis anos, podendo estender até 23 anos, excepcionalmente.

e) de três a doze anos incompletos e entre doze e dezoito anos, podendo estender até 22 anos, excepcionalmente.

03. (VUNESP) Nos termos preconizados pela Lei nº 8.069, de 13 de julho de 1990, a criança e o adolescente têm direito à liberdade, ao respeito e à dignidade como pessoas humanas em processo de desenvolvimento e como sujeitos de direitos civis, humanos e sociais garantidos na Constituição e nas leis. E, ainda, estabelece que o direito ao respeito consiste

a) em buscar refúgio, auxílio e orientação, bem como crença e culto religioso.

b) na inviolabilidade da integridade física, psíquica e moral da criança e do adolescente.

c) na participação da vida política, na forma da lei, como também da vida familiar e comunitária, sem discriminação.

d) em ir, vir e estar nos logradouros públicos e espaços comunitários, ressalvadas as restrições legais.

e) em ser criado e educado no seio de sua família e, excepcionalmente, em família substituta.

04. (MPE-GO) Em relação à adoção de crianças e adolescentes, assinale a alternativa correta:

a) A adoção atribui a condição de filho ao adotado, com os mesmos direitos e deveres, desligando-o de qualquer vínculo com os pais e parentes sem qualquer exceção.

b) Não podem adotar os ascendentes e os colaterais até o terceiro grau do adotando.

c) O adotante há de ser, pelo menos, dezoito anos mais velho do que o adotando.

d) A adoção produz efeitos a partir do trânsito em julgado da sentença constitutiva, exceto na hipótese de adoção póstuma.

05. (AMEOSC) Os divorciados, os judicialmente separados e os ex-companheiros podem adotar ______________________, contanto que acordem sobre a guarda e o regime de visitas e desde que o estágio de convivência tenha sido______________________ na constância do período de convivência e que seja comprovada a existência de vínculos de afinidade e afetividade com aquele não detentor da guarda, que justifiquem a ______________________ da concessão.

Preenchem adequadamente as lacunas acima as respectivas palavras:

a) Conjuntamente – Iniciado – Excepcionalidade.

b) Conjuntamente – Concluído – Temeridade.

c) Isoladamente – Terminalizado – Fugalidade.

d) Isoladamente – Principiado – Eugenia.

06. (CAIP-IMES) A colocação em família substituta far-se-á mediante guarda, tutela ou adoção, independentemente da situação jurídica da criança ou adolescente, sendo que nos termos do artigo 28 do Estatuto da criança e adolescente, será necessário seu consentimento, colhido em audiência, tratando-se de maior de:

a) dez anos de idade.

b) doze anos de idade.

c) quinze anos de idade.

d) dezoito anos de idade.

07. (FCC) O Estatuto da Criança e do Adolescente, em seu art. 4º, preconiza que é dever da família, da comunidade, da sociedade em geral e do poder público assegurar, com absoluta prioridade, a efetivação dos direitos de crianças e adolescentes. A garantia dessa prioridade compreende

a) primazia de receber proteção e socorro para as situações que envolvem a saúde e educação, não abrangendo quaisquer outras circunstâncias.

b) precedência de atendimento nos serviços públicos e privados, sobretudo para a criança que se encontra na primeira infância.

c) preferência na formulação e na execução das políticas sociais públicas.

d) destinação privilegiada de recurso público aos Fundos da Criança e do Adolescente para a manutenção continuada de serviços das diferentes políticas setoriais.

e) preferência na formulação das políticas sociais públicas referentes à saúde, à alimentação, à educação e para a execução destas, prioriza se o estabelecimento de parcerias com a sociedade em geral.

Gabaritos

01	A	05	A
02	A	06	B
03	B	07	C
04	D		

1.5 Direitos Fundamentais - Direito à Educação, à Cultura, ao Esporte e ao Lazer

A criança e o adolescente têm direito à educação, visando ao pleno desenvolvimento de sua pessoa, ao preparo para o exercício da cidadania e à qualificação para o trabalho, assegurando-se-lhes:

> igualdade de condições para o acesso e a permanência na escola;
> direito de ser respeitado por seus educadores;
> direito de contestar critérios avaliativos, podendo recorrer às instâncias escolares superiores;
> direito de organização e participação em entidades estudantis;
> acesso à escola pública e gratuita próxima de sua residência.

Art. 53-A. *É dever da instituição de ensino, clubes e agremiações recreativas e de estabelecimentos congêneres assegurar medidas de conscientização, prevenção e enfrentamento ao uso ou dependência de drogas ilícitas. (Incluído pela Lei nº 13.840, de 2019)*

> ensino fundamental, obrigatório e gratuito, inclusive para os que a ele não tiveram acesso na idade própria;
> progressiva extensão da obrigatoriedade e gratuidade ao ensino médio;
> atendimento educacional especializado aos portadores de deficiência, preferencialmente na rede regular de ensino (no caso de atendimento médico, este será especializado);
> atendimento em creche e pré-escola às crianças de zero a cinco anos de idade;
> acesso aos níveis mais elevados do ensino, da pesquisa e da criação artística, segundo a capacidade de cada um;
> oferta de ensino noturno regular, adequado às condições do adolescente trabalhador;
> atendimento no ensino fundamental, por meio de programas suplementares de material didático-escolar, transporte, alimentação e assistência à saúde.

O acesso ao ensino obrigatório e gratuito é direito público subjetivo e o seu não oferecimento pelo poder público importa em responsabilidade da autoridade competente.

Apesar de o ensino obrigatório e gratuito ser um dever do Estado, os pais ou responsável têm a obrigação de matricular seus filhos ou pupilos na rede regular de ensino.

O ECA também traz obrigação aos dirigentes de estabelecimentos de ensino fundamental, que deverão comunicar ao Conselho Tutelar os casos de:

> maus-tratos envolvendo seus alunos;
> reiteração de faltas injustificadas e de evasão
> escolar, esgotados os recursos escolares;
> elevados níveis de repetência.

O dirigente poderá ser responsabilizado caso não cumpra com o dever de comunicar.

O poder público estimulará pesquisas, experiências e novas propostas relativas a calendário, seriação, currículo, metodologia, didática e avaliação, com vistas à inserção de crianças e adolescentes excluídos do ensino fundamental obrigatório.

No processo educacional respeitar-se-ão os valores culturais, artísticos e históricos próprios do contexto social da criança e do adolescente, garantindo-se a estes a liberdade da criação e o acesso às fontes de cultura.

Os municípios, com apoio dos estados e da União, estimularão e facilitarão a destinação de recursos e espaços para programações culturais, esportivas e de lazer voltadas para a infância e a juventude.

1.5.1 Do Direito à Profissionalização e à Proteção no Trabalho

Quando tratamos do direito ao trabalho dos menores, devemos ter atenção à idade mínima admitida para o trabalho, pois o ECA e a Constituição trazem redações diferentes.

Dita o artigo 60 do ECA:

Art. 60. *É proibido qualquer trabalho a menores de quatorze anos de idade, salvo na condição de aprendiz.*

Esse artigo era compatível com o texto constitucional na época em que o ECA foi publicado. No entanto, com a Emenda Constitucional 20/98, ele passou a dispor em contrário:

Art. 5º *XXXIII - Proibição de trabalho noturno, perigoso ou insalubre a menores de dezoito e de qualquer trabalho a menores de dezesseis anos, salvo na condição de aprendiz, a partir de quatorze anos.*

Com isso, perde sentido também o artigo 64, a saber:

Art. 64. *Ao adolescente até quatorze anos de idade é assegurada bolsa de aprendizagem.*

Como proceder no momento da prova? Caso a questão solicite o texto expresso do ECA, a idade correspondente é a de 14 anos. Caso não solicite o texto expresso, a idade certa será 16 anos. Convém analisar, na prática, uma questão, para que este tema fique claro:

Aprendizagem é a formação técnico-profissional ministrada segundo as diretrizes e bases da legislação de educação em vigor.

A formação técnico-profissional obedecerá aos seguintes princípios:

> Garantia de acesso e frequência obrigatória ao ensino regular.
> Atividade compatível com o desenvolvimento do adolescente.
> Horário especial para o exercício das atividades.
> Ao adolescente portador de deficiência é assegurado trabalho protegido.
> Ao adolescente aprendiz, maior de quatorze anos, são assegurados os direitos trabalhistas e previdenciários.

1.5.1.1 Vedações no trabalho

Ao adolescente empregado, aprendiz, em regime familiar de trabalho, aluno de escola técnica, assistido em entidade governamental ou não governamental, é vedado trabalho:

> noturno, realizado entre as vinte e duas horas de um dia e as cinco horas do dia seguinte;
>
> perigoso, insalubre ou penoso;
>
> realizado em locais prejudiciais à sua formação e ao seu desenvolvimento físico, psíquico, moral e social;
>
> realizado em horários e locais que não permitam a frequência à escola.

1.5.1.2 Trabalho educativo

Trabalho educativo é a atividade laboral em que as exigências pedagógicas relativas ao desenvolvimento pessoal e social do educando prevalecem sobre o aspecto produtivo.

O programa social que tenha por base o trabalho educativo, sob responsabilidade de entidade governamental ou não governamental sem fins lucrativos, deverá assegurar ao adolescente que dele participe condições de capacitação para o exercício de atividade regular remunerada.

A remuneração que o adolescente recebe pelo trabalho efetuado ou a participação na venda dos produtos de seu trabalho não desfiguram o caráter educativo.

O adolescente tem direito à profissionalização e à proteção no trabalho, observados os seguintes aspectos, entre outros:

> Respeito à condição peculiar de pessoa em desenvolvimento.
>
> Capacitação profissional adequada ao mercado de trabalho.

1.6 Da Prevenção

1.6.1 Da prevenção especial

1.6.1.1 Informação, cultura, lazer, esportes, diversões e espetáculos

Todos devem prevenir a ocorrência de ameaça ou violação dos direitos da criança e do adolescente, tendo estes direito à informação, à cultura, ao lazer, aos esportes, às diversões, aos espetáculos e aos produtos e serviços que respeitem sua condição peculiar de pessoa em desenvolvimento.

A inobservância das normas de prevenção importará em responsabilidade de pessoa física ou jurídica, nos termos desta Lei.

Quanto aos espetáculos e diversões:

> Toda criança ou adolescente terá acesso às diversões e espetáculos públicos classificados como adequados à sua faixa etária.
>
> As crianças menores de dez anos somente poderão ingressar e permanecer nos locais de apresentação ou exibição quando acompanhadas dos pais ou responsável.
>
> O poder público, por meio do órgão competente, regulará as diversões e espetáculos públicos, informando sobre a natureza deles, as faixas etárias a que não se recomendem, locais e horários em que sua apresentação se mostre inadequada e os responsáveis pelas diversões e espetáculos públicos deverão afixar, em lugar visível e de fácil acesso, à entrada do local de exibição, informação destacada sobre a natureza do espetáculo e a faixa etária especificada no certificado de classificação.
>
> As emissoras de rádio e televisão somente exibirão, no horário recomendado para o público infantojuvenil, programas com finalidades educativas, artísticas, culturais e informativas.
>
> Nenhum espetáculo será apresentado ou anunciado sem aviso de sua classificação, antes de sua transmissão, apresentação ou exibição.
>
> Os proprietários, diretores, gerentes e funcionários de empresas que explorem a venda ou aluguel de fitas de programação em vídeo cuidarão para que não haja venda ou locação em desacordo com a classificação atribuída pelo órgão competente, devendo ainda as fitas exibir, no invólucro, informação sobre a natureza da obra e a faixa etária a que se destinam.

No que tange ao direito à informação:

> As revistas e publicações contendo material impróprio ou inadequado a crianças e adolescentes deverão ser comercializadas em embalagem lacrada, com a advertência de seu conteúdo.
>
> As editoras cuidarão para que as capas que contenham mensagens pornográficas ou obscenas sejam protegidas com embalagem opaca.
>
> As revistas e publicações destinadas ao público infantojuvenil não poderão conter ilustrações, fotografias, legendas, crônicas ou anúncios de bebidas alcoólicas, tabaco, armas e munições, e deverão respeitar os valores éticos e sociais da pessoa e da família.

Além disso, o ECA determina que os responsáveis por estabelecimentos que explorem comercialmente bilhar, sinuca ou congênere ou por casas de jogos, assim entendidas as que realizem apostas, ainda que eventualmente, cuidarão para que não seja permitida a entrada e a permanência de crianças e adolescentes no local, afixando aviso para orientação do público.

1.6.1.2 Dos Produtos e Serviços

Os menores são consumidores, usufruem de produtos e serviços que estão no mercado de consumo. Porém, alguns produtos e serviços que são proibidos a menores. O ECA proíbe a comercialização para crianças e adolescentes de:

> armas, munições e explosivos;
>
> bebidas alcoólicas;
>
> produtos cujos componentes possam causar dependência física ou psíquica ainda que por utilização indevida;
>
> fogos de estampido e de artifício, exceto aqueles que, pelo seu reduzido potencial, sejam incapazes de provocar qualquer dano físico em caso de utilização indevida;

> revistas e publicações com materiais impróprios;
> bilhetes lotéricos e equivalentes.

Da mesma forma, é proibida a hospedagem de criança ou adolescente em hotel, motel, pensão ou estabelecimento congênere, salvo se autorizado ou acompanhado pelos pais ou responsável.

Questões

01. Como Procurador do Município, assinale a opção que indica a linha de defesa a ser adotada pela municipalidade.

a) A criança não possui o direito à educação infantil na rede pública, mas apenas a partir do ensino fundamental.

b) O direito ao atendimento em creche e pré-escola na rede pública surge apenas a partir de um ano de idade.

c) O município fornecerá programa suplementar de transporte para a creche municipal.

d) O município jamais possuirá o dever de custear a mensalidade de um aluno em rede particular.

e) A educação infantil deve ser prestada pelo Estado e não pelo Município.

02. (FCC) Sobre o trabalho da criança e do adolescente, é correto afirmar:

a) É proibido o trabalho de adolescentes em atividades lúdicas.

b) É proibido para os menores de 16, salvo na condição de aprendizes.

c) É proibido o trabalho noturno de menores de 16 anos, salvo na condição de aprendizes.

d) É proibido o trabalho de adolescentes em hospitais, salvo na condição de aprendizes de enfermagem.

e) É proibido o trabalho de crianças em peças teatrais e atividades cinematográficas.

03. (FCC) A formação técnico-profissional do adolescente NÃO deverá obedecer a

a) horário especial, estabelecido em lei.

b) horário especial, de acordo com a atividade.

c) peculiaridades do seu desenvolvimento pessoal.

d) adequação ao mercado de trabalho.

e) prevalência das atividades educativas sobre as produtivas.

04. (FGV) Maria, empregada doméstica, precisa retornar ao trabalho, após gozar de licença-maternidade, mas não tem com quem deixar o filho João, de sete meses de idade. A partir do caso apresentado, segundo o ECA, assinale a afirmativa correta.

a) João tem direito à creche e à pré-escola.

b) João tem direito ao atendimento em creche e pré-escola somente a partir de um ano de idade.

c) João tem direito ao atendimento em entidade de acolhimento institucional.

d) João tem direito de permanecer com a mãe no local de trabalho.

e) João tem direito ao atendimento em acolhimento familiar.

05. (FGV) É permitido ao comerciante vender a crianças e adolescentes:

a) brinquedos e jogos que os induzam a situações de violência.

b) cerveja.

c) produtos que possam causar dependência física.

d) bilhetes da loteria "raspadinha".

e) bebidas alcoólicas, desde que autorizadas, por escrito, por seus pais ou responsáveis.

06. (FGV) Com relação a diversões e espetáculos públicos, é correto afirmar que:

a) as crianças com mais de 7 e menos de 10 anos de idade podem ingressar e permanecer nos locais de apresentação ou exibição, sem seus pais ou responsáveis.

b) hoje não mais se exige que revistas e publicações contendo material impróprio ou inadequado a crianças e adolescentes sejam comercializadas em embalagem lacrada, com a advertência de seu conteúdo.

c) é permitida a presença de adolescentes, acima de 16 anos, em estabelecimentos que ofereça jogos de bilhar ou sinuca.

d) o poder público, por meio do órgão competente, regulará as diversões e espetáculos públicos, informando sobre a natureza deles, as faixas etárias a que não se recomendem, locais e horários em que sua apresentação se mostre inadequada.

e) os responsáveis pelas diversões e espetáculos públicos deverão afixar, em lugar visível e de fácil acesso, à entrada do local, informação destacada sobre a natureza do espetáculo, dispensada a referência à faixa etária, que se constitui em verdadeira censura.

07. (FEPESE) De acordo com o Estatuto da Criança e do Adolescente, é proibida a venda à criança e ao adolescente de:

1) armas.
2) revistas
3) bebidas alcoólicas.
4) produtos cujos componentes possam causar dependência física ou psíquica ainda que por utilização indevida.

Assinale a alternativa que indica todas as afirmativas corretas.

a) São corretas apenas as afirmativas 1 e 4.

b) São corretas apenas as afirmativas 1, 2 e 3

c) São corretas apenas as afirmativas 1, 3 e 4.

d) São corretas apenas as afirmativas 2, 3 e 4.

e) São corretas as afirmativas 1, 2, 3 e 4.

08. (FGV) Com relação a diversões e espetáculos públicos, é correto afirmar que:

a) as crianças com mais de 7 e menos de 10 anos de idade podem ingressar e permanecer nos locais de apresentação ou exibição, sem seus pais ou responsáveis.

b) hoje não mais se exige que revistas e publicações contendo material impróprio ou inadequado a crianças e adolescentes sejam comercializadas em embalagem lacrada, com a advertência de seu conteúdo.

c) é permitida a presença de adolescentes, acima de 16 anos, em estabelecimentos que ofereça jogos de bilhar ou sinuca.

d) o poder público, por meio do órgão competente, regulará as diversões e espetáculos públicos, informando sobre a natureza deles, as faixas etárias a que não se recomendem, locais e horários em que sua apresentação se mostre inadequada.

e) os responsáveis pelas diversões e espetáculos públicos deverão afixar, em lugar visível e de fácil acesso, à entrada do local, informação destacada sobre a natureza do espetáculo, dispensada a referência à faixa etária, que se constitui em verdadeira censura.

Gabaritos

01	C	05	A
02	B	06	D
03	A	07	C
04	A	08	D

1.6.1.3 Autorização para viagem

1.6.1.3.1 Viagens nacionais

Em regra, nenhuma criança ou adolescente menor de 16 anos poderá viajar para fora de sua comarca (normalmente compreendida como a área de um município), desacompanhada dos pais ou responsável, sem expressa autorização judicial.

A autoridade judiciária poderá, a pedido dos pais ou responsável, conceder autorização válida por dois anos.

No entanto, existem alguns casos em que a criança e o adolescente, menores de 16 anos, poderão sair da comarca onde residem, sem a devida autorização, são eles:

→ Se for viajar para comarca contígua à de sua residência, sendo que permaneça no mesmo Estado da federação, ou para comarca incluída em região metropolitana.

→ Se estiver acompanhada:
  - de ascendente (avós) ou colateral maior, até o terceiro grau (tios e irmãos), comprovado documentalmente o parentesco;
  - de pessoa maior, expressamente autorizada pelo pai, mãe ou responsável.[1]

1.6.1.3.2 Viagens Internacionais

Quando falamos em viagens internacionais, a regra é mais rígida, primeiramente porque as restrições são extensíveis às crianças e aos adolescentes e também porque são diminuídas as hipóteses de exceções.

A viagem ao exterior também pode se dar por autorização judicial. Essa autorização é dispensável se:

- a criança ou adolescente viajar na companhia de um dos pais, autorizado expressamente pelo outro, por meio de documento com firma reconhecida.

Sem prévia e expressa autorização judicial, nenhuma criança ou adolescente nascido em território nacional poderá sair do País em companhia de estrangeiro residente ou domiciliado no exterior.

1.7 Política de Atendimento

A política de atendimento dos direitos da criança e do adolescente far-se-á por meio de um conjunto articulado de ações governamentais e não governamentais da União, dos estados, do Distrito Federal e dos municípios.

A ideia do ECA é a de garantir os direitos da criança e do adolescente, incluindo toda a sociedade, e articular com diversos órgãos a efetivação destes direitos. A descentralização é a principal diferença com o anterior Código de Menores, no qual o juiz tinha um poder absoluto.

A política de atendimento dos direitos da criança e do adolescente, previsto do artigo 90 e seguintes do ECA, far-se-á por meio de um conjunto articulado de ações governamentais e não governamentais, da União, dos estados, do Distrito Federal e dos municípios. A atuação ocorre nos níveis da seguinte maneira:

1 LEI Nº 13.812, DE 16 DE MARÇO DE 2019 Institui a Política Nacional de Busca de Pessoas Desaparecidas, cria o Cadastro Nacional de Pessoas Desaparecidas e altera a Lei nº 8.069, de 13 de julho de 1990.

- Em nível federal, cabe ao CONANDA – Conselho Nacional dos Direitos da Criança e Adolescente, conforme dispõe a Lei 9.242 de 1991.
- Em nível estadual, há os Conselhos Estaduais dos Direitos da Criança e do Adolescente (CEDCA).
- Em nível municipal, temos os Conselhos Municipais dos Direitos das Crianças e dos Adolescentes e também por meio dos Conselhos Tutelares.

São linhas da política de atendimento:

> ***Art. 87.*** *São **linhas de ação da política** de atendimento:*
>
> ***I.*** *políticas sociais básicas;*
>
> ***II.*** *serviços, programas, projetos e benefícios de assistência social de garantia de proteção social e de prevenção e redução de violações de direitos, seus agravamentos ou reincidências;*
>
> ***III.*** *serviços especiais de prevenção e atendimento médico e psicossocial às vítimas de negligência, maus-tratos, exploração, abuso, crueldade e opressão;*
>
> ***IV.*** *serviço de identificação e localização de pais, responsável, crianças e adolescentes desaparecidos;*
>
> ***V.*** *proteção jurídico-social por entidades de defesa dos direitos da criança e do adolescente.*
>
> ***VI.*** *políticas e programas destinados a prevenir ou abreviar o período de afastamento do convívio familiar e a garantir o efetivo exercício do direito à convivência familiar de crianças e adolescentes;*
>
> ***VII.*** *campanhas de estímulo ao acolhimento sob forma de guarda de crianças e adolescentes afastados do convívio familiar e à adoção, especificamente inter-racial, de crianças maiores ou de adolescentes, com necessidades específicas de saúde ou com deficiências e de grupos de irmãos.*

São diretrizes:

> ***Art. 88.*** *São **diretrizes da política** de atendimento:*
>
> ***I.*** *municipalização do atendimento;*
>
> ***II.*** *criação de conselhos municipais, estaduais e nacional dos direitos da criança e do adolescente, órgãos deliberativos e controladores das ações em todos os níveis, assegurada a participação popular paritária por meio de organizações representativas, segundo leis federal, estaduais e municipais;*
>
> ***III.*** *criação e manutenção de programas específicos, observada a descentralização político-administrativa;*
>
> ***IV.*** *manutenção de fundos nacional, estaduais e municipais vinculados aos respectivos conselhos dos direitos da criança e do adolescente;*
>
> ***V.*** *integração operacional de órgãos do Judiciário, Ministério Público, Defensoria, Segurança Pública e Assistência Social, preferencialmente em um mesmo local, para efeito de agilização do atendimento inicial a adolescente a quem se atribua autoria de ato infracional;*
>
> ***VI.*** *integração operacional de órgãos do Judiciário, Ministério Público, Defensoria, Conselho Tutelar e encarregados da execução das políticas sociais básicas e de assistência social, para efeito de agilização do atendimento de crianças e de adolescentes inseridos em programas de acolhimento familiar ou institucional, com vista na sua rápida reintegração à família de origem ou, se tal solução se mostrar comprovadamente inviável, sua colocação em família substituta, em quaisquer das modalidades previstas no Art. 28 desta Lei;*
>
> ***VII.*** *mobilização da opinião pública para a indispensável participação dos diversos segmentos da sociedade;*

VIII. especialização e formação continuada dos profissionais que trabalham nas diferentes áreas da atenção à primeira infância, incluindo os conhecimentos sobre direitos da criança e sobre desenvolvimento infantil;

IX. formação profissional com abrangência dos diversos direitos da criança e do adolescente que favoreça a intersetorialidade no atendimento da criança e do adolescente e seu desenvolvimento integral;

X. realização e divulgação de pesquisas sobre desenvolvimento infantil e sobre prevenção da violência.

A função de membro do Conselho Nacional e dos Conselhos Estaduais e Municipais dos Direitos da Criança e do Adolescente é considerada de interesse público relevante e não será remunerada.

1.7.1 Entidades de atendimento

Com previsão dos artigos 90 a 97 do ECA, as entidades de atendimento atendem crianças e adolescentes em situação de direitos violados ou ameaçados, bem como abrigam aqueles adolescentes que comentem atos infracionais.

As entidades são responsáveis pela manutenção das próprias unidades, assim como pelo planejamento e execução de programas de proteção e socioeducativos destinados a crianças e adolescentes, em regime de:

I - orientação e apoio sociofamiliar;

II - apoio socioeducativo em meio aberto;

III - colocação familiar;

IV - acolhimento institucional;

V - prestação de serviços à comunidade;

VI - liberdade assistida;

VII - semiliberdade; e

VIII - internação.

As entidades governamentais e não governamentais deverão proceder à inscrição de seus programas, especificando os regimes de atendimento, na forma definida em lei, no Conselho Municipal dos Direitos da Criança e do Adolescente, o qual manterá registro das inscrições e de suas alterações, do que fará comunicação ao Conselho Tutelar e à autoridade judiciária.

Os programas em execução serão reavaliados pelo Conselho Municipal dos Direitos da Criança e do Adolescente, no máximo, a cada 2 (dois) anos, constituindo-se critérios para renovação da autorização de funcionamento, conforme dispõe o artigo:

I. o efetivo respeito às regras e princípios do Estatuto, bem como às resoluções relativas à modalidade de atendimento prestado expedidas pelos Conselhos de Direitos da Criança e do Adolescente, em todos os níveis;

II. a qualidade e eficiência do trabalho desenvolvido, atestadas pelo Conselho Tutelar, pelo Ministério Público e pela Justiça da Infância e da Juventude;

III. em se tratando de programas de acolhimento institucional ou familiar, serão considerados os índices de sucesso na reintegração familiar ou de adaptação à família substituta, conforme o caso.

As entidades não governamentais somente poderão funcionar depois de registradas no Conselho Municipal dos Direitos da Criança e do Adolescente, o qual comunicará o registro ao Conselho Tutelar e à autoridade judiciária da respectiva localidade.

Será negado o registro à entidade que:

> não ofereça instalações físicas em condições adequadas de habitabilidade, higiene, salubridade e segurança;

> não apresente plano de trabalho compatível com os princípios desta Lei;

> esteja irregularmente constituída;

> tenha em seus quadros pessoas inidôneas.

> não se adequar ou deixar de cumprir as resoluções e deliberações relativas à modalidade de atendimento prestado expedidas pelos Conselhos de Direitos da Criança e do Adolescente, em todos os níveis.

O registro terá validade máxima de 4 (quatro) anos, cabendo ao Conselho Municipal dos Direitos da Criança e do Adolescente, periodicamente, reavaliar o cabimento de sua renovação, observando critérios da lei.

O artigo 92 do ECA prevê princípios que as entidades devem seguir:

***Art. 92.** As entidades que desenvolvam programas de acolhimento familiar ou institucional deverão adotar os seguintes princípios:*

I. preservação dos vínculos familiares e promoção da reintegração familiar;

II. integração em família substituta, quando esgotados os recursos de manutenção na família natural ou extensa;

III. atendimento personalizado e em pequenos grupos;

IV. desenvolvimento de atividades em regime de coeducação;

V. não desmembramento de grupos de irmãos;

VI. evitar, sempre que possível, a transferência para outras entidades de crianças e adolescentes abrigados;

VII. participação na vida da comunidade local;

VIII. preparação gradativa para o desligamento;

IX. participação de pessoas da comunidade no processo educativo.

O dirigente de entidade que desenvolve programa de acolhimento institucional é equiparado ao guardião, para todos os efeitos de direito e deverão remeter ao juiz no máximo a cada 6 meses relatório circunstanciado acerca da situação de cada criança ou adolescente acolhido e sua família, para fins da reavaliação.

O descumprimento das disposições do Estatuto pelo dirigente de entidade que desenvolva programas de acolhimento familiar ou institucional é causa de sua destituição, sem prejuízo da responsabilidade criminal, por exemplo.

As entidades que mantenham programa de acolhimento institucional poderão, em caráter excepcional e de urgência, acolher crianças e adolescentes sem prévia determinação da autoridade competente, fazendo comunicação do fato em até 24 (vinte e quatro) horas ao Juiz da Infância e da Juventude, sob pena de responsabilidade, visto ser regra que o acolhimento só ocorrerá por determinação judicial.

Recebida a comunicação, a autoridade judiciária, ouvido o Ministério Público e se necessário com o apoio do Conselho Tutelar local, tomará as medidas necessárias para promover a imediata reintegração familiar da criança ou do adolescente ou, se por qualquer razão não for isso possível ou recomendável, para seu encaminhamento a programa de acolhimento familiar, institucional ou a família substituta.

As entidades que desenvolvem programas de internação têm as seguintes obrigações estipuladas em lei, aplicando-se, no que couber, as obrigações constantes deste artigo às entidades que mantêm programas de acolhimento institucional e familiar:

> ***I.*** *observar os direitos e garantias de que são titulares os adolescentes;*
>
> ***II.*** *não restringir nenhum direito que não tenha sido objeto de restrição na decisão de internação;*
>
> ***III.*** *oferecer atendimento personalizado, em pequenas unidades e grupos reduzidos;*
>
> ***IV.*** *preservar a identidade e oferecer ambiente de respeito e dignidade ao adolescente;*
>
> ***V.*** *diligenciar no sentido do restabelecimento e da preservação dos vínculos familiares;*
>
> ***VI.*** *comunicar à autoridade judiciária, periodicamente, os casos em que se mostre inviável ou impossível o reatamento dos vínculos familiares;*
>
> ***VII.*** *oferecer instalações físicas em condições adequadas de habitabilidade, higiene, salubridade e segurança e os objetos necessários à higiene pessoal;*
>
> ***VIII.*** *oferecer vestuário e alimentação suficientes e adequados à faixa etária dos adolescentes atendidos;*
>
> ***IX.*** *oferecer cuidados médicos, psicológicos, odontológicos e farmacêuticos;*
>
> ***X.*** *propiciar escolarização e profissionalização;*
>
> ***XI.*** *propiciar atividades culturais, esportivas e de lazer;*
>
> ***XII.*** *propiciar assistência religiosa àqueles que desejarem, de acordo com suas crenças;*
>
> ***XIII.*** *proceder a estudo social e pessoal de cada caso;*
>
> ***XIV.*** *reavaliar periodicamente cada caso, com intervalo máximo de seis meses, dando ciência dos resultados à autoridade competente;*
>
> ***XV.*** *informar, periodicamente, o adolescente internado sobre sua situação processual;*
>
> ***XVI.*** *comunicar às autoridades competentes todos os casos de adolescentes portadores de moléstias infectocontagiosas;*
>
> ***XVII.*** *fornecer comprovante de depósito dos pertences dos adolescentes;*
>
> ***XVIII.*** *manter programas destinados ao apoio e acompanhamento de egressos;*
>
> ***XIX.*** *providenciar os documentos necessários ao exercício da cidadania àqueles que não os tiverem;*
>
> ***XX.*** *manter arquivo de anotações onde constem data e circunstâncias do atendimento, nome do adolescente, seus pais ou responsável, parentes, endereços, sexo, idade, acompanhamento da sua formação, relação de seus pertences e demais dados que possibilitem sua identificação e a individualização do atendimento.*

As entidades, públicas ou privadas, que abriguem ou recepcionem crianças e adolescentes, ainda que em caráter temporário, devem ter, em seus quadros, profissionais capacitados a reconhecer e reportar ao Conselho Tutelar suspeitas ou ocorrências de maus-tratos, visando sempre à proteção dos menores.

As entidades governamentais e não governamentais tratadas neste tópico serão fiscalizadas pelo Judiciário, pelo Ministério Público e pelos Conselhos Tutelares.

Poderão ser aplicadas às entidades de atendimento que descumprirem obrigações citadas acima, sem prejuízo da responsabilidade civil e criminal de seus dirigentes ou prepostos:

I - às entidades governamentais:

a) advertência;

b) afastamento provisório de seus dirigentes;

c) afastamento definitivo de seus dirigentes;

d) fechamento de unidade ou interdição de programa.

II - às entidades não governamentais:

a) advertência;

b) suspensão total ou parcial do repasse de verbas públicas;

c) interdição de unidades ou suspensão de programa;

d) cassação do registro.

1.8 Das Medidas de Proteção

As medidas de proteção à criança e ao adolescente são aplicáveis sempre que os direitos previstos no ECA forem ameaçados ou violados:

- por ação ou omissão da sociedade ou do Estado (como, por exemplo: falta de escolas adequadas e seguras, vagas em creches);
- por falta, omissão ou abuso dos pais ou responsável (exemplo: abandono, morte dos pais, expulsão do filho de seu lar...);
- em razão de sua conduta (exemplo: uso de entorpecentes, prática de ato infracional).

As medidas visam evitar e afastar ou afastar qualquer perigo da criança ou do adolescente.

Na aplicação das medidas levar-se-ão em conta as necessidades pedagógicas, preferindo-se aquelas que visem ao fortalecimento dos vínculos familiares e comunitários. Também serão levados em conta os seguintes princípios, previstos no Estatuto:

- Condição da criança e do adolescente como sujeitos de direitos: crianças e adolescentes são os titulares dos direitos previstos nesta e em outras Leis, bem como na Constituição Federal.
- Proteção integral e prioritária: a interpretação e aplicação de toda e qualquer norma contida no Estatuto da Criança e do Adolescente deve ser voltada à proteção integral e prioritária dos direitos de que crianças e adolescentes são titulares.
- Responsabilidade primária e solidária do poder público: a plena efetivação dos direitos assegurados às crianças e aos adolescentes por esta Lei e pela Constituição Federal, salvo nos casos por esta expressamente ressalvados, é de responsabilidade primária e solidária das 3 (três) esferas de governo, sem prejuízo da municipalização do atendimento e da possibilidade da execução de programas por entidades não governamentais.
- Interesse superior da criança e do adolescente: a intervenção deve atender, prioritariamente, aos interesses e direitos da criança e do adolescente, sem prejuízo da consideração que for devida a outros interesses legítimos no âmbito da pluralidade dos interesses presentes no caso concreto.

- Privacidade: a promoção dos direitos e proteção da criança e do adolescente deve ser efetuada no respeito pela intimidade, direito à imagem e reserva da sua vida privada.
- Intervenção precoce: a intervenção das autoridades competentes deve ser efetuada logo que a situação de perigo seja conhecida.
- Intervenção mínima: a intervenção deve ser exercida, exclusivamente, pelas autoridades e instituições cuja ação seja indispensável à efetiva promoção dos direitos e à proteção da criança e do adolescente.
- Proporcionalidade e atualidade: a intervenção deve ser a necessária e adequada à situação de perigo em que a criança ou o adolescente se encontram no momento em que a decisão é tomada.
- Responsabilidade parental: a intervenção deve ser efetuada de modo que os pais assumam os seus deveres para com a criança e o adolescente.
- Prevalência da Família: na promoção de direitos e na proteção da criança e do adolescente deve ser dada prevalência às medidas que os mantenham ou reintegrem na sua família natural ou extensa ou, se isso não for possível, que promovam a sua integração em família adotiva;
- Obrigatoriedade da informação: a criança e o adolescente, respeitado seu estágio de desenvolvimento e capacidade de compreensão, seus pais ou responsável devem ser informados dos seus direitos, dos motivos que determinaram a intervenção e da forma como esta se processa.
- Oitiva obrigatória e participação: a criança e o adolescente, em separado ou na companhia dos pais, de responsável ou de pessoa por si indicada, bem como os seus pais ou responsável, têm direito a ser ouvidos e a participar nos atos e na definição da medida de promoção dos direitos e de proteção, sendo sua opinião devidamente considerada pela autoridade judiciária competente , observado o disposto nos §§ 1º e 2º do art. 28 desta Lei."

A autoridade competente poderá determinar as seguintes medidas de proteção (que podem ser aplicadas isolada ou cumulativamente):

→ **Medidas de Proteção**

- encaminhamento aos pais ou responsável, mediante termo de responsabilidade;
- orientação, apoio e acompanhamento temporários;
- matrícula e frequência obrigatórias em estabelecimento oficial de ensino fundamental;
- inclusão em serviços e programas oficiais ou comunitários de proteção, apoio e promoção da família, da criança e do adolescente;
- requisição de tratamento médico, psicológico ou psiquiátrico, em regime hospitalar ou ambulatorial;
- inclusão em programa oficial ou comunitário de auxílio, orientação e tratamento a alcoólatras e toxicômanos;
- acolhimento institucional;
- inclusão em programa de acolhimento familiar;
- colocação em família substituta.

O acolhimento institucional e o acolhimento familiar são medidas provisórias e excepcionais, utilizáveis como forma de transição para reintegração familiar ou, não sendo esta possível, para colocação em família substituta, não implicando privação de liberdade.

O afastamento da criança ou adolescente do convívio familiar é de competência exclusiva da autoridade judiciária (Juiz da Vara da Infância e Juventude) e importará na deflagração, a pedido do Ministério Público ou de quem tenha legítimo interesse, de procedimento judicial contencioso, no qual se garanta aos pais ou ao responsável legal o exercício do contraditório e da ampla defesa.

Crianças e adolescentes somente poderão ser encaminhados às instituições que executam programas de acolhimento institucional, governamentais ou não, por meio de uma Guia de Acolhimento, expedida pela autoridade judiciária, na qual obrigatoriamente constarão, dentre outros:

- sua identificação e a qualificação completa de seus pais ou de seu responsável, se conhecidos;
- o endereço de residência dos pais ou do responsável, com pontos de referência;
- os nomes de parentes ou de terceiros interessados em tê-los sob sua guarda;
- os motivos da retirada ou da não reintegração ao convívio familiar.

Imediatamente após o acolhimento da criança ou do adolescente, a entidade responsável pelo programa de acolhimento institucional ou familiar elaborará um plano individual de atendimento, visando à reintegração familiar, ressalvada a existência de ordem escrita e fundamentada por autoridade judiciária competente, caso em que também deverá contemplar sua colocação em família substituta, observadas as regras e princípios do ECA.

O plano individual será elaborado sob a responsabilidade da equipe técnica do respectivo programa de atendimento e levará em consideração a opinião da criança ou do adolescente e a oitiva dos pais ou do responsável.

Constarão do plano individual, dentre outros:

- os resultados da avaliação interdisciplinar;
- os compromissos assumidos pelos pais ou responsável pela previsão das atividades a serem desenvolvidas com a criança ou com o adolescente acolhido e seus pais ou responsável, com vista na reintegração familiar ou, caso seja esta vedada por expressa e fundamentada determinação judicial, as providências a serem tomadas para sua colocação em família substituta, sob direta supervisão da autoridade judiciária.

O acolhimento familiar ou institucional ocorrerá no local mais próximo à residência dos pais ou do responsável e, como parte do processo de reintegração familiar, sempre que identificada a necessidade, a família de origem será incluída em programas oficiais de orientação, de apoio e de promoção social, sendo facilitado e estimulado o contato com a criança ou com o adolescente acolhido.

Verificada a possibilidade de reintegração familiar, o responsável pelo programa de acolhimento familiar ou institucional fará imediata comunicação à autoridade judiciária, que dará vista ao Ministério Público, pelo prazo de 5 (cinco) dias, decidindo em igual prazo:

Vistas MP → 5 dias → Volta para o juiz decidir → 5 dias

Em sendo constatada a impossibilidade de reintegração da criança ou do adolescente à família de origem, após seu encaminhamento a programas oficiais ou comunitários de orientação, apoio e promoção social, será enviado relatório fundamentado ao Ministério Público, no qual conste a descrição pormenorizada das providências tomadas e a expressa recomendação, subscrita pelos técnicos da entidade ou responsáveis pela execução da política municipal de garantia do direito à convivência familiar, para a destituição do poder familiar, ou destituição de tutela ou guarda.

Recebido o relatório, o Ministério Público terá o prazo de 15 (Quinze) dias para o ingresso com a ação de destituição do poder familiar, salvo se entender necessária a realização de estudos complementares ou outras providências que entender indispensáveis ao ajuizamento da demanda.

A autoridade judiciária manterá, em cada comarca ou foro regional, um cadastro contendo informações atualizadas sobre as crianças e adolescentes em regime de acolhimento familiar e institucional sob sua responsabilidade, com informações pormenorizadas sobre a situação jurídica de cada um, bem como as providências tomadas para sua reintegração familiar ou colocação em família substituta, mediante guarda, tutela ou adoção.

Terão acesso ao cadastro o Ministério Público, o Conselho Tutelar, o órgão gestor da Assistência Social e os Conselhos Municipais dos Direitos da Criança e do Adolescente e da Assistência Social, aos quais incumbe deliberar sobre a implementação de políticas públicas que permitam reduzir o número de crianças e adolescentes afastados do convívio familiar e abreviar o período de permanência em programa de acolhimento.

As medidas de proteção serão acompanhadas de registro civil. Se inexistente, o assento de nascimento da criança ou do adolescente será feito à vista dos elementos disponíveis, mediante requisição da autoridade judiciária.

Os registros e certidões necessários à regularização para aplicação da medida de proteção são isentos de multas, custas e emolumentos, gozando de absoluta prioridade.

Se a paternidade do menor for indefinida, o MP intentará a ação de investigação de paternidade, sendo este dispensável se, após o não comparecimento ou a recusa do suposto pai em assumir a paternidade a ele atribuída, a criança for encaminhada para adoção, de acordo com a LEI Nº 8.560, DE 29 DE DEZEMBRO DE 1992.

1.9 Prática de Ato Infracional

Ato infracional é a conduta descrita como infração penal: crime ou contravenção penal.

São penalmente inimputáveis os menores de dezoito anos, sujeitos às medidas previstas no ECA.

Teoria da atividade: para os efeitos do ECA, deve ser considerada a idade do adolescente à data do fato.

Ex.: se um adolescente cometer ato infracional no dia anterior ao seu aniversário de 18 anos, às 23h40min, sendo apreendido à 01h do dia do seu aniversário, será aplicado o ECA, pois o fato ocorreu quando ainda era menor.

Se um ato infracional for cometido por criança, ela será submetida às medidas de proteção e não sofrerá processo de investigação de ato infracional.

1.9.1 Dos direitos individuais

As crianças não podem ter sua liberdade privada e, para os adolescentes terem sua liberdade privada, deverá ser ou em flagrante de ato infracional ou por ordem escrita e fundamentada da autoridade judiciária competente.

O adolescente terá direito à identificação dos responsáveis pela sua apreensão, devendo ser informado acerca de seus direitos.

A apreensão de qualquer adolescente e o local onde se encontra recolhido serão comunicados à autoridade judiciária competente e à família do apreendido ou à pessoa por ele indicada sob pena de cometer crime, previsto no ECA.

Examinar-se-á, desde logo e sob pena de responsabilidade, a possibilidade de liberação imediata.

A **internação, antes da sentença** de aplicação de medida socioeducativa, pode ser determinada pelo **prazo máximo de quarenta e cinco dias.**

O adolescente civilmente identificado não será submetido à identificação compulsória pelos órgãos policiais, de proteção e judiciais, salvo para efeito de confrontação, havendo dúvida fundada.

1.9.2 Das garantias processuais

O ECA prevê garantias processuais, ou seja, no decorrer de procedimento judicial que apure a prática de ato infracional. Vejamos:

- Nenhum adolescente será privado de sua liberdade sem o devido processo legal e será assegurada ao adolescente, entre outras, as seguintes garantias:
  - Pleno e formal conhecimento da atribuição de ato infracional, mediante citação ou meio equivalente.
  - Igualdade na relação processual, podendo confrontar- se com vítimas e testemunhas e produzir todas as provas necessárias à sua defesa.
  - Defesa técnica por advogado.
  - Assistência judiciária gratuita e integral aos necessitados, na forma da lei.
  - Direito de ser ouvido pessoalmente pela autoridade competente.
  - Direito de solicitar a presença de seus pais ou responsável em qualquer fase do procedimento.

1.9.3 Das medidas socioeducativas

Se uma criança comete ato infracional, será ela submetida a uma medida de proteção. Se um adolescente comete ato infracional, será ele submetido a uma medida socioeducativa ou uma medida de proteção.

São medidas socioeducativas:

a) **Advertência** - consiste em uma admoestação verbal, reduzida a termo e assinada.

b) **Obrigação de reparar o dano** - sempre que o ato infracional tiver reflexos patrimoniais.

c) **Prestação de serviços à comunidade** - consiste na realização de tarefas gratuitas de interesse geral, por período não excedente a 6 meses, junto a entidades assistenciais, hospitais, escolas e outros estabelecimentos congêneres, bem como em programas comunitários ou governamentais.

As tarefas serão atribuídas conforme as aptidões do adolescente, devendo ser cumpridas durante jornada máxima de oito horas semanais, aos sábados, domingos e feriados ou em dias úteis, de modo a não prejudicar a frequência à escola ou à jornada normal de trabalho.

d) **Liberdade assistida** - consiste na designação de pessoa capacitada (orientador) para acompanhar o caso, a qual poderá ser recomendada por entidade ou programa de atendimento e será fixada pelo prazo mínimo de seis meses, podendo a qualquer tempo ser prorrogada, revogada ou substituída por outra medida, ouvido o orientador, o Ministério Público e o defensor.

São incumbências do orientador, com o apoio e a supervisão da autoridade competente, a realização dos seguintes encargos, entre outros:

> promover socialmente o adolescente e sua família, fornecendo-lhes orientação e inserindo-os, se necessário, em programa oficial ou comunitário de auxílio e assistência social;

> supervisionar a frequência e o aproveitamento escolar do adolescente, promovendo, inclusive, sua matrícula;

> diligenciar no sentido da profissionalização do adolescente e de sua inserção no mercado de trabalho;

> apresentar relatório do caso.

e) **Inserção em regime de semiliberdade** - que pode ser determinado desde o início, ou como forma de transição para o meio aberto, possibilitada a realização de atividades externas, independente de autorização judicial. No regime de semiliberdade são obrigatórias a escolarização e a profissionalização, devendo, sempre que possível, ser utilizados os recursos existentes na comunidade e a medida não comporta prazo determinado aplicando-se, no que couber, as disposições relativas à internação.

A internação é uma medida privativa da liberdade aplicada ao adolescente que comete ato infracional e possui as seguintes características:

> Brevidade: o adolescente ficará interno o tempo necessário, porém, o mais breve possível.

> Excepcionalidade: não é a regra.

> Respeito à condição peculiar do adolescente.

A medida será declarada judicialmente e não comporta prazo determinado, devendo sua manutenção ser avaliada, no máximo, a cada seis meses, e a internação não excederá a três anos, devendo após esse prazo, o adolescente ser liberado, colocado em regime de semiliberdade ou de liberdade assistida, sempre precedido de autorização judicial, ouvido o Ministério Público.

A liberação será compulsória aos vinte e um anos de idade. O adolescente internado será autorizado à realização de atividades externas, a critério da equipe técnica, salvo expressa determinação judicial em contrário, podendo a determinação judicial de internação ser revista a qualquer tempo.

A medida de internação será aplicada da seguinte maneira:

> Ato infracional cometido mediante grave ameaça ou violência à pessoa - 03 anos.

> Reiteração no cometimento de outras infrações graves - 03 anos.

> Descumprimento reiterado e injustificável da medida anteriormente imposta - 03 meses.

Em nenhuma hipótese será aplicada a internação, havendo outra medida adequada.

A internação deverá ser cumprida em entidade exclusiva para adolescentes, em local distinto daquele destinado ao abrigo, obedecida rigorosa separação por critérios de idade, compleição física e gravidade da infração.

Durante o período de internação, inclusive provisória, serão obrigatórias atividades pedagógicas.

→ **Direitos do adolescente privado da liberdade.**

São direitos do adolescente privado de liberdade, entre outros, os seguintes:

> Entrevistar-se pessoalmente com o representante do Ministério Público.

> Peticionar diretamente a qualquer autoridade.

> Avistar-se reservadamente com seu defensor.

> Ser informado de sua situação processual, sempre que solicitada.

> Ser tratado com respeito e dignidade.

> Permanecer internado na mesma localidade ou naquela mais próxima ao domicílio de seus pais ou responsável.

> Receber visitas, ao menos, semanalmente.

> Corresponder-se com seus familiares e amigos.

> Ter acesso aos objetos necessários à higiene e ao asseio pessoal.

> Habitar alojamento em condições adequadas de higiene e salubridade.

> Receber escolarização e profissionalização.

> Realizar atividades culturais, esportivas e de lazer.

> Ter acesso aos meios de comunicação social.

> Receber assistência religiosa, segundo a sua crença, e desde que assim o deseje.

> Manter a posse de seus objetos pessoais e dispor de local seguro para guardá-los, recebendo comprovante daqueles porventura depositados em poder da entidade.

> Receber, quando de sua desinternação, os documentos pessoais indispensáveis à vida em sociedade.

Em nenhum caso haverá incomunicabilidade.

A autoridade judiciária poderá suspender temporariamente a visita, inclusive de pais ou responsável, se existirem motivos sérios e fundados de sua prejudicialidade aos interesses do adolescente.

É dever do Estado zelar pela integridade física e mental dos internos, cabendo-lhe adotar as medidas adequadas de contenção e segurança.

Questões

01. (TRT) Em 1840, o médico Louis-René Villermé fez o seguinte relato sobre o trabalho infantil:

"As crianças são empregadas nas fábricas de algodão na Alsácia desde a idade em que podem começar a receber o benefício da educação primária, mas quase sempre são privadas dela. É verdade que algumas indústrias criaram em seus estabelecimentos escolas para os trabalhadores mais jovens, mas estes muito dificilmente tirarão proveito das aulas, pois todas as suas faculdades físicas e intelectuais são absorvidas pelo trabalho. A maior vantagem que podem tirar da escola é, talvez, tomar uma pequena pausa do trabalho por uma ou duas horas."

Caso a situação acima estivesse ocorrendo no Brasil atualmente, que norma legal protetiva, dentre as abaixo, não poderia ser invocada?

a) Proibição de qualquer trabalho a menores de 16 (dezesseis) anos, salvo na condição de aprendiz, a partir de 14 (quatorze) anos.

b) Garantia de acesso e frequência obrigatória ao ensino regular.

c) Vedação à prorrogação ou compensação de jornada, salvo quando assistido pelo responsável.

d) Vedação ao trabalho perigoso, insalubre ou penoso.

e) Respeito à condição peculiar de pessoa em desenvolvimento.

02. (IDECAN) Sobre o Estatuto da Criança e do Adolescente, analise as afirmativas a seguir.

I. Considera-se criança, para os efeitos do Estatuto da Criança e do Adolescente, a pessoa até doze anos de idade incompletos, e adolescente aquela entre doze e dezoito anos de idade.

II. É dever da família, da comunidade, da sociedade em geral e do poder público assegurar, com absoluta prioridade, a efetivação dos direitos referentes à vida, à saúde, à alimentação, à educação, ao esporte, ao lazer, à profissionalização, à cultura, à dignidade, ao respeito, à liberdade e à convivência familiar e comunitária.

III. Na interpretação desta Lei levar-se-ão em conta os fins sociais a que ela se dirige, as exigências do bem comum, os direitos e deveres individuais e coletivos, e a condição peculiar da criança e do adolescente como pessoas em desenvolvimento.

IV. Os estabelecimentos de atendimento à saúde deverão proporcionar condições para a permanência em tempo integral de um dos pais ou responsável, nos casos de internação de criança ou adolescente.

Estão corretas as afirmativas

a) I, II, III e IV.

b) I e II, apenas.

c) I e III, apenas.

d) II e III, apenas.

03. (EXATUS) Sobre o Estatuto da Criança e do Adolescente Lei nº 8.069/90 é correto afirmar:

I. Esta lei dispõe sobre a proteção integral à criança e ao adolescente.

II. Esta lei garante que a criança e o adolescente gozem de todos os direitos fundamentais inerentes à pessoa humana, sem prejuízo da proteção integral de que trata esta Lei, assegurando-se-lhes, por lei ou por outros meios, todas as oportunidades e facilidades, a fim de lhes facultar o desenvolvimento físico, mental, moral, espiritual e social, em condições de liberdade e de dignidade.

III. Esta lei estabelece que é dever da família, da comunidade, da sociedade em geral e do poder público assegurar, com absoluta prioridade, a efetivação dos direitos referentes à vida, à saúde, à alimentação, à educação, ao esporte, ao lazer, à profissionalização, à cultura, à dignidade, ao respeito, à liberdade e à convivência familiar e comunitária.

IV. Esta lei dispõe que nenhuma criança ou adolescente será objeto de qualquer forma de negligência, discriminação, exploração, violência, crueldade e opressão, punido na forma da lei qualquer atentado, por ação ou omissão, aos seus direitos fundamentais.

Dentre as afirmativas acima, estão corretas:

a) Apenas as afirmativas II, III e IV.

b) Apenas as afirmativas I e II.

c) Apenas as afirmativas I e IV.

d) Todas as afirmativas estão corretas.

04. (IOBV) De acordo com o Estatuto da Criança e do Adolescente – ECA, a autorização judicial para criança viajar será exigida quando:

a) Tratar-se de viagem para comarca contígua à da residência da criança, se na mesma unidade da Federação, ou incluída na mesma região metropolitana.

b) A criança viajar para fora da comarca onde reside, desacompanhada dos pais ou responsável.

c) A criança viajar acompanhada de ascendente ou colateral maior, até o terceiro grau, comprovado documentalmente o parentesco.

d) A criança viajar acompanhada de pessoa maior, expressamente autorizada pelo pai, mãe ou responsável.

05. (FUNIVERSA) Um brasileiro com dez anos de idade pode viajar para

a) comarca contígua a da sua residência, localizada em outra unidade da federação, sem a necessidade de autorização judicial ou do representante legal.

b) fora da comarca onde reside, sem a necessidade de autorização judicial, desde que acompanhado de colateral até o 3º grau maior de idade, comprovando-se documentalmente o parentesco.

c) fora da comarca onde reside, desde que acompanhado de pessoa maior de idade, sendo necessária a autorização judicial.

d) o exterior, desde que acompanhado de estrangeiro residente em outro país, sendo necessária apenas a autorização expressa do pai e da mãe.

e) o exterior, na companhia de um dos pais, sendo necessária a autorização judicial.

06. Clarisse, mãe de Bernardo, de cinco anos de idade, pretende viajar com o filho, da Comarca de Rio Branco, Estado do Acre, para a Comarca de São Paulo, Estado de São Paulo. Comprou passagens aéreas e irão acompanhados da avó paterna. O pai de Bernardo é falecido. No momento do embarque, foi exigida a certidão de óbito, esquecida por Clarisse, que apresentou, além de sua certidão de casamento, a Cédula de Identidade original dos três passageiros, impedidos de embarcar pela companhia aérea. Exigiram a presença do pai, a apresentação da prova do óbito ou a autorização de viagem. A conduta do representante da companhia aérea está

a) correta, porque não se trata de comarca contígua à residência da criança, ainda que na mesma unidade da Federação, e não está incluída na mesma região metropolitana.

b) errada, porque foi provado o óbito do pai por duas testemunhas idôneas, o que supre a falta da prova documental ou a autorização de viagem pelo falecido ou judicial.

c) errada, porque a criança estava acompanhada de ascendente maior, até o terceiro grau, comprovado o parentesco.

d) correta, porque a criança, ainda que acompanhada de duas pessoas maiores, não tinha autorização expressa do pai com firma reconhecida e não houve comprovação do alegado óbito.

07. (Prefeitura de Betim - MG) Sobre as situações prioritárias do serviço de convivência e fortalecimento de vínculo, considere:

I. Trabalho infantil.

II. Egressos de medidas socioeducativas.

III. Mulheres egressas do sistema prisional.

IV. Crianças e adolescentes em situação de rua.

Podemos afirmar que

a) todas as opções estão corretas.

b) todas as opções estão incorretas.

c) apenas as opções I, II e IV estão corretas.

d) apenas as opções I, III e IV estão corretas.

08. (IPEFAE) Sobre a Lei Federal nº 8.069/1990 (Estatuto da Criança e do Adolescente), assinale a alternativa correta:

a) Os pais ou responsável não têm a obrigação de matricular seus filhos na rede regular de ensino.

b) É proibido qualquer trabalho a menores de quatorze anos de idade, salvo na condição de aprendiz.

c) Não é obrigação do Estado ofertar à criança e ao adolescente o ensino fundamental, obrigatório e gratuito.

d) O adolescente empregado aprendiz pode realizar trabalhos em locais prejudiciais ao seu desenvolvimento físico, psíquico, moral e social.

09. (CEPS-UFPA) A Lei nº 8.069/1990 estabelece que

a) a criança poderá brincar em qualquer lugar que desejar.

b) a criança poderá viajar desacompanhada de seus pais ou responsável, para qualquer lugar do país.

c) nenhuma criança poderá viajar desacompanhada dos pais ou responsável, sem expressa autorização judicial.

d) nenhuma criança poderá viajar para qualquer parte do país acompanhada de seus pais ou responsáveis.

e) toda criança ou adolescente, nascido no território nacional, poderá sair do país desacompanhado de seus pais ou responsável, sem prévia e expressa autorização judicial.

10. (CESPE) De acordo com o disposto no Estatuto da Criança e do Adolescente (ECA), julgue o item que se segue. É dispensada a autorização paterna quando uma criança ou adolescente viaja ao exterior em companhia da mãe; já em viagens interestaduais, a criança poderá estar acompanhada por um responsável desde que tenha autorização, registrada em cartório, de um dos pais.

Certo ( ) Errado ( )

Gabaritos

01	C	06	C
02	A	07	C
03	D	08	B
04	B	09	D
05	B	10	C

1.9.5 Da remissão

Determina o artigo 126 do ECA:

> ***Art. 126.*** *Antes de iniciado o procedimento judicial para apuração de ato infracional, o representante do Ministério Público poderá conceder a remissão, como forma de exclusão do processo, atendendo às circunstâncias e consequências do fato, ao contexto social, bem como à personalidade do adolescente e sua maior ou menor participação no ato infracional.*
>
> ***Parágrafo único.*** *Iniciado o procedimento, a concessão da remissão pela autoridade judiciária importará na suspensão ou extinção do processo.*

A remissão não implica necessariamente o reconhecimento ou comprovação da responsabilidade do adolescente, nem prevalece para efeito de antecedentes, podendo ser aplicada qualquer das medidas previstas no Estatuto, exceto a colocação em regime de semiliberdade e a internação.

A medida aplicada por força da remissão poderá ser revista judicialmente, a qualquer tempo, mediante pedido:

- expresso do adolescente ou de seu representante legal; do Ministério Público.

1.10 Das Medidas Pertinentes aos Pais ou Responsável

Não são raras as situações em que os pais ou responsáveis pelos menores acabam por violar os direitos destes ou não conseguem suprir o necessário para seus filhos ou pupilos, por situação alheia à sua vontade.

Assim, são previstas medidas aplicáveis aos pais ou responsável, no artigo 129 do ECA:

- Encaminhamento a serviços e programas oficiais ou comunitários de proteção, apoio e promoção da família.
- Inclusão em programa oficial ou comunitário de auxílio, orientação e tratamento a alcoólatras e toxicômanos.
- Encaminhamento a tratamento psicológico ou psiquiátrico.
- Encaminhamento a cursos ou programas de orientação.
- Obrigação de matricular o filho ou pupilo e acompanhar sua frequência e aproveitamento escolar.
- Obrigação de encaminhar a criança ou o adolescente a tratamento especializado.
- Advertência.
- Perda da guarda.
- Destituição da tutela.
- Suspensão ou destituição do poder familiar.

Não serão aplicadas as medidas de destituição da tutela e suspensão do poder familiar se os pais deixarem de cumprir o dever de sustento por falta ou carência de recursos materiais e, caso sejam aplicadas, serão decretadas judicialmente.

Ou seja, a falta de recursos materiais não é o suficiente para tirar dos pais a guarda de um filho!

Se for verificado que os pais ou responsáveis estão agindo em relação aos menores com maus-tratos, abuso sexual ou opressão, o juiz poderá determinar, como medida cautelar, o afastamento do agressor da moradia comum e fixação provisória dos alimentos que de necessitam a criança ou o adolescente dependentes do agressor.

1.11 Do Conselho Tutelar

O Conselho Tutelar é um órgão permanente e autônomo, encarregado pela sociedade de zelar pelo cumprimento dos direitos da criança e do adolescente.

Ele é um **órgão não jurisdicional** e será composto de cinco membros, escolhidos pela comunidade local para mandato de quatro anos, permitida recondução.

> ***Art. 132.*** *Em cada Município e em cada Região Administrativa do Distrito Federal haverá, no mínimo, 1 (um) Conselho Tutelar como órgão integrante da administração pública local, composto de 5 (cinco) membros, escolhidos pela população local para mandato de 4 (quatro) anos, permitida recondução por novos processos de escolha. (Redação dada pela Lei nº 13.824, de 2019)*

- Reconhecida idoneidade moral.
- Idade superior a vinte e um anos.
- Residir no município.

Vejamos o que dispõe o artigo 134 do ECA:

> ***Art. 134.*** *Lei municipal ou distrital disporá sobre o local, dia e horário de funcionamento do Conselho Tutelar, inclusive quanto à remuneração dos respectivos membros, aos quais é assegurado o direito a:*
>
> ***I.*** *cobertura previdenciária;*
>
> ***II.*** *gozo de férias anuais remuneradas, acrescidas de 1/3 (um terço) do valor da remuneração mensal;*
>
> ***III.*** *licença-maternidade;*
>
> ***IV.*** *licença-paternidade;*
>
> ***V.*** *gratificação natalina.*
>
> ***Parágrafo único.*** *Constará da lei orçamentária municipal e da do Distrito Federal previsão dos recursos necessários ao funcionamento do Conselho Tutelar e à remuneração e formação continuada dos conselheiros tutelares.*

O local, dia e horário de funcionamento do Conselho Tutelar e a remuneração de seus membros serão previstos em lei municipal, e quanto aos recursos necessários ao funcionamento do Conselho, estarão previstos na lei orçamentária municipal.

O exercício efetivo da função de conselheiro constituirá serviço público relevante, estabelecerá presunção de idoneidade moral.

1.11.1 Das atribuições do conselho

São atribuições do Conselho, atender crianças e adolescentes nas hipóteses em que deva ser aplicada medida de proteção, salvo inclusão em programa de acolhimento familiar e colocação em família substituta e atender e aconselhar os pais ou responsáveis, aplicando as medidas aplicáveis aos pais e responsáveis, salvo medidas aplicáveis somente judicialmente (perda da guarda, destituição da tutela, suspensão ou destituição do poder familiar) e promover a execução de suas decisões, podendo para tanto:

- Requisitar serviços públicos nas áreas de saúde, educação, serviço social, previdência, trabalho e segurança.

- Representar junto à autoridade judiciária nos casos de descumprimento injustificado de suas deliberações.
- Encaminhar ao Ministério Público notícia de fato que constitua infração administrativa ou penal contra os direitos da criança ou do adolescente.
- encaminhar à autoridade judiciária os casos de sua competência.
- Providenciar a medida estabelecida pela autoridade judiciária, dentre as previstas como medida de proteção (exceto acolhimento institucional, inclusão em programa de acolhimento familiar e colocação em família substituta), para o adolescente autor de ato infracional.
- Expedir notificações.
- Requisitar certidões de nascimento e de óbito de criança ou adolescente quando necessário.
- Assessorar o Poder Executivo local na elaboração da proposta orçamentária para planos e programas de atendimento dos direitos da criança e do adolescente.
- Representar, em nome da pessoa e da família, contra a violação dos direitos previstos no art. 220, § 3º, inciso II, da Constituição Federal.

  CF. Art. 220, § 3º, inciso II - *Estabelecer os meios legais que garantam à pessoa e à família a possibilidade de se defenderem de programas ou programações de rádio e televisão que contrariem o disposto no Art. 221, bem como da propaganda de produtos, práticas e serviços que possam ser nocivos à saúde e ao meio ambiente.*
- Representar ao Ministério Público para efeito das ações de perda ou suspensão do poder familiar, depois de esgotadas as possibilidades de manutenção da criança ou do adolescente junto à família natural.

1.11.2 Disposições finais

Se, no exercício de suas atribuições, o Conselho Tutelar entender necessário o afastamento do convívio familiar, comunicará incontinenti o fato ao Ministério Público, prestando-lhe informações sobre os motivos de tal entendimento e as providências tomadas para a orientação, o apoio e a promoção social da família.

As decisões do Conselho Tutelar somente poderão ser revistas pela autoridade judicial.

Além disso, o ECA prevê:

> ***Art. 140.*** *São impedidos de servir no mesmo Conselho marido e mulher, ascendentes e descendentes, sogro e genro ou nora, irmãos, cunhados, durante o cunhadio, tio e sobrinho, padrasto ou madrasta e enteado.*
>
> ***Parágrafo único.*** *Estende-se o impedimento do conselheiro, na forma deste artigo, em relação à autoridade judiciária e ao representante do Ministério Público com atuação na Justiça da Infância e da Juventude, em exercício na comarca, foro regional ou distrital.*

No que tange à escolha dos membros:

> ***Art. 139.*** *O processo para a escolha dos membros do Conselho Tutelar será estabelecido em lei municipal e realizado sob a responsabilidade do Conselho Municipal dos Direitos da Criança e do Adolescente, e a fiscalização do Ministério Público. (Redação dada pela Lei nº 8.242, de 12.10.1991)*
>
> ***§ 1º*** *O processo de escolha dos membros do Conselho Tutelar ocorrerá em data unificada em todo o território nacional a cada 4 (quatro) anos, no primeiro domingo do mês de outubro do ano subsequente ao da eleição presidencial. (Incluído pela Lei nº 12.696, de 2012)*
>
> ***§ 2º*** *A posse dos conselheiros tutelares ocorrerá no dia 10 de janeiro do ano subsequente ao processo de escolha. (Incluído pela Lei nº 12.696, de 2012)*
>
> ***§ 3º*** *No processo de escolha dos membros do Conselho Tutelar, é vedado ao candidato doar, oferecer, prometer ou entregar ao eleitor bem ou vantagem pessoal de qualquer natureza, inclusive brindes de pequeno valor*

1.12 Aspectos Processuais

A partir do artigo 141 do ECA, está previsto o acesso à Justiça, tratando de aspectos processuais. Abordaremos o que determina o texto de lei quanto aos procedimentos judiciais.

É princípio constitucional a garantia do acesso à Justiça.

Ninguém poderá ser impedido de ter acesso à Justiça, muito menos as crianças e os adolescentes.

Assim, toda a criança e todo o adolescente têm garantido o acesso à Defensoria Pública, ao Ministério Público e ao Poder Judiciário, por qualquer de seus órgãos.

A Defensoria Pública tem a incumbência de defender aqueles que não possuem e não podem pagar por um advogado particular, garantindo-se a assistência judiciária gratuita. Porém, nada impede que este tenha assistência de um advogado. Quando não existir Defensoria Pública na localidade, a lei garante a nomeação de advogado, ou seja, sem defesa técnica, o menor não ficará.

Para facilitar ainda mais o acesso, as ações judiciais da competência da Justiça da Infância e da Juventude são isentas de custas e emolumentos (não se pagará para entrar com ação), ressalvada a hipótese de litigância de má-fé (por exemplo, quando alterar a verdade dos fatos).

Nas ações que envolvem crianças e adolescentes, os menores de dezesseis anos serão representados, e os maiores de dezesseis serão assistidos por seus pais, tutores, na forma da legislação civil ou processual.

Além disso, a lei prevê que a autoridade judiciária dará curador especial à criança ou ao adolescente, sempre que os interesses destes colidirem com os de seus pais ou responsável (imaginemos um adolescente que deseja casar e seus pais não permitem sem justificativa plausível), ou quando carecerem de representação ou assistência legal, ainda que eventual.

Todos os atos judiciais, policiais e administrativos que envolvam crianças e adolescentes devem resguardar segredo, vedada a divulgação de qualquer informação.

Enquanto em uma ação de cobrança, em regra, qualquer pessoa pode ter acesso ao processo e assistir a uma audiência, por ser pública, quando se trata de menores, isso não ocorrerá pelo segredo de justiça.

Além do mais, assegura o Estatuto que os estados e o Distrito Federal poderão criar Varas especializadas e exclusivas da Infância e da Juventude, cabendo ao Poder Judiciário estabelecer sua proporcionalidade por número de habitantes, dotá-las de infraestrutura e dispor sobre o atendimento, inclusive em plantões.

Nesse sentido, estudaremos as figuras que fazem parte do processo, conforme dispõe o ECA.

1.12.1 Do juiz

A autoridade constantemente referenciada no ECA é o Juiz da Infância e da Juventude, ou o juiz que exerce essa função, na forma da lei de organização judiciária local.

A competência do juízo será determinada:

- → pelo domicílio dos pais ou responsável;
- → pelo lugar onde se encontre a criança ou o adolescente, à falta dos pais ou responsável.
- → nos casos de ato infracional, será competente a autoridade do lugar da ação ou omissão, observadas as regras de conexão, continência e prevenção.

A execução das medidas poderá ser delegada à autoridade competente da residência dos pais ou responsável, ou do local onde sediar-se a entidade que abrigar a criança ou o adolescente.

Em caso de infração cometida através de transmissão simultânea de rádio ou televisão, que atinja mais de uma comarca, será competente, para aplicação da penalidade, a autoridade judiciária do local da sede estadual da emissora ou rede, tendo a sentença eficácia para todas as transmissoras ou retransmissoras do respectivo estado.

Atentemos para as competências da Justiça da Infância e Juventude:

> ***Art. 148.*** *A Justiça da Infância e da Juventude é competente para:*
>
> ***I.*** *conhecer de representações promovidas pelo Ministério Público, para apuração de ato infracional atribuído a adolescente, aplicando as medidas cabíveis;*
>
> ***II.*** *conceder a remissão, como forma de suspensão ou extinção do processo;*
>
> ***III.*** *conhecer de pedidos de adoção e seus incidentes;*
>
> ***IV.*** *conhecer de ações civis fundadas em interesses individuais, difusos ou coletivos afetos à criança e ao adolescente, observado o disposto no art. 209;*
>
> ***V.*** *conhecer de ações decorrentes de irregularidades em entidades de atendimento*
>
> *aplicando as medidas cabíveis;*
>
> ***VI.*** *aplicar penalidades administrativas nos casos de infrações contra norma de proteção à criança ou adolescente;*
>
> ***VII.*** *conhecer de casos encaminhados pelo Conselho Tutelar, aplicando as medidas cabíveis.*
>
> ***Parágrafo único.*** *Quando se tratar de criança ou adolescente nas hipóteses do art. 98, é também competente a Justiça da Infância e da Juventude para o fim de:*
>
> ***a)*** *conhecer de pedidos de guarda e tutela;*
>
> ***b)*** *conhecer de ações de destituição do poder familiar, perda ou modificação da tutela ou guarda;*
>
> ***c)*** *suprir a capacidade ou o consentimento para o casamento;*
>
> ***d)*** *conhecer de pedidos baseados em discordância paterna ou materna, em relação ao exercício do poder familiar; (Expressão substituída pela Lei nº 12.010, de 2009) Vigência*
>
> ***e)*** *conceder a emancipação, nos termos da lei civil, quando faltarem os pais;*
>
> ***f)*** *designar curador especial em casos de apresentação de queixa ou representação, ou de outros procedimentos judiciais ou extrajudiciais em que haja interesses de criança ou adolescente;*
>
> ***g)*** *conhecer de ações de alimentos;*
>
> ***h)*** *determinar o cancelamento, a retificação e o suprimento dos registros de nascimento e óbito.*
>
> ***Art. 149.*** *Compete à autoridade judiciária disciplinar, através de portaria, ou autorizar, mediante alvará:*
>
> ***I.*** *a entrada e permanência de criança ou adolescente, desacompanhado dos pais ou responsável, em:*
>
> ***a)*** *estádio, ginásio e campo desportivo;*
>
> ***b)*** *bailes ou promoções dançantes;*
>
> ***c)*** *boate ou congêneres;*
>
> ***d)*** *casa que explore comercialmente diversões eletrônicas;*
>
> ***e)*** *estúdios cinematográficos, de teatro, rádio e televisão.*
>
> ***II.*** *a participação de criança e adolescente em:*
>
> ***a)*** *espetáculos públicos e seus ensaios;*
>
> ***b)*** *certames de beleza.*
>
> ***§ 1º*** *Para os fins do disposto neste artigo, a autoridade judiciária levará em conta, dentre outros fatores:*
>
> *Os princípios desta Lei;*
>
> ***b)*** *as peculiaridades locais;*
>
> ***c)*** *a existência de instalações adequadas;*
>
> ***d)*** *o tipo de frequência habitual ao local;*
>
> ***e)*** *a adequação do ambiente a eventual participação ou frequência de crianças e adolescentes;*
>
> ***f)*** *a natureza do espetáculo.*

1.12.2 Serviços auxiliares

Cabe ao Poder Judiciário, na elaboração de sua proposta orçamentária, prever recursos para manutenção de equipe interprofissional (assistentes sociais, psicólogos etc.) destinada a assessorar a Justiça da Infância e da Juventude.

Compete à equipe interprofissional, dentre outras atribuições que lhe forem reservadas pela legislação local, fornecer subsídios por escrito, mediante laudos, ou verbalmente, na audiência, e bem assim desenvolver trabalhos de aconselhamento, orientação, encaminhamento, prevenção e outros, tudo sob a imediata subordinação à autoridade judiciária, assegurada a livre manifestação do ponto de vista técnico.

Na ausência ou insuficiência de servidores públicos integrantes do Poder Judiciário responsáveis pela realização dos estudos psicossociais ou de quaisquer outras espécies de avaliações técnicas exigidas por esta Lei ou por determinação judicial, a autoridade judiciária poderá proceder à nomeação de perito.

1.12.3 Procedimentos

Aos procedimentos se subsidiariamente as normas gerais previstas na legislação processual pertinente.

Os processos e procedimentos amparados no Estatuto têm prioridade absoluta, sob pena de responsabilidade, assim como a execução dos atos e diligências judiciais a eles referentes. Ou seja, devem tramitar com celeridade.

Os prazos estabelecidos nesta Lei e aplicáveis aos seus procedimentos são contados em dias corridos, excluído o dia do começo e incluído o dia do vencimento, vedado o prazo em dobro para a Fazenda Pública e o Ministério Público.

Caso seja necessária medida não prevista no Estatuto, o legislador prevê a possibilidade de atuação de ofício, ouvido o Ministério Público, conforme artigo 153 do Estatuto:

> ***Art. 153.*** *Se a medida judicial a ser adotada não corresponder a procedimento previsto nesta ou em outra lei, a autoridade judiciária poderá investigar os fatos e ordenar de ofício as providências necessárias, ouvido o Ministério Público.*
>
> ***Parágrafo único.*** *O disposto neste artigo não se aplica para o fim de afastamento da criança ou do adolescente de sua família de origem e em outros procedimentos necessariamente contenciosos.*

1.12.4 Da perda e da suspensão do poder familiar

O procedimento para a perda ou a suspensão do poder familiar terá início por provocação do Ministério Público ou de quem tenha legítimo interesse.

O artigo 156 do Estatuto prevê que a petição inicial deverá indicar:

> ***I.*** *a autoridade judiciária a que for dirigida;*
>
> ***II.*** *o nome, o estado civil, a profissão e a residência do requerente e do requerido, dispensada a qualificação em se tratando de pedido formulado por representante do Ministério Público;*
>
> ***III.*** *a exposição sumária do fato e o pedido;*
>
> ***IV.*** *as provas que serão produzidas, oferecendo, desde logo, o rol de testemunhas e documentos.*

Caso exista algum motivo grave, o juiz, após ouvir o Ministério Público, decreta a suspensão poder familiar, liminar ou incidentalmente, até o julgamento definitivo da causa, de modo que a criança ou o adolescente fiquem confiados a uma pessoa idônea, mediante termo de responsabilidade.

Com a suspensão, o réu no processo é citado para, no prazo de dez dias, oferecer resposta escrita, indicando as provas a serem produzidas e oferecendo desde logo o rol de testemunhas e documentos.

É necessário atentar para o disposto no Art. 158 do ECA:

> ***Art. 158.*** *O requerido será citado para, no prazo de dez dias, oferecer resposta escrita, indicando as provas a serem produzidas e oferecendo desde logo o rol de testemunhas e documentos.*
>
> ***§ 1º*** *A citação será pessoal, salvo se esgotados todos os meios para sua realização.*
>
> ***§ 2º*** *O requerido privado de liberdade deverá ser citado pessoalmente.*
>
> ***§ 3º*** *Quando, por 2 (duas) vezes, o oficial de justiça houver procurado o citando em seu domicílio ou residência sem o encontrar, deverá, havendo suspeita de ocultação, informar qualquer pessoa da família ou, em sua falta, qualquer vizinho do dia útil em que voltará a fim de efetuar a citação, na hora que designar, nos termos do art. 252 e seguintes da Lei no 13.105, de 16 de março de 2015 (Código de Processo Civil).*
>
> ***§ 4º*** *Na hipótese de os genitores encontrarem-se em local incerto ou não sabido, serão citados por edital no prazo de 10 (dez) dias, em publicação única, dispensado o envio de ofícios para a localização.*

A defesa será feita por advogado, que será nomeado dativo caso o réu não tenha condições de pagar.

Assim, dita o artigo 159 que poderá requerer, em cartório, que lhe seja nomeado dativo, ao qual incumbirá a apresentação de resposta, contando-se o prazo a partir da intimação do despacho de nomeação.

A citação será pessoal, salvo se esgotados todos os meios para sua realização. Quando o requerido estiver privado de liberdade, deverá ser citado pessoalmente.

Se não for contestado o pedido e tiver sido concluído o estudo social ou a perícia realizada por equipe interprofissional ou multidisciplinar, a autoridade judiciária dará vista dos autos ao Ministério Público, por 5 (cinco) dias, salvo quando este for o requerente, e decidirá em igual prazo.

Caso seja apresentada a resposta, a autoridade judiciária dará vista dos autos ao Ministério Público, por cinco dias, salvo quando este for o requerente, e quando concluído o estudo social ou perícia por equipe interprofissional ou multisiciplinar, designando, desde logo, audiência de instrução e julgamento.

Na audiência, presentes as partes e o Ministério Público, serão ouvidas as testemunhas, colhendo-se oralmente o parecer técnico, salvo quando apresentado por escrito, manifestando-se sucessivamente o requerente, o requerido e o Ministério Público, pelo tempo de vinte minutos cada um, prorrogável por mais dez. A decisão será proferida na audiência, podendo a autoridade judiciária, excepcionalmente, designar data para sua leitura no prazo máximo de cinco dias.

Dentro do procedimento de perda e suspensão do poder familiar, o juiz de ofício ou a requerimento das partes ou do Ministério Público, determinará a realização de estudo social ou perícia por equipe interprofissional ou multidisciplinar, bem como a oitiva de testemunhas que comprovem a presença de uma das causas de suspensão ou destituição do poder familiar previstas no Código Civil.

Sendo os pais oriundos de comunidades indígenas, o Estatuto prevê que é ainda obrigatória a intervenção, junto à equipe profissional ou multidisciplinar, de representantes do órgão federal responsável pela política indigenista, a FUNAI (Fundação Nacional do Índio)

Se o pedido importar em modificação de guarda, será obrigatória, desde que possível e razoável, a oitiva da criança ou do adolescente, respeitado seu estágio de desenvolvimento e grau de compreensão sobre as implicações da medida.

Além disso, é obrigatória a oitiva dos pais sempre que esses forem identificados e estiverem em local conhecido. Se o pai ou a mãe estiverem privados de liberdade, a autoridade judicial requisitará sua apresentação para a oitiva.

O prazo máximo para conclusão do procedimento será de 120 (cento e vinte) dias e a sentença será averbada à margem do registro de nascimento da criança ou do adolescente.

1.12.5 Destituição da tutela

Na destituição da tutela, observar-se-á o procedimento para a remoção de tutor previsto na lei processual civil e, no que couber, o disposto na perda e suspensão do poder familiar.

Temos previsão na norma processual no artigo 759 e seguintes do Novo Código de Processo Civil.

1.12.6 Colocação em família substituta

Quando não existe mais a possibilidade de a criança ou o adolescente estarem inseridos na sua família natural (pela falta dos pais, perda do poder família...), teremos a colocação em família substituta, que deve atender aos requisitos:

> ***Art. 165.*** *São requisitos para a concessão de pedidos de colocação em família substituta:*
>
> ***I.*** *qualificação completa do requerente e de seu eventual cônjuge, ou companheiro, com expressa anuência deste;*
>
> ***II.*** *indicação de eventual parentesco do requerente e de seu cônjuge, ou companheiro, com a criança ou adolescente, especificando se tem ou não parente vivo;*
>
> ***III.*** *qualificação completa da criança ou adolescente e de seus pais, se conhecidos;*
>
> ***IV.*** *indicação do cartório onde foi inscrito nascimento, anexando, se possível, uma cópia da respectiva certidão;*
>
> ***V.*** *declaração sobre a existência de bens, direitos ou rendimentos relativos à criança ou ao adolescente.*
>
> ***Parágrafo único.*** *Em se tratando de adoção, observar-se-ão também os requisitos específicos.*

Se os pais forem falecidos, tiverem sido destituídos ou suspensos do poder familiar, ou houverem aderido expressamente ao pedido de colocação em família substituta, este poderá ser formulado diretamente em cartório, em petição assinada pelos próprios requerentes, dispensada a assistência de advogado.

Convém notar que a lei prevê que o consentimento dos titulares do poder familiar será precedido de orientações e esclarecimentos prestados pela equipe interprofissional da Justiça da Infância e da Juventude, em especial, no caso de adoção, sobre a irrevogabilidade da medida.

Na hipótese de concordância dos pais, esses serão ouvidos pela autoridade judiciária e pelo representante do Ministério Público, tomando-se por termo as declarações.

O consentimento é retratável até a data da publicação da sentença constitutiva da adoção e somente terá valor se for dado após o nascimento da criança.

Para a família substituta é devida orientação por intermédio de equipe técnica interprofissional a serviço do Poder Judiciário, preferencialmente com apoio dos técnicos responsáveis pela execução da política municipal de garantia do direito à convivência familiar.

O juiz, de ofício ou a requerimento das partes ou do Ministério Público, determinará a realização de estudo social ou, se possível, perícia por equipe interprofissional, decidindo sobre a concessão de guarda provisória, bem como, no caso de adoção, sobre o estágio de convivência, ao qual será entregue mediante termo de responsabilidade.

Apresentado o relatório social ou o laudo pericial, e ouvidos, sempre que possível, a criança ou o adolescente, dar-se-á vista dos autos ao Ministério Público, pelo prazo de cinco dias, decidindo a autoridade judiciária em igual prazo.

Nas hipóteses em que a destituição da tutela, a perda ou a suspensão do poder familiar constituir pressuposto lógico da medida principal de colocação em família.

1.12.7 Disposições finais da apuração de ato infracional

Em caso de não apresentação, o representante do Ministério Público notificará os pais ou responsáveis para apresentação do adolescente, podendo requisitar o concurso das polícias civil e militar.

Feita tal etapa, o representante do Ministério Público poderá:

- promover o arquivamento dos autos;
- conceder a remissão;
- representar à autoridade judiciária para aplicação de medida socioeducativa.

Cumpre observar que a súmula 108 do STJ prevê que

"A aplicação de medidas socioeducativas ao adolescente, pela prática de ato infracional, é da competência exclusiva do juiz."

Caso o MP promova o arquivamento ou conceda remissão, esta deverá ser homologada pelo juiz, cabendo recurso de apelação da decisão que não homologar, conforme entendimento do STJ.

Homologado o arquivamento ou a remissão, a autoridade judiciária determinará, conforme o caso, o cumprimento da medida.

Discordando, a autoridade judiciária fará remessa dos autos ao Procurador-Geral de Justiça, mediante despacho fundamentado, e este oferecerá representação, designará outro membro do Ministério Público para apresentá-la, ou ratificará o arquivamento ou a remissão, que só então estará a autoridade judiciária obrigada a homologar.

A representação será oferecida por petição, que conterá o breve resumo dos fatos e a classificação do ato infracional e, quando necessário, o rol de testemunhas, podendo ser deduzida oralmente, em sessão diária instalada pela autoridade judiciária, independentemente de prova pré-constituída da autoria e materialidade.

Por analogia ao CPP, na prática se admitem 8 testemunhas.

O prazo máximo e improrrogável para a conclusão do procedimento previsto do ECA, estando o adolescente internado provisoriamente, será de quarenta e cinco dias, que visa coibir o constrangimento ilegal.

Oferecida a representação, a autoridade judiciária designará audiência de apresentação do adolescente, decidindo, desde logo, sobre a decretação ou manutenção da internação, observado o prazo de 45 dias.

O adolescente e seus pais ou responsável serão cientificados do teor da representação, e notificados a comparecer à audiência, acompanhados de advogado.

Caso os pais ou responsável não forem localizados, a autoridade judiciária dará curador especial ao adolescente, e não sendo localizado o adolescente, a autoridade judiciária expedirá mandado de busca e apreensão, determinando o sobrestamento do feito, até a efetiva apresentação.

No caso do adolescente internado, será requisitada a sua apresentação, sem prejuízo da notificação dos pais ou responsável.

Jamais a internação, decretada ou mantida pela autoridade judiciária, não poderá ser cumprida em estabelecimento prisional. Caso não exista tal estabelecimento na Comarca entidade para abrigar o adolescente, este será transferido para a localidade mais próxima.

Sendo impossível a pronta transferência, o adolescente aguardará sua remoção em repartição policial, desde que em seção isolada dos adultos e com instalações apropriadas, não podendo ultrapassar o prazo máximo de cinco dias, sob pena de responsabilidade.

Sendo o fato grave, passível de aplicação de medida de internação ou colocação em regime de semiliberdade, a autoridade judiciária, verificando que o adolescente não possui advogado constituído, nomeará defensor, designando, desde logo, audiência em continuação, podendo determinar a realização de diligências e estudo do caso.

O advogado constituído ou o defensor nomeado, no prazo de três dias contado da audiência de apresentação, oferecerá defesa prévia e rol de testemunhas.

Se o adolescente, devidamente notificado, não comparecer, injustificadamente à audiência de apresentação, a autoridade judiciária designará nova data, determinando sua condução coercitiva.

A remissão, como forma de extinção ou suspensão do processo, poderá ser aplicada em qualquer fase do procedimento, antes da sentença.

A remissão extingue a ação quando a remissão é própria ou cumulada com advertência. Nas demais situações, implicará a suspensão.

Atentemos para o artigo 189 e 190 do Estatuto:

> ***Art. 189.*** *A autoridade judiciária não aplicará qualquer medida, desde que reconheça na sentença:*
>
> ***I.*** *estar provada a inexistência do fato;*
>
> ***II.*** *não haver prova da existência do fato;*
>
> ***III.*** *não constituir o fato ato infracional;*
>
> ***IV.*** *não existir prova de ter o adolescente concorrido para o ato infracional.*
>
> ***Parágrafo único.*** *Na hipótese deste artigo, estando o adolescente internado, será imediatamente colocado em liberdade.*
>
> ***Art. 190.*** *A intimação da sentença que aplicar medida de internação ou regime de semiliberdade sera feita:*
>
> ***I.*** *ao adolescente e ao seu defensor;*
>
> ***II.*** *quando não for encontrado o adolescente, a seus pais ou responsável, sem prejuízo do defensor.*
>
> ***§ 1º*** *Sendo outra a medida aplicada, a intimação far-se-á unicamente na pessoa do defensor.*
>
> ***§ 2º*** *Recaindo a intimação na pessoa do adolescente, deverá este manifestar se deseja ou não recorrer da sentença.*

1.12.8 Da apuração de irregularidades em entidade de atendimento

O procedimento de apuração de irregularidades em entidade governamental e não governamental terá início mediante portaria da autoridade judiciária ou representação do Ministério Público ou do Conselho Tutelar, onde conste, necessariamente, resumo dos fatos.

Havendo motivo grave, poderá o juiz, após ouvir o Ministério Público, decretar liminarmente o afastamento provisório do dirigente da entidade, mediante decisão fundamentada.

O dirigente da entidade será citado e terá o prazo de dez dias para oferecer resposta escrita, podendo juntar documentos e indicar as provas a produzir.

Apresentada ou não a resposta, e sendo necessário, o juiz designará audiência de instrução e julgamento, intimando as partes.

Salvo manifestação em audiência, as partes e o Ministério Público terão cinco dias para oferecer alegações finais, decidindo a autoridade judiciária em igual prazo.

Quando do afastamento provisório ou definitivo de dirigente de entidade governamental, o juiz oficiará à autoridade administrativa imediatamente superior ao afastado, marcando prazo para a substituição e antes de aplicar qualquer das medidas, poderá fixar prazo para a remoção das irregularidades verificadas.

Satisfeitas as exigências, o processo será extinto, sem julgamento de mérito. A multa e a advertência serão impostas ao dirigente da entidade ou programa de atendimento.

1.12.9 Da apuração de infração administrativa às normas de proteção à criança e ao adolescente

Dita o artigo 194 do ECA:

> ***Art. 194.*** *O procedimento para imposição de penalidade administrativa por infração às normas de proteção à criança e ao adolescente terá início por representação do Ministério Público, ou do Conselho Tutelar, ou auto de infração elaborado por servidor efetivo ou voluntário credenciado, e assinado por duas testemunhas, se possível.*
>
> ***§ 1º*** *No procedimento iniciado com o auto de infração, poderão ser usadas fórmulas impressas, especificando-se a natureza e as circunstâncias da infração.*
>
> ***§ 2º*** *Sempre que possível, à verificação da infração seguir-se-á a lavratura do auto, certificando-se, em caso contrário, dos motivos do retardamento.*

O requerido terá prazo de dez dias para apresentação de defesa, contado da data da intimação, que será feita:

> ***I.*** *pelo autuante, no próprio auto, quando este for lavrado na presença do requerido;*
>
> ***II.*** *por oficial de justiça ou funcionário legalmente habilitado, que entregará cópia do auto ou da representação ao requerido, ou a seu representante legal, lavrando certidão;*
>
> ***III.*** *por via postal, com aviso de recebimento, se não for encontrado o requerido ou seu representante legal;*

1.12.10 Da habilitação de pretendentes à adoção

O ECA, precisamente no artigo 50 do Estatuto, prevê cadastros (da comarca ou foro regional, estadual e federal) para a casais ou pessoas que desejam adotar, sendo o mais utilizado o local da comarca ou foro regional.

Nos artigos 197-A ao 197-E estão descritos tais procedimentos, incluídos no ECA pela Lei 12.010/2009.

Inicialmente, o Estatuto determina os postulantes à adoção com:

> ***I.*** *qualificação completa;*
>
> ***II.*** *dados familiares;*
>
> ***III.*** *cópias autenticadas de certidão de nascimento ou casamento, ou declaração relativa ao período de união estável;*
>
> ***IV.*** *cópias da cédula de identidade e inscrição no Cadastro de Pessoas Físicas;*
>
> ***V.*** *comprovante de renda e domicílio;*

VI. atestados de sanidade física e mental;

VII. certidão de antecedentes criminais;

VIII. certidão negativa de distribuição cível.

O juiz, no prazo de 48 horas, dará vista dos autos ao Ministério Público, que no prazo de 5 (cinco) dias poderá:

> apresentar quesitos a serem respondidos pela equipe interprofissional encarregada de elaborar o estudo técnico a que se refere o art. 197-C do ECA.

Tal dispositivo determina que equipe interprofissional a Serviço da Justiça da Infância e da Juventude, que deverá elaborar estudo psicossocial, que conterá subsídios que permitam aferir a capacidade e o preparo dos postulantes para o exercício de uma paternidade ou maternidade responsável.

Os postulantes deverão participar de programa oferecido pela Justiça da Infância e da Juventude preferencialmente com apoio dos técnicos responsáveis pela execução da política municipal de garantia do direito à convivência familiar, que inclua preparação psicológica, orientação e estímulo à adoção inter-racial, de crianças maiores ou de adolescentes, com necessidades específicas de saúde ou com deficiências e de grupos de irmãos.

Também existe a previsão, quando possível, de os postulantes terem contato com crianças e adolescentes em acolhimento familiar ou institucional em condições de adoção.

> requerer a designação de audiência para oitiva dos postulantes em juízo e testemunhas;

> requerer a juntada de documentos complementares e a realização de outras diligências que entender necessárias.

Certificada nos autos a conclusão da participação no programa referido acima, o juiz, no prazo de 48 horas, decidirá acerca das diligências requeridas pelo Ministério Público e determinará a juntada do estudo psicossocial, designando, conforme o caso, audiência de instrução e julgamento.

Caso não sejam requeridas diligências, ou sendo essas indeferidas, o juiz determinará a juntada do estudo psicossocial, abrindo a seguir vista dos autos ao Ministério Público, por 5 (cinco) dias, decidindo em igual prazo.

Quando deferida a habilitação, o postulante será inscrito nos cadastros, sendo a sua convocação para a adoção feita de acordo com ordem cronológica de habilitação e conforme a disponibilidade de crianças ou adolescentes adotáveis.

Esta ordem cronológica poderá ser ignorada, quando for comprovado ser a melhor solução para o adotando, nas seguintes hipóteses:

> tratar-se de pedido de adoção unilateral, quando um dos cônjuges ou companheiro adotar o filho do outro;

> for formulada por parente com o qual a criança ou o adolescente mantenham vínculos de afinidade e afetividade;

> oriundo o pedido de quem detém a tutela ou guarda legal de criança maior de 3 (três) anos ou adolescente, desde que o lapso de tempo de convivência comprove a fixação de laços de afinidade e afetividade, e não seja constatada a ocorrência de má-fé ou qualquer das situações previstas nos arts. 237 ou 238 desta Lei (crimes previstos no Estatuto).

A recusa sistemática na adoção das crianças ou adolescentes indicados importará na reavaliação da habilitação concedida, não tendo um número de recusas estipuladas pelo ECA.

1.12.11 Recursos

O artigo 198 do ECA prevê que nos procedimentos afetos à Justiça da Infância e da Juventude, inclusive os relativos à execução das medidas socioeducativas, adotar-se-á o sistema recursal da Código de Processo Civil com as seguintes adaptações:

I. os recursos serão interpostos independentemente de preparo;

II. em todos os recursos, salvo nos embargos de declaração, o prazo para o Ministério Público e para a defesa será sempre de 10 (dez) dias;

III. os recursos terão preferência de julgamento e dispensarão revisor;

VII. antes de determinar a remessa dos autos à superior instância, no caso de apelação, ou do instrumento, no caso de agravo, a autoridade judiciária proferirá despacho fundamentado, mantendo ou reformando a decisão, no prazo de cinco dias;

VIII. mantida a decisão apelada ou agravada, o escrivão remeterá os autos ou o instrumento à superior instância dentro de vinte e quatro horas, independentemente de novo pedido do recorrente; se a reformar, a remessa dos autos dependerá de pedido expresso da parte interessada ou do Ministério Público, no prazo de cinco dias, contados da intimação.

***Art. 199.** Contra as decisões proferidas com base no art. 149 (quando o juiz determina, através de portaria, ou autorizar, mediante alvará por exemplo a entrada permanência de criança ou adolescente, desacompanhado dos pais ou responsável em estádio) caberá recurso de apelação.*

Quando a sentença deferir adoção, produzirá efeitos desde logo, estando sujeita à apelação no efeito devolutivo, salvo nos casos de adoção internacional ou se houver perigo de dano irreparável ou de difícil reparação ao adotando.

A sentença que destituir ambos ou qualquer dos genitores do poder familiar fica sujeita à apelação, que deverá ser recebida apenas no efeito devolutivo.

Portanto, podemos esquematizar:

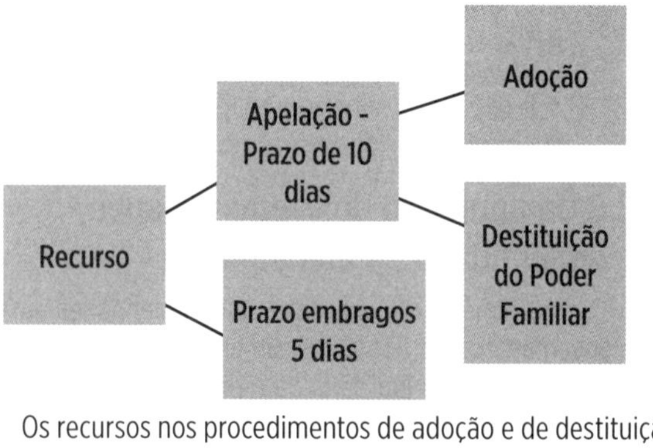

Os recursos nos procedimentos de adoção e de destituição de poder familiar, em face da relevância das questões, serão processados com prioridade absoluta, devendo ser imediatamente distribuídos, ficando vedado que aguardem, em qualquer situação, oportuna distribuição, e serão colocados em mesa para julgamento sem revisão e com parecer urgente do Ministério Público, devendo o relator inserir processo para julgamento no prazo máximo de 60 dias contados da sua conclusão (art. 199 – D).

O Ministério Público será intimado da data do julgamento e poderá na sessão, se entender necessário, apresentar oralmente seu parecer. O Ministério Público poderá requerer a instauração de procedimento para apuração de responsabilidades se constatar o descumprimento das providências e do prazo previstos.

1.12.12 Do ministério público e do advogado

As funções do Ministério Público previstas no Estatuto serão exercidas nos termos da respectiva lei orgânica. O artigo 201 do ECA determina as competências do Ministério Público, vejamos:

> ***Art. 201.*** *Compete ao Ministério Público:*
>
> ***I.*** *conceder a remissão como forma de exclusão do processo;*
>
> ***II.*** *promover e acompanhar os procedimentos relativos às infrações atribuídas a adolescentes;*
>
> ***III.*** *promover e acompanhar as ações de alimentos e os procedimentos de suspensão e destituição do poder familiar, nomeação e remoção de tutores, curadores e guardiães, bem como oficiar em todos os demais procedimentos da competência da Justiça da Infância e da Juventude;*
>
> ***IV.*** *promover, de ofício ou por solicitação dos interessados, a especialização e a inscrição de hipoteca legal e a prestação de contas dos tutores, curadores e quaisquer administradores de bens de crianças e adolescentes nas hipóteses do art. 98;*
>
> ***V.*** *promover o inquérito civil e a ação civil pública para a proteção dos interesses individuais, difusos ou coletivos relativos à infância e à adolescência, inclusive os definidos no art. 220, § 3º inciso II, da Constituição Federal;*
>
> ***VI.*** *instaurar procedimentos administrativos e, para instruí-los:*
>
> ***a)*** *expedir notificações para colher depoimentos ou esclarecimentos e, em caso de não comparecimento injustificado, requisitar condução coercitiva, inclusive pela polícia civil ou militar;*
>
> ***b)*** *requisitar informações, exames, perícias e documentos de autoridades municipais, estaduais e federais, da administração direta ou indireta, bem como promover inspeções e diligências investigatórias;*
>
> ***c)*** *requisitar informações e documentos a particulares e instituições privadas;*
>
> ***VII.*** *instaurar sindicâncias, requisitar diligências investigatórias e determinar a instauração de inquérito policial, para apuração de ilícitos ou infrações às normas de proteção à infância e à juventude;*
>
> ***VIII.*** *zelar pelo efetivo respeito aos direitos e garantias legais assegurados às crianças e adolescentes, promovendo as medidas judiciais e extrajudiciais cabíveis;*
>
> ***IX.*** *impetrar mandado de segurança, de injunção e habeas corpus, em qualquer juízo, instância ou tribunal, na defesa dos interesses sociais e individuais indisponíveis afetos à criança e ao adolescente;*
>
> ***X.*** *representar ao juízo visando à aplicação de penalidade por infrações cometidas contra as normas de proteção à infância e à juventude, sem prejuízo da promoção da responsabilidade civil e penal do infrator, quando cabível;*
>
> ***XI.*** *inspecionar as entidades públicas e particulares de atendimento e os programas de que trata esta Lei, adotando de pronto as medidas administrativas ou judiciais necessárias à remoção de irregularidades porventura verificadas;*
>
> ***XII.*** *requisitar força policial, bem como a colaboração dos serviços médicos, hospitalares, educacionais e de assistência social, públicos ou privados, para o desempenho de suas atribuições.*
>
> ***§ 1º*** *A legitimação do Ministério Público para as ações cíveis previstas neste artigo não impede a de terceiros, nas mesmas hipóteses, segundo dispuserem a Constituição e esta Lei.*
>
> ***§ 2º*** *As atribuições constantes deste artigo não excluem outras, desde que compatíveis com a finalidade do Ministério Público.*
>
> ***§ 3º*** *O representante do Ministério Público, no exercício de suas funções, terá livre acesso a todo local onde se encontre criança ou adolescente.*
>
> ***§ 4º*** *O representante do Ministério Público será responsável pelo uso indevido das informações e documentos que requisitar, nas hipóteses legais de sigilo.*
>
> ***§ 5º*** *Para o exercício da atribuição de que trata o inciso VIII deste artigo, poderá o representante do Ministério Público:*
>
> ***a)*** *reduzir a termo as declarações do reclamante, instaurando o competente procedimento, sob sua presidência;*
>
> ***b)*** *entender-se diretamente com a pessoa ou autoridade reclamada, em dia, local e horário previamente notificados ou acertados;*
>
> ***c)*** *efetuar recomendações visando à melhoria dos serviços públicos e de relevância pública afetos à criança e ao adolescente, fixando prazo razoável para sua perfeita adequação.*

O Estatuto também determina que nos processos e procedimentos em que não for parte, atuará obrigatoriamente o Ministério Público na defesa dos direitos e interesses de que cuida a lei, como um fiscal, hipótese em que terá vista dos autos depois das partes, podendo juntar documentos e requerer diligências, usando os recursos cabíveis.

A intimação do Ministério Público, em qualquer caso, será feita pessoalmente, e a falta de intervenção acarreta a nulidade do feito, declarada pelo juiz ou requerida pelo interessado.

No que tange ao advogado, o artigo 206 do Estatuto prevê que "A criança ou o adolescente, seus pais ou responsável, e qualquer pessoa que tenha legítimo interesse na solução da lide poderão intervir nos procedimentos de que trata esta Lei, através de advogado, o qual será intimado para todos os atos, pessoalmente ou por publicação oficial, respeitado o segredo de justiça."

Igualmente, temos a previsão da assistência judiciária integral e gratuita àqueles que dela necessitarem, e nenhum ado lescente a quem se atribua a prática de ato infracional, ainda que ausente ou foragido, será processado sem defensor, que na falta, será nomeado pelo juiz.

A ausência do defensor não determinará o adiamento de nenhum ato do processo, devendo o juiz nomear substituto, ainda que provisoriamente, ou para o só efeito do ato.

1.12.13 Da proteção judicial dos interesses individuais, difusos e coletivos

O artigo 208 do Eca traz um rol exemplificativo, de situações que merecem a tutela do Estado, cabendo todas as espécies de ações pertinentes.

> ***Art. 208.*** *Regem-se pelas disposições desta Lei as ações de responsabilidade por ofensa aos direitos assegurados à criança e ao adolescente, referentes ao não oferecimento ou oferta irregular:*
>
> ***I.*** *do ensino obrigatório;*
>
> ***II.*** *de atendimento educacional especializado aos portadores de deficiência;*

III. de atendimento em creche e pré-escola às crianças de zero a cinco anos de idade;

IV. de ensino noturno regular, adequado às condições do educando;

V. de programas suplementares de oferta de material didático-escolar, transporte e assistência à saúde do educando do ensino fundamental;

VI. de serviço de assistência social visando à proteção à família, à maternidade, à infância e à adolescência, bem como ao amparo às crianças e adolescentes que dele necessitem;

VII. de acesso às ações e serviços de saúde;

VIII. de escolarização e profissionalização dos adolescentes privados de liberdade.

IX. de ações, serviços e programas de orientação, apoio e promoção social de famílias e destinados ao pleno exercício do direito à convivência familiar por crianças e adolescentes.

X. de programas de atendimento para a execução das medidas socioeducativas e aplicação de medidas de proteção.

***§ 1º** As hipóteses previstas neste artigo não excluem da proteção judicial outros interesses individuais, difusos ou coletivos, próprios da infância e da adolescência, protegidos pela Constituição e pela Lei.*

***§ 2º** A investigação do desaparecimento de crianças ou adolescentes será realizada imediatamente após notificação aos órgãos competentes, que deverão comunicar o fato aos portos, aeroportos, Polícia Rodoviária e companhias de transporte interestaduais e internacionais, fornecendo-lhes todos os dados necessários à identificação do desaparecido.*

As ações serão propostas no foro do local onde ocorreu ou deva ocorrer a ação ou omissão, cujo juízo terá competência absoluta para processar a causa, ressalvadas a competência da Justiça Federal e a competência originária dos tribunais superiores.

Entrando na esfera dos direitos coletivos, cabe conceituar direitos difusos e coletivos:

> **Direitos difusos:** são indivisíveis e os titulares são pessoas indeterminadas ligadas a um fato.

> **Direitos coletivos:** são indivisíveis e os titulares referem-se a grupo, categoria ou classe de pessoas ligadas entre si ou com a parte contrária por uma relação jurídica base.

São legitimados concorrentes, para as ações cíveis fundadas em interesses coletivos ou difusos:

I) o Ministério Público;

II) a União, os estados, os municípios, o Distrito Federal e os territórios;

III) as associações legalmente constituídas há pelo menos um ano e que incluam entre seus fins institucionais a defesa dos interesses e direitos protegidos por esta Lei, dispensada a autorização da assembleia, se houver prévia autorização estatutária.

Admitir-se-á litisconsórcio facultativo entre os Ministérios Públicos da União e dos estados na defesa dos interesses e direitos previstos no ECA e, em caso de desistência ou abandono da ação por associação legitimada, o Ministério Público ou outro legitimado poderá assumir a titularidade ativa.

Os órgãos públicos legitimados poderão tomar dos interessados compromisso de ajustamento de sua conduta às exigências legais, o qual terá eficácia de título executivo extrajudicial. Ou seja, prevê-se uma solução rápida.

Contra atos ilegais ou abusivos de autoridade pública ou agente de pessoa jurídica no exercício de atribuições do poder público, que lesem direito líquido e certo previsto no ECA, caberá ação mandamental, que se regerá pelas normas da lei do mandado de segurança.

Na ação que tenha por objeto o cumprimento de obrigação de fazer ou não fazer, o juiz concederá a tutela específica da obrigação ou determinará providências que assegurem o resultado prático equivalente ao do adimplemento.

Sendo relevante o fundamento da demanda e havendo justificado receio de ineficácia do provimento final, é lícito ao juiz conceder a tutela liminarmente ou após justificação prévia, citando o réu, podendo o juiz impor multa diária, independentemente de pedido do autor, fixando prazo razoável para cumprimento da obrigação.

A multa só será exigível do réu após o trânsito em julgado da sentença favorável ao autor, sendo devida desde o dia em que se houver configurado o descumprimento, sendo o valor revertido ao fundo gerido pelo Conselho dos Direitos da Criança e do Adolescente do respectivo município.

As multas não recolhidas até trinta dias após o trânsito em julgado da decisão serão exigidas por meio de execução promovida pelo Ministério Público, nos mesmos autos, facultada igual iniciativa aos demais legitimados.

Se não tivermos o fundo regulamentado, o valor será depositado em estabelecimento oficial de crédito, em conta com correção monetária.

Da decisão, cabe recurso. Prevê o Eca, no artigo 125, que o juiz poderá conferir efeito suspensivo aos recursos, para evitar dano irreparável à parte. Neste aspecto, é um "poder-dever" do magistrado.

Nas ações que tratamos neste ponto, não haverá adiantamento de custas, emolumentos, honorários periciais e quaisquer outras despesas.

É imprescindível a leitura dos demais dispositivos:

***Art. 216.** Transitada em julgado a sentença que impuser condenação ao poder público, o juiz determinará a remessa de peças à autoridade competente, para apuração da responsabilidade civil e administrativa do agente a que se atribua a ação ou omissão.*

***Art. 217.** Decorridos sessenta dias do trânsito em julgado da sentença condenatória sem que a associação autora lhe promova a execução, deverá fazê-lo o Ministério Público, facultada igual iniciativa aos demais legitimados.*

***Art. 218.** O juiz condenará a associação autora a pagar ao réu os honorários advocatícios arbitrados na conformidade do § 4º do art. 20 da Lei n.º 5.869, de 11 de janeiro de 1973 (Código de Processo Civil), quando reconhecer que a pretensão é manifestamente infundada.*

***Parágrafo único.** Em caso de litigância de má-fé, a associação autora e os diretores responsáveis pela propositura da ação serão solidariamente condenados ao décuplo das custas, sem prejuízo de responsabilidade por perdas e danos.*

***Art. 219.** Nas ações de que trata este Capítulo, não haverá adiantamento de custas, emolumentos, honorários periciais e quaisquer outras despesas.*

Art. 220. *Qualquer pessoa poderá e o servidor público deverá provocar a iniciativa do Ministério Público, prestando-lhe informações sobre fatos que constituam objeto de ação civil, e indicando-lhe os elementos de convicção.*

Art. 221. *Se, no exercício de suas funções, os juízos e tribunais tiverem conhecimento de fatos que possam ensejar a propositura de ação civil, remeterão peças ao Ministério Público para as providências cabíveis.*

Art. 222. *Para instruir a petição inicial, o interessado poderá requerer às autoridades competentes as certidões e informações que julgar necessárias, que serão fornecidas no prazo de quinze dias.*

Art. 223. *O Ministério Público poderá instaurar, sob sua presidência, inquérito civil, ou requisitar, de qualquer pessoa, organismo público ou particular, certidões, informações, exames ou perícias, no prazo que assinalar, o qual não poderá ser inferior a dez dias úteis.*

§ 1º *Se o órgão do Ministério Público, esgotadas todas as diligências, se convencer da inexistência de fundamento para a propositura da ação cível, promoverá o arquivamento dos autos do inquérito civil ou das peças informativas, fazendo-o fundamentadamente.*

§ 2º *Os autos do inquérito civil ou as peças de informação arquivados serão remetidos, sob pena de se incorrer em falta grave, no prazo de três dias, ao Conselho Superior do Ministério Público.*

§ 3º *Até que seja homologada ou rejeitada a promoção de arquivamento, em sessão do Conselho Superior do Ministério público, poderão as associações legitimadas apresentar razões escritas ou documentos, que serão juntados aos autos do inquérito ou anexados às peças de informação.*

§ 4º *A promoção de arquivamento será submetida a exame e deliberação do Conselho Superior do Ministério Público, conforme dispuser o seu regimento.*

§ 5º *Deixando o Conselho Superior de homologar a promoção de arquivamento, designará, desde logo, outro órgão do Ministério Público para o ajuizamento da ação.*

Art. 224. *Aplicam-se subsidiariamente, no que couber, as disposições da Lei n.º 7.347, de 24 de julho de 1985*

Questões

01. (FUNIVERSA) As medidas de proteção à criança e ao adolescente são aplicáveis sempre que os direitos reconhecidos pelo ECA forem ameaçados ou violados por ação ou omissão da sociedade ou do Estado, por falta, omissão ou abuso dos pais ou do responsável ou em razão da conduta destes. Nesses casos, a competência será da Justiça da Infância e da Juventude, exceto para

a) conhecer ações de alimentos.

b) suprir a capacidade ou o consentimento para o casamento de adolescente.

c) conhecer ações civis fundadas em interesses individuais, difusos ou coletivos afetos à criança e ao adolescente, ainda que no âmbito da Justiça Federal.

d) conceder a emancipação, designar curador especial em casos de apresentação de queixa ou representação e outros procedimentos em que haja interesses de criança ou adolescente.

e) determinar o cancelamento, a retificação e o suprimento dos registros de nascimento e óbito.

02. (FGV) O Estatuto da Criança e do Adolescente (Lei nº 8.069/90) compreende como competências da equipe interprofissional da Justiça da Infância e Juventude:

I. Fornecer subsídios por escrito, mediante laudos.

II. Fornecer subsídios verbalmente, na audiência.

III. Desenvolver as atribuições que lhe forem reservadas pela legislação local.

Está correto o que se afirma em:

a) somente I.

b) somente I e II.

c) somente I e III.

d) somente II e III.

e) I, II e III.

03. (CETRO) Segundo o disposto no artigo 150, do ECA, é correto afirmar que cabe ao Poder Judiciário, na elaboração de sua proposta orçamentária, prever recursos para manutenção de equipe interprofissional, destinada a assessorar

a) a criança e o adolescente em estado de risco.

b) os Centros de Atendimento Socioeducativos ao Adolescente.

c) a Justiça da Infância e da Juventude.

d) a família do adolescente infrator.

e) as Polícias Militar e Civil.

04. (FGV) Decretada por sentença, pelo Juiz da Infância e da Juventude, a destituição do poder familiar em desfavor do genitor de uma criança, pretende ele recorrer dessa decisão. Nessa hipótese, o recurso cabível é:

a) a apelação, interponível no prazo de dez dias, desprovida de efeito suspensivo.

b) a apelação, interponível no prazo de dez dias, dotada de efeitos devolutivo e suspensivo.

c) a apelação, interponível no prazo de quinze dias, desprovida de efeito suspensivo.

d) a apelação, interponível no prazo de quinze dias, dotada de efeitos devolutivo e suspensivo.

e) e) o agravo de instrumento, interponível no prazo de dez dias, desprovido de efeito suspensivo.

05. (FUNIVERSA) Em relação aos recursos previstos no ECA, assinale a alternativa correta.

a) Os recursos serão interpostos independentemente de preparo, terão preferência de julgamento e dispensarão revisor.

b) Em todos os recursos a que estão sujeitas as decisões do Juiz da Infância e da Juventude, o prazo para o Ministério Público e para a defesa será de dez dias.

c) Na apelação e no agravo de instrumento, não se admite juízo de retratação, devendo a autoridade judiciária determinar a remessa à instância superior caso seja tempestivo.

d) A sentença que destituir ambos ou qualquer dos genitores do poder familiar deve ficar sujeita à apelação, que, por sua vez, deve ser recebida nos efeitos suspensivo e devolutivo.

e) Os recursos, nos procedimentos de adoção e de destituição de poder familiar, devem ser processados com prioridade, sendo logo distribuídos e colocados para julgamento após a revisão e a juntada do parecer do Ministério Público.

06. (MPE) Nos termos da Lei nº 8.069/90 (ECA), entre outras funções, compete ao Ministério Público:

I. Instaurar procedimentos administrativos.

II. Instaurar sindicâncias.

III. Determinar a instauração de inquérito policial.

IV. Impetrar habeas corpus.

V. Impetrar mandado de injunção.

Está correto apenas o contido em:

a) I, II, III e IV.

b) II, III, IV e V.

c) III e IV.

d) II e III.

e) Todos os itens estão corretos.

07. (MPE-SC) Analise o enunciado da questão abaixo e indique se ele é Certo ou Errado.

Acerca dos recursos afetos ao Estatuto da Criança e do Adolescente, serão interpostos independentemente de preparo e antes de determinar a remessa dos autos à superior instância, no caso de apelação, ou do instrumento, no caso de agravo, a autoridade judiciária proferirá despacho fundamentado, mantendo ou reformando a decisão, no prazo de quarenta e oito horas.

Certo ( ) Errado ( )

08. (FEPESE) São atribuições do Conselho Tutelar conforme disposto no artigo 136 do Estatuto da Criança e do Adolescente:

01. Encaminhar ao Ministério Público notícia de fato que constitua infração administrativa ou penal contra os direitos da criança ou do adolescente.

02. Encaminhar à autoridade judiciária os casos de sua competência.

03. Aplicar a medida de proteção prevista no artigo 101, inciso IX, que consiste em colocação em família substituta.

04. Assessorar o Poder Executivo local na elaboração da proposta orçamentária para planos e programas de atendimento dos direitos da criança e do adolescente.

Assinale a alternativa que indica todas as afirmativas corretas.

a) São corretas apenas as afirmativas 2 e 3.

b) São corretas apenas as afirmativas 1, 2 e 3.

c) São corretas apenas as afirmativas 1, 2 e 4.

d) São corretas apenas as afirmativas 1, 3 e 4.

e) São corretas apenas as afirmativas 2, 3 e 4.

09. (FEPESE) Em relação aos Conselhos Tutelares assinale a alternativa correta.

a) Em cada Município haverá, no mínimo, um Conselho Tutelar composto de cinco membros, escolhidos pela comunidade local para mandato de três anos, permitida uma recondução.

b) O processo eleitoral para a escolha dos membros do Conselho Tutelar será estabelecido em Lei Municipal e realizado sob a presidência de Juiz Eleitoral e a fiscalização do Ministério Público.

c) As decisões do Conselho Tutelar somente poderão ser revistas pelo Conselho Municipal de Direitos Municipal da Criança e do Adolescente a pedido de quem tenha legítimo interesse.

d) Compete ao Conselho Tutelar aplicar as medidas socioeducativas de prestação de serviços à comunidade e de liberdade assistida aos adolescentes autores de ato infracional.

e) O Conselho Tutelar é órgão permanente e autônomo, não jurisdicional, encarregado pela sociedade de zelar pelo cumprimento dos direitos da criança e do adolescente.

10. (EXATUS) Complete corretamente a afirmação abaixo: "O Conselho Tutelar é órgão permanente e autônomo, não jurisdicional, encarregado ______________ de zelar pelo cumprimento dos direitos da criança e do adolescente". (ECA, 1990)

a) pelo Estado

b) pela sociedade

c) pelo Conselho dos direitos da criança e do adolescente

d) pelo Judiciário

Gabaritos

01	C	06	E
02	E	07	ERRADO
03	C	08	C
04	A	09	E
05	A	10	B

1.13 Dos Crimes e das Infrações Administrativas

Neste capítulo, estudaremos as infrações administrativas e os crimes previstos no ECA.

Estes são aplicados aos adultos, quando da prática de alguns dos tipos previstos na lei, em situações de desrespeito e violação dos direitos de crianças e adolescentes.

Atenção: criança e adolescente cometem ato infracional!

O que é abordado nos concursos é o texto de lei, geralmente descrevendo uma conduta, situação, e qual tipo penal ou infração representa.

A diferença entre crime e infração é que os crimes geram sanções de natureza penal, podendo restringir a liberdade do indivíduo com prisão, e as infrações têm natureza administrativa, gerando multa, sendo forma de expressão do poder de polícia da Administração Pública.

1.13.1 Da Infiltração de Agentes de Polícia para a Investigação de Crimes contra a Dignidade Sexual de Criança e de Adolescente

A infiltração de agentes de polícia na internet com o fim de investigar os crimes contra dignidade sexual previstos no Código Penal e no ECA deve seguir os seguintes procedimentos:

> será precedida de autorização judicial devidamente circunstanciada e fundamentada, que estabelecerá os limites da infiltração para obtenção de prova, ouvido o Ministério Público;

> dar-se-á mediante requerimento do Ministério Público ou representação de delegado de polícia e conterá a demonstração de sua necessidade, o alcance das tarefas dos policiais, os nomes ou apelidos das pessoas investigadas e, quando possível, os dados de conexao ou cadastrais que permitam a identificação dessas pessoas;

> não poderá exceder o prazo de 90 (noventa) dias, sem prejuízo de eventuais renovações, desde que o total não exceda a 720 (setecentos e vinte) dias e seja demonstrada sua efetiva necessidade, a critério da autoridade judicial.

A autoridade judicial e o Ministério Público poderão requisitar relatórios parciais da operação de infiltração antes do término do prazo.

Se as provas puderem ser obtidas de outra forma, não será admitida a infiltração do agente na internet.

As informações da operação de infiltração serão encaminhadas diretamente ao juiz responsável pela autorização da medida, que zelará por seu sigilo e antes da conclusão da operação, o acesso aos autos será reservado ao juiz, ao Ministério Público e ao delegado de polícia responsável pela operação, com o objetivo de garantir o sigilo das investigações.

Não comete crime o policial que oculta a sua identidade para, por meio da internet, colher indícios de autoria e materialidade dos crimes previstos neste Estatuto (nos arts. 240, 241, 241-A, 241-B, 241-C e 241-D do ECA e nos arts. 154-A, 217-A, 218, 218-A e 218-B do Decreto-Lei nº 2.848, de 7 de dezembro de 1940 do Código Penal) porém poderá responder se não observar a finalidade da investigação e cometer excessos.

Os órgãos de registro e cadastro público poderão incluir nos bancos de dados próprios, mediante procedimento sigiloso e requisição da autoridade judicial, as informações necessárias à efetividade da identidade fictícia criada.

Concluída a investigação, todos os atos eletrônicos praticados durante a operação deverão ser registrados, gravados, armazenados e encaminhados ao juiz e ao Ministério Público, juntamente com relatório circunstanciado. Os atos eletrônicos registrados serão reunidos em autos apartados e apensados ao processo criminal, juntamente com o inquérito policial, assegurando-se a preservação da identidade do agente policial infiltrado e a intimidade das crianças e dos adolescentes envolvidos.

→ Consideram-se:

> dados de conexão: informações referentes à hora, à data, ao início, ao término, à duração, ao endereço de Protocolo de Internet (IP) utilizado e ao terminal de origem da conexão;

> dados cadastrais: informações referentes a nome e endereço de assinante ou de usuário registrado ou autenticado para a conexão a quem o endereço de IP, a identificação de usuário ou o código de acesso tenham sido atribuídos no momento da conexão.

Art. 227-A *Os efeitos da condenação prevista no inciso I do caput do art. 92 do Decreto-Lei nº 2.848, de 7 de dezembro de 1940 (Código Penal), para os crimes previstos nesta Lei, praticados por servidores públicos com abuso de autoridade, são condicionados à ocorrência de reincidência. (Incluído pela Lei nº 13.869. de 2019)*

Parágrafo único. *A perda do cargo, do mandato ou da função, nesse caso, independerá da pena aplicada na reincidência. (Incluído pela Lei nº 13.869. de 2019)*

1.13.2 Dos crimes

O ECA prevê um capítulo sobre os crimes praticados contra a criança e o adolescente, por **ação ou omissão**, sem prejuízo do disposto na legislação penal, aplicando as normas da Parte Geral do Código Penal e o que for pertinente do Código de Processo Penal.

Os crimes definidos são de **ação pública incondicionada**, ou seja, independem da vontade da vítima ou de qualquer pessoa para a proposição da ação.

Abordaremos quais os crimes previstos no ECA:

Art. 228. *Deixar o encarregado de serviço ou o dirigente de estabelecimento de atenção à saúde de gestante de manter registro das atividades desenvolvidas, na forma e prazo referidos no art. 10 desta Lei, bem como de fornecer à parturiente ou a seu responsável, por ocasião da alta médica, declaração de nascimento, onde constem as intercorrências do parto e do desenvolvimento do neonato:*

Pena *- detenção de seis meses a dois anos.*

Parágrafo único. *Se o crime é culposo:*

Pena *- detenção de dois a seis meses, ou multa.*

Art. 229. *Deixar o médico, enfermeiro ou dirigente de estabelecimento de atenção à saúde de gestante de identificar corretamente o neonato e a parturiente, por ocasião do parto, bem como deixar de proceder aos exames referidos no art. 10 desta Lei:*

Pena - *detenção de seis meses a dois anos.*

Parágrafo único. *Se o crime é culposo:*

Pena - *detenção de dois a seis meses, ou multa.*

Art. 230. *Privar a criança ou o adolescente de sua liberdade, procedendo à sua apreensão sem estar em flagrante de ato infracional ou inexistindo ordem escrita da autoridade judiciária competente:*

Pena - *detenção de seis meses a dois anos.*

Parágrafo único. *Incide na mesma pena aquele que procede à apreensão sem observância das formalidades legais.*

Art. 231. *Deixar a autoridade policial responsável pela apreensão de criança ou adolescente de fazer imediata comunicação à autoridade judiciária competente e à família do apreendido ou à pessoa por ele indicada:*

Pena - *detenção de seis meses a dois anos.*

Art. 232. *Submeter criança ou adolescente sob sua autoridade, guarda ou vigilância a vexame ou a constrangimento:*

Pena - *detenção de seis meses a dois anos.*

Art. 234. *Deixar a autoridade competente, sem justa causa, de ordenar a imediata liberação de criança ou adolescente, tão logo tenha conhecimento da ilegalidade da apreensão:*

Pena - *detenção de seis meses a dois anos.*

Art. 235. *Descumprir, injustificadamente, prazo fixado nesta Lei em benefício de adolescente privado de liberdade:*

Pena - *detenção de seis meses a dois anos.*

Art. 236. *Impedir ou embaraçar a ação de autoridade judiciária, membro do Conselho Tutelar ou representante do Ministério Público no exercício de função prevista nesta Lei:*

Pena - *detenção de seis meses a dois anos.*

Art. 237. *Subtrair criança ou adolescente ao poder de quem o tem sob sua guarda em virtude de lei ou ordem judicial, com o fim de colocação em lar substituto:*

Pena - *reclusão de dois a seis anos, e multa.*

Art. 238. *Prometer ou efetivar a entrega de filho ou pupilo a terceiro, mediante paga ou recompensa:*

Pena - *reclusão de um a quatro anos, e multa.*

Parágrafo único. *Incide nas mesmas penas quem oferece ou efetiva a paga ou recompensa.*

Art. 239. *Promover ou auxiliar a efetivação de ato destinado ao envio de criança ou adolescente para o exterior com inobservância das formalidades legais ou com o fito de obter lucro:*

Pena - *reclusão de quatro a seis anos, e multa.*

Parágrafo único. *Se há emprego de violência, grave ameaça ou fraude: (Incluído pela Lei nº 10.764, de 12.11.2003)*

Pena - *reclusão, de 6 (seis) a 8 (oito) anos, além da pena correspondente à violência.*

Art. 240. *Produzir, reproduzir, dirigir, fotografar, filmar ou registrar, por qualquer meio, cena de sexo explícito ou pornográfica, envolvendo criança ou adolescente: (Redação dada pela Lei nº 11.829, de 2008)*

Pena. reclusão, de 4 (quatro) a 8 (oito) anos, e multa. (Redação dada pela Lei nº 11.829, de 2008)

§ 1º *Incorre nas mesmas penas quem agencia, facilita, recruta, coage, ou de qualquer modo intermedeia a participação de criança ou adolescente nas cenas referidas no caput deste artigo, ou ainda quem com esses contracena. (Redação dada pela Lei nº 11.829, de 2008)*

§ 2º *Aumenta-se a pena de 1/3 (um terço) se o agente comete o crime: (Redação dada pela Lei nº 11.829, de 2008)*

I. *no exercício de cargo ou função pública ou a pretexto de exercê-la; (Redação dada pela Lei nº 11.829, de 2008)*

II. *prevalecendo-se de relações domésticas, de coabitação ou de hospitalidade; ou (Redação dada pela Lei nº 11.829, de 2008)*

III. *prevalecendo-se de relações de parentesco consanguíneo ou afim até o terceiro grau, ou por adoção, de tutor, curador, preceptor, empregador da vítima ou de quem, a qualquer outro título, tenha autoridade sobre ela, ou com seu consentimento. (Incluído pela Lei nº 11.829, de 2008)*

Art. 241. *Vender ou expor à venda fotografia, vídeo ou outro registro que contenha cena de sexo explícito ou pornográfica envolvendo criança ou adolescente: (Redação dada pela Lei nº 11.829, de 2008)*

Pena. reclusão, de 4 (quatro) a 8 (oito) anos, e multa. (Redação dada pela Lei nº 11.829, de 2008)

Art. 241-A. *Oferecer, trocar, disponibilizar, transmitir, distribuir, publicar ou divulgar por qualquer meio, inclusive por meio de sistema de informática ou telemático, fotografia, vídeo ou outro registro que contenha cena de sexo explícito ou pornográfica envolvendo criança ou adolescente: (Incluído pela Lei nº 11.829, de 2008)*

Pena. reclusão, de 3 (três) a 6 (seis) anos, e multa. (Incluído pela Lei nº 11.829, de 2008)

§ 1º *Nas mesmas penas incorre quem: (Incluído pela Lei nº 11.829, de 2008)*

I. *assegura os meios ou serviços para o armazenamento das fotografias, cenas ou imagens de que trata o caput deste artigo; (Incluído pela Lei nº 11.829, de 2008)*

II. *assegura, por qualquer meio, o acesso por rede de computadores às fotografias, cenas ou imagens de que trata o caput deste artigo. (Incluído pela Lei nº 11.829, de 2008)*

§ 2º *As condutas tipificadas nos incisos I e II do § 1º deste artigo são puníveis quando o responsável legal pela prestação do serviço, oficialmente notificado, deixa de desabilitar o acesso ao conteúdo ilícito de que trata o caput deste artigo. (Incluído pela Lei nº 11.829, de 2008)*

Art. 241-B. *Adquirir, possuir ou armazenar, por qualquer meio, fotografia, vídeo ou outra forma de registro que contenha cena de sexo explícito ou pornográfica envolvendo criança ou adolescente: (Incluído pela Lei nº 11.829, de 2008)*

Pena. reclusão, de 1 (um) a 4 (quatro) anos, e multa. (Incluído pela Lei nº 11.829, de 2008)

§ 1º *A pena é diminuída de 1 (um) a 2/3 (dois terços) se de pequena quantidade o material a que se refere o caput deste artigo. (Incluído pela Lei nº 11.829, de 2008)*

§ 2º *Não há crime se a posse ou o armazenamento tem a finalidade de comunicar às autoridades competentes a ocorrência das condutas descritas nos arts. 240, 241, 241-A e 241-C desta Lei, quando a comunicação for feita por: (Incluído pela Lei nº 11.829, de 2008)*

I. *agente público no exercício de suas funções; (Incluído pela Lei nº 11.829, de 2008)*

II. *membro de entidade, legalmente constituída, que inclua, entre suas finalidades institucionais, o recebimento, o processamento e o encaminhamento de notícia dos crimes referidos neste parágrafo; (Incluído pela Lei nº 11.829, de 2008)*

III. *representante legal e funcionários responsáveis de provedor de acesso ou serviço prestado por meio de rede de computadores, até o recebimento do material relativo à notícia feita à autoridade policial, ao Ministério Público ou ao Poder Judiciário. (Incluído pela Lei nº 11.829, de 2008)*

§ 3º *As pessoas referidas no § 2º deste artigo deverão manter sob sigilo o material ilícito referido. (Incluído pela Lei nº 11.829, de 2008)*

Art. 241-C. *Simular a participação de criança ou adolescente em cena de sexo explícito ou pornográfica por meio de adulteração, montagem ou modificação de fotografia, vídeo ou qualquer outra forma de representação visual: (Incluído pela Lei nº 11.829, de 2008)*

Pena. reclusão, de 1 (um) a 3 (três) anos, e multa. (Incluído pela Lei nº 11.829, de 2008)

Parágrafo único. *Incorre nas mesmas penas quem vende, expõe à venda, disponibiliza, distribui, publica ou divulga por qualquer meio, adquire, possui ou armazena o material produzido na forma do caput deste artigo. (Incluído pela Lei nº 11.829, de 2008)*

Art. 241-D. *Aliciar, assediar, instigar ou constranger, por qualquer meio de comunicação, criança, com o fim de com ela praticar ato libidinoso: (Incluído pela Lei nº 11.829, de 2008)*

Pena. reclusão, de 1 (um) a 3 (três) anos, e multa. (Incluído pela Lei nº 11.829, de 2008)

Parágrafo único. *Nas mesmas penas incorre quem: (Incluído pela Lei nº 11.829, de 2008)*

I. *facilita ou induz o acesso à criança de material contendo cena de sexo explícito ou pornográfica com o fim de com ela praticar ato libidinoso; (Incluído pela Lei nº 11.829, de 2008)*

II. *pratica as condutas descritas no caput deste artigo com o fim de induzir criança a se exibir de forma pornográfica ou sexualmente explícita. (Incluído pela Lei nº 11.829, de 2008)*

Art. 241-E. *Para efeito dos crimes previstos nesta Lei, a expressão "cena de sexo explícito ou pornográfica" compreende qualquer situação que envolva criança ou adolescente em atividades sexuais explícitas, reais ou simuladas, ou exibição dos órgãos genitais de uma criança ou adolescente para fins primordialmente sexuais (Incluído pela Lei nº 11.829, de 2008)*

Art. 242. *Vender, fornecer ainda que gratuitamente ou entregar, de qualquer forma, a criança ou adolescente arma, munição ou explosivo:*

Pena *- reclusão, de 3 (três) a 6 (seis) anos. (Redação dada pela Lei nº 10.764, de 12.11.2003)*

Art. 243. *Vender, fornecer, servir, ministrar ou entregar, ainda que gratuitamente, de qualquer forma, a criança ou a adolescente, bebida alcoólica ou, sem justa causa, outros produtos cujos componentes possam causar dependência física ou psíquica: (Redação dada pela Lei nº 13.106, de 2015)*

Pena *- detenção de 2 (dois) a 4 (quatro) anos, e multa, se o fato não constitui crime mais grave. (Redação dada pela Lei nº 13.106, de 2015)*

Art. 244. *Vender, fornecer ainda que gratuitamente ou entregar, de qualquer forma, a criança ou adolescente fogos de estampido ou de artifício, exceto aqueles que, pelo seu reduzido potencial, sejam incapazes de provocar qualquer dano físico em caso de utilização indevida:*

Pena *- detenção de seis meses a dois anos, e multa.*

Art. 244-A. *Submeter criança ou adolescente, como tais definidos no caput do art. 2º desta Lei, à prostituição ou à exploração sexual: (Incluído pela Lei nº 9.975, de 23.6.2000)*

Pena *– reclusão de quatro a dez anos e multa, além da perda de bens e valores utilizados na prática criminosa em favor do Fundo dos Direitos da Criança e do Adolescente da unidade da Federação (Estado ou Distrito Federal) em que foi cometido o crime, ressalvado o direito de terceiro de boa-fé.*

§ 1º *Incorrem nas mesmas penas o proprietário, o gerente ou o responsável pelo local em que se verifique a submissão de criança ou adolescente às práticas referidas no caput deste artigo. (Incluído pela Lei nº 9.975, de 23.6.2000)*

§ 2º *Constitui efeito obrigatório da condenação a cassação da licença de localização e de funcionamento do estabelecimento. (Incluído pela Lei nº 9.975, de 23.6.2000)*

Art. 244-B. *Corromper ou facilitar a corrupção de menor de 18 (dezoito) anos, com ele praticando infração penal ou induzindo-o a praticá-la: (Incluído pela Lei nº 12.015, de 2009)*

Pena *- reclusão, de 1 (um) a 4 (quatro) anos. (Incluído pela Lei nº 12.015, de 2009)*

§ 1º *Incorre nas penas previstas no caput deste artigo quem pratica as condutas ali tipificadas utilizando-se de quaisquer meios eletrônicos, inclusive salas de bate-papo da internet. (Incluído pela Lei nº 12.015, de 2009)*

§ 2º *As penas previstas no caput deste artigo são aumentadas de um terço no caso de a infração cometida ou induzida estar incluída no rol do art. 1º da Lei no 8.072, de 25 de julho de 1990. (Incluído pela Lei nº 12.015, de 2009)*

1.13.3 Infrações administrativas

As infrações têm natureza administrativa como consequência de violação dos direitos da criança e do adolescente, punível com multa.

Art. 245. *Deixar o médico, professor ou responsável por estabelecimento de atenção à saúde e de ensino fundamental, pré-escola ou creche, de comunicar à autoridade competente os casos de que tenha conhecimento, envolvendo suspeita ou confirmação de maus-tratos contra criança ou adolescente:*

Pena *- multa de três a vinte salários de referência, aplicando-se o dobro em caso de reincidência.*

Art. 246. *Impedir o responsável ou funcionário de entidade de atendimento o exercício dos direitos constantes nos incisos II, III, VII, VIII e XI do art. 124 desta Lei:*

Pena *- multa de três a vinte salários de referência, aplicando-se o dobro em caso de reincidência.*

Art. 247. *Divulgar, total ou parcialmente, sem autorização devida, por qualquer meio de comunicação, nome, ato ou documento de procedimento policial, administrativo ou judicial relativo a criança ou adolescente a que se atribua ato infracional:*

Pena *- multa de três a vinte salários de referência, aplicando-se o dobro em caso de reincidência.*

§ 1° *Incorre na mesma pena quem exibe, total ou parcialmente, fotografia de criança ou adolescente envolvido em ato infracional, ou qualquer ilustração que lhe diga respeito ou se refira a atos que lhe sejam atribuídos, de forma a permitir sua identificação, direta ou indiretamente.*

§ 2° *Se o fato for praticado por órgão de imprensa ou emissora de rádio ou televisão, além da pena prevista neste artigo, a autoridade judiciária poderá determinar a apreensão da publicação ou a suspensão da programação da emissora até por dois dias, bem como da publicação do periódico até por dois números. (Expressão declara inconstitucional pela ADIN 869-2).*

Art. 249. *Descumprir, dolosa ou culposamente, os deveres inerentes ao poder familiar ou decorrente de tutela ou guarda, bem assim determinação da autoridade judiciária ou Conselho Tutelar: (Expressão substituída pela Lei nº 12.010, de 2009) Vigência.*

Pena *- multa de três a vinte salários de referência, aplicando-se o dobro em caso de reincidência.*

Art. 250. *Hospedar criança ou adolescente desacompanhado dos pais ou responsável, ou sem autorização escrita desses ou da autoridade judiciária, em hotel, pensão, motel ou congênere: (Redação dada pela Lei nº 12.038, de 2009).*

Pena. multa. (Redação dada pela Lei nº 12.038, de 2009).

§ 1° *Em caso de reincidência, sem prejuízo da pena de multa, a autoridade judiciária poderá determinar o fechamento do estabelecimento por até 15 (quinze) dias. (Incluído pela Lei nº 12.038, de 2009).*

§ 2° *Se comprovada a reincidência em período inferior a 30 (trinta) dias, o estabelecimento será definitivamente fechado e terá sua licença cassada. (Incluído pela Lei nº 12.038, de 2009).*

Art. 251. *Transportar criança ou adolescente, por qualquer meio, com inobservância do disposto nos arts. 83, 84 e 85 desta Lei:*

***Pena** - multa de três a vinte salários de referência, aplicando-se o dobro em caso de reincidência.*

***Art. 252.** Deixar o responsável por diversão ou espetáculo público de afixar, em lugar visível e de fácil acesso, à entrada do local de exibição, informação destacada sobre a natureza da diversão ou espetáculo e a faixa etária especificada no certificado de classificação:*

***Pena** - multa de três a vinte salários de referência, aplicando-se o dobro em caso de reincidência.*

***Art. 253.** Anunciar peças teatrais, filmes ou quaisquer representações ou espetáculos, sem indicar os limites de idade a que não se recomendem:*

***Pena** - multa de três a vinte salários de referência, duplicada em caso de reincidência, aplicável, separadamente, à casa de espetáculo e aos órgãos de divulgação ou publicidade.*

***Art. 254.** Transmitir, através de rádio ou televisão, espetáculo em horário diverso do autorizado ou sem aviso de sua classificação:*

***Pena** - multa de vinte a cem salários de referência; duplicada em caso de reincidência a autoridade judiciária poderá determinar a suspensão da programação da emissora por até dois dias.*

***Art. 255.** Exibir filme, trailer, peça, amostra ou congênere classificado pelo órgão competente como inadequado às crianças ou adolescentes admitidos ao espetáculo:*

***Pena** - multa de vinte a cem salários de referência; na reincidência, a autoridade poderá determinar a suspensão do espetáculo ou o fechamento do estabelecimento por até quinze dias.*

***Art. 256.** Vender ou locar a criança ou adolescente fita de programação em vídeo, em desacordo com a classificação atribuída pelo órgão competente:*

***Pena** - multa de três a vinte salários de referência; em caso de reincidência, a autoridade judiciária poderá determinar o fechamento do estabelecimento por até quinze dias.*

***Art. 257.** Descumprir obrigação constante dos arts. 78 e 79 desta Lei:*

***Pena** - multa de três a vinte salários de referência, duplicando-se a pena em caso de reincidência, sem prejuízo de apreensão da revista ou publicação.*

***Art. 258.** Deixar o responsável pelo estabelecimento ou o empresário de observar o que dispõe esta Lei sobre o acesso de criança ou adolescente aos locais de diversão, ou sobre sua participação no espetáculo: (Vide Lei nº 12.010, de 2009) Vigência*

***Pena** - multa de três a vinte salários de referência; em caso de reincidência, a autoridade judiciária poderá determinar o fechamento do estabelecimento por até quinze dias.*

***Art. 258-A.** Deixar a autoridade competente de providenciar a instalação e operacionalização dos cadastros previstos no art. 50 e no § 11 do art. 101 desta Lei: (Incluído pela Lei nº 12.010, de 2009)*

***Pena** - multa de R$ 1.000,00 (mil reais) a R$ 3.000,00 (três mil reais). (Incluído pela Lei nº 12.010, de 2009)*

***Parágrafo único.** Incorre nas mesmas penas a autoridade que deixa de efetuar o cadastramento de crianças e de adolescentes em condições de serem adotadas, de pessoas ou casais habilitados à adoção e de crianças e adolescentes em regime de acolhimento institucional ou familiar. (Incluído pela Lei nº 12.010, de 2009)*

***Art. 258-B.** Deixar o médico, enfermeiro ou dirigente de estabelecimento de atenção à saúde de gestante de efetuar imediato encaminhamento à autoridade judiciária de caso de que tenha conhecimento de mãe ou gestante interessada em entregar seu filho para adoção: (Incluído pela Lei nº 12.010, de 2009)*

***Pena** - multa de R$ 1.000,00 (mil reais) a R$ 3.000,00 (três mil reais). (Incluído pela Lei nº 12.010, de 2009) Vigência*

***Parágrafo único.** Incorre na mesma pena o funcionário de programa oficial ou comunitário destinado à garantia do direito à convivência familiar que deixa de efetuar a comunicação referida no caput deste artigo. (Incluído pela Lei nº 12.010, de 2009)*

***Art. 258-C.** Descumprir a proibição estabelecida no inciso II do art. 81: (Redação dada pela Lei nº 13.106, de 2015)*

***Pena** - multa de R$ 3.000,00 (três mil reais) a R$ 10.000,00 (dez mil reais); (Redação dada pela Lei nº 13.106, de 2015)*

Medida Administrativa - interdição do estabelecimento comercial até o recolhimento da multa aplicada. (Redação dada pela Lei nº 13.106, de 2015)

Questões

01. (VUNESP) Quanto aos crimes e infrações administrativas previstos no Estatuto da Criança e do Adolescente, pode-se afirmar, corretamente, que

a) é infração administrativa sujeita à multa de três a vinte salários de referência, aplicando-se o dobro, em caso de reincidência, a conduta de jornaleiro que vende revista que contenha cena de sexo explícito envolvendo adolescente.

b) a apreensão ilegal de criança ou adolescente é conduta atípica pela inexistência de pretensão punitiva pelo Estado.

c) é de ação pública incondicionada a apuração de crime praticado por médico, professor ou responsável por estabelecimento de atenção à saúde e de ensino fundamental, pré-escola ou creche, que não comunica à autoridade competente os casos de que tenha conhecimento, envolvendo suspeita ou confirmação de maus-tratos contra criança ou adolescente.

d) a divulgação indevida de nome de adolescente a quem se atribua a prática de ato infracional por qualquer meio de comunicação é infração administrativa sujeita à multa de três a vinte salários de referência, aplicando-se o dobro em caso de reincidência.

02. (FCC) O adolescente João, aluno do 6º ano do ensino fundamental, foi apreendido em razão de suposta prática de ato infracional equiparado ao crime de roubo. Sua genitora, a fim de auxiliar na instrução processual e na defesa de seu filho, solicitou à escola onde João estuda declaração de matrícula escolar. Dessa forma, o diretor da escola tomou conhecimento da apreensão e, como já desejava expulsar o aluno, acabou divulgando aos demais alunos, sem autorização, que João estava respondendo pela prática de ato infracional, utilizando-o como mau exemplo. O Diretor, em tese

a) praticou infração administrativa prevista pelo ECA.

b) praticou o crime de quebra de sigilo previsto pelo ECA.

c) praticou crime de quebra de sigilo e infração administrativa, ambos previstos pelo ECA.

d) praticou crime de difamação previsto pelo ECA.

e) não praticou crime, tampouco infração administrativa prevista pelo ECA.

03. (VUNESP) O art. 250 da Lei n.º 8.069/90, recentemente alterado pela Lei n.º 12.038/09, trata da hospedagem irregular de menor e prevê

a) a possibilidade de fechamento definitivo do estabelecimento que realizou a hospedagem, como também a cassação de sua licença de funcionamento.

b) pena de prisão ao acompanhante do menor assim como do proprietário, gerente ou administrador do estabelecimento.

c) em hipótese de reincidência, a fixação de multa entre dez e cinquenta salários de referência.

d) escusa legítima pela demonstração de que o menor possuía autorização do guardião, pais no exercício do poder familiar, autoridade judiciária ou conselhos de direitos infanto-juvenis.

e) agravante para situações em que se constate adulteração; falsificação ou ocultação de documentos de identidade.

04. (VUNESP) É crime praticado contra crianças e adolescentes:

a) Divulgar, total ou parcialmente, sem autorização devida, por qualquer meio de comunicação, nome, ato ou documento de procedimento policial, administrativo ou judicial relativo à criança ou ao adolescente a que se atribua ato infracional.

b) Deixar de apresentar à autoridade judiciária de seu domicílio, no prazo de cinco dias, com o fim de regularizar a guarda, adolescente trazido de outra comarca para a prestação de serviço doméstico, mesmo que autorizado pelos pais ou responsável.

c) Hospedar criança ou adolescente desacompanhado dos pais ou responsável, ou sem autorização escrita desses ou da autoridade judiciária, em hotel, pensão, motel ou congênere.

d) Exibir filme, trailer, peça, amostra ou congênere classificado pelo órgão competente como inadequado a crianças ou adolescentes admitidos ao espetáculo.

e) Promover ou auxiliar a efetivação de ato destinado ao envio de criança ou adolescente para o exterior com inobservância das formalidades legais ou com o fito de obter lucro.

Gabaritos

01	D	03	C
02	A	04	E